U0831148

高中生物解题方法与技巧典例分析

蒲文猛名师工作室　编著

龍門書局
科学出版社
北　京

内 容 简 介

本书按照先易后难、主次分明的思路，先引领学生找到“核心问题”并解决问题，从根本上提高学生生物学科核心素养；再通过“典例分析”归纳整理重点知识的解题方法和技巧，帮助学生完成理论到实践的转化应用，提高学生在生物学科实用性上的关键能力；最后通过对高频考点的“针对训练”，强化和提升学生在解题方法和技巧上的实践运用能力。

本书聚焦高中生物全教材的重点内容，旨在解决学生学习中易错易混问题，详略取舍得当，编排设计精妙，既是高中生同步学习和总结复习的好帮手，也是高中生物老师的实用参考资料。

图书在版编目（CIP）数据

高中生物解题方法与技巧典例分析 / 蒲文猛名师工作室编著. —北京：龙门书局，2022.6（2024.5 重印）

ISBN 978-7-5088-6281-1

Ⅰ. ①高… Ⅱ. ①蒲… Ⅲ. ①生物课－高中－教学参考资料 Ⅳ. ①G634.913

中国版本图书馆 CIP 数据核字（2022）第 059506 号

责任编辑：罗　莉 / 责任校对：彭　映
责任印制：罗　科 / 封面设计：墨创文化

龍門書局
科学出版社 出版
北京东黄城根北街 16 号
邮政编码：100717
http://www.sciencep.com
四川煤田地质制图印务有限责任公司印刷
科学出版社发行　各地新华书店经销
*
2022 年 6 月第　一　版　开本：890×1240　1/16
2024 年 5 月第二次印刷　印张：20 1/4
字数：578 000
定价：59.00 元
（如有印装质量问题，我社负责调换）

《高中生物解题方法与技巧典例分析》
作 者 名 单

主　编： 蒲文猛

副主编： 李晓明　赖克武　杨婷婷　丁劲松　粟　洋
吴　定　刘　凯　唐　建

编　委： 付桂琼　于德芳　刘　虹　王鹤翔　何小波
李晓燕　陆　雪　易翠蓉　邹　虹　尹　琴
彭婷婷　刘志强　任　欢　肖本琼　高兰萍
冉炜平　李安静

前　言

生物学科的本质是概念学科，对生物学科概念的理解是每个高中学生掌握生物知识的必然道路。核心概念是生物学科的基础，高中生物涉及的核心概念特别多，涉及的概念理解难度较高。本书很好地对高中生物教材中涉及的核心概念进行分析，并以核心问题的形式进行呈现，让学生更好地理解高中生物学科概念，实现所学知识的运用，提升学生理解知识、分析问题等能力。

本书针对教材重难点知识的内在联系进行点拨，通过图文并茂的形式进行归类，使学生很容易接受这些知识。点拨不是加深知识的难度，而是拓宽知识的宽度，加深对教材知识内涵的理解。很多复杂的知识通过模型构建等形式浅显地表现出来，将复杂的问题简单化，让学生更容易接受和记忆。知识的点拨是提升学生能力的关键，对大量的高中核心知识进行梳理，可帮助同学们尽快查找出自己的问题，查缺补漏。

本书配有典例和解析，针对每一节知识的重难点通过典型试题进行分析，让学生对核心知识进行掌握，并学习到更好的解题的技巧。典型例题的分析本身也是对知识的讲解，通过这些知识的学习，解决学生在试题中遇到的一些普遍问题，而这些问题的解决又反过来帮助学生理解所学知识，进一步提升学生的学习方法和解题能力，特别是提升对试题的分析能力和获取关键信息的能力，并引导学生对生物学科的知识进行总结。典例解析也含有一些答题技巧的梳理，针对学生容易出现的问题进行分析，让学生更好地回避题中陷阱，提升解题能力并积累核心知识，达到提升学习成绩的目的。

本书在编排体系上以：核心问题→典例精讲→针对训练→参考答案为模板，不求全，只求精，提升该书使用的有效性和针对性，节约学生梳理知识、掌握知识所需要的时间。学生看一个核心问题讲解能解决一些心中的疑惑，学一道典例精讲能懂一类题的解题方法，针对所学知识再配有少而针对性强的练习题，达到触类旁通的效果。

本书注重对学生学科核心素养的培养。普通高中生物学课程标准中明确提出以培养学生核心素养为宗旨的基本理念，高考试题本质上也是对学生核心素养进行考查。通过核心问题的学习可以帮助学生建立生命观念，通过典例精讲的学习引导学生进行科学思维，通过针对训练的练习进一步提升学生运用知识的水平并引导学生进行科学探究，通过对社会热点问题进行考查落实对学生社会责任的培养。

本书的编写者均来自教学一线的骨干教师，均有丰富的教学经验和教案积累，深知学生的问题所在，对学生所求一一进行解答，经验与实战相结合，确保整本书的质量。编写过程中得到较多省市级专家、骨干教师和学科带头人的指点，在此也一并表示感谢。

本书编写难免有考虑不周之处，不足之处还请各位专家、读者予以指正。

目　　录

第1章　走近细胞

1.1　细胞是最基本的生命系统

核 心 问 题

1. 生命系统各结构层次之间的关系如何？

答：（1）各个生命系统层层相依，又有各自特定的组成、结构和功能。

（2）单细胞生物既属于细胞层次又属于个体层次（如大肠杆菌、草履虫等）。

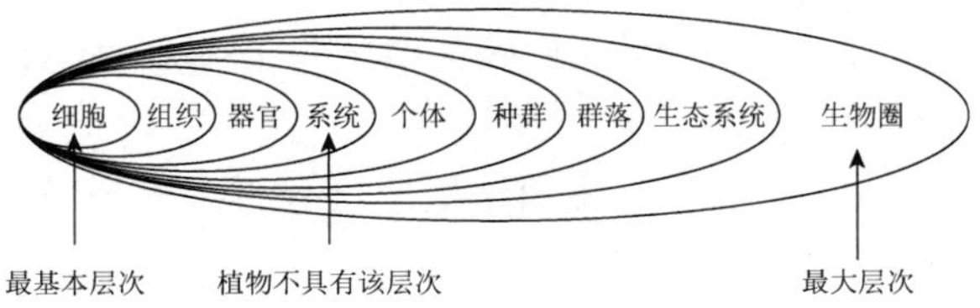

2. 如何全面认识病毒这类生物？

答：（1）病毒的结构：大多数病毒由蛋白质和核酸（DNA或RNA）组成，少数几种病毒还含有脂质和多糖等。

（2）生活方式：寄生，病毒必须寄生在活细胞中才能生存。病毒不能用普通培养基培养，需要用活细胞培养（如鸡胚等动物细胞或器官）。

（3）繁殖方式：复制。具体过程：吸附→注入→合成→组装→释放。在增殖过程中，病毒提供模板（遗传物质），而原料（核苷酸、氨基酸等）、能量、tRNA、酶、核糖体均由寄主细胞提供。

（4）分类：

根据宿主细胞不同：
- 植物病毒：烟草花叶病毒、车前草病毒等
- 动物病毒：HIV、SARS病毒、流感病毒、新型冠状病毒等
- 细菌病毒：大肠杆菌、T_2噬菌体等

根据遗传物质不同：
- DNA病毒：天花病毒、乙肝病毒、T_2噬菌体等
- RNA病毒：烟草花叶病毒、HIV、SARS病毒、新型冠状病毒等

【点拨】 病毒是一类生物，但是病毒不能独立代谢，不属于生命系统的结构层次。细胞才是最基本的生命系统。

典 例 精 讲

【典例1】（2018全国卷Ⅱ）下列关于病毒的叙述，错误的是（　　）。

A. 从烟草花叶病毒中可以提取到RNA

B. T_2噬菌体可感染肺炎双球菌导致其裂解

C. HIV可引起人的获得性免疫缺陷综合征

D. 阻断病毒的传播可降低其所致疾病的发病率

【解析】 答案B。烟草花叶病毒是RNA病毒，含RNA和蛋白质，A正确；T_2噬菌体专一性寄生在大肠杆菌体内，不能侵染肺炎双球菌，B错误；HIV（艾滋病病毒）侵入人体后，会破坏T淋巴细胞，降低人的特异性免疫能力，达到一定程度后，会引起人的获得性免疫缺陷综合征，C正确；阻断病毒的传播是降低其所致疾病发病率的有效措施，D正确。

【提醒】 病毒与宿主细胞之间存在专一性。

【典例2】（2020全国卷Ⅰ）新冠肺炎疫情警示人们要养成良好生活习惯，提高公共卫生安全意识。下列相关叙述错误的是（　　）。

A. 戴口罩可以减少病原微生物通过飞沫在人与人之间的传播

B. 病毒能够在餐具上增殖，用食盐溶液浸泡餐具可以阻止病毒增殖

C. 高温可破坏病原体蛋白质空间结构，煮沸处理餐具可杀死病原体

D. 生活中接触的物体表面可能存在病原微生物，勤洗手可降低感染风险

【解析】 答案 B。新冠病毒的传播方式主要是飞沫传播和接触传播，佩戴口罩是有效阻止飞沫传播的重要方式，A 正确；病毒只能在寄主细胞内增殖，餐具上无法增殖，B 错误；高温可破坏病原体蛋白质的空间结构，煮沸处理餐具可杀死病原体，C 正确；生活中接触的物体表面可能存在病原微生物，我们的双手与各种物品接触的机会最多，故手被视为病原微生物最直接的传播媒介，所以勤洗手可降低感染风险，D 正确。

【提醒】 病毒的增殖离不开活细胞。2020 年新冠肺炎疫情席卷全球，病毒生活方式和传播途径等特点将会是重点考查对象。

【典例 3】 关于生命系统的结构层次说法正确的是（　　）。

A. 生物圈是地球上最基本的生命系统和最大的生态系统

B. 生物大分子如蛋白质、核酸，不是生命系统的结构层次

C. 病毒没有细胞结构，它的生命活动与生命系统没有关系

D. 生物的生活环境不是生命系统的一部分

【解析】 答案 B。生物圈是地球上最大的生态系统，细胞是最基本的生命系统，A 错误；生物大分子（如蛋白质、核酸）必须构成细胞，才具有生命，细胞是生命系统中最小的结构层次，B 正确；病毒没有细胞结构，它的生命活动在寄主细胞中完成，即病毒生命活动离不开细胞，C 错误；对于生命系统中的生物圈或生态系统，不但要研究各种生物，还要研究这些生物的生活环境，所以生物的生活环境也是生命系统的一部分。

【提醒】 单独的原子、分子都不属于生命系统。生物的生活环境是生态系统和生物圈必不可少的部分，所以属于生命系统的一部分。

针 对 训 练

1. 下列关于病毒的叙述，正确的是（　　）。

A. 病毒属于生物，但不属于生命系统

B. 每种病毒都有 5 种碱基、8 种核苷酸

C. 病毒无细胞结构，但遗传物质和细胞生物一样都是 DNA

D. 在含 ^{35}S 的培养基中培养 T_2 噬菌体可以将其标记

2. 从生命系统的结构层次分析，下列说法正确的是（　　）。

A. 细胞只属于细胞层次

B. 高等动物和高等植物都具有器官和系统层次

C. 构成生命系统的结构具有层次性、复杂性和多样性

D. 病毒虽没有细胞，但具有完整的结构层次

3. 下列关于细胞与生命活动关系的描述错误的是（　　）。

A. 绿藻、变形虫、酵母菌、草履虫等单细胞生物，只靠一个细胞就可以完成摄食、运动、分裂、应激性等多种生命活动

B. 引起新冠肺炎和 H7N9 型禽流感的病原体均无细胞结构，其生命活动与细胞无关

C. 缩手反射和膝跳反射的完成均需要多种分化的细胞密切合作

D. 一切生物的生命活动都在细胞内或细胞参与下完成

1.2 原核细胞与真核细胞及细胞学说

核心问题

1. 问：①没有细胞核的细胞就是原核细胞吗？②单细胞生物都是原核生物吗？

答：①不一定。如哺乳动物成熟红细胞、植物成熟的筛管细胞等，都是没有细胞核的，但它们是真核细胞。

②单细胞生物有原核生物和单细胞真核生物（包括单细胞的动物、植物、真菌）。单细胞不一定是原核生物，而原核生物一定是单细胞生物。

生物的分类：
- 无细胞结构的生物：
  - 病毒（含蛋白质和核酸）
  - 亚病毒（仅含蛋白质或核酸）
- 有细胞结构的生物：
  - 真核生物：
    - 动物：高等动物（人等）、低等动物（疟原虫、变形虫、草履虫等）
    - 植物：高等植物（玉米等）、低等植物（黑藻、团藻、小球藻、水绵等）
    - 真菌：酵母菌、霉菌（毛霉、根霉、曲霉、青霉、木霉、赤霉菌等）、食用菌（香菇、平菇、金针菇等）
  - 原核生物：（细胞内无成形的细胞核，也无复杂的细胞器）
    - 细菌：名字中含有杆、球、螺旋、线、弧等
    - 蓝藻：又叫蓝细菌（包括蓝球藻、颤藻、念珠藻、发菜等）
    - 另外，支原体、衣原体、立克次氏体等也是原核生物

2. 细胞的统一性体现在哪些方面？

答：细胞的统一性表现在四个方面：

①化学组成：组成细胞的元素和化合物种类基本相同。

②细胞结构：都有细胞膜以及细胞质（细胞器都有核糖体）。

③新陈代谢：都是通过细胞呼吸产生的 ATP 作为直接能源物质，并维持生命活动。

④遗传物质：细胞的遗传物质都是 DNA，并且共用一套密码子。

典例精讲

【典例 1】（2020 北京）下列对醋酸杆菌与动物肝脏细胞的结构与代谢过程的比较，不正确的是（　　）。

A. 两者的细胞膜结构均符合流动镶嵌模型

B. 两者的遗传物质均储存在细胞核中

C. 均可以进行有氧呼吸，但进行场所不完全相同

D. 均依赖氧化有机物合成 ATP，为代谢过程供能

【解析】 答案 B。醋酸杆菌为原核细胞，动物肝脏细胞为真核细胞，二者的细胞膜结构相似，都符合流动镶嵌模型，A 正确。动物肝脏细胞的遗传物质 DNA 主要在细胞核，线粒体中也存在少量 DNA；醋酸杆菌遗传物质 DNA 主要在拟核，细胞质中还有质粒 DNA，B 错误。醋酸杆菌无线粒体，进行有氧呼吸的场所是细胞质基质；动物肝脏细胞进行有氧呼吸的场所是细胞质基质和线粒体，C 正确。二者均依赖细胞呼吸将有机物氧化分解合成 ATP，为代谢过程供能，D 正确。

【提醒】 原核细胞和真核细胞最主要的区别是有无核膜包被的细胞核，原核细胞无细胞核和复杂的细胞器，有生物膜无生物膜系统。

【典例 2】 下列藻类中属于原核生物的是（　　）。

A. 伞藻　B. 衣藻　C. 硅藻　D. 颤藻

【解析】 答案 D。颤藻属于蓝藻，因此属于原核生物。而伞藻、衣藻、硅藻、褐藻（海带）

等属于藻类植物，是真核生物。

【提醒】 藻类植物属于真核生物，有叶绿体、细胞核等结构；蓝藻属于原核生物，无叶绿体和细胞核。但是二者均可进行光合作用。一定记住带“藻”的不一定是植物。巧用“一”“二”“三”来记住常见的原核生物。一藻：蓝藻；二菌：细菌、放线菌；三体：支原体、衣原体、立克次氏体。

【典例 3】 关于细胞学说，下列描述不正确的是（　　）。

A. 列文虎克观察红细胞、精子、细菌等，但没有命名细胞

B. 一切生物都是由细胞发育而来，并由细胞及其产物构成

C. 细胞是一个相对独立的有机体，并具有自己的生命

D. 细胞学说创立初期认为：新细胞是从老细胞核中长出或在细胞质中像结晶那样产生

【解析】 答案 B。荷兰列文虎克是第一个观察到活细胞的科学家，而英国科学家罗伯特·胡克观察植物木栓组织，并命名细胞，A 正确。病毒没有细胞结构，不是细胞发育而来，B 错误。施莱登和施旺所说的“新细胞从老细胞中产生”被描述为从老细胞核中长出一个新细胞，或者在细胞质中像结晶那样产生新细胞，D 正确。

【提醒】 本题 D 选项来自教材“资料分析→细胞学说的建立过程”中的最后部分，复习时很容易被遗漏。巧用“一”“二”“三”来记住细胞学说内容：

一组成：一切动植物都由细胞和细胞产物构成。

二功能：细胞是生物体结构和功能的基本单位。

三来源：新细胞由老细胞分裂产生。

针对训练

1. 水绵、发菜、黑藻、生菜全部（　　）。

A. 是真核生物　　B. 含有叶绿体

C. 是自养生物　　D. 是植物

2. 下列有关细胞统一性的描述正确的是（　　）。

A. 都具有细胞膜，但不一定有磷脂双分子层

B. 都有 DNA 和 RNA，但遗传物质不一定是 DNA

C. 都能进行呼吸作用，但不一定发生在线粒体

D. 都有染色体，但不一定有细胞核

3. 关于细胞多样性描述，错误的是（　　）。

A. 真核细胞多种多样，原核细胞多种多样，真核细胞和原核细胞又不一样

B. 淡水水域污染，富营养化，会长出水华，其中有多种蓝藻，包括念珠藻和颤藻等

C. 原核生物中既有自养生物，又有异养生物

D. 原核细胞和真核细胞最明显的区别在于有无核物质

1.3　实验：使用光学显微镜观察各种细胞

核 心 问 题

1. 显微镜的成像特点及装片移动规律是什么？

答：①成像特点：显微镜成放大倒立的虚像，实物与像之间的关系是实物旋转 180°，如实物为字母“b”，则视野中观察到的为“q”。

②移动规律：在视野中物像偏向哪个方向，则应向哪个方向移动（或同向移动）装片。如物像在偏左上方，则装片应向左上方移动。

【点拨】 ①物像的位置是颠倒的，但细胞质的环流方向和物像是一致的。

②显微镜的放大倍数等于目镜放大倍数与物镜放大倍数的乘积，放大倍数指放大的长度、宽度或直径，不是指面积或体积。

③观察对象颜色深（或者经过染色）：调节大光圈，视野相对较亮，以便观察；观察对象颜色浅或无色：调节小光圈，视野相对较暗，以便观察。

2. 视野中看见污点，如何判断污点存在的位置？请列举视野中其他异常情况及原因。

答：污点可能的位置为物镜、目镜或装片（不会在反光镜上）。

- 移动装片
  - 污物移动→在装片上
  - 污物不动
    - 转动目镜
      - 动→在目镜上
      - 不动→在物镜上
    - 转换物镜
      - 消失→在物镜上
      - 不消失→在目镜上

视野中其他异常情况：①若视野中出现一半亮一半暗，可能是反光镜的调节角度不对。

②观察切片标本时一半清晰一半模糊，可能是切片厚薄不均匀造成的。

典 例 精 讲

【典例 1】 甲图中①②③④表示目镜或物镜，⑤⑥表示物镜与载玻片之间的距离，乙图和丙图分别表示不同物镜下观察到的图像。据图分析正确的是（　　）。

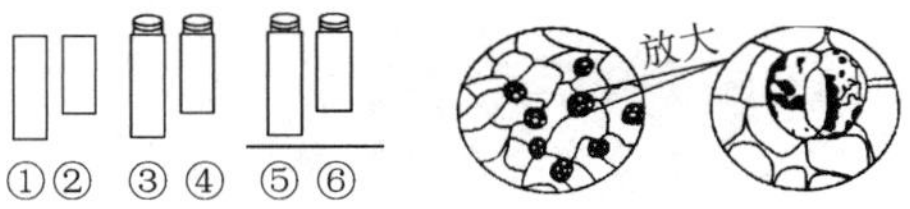

甲　　乙　　丙

A. 要获得最大的放大倍数，应选择甲图中①④⑤

B. 把视野里的标本从图中的乙转为丙时，正确的调节顺序是：提升镜筒→转动转换器→调节光圈→转动细准焦螺旋

C. 换成高倍镜后，在图丙中的细胞中可以看到核糖体

D. 显微镜目镜为10×、物镜为10×时，视野被相连的 96 个细胞所充满，若物镜转换为40×后，则视野中可检测到的细胞数为 6 个

【解析】 答案 D。目镜最短，物镜最长，物镜离装片距离最近的组合放大倍数是最大的，因此应该是②③⑤，A 错误；把视野里的标本从图中的乙转为丙时放大倍数增大，应该换成③高倍镜，转换时不能随意提升镜筒，而应该先把要观察的细胞移到视野中央，B 错误；核糖体必须用电子显微镜才能观察到，C 错误；D 正确。

【提醒】

（1）需要切换成放大倍数更大的镜头时，正确的调节顺序是："一移，二换，三调"，即移动标本→转动转换器→调节光圈→调节细准焦螺旋。一定要先把观察对象先移至视野中央，再转动转换器，否则切换镜头后观察对象可能不在视野内了。另外，注意高倍镜下不能调粗准焦螺旋。

（2）放大倍数计算。①若视野中为一行细胞：细胞数量与放大倍数成反比。②若视野中充满细胞：细胞数量与放大倍数的平方成反比。例如：在显微镜放大倍数为 40 倍时，看到视野直径上一行细胞共 *m* 个，则当放大倍数为 400 倍时，看到的视野直径上一行细胞数为 *m*/10；若这 *m* 个细胞充满视野，当放大倍数为 400 倍时，数目又是 *m*/100。

（3）光学显微镜的使用范围。①光学显微镜看到的是显微结构，如叶绿体、液泡、染色体、细胞核、纺锤体、线粒体（需健那绿染色，呈蓝绿色小颗粒）等。②电子显微镜看到的是亚显微结构，如核糖体、中心体、内质网、高尔基体、溶酶体、线粒体（内膜外膜）、核膜（双层）、核孔等。

注意：病毒非常小，只能用电子显微镜观察；分子、原子更小，电子显微镜也无法观察到。

针 对 训 练

1. 关于普通光学显微镜的使用，下列叙述正确的是（　　）。

A. 高倍镜下可以观察到细胞膜清晰的暗—亮—暗三层结构

B. 高倍镜下无法观察到花生子叶中被染色的脂肪颗粒

C. 在高倍镜下观察时，先用粗准焦螺旋调整焦距，再用细准焦螺旋调节

D. 由低倍镜转到高倍镜前，不能先提升镜筒，应先将待观察目标移至视野中央

2. 关于显微镜使用，下列说法正确的是（　　）。

A. 低倍镜下物像清晰，换高倍镜后视野变暗，应首先调节细准焦螺旋

B. 用光学显微镜观察神经细胞，可以观察到核糖体、中心体以及突触小体等结构

C. 视野中看见植物细胞细胞质顺时针方向流动，则实际是逆时针方向流动

D. 制作口腔上皮细胞装片时为防止产生气泡，首先在载玻片上滴加 1～2 滴生理盐水，然后再盖上盖玻片

3. 某位同学使用光学显微镜观察某植物组织切片，当用低倍镜看清楚后，转换成高倍镜却看不到或看不清原来观察到的物体。下面对可能原因的叙述中，错误的是（　　）。

A. 被观察的物体未处于视野的中央

B. 切片倒置，盖玻片位于载玻片的下方

C. 转换高倍镜时未更换目镜镜头

D. 以上情况有两种是有可能的

参考答案

1.1　细胞是最基本的生命系统

1. A　2. C　3. B

1.2　原核细胞与真核细胞及细胞学说

1. C　2. C　3. D

1.3　实验：使用光学显微镜观察各种细胞

1. D　2. D　3. C

第 2 章　组成细胞的分子

2.1　细胞中的元素和化合物

核心问题

1. 细胞中的元素、无机盐大多以什么形式存在？

答：组成细胞的元素大多以化合物的形式存在，少数以离子形式存在。

而细胞中无机盐大多以离子形式存在，少数无机盐与其他化合物结合。

2. 生物界和非生物界在元素组成上的统一性和差异性是如何体现的？

答：统一性：组成生物体的元素在无机自然界中都能找到，在元素种类上具有统一性。

差异性：同一种元素在生物界和非生物界中的含量差别很大。

原因分析：生物体有选择地从无机自然界获取各种物质来组成自身。

典例精讲

【典例 1】 关于组成生物体元素和化合物说法正确的是（　　）。

A. 微量元素是指细胞中含量极少的元素，如 Zn、Mo、Cu、Mg 等

B. 在沙漠植物仙人掌的活细胞中含量最多的化合物是蛋白质

C. 在人体活细胞中氢原子的数目最多

D. 因为 O 是活细胞中含量最多的元素，所以 O 是最基本的元素

【解析】 答案C。环境中的有害物质（如重金属）可进入人体，在人体中含量少却不是人必需的，故不是微量元素，A 错误；活细胞含量最多的化合物应该是水，B 错误；在干重中，C 的含量达到 55.99%，C 是构成细胞最基本的元素，D 错误。

【提醒】 巧记细胞中的微量元素：锌（Zn）、铁（Fe）、硼（B）、铜（Cu）、钼（Mo）、锰（Mn）。

【典例 2】（2020 北京）下列组成细胞的化合物中，含磷元素的是（　　）。

A. 糖原　B. 核酸　C. 纤维素　D. 脂肪

【解析】 答案 B。糖原、纤维素属于糖类中的多糖，元素组成只有 C、H、O；脂肪元素组成也只有 C、H、O；核酸由核苷酸聚合而成，核苷酸由磷酸、五碳糖和含氮碱基组成，含有 C、H、O、N、P，B 正确。

【提醒】 归纳：细胞中常见化合物的元素组成。

化合物	元素组成	种类
糖类	C、H、O	①单糖（脱氧核糖、核糖、葡萄糖、果糖、半乳糖） ②二糖（蔗糖、麦芽糖、乳糖） ③多糖（淀粉、纤维素、糖原）
脂质	主要是 C、H、O，有的还有 N、P	①脂肪（C、H、O） ②磷脂（C、H、O、N、P） ③固醇（C、H、O：胆固醇、维生素 D、性激素）
蛋白质	主要是 C、H、O、N，有的还有 P、S、Fe	①结构蛋白 ②大多数酶 ③载体蛋白、血红蛋白（C、H、O、N、Fe） ④胰岛素（C、H、O、N、S）、生长激素 ⑤抗体
核酸	C、H、O、N、P	脱氧核糖核酸（DNA）和核糖核酸（RNA）

需注意的是不同细胞所含化合物种类和含量都是不完全相同的，某些化合物只存在特定的细胞中。比如：血红蛋白只在红细胞

中，淀粉只存在植物细胞中，糖原只在动物细胞中等。

针对训练

1. 下列关于细胞中元素的叙述，正确的是（　　）。

A. 甘蔗比较甜，其细胞中含量最多的化合物是蔗糖

B. 新鲜的牛肉中含量最多的化合物是蛋白质

C. 细胞中的微量元素因含量极少，因而不如大量元素重要

D. 细胞中极少，含量在万分之一以下的元素不一定是微量元素

2. 关于生物界和非生物界在元素组成上的统一性和差异性的描述，正确的是（　　）。

A. 细胞随机地从无机自然界获取各种物质来组成自身

B. 细胞与非生物相比，各元素相对含量大体相同，种类差异很大

C. 组成细胞的化学元素在无机自然界都能找到，没有一种化学元素为细胞所特有

D. 生物界和非生物界在元素组成上具有统一性，因此地壳中的元素在生物体内都能找到

3. 下列组成细胞的化合物中，含氮元素的是（　　）。

A. 核糖　B. 纤维素　C. 胆固醇　D. 脱氧核糖核酸

2.2　细胞中的无机物

核心问题

1. 无机盐在细胞中以什么形式存在？为什么细胞中的无机盐含量很少，作用却很重要？

答：大多数无机盐以离子的形式存在，少数以化合物形式存在（如牙齿骨骼中的钙盐）。

细胞中无机盐的作用：

①组成细胞中某些复杂化合物，如Fe^{2+}是血红蛋白的成分，Mg^{2+}是叶绿素的成分。

②维持细胞和生物体的生命活动，如哺乳动物血液中钙离子含量过低会导致抽搐。

③维持细胞的酸碱平衡，如血液中H_2CO_3/HCO_3^-和HPO_4^{2-}/$H_2PO_4^-$等酸碱缓冲对。

【点拨】维持生物体正常的生命活动的无机盐举例。

无机盐	功能	缺乏引起的病症
Mg	合成叶绿素的原料，酶的活化剂	叶片变黄，影响光合作用
Fe	是合成血红蛋白的原料	缺铁性贫血
Ca	促进牙齿和骨骼的生长	血钙过低：抽搐 血钙过高：肌无力

续表

无机盐	功能	缺乏引起的病症
I	是合成甲状腺激素的原料	幼年缺碘：呆小症 成年缺碘：大脖子病 成年过多：甲亢
B	促进花粉的萌发和花粉管的伸长	花粉败育
N、P	组成磷脂、核酸、ATP及含氮和磷的无机盐	相关化合物无法合成或者合成不足

2. 如何证明某一种或某几种无机盐是这种植物生长发育所必需的？

答：实验设计如下

（1）实验目的：证明某 X 盐是植物生长发育所必需的。

（2）实验过程：

①分组编号：取长势相似的某正常植物若干，分为等量的 2 组，编号为 A、B。

②设置对照组和实验组：A 组置于完全培养液中，B 组置于缺 X 的完全培养液中。

③培养与观察：A、B 两组放入相同且适宜的条件下培养一段时间，观察小麦的生长情况。

A 组正常生长，B 组生长异常；再向 B 组中加入只含 X 的培养液，观察，B 组恢复正常。（A

组作空白对照组，A、B组相互对照；B组前后自身对照。）

（3）结论：X元素是植物生长发育所必需的。

【提醒】保证实验材料的统一性，即材料的种类、数量、生长状况等要等量且相同。

实验组加入X盐的目的是二次对照，使实验组前后自身对照，以增强说服力。

典例精讲

【典例1】（2020江苏）下列关于细胞中的无机化合物的叙述，正确的是（　　）。

A. 自由水是生化反应的介质，不直接参与生化反应

B. 结合水是细胞结构的重要组成成分，主要存在于液泡中

C. 无机盐参与维持细胞酸碱平衡，不参与有机物合成

D. 无机盐大多以离子形式存在，对维持生命活动有重要作用

【解析】 答案D。自由水可以参与生化反应，如大分子物质水解、光合作用等，A错误；结合水是细胞结构的重要组成成分，与蛋白质等亲水性物质结合，液泡中的水主要是自由水，B错误；无机盐既参与维持细胞的酸碱平衡（如缓冲对 $Na_2CO_3/NaHCO_3$），也参与有机物的组成（如血红蛋白中含 Fe^{2+}），C错误；细胞中的无机盐多以离子形式存在，对维持生命活动具有重要作用，D正确。

【提醒】归纳总结高中阶段细胞产生水和利用水的生化反应。

利用水的生化反应：①有氧呼吸的第二阶段；②光合作用的光反应（水的光解）；③ATP的水解；④多糖、蛋白质、脂肪、核酸的水解。

产生水的生化反应：①有氧呼吸的第三阶段；②光合作用的暗反应（C_3的还原）；③ATP的合成；④蛋白质的合成（氨基酸的脱水缩合）；⑤多糖的合成（葡萄糖的脱水缩合）；⑥DNA的复制与转录。

【典例2】（2018全国卷Ⅱ）有些作物的种子入库前需要经过风干处理。与风干前相比，下列说法错误的是（　　）。

A. 风干种子中有机物的消耗减慢

B. 风干种子上微生物不易生长繁殖

C. 风干种子中细胞呼吸作用的强度高

D. 风干种子中结合水与自由水的比值大

【解析】 答案C。种子风干后细胞内的自由水含量减少（结合水含量基本不变），使细胞呼吸减弱，有机物的消耗减慢，A、D正确，C错误；风干种子的水分减少，在缺水环境中，微生物不易生长繁殖，B正确。

【提醒】 种子风干保存的原理：

①含水量降低，抑制种子细胞呼吸，减少有机物消耗。

②含水量降低，抑制微生物繁殖，防止种子腐烂。

③结合水与自由水比值增大，有利于种子休眠。

针对训练

1. 2020年“世界水日”的宣传主题为“Water and Climate Change”（水与气候变化）。

下列有关生物体内水的叙述，正确的是（　　）。

A. 水在病变细胞中主要以结合水的形式存在

B. 水在生物体的许多化学反应中充当溶剂

C. 越冬植物体内自由水与结合水的比值增加

D. 沙漠植物细胞内结合水的含量高于自由水

2. 下列关于细胞中水和无机盐的描述错误的是（　　）。

A. 患急性肠炎的病人脱水时需要及时补充水分，同时也需要补充体内丢失的无机盐，因此，输入葡萄糖盐水是常见的治疗方法

B. 大量出汗会排出过多的无机盐，体内的水盐平衡和酸碱平衡失调，这时应多喝淡盐水

C. 为了确定某种矿质元素是否是植物的必

需元素，应采用的方法是观察含全部营养的培养液中去掉该矿质元素前、后植株生长发育状况

D. 根细胞吸收的矿质元素能够以离子的形式贮存在液泡中，液泡中的水主要是自由水；对于细胞来讲，自由水的含量远高于结合水，作用也比结合水大得多

2.3　细胞中的糖类和脂质

2.3.1　糖类、脂质的种类和作用

核心问题

1. 对组成生物体的各种糖类的归纳整理：

答：单糖、二糖和多糖可以相互转化：单糖⇄二糖⇄多糖。

还原糖：①所有的单糖；②二糖中的麦芽糖、乳糖（鉴定试剂：斐林试剂）。

非还原糖：①蔗糖；②多糖（淀粉、纤维素、糖原）。

参与构成遗传物质的糖：核糖、脱氧核糖。

不能作为细胞能源物质的糖：核糖、脱氧核糖、纤维素。

【点拨】

①构成淀粉、糖原和纤维素的基本单位都是葡萄糖，但是葡萄糖的连接方式不同。

②糖类还能与蛋白质或者脂质分子结合形成复杂的化合物（如糖蛋白、糖脂），参与细胞识别、物质运输和免疫功能的调节等。

③二糖和多糖只能口服而不可以静脉注射。因为二糖和多糖必须经过消化作用分解成单糖后才能进入细胞。

④常见的糖类和脂质的合成部位：葡萄糖、淀粉——叶绿体；纤维素——高尔基体；糖原——主要是肝脏、肌肉细胞中；脂质——主要是内质网。

⑤糖类不一定有甜味，有甜味的也不一定是糖类。

淀粉、纤维素没有甜味，但属于糖类；甜蜜素、安赛蜜等甜味剂不是糖类。

2. 生物大分子以什么结构为骨架？常见的生物大分子有哪些？

答：生物大分子以碳链为骨架。

生物大分子	蛋白质	核酸		多糖		
		DNA	RNA	淀粉	纤维素	糖原
单体	氨基酸	脱氧核苷酸	核糖核苷酸	葡萄糖		
元素	C、H、O、N等	C、H、O、N、P		C、H、O		

【点拨】①由于碳原子在组成生物大分子中有重要作用，所以说“碳是生命的核心元素”。②脂质（如脂肪）、ATP 等不是生物大分子，因为它们不是由单体构成的多聚体。③含 P 的生物大分子，如 DNA 和 RNA；含 N 的生物大分子，如核酸和蛋白质。

典例精讲

【典例 1】 下列关于组成生物体的糖类、脂质，描述正确的是（　　）。

A. 可以用斐林试剂检测生物组织中的葡萄糖、果糖、麦芽糖和蔗糖等还原糖

B. 构成纤维素、淀粉、糖原的单体是单糖，如果糖、葡萄糖等；构成脂肪的单体是甘油和脂肪酸

C. 当血糖浓度降低时，肝糖原可以被细胞氧化分解为葡萄糖来补充血糖

D. 饮食中如果过多地摄入胆固醇，会在血管壁上形成沉积，造成血管堵塞，因此，膳食中要注意限制高胆固醇类食物的过量摄入

【解析】 答案 D。蔗糖不是还原糖，A 错误；淀粉、纤维素和糖原的基本单位都是葡萄糖，脂肪没有单体，B 错误；肝糖原是多聚体，被彻底水解得到葡萄糖，氧化分解产物是 CO_2 和 H_2O，C 错误；胆固醇在许多动物性食物中含量丰富，饮食中如果过多地摄入胆固醇，会在血管壁上形

成沉积，造成血管堵塞，危及生命，因此，膳食中要注意限制高胆固醇类食物（如动物内脏、蛋黄等）的过量摄入，D 正确。

【提醒】 ①物质的“彻底水解产物”与“彻底氧化分解产物”。

物质	初步水解	彻底水解产物	氧化分解产物
淀粉	麦芽糖	葡萄糖	CO_2+H_2O
脂肪	甘油+脂肪酸	甘油+脂肪酸	CO_2+H_2O
蛋白质	多肽	氨基酸	CO_2+H_2O+尿素
核酸	核苷酸	磷酸+五碳糖+碱基	CO_2+H_2O+尿酸等

水解是形成单体或组成其的小分子，氧化分解是生成 CO_2 和 H_2O 等。

②胆固醇对机体有利方面：构成动物细胞膜的重要成分，在人体内还参与血液中脂质的运输。

胆固醇对机体有害方面：饮食中如果过多地摄入胆固醇，会在血管壁上形成沉积，造成血管堵塞，危及生命。

③“十字巧记”脂肪的功能：储能、绝热、保温、缓冲减压。等量的脂肪比糖类含能量多，却不是生物体利用的主要能源物质，原因是：与糖类氧化相比，细胞内脂肪的氧化速率比糖类慢，而且需要消耗大量氧气；此外，糖类氧化既可以在有氧条件下也可以在无氧条件下进行，所以糖类是生物体生命活动利用的主要能源物质。

④高考常考的“糖”：

RNA、DNA、ATP 中的糖依次为：核糖、脱氧核糖、核糖。

植物细胞壁中的糖：纤维素。

细胞膜中的糖：糖蛋白、糖脂。

病毒中的糖：核糖（RNA 病毒）、脱氧核糖（DNA 病毒）。

还原糖和非还原糖：还原糖包括葡萄糖、果糖、麦芽糖，非还原糖包括蔗糖、多糖。

血浆中的糖（葡萄糖）：血糖浓度为 0.8～1.2g/L，高于 1.6g/L 可致糖尿病。

2.3.2　实验：检测生物组织中的糖类、脂肪和蛋白质

核心问题

1. 斐林试剂与双缩脲试剂有什么异同？

答：

	斐林试剂	双缩脲试剂
鉴定物质	还原糖	蛋白质、多肽等含有肽键的物质
组成成分	甲液：0.1g/mL 的 NaOH 溶液 乙液：0.05g/mL 的 $CuSO_4$ 溶液	A 液：0.1g/mL 的 NaOH 溶液 B 液：0.01g/mL 的 $CuSO_4$ 溶液
使用方法	甲液和乙液等量混合均匀后再注入，且现配现用。	先加双缩脲试剂 A 液 1mL，摇匀； 再加双缩脲试剂 B 液 4 滴，摇匀
使用条件	50～65℃水浴加热	不加热
反应实质	还原糖与新配制的 $Cu(OH)_2$ 反应	碱性条件下，肽键与 Cu^{2+} 反应
颜色变化	无色→浅蓝色→砖红色	蓝色→紫色

【点拨】

①鉴定非还原糖（如蔗糖）时，如果与斐林试剂混合，水浴加热后的现象不是无色，而是浅蓝色[$Cu(OH)_2$ 的颜色]。

②斐林试剂甲液和双缩脲试剂 A 液完全相同，将斐林试剂乙液用蒸馏水稀释 5 倍后便成为双缩脲试剂 B 液，可用于蛋白质的鉴定。

③鉴定蛋白质时，加入过量的双缩脲试剂 B 液后，如果没有产生明显的紫色反应，可能的原因：加入的双缩脲试剂 B 液过量，$CuSO_4$ 在碱性溶液中生成大量的蓝色 $Cu(OH)_2$ 絮状沉淀，会遮蔽实验中所产生的紫色，影响观察结果。

④实验中的“五点注意”：

a. 三个实验中都不宜选取有颜色的材料，否则会干扰实验结果的颜色变化。

b. 脂肪鉴定的过程中滴加 1～2 滴体积分数为 50%的酒精溶液的目的是洗去浮色，原因是苏丹Ⅲ或苏丹Ⅳ染液易溶于酒精。

c. 物质鉴定实验一般不设立对照实验，若需设立对照实验，对照组应加入成分已知的物质，如验证唾液淀粉酶是蛋白质，对照组可加入稀释的鸡蛋清。

d. 实验中，在加相应试剂之前要留出部分组织样液，目的是作为对照，以便和鉴定后的样液颜色作对比，增强实验的说服力。

e. 变性后的蛋白质（肽键并没有断裂）仍然可以和双缩脲试剂发生紫色反应。

典例精讲

【典例 1】 下列关于细胞结构与成分的叙述，错误的是（　　）。

A. 观察生物组织中被染成橘黄色的脂肪颗粒必须使用显微镜

B. 检测豆浆中氨基酸的含量可用双缩脲试剂进行显色

C. 食用花生油最好选用苏丹Ⅳ染液来鉴定，而一般不选用苏丹Ⅲ染液来鉴定

D. 脂肪、淀粉、蛋白质的鉴定都无需加热，还原糖的鉴定需要 50～65℃水浴加热

【解析】 答案 B。脂肪的鉴定可以用显微镜，也可以不用，但要看脂肪颗粒必须用显微镜，A 正确；双缩脲试剂是专门鉴定含有肽键的化合物，可以与蛋白质或者多肽发生紫色反应，氨基酸中没有肽键，因此不能与之反应，B 错误；食用花生油颜色较深，而苏丹Ⅲ染液可将脂肪染成橘黄色，染色较浅，不易区别，故最好选用苏丹Ⅳ染液，可以将脂肪染成红色，C 正确；D 正确。

【提醒】（1）三类有机物检测在操作步骤上的“三个唯一”。

①唯一需要加热——还原糖检测。必须水浴加热（50～65℃），一般不能用酒精灯直接加热。若不加热，则无砖红色沉淀出现。

②唯一需要显微镜——脂肪检测。要观察被染色的脂肪颗粒，则需使用显微镜；若只观察溶液颜色变化，则不必使用显微镜。

③唯一使用酒精——脂肪检测。用体积分数为 50%的酒精溶液洗去浮色。

（2）植物的叶肉细胞、果实细胞和种子的细胞中通常含有较多的糖类、脂质和蛋白质；禾谷类的果实、种子中含淀粉（多糖）较多；甘蔗的茎和甜菜的根含蔗糖多；花生、芝麻种子中含脂质多；大豆种子中含蛋白质多，等等。

（3）要想从植物的果实、种子中获得糖类、脂质和蛋白质，就要设法使细胞破碎，再将这些物质提取出来。

针对训练

1. 下列关于生物体中有机物的叙述，正确的是（　　）。

A. 淀粉的结构单位是蔗糖

B. 胆固醇是人体所需的物质

C. 蛋白质是生物体内重要的贮能物质

D. 葡萄糖是细胞生命活动直接能源，是细胞“生命的燃料”

2. 下列关于细胞中生物大分子的叙述，错误的是（　　）。

A. 碳链是各种生物大分子的结构基础

B. 糖类、脂质、蛋白质和核酸等有机物都是生物大分子

C. 细胞利用种类较少的小分子脱水合成种类繁多的生物大分子

D. 细胞中生物大分子的合成需要酶来催化

3. 下列叙述，正确的是（　　）。

A. 取成熟的香蕉匀浆，用苏丹Ⅳ染液显色红色

B. 富含氨基酸的无色口服液可用双缩脲试剂进行显色

C. 检测淀粉酶是否分别催化蔗糖和淀粉水解可以用碘液检测

D. 斐林试剂是含有 Cu^{2+}的碱性溶液，可被还原成砖红色

4. 下列概念哪项可以用下图来表示？（　　）

A. 1 表示固醇，2～4 分别表示胆固醇、脂肪、性激素

B. 1 表示脱氧核糖核苷酸，2～4 分别表示含氮碱基、核糖、磷酸

C. 1 表示糖类，2～4 分别表示单糖、二糖、多糖

D. 1 表示生物大分子（多聚体），2～4 分别表示磷脂、纤维素、蛋白质

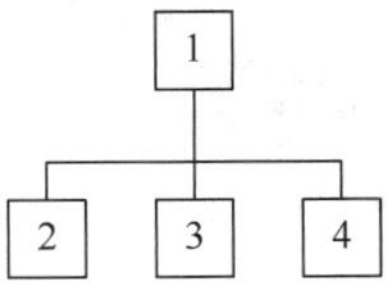

5.（2019 江苏）为探究玉米籽粒发芽过程中一些有机物含量的变化，研究小组利用下列供选材料用具进行了实验。材料用具：玉米籽粒；斐林试剂，双缩脲试剂，碘液，缓冲液，淀粉，淀粉酶等；研钵，水浴锅，天平，试管，滴管，量筒，容量瓶，显微镜，玻片，酒精灯等。请回答下列问题：

（1）为了检测玉米籽粒发芽过程中蛋白质（肽类）含量变化，在不同发芽阶段玉米提取液中，分别加入__________试剂，比较颜色变化。该实验需要选用的器具有________（填序号）。

①试管　②滴管　③量筒

④酒精灯　⑤显微镜

（2）为了检测玉米籽粒发芽过程中淀粉含量变化，将不同发芽阶段的玉米籽粒纵切，滴加________，进行观察。结果显示，胚乳呈蓝色块状，且随着发芽时间的延长，蓝色块状物变小。由此可得出的结论是__________。

（3）为了验证上述蓝色块状物变小是淀粉酶作用的结果，设计了如下实验：在 1～4 号试管中分别加入相应的提取液和溶液（如下图所示），40℃温浴 30min 后，分别加入斐林试剂并 60℃水浴加热，观察试管内颜色变化。

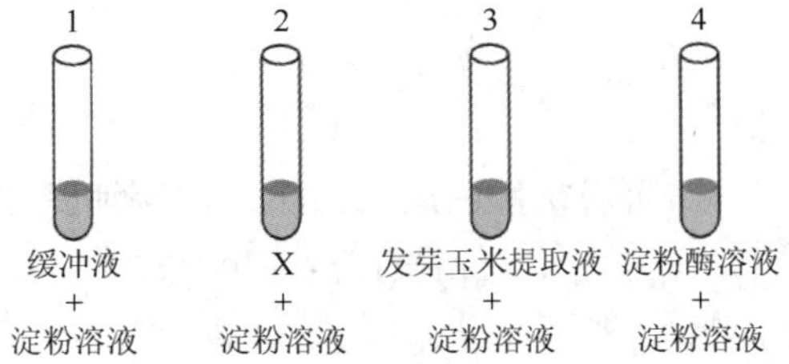

请继续以下分析：

①设置试管 1 作为对照，其主要目的是______________________________。

②试管 2 中应加入的 X 是______的提取液。

③预测试管 3 中的颜色变化是________。若试管 4 未出现预期结果（其他试管中结果符合预期），则最可能的原因是__________________。

2.4　蛋白质是生命活动的主要承担者

2.4.1　蛋白质的结构和功能

核心问题

1. 氨基酸的结构有什么特点？

答：①每种氨基酸分子至少含有一个氨基（$—NH_2$）和一个羧基（—COOH），并且都有一个氨基和一个羧基连接在同一个碳原子上。

②R 基团的不同即决定氨基酸的种类不同。R 基团上可能会含有氨基或者羧基，因此一个氨基酸分子中至少含一个氨基和一个羧基，而不一定只有一个氨基和一个羧基。

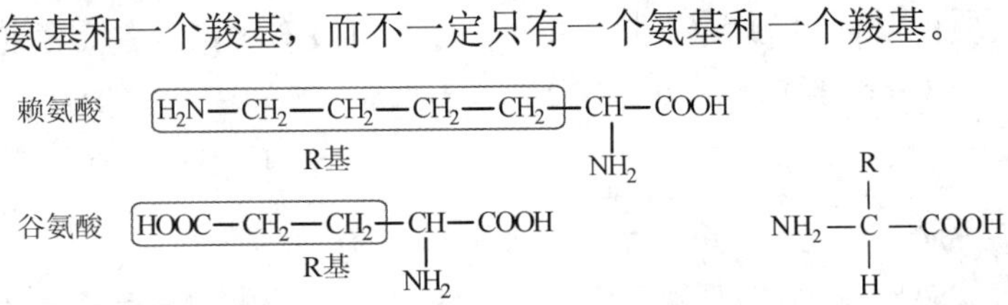

【点拨】 由氨基酸结构通式可知，氨基酸分子中必含 C、H、O、N 四种化学元素，由于 R 基团的存在，还可能含有其他化学元素，如 S 元素。

2. 如何辨析蛋白质结构多样性和功能多样性？

答：

- 蛋白质结构多样性的原因
  - 氨基酸
    - 种类不同
    - 数目不同
    - 排列顺序不同
  - 肽链
    - 盘曲折叠形成的空间结构不同
    - 数目不同

- 蛋白质功能多样性的体现
  - 结构蛋白：肌肉、头发中的蛋白质，染色体、纺锤体中的蛋白质等
  - 功能蛋白
    - 催化：绝大多数酶都是蛋白质
    - 运输：血红蛋白、细胞膜上的载体蛋白
    - 信息传递和调节：蛋白质类激素（如胰岛素）、细胞膜表面的受体（糖蛋白）
    - 免疫：抗体

3. 如何辨析蛋白质的盐析、水解和变性？

答：①盐析：蛋白质在盐溶液中的溶解度降低，会析出白色絮状物，但是蛋白质的空间结构没有发生变化，兑水稀释后絮状物消失。（属于物理变化）

②水解：在蛋白酶作用下，部分肽键断裂，蛋白质分解为短肽和氨基酸。水解和脱水缩合的过程相反。（属于化学变化）

③变性：是由高温、过酸、过碱、重金属盐等因素导致的蛋白质的空间结构发生了不可逆的变化，肽链变得松散，丧失了生物活性，但是肽键一般不断裂。蛋白质变性后更易被蛋白酶水解，所以，吃熟鸡蛋容易消化。（属于化学变化）

典 例 精 讲

【典例 1】（2015 福建）人体内含有多种多样的蛋白质，每种蛋白质（　　）。

A. 都含有 20 种氨基酸

B. 都是在细胞内发挥作用

C. 都具有一定的空间结构

D. 都能催化生物化学反应

【解析】 答案 C。组成人体蛋白质的氨基酸约有 20 种，但并不是每种蛋白质都含有 20 种氨基酸，不同蛋白质所含氨基酸的种类数是不同的，A 错误；有些蛋白质可以在细胞外发挥作用，如消化酶，B 错误；每种蛋白质均有其独特的空间结构，C 正确；蛋白质的功能具有多样性，如有些蛋白质具有催化作用，有些蛋白质具有免疫、运输或调节作用。

> **【提醒】** 唾液淀粉酶、胃蛋白酶等消化酶属于分泌蛋白，可以在细胞外甚至体外发挥作用。蛋白质的功能多种多样，但每一种蛋白质的功能具有一定专一性。

【典例 2】（2017 海南）有关蛋白质结构与功能的叙述，错误的是（　　）。

A. 蛋白质的生物活性与蛋白质的空间结构有关

B. 数量相同的 5 种氨基酸可以组成不同的多肽链

C. 将抗体溶于 NaCl 溶液中会造成其生物活性的丧失

D. 氨基酸序列相同的多肽链可折叠成不同的空间结构

【解析】 答案 C。蛋白质的空间结构改变，则会失去生物活性，所以蛋白质的生物活性与其空间结构有关，A 正确；蛋白质的多样性与氨基酸的排列顺序有关，因此数量相同的 5 种氨基酸可以组成多种不同的多肽链，B 正确；将抗体溶于 NaCl 溶液中会出现盐析现象，但其生物活性没有丧失，C 错误；氨基酸序列相同的多肽链可折叠成不同的空间结构，D 正确。

> **【提醒】** 蛋白质结构多样性原因的 4 个层次：氨基酸种类、数量、排列顺序以及肽链的空间结构。盐析不会使蛋白质变性。蛋

白质变性的真正原因是空间结构改变，如高温、过酸、过碱等。

【典例 3】（2018 全国卷Ⅱ）下列关于人体中蛋白质功能的叙述，错误的是（　　）。

A. 浆细胞产生的抗体可结合相应的病毒抗原

B. 肌细胞中的某些蛋白质参与肌肉收缩的过程

C. 蛋白质结合 Mg^{2+}形成的血红蛋白参与 O_2 运输

D. 细胞核中某些蛋白质是染色体的重要组成成分

【解析】 答案 C。抗体的化学本质是蛋白质，可与相应的抗原特异性结合，A 正确；肌细胞内的肌动蛋白和肌球蛋白参与肌肉收缩过程，B 正确；蛋白质结合 Fe^{2+}形成的血红蛋白参与 O_2 运输，Mg^{2+}可参与叶绿素分子的合成，C 错误；染色体的主要组成成分是 DNA 和蛋白质，D 正确。

【提醒】 某些重要物质含有特殊元素，如血红蛋白含 Fe，叶绿素含 Mg，甲状腺激素含 I 等。

【典例 4】（2018 全国卷Ⅲ）回答下列与蛋白质相关的问题：

（1）生物体中组成蛋白质的基本单位是____。在细胞中合成蛋白质时，肽键是在________这一细胞器上形成的。合成的蛋白质中有些是分泌蛋白，如________（填“胃蛋白酶”“逆转录酶”或“酪氨酸酶”）。分泌蛋白从合成至分泌到细胞外需要经过高尔基体，此过程中高尔基体的功能是________________________________。

（2）通常，细胞内具有正常生物学功能的蛋白质需要有正确的氨基酸序列和________结构。某些物理或化学因素可以导致蛋白质变性，通常，变性的蛋白质易被蛋白酶水解，原因是____。

（3）如果 DNA 分子发生突变，导致编码正常血红蛋白多肽链的 mRNA 序列中一个碱基被另一个碱基替换，但未引起血红蛋白中氨基酸序列的改变，其原因可能是______________。

【解析】（1）组成蛋白质的基本单位是氨基酸。在细胞中合成蛋白质时，肽键是在核糖体上形成的。胃蛋白酶是分泌蛋白，逆转录酶和酪氨酸酶都是细胞内的蛋白质。分泌蛋白分泌到细胞外需要经过高尔基体的加工、分类和包装。

（2）具有生物活性的蛋白质都有特定的氨基酸序列和空间结构。变性的蛋白质空间结构被破坏，肽键被暴露，暴露的肽键容易与蛋白酶接触，使蛋白质水解。

（3）DNA 分子发生突变，导致转录产生的 mRNA 中的碱基序列发生改变，由于密码子具有简并性，所以可能出现密码子不同，但仍对应同一种氨基酸的情况。

【提醒】 同一种氨基酸对应两个或多个密码子的现象称为密码子的简并性。密码子的简并性有利于生物遗传性状的稳定，也在一定程度上提高了翻译的速度。

2.4.2　蛋白质的相关计算

核　心　问　题

1. 氨基酸发生脱水缩合的过程和场所是什么？

答：脱水缩合的过程如下列反应式所示，其场所是核糖体。

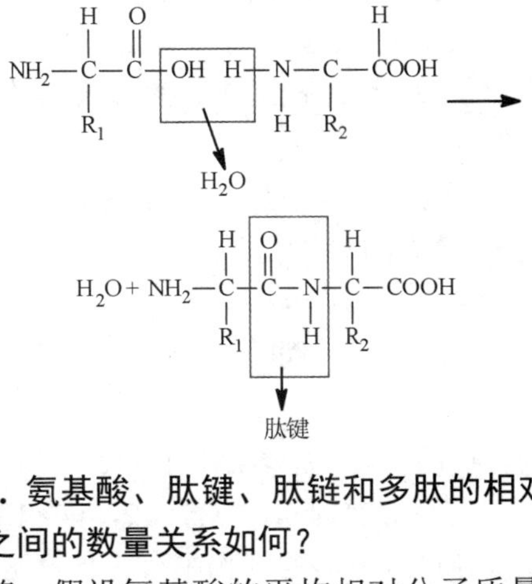

2. 氨基酸、肽键、肽链和多肽的相对分子质量之间的数量关系如何？

答：假设氨基酸的平均相对分子质量为 a，则有：

肽链数	氨基酸数	肽键数	脱去水分子数	多肽链的相对分子质量	氨基数	羧基数
1 条	m	$m-1$	$m-1$	$am-18(m-1)$	至少 1 个	至少 1 个
n 条	m	$m-n$	$m-n$	$am-18(m-n)$	至少 n 个	至少 n 个

①肽键数=脱水数=氨基酸数–肽链数=水解需水数。

多肽的相对分子质量=氨基酸总质量–脱去的水分子质量

②一条肽链上至少有一个游离的氨基和一个游离的羧基，分别位于肽链的两端，其余的氨基和羧基在 R 基团上。

游离氨基数=肽链数+R 基上的氨基数

游离羧基数=肽链数+R 基上的羧基数

N 原子数=各氨基酸中 N 的总数=肽键数+肽链数+R 基上的 N 原子数

O 原子数=各氨基酸中 O 的总数–脱水数=肽键数+2×肽链数+R 基上的 O 原子数

③计算蛋白质相对分子质量时，如果有二硫键（—S—S—）的形成，还需要减去二硫键形成过程脱掉的 H（一个二硫键的形成脱去 2 个 H）。

3. 环状肽中上述数量关系又如何呢？

答：环状肽由肽链首尾两端游离的氨基和羧基发生脱水缩合相接，所以环状肽上只有 R 基团上才有游离的氨基和羧基。

环状肽的肽键数=脱水数=氨基酸数=水解需水数

游离氨基数=R 基上的氨基数

游离羧基数=R 基上的羧基数

N 原子数=各氨基酸中 N 的总数=肽键数+R 基上的 N 原子数

O 原子数=各氨基酸中 O 的总数–脱水数=肽键数+R 基上的 O 原子数

典 例 精 讲

【典例 1】 有一条多肽链由 12 个氨基酸组成，分子式为 $C_xH_yN_zO_wS$（$z>12$，$w>13$），这条多肽链经过水解后的产物中有 5 种氨基酸：半胱氨酸（$C_3H_7NO_2S$）、丙氨酸（$C_3H_7NO_2$）、天门冬氨酸（$C_4H_7NO_4$）、赖氨酸（$C_6H_{14}N_2O_2$）、苯丙氨酸（$C_9H_{11}NO_2$）。水解产物中天门冬氨酸的数目是（　　）。

A. $y+12$ 个　　B. $z+12$ 个

C. $w+13$ 个　　D. $(w-13)/2$ 个

【解析】 答案 D。比较分析五种氨基酸，发现天门冬氨酸含有四个氧原子，即它比另外四种氨基酸多了一个—COOH（且该羧基一定在 R 基上）。十二肽中除开 R 基上的氧原子，应含有的氧原子数为 11+2=13（11 个肽键+1 个—COOH）。由此可以分析，多余的氧原子为天门冬氨酸所含有的，所以水解产物中天门冬氨酸的数目是（$w-13$）/2 个。

> **【提醒】** 常用特殊原子（如 N、S、O 等）的守恒解答此类题目。

【典例 2】 如图所示，一个蛋白质分子由两条多肽链（52 个氨基酸）和一个环状肽（20 个氨基酸）组成，它们之间由二硫键（两个—SH 形成—S—S—）相连，假设氨基酸的平均分子质量为 a，下列叙述不正确的是（　　）。

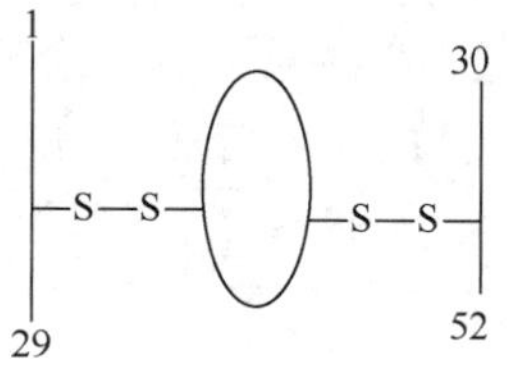

A. 该蛋白质的相对分子质量为 $72a-1264$

B. 该蛋白质共有肽键 70 个

C. 该蛋白质至少含有两个氨基和两个羧基

D. 该蛋白质分子至少含有 N 原子和 O 原子的数量为 72 和 75

【解析】 答案 D。该蛋白质合成时，共形成 52–2+20=70 个肽键，失去 70 个水分子，形成两个二硫键共失去 4 个氢原子，则该蛋白质的相对分子质量为 $72a-18\times70-4=72a-1264$，A、B 正确；一条肽链（非环状）至少含有 1 个氨基和 1 个羧基，该蛋白质至少含有两个氨基和两个羧基，C 正确；该蛋白质分子至少含有 N 原子和 O 原子的数量为 72 和 74，D 错误。

> **【提醒】** 环状肽首尾相连，发生脱水缩合形成肽键，因此环状肽只有 R 基上可能有游离的氨基和羧基。

【典例 3】 胰岛素是由胰腺内的胰岛 B 细胞分泌的一种蛋白质激素。胰岛素是机体内唯一降低血糖的激素，同时促进糖原、脂肪、蛋白质合成，人胰岛素结构如图。

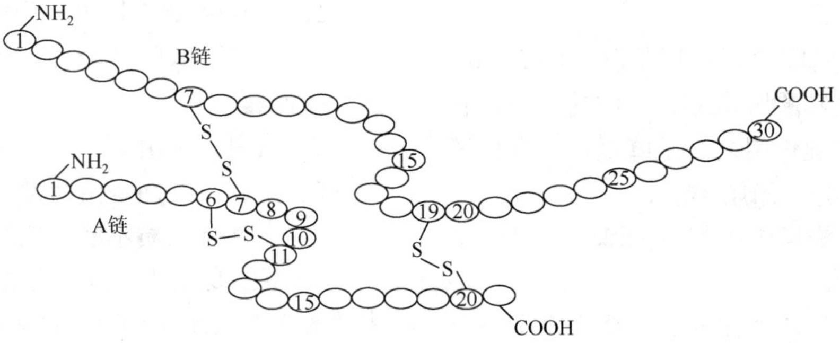

（1）由图可知，一分子胰岛素中一定含有的元素是________________。含有________个肽键，肽键的结构可以表示为________________。

（2）假设组成该蛋白质的 16 种氨基酸的平均相对分子质量为 a，每形成一个二硫键要脱去两个 H。请写出该蛋白质相对分子质量的表达式：____________________________。

（3）该材料说明了蛋白质具有____________功能。

（4）外源性胰岛素主要用于糖尿病治疗，在使用外源性胰岛素时应__________（口服/静脉注射），原因是______________________________。

【解析】（1）由图可知，一分子胰岛素中一定含有的元素是 C、H、O、N、S。根据肽键数=氨基酸总数–肽链条数，该胰岛素分子中含有 51–2=49 个肽键，其结构可表示为“—CO—NH—”。（2）据图可以看出，一分子蛋白质中含有 3 个二硫键（—S—S—），蛋白质相对分子质量=氨基酸平均分子质量×氨基酸数–18×脱去的水分子数–1×脱去的氢原子数=（30+21）a–（30+21–2）×18–（1×6）=51a–888。（3）蛋白质的功能具有多样性：结构蛋白（如血红蛋白）、催化功能（如蛋白质类的酶）、运输功能（如载体蛋白）、调节功能（如胰岛素）、免疫功能（如抗体）等。根据题意可知：该蛋白质（胰岛素）的生理功能具有传递信息，调节生命活动的作用。（4）在使用外源性胰岛素时应该通过静脉注射或者肌肉注射，因为胰岛素是蛋白质，通过口服会在消化内道（主要在小肠）内被蛋白酶分解而失去药效。

【典例 4】（2018 江苏）哺乳动物的催产素具有催产和排乳的作用，加压素具有升高血压和减少排尿的作用。两者结构简式如下图，各氨基酸残基用 3 个字母缩写表示。下列叙述正确的是（　　）。

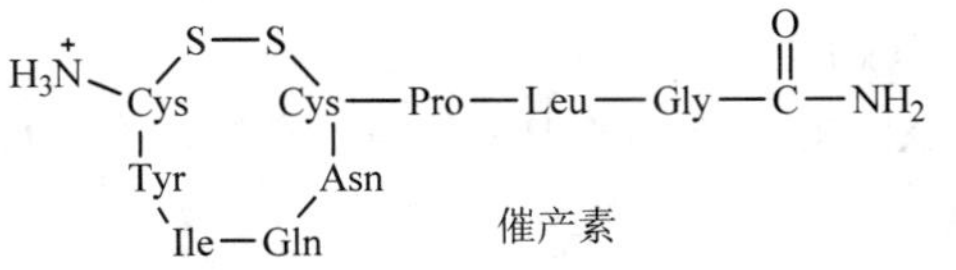

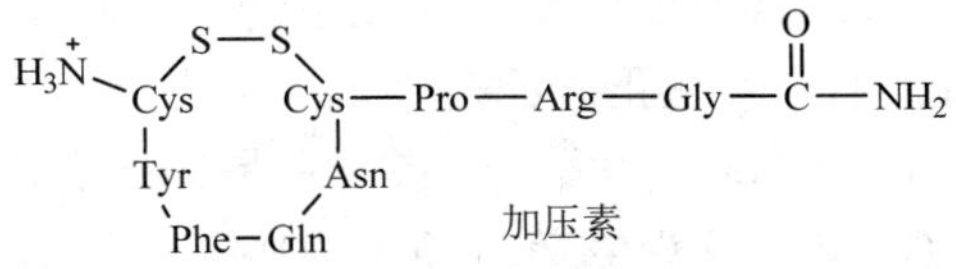

A. 两种激素都是由八肽环和三肽侧链构成的多肽类化合物

B. 氨基酸之间脱水缩合形成的水分子中氢全部来自氨基

C. 肽链中游离氨基的数目与参与构成肽链的氨基酸种类无关

D. 两种激素间因 2 个氨基酸种类不同导致生理功能不同

【解析】 答案 D。分析题中激素的结构简式可知，两种激素都是九肽，其中有两个氨基酸之间有二硫键，并未形成肽环，A 错误；氨基酸脱水缩合形成的水分子中的氢分别来自氨基和羧基，B 错误；肽链中游离氨基的数目与构成肽链的氨基酸 R 基上的氨基数目有关，C 错误；分析题中激素的结构简式可知，两种激素间有 2 个氨基酸种类不同，其他连接方式和空间结构相同，故这两种激素的生理功能不同是由这 2 个氨基酸种类不同导致的，D 正确。

针 对 训 练

1. 哺乳动物的降钙素是甲状腺滤泡旁细胞分泌的由 32 个氨基酸脱水缩合形成的一条链状多肽类激素，其生理作用之一是降低血钙和血磷含量。下列有关分析正确的是（　　）。

A. 甲状腺滤泡旁细胞特有的基因经过转录和翻译合成降钙素

B. 降钙素由高尔基体合成，至少含有一个游离的氨基和一个游离的羧基

C. 氨基酸分子形成降钙素时，氨基酸的相对分子质量至少减少 558

D. 高血磷患者宜口服降钙素，以维持机体血磷含量相对稳定

2.（2020 天津）组成下列多聚体的单体的种类最多的是（　　）。

A. 血红蛋白　B. DNA　C. 淀粉　D. 纤维素

3.（2018 浙江）蛋白质在生物体内具有重要作用。下列叙述正确的是（　　）。

A. 蛋白质化学结构的差异只是 R 基团的不同

B. 某些化学物质可使蛋白质的空间结构发生改变

C. 蛋白质控制和决定着细胞及整个生物体的遗传特性

D. “检测生物组织中的蛋白质”需同时加入双缩脲试剂 A 和 B

4. 某兴趣小组采用两种途径处理鸡蛋清溶液，过程如图所示。下列有关叙述错误的是（　　）。

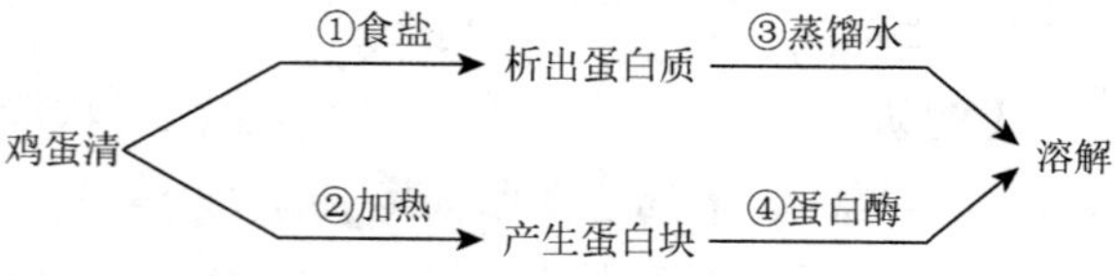

A. 过程①既没有破坏蛋白质的空间结构，也没有破坏其中的肽键

B. 向过程④结束后的反应体系中加入双缩脲试剂不会再产生紫色反应

C. 过程②会破坏蛋白质的空间结构，导致蛋白质失去其生理功能

D. 图中①②两种处理方法都没有改变鸡蛋清中蛋白质的氨基酸数量

5. 下列相关叙述中，正确的是（　　）。

A. *α*-鹅膏蕈碱是一种环状八肽，分子中含有 8 个肽键

B. 蛋白质是由 2 条或 2 条以上肽链构成的

C. 蛋白质变性是由肽键的断裂造成的

D. 变性蛋白质不能与双缩脲试剂发生反应

6. 下图是某蛋白质分子的结构示意图，图中“▲”等表示不同种类的氨基酸，图中甲链由 21 个氨基酸组成，乙链由 19 个氨基酸组成，图中“—S—S—”是在蛋白质加工过程中由 2 个“—SH”脱去 2 个 H 形成的。下列有关叙述，错误的是（　　）。

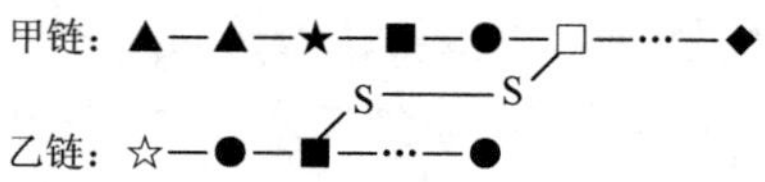

A. 该蛋白质分子形成过程中脱去了 38 个水分子

B. 该蛋白质分子至少含有 2 个氨基

C. 图中每条肽链上各氨基酸之间的化学键是肽键

D. 形成该蛋白质分子时相对分子质量减少了 684

7. 脑啡肽是一种具有镇痛作用而又不会像吗啡那样使病人上瘾的药物，下面是它的结构简式。请根据此化合物的结构回答下列问题。

（1）脑啡肽是______肽，它的基本组成单位的结构特点是______________________________。

（2）如果脑啡肽肽链长度不变，组成它的氨基酸的种类和数目均不变，改变其中________，就可以改变其性质。

（3）脑啡肽只有注射才有效，而不能口服，主要原因是____________________________。

（4）若将脑啡肽完全水解，需要水分子__个，水解后的产物有____种。

（5）脑啡肽可用____试剂检测，呈现____色，其原因是该化合物中所含有的____与该试剂发生了颜色反应。

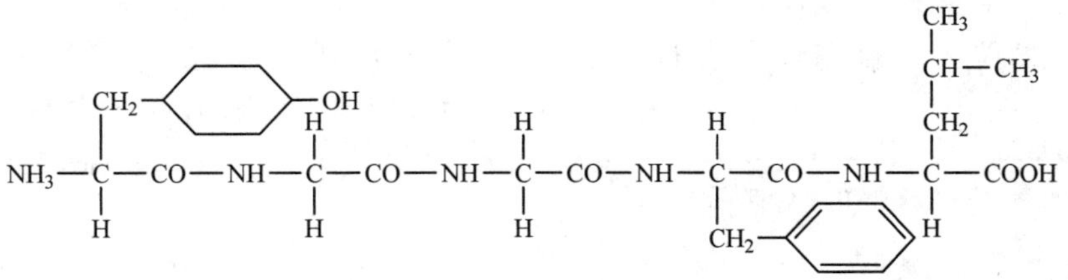

2.5　遗传信息的携带者——核酸

2.5.1　核酸的组成、结构和功能

核 心 问 题

1. 核酸是生物大分子，其结构层次是怎样的？

答：

- 元素组成：C、H、O、N、P
  - ↓
- 核苷酸
  - 组成：1分子含氮碱基、1分子五碳糖、1分子磷酸
  - 种类：
    - 4种脱氧核苷酸：五碳糖：脱氧核糖；含氮碱基：A、G、C、T；磷酸
    - 4种核糖核苷酸：五碳糖：核糖；含氮碱基：A、G、C、U；磷酸
  - ↓
- 核酸
  - 由几十个乃至上亿个核苷酸组成；相对分子质量很大，几十万至几百万
  - 种类：
    - DNA(脱氧核糖核酸)：一般为双链
    - RNA(核糖核酸)：一般为单链

2. 全面了解核酸的功能

答：核酸是携带遗传信息的物质，在生物体的遗传、变异和蛋白质的生物合成中具有极其重要的作用。

功能
- DNA：携带遗传信息；指导蛋白质的合成来控制生物性状。
- RNA
  - 作为某些病毒的遗传物质（RNA病毒）
  - 催化作用：少部分酶是RNA（如核酶）
  - 传递遗传信息（mRNA）、转运氨基酸（tRNA）、组成核糖体（rRNA）

【点拨】

①具有细胞结构的生物，一定以 DNA 为遗传物质。

②病毒只含有一种核酸（只含 DNA 或只含 RNA），含有哪种核酸，哪种核酸就是遗传物质。

③生物界绝大多数生物的遗传物质都是 DNA，所以 DNA 是主要的遗传物质。

3. DNA 和 RNA 在细胞内如何分布？

DNA的分布
- 真核细胞：主要在细胞核，其次在线粒体，叶绿体中也有少量DNA
- 原核细胞：主要在拟核，其次在质粒

RNA 的分布：主要在细胞质。另外在细胞核、叶绿体、线粒体、核糖体中也有少量 RNA。

【点拨】哺乳动物成熟的红细胞无细胞核，无核糖体，既不含 DNA 也不含 RNA。

典例精讲

【典例 1】 下列关于 DNA 与 RNA 的叙述，错误的是（　　）。

A. 同一生物的不同细胞中，DNA 含量可能不同

B. 核酸的初步水解产物是含氮碱基、五碳糖、磷酸

C. 判断核酸种类可依据五碳糖或碱基的种类

D. 烟草花叶病毒中含有 4 种含氮碱基、4 种核苷酸

【解析】 答案 B。同一生物的不同细胞中叶绿体、线粒体数量可能不同，故 DNA 含量可能不同，A 正确；核酸初步水解产物是核苷酸，彻底水解产物是含氮碱基、五碳糖、磷酸，B 错误；组成 DNA 和 RNA 的五碳糖不同，碱基也不完全相同，故可依据五碳糖或碱基种类判断核酸的种类，C 正确；烟草花叶病毒只含 RNA，故其含有 4 种碱基、4 种核苷酸，D 正确。

【提醒】 细胞中的 DNA 除了核 DNA 外，还有质粒 DNA。叶绿体、线粒体中有少量 DNA，同一生物不同细胞中的叶绿体、线粒体数量可能不同，故同一生物不同细胞中 DNA 含量可能不同。

【典例 2】（2019 天津）用 ^3H 标记胸腺嘧啶后合成脱氧核苷酸，注入真核细胞，可用于研究（　　）。

A. DNA 复制的场所

B. mRNA 与核糖体的结合

C. 分泌蛋白的运输

D. 细胞膜脂质的流动

【解析】 答案 A。胸腺嘧啶是脱氧核苷酸的特有组成成分之一，脱氧核苷酸是 DNA 复制的原料，故用 ^3H 标记的胸腺嘧啶合成脱氧核苷酸，注入真核细胞后可以用于研究 DNA 复制的场所，A 正确。mRNA、核糖体、蛋白质、脂质中都不含胸腺嘧啶脱氧核苷酸，故其余选项错误。

【提醒】 脱氧核糖≠脱氧核苷酸≠脱氧核糖核酸。脱氧核糖是一种五碳糖，脱氧核苷酸是脱氧核糖核酸的基本组成单位，脱氧核糖核酸即 DNA 分子。

【典例 3】 下列关于 RNA 的叙述，不正确的是（　　）。

A. RNA 的组成元素与磷脂分子相同

B. HIV 能发生 RNA 的复制

C. 噬菌体的核酸由脱氧核苷酸组成

D. 某些 RNA 能降低化学反应的活化能

【解析】 答案 B。RNA 的组成元素与磷脂分子相同，都由 C、H、O、N、P 组成，A 正确；HIV 属于逆转录病毒，不能发生 RNA 的复制，B 错误；噬菌体中只有 DNA 一种核酸，其基本组成单位为脱氧核苷酸，C 正确；有些酶的化学本质是 RNA，所以某些 RNA 能降低化学反应的活化能，D 正确。

【提醒】 磷脂分子的化学元素有 C、H、O、N、P。

2.5.2　观察 DNA 和 RNA 在细胞中的分布

核心问题

1. 在物质鉴定实验中，如何选择实验材料？

答：（1）必须含有相对丰富的该种物质。（2）物质鉴定多为显色反应，因此所选材料应该为无色或近于白色。如：还原糖的鉴定中选择梨作为实验材料，而不能选西瓜；观察 DNA 和 RNA 在细胞中的分布实验，选口腔上皮细胞，而不能选用叶肉细胞或者哺乳动物成熟红细胞。

2. 实验中用到的质量分数为 0.9%的 NaCl 溶液和质量分数为 8%的盐酸的作用分别是什么？

答：质量分数为 0.9%的 NaCl 溶液的作用是保持口腔上皮细胞的正常形态；质量分数为 8%的盐酸的作用是改变细胞膜的通透性，加速染色剂进入细胞，同时使染色质中的 DNA 和蛋白质分离，有利于 DNA 与染色剂结合。

典例精讲

【典例 1】“观察 DNA 和 RNA 在细胞中的分布”实验中，下列分析正确的是（　　）。

A. 染色时先用甲基绿染液染色，再滴加吡罗红染液

B. 将涂片用质量分数为 8%的盐酸处理后，接着用染色剂染色

C. 观察时应选择染色均匀、色泽较浅的区域

D. 与甲基绿结合的核酸分子只分布在细胞核中

【解析】 答案 C。两种试剂不是单独使用，而是混合使用，A 错误；将涂片用质量分数为 8%的盐酸处理后，要用蒸馏水缓水流冲洗 10s，然后再染色，B 错误；观察时先用低倍镜，选择染色均匀、色泽较浅的区域，C 正确；与甲基绿结合的 DNA 分子主要分布在细胞核中，少量分布在线粒体中。

【典例 2】 下列有关“观察 DNA 和 RNA 在细胞中的分布”实验的叙述，不正确的是（　　）。

A. 盐酸的作用是改变细胞膜的通透性，加速染色剂进入细胞，同时能够使染色体中的 DNA 与蛋白质分离，有利于 DNA 与染色剂结合

B. 加热烘干的目的是固定细胞标本，防止标本移动脱落，便于观察

C. 用蒸馏水冲洗载玻片的目的是洗去残留的盐酸，便于碱性染料的染色

D. 观察的结果是细胞质呈绿色，细胞核呈红色

【解析】 答案 D。甲基绿使 DNA 呈现绿色，DNA 主要分布在细胞核，所以是细胞核为绿色；吡罗红使 RNA 呈现红色，RNA 主要分布在细胞质，所以是细胞质为红色，D 错误。

针对训练

1. 下表是不同生物的核酸、核苷酸、碱基种类的区别，请在表格内补充填写相关种类或者物质名称。

生物类别		核酸种类	核苷酸种类	碱基种类	遗传物质	举例
细胞结构生物（原核生物和真核生物）		____种（　　）	____种	____种（　　）	____	
病毒	DNA 病毒	____种（　　）	____种	____种（　　）	____	
	RNA 病毒	____种（　　）	____种	____种（　　）	____	

2. 生物大分子通常都有一定的分子结构规律，即是由一定的基本结构单位，按一定的排列顺序和连接方式形成的多聚体。请看图完成填空：

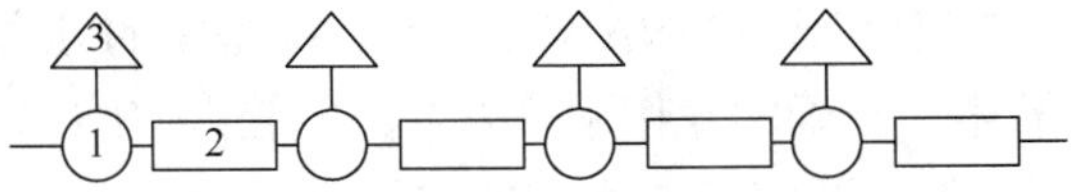

（1）若该图为一段肽链的结构模式图，则 1 表示____，2 表示____，3 的种类有____。

（2）若该图为一段核酸的结构模式图，则 1 表示____，2 表示____，3 的种类有____。

（3）若该图为多糖的结构模式图，则 1、2、3 连接形成的化合物是____。

3. 下图表示生物体内两种重要化合物的化学组成关系，下列叙述中正确的是（　　）。

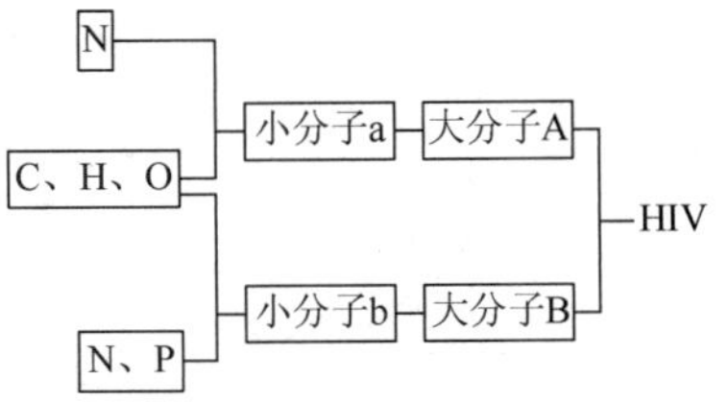

A. 上图中大分子 B 呈双螺旋结构

B. a 的种类约 20 种，b 的种类为 8 种

C. a 与 a 之间通过“—NH—COOH—”相连接，b 与 b 之间通过磷酸二酯键相连接

D. HIV 的遗传信息储存在大分子 B 中

4. 生物 DNA 分子的特异性是 DNA 指纹检

测的主要依据，DNA 特异性的根本原因是 DNA 分子具有特定的（　　）。

A. 氨基酸排列顺序　B. 磷酸排列顺序

C. 碱基排列顺序　　D. 五碳糖排列顺序

5. 下列与真核生物中核酸有关的叙述，错误的是（　　）。

A. 线粒体和叶绿体中都含有 DNA 分子

B. 合成核酸的酶促反应过程中不消耗能量

C. DNA 和 RNA 分子中都含有磷酸二酯键

D. 转录时有 DNA 双链解开和恢复的过程

6. 下列关于核酸和蛋白质的叙述，正确的是（　　）。

A. 真核细胞内的所有核酸分子都能贮存遗传信息

B. HIV 和 T_2 噬菌体的核酸类型和增殖过程均相同

C. 蓝藻中不存在由蛋白质和核酸组成的结构

D. 某些核酸分子和某些蛋白质分子都具有转运物质的功能

7. 在“观察 DNA 和 RNA 在细胞中的分布”实验中，正确的操作顺序以及将口腔上皮细胞放入 8%的盐酸溶液中水解的主要目的是（　　）。

①染色　②水解　③涂片

④取口腔上皮细胞　⑤观察

A. ④①②③⑤；使细胞中的 DNA 水解成脱氧核苷酸

B. ④②①③⑤；使细胞中的物质全部水解

C. ④⑤①③②；利用盐酸改变细胞壁的通透性，加速染色剂进入细胞

D. ④③②①⑤；使染色质中的 DNA 与蛋白质分离，有利于 DNA 与染色剂结合

参 考 答 案

2.1 细胞中的元素和化合物

1. D　2. C　3. D

2.2 细胞中的无机物

1. B　2. D

2.3 细胞中的糖类和脂质

1. B　2. B　3. D　4. C　5.（1）双缩脲；①②③（2）碘液；玉米发芽过程中胚乳的淀粉逐渐减少　（3）①排除用于实验的淀粉溶液中含有还原性糖　②发芽前玉米　③蓝色→砖红色　淀粉酶已失活。

2.4 蛋白质是生命活动的主要承担者

1. C　2. A　3. B　4. B　5. A　6. D

7.（1）五　都至少含有一个氨基和一个羧基，并且都有一个氨基和一个羧基连接在同一个碳原子上　（2）氨基酸的排列顺序　（3）若口服此药物，在消化道内药物会被消化酶分解，失去药效　（4）4　4　（5）双缩脲　紫　—CO—NH—（肽键）

2.5 遗传信息的携带者——核酸

1. 略　2.（1）中心碳原子　肽键　20 种　（2）五碳糖　磷酸基团　4 种　（3）葡萄糖

3. D　4. C　5. B　6. D　7. D

第3章　细胞的基本结构

3.1　细胞膜的结构与功能

核心问题

1. 细胞膜的主要成分有哪些？

答：细胞膜主要由脂质和蛋白质组成。此外，还有少量的糖类。在组成细胞膜的脂质中磷脂最丰富。蛋白质在细胞膜行使功能时起重要作用，因此，功能越复杂的细胞膜，蛋白质的种类和数量越多。

2. 为什么哺乳动物成熟的红细胞是体验制备细胞膜的良好材料？怎样获得细胞膜？

答：因为人和其他哺乳动物成熟的红细胞中没有细胞核和众多的细胞器。加蒸馏水让其吸水涨破即可得到较纯净的细胞膜。如试验在显微镜下观察，则在观察红细胞初始形态后直接在载物台上进行，在盖玻片一侧滴加蒸馏水，另一侧用吸水纸吸引；如在试管中进行则还需离心得到较纯的细胞膜。

3. 细胞膜具有哪些功能？

答：①将细胞与外界环境分隔开；②控制物质进出细胞；③进行细胞间的信息交流。

4. 细胞间的信息交流方式有哪些？

答：①间接交流：细胞分泌的化学物质（如激素、神经递质），随血液到达全身各处，与靶细胞的细胞膜表面的受体结合，将信息传递给靶细胞。②直接接触交流：相邻两个细胞膜接触，信息从一个细胞传递给另一个细胞。例如，精子和卵细胞之间的识别和结合。③通道交流：相邻两个细胞之间形成通道，携带信息的物质通过通道进入另一个细胞。例如，高等植物细胞之间通过胞间连丝相互连接，也有信息交流的作用。

【点拨】不是所有的信息交流方式都需要信号分子和受体，例如：通道交流。

典例精讲

【典例1】（2017全国卷Ⅰ）细胞间信息交流的方式有多种。在哺乳动物卵巢细胞分泌的雌激素作用于乳腺细胞的过程中，以及精子进入卵细胞的过程中，细胞间信息交流的实现分别依赖于（　　）。

A. 血液运输，突触传递

B. 淋巴运输，突触传递

C. 淋巴运输，胞间连丝传递

D. 血液运输，细胞间直接接触

【解析】 答案D。哺乳动物卵巢细胞分泌的雌激素需要依赖血液运输到达全身各处，才能与乳腺细胞细胞膜表面的受体结合；精子和卵细胞之间的识别和结合是细胞间直接接触，不属于突触传递，而胞间连丝为高等植物细胞特有。

【典例2】（2014全国卷Ⅰ）关于细胞膜结构和功能的叙述，错误的是（　　）。

A. 脂质和蛋白质是组成细胞膜的主要物质

B. 当细胞衰老时，其细胞膜的通透性会发生改变

C. 甘油是极性分子，所以不能以自由扩散的方式通过细胞膜

D. 细胞产生的激素与靶细胞膜上相应受体的结合可实现细胞间的信息传递

【解析】 答案C。细胞膜主要由脂质和蛋白质组成，A正确；当细胞衰老时，其细胞膜的通透性会发生改变，这是细胞衰老的特征之一，B正确；甘油是极性分子，根据相似相溶原理，能以自由扩散的方式通过细胞膜，C错误；细胞产生的激素与靶细胞膜上相应受体的结合可实现细胞间的信息传递，D正确。

【提醒】 本题为细胞膜的主要成分、物质跨膜运输、细胞间信息交流的方式等知识的综合考查。需注意细胞膜的成分和通透性是可变的，例如细胞衰老、癌变时。细胞在癌变的过程中，细胞膜糖蛋白减少，甲胎蛋白、癌胚抗原等物质增加。

针 对 训 练

1. 下列有关细胞膜的叙述，不正确的是（　　）。

A. 细胞膜主要由脂质和蛋白质组成

B. 不同功能的细胞，其细胞膜蛋白质的种类和数量相同

C. 组成细胞膜的脂质中，磷脂最丰富

D. 蛋白质种类和数量多的细胞膜功能复杂

2. 下列有关细胞膜的制备及观察的叙述，正确的是（　　）。

A. 家鸡的红细胞是最佳的实验材料

B. 若选用洋葱鳞片叶内表皮细胞，应先用镊子去除细胞壁

C. 制备细胞膜可先利用吸水涨破法，再利用离心法

D. 用显微镜观察时，可直接用高倍显微镜找到目标

3. 下列关于细胞膜功能的叙述，不正确的是（　　）。

A. 细胞膜作为系统的边界，将细胞与外界环境分隔开，保障了细胞内部环境的相对稳定

B. 细胞间的信息交流使生物体作为一个整体完成生命活动

C. 相邻两个细胞的信息交流全靠细胞膜的直接接触

D. 细胞膜能控制物质进出细胞，这种功能是相对的

4. 细胞之间通过信息交流，保证细胞间功能的协调。下列关于细胞间信息交流的叙述错误的是（　　）。

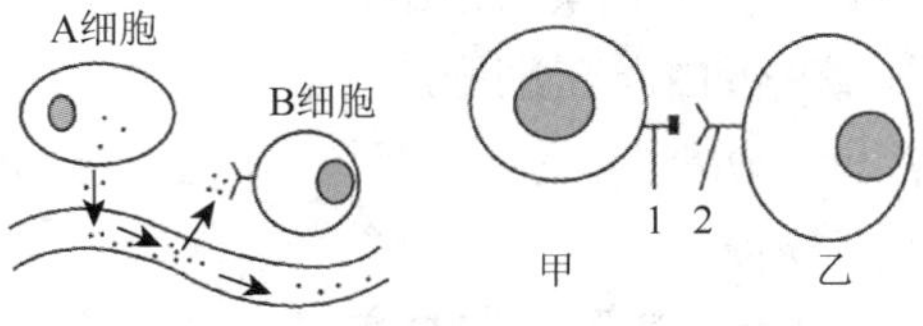

(a)　　　　(b)

A. B 细胞与乙细胞上受体的化学本质都是糖蛋白

B.（b）可以表示精子与卵细胞的识别

C. 若 A 细胞是能产生胰岛素的细胞，则胰岛素通过血液循环最终作用于靶细胞

D. 细胞膜上的受体是细胞间进行信息交流所必需的结构

3.2　细胞器之间的分工

3.2.1　各种细胞器的结构和功能

核 心 问 题

1. 用什么方法分离各种细胞器？

答：差速离心法。

2. 你能说出各种细胞器的结构和功能，并从中体会结构和功能相适应的生命观念吗？

答：各种细胞器形态、结构不同，在功能上也各有分工。

①线粒体：双层膜结构细胞器，外膜平滑，内膜某些部位向内腔折叠形成嵴，大大增加了内膜的面积。嵴的周围充满了液态的基质，线粒体内膜和基质中含有多种与有氧呼吸有关的酶，基质中还有少量的 DNA 和 RNA；线粒体是有氧呼吸的主要场所，是细胞的“动力车间”。

②叶绿体：双层膜结构细胞器，外膜内膜均平滑，内部有许多由类囊体薄膜堆叠而成的基粒，基粒与基粒之间充满基质；类囊体薄膜上有与光合作用光反应阶段有关的色素和酶，基质中有与暗反应阶段有关的酶，也有少量的 DNA 和 RNA；叶绿体是光合作用的场所，是植物细胞

的“养料制造车间”和“能量转换站”。(光能转化为 ATP 中活跃的化学能，再转化为有机物中稳定的化学能。)

③内质网：单层膜连接而成的网状结构，外连细胞膜，内连核膜，是分布最广的细胞器；有光面内质网（无核糖体附着）和粗面内质网（有核糖体附着）两种，与蛋白质的加工有关，是脂质合成的“车间”。

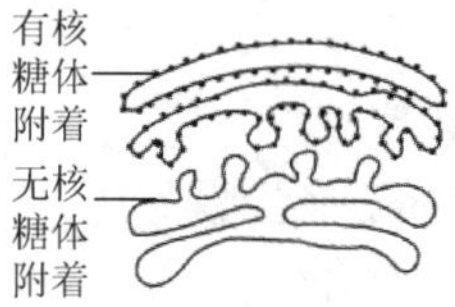

④高尔基体：单层膜结构，由扁平囊和大、小囊泡构成。与植物细胞细胞壁的形成有关；与动物细胞分泌蛋白的加工、分类和包装有关。

⑤核糖体：无膜结构细胞器，由 rRNA 和蛋白质构成，有的附着在内质网上，有的游离在细胞质基质中，是“生产蛋白质的机器”。

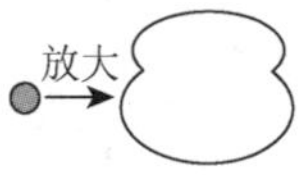

⑥中心体：无膜结构细胞器，见于动物和某些低等植物细胞，由两个相互垂直排列的中心粒及周围物质构成，与细胞有丝分裂有关。

⑦溶酶体：单层膜结构细胞器，内含多种水解酶，能分解衰老、损伤的细胞器，吞噬并杀死侵入细胞的病毒或病菌，是“消化车间”。

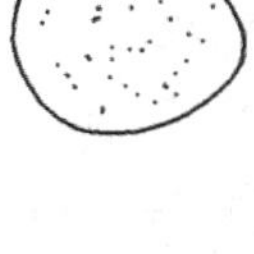

⑧液泡：单层膜结构细胞器，内有细胞液，含糖类、无机盐、色素和蛋白质等物质，可调节植物细胞内的环境，与植物的渗透作用有关。

3. 细胞质和细胞器的关系是怎样的？

答：细胞质包含细胞器和细胞质基质两部分。细胞质基质呈胶质状，由水、无机盐、糖类、氨基酸、核苷酸和多种酶等组成，是多种化学反应的场所。

4. 什么是细胞骨架？

答：细胞骨架是真核细胞中由蛋白质纤维组成的网架结构，在维持细胞形态，保持细胞内部结构的有序性方面起重要作用，与细胞运动、分裂、分化以及物质运输、能量转换、信息传递等生命活动密切相关。

典 例 精 讲

【典例 1】（2019 全国卷Ⅲ）下列有关高尔基体、线粒体和叶绿体的叙述，正确的是（　　）。

A. 三者都存在于蓝藻中

B. 三者都含有 DNA

C. 三者都是 ATP 合成的场所

D. 三者的膜结构中都含有蛋白质

【解析】 答案 D。蓝藻属于原核生物，只有核糖体一种细胞器，没有高尔基体、线粒体和叶绿体，A 错误；线粒体和叶绿体含少量 DNA，而高尔基体不含 DNA，B 错误；线粒体和叶绿体可以合成 ATP，而高尔基体消耗 ATP，C 错误；高尔基体、线粒体和叶绿体都是膜结构细胞器，而膜的主要成分是脂质和蛋白质，D 正确。

【提醒】 蓝藻、细菌等原核生物，只有核糖体一种细胞器。真核细胞的 DNA 主要分布于细胞核，少量 DNA 分布于细胞质的线粒体、叶绿体中。真核细胞能合成 ATP 的生理活动是光合作用和细胞呼吸，故合成 ATP 的场所有：叶绿体、细胞质基质和线粒体。

【典例 2】（2016 全国卷 I）下列与细胞相关的叙述，正确的是（　　）。

A. 核糖体、溶酶体都是具有膜结构的细胞器

B. 酵母菌的细胞核内含有 DNA 和 RNA 两类核酸

C. 蓝藻细胞的能量来源于其线粒体有氧呼吸过程

D. 在叶绿体中可进行 CO_2 的固定但不能合成 ATP

【解析】 答案 B。核糖体为无膜结构细胞器，溶酶体是单层膜结构细胞器，A 错误；酵母菌的细胞核内含有 DNA 和 RNA（少量）两类核酸，B 正确；蓝藻是原核生物，没有线粒体，但是含有与有氧呼吸有关的酶，能进行有氧呼吸，C 错误；在叶绿体基质中可进行 CO_2 的固定，在叶绿体类囊体薄膜上能合成 ATP，D 错误。

> **【提醒】** 凡是细胞结构生物（无论是真核生物还是原核生物）既含有 DNA 又含 RNA。病毒只含一种核酸：DNA 或者 RNA。蓝藻是原核生物，只有核糖体一种细胞器；没有叶绿体，但是可以进行光合作用（有与光合作用有关的酶和色素——藻蓝素、叶绿素）；没有线粒体，但是可以进行有氧呼吸。

【典例 3】（2016 海南）下列关于植物细胞中液泡的叙述，错误的是（　　）。

A. 植物细胞中的液泡是一种细胞器

B. 液泡大小会随细胞的吸水或失水而变化

C. 液泡中含有糖和无机盐，不含有蛋白质

D. 花瓣细胞液泡中色素种类和含量可影响花色

【解析】 答案 C。植物细胞中的液泡是一种细胞器，A 项正确；成熟的植物细胞相当于一个渗透系统，通过原生质层，细胞液与外界溶液发生渗透吸水或渗透失水，所以液泡大小会随细胞的吸水或失水而变化，B 项正确；液泡的细胞液中含有糖类、无机盐、色素和蛋白质等物质，C 项错误；花瓣细胞液泡中色素种类和含量可影响花色，例如：牵牛花花瓣细胞液泡中的花青素的颜色受到温度、pH 等因素的影响，可使牵牛花呈现紫色、粉色等颜色，D 正确。

3.2.2　实验：用高倍显微镜观察叶绿体和线粒体

核　心　问　题

1. 本实验的实验原理是什么？

答：叶绿体呈绿色、扁平的椭球形或球形，不需染色，制片后直接观察；线粒体无色，有短棒状、圆球状、线形、哑铃形等，用健那绿染液染成蓝绿色后制片观察。

2. 本实验的实验步骤？

答：（1）观察叶绿体。

制作藓类叶片临时装片：
- ①在洁净的载玻片中央滴一滴清水
- ②用镊子取一片藓类的小叶，或取菠菜叶稍带些叶肉的下表皮，放入水滴中
- ③盖上盖玻片

↓

低倍显微镜下找到叶片细胞

↓

高倍显微镜下观察叶绿体的形态和分布情况

（2）观察线粒体。

制作人的口腔上皮细胞临时装片：
- ①在洁净的载玻片中央滴一滴健那绿染液
- ②用消毒牙签刮自己漱净的口腔内侧壁后涂抹于染液中
- ③盖上盖玻片

↓

低倍显微镜下找到口腔上皮细胞

↓

高倍显微镜下观察：
- 线粒体被染成蓝绿色
- 细胞质接近无色

3. 本实验的注意事项有哪些？

答：（1）观察叶绿体常选用藓类的叶片。因为藓类的叶片薄而小，仅有一两层叶肉细胞，叶绿体清楚，可取小叶直接制片。若用菠菜叶作为实验材料，要撕取菠菜叶稍带些叶肉的下表皮，原因是：靠近下表皮的叶肉是海绵组织，叶绿体大而且排列疏松，便于观察；带叶肉是因为叶肉细胞含叶绿体，而表皮细胞不含叶绿体。

（2）实验过程中的临时装片要始终保持有水状态，避免细胞活性受到影响。

（3）用口腔上皮细胞作为实验材料观察线粒体时，要漱净口腔，防止食物碎屑对观察物像造成干扰。

（4）健那绿是专一性线粒体的活细胞染料，可使线粒体呈蓝绿色，而细胞质接近无色，便于在高倍显微镜下观察线粒体的形态和分布。所以要保证细胞的活性，不能是死细胞。

（5）盖盖玻片时，一侧先接触液滴，使盖玻片与载玻片成 45°夹角，然后缓慢放下，防止产生气泡。

【点拨】 不能用观察叶绿体的材料观察线粒体，因为健那绿将线粒体染成蓝绿色，会与绿色的叶绿体混淆，无法区分。

典例精讲

【典例 1】（2019 海南）下列关于实验中使用普通光学显微镜的说法，错误的是（　　）。

A. 用高倍镜观察菠菜细胞叶绿体形态时，临时装片需要保持有水状态

B. 需要高倍镜下才能观察到洋葱鳞片叶外表皮细胞的质壁分离

C. 在低倍镜下可以观察到洋葱根尖分生区细胞的形态及大小

D. 用显微镜观察洋葱根尖细胞核时，可用甲基绿进行染色

【解析】 答案 B。用高倍镜观察菠菜细胞叶绿体形态时，实验过程中临时装片需要始终保持有水的状态，A 正确；观察洋葱鳞片叶外表皮细胞的质壁分离和复原的实验直接在低倍显微镜下即可看清晰，B 错误；在低倍镜下可以观察到洋葱根尖分生区细胞的形态及大小，C 正确，但如需用根尖分生区观察有丝分裂各时期染色体的行为变化，则需换高倍镜；用显微镜观察洋葱根尖细胞核时，可用甲基绿染色核 DNA，根据绿色分布推知细胞核的位置，D 正确。

【典例 2】 下列有关“用高倍显微镜观察叶绿体和线粒体”实验的说法，错误的是（　　）。

A. 健那绿染液是专一性染线粒体的活细胞染料，可以使活细胞中线粒体呈现蓝绿色

B. 观察叶绿体时选用藓类的叶或黑藻的叶，原因是叶片薄而小，叶绿体清楚

C. 用菠菜叶作实验材料，要取菠菜叶的下表皮并稍带些叶肉

D. 观察叶绿体，可用高倍镜直接观察

【解析】 答案 D。用高倍显微镜观察叶绿体时，应先用低倍镜找到要放大观察的物像并移到视野中央，再换上高倍镜观察，不能用高倍镜直接观察。

【点拨】 关于普通光学显微镜的使用一定是先低倍镜再高倍镜。

3.2.3　细胞器之间的协调配合与细胞的生物膜系统

核心问题

1. 以分泌蛋白的合成和运输为例，理解细胞器之间是怎样分工合作的？

答：首先在内质网上的核糖体中氨基酸脱水缩合形成肽链，肽链进入内质网中加工，形成有一定空间结构的蛋白质。然后内质网以“出芽”形式形成囊泡，包裹着要运输的蛋白质，离开内质网到达高尔基体，与高尔基体膜融合，囊泡膜成为高尔基体膜的一部分。 高尔基体能对蛋白质进行进一步的修饰加工，然后形成囊泡包裹着蛋白质移向细胞膜，与细胞膜融合后，将蛋白质分泌到细胞外。分泌蛋白的合成、加工和运输的过程需要消耗能量。这些能量的供给主要来自线粒体。

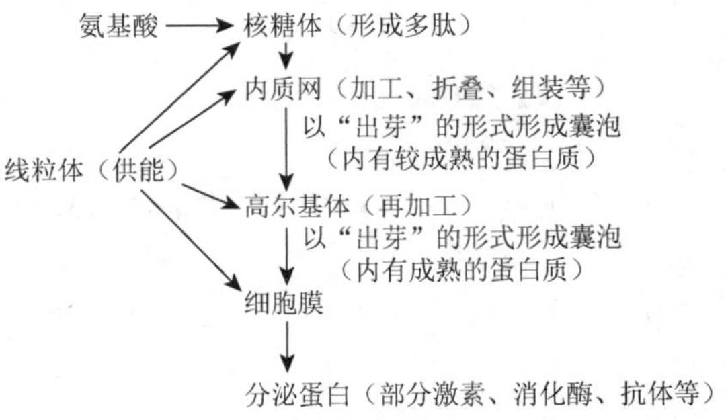

2. 在分泌蛋白的合成和运输过程中内质网、高尔基体、细胞膜的膜面积如何变化？

答：内质网因失去囊泡膜面积变小，高尔基

体先得到囊泡后又失去囊泡故面积几乎不变，细胞膜得到囊泡膜面积增大。内质网膜、高尔基体膜和细胞膜可以通过囊泡相互转化。

3. 什么是生物膜系统？它具有什么功能？

答：在细胞中，许多细胞器都有膜，如内质网、高尔基体、线粒体、叶绿体、溶酶体等，这些细胞器膜和细胞膜、核膜等结构，共同构成细胞的生物膜系统。生物膜系统在细胞的生命活动中作用极为重要。首先，细胞膜给细胞提供了一个相对稳定的内部环境，在细胞与外部环境进行物质运输、能量转换和信息传递的过程中起着决定性作用。第二，许多重要的化学反应都在生物膜上进行，这些化学反应需要酶的参与，广阔的膜面积为多种酶提供了大量的附着位点。第三，细胞内的生物膜将各种细胞器分隔开，使细胞内可同时进行多种化学反应，保证了细胞生命活动高效、有序地进行。

典 例 精 讲

【典例 1】（2018 全国卷Ⅲ）回答下列与蛋白质相关的问题：

（1）生物体中组成蛋白质的基本单位是____________。在细胞中合成蛋白质时，肽键是在______这一细胞器上形成的。合成的蛋白质中有些是分泌蛋白，如__________（填“胃蛋白酶”“逆转录酶”或“酪氨酸酶”）。分泌蛋白从合成至分泌到细胞外需要经过高尔基体，此过程中高尔基体的功能是__________________。

【答案】 氨基酸　　核糖体　　胃蛋白酶　对蛋白质进行加工、分类和包装。

【典例 2】（2016 海南）下列有关分泌蛋白的叙述，错误的是（　　）。

A. 分泌蛋白在细胞内的合成需要核糖体的参与

B. 线粒体能为分泌蛋白的合成和运输提供能量

C. 分泌蛋白先经过高尔基体再经过内质网分泌到细胞外

D. 分泌蛋白从细胞内排出时，囊泡的膜可与细胞膜融合

【解析】 答案 C。分泌蛋白在核糖体上合成，然后依次经过内质网、高尔基体、细胞膜后排出细胞外，在内质网、高尔基体、细胞膜之间通过囊泡进行转运，整个过程由线粒体提供能量。

> **【提醒】** 用放射性同位素示踪法标记氨基酸，放射性依次出现在核糖体、内质网、高尔基体和细胞膜附近。

【典例 3】下列有关生物膜的叙述，不正确的是（　　）。

A. 膜的组成成分可以从内质网膜转移到高尔基体膜，再转移到细胞膜

B. 各种生物膜的化学组成和结构相似

C. 生物膜是对生物体内所有膜结构的统称

D. 生物膜既各司其职，又相互协作，共同完成细胞的生理功能

【解析】 答案 C。分泌蛋白的合成和运输实例，体现了膜的组成成分可以从内质网膜转移到高尔基体膜，再转移到细胞膜，A 正确；各种生物膜的化学组成和结构相似，这是各种生物膜能相互转化的基础，B 正确；根据定义，生物膜是指细胞中的各种细胞器膜、细胞膜、核膜等结构，不包括腹腔大网膜、肠系膜、视网膜、子宫内膜等生物体内的膜结构，C 错误；生物膜既各司其职，又相互协作，共同完成细胞的生理功能，D 正确。

> **【提醒】** 细胞器膜和细胞膜、核膜等结构共同构成细胞的生物膜系统，所以真核细胞才有生物膜系统。原核细胞只有细胞膜一种生物膜，所以没有生物膜系统。

针 对 训 练

1. 下面关于细胞的结构和功能叙述正确的是（　　）。

A. 可以通过观察细胞中是否含有中心体，判断该细胞是植物细胞还是动物细胞

B. 叶绿体、线粒体属于细胞的亚显微结构，必须用电子显微镜才能观察到

C. 溶酶体只能消化分解入侵的病菌，不分

解细胞内部结构

D. 细胞质基质呈胶质状态，是多种化学反应的场所

2. 欲用高倍显微镜观察新鲜菠菜叶片中的叶绿体和人口腔上皮细胞中的线性体，应该分别使用的染色剂是（　　）。

A. 甲基绿、吡罗红

B. 甲基绿、健那绿染液

C. 无需染色、健那绿染液

D. 健那绿染液、无需染色

3. 下列有关生物膜系统的说法，正确的是（　　）。

A. 细胞膜、叶绿体的内膜与外膜、内质网膜与小肠黏膜等都属于生物膜系统

B. 合成固醇类激素的分泌细胞的内质网一般比较发达

C. 各种生物膜的组成成分和结构完全一致，在结构和功能上有一定的联系

D. 枯草杆菌也具有生物膜系统，否则就不能进行正常的生命活动

3.3　细胞核的结构和功能

核心问题

1. 细胞核有什么功能？

答：①细胞核是遗传信息库。细胞核是遗传物质（DNA）储存和复制的场所，DNA 携带遗传信息，并通过复制由亲代传给子代，保证了遗传信息的连续性。②细胞核是细胞代谢和遗传的控制中心。细胞核控制着细胞的物质合成、能量转换和信息交流，使生物体能够进行正常的细胞代谢。

2. 细胞核的形态结构是怎样的？

答：

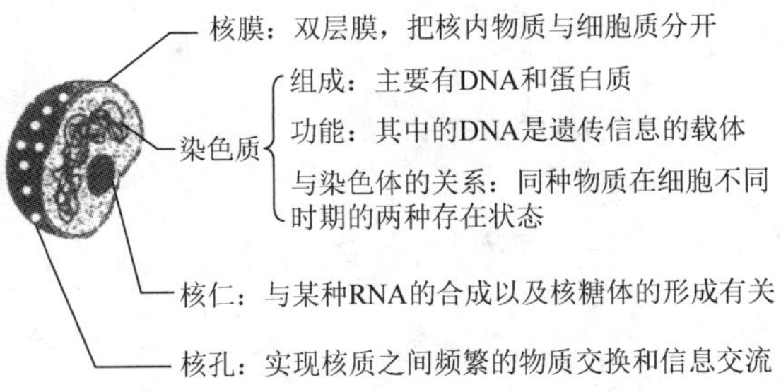

【点拨】代谢旺盛的细胞中，核仁较大、核孔数量多，蛋白质合成和核质之间物质交换频繁。

3. 染色体和染色质是什么关系？

答：染色质和染色体是同一物质在细胞不同时期的两种存在状态。

细胞分裂间期染色质（呈：细丝状）——螺旋缠绕、缩短、变粗→ 细胞分裂期染色体（呈：圆柱状、杆状）

细胞分裂期染色体 ——解螺旋→ 细胞分裂间期染色质

典例精讲

【典例 1】（2019 全国卷Ⅱ）在真核细胞的内质网和细胞核中能够合成的物质分别是（　　）。

A. 脂质、RNA　　B. 氨基酸、蛋白质

C. RNA、DNA　　D. DNA、蛋白质

【解析】 答案 A。内质网可以合成脂质，细胞核中可以发生转录合成 RNA，A 正确；蛋白质的合成场所是核糖体，B 错误；内质网不能合成 RNA，细胞核可以合成 DNA 和 RNA，C 错误；内质网不能合成 DNA，蛋白质的合成场所是核糖体，D 错误。

【典例 2】（2019 全国卷Ⅲ）下列与真核生物细胞核有关的叙述，错误的是（　　）。

A. 细胞中的染色质存在于细胞核中

B. 细胞核是遗传信息转录和翻译的场所

C. 细胞核是细胞代谢和遗传的控制中心

D. 细胞核内遗传物质的合成需要能量

【解析】 答案 B。真核生物细胞中的染色质存在于细胞核中，A 正确；真核细胞遗传信息的转录发生在细胞核，而翻译发生在细胞质的核糖体，B 错误；遗传物质 DNA 主要存在于细胞核中，因此细胞核是细胞代谢和遗传的控制中心，C 正确；细胞核内遗传物质 DNA，通过 DNA 复制合成子代 DNA，该过程需要消耗能量，D 正确。

【典例3】（2014全国卷）下列有关细胞核的叙述，错误的是（　　）。

A. 蛋白质是细胞核中染色质的组成成分

B. 细胞核中可进行遗传物质的复制和转录

C. 小分子物质可以通过核孔，大分子物质不能

D. 有丝分裂过程中存在核膜消失和重新形成的现象

【解析】 答案C。染色质（体）由DNA和蛋白质构成。故蛋白质是细胞核中染色质的组成成分，A正确；遗传物质DNA主要存在于细胞核中，在细胞核中进行DNA的复制和转录，B正确；小分子物质通过核膜进出细胞核，大分子物质通过核孔进出细胞核，C错误；有丝分裂过程中，核膜、核仁在分裂前期消失，末期重新形成，故存在核膜和核仁周期性的消失和重建的现象，D正确。

【提醒】 核孔是大分子物质进出的通道，它实现了细胞核和细胞质之间频繁的物质交换和信息交流。核孔控制物质进出也具有选择性，例如：DNA不能出核孔，RNA可以。

针对训练

1. 科学家用显微技术除去变形虫的细胞核后，发现其细胞代谢减弱，运动停止；当重新植入细胞核后，细胞代谢加强，运动恢复。这说明了细胞核是（　　）。

A. 细胞代谢的主要场所

B. 细胞遗传特性的控制中心

C. 遗传物质的储存和复制场所

D. 细胞生命活动的控制中心

2. 下列关于细胞核的结构与功能的叙述，不正确的是（　　）。

A. 染色质主要由RNA和蛋白质组成

B. 除了高等植物成熟的筛管细胞和哺乳动物成熟的红细胞等极少数细胞外，真核细胞都有细胞核

C. 蛋白质等大分子物质通过核孔进入细胞质而不能直接通过核膜，体现了核膜具有选择透过性

D. 细胞核是遗传信息库，是细胞代谢和遗传的控制中心

3. 以下关于染色质和染色体关系的叙述中，正确的是（　　）。

A. 原核细胞有染色质和染色体

B. 酵母菌没有染色质或染色体

C. 是同一物质在不同分裂时期的不同形态

D. 是同一细胞分裂时期的不同物质

参考答案

3.1　细胞膜的结构与功能

1. B　2. C　3. C　4. D

3.2　细胞器之间的分工

1. D　2. C　3. B

3.3　细胞核的结构和功能

1. D　2. A　3. C

第 4 章　细胞的物质输入和输出

4.1　物质跨膜运输实例

核 心 问 题

1. 什么是渗透作用？

答：渗透作用是指两种不同浓度的溶液隔以半透膜，水分子或其他溶剂分子从低浓度的溶液通过半透膜进入高浓度溶液中的现象。或水分子从水势高的一方通过半透膜向水势低的一方移动的现象。

说明：①这里所讲的浓度是指物质的量浓度即摩尔浓度，而非质量浓度。在这一过程中，水分子（或其他溶剂分子）的流动方向是从低浓度到高浓度。②半透膜是指某些物质可以通过，而另外一些物质不能通过的多孔性薄膜。可以是生物性的选择透过性膜，如细胞膜；也可以是物理性的膜，如玻璃纸等。

【点拨】 判断是否发生渗透作用，关键看有无发生渗透作用的 2 个条件：①具有半透膜；②半透膜两侧的溶液具有浓度差。

2. 在下图所示的渗透装置中，液面高度的变化如何理解？

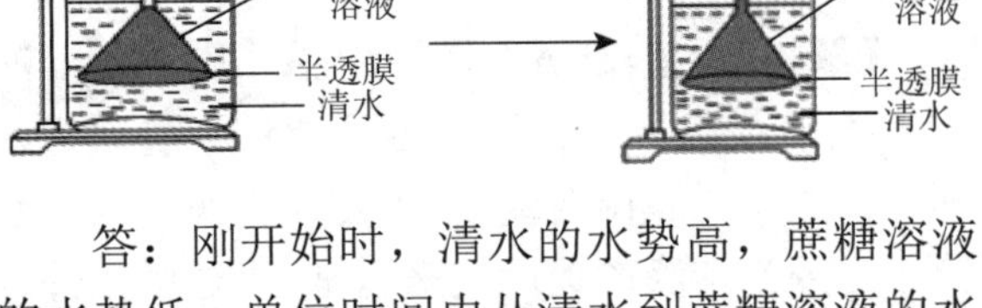

答：刚开始时，清水的水势高，蔗糖溶液的水势低，单位时间内从清水到蔗糖溶液的水分子比从蔗糖溶液到清水的水分子多，漏斗内液面将升高，高出烧杯液面所形成的一段液柱对半透膜会产生一个向下的静水压，随着液柱越来越高，所形成的压力也就越来越大，这个向下的压力会迫使漏斗内的水分子往烧杯方向移动。半透膜两侧的浓度差比较大，单位时间内由渗透作用进入漏斗的水分子比由液柱压力出来的水分子数多，漏斗液面仍然能够持续上升，但是随着高出部分的液柱高度越来越高，因此产生的向下的压力也将越来越大，终有一个时刻两力相互抗衡，单位时间内进出漏斗的水分子数将完全相等，从而呈现出“动态平衡”的状态，液柱停止上升。我们将这种状态称为渗透平衡。

【点拨】 当液面不再变化时，漏斗内液面高出烧杯液面而形成的静水压等于半透膜两侧溶液的浓度差产生的吸水力。此时，若半透膜两侧溶液没有液面差，则两侧溶液的浓度相等，有液面差则两侧溶液的浓度不等，两侧溶液中液面越高的，其内溶液的浓度越大。

典 例 精 讲

【典例 1】（2018 全国卷 I ）下列有关植物根系吸收利用营养元素的叙述，错误的是（　　）。

A. 在酸性土壤中，小麦可吸收利用土壤中的 N_2 和 NO_3^-

B. 农田适时松土有利于农作物根细胞对矿质元素的吸收

C. 土壤微生物降解植物秸秆产生的无机离子可被根系吸收

D. 给玉米施肥过多时，会因根系水分外流引起“烧苗”现象

【解析】 答案 A。小麦不能直接吸收土壤中的 N_2，N_2 必须被固定后才能被植物吸收利用，A 错误；农田松土可增加土壤中的氧气含量，促

进农作物根的有氧呼吸，为矿质元素的吸收供能，有利于根对矿质元素的吸收，B 正确；土壤微生物降解植物秸秆产生的无机盐离子可溶解在土壤溶液中，从而被根系吸收利用，C 正确；施肥过多会使土壤溶液浓度大于根细胞液浓度，从而使根细胞因失水过多而枯黄甚至死亡，造成“烧苗”现象，D 正确。

> **【提醒】**根细胞吸收水分的方式主要是渗透作用，水分子流动方向是从低浓度到高浓度。
>
> 根系通常以离子形式吸收矿质元素，吸收的方式是主动运输。

【典例 2】（2018 海南）将水稻幼苗培养在含 $MgSO_4$ 的培养液中，一段时间后，发现营养液中 Mg^{2+}和 SO_4^{2-} 的含量下降，下列叙述不合理的是（　　）。

A. Mg^{2+}通过自由扩散进入根细胞

B. $MgSO_4$ 必须溶解在水中才能被根吸收

C. 根吸收的 Mg^{2+}可以参与叶绿素的形成

D. 降低温度会影响水稻根系对 Mg^{2+}的吸收

【解析】 答案 A。Mg^{2+}通过主动运输的方式进入根细胞，A 错误。

> **【提醒】**根对水分的吸收和对矿质元素的吸收是两个相对独立的过程。

【典例 3】（2020 河南）将 a、b、c 三组红细胞分别置于不同浓度的氯化钠溶液中进行实验，浸泡一段时间后其细胞形态如下图所示。下列叙述错误的是（　　）。

a　　　　b　　　　c

A. 图中所示细胞内液的渗透压，a 组的比 b 组的高

B. 浸泡过程中 a 组细胞失水量小于 c 组细胞失水量

C. 若向 a 组烧杯中加入少量葡萄糖，则其细胞可能会皱缩后恢复原状

D. 上述实验中引起细胞形态的改变而消耗 ATP 的数量比较：c＞b＞a

【解析】 答案 D。分析题图可知，a 组细胞基本可以维持原状，b 组细胞吸水膨胀，c 组细胞失水皱缩。与 a 组相比，b 组细胞吸水，细胞内液渗透压降低，A 正确；a 组细胞失水量小于 c 组细胞失水量，B 正确；向 a 组烧杯中加入少量葡萄糖后，首先会使外界溶液渗透压大于细胞内液渗透压，从而使细胞失水皱缩，后来葡萄糖通过协助扩散的方式进入细胞内，造成细胞内液渗透压大于外界溶液，细胞吸水恢复原状，C 正确；细胞形态的改变是细胞通过渗透作用失水或吸水造成的，不消耗 ATP，D 错误。

> **【提醒】**动物细胞能发生渗透作用，细胞膜相当于半透膜。

【典例 4】下图中甲是渗透装置示意图，乙、丙两曲线图的横坐标代表时间，下列叙述不正确的是（　　）。

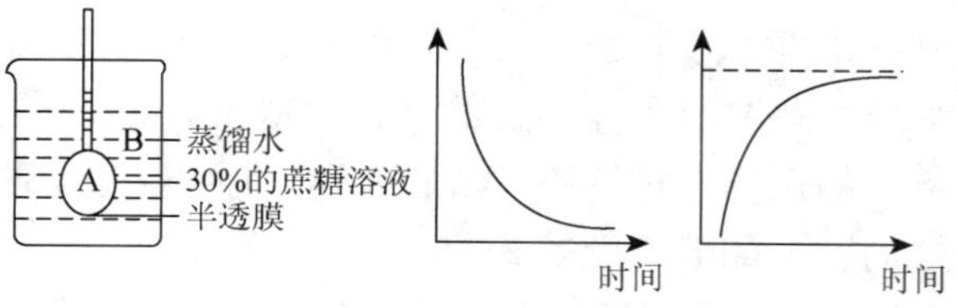

甲　　　　乙　　　　丙

A. 半透膜内溶液 A 的浓度变化可用曲线丙表示

B. 水分子由半透膜外进入半透膜内的速率变化可用曲线乙表示

C. 玻璃管内的液面高度变化可用曲线丙表示

D. 半透膜内外浓度差的变化可用曲线乙表示

【解析】 答案 A。图甲中漏斗内蔗糖溶液浓度大于蒸馏水，所以水分子通过半透膜进入漏斗，则半透膜内溶液 A 的浓度越来越低，水分子进入半透膜的速度越来越慢，半透膜内外浓度差越来越小，直至平衡，可用曲线乙表示，A 错误，B、D 正确；根据以上分析可知水分进入半透膜，则漏斗内的液面越来越高，可以用图丙表示，C 正确。

针对训练

1. 对法囊藻（一种海藻）的细胞液中各种离子浓度的分析表明，细胞液中的成分与海水的成分很不相同，图中阴影部分代表法囊藻细胞液中的各种离子浓度，空白部分代表海水中的各种离子浓度。下列说法错误的是（　　）。

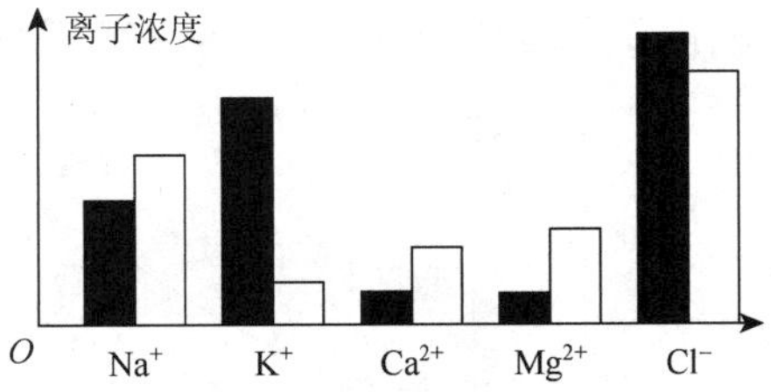

A. 法囊藻细胞内 K^+ 和 Cl^- 含量较高，而 Ca^{2+} 和 Mg^{2+} 含量较低表明细胞对矿质元素离子的吸收具有选择性

B. Na^+、K^+ 和 Cl^- 进入法囊藻细胞及 Ca^{2+} 和 Mg^{2+} 出细胞的方式都是主动运输

C. 主动运输能保证细胞按照生命活动的需要主动地选择吸收营养物质

D. 法囊藻细胞膜上载体蛋白的种类和数量导致了细胞内外离子浓度的差异

2. 某渗透装置如图所示，烧杯中盛有蒸馏水，已知图中猪膀胱膜只允许水分子和单糖透过。在倒置的长颈漏斗中先装入蔗糖溶液，一段时间后再加入蔗糖酶。从理论上分析，该实验过程中最可能出现的实验现象是（　　）。

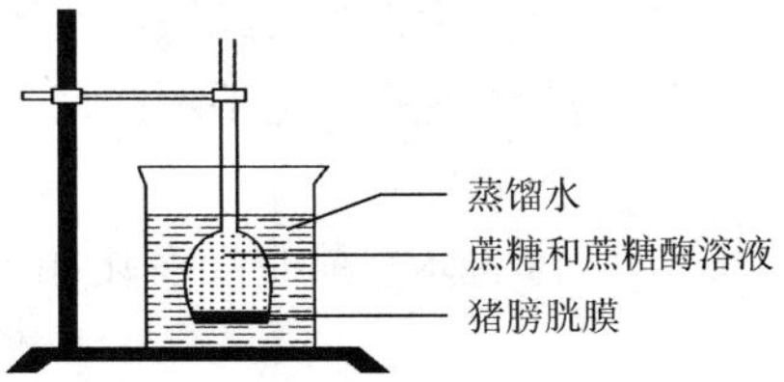

A. 漏斗中液面开始时先上升，加酶后即下降

B. 漏斗中液面先上升，加酶后继续上升，然后开始下降

C. 加酶前后，在烧杯中都可以检测出蔗糖

D. 加酶后，可以在烧杯中检测出葡萄糖、果糖和蔗糖酶

3. 图 1 表示物质扩散的图解，图 2 是设计证明图 1 物质扩散成立的实验装置，下列有关叙述中正确的是（　　）。

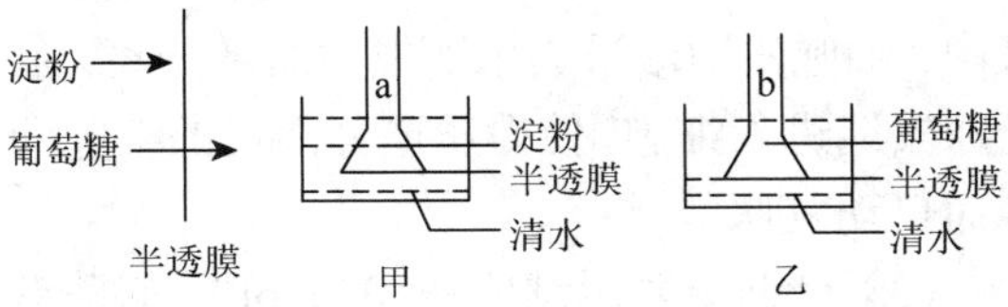

图 1　　图 2

A. 图甲中水柱 a 将持续上升

B. 图甲中水柱 a 将先上升后下降

C. 图乙中水柱 b 将持续上升

D. 图乙中水柱 b 将先上升后下降

4.2　实验：观察植物细胞的质壁分离与复原

核心问题

1. 在“观察植物细胞的质壁分离和复原”实验中，对照实验是如何设置的？

答：本实验是自身前后对照实验，存在两组对照实验：

第一组
- 实验组：经质量浓度为0.3g/mL的蔗糖溶液处理后发生质壁分离的洋葱鳞片叶外表皮细胞
- 对照组：自然状态下的洋葱鳞片叶外表皮细胞

第二组
- 实验组：用清水处理后发生了质壁分离复原的洋葱鳞片叶外表皮细胞
- 对照组：发生了质壁分离的洋葱鳞片叶外表皮细胞

【点拨】 在“观察植物细胞的质壁分离和复原”实验中，用紫色洋葱鳞片叶外表皮细胞制作临时装片进行了三次观察和两次处理。三次观察都用低倍镜观察，因为用低倍镜观察时现象更明显。在用蔗糖溶液处理时，装片要从载物台上取下来操作，因为蔗糖溶液会腐蚀镜头。

2. 将成熟的植物细胞分别浸于蒸馏水、物质的量浓度为 0.3mol/L 的蔗糖溶液和 0.5mol/L 的尿素溶液中，其原生质体（即植物细胞中细胞壁以内的部分）的体积的变化情况如何？请画图分析。

答：原生质体的体积随时间变化如下图，分析如下：

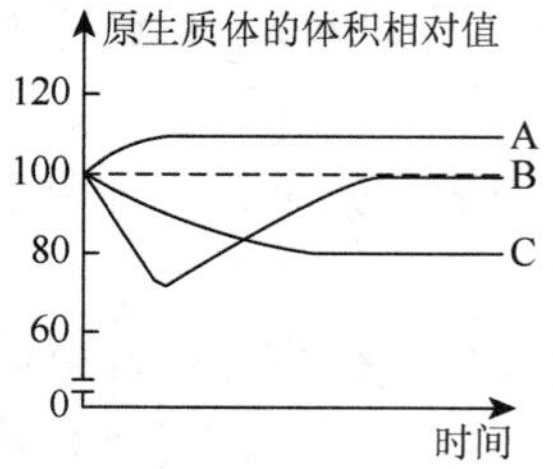

（1）A 曲线表示细胞在蒸馏水中：细胞略膨胀，但是由于细胞壁的存在，原生质体的体积不能无限膨胀。

（2）B 曲线表示细胞在 0.5mol/L 的尿素溶液中：细胞先因渗透失水而发生质壁分离，后由于尿素能进入细胞，使得质壁分离后的细胞因吸水而自动复原。

（3）C 曲线表示细胞在 0.3mol/L 的蔗糖溶液中：蔗糖不能进入细胞，因此质壁分离后细胞不能发生自动复原。

【点拨】 在“观察质壁分离与复原”的实验中，如果使用的外界溶液是尿素、KNO_3、甘油、乙二醇等溶液，则成熟的植物细胞会发生质壁分离后自动复原的现象，因为这些物质均可以被细胞吸收，使细胞液浓度增大而吸水。

3. 请描述下图中植物细胞的状态，并判断①和③的浓度高低。

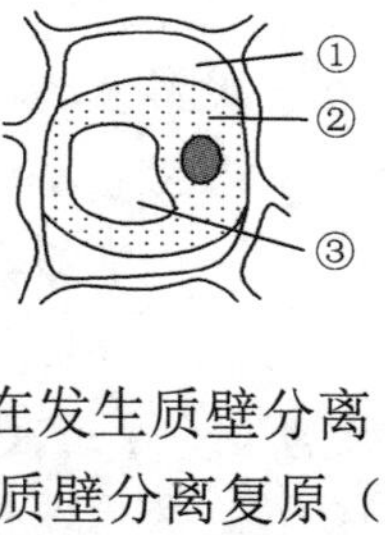

答：可能正在发生质壁分离（浓度①>③），也可能正在发生质壁分离复原（浓度①<③），也可能处于渗透平衡状态（浓度①=③）。

【提醒】 在细胞壁和细胞膜之间的溶液是外界溶液，因为细胞壁是全透性的。

典例精讲

【典例 1】（2017 全国Ⅱ）将某种植物的成熟细胞放入一定浓度的物质 A 溶液中，发现其原生质体（即植物细胞中细胞壁以内的部分）的体积变化趋势如图所示。下列叙述正确的是（　　）。

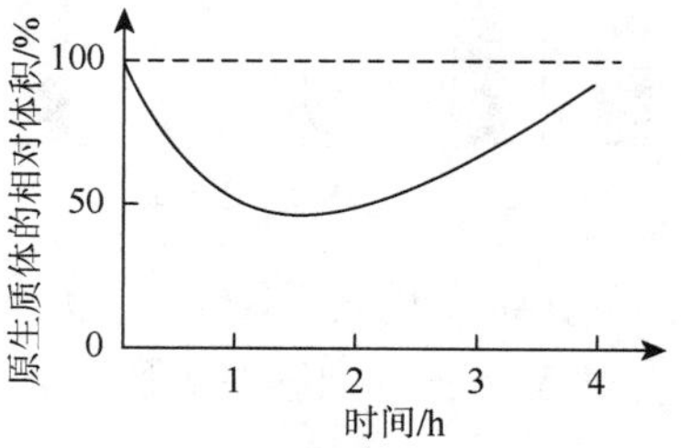

A. 0～4h 内物质 A 没有通过细胞膜进入细胞内

B. 0～1h 内细胞体积与原生质体体积的变化量相等

C. 2～3h 内物质 A 溶液的渗透压小于细胞液的渗透压

D. 0～1h 内液泡中液体的渗透压大于细胞质基质的渗透压

【解析】 答案 C。由图可知，原生质体先失水发生质壁分离，1.5h 后又开始发生质壁分离复原，说明物质 A 进入细胞，A 错误；0～1h 内细胞失水，由于原生质层的收缩性大于细胞壁，因此原生质体体积的变化大于细胞体积的变化，B 错误；2～3h 原生质体表现吸水，说明细胞液的浓度大于外界溶液的浓度，C 正确；0～1h 内原生质体表现失水，而水分移动的方向总是由渗透压小的液体移动到渗透压大的液体，因此液泡中液体的渗透压小于细胞质基质的渗透压，D 错误。

【典例 2】（2020 全国卷Ⅱ）取某植物的成熟叶片，用打孔器获取叶圆片，等分成两份，分别放入浓度（单位为 g/mL）相同的甲糖溶液和乙糖溶液中，得到甲、乙两个实验组（甲糖的相对分子质量约为乙糖的 2 倍）。水分交换达到平衡时，检测甲、乙两组的溶液浓度，发现甲组中甲糖溶液浓度升高。在此期间叶细胞和溶液之间没有溶质交换。据此判断下列说法错误的是（　　）。

A. 甲组叶细胞吸收了甲糖溶液中的水使甲糖溶液浓度升高

B. 若测得乙糖溶液浓度不变，则乙组叶细胞的净吸水量为零

C. 若测得乙糖溶液浓度降低，则乙组叶肉细胞可能发生了质壁分离

D. 若测得乙糖溶液浓度升高，则叶细胞的净吸水量乙组大于甲组

【解析】 答案D。渗透作用需要满足的条件是：①具有半透膜；②半透膜两侧的溶液具有浓度差。浓度差是物质的量浓度差异。由题干信息可知，乙糖溶液的物质的量浓度约为甲糖溶液的2倍，叶细胞与溶液之间无溶质交换，而甲组的甲糖溶液浓度升高，则可能是由于叶细胞的细胞液浓度大于甲糖溶液物质的量浓度，引起了细胞吸水，A正确；若乙糖溶液浓度不变，说明乙糖溶液物质的量浓度与叶细胞的细胞液浓度相等，叶细胞净吸水量为零，B正确；若乙糖溶液浓度降低，说明细胞失水，叶肉细胞可能发生了质壁分离，C 正确；若乙糖溶液浓度升高，说明乙糖溶液物质的量浓度低于叶细胞的细胞液浓度，细胞吸水，而乙糖溶液的物质的量浓度约为甲糖溶液的2倍，因此叶细胞的净吸水量应是乙组小于甲组，D错误。

【典例3】 将某植物花冠切成大小和形状相同的细条，分为a、b、c、d、e和f组（每组的细条数相等），取上述6组细条分别置于不同浓度的蔗糖溶液中，浸泡相同时间后测量各组花冠细条的长度，结果如图所示。假如蔗糖溶液与花冠细胞之间只有水分交换，则（　　）。

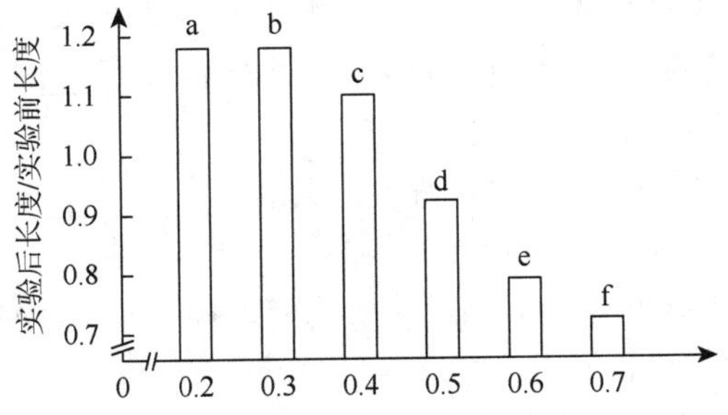

A. 实验后，a组液泡中的溶质浓度比b组的高

B. 浸泡导致f组细胞中液泡的失水量小于b组

C. a组细胞在蔗糖溶液中失水或吸水所消耗ATP大于b组

D. 使细条在浸泡前后长度不变的蔗糖浓度介于0.4～0.5mol·L^{-1}

【解析】 答案D。实验前长度/实验后长度的比值为1时，水分进出细胞达到平衡；比值小于1时，表明细胞吸水，且比值越小花冠吸水越多；比值大于1时，表明细胞失水，且比值越大，花冠失水越多。据图可推知，a组吸水多于b组，因此实验后a组细胞液中溶质浓度低于b组，A错误。f组比值大于b组，因此失水量大于b组，B错误。水分子进出细胞的方式是自由扩散，不消耗能量，C错误。由c组吸水，d组失水，细胞液浓度与外界溶液浓度相等时实验后长度/实验前长度=1，判断出细条的细胞液浓度介于0.4～0.5mol·L^{-1}，D正确。

针对训练

1. 如图是处于质壁分离状态的某细胞图像，下列叙述正确的是（　　）。

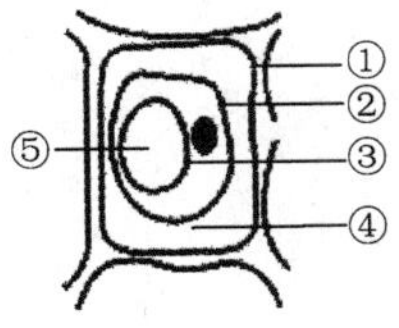

A. ①具有选择透过性，①②④组成了原生质层

B. 此时④处的浓度一定大于⑤处

C. 发生质壁分离的内在因素是细胞壁的伸缩性小于细胞膜的伸缩性

D. ⑤是细胞液，在质壁分离过程中浓度越来越大

2. 在用紫色洋葱A和B的外表皮细胞分别制成的5个装片上，依次滴加5种不同浓度的蔗糖溶液，相同时间后原生质体体积变化如图所示

示，下列有关叙述错误的是（　　）。

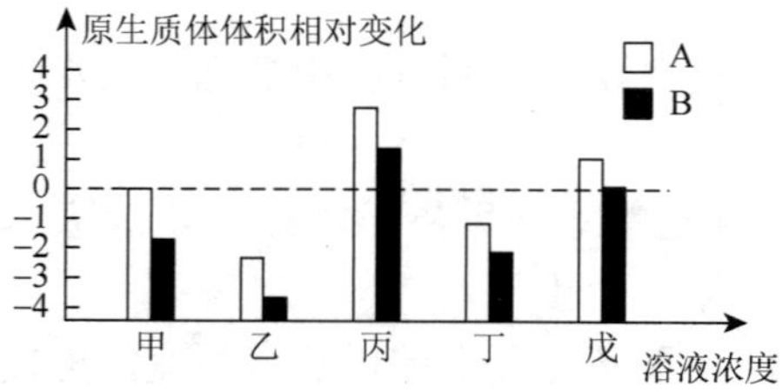

A. 紫色洋葱 A、B 的外表皮细胞的细胞液浓度大小关系是 A 高于 B

B. 能使两种紫色洋葱外表皮细胞都发生质壁分离的蔗糖溶液浓度是乙和丁

C. 将处于乙浓度蔗糖溶液中的紫色洋葱 B 外表皮细胞的装片重置于清水中，一段时间后一定会发生质壁分离复原

D. 实验后处于不同浓度蔗糖溶液中的紫色洋葱 A、B 外表皮细胞的吸水能力关系为丙小于戊

3. 图甲表示一个渗透作用装置，将半透膜袋缚于玻璃管下端，半透膜袋内装有 50mL 质量浓度为 0.3g/mL 的蔗糖溶液；图乙表示放置在溶液 M 中的植物细胞失水量的变化情况。下列有关叙述错误的是（　　）。

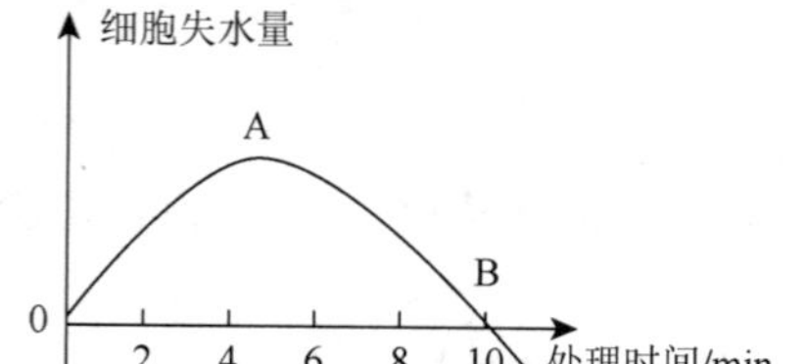

甲

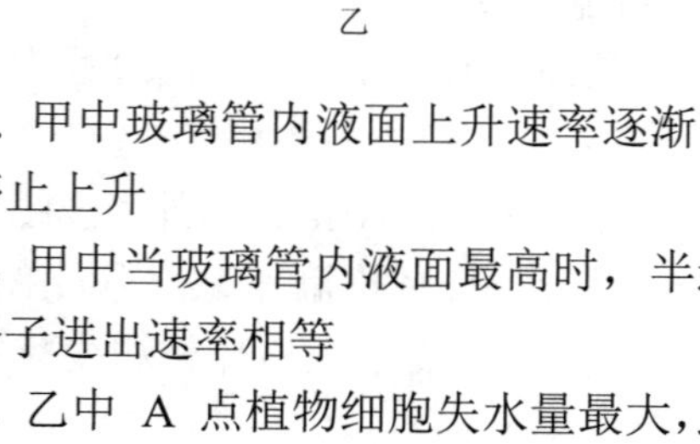

乙

A. 甲中玻璃管内液面上升速率逐渐降低，最终停止上升

B. 甲中当玻璃管内液面最高时，半透膜两侧水分子进出速率相等

C. 乙中 A 点植物细胞失水量最大，此时细胞液的浓度最大，细胞的吸水能力最强

D. 乙表示植物细胞在溶液 M 中处理的 10min 内发生质壁分离，10min 后发生质壁分离复原

4. 如图为研究渗透作用的实验装置，请回答下列问题：

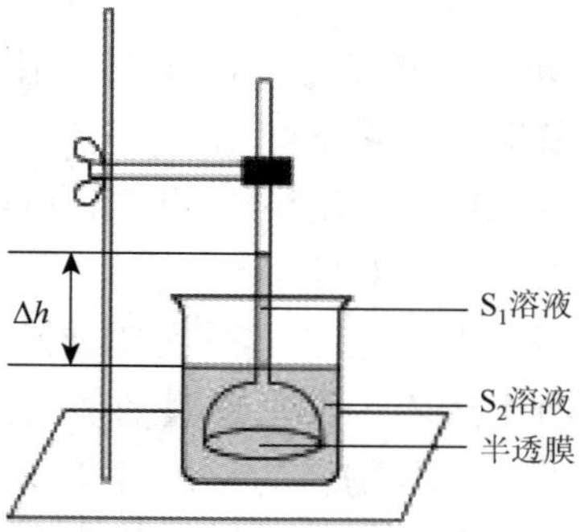

（1）漏斗内溶液（S_1）和漏斗外溶液（S_2）为两种不同浓度的蔗糖溶液，漏斗内外起始液面一致，渗透平衡时的液面差为 Δh，此时 S_1 和 S_2 浓度大小关系为______。

（2）图中半透膜模拟的是成熟植物细胞中的__________，两者在物质透过功能上的差异是__________。

（3）为进一步探究两种膜的特性，某小组做了以下实验。

实验材料：紫色洋葱。

实验器具：渗透装置（不含溶液），光学显微镜，载玻片，盖玻片，镊子，刀片，吸水纸，擦镜纸，滴管，记号笔等。

实验试剂：蒸馏水，0.3g/mL 的蔗糖溶液和与其等渗的 KNO_3 溶液，部分实验步骤和结果如下：

①选两套渗透装置，标上代号 X 和 Y。在两个烧杯里均加入一定量的蒸馏水，分别在装置 X 和 Y 的漏斗内加入适量的蔗糖溶液和 KNO_3 溶液，均调节漏斗内外液面高度一致。渗透平衡时出现液面差的装置有______（填代号）。

②选两片洁净的载玻片，__________，在载玻片中央分别滴加__________，制作洋葱鳞片叶外表皮临时装片并分别观察装片中细胞的________。

③观察临时装片中浸润在所提供的蔗糖溶

液和 KNO_3 溶液中的洋葱鳞片叶外表皮细胞发生的变化，两者都出现的现象是__________。

（4）上述实验中最能体现两种膜功能差异的实验现象是__________。

4.3　生物膜的流动镶嵌模型

核心问题

1. 若将细胞膜的磷脂分子提取后放入盛水的容器中，磷脂分子的分布方式怎样？若将大量磷脂分子放入清水中，搅拌后，磷脂分子的分布方式又怎样？

答：

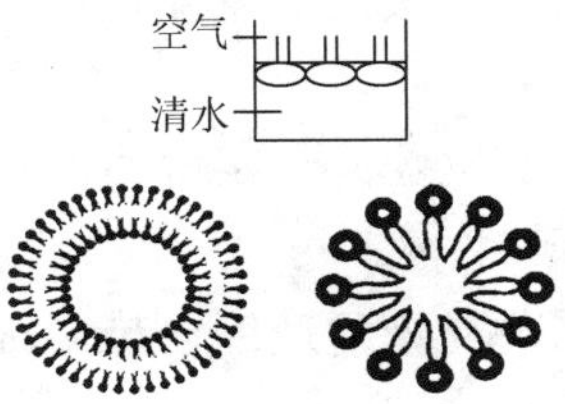

【点拨】 磷脂分子的头部亲水，尾部疏水。

2. 罗伯特森提出的生物膜模型（静态结构模型）不能解释哪些现象？

答：静态结构模型无法解释细胞的生长、变形虫的变形运动、白细胞吞噬细菌、细胞融合、质壁分离与复原等。

【点拨】这些现象的基础都是生物膜的流动性。

3. 流动镶嵌模型的主要内容是什么？该模型属于什么模型？

答：由桑格和尼克森提出的流动镶嵌模型，认为磷脂双分子层构成了膜的基本支架，蛋白质分子有的镶在磷脂双分子层表面，有的部分或全部嵌入磷脂双分子层中，有的贯穿于整个磷脂双分子层。磷脂是轻油般的流体，大多数蛋白质分子也是可以运动的，这就是膜具有流动性的原因。在细胞膜外侧一般分布有糖蛋白，也叫糖被，具有识别、保护、润滑的功能。该模型属于物理模型。

典例精讲

【典例 1】 下列说法中，与生物膜的发现史不一致的是（　　）。

A. 欧文顿在实验基础上提出膜是由脂质组成的

B. 荷兰科学家用丙酮从人的红细胞中提取脂质，在空气-水界面上铺展成单分子层，测得单分子层面积为红细胞表面积的 2 倍。他们由此推出：细胞膜中的脂质分子必然排列为连续的两层

C. 罗伯特森在电镜下看到了细胞膜清晰的暗—亮—暗的三层结构，提出所有的生物膜都是由脂质—蛋白质—脂质三层结构构成的

D. 科学家用不同的荧光染料分别标记人细胞和小鼠细胞，并将标记后的两种细胞进行融合，进而证明了细胞膜的流动性

【解析】 答案 C。罗伯特森在电镜下看到了细胞膜清晰的暗—亮—暗的三层结构，并大胆地提出所有的生物膜都由蛋白质—脂质—蛋白质三层结构构成，C 错误。

【典例 2】（2016 海南）下列关于膜蛋白和物质跨膜运输的叙述，错误的是（　　）。

A. 膜蛋白在细胞膜上的分布是不对称的

B. 膜蛋白不参与物质跨膜的被动运输过程

C. 主动运输可以使被运输离子在细胞内外浓度不同

D. 物质通过脂质双分子层的扩散速率与其脂溶性有关

【解析】 答案 B。膜蛋白镶嵌、贯穿或覆盖磷脂双分子层，在细胞膜内外分布是不对称的，A 正确；膜蛋白可参与协助扩散过程，B 错误；主动运输逆浓度运输离子，使细胞内外离子浓度不同，C 正确；脂溶性物质容易通过

细胞膜，非脂溶性物质不容易通过细胞膜，D正确。

【典例 3】 下列关于流动镶嵌模型的叙述错误的是（　　）。

A. 蛋白质分子以镶嵌、嵌入、贯穿的方式存在于磷脂双分子层

B. 细胞膜的流动性强弱是不变的，即使温度发生变化

C. 胞吞胞吐、质壁分离及复原的过程都能体现细胞膜具有流动性

D. 流动镶嵌模型中，细胞膜两侧的蛋白质并非均匀分布

【解析】 答案 B。蛋白质分子以镶嵌、嵌入、贯穿的方式存在于磷脂双分子层，A 正确；细胞膜的流动性会随温度的变化而改变，B 错误；胞吞胞吐、质壁分离及复原的过程都能体现细胞膜具有流动性，C 正确；细胞膜两侧的蛋白质分布不均匀，具有不对称性，D 正确。

针 对 训 练

1. 如图是由磷脂分子构成的脂质体，它可以作为药物的运载体，将其运送到特定的细胞发挥作用。脂溶性药物和能在水中结晶的药物应位于脂质体的位置是（　　）。

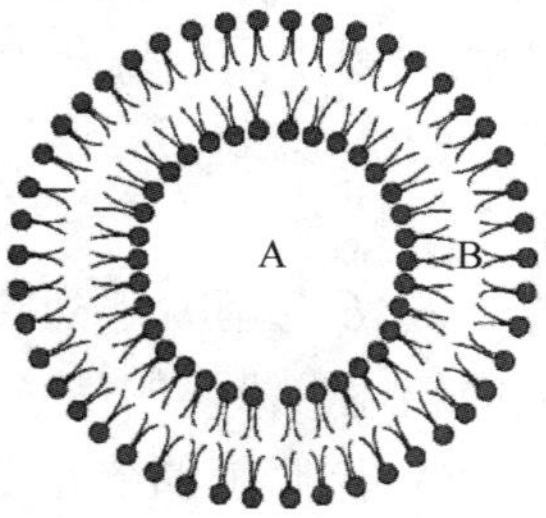

A. 脂溶性药物和能在水中结晶的药物都位于 B

B. 脂溶性药物和能在水中结晶的药物都位于 A

C. 脂溶性药物位于 B，能在水中结晶的药物位于 A

D. 脂溶性药物位于 A，能在水中结晶的药物位于 B

2. 用绿色荧光染料标记细胞膜上的蛋白质，待荧光分布均匀后，在细胞膜上选定需进行漂白的部位，用激光照射使荧光分子内部结构发生不可逆改变，从而使此部位的荧光消失。一段时间后，漂白部位荧光会有一定程度的恢复。下列有关叙述错误的是（　　）。

A. 细胞膜的主要成分是磷脂和蛋白质

B. 漂白部位荧光的恢复是因为被标记蛋白质恢复空间结构

C. 漂白部位荧光一定程度的恢复是因为细胞膜具有流动性

D. 根据荧光恢复速度可推算细胞膜中蛋白质分子运动速度

3. 如图是细胞局部结构示意图，下列叙述正确的是（　　）。

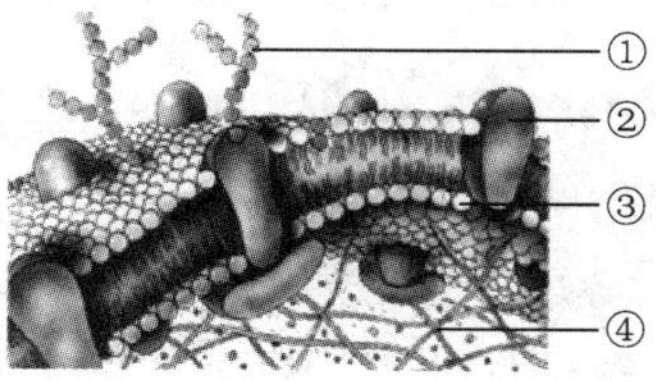

A. ①是糖脂，具有保护和润滑的作用

B. ②具有运输、信息传递、免疫和构成膜基本支架的作用

C. ③可以是细胞器膜、核膜的主要成分

D. ④由纤维素组成，能保持细胞内部结构有序性

4.4　物质出入细胞的方式及影响因素

核 心 问 题

1. 物质出入细胞的方式有哪几种？如何区分？

答：

物质出入细胞的方式	被动运输		主动运输	胞吞	胞吐
	自由扩散	协助扩散			
图例	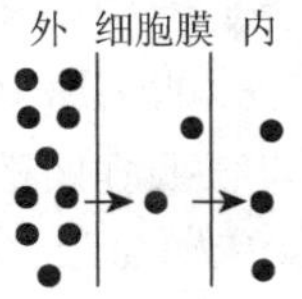	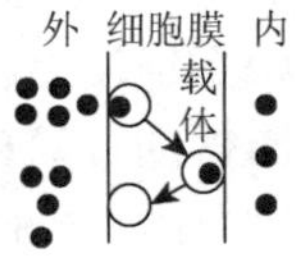	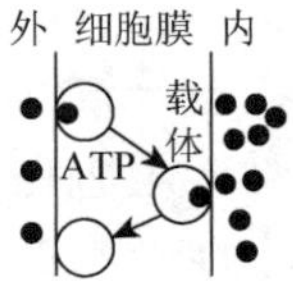	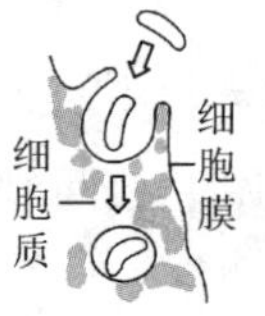	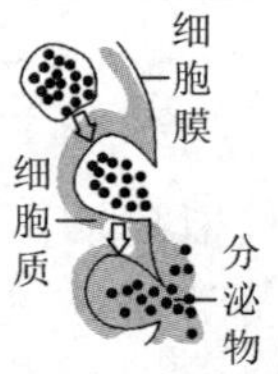
运输方向	高浓度→低浓度		低浓度→高浓度	胞外→胞内	胞内→胞外
是否需要载体	否	是	是	否	
是否消耗能量	否	否	是	是	
举例	O_2、CO_2、H_2O、甘油、乙醇、苯的跨膜运输	人的红细胞吸收葡萄糖	小肠上皮细胞吸收葡萄糖、氨基酸、无机盐等	吞噬细胞吞噬抗原	胰岛素、消化酶、抗体的分泌

【点拨】 某物质进出细胞的方式并非固定一种。如：①葡萄糖进入红细胞是协助扩散，而葡萄糖通过小肠上皮细胞细胞膜的方式为主动运输。②静息电位形成时 K^+外流与动作电位形成时 Na^+内流均为协助扩散；但 K^+、Na^+在其他细胞中跨膜运输一般为主动运输。

2. 主动运输是否一定从低浓度到高浓度？

答：主动运输需要的条件是：

①需要载体蛋白的协助，依赖于膜运输蛋白。

②需要能量（由 ATP 直接供能）或与释放能量的过程偶联（协同运输），即需要消耗细胞内化学反应所释放的能量，运输的动力是 ATP 直接供能。

【点拨】 主动运输一般是逆浓度梯度运输，不一定从低浓度到高浓度，关键看是否耗能。主动运输过程中需要线粒体（供能）和核糖体（合成载体蛋白）。

3. 根据下面图示分析影响物质跨膜运输的因素有哪些。

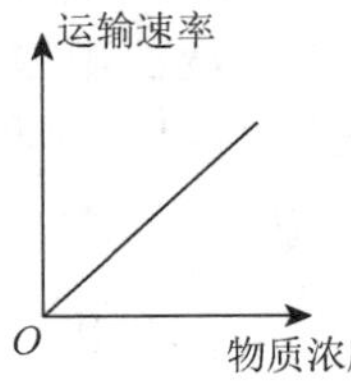

图1

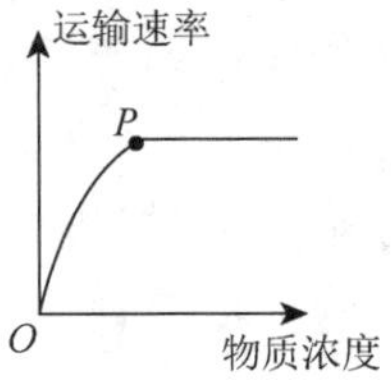

图2

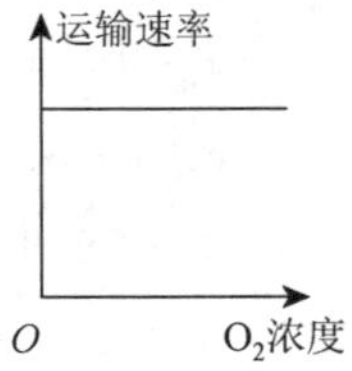

图3

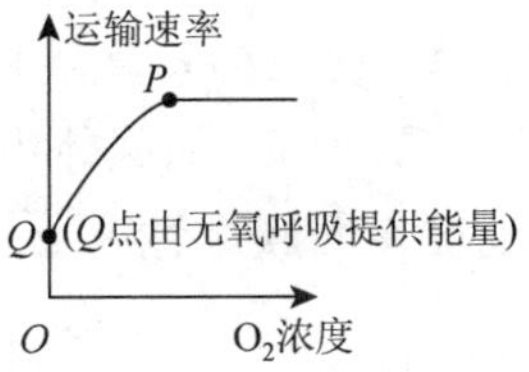

图4

答：（1）图 1、图 2 表示物质浓度对跨膜运输速率的影响，其中图 1 表示的运输方式只受物质浓度的影响为自由扩散，图 2 表示的运输方式在一定范围内只受物质浓度的影响，但是超过一定范围不再受物质浓度的影响为协助扩散或主动运输，图 2 中 P 点之后运输速率不变的原因可能是载体蛋白的数量有限或能量供应不足。

（2）图 3、图 4 表示 O_2 浓度对跨膜运输速率的影响，其中图 3 表示的运输方式为自由扩散或协助扩散，图 4 表示的运输方式为主动运输。图 4 中 P 点之后运输速率不变的限制因素是载体蛋白的数量。

（3）温度对被动运输和主动运输都有影响，其原因是温度影响磷脂分子和蛋白质分子的运动速率，影响膜的流动性；另外，温度也影响酶的活性，进而影响能量的供应。

典 例 精 讲

【典例 1】（2017 海南）将生长状态一致的某种植物幼苗分成甲、乙两组，分别移入适宜的营养液中在光下培养，并给甲组的营养液适时通入空气，乙组不进行通气处理。一定时间后测得甲组的根对 a 离子的吸收速率远大于乙组的。关于这一实验现象，下列说法错误的是（　　）。

A. 给营养液通入空气有利于该植物的生长

B. 根细胞对 a 离子的吸收过程属于自由扩散

C. 根细胞对 a 离子的吸收过程有能量的消耗

D. 根细胞的有氧呼吸有利于根对 a 离子的吸收

【解析】 答案 B。由题目给出的信息“甲组的根对 a 离子的吸收速率远大于乙组的”，说明根对 a 离子的吸收过程属于主动运输，主动运输需要能量和载体蛋白，B 错误，C 正确；给营养液通入的空气中含有氧气，根细胞获得氧气，有氧呼吸能正常进行，有利于根对 a 离子的吸收，有利于该植物的生长，A、D 正确。

【点拨】 识记小分子物质跨膜运输方式、特点及实例。

【典例 2】（2016 全国卷 Ⅰ）离子泵是一种具有 ATP 水解酶活性的载体蛋白，能利用水解 ATP 释放的能量跨膜运输离子。下列叙述正确的是（　　）。

A. 离子通过离子泵的跨膜运输属于协助扩散

B. 离子通过离子泵的跨膜运输是顺着浓度梯度进行的

C. 动物一氧化碳中毒会降低离子泵跨膜运输离子的速率

D. 加入蛋白质变性剂会提高离子泵跨膜运输离子的速率

【解析】 答案 C。根据题干中“离子泵是一种具有 ATP 水解酶活性的载体蛋白，能利用水解 ATP 释放的能量跨膜运输离子”分析可知，离子通过“离子泵”的跨膜运输既需要载体蛋白，又需要消耗能量，属于主动运输，A 错误；主动运输是逆浓度梯度进行的，B 错误；动物一氧化碳中毒即一氧化碳与红细胞中的血红蛋白结合，从而导致红细胞无法运输氧气，细胞有氧呼吸减弱，供能减少，主动运输离子的速率降低，C 正确；蛋白质变性剂会使载体蛋白变性失活，加入后会使离子泵跨膜运输离子的速率降低，D 错误。

【点拨】 离子通过“离子泵”的跨膜运输既需要载体蛋白，又需要消耗能量，属于主动运输。

【典例 3】（2018 全国卷 Ⅱ）下列有关物质跨膜运输的叙述，正确的是（　　）。

A. 吞噬细胞摄入病原体的过程属于协助扩散

B. 固醇类激素进入靶细胞的过程属于主动运输

C. 神经细胞受到刺激时产生的 Na^+内流属于被动运输

D. 护肤品中的甘油进入皮肤细胞的过程属于主动运输

【解析】 答案 C。吞噬细胞摄入病原体的过程属于胞吞，A 错误；固醇类激素如性激素以自由扩散的方式进入靶细胞，B 错误；静息状态时，神经细胞膜外的 Na^+浓度高于膜内，受到刺激时产生的 Na^+内流是由通道蛋白协助的被动运输，C 正确；护肤品中的甘油属于小分子脂溶性物质，以自由扩散的方式进入皮肤细胞，D 错误。

【典例 4】（2019 全国卷 Ⅱ）某种 H^+-ATP 酶是一种位于膜上的载体蛋白，具有 ATP 水解酶活性，能够利用水解 ATP 释放的能量逆浓度梯度跨膜转运 H^+。①将某植物气孔的保卫细胞悬浮在一定 pH 的溶液中（假设细胞内的 pH 高于细胞外），置于黑暗中一段时间后，溶液的 pH 不变。②再将含有保卫细胞的该溶液分成两组，一组照射蓝光后溶液的 pH 明显降低；另一组先在溶液中加入 H^+-ATP 酶的抑制剂（抑制 ATP

水解），再用蓝光照射，溶液的pH不变。根据上述实验结果，下列推测不合理的是（　　）。

A. H^+-ATP酶位于保卫细胞质膜上，蓝光能够引起细胞内的H^+转运到细胞外

B. 蓝光通过保卫细胞质膜上的H^+-ATP酶发挥作用导致H^+逆浓度梯度跨膜运输

C. H^+-ATP酶逆浓度梯度跨膜转运H^+所需的能量可由蓝光直接提供

D. 溶液中的H^+不能通过自由扩散的方式透过细胞质膜进入保卫细胞

【解析】 答案C。用蓝光照射后，含有保卫细胞的溶液的pH下降，可推测细胞内的H^+被转运到了细胞外，再结合题干信息可推测H^+-ATP酶位于保卫细胞质膜上，A错误；细胞内pH高于细胞外，即细胞内H^+浓度低于细胞外，用蓝光照射后，溶液的pH明显降低，推测蓝光可通过保卫细胞质膜上的H^+-ATP酶发挥作用使细胞内的H^+逆浓度转运到细胞外，B错误；H^+-ATP酶逆浓度梯度跨膜转运H^+所需的能量来自ATP水解，不是由蓝光直接提供，C正确；溶液中的H^+不能通过自由扩散的方式透过细胞质膜进入保卫细胞，D错误。

针对训练

1. 甲、乙分别为物质进出细胞的曲线图和模式图，下列相关说法正确的是（　　）。

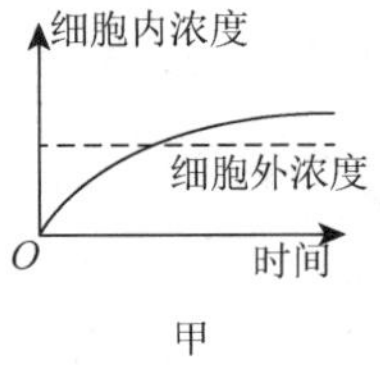

甲

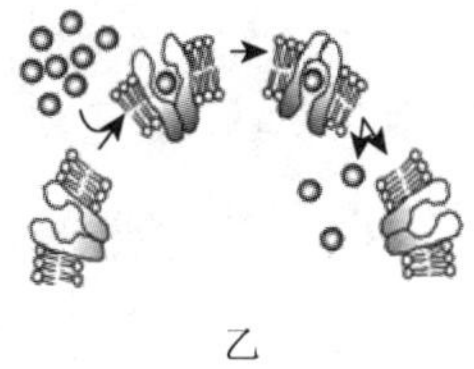
乙

A. 甲、乙所代表的物质运输方式没有共同点

B. 图乙的物质运输过程与细胞膜的流动性无关

C. 图乙所示的细胞可能是红细胞

D. 婴幼儿肠道吸收乳汁中的免疫球蛋白的过程可用图乙中的跨膜运输方式表示

2. 如图表示小肠上皮细胞吸收氨基酸和葡萄糖的过程，其中小肠上皮细胞中的葡萄糖和氨基酸浓度均高于肠腔和细胞外液，且细胞内的钾离子浓度高于细胞外，而钠离子浓度低于细胞外，甲、乙、丙、丁表示物质运输的载体，据此判断，下列说法中正确的是（　　）。

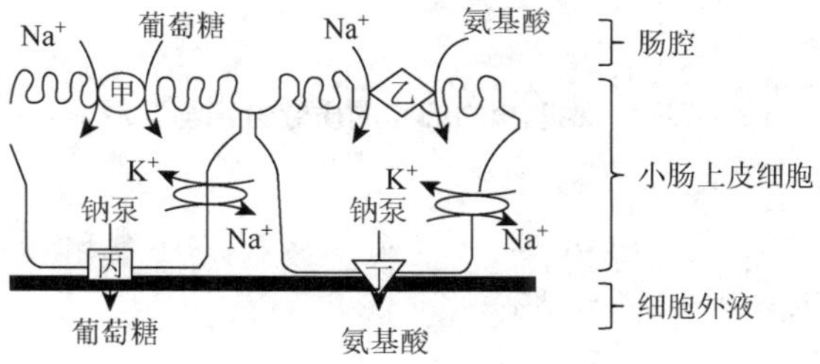

A. 通过钠泵的作用能降低细胞内外的钠、钾离子浓度差

B. 氨基酸进出小肠上皮细胞的方式为主动运输

C. 细胞通过载体甲运输钠离子和葡萄糖的方式不同

D. 能量供应不足会影响载体丙协助的葡萄糖跨膜运输

3. 如图1～图4为表示物质浓度或氧气浓度与物质跨膜运输速度间关系的曲线图。下列相关叙述，不正确的是（　　）。

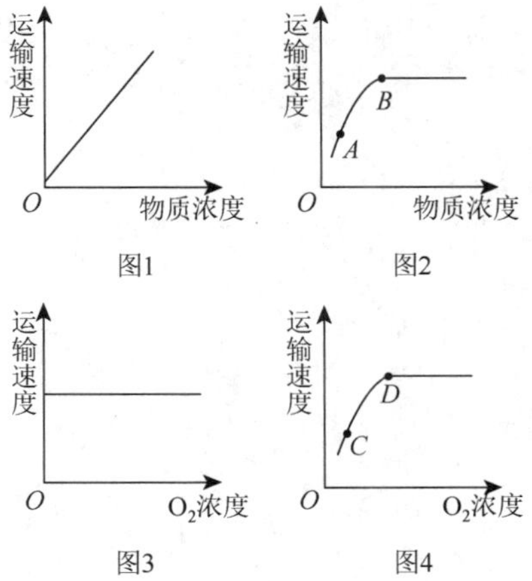

A. 如某物质跨膜运输的速度可用图1与图3表示，则该物质不应为葡萄糖

B. 限制图中A、C两点的运输速度的主要因素不同，B、D两点的限制因素有共同点

C. 将图2与图4的曲线补充完整，曲线的起点应从坐标系的原点开始

D. 如某物质跨膜运输的速度可用图2与图3表示，则该物质可能是葡萄糖

参 考 答 案

4.1　物质跨膜运输实例

1. B　2. B　3. D

4.2　实验：观察植物细胞的质壁分离与复原

1. D　2. C　3. D

4.（1）$S_1 > S_2$（2）原生质层　原生质层能主动转运有关物质而半透膜不能

（3）①X　②标号　蒸馏水　初始状态

③质壁分离

（4）KNO_3溶液中的细胞质壁分离后会自动复原

4.3　生物膜的流动镶嵌模型

1. C　2. B　3. C

4.4　物质出入细胞的方式及影响因素

1. C　2. C　3. C

第5章　细胞的能量供应和利用

5.1　降低化学反应活化能的酶

5.1.1　酶的作用和本质

核 心 问 题

1. 作为生物催化剂的酶与一般催化剂的共同点有哪些？

答：①加快化学反应速率，本身不被消耗；②只能催化已存在的化学反应；③降低化学反应的活化能，缩短达到平衡的时间，但不改变平衡点。

2. 什么是活化能？酶的作用机理是什么？

答：分子从常态转变为容易发生化学反应的活跃状态所需要的能量称为活化能。酶的作用机理是降低化学反应的活化能。

3. 提出两种实验思路验证酶的化学本质。

答：

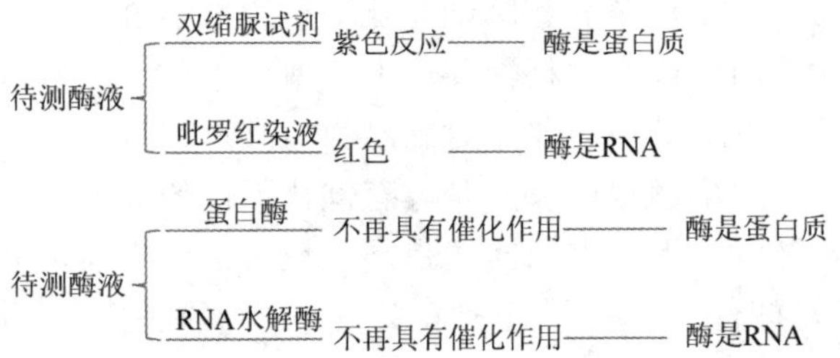

4. 如何理解酶促反应速率和酶活性？影响酶促反应速率的因素都会影响酶活性吗？

答：酶促反应速率用单位时间内、单位体积中反应物的减少量或产物的增加量来表示。酶活性是指酶催化一定化学反应的能力或催化效率。酶活性的高低可以用在一定条件下，酶所催化的某一化学反应的反应速率来表示。温度和pH是通过影响酶的空间结构改变酶活性，进而影响酶促反应速率；而底物浓度和酶浓度是通过影响底物与酶的接触面积而影响反应速率。

5. 为什么说细胞代谢离不开酶？

答：①细胞内每时每刻都在进行着成千上万种化学反应，这些化学反应需要高效率地进行，酶的催化效率比无机催化剂高得多。②细胞内的化学反应需要在常温、常压、酸碱度适中等温和条件下进行，酶能承担此任务，而无机催化剂常常需要辅助以高温、高压、强酸、强碱等剧烈条件才能有较高的催化效率。

典 例 精 讲

【典例 1】 下列关于酶的叙述，错误的是(　　)。

A. 同一种酶可存在于分化程度不同的活细胞中

B. 酶能降低反应过程所必需的活化能

C. 酶分子在催化反应完成后，立即被分解为氨基酸或核糖核苷酸

D. 酶既可以作为催化剂，也可以作为另一个反应的底物

【解析】 答案C。ATP合成酶、呼吸酶等可存在于分化程度不同的活细胞中，A正确；酶的性质是在催化化学反应的前后本身的质和量都不变，C错误；酶是生物催化剂，其化学本质主要是蛋白质，可以被蛋白酶催化水解，D正确。

【典例 2】 如图为反应物A生成产物P的化学反应在无酶和有酶催化条件下的能量变化过程，假设酶所处的环境条件最适，对于图中曲线分析正确的是(　　)。

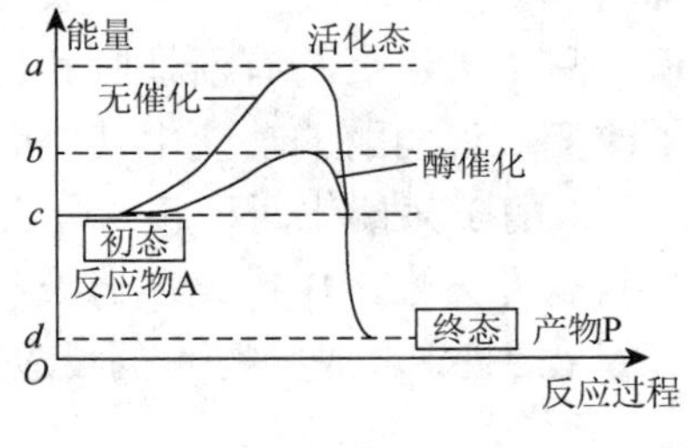

A. *ad* 段表示无酶催化时该反应所需的活化能

B. 酶活性是指酶对化学反应的催化效率，该图可证明酶具有高效性

C. 若把酶改成无机催化剂，则图中 *b* 点位置会下移

D. 若将有酶催化的反应温度上升 10℃，则 *ab* 段会缩短

【解析】 答案 D。*ca* 段表示在无催化剂的条件下化学反应需要的活化能，A 错误；酶活性是指催化一定化学反应的能力，可用化学反应速度来表示，没有无机催化剂做对比，不能证明酶的高效性，B 错误；由于酶比无机催化剂降低化学反应的活化能更显著，所以若将酶催化改为无机催化剂催化该反应，则 *b* 点在纵轴上将向上移动，C 错误；由于该酶所处的环境条件为最适条件，故将有酶催化的反应温度上升 10℃，酶活性下降，导致降低化学反应活化能的程度下降，*b* 点上移，*ab* 段会缩短，D 正确。

【典例 3】 细胞代谢中某种酶与其底物、产物的关系如图所示，下列有关叙述不正确的是（　　）。

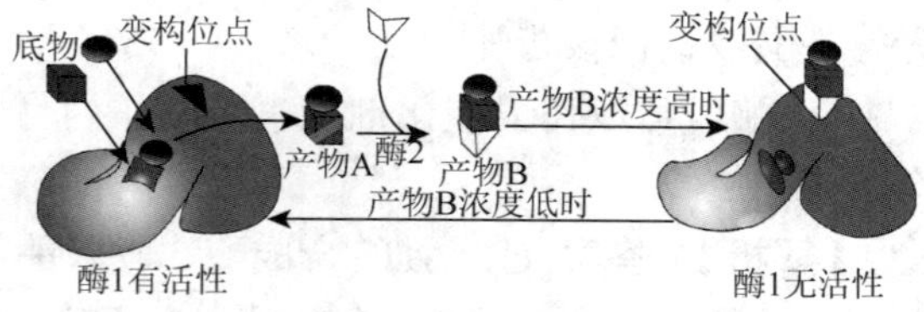

A. 酶 1 与产物 B 结合后失活，说明酶的功能由其空间结构决定

B. 酶 1 有两种底物且能与产物 B 结合，因此酶 1 不具有专一性

C. 酶 1 的水解终产物不一定是氨基酸，代谢终产物不一定是尿素

D. 酶 1 与产物 B 的相互作用可以防止细胞产生过多的产物 A

【解析】 答案 B。本题考查酶促反应原理的相关知识。酶 1 失活后与有活性时相比空间结构发生了改变，说明酶的功能由其空间结构决定，A 正确；酶 1 只催化两种底物合成产物 A 的反应，具有专一性，B 错误；酶 1 与产物 B 结合使酶 1 无活性，合成产物 A 的反应会中断，这样可以防止细胞生产过多的产物 A，D 正确。

针对训练

1. 下列关于酶的叙述，正确的是（　　）。

A. 酶都是在核糖体上合成的，在细胞内、外都能起催化作用

B. 酶通过降低活化能和提供能量来提高酶促反应速率

C. 所有活细胞都具有与细胞呼吸有关的酶

D. 将酶置于最适温度下保存有利于保持酶的活性

2. 下列叙述正确的是（　　）。

A. 从胃蛋白酶的提取液中沉淀该酶可用盐析的方法

B. 发烧时，食欲减退是因为唾液淀粉酶失去了活性

C. 噬菌体、硝化细菌和哺乳动物成熟的红细胞内都可以合成酶

D. 人体的酶有的从食物中获得，有的在体内转化而来

3. 肽酰转移酶是催化肽键形成的酶，对 RNA 酶敏感，对蛋白酶不敏感。下列叙述错误的是（　　）。

A. 肽酰转移酶催化氨基酸脱水缩合

B. 肽酰转移酶存在于核糖体中

C. 肽酰转移酶对高温和酸碱不敏感

D. 肽酰转移酶是具有催化活性的 RNA

4. 下图中的曲线是同一反应的酶促反应和非酶促反应曲线，下列相关叙述正确的是（　　）。

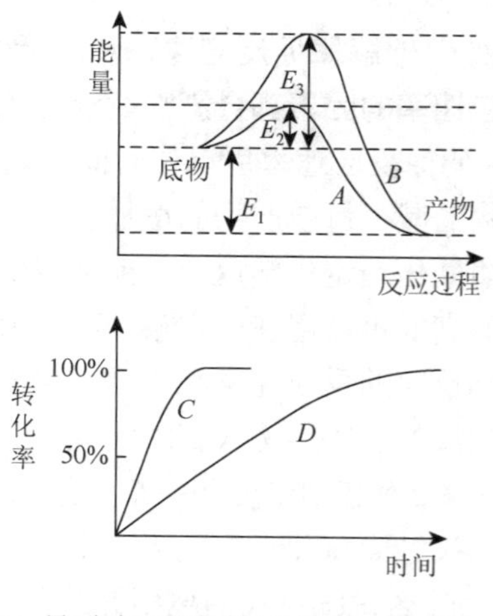

A. E_1 是酶促反应的活化能，*A* 和 *C* 曲线是

酶促反应曲线

B. E_2 是酶促反应的活化能，B 和 D 曲线是酶促反应曲线

C. E_3 是酶促反应的活化能，B 和 C 曲线是酶促反应曲线

D. E_2 是酶促反应的活化能，A 和 C 曲线是酶促反应曲线

5.1.2　酶的特性

核 心 问 题

1. 什么是酶的专一性？专一性对细胞有什么意义？

答：酶的专一性是指每一种酶只能催化一种或一类化学反应。意义：可保证细胞内的代谢活动有条不紊地进行。酶与底物专一性结合，发挥催化作用，细胞代谢反应才能迅速发生。

2. 低温条件下，酶仍保留催化活性的原因是什么？

答：低温虽然使酶的活性明显降低，但酶的空间结构没有遭到破坏并保持稳定，在适宜的温度下酶的活性可以恢复，因此酶适于低温下保存。

3. 若探究不同温度条件下淀粉酶对淀粉的水解效果，则实验中无关变量是什么？如何控制无关变量？实验中，关键是应将淀粉酶与可溶性淀粉溶液作何处理？

答：无关变量包括酶的浓度和用量、淀粉的用量、鉴定试剂碘液的用量、反应时间等。将无关变量设置为始终相同且在适宜条件下进行实验。关键是：应将同一温度下的淀粉酶与可溶性淀粉溶液混合。（该实验不适宜选用斐林试剂来检验淀粉的存在，因为使用斐林试剂需进行水浴加热，改变了原来设置好的温度，实验结果不准确。）

4. 唾液淀粉酶随食物进入人体胃内，不能继续将淀粉分解为麦芽糖的原因是什么？

答：唾液淀粉酶的最适 pH 在 7 左右，而胃液的 pH 在 2 左右，在胃中唾液淀粉酶失活并以蛋白质的形式被胃蛋白酶水解。同理，胃蛋白酶进入小肠腔内，也不能继续发挥作用。因为小肠液的 pH 为 7.6，进入肠腔中的胃蛋白酶会被胰蛋白酶催化分解。

5. 某同学从温度为 55～65℃的泉水中筛选出能合成脂肪酶的细菌，并从该细菌中提取了脂肪酶。根据该细菌的生活环境，简要写出测定该酶催化作用最适温度的实验思路。

答：在一定温度范围（包括 55～65℃）内设置温度梯度，分别测定酶活性。若所测得的数据出现峰值，则峰值所对应的温度即为该酶催化作用的最适温度。否则，扩大温度范围，继续实验，直到出现峰值。

典 例 精 讲

【典例 1】 关于温度对酶活性影响的叙述，错误的是（　　）。

A. 不同酶的最适温度可能相同

B. 随着温度降低，酶促反应的活化能下降

C. 酶活性最高时的温度不适合该酶的保存

D. 高温下酶失活是酶空间结构破坏的结果

【解析】 答案 B。不同酶的最适温度可能相同也可能不同，A 正确。相对最适温度而言，随着温度降低，酶促反应的活化能是升高的，酶活性是降低的，B 错误。酶活性最高时的温度是最适温度，此时酶活性最大，不适合保存，C 正确。高温下酶会因为空间结构被破坏而失去活性，D 正确。

【典例 2】 在甲、乙、丙三支试管中分别加入一定量的淀粉溶液和等量的淀粉酶溶液，在不同的温度条件下（均低于最适温度）反应，产物量随时间的变化曲线如图。据此判断，下列叙述正确的是（　　）。

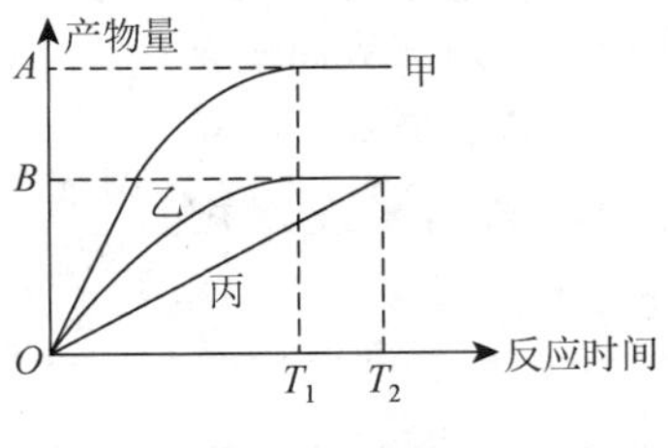

A. 三支试管随着反应的进行，酶促反应的速率不断上升

B. 适当提高甲试管的温度，则 A 点上移

C. 甲、乙、丙三支试管所处的温度为甲＞乙＞丙

D. 不同浓度的底物导致乙、丙两试管中反应速率不同

【解析】 答案C。适当提高甲试管的温度，反应速率加快，但 *A* 点取决于底物的多少，不会上移，B错误；乙、丙两试管中底物浓度相同，导致乙、丙两试管中反应速率不同的原因是温度不同，D错误。

【典例3】 某兴趣小组利用如下装置探究过氧化氢在不同条件下的分解。试剂：新配制的体积分数为3%的 H_2O_2 溶液、质量分数为3.5%的 $FeCl_3$ 溶液、不同质量分数的新鲜肝脏研磨液等。回答下列问题：

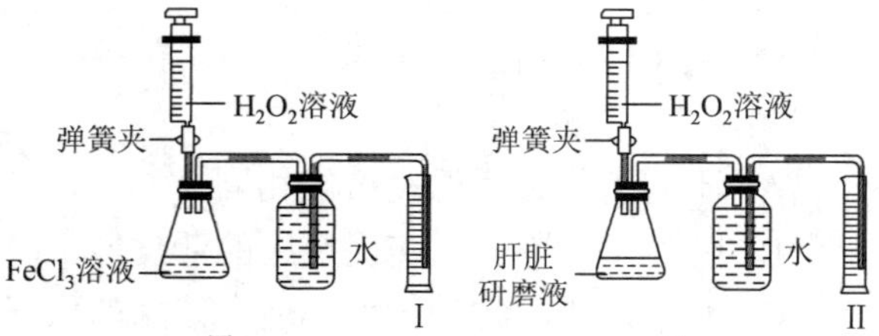

甲　　乙

在甲、乙装置的锥形瓶中分别加入0.6mL质量分数为3.5%的 $FeCl_3$ 溶液和0.6mL质量分数为20%的肝脏研磨液。然后松开弹簧夹分别注入2mL体积分数为3%的 H_2O_2 溶液。反应减慢后，轻轻振荡锥形瓶至不再有气泡产生。通过比较量筒Ⅰ、Ⅱ中水增加的快慢可以得出的结论是__________。量筒Ⅰ中水的体积________（填“小于”“等于”或“大于”）量筒Ⅱ，说明________________。

【解析】 答案：和无机催化剂相比，酶的催化作用具有高效性　等于　酶只能加快化学反应速率，不影响产物的生成量。

【提醒】 如果酶的量改变，但最终实验收集到的 O_2 的量没变，说明酶的催化只能改变反应速率，不会改变反应的平衡点，产物的量不会改变。

【典例4】 下列有关酶特性的实验设计中，最科学、严谨的一项是（　　）。

选项	实验目的	实验设计
A	验证酶的催化作用具有高效性	实验组：2mL3%的 H_2O_2 溶液+1mL过氧化氢酶，保温5min后观察 对照组：2mL3%的 H_2O_2 溶液+1mL蒸馏水，保温5min后观察

续表

选项	实验目的	实验设计
B	验证淀粉酶对淀粉水解具有专一性	实验组：2mL3%的可溶性淀粉溶液+1mL淀粉酶溶液，保温5min后，碘液检验 对照组：2mL 3%的可溶性淀粉溶液+1mL蔗糖酶溶液，保温5min后，碘液检验
C	探究酶作用的适宜温度	5mL 3%的可溶性淀粉溶液+2mL新鲜唾液+碘液，每隔5min将溶液温度升高10 ℃，观察溶液颜色变化
D	验证pH对酶的催化速率的影响	向三支试管分别加入1mL不同pH的缓冲液，再依次各加入1mL H_2O_2 酶溶液、2mL 3%的 H_2O_2 溶液，均在适宜温度下观察气泡产生速率

【解析】 答案D。验证酶的高效性，是将加酶组与无机催化剂组进行比较，A错误；验证淀粉酶对淀粉水解具有专一性，应该设置为不同底物如淀粉和蔗糖，不是两种酶对同一底物，B错误；探究酶作用的适宜温度应该设置合适的温度梯度分组进行实验，各组为同一温度分别处理的底物和酶液混合，C错误。

【提醒】 有关酶的本质和生理特性等实验的设计思路总结。

实验名称	对照组	实验组	衡量标准
验证某种酶的本质是蛋白质	已知蛋白液+双缩脲试剂	待测酶液+双缩脲试剂	是否出现紫色
验证酶具有催化作用	底物+适量蒸馏水	底物+等量的相应酶溶液	底物分解速率或底物剩余量
验证酶具有专一性	底物+相应酶液	同一底物+另一酶液或另一底物+相同酶液	底物是否被分解
验证酶具有高效性	底物+无机催化剂	底物+等量的相应酶溶液	底物分解速率或底物剩余量
探究酶的最适温度	温度梯度下的同一温度分别处理的底物和酶液混合		底物的分解速率或底物的剩余量
探究酶的最适pH	pH梯度下的同一pH分别处理的底物和酶液混合		

【典例5】 已知施加药物A能使蔗糖酶的活性丧失；施加药物B后蔗糖酶活性不变，但蔗糖和蔗糖酶结合的机会减少。如图为蔗糖酶在不同处理条件下（温度、pH、底物的量等均相同且适宜）产物浓度与时间的关系，其中乙组使用少量药物B。据图分析，下列叙述合理的是（　　）。

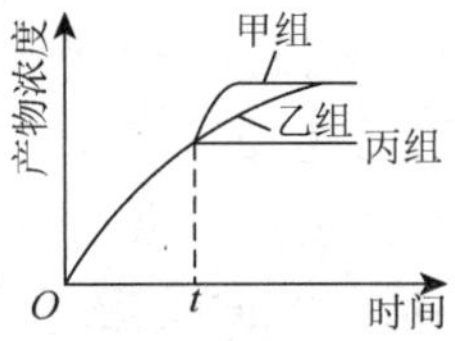

A. 甲组先使用药物 B 处理，在 t 时可能适当提高了温度

B. 丙组先使用药物 B 处理，在 t 时可能使用药物 A 处理

C. 在 t 之后甲组蔗糖酶的活性一定高于乙组和丙组

D. 在 t 之后丙组中蔗糖酶和蔗糖作用机会不变

【解析】 答案 B。题图中曲线是在适宜温度条件下得到的，提高温度，酶的活性会下降，A 错误；结合题意分析题图可知，丙组先使用药物 B 处理，在 t 后产物浓度基本不变，说明酶促反应受到抑制，t 后可能蔗糖酶已失活，可推测在 t 时丙组可能使用药物 A 处理，B 正确；乙组用少量药物 B 处理，且药物 B 不影响蔗糖酶活性，但使蔗糖与蔗糖酶结合机会减少，t 后甲组酶促反应速率高于乙组，由此推测甲组先用药物 B 处理，在 t 时可能除去药物 B，除去药物 B 后，蔗糖酶活性不变，但蔗糖与蔗糖酶结合机会增加，甲组酶促反应速率高于乙组，由 B 项分析可知，t 之后丙组蔗糖酶可能已失活，即 t 后甲组蔗糖酶的活性可能等于乙组的，而高于丙组的，C 错误；在 t 之后丙组中施加药物 A，酶活性丧失，没有催化，D 错误。

针 对 训 练

1. 下图表示酶的催化反应过程，有关叙述正确的是（　　）。

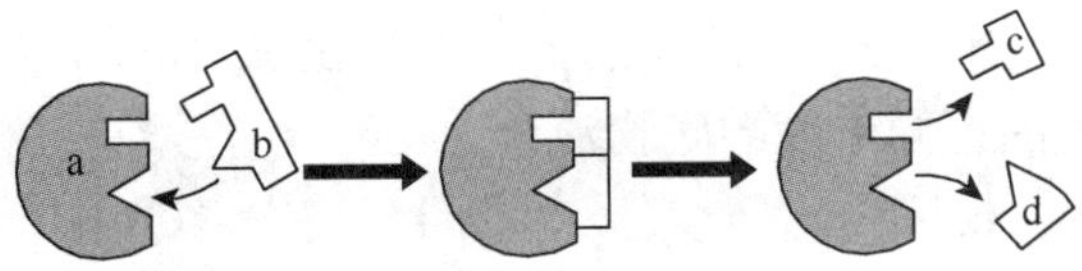

A. 该酶促反应过程可表示为 a+b→c+d

B. a 表示酶，b 可表示各种二糖

C. a 受温度、pH 的影响，温度、pH 不同，a 的活性不同

D. 若探究底物浓度对酶促反应速率的影响，b 的数量就是实验的自变量

2. 下列有关酶活性的条件探究实验设计，最适宜的是（　　）。

A. 利用过氧化氢和过氧化氢酶探究酶的最适 pH

B. 利用淀粉和淀粉酶作为实验材料探究 pH 对淀粉酶活性的影响

C. 利用胃蛋白酶、蛋清和 pH 分别为 5、7、9 的缓冲液验证 pH 对酶活性的影响

D. 利用淀粉、蔗糖、淀粉酶和碘液试剂验证酶的专一性

3. 甲图表示底物浓度对酶促反应速率的影响；乙图表示将 A、B 两种物质混合，再在 T_1 时加入某种酶后，A、B 两种物质的浓度变化曲线。实验均在最适温度和最适 pH 条件下完成，下列叙述正确的是（　　）。

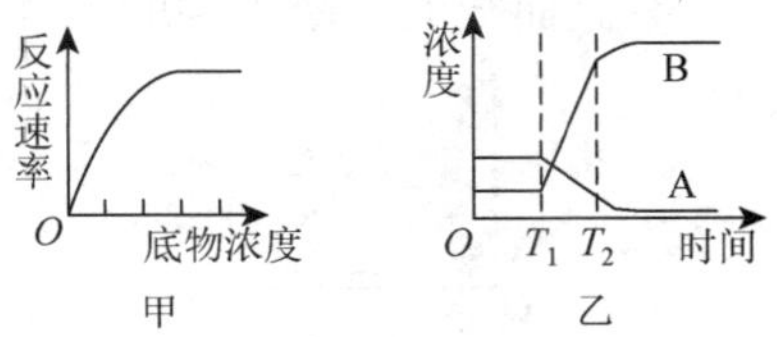

A. 甲图中反应速率达到最大后，限制酶促反应速率的主要因素是酶的活性

B. 若乙图中温度适当升高，T_2 减少，B 的增速将变快

C. 乙图中 T_2 时刻后限制酶促反应速率的主要因素是 B 浓度

D. 甲、乙两图所示的实验中，温度和 pH 都属于无关变量

4. 下图表示某反应物剩余量随 pH 及温度变化的情况，下列相关叙述正确的是（　　）。

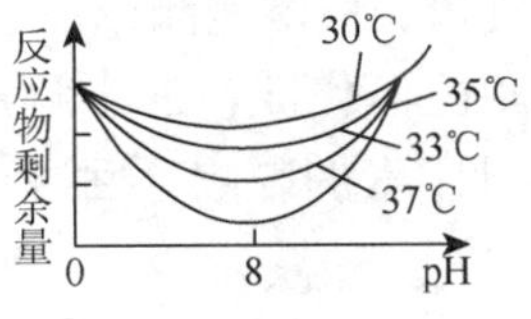

A. 该酶的最适温度是 37℃

B. 随着 pH 的升高，酶的活性先降低后升高

C. 随着温度的升高，酶的最适 pH 不变

D. 随着温度的升高，酶的活性逐渐降低

5. 如图 1 表示 pH 对 α-淀粉酶活性的影响，图 2 表示在最适温度及 pH 为 b 时 α-淀粉酶催化淀粉水解产生麦芽糖的积累量随时间的变化。预

期正确的是（　　）。

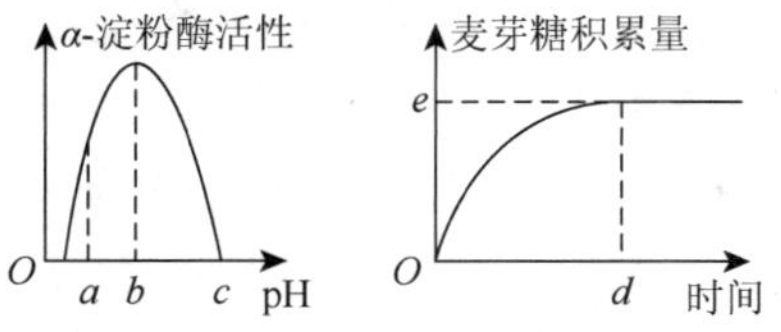

图 1　　图 2

A. 若增加 α-淀粉酶的量，则 d 点不移动，e 点上移

B. 若将 pH 先调整为 c，再调整回 b，则 d、e 点不移动

C. 若将温度升高 5℃，则 d 点右移、e 点不移动

D. 若将 pH 调整为 a，则 d 点右移，e 点下移

6. 如图 abc 与 abd 为不同类型的酶促反应实验曲线，有关曲线的判断正确的是（　　）。

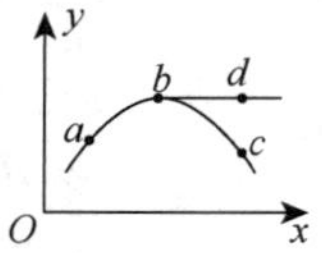

A. 若曲线 abc 为 pH 影响酶活性的部分曲线，若 c 点时酶变性失活，则所含有的肽键数比 b 点时多

B. 若曲线 abc 为温度影响酶活性的部分曲线，则 b 点时酶的最适 pH 和 a 点时的最适 pH 不同

C. 若曲线 abd 为某一化学反应产物的产量随时间的变化，bd 不再增加可能是酶已经失活

D. 曲线 abd 为反应速率受底物浓度影响的变化，bd 不再增加可能是酶浓度的限制

7. 淀粉酶能催化淀粉的水解，其活性受温度、pH 等多种因素的影响。回答下列问题：

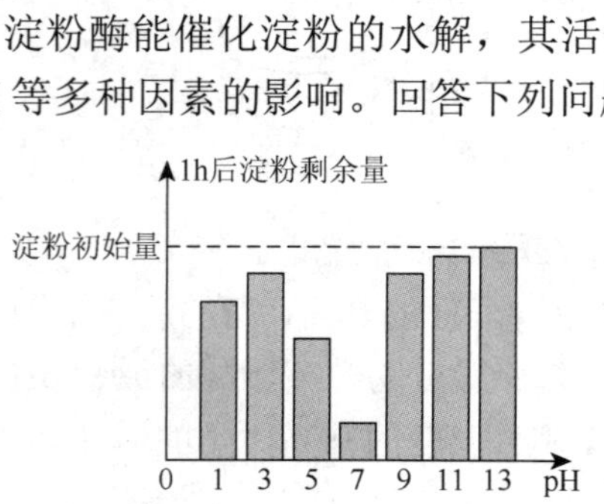

（1）淀粉酶活性是指__________。在淀粉酶过量的条件下，增加淀粉溶液浓度，则改变________（填“酶促反应速率”“酶活性”或“酶促反应速率和酶活性”）。

（2）为了探究 Cl^-、Cu^{2+}对淀粉酶活性的影响，实验中除了用到 NaCl 溶液和 $CuSO_4$ 溶液外，还用到 Na_2SO_4 溶液，Na_2SO_4 溶液的作用是________。

（3）已知酸能促进淀粉水解，而碱不能。如图为某生物兴趣小组测定的不同 pH 条件下淀粉酶催化淀粉水解的实验结果。pH 为 3 和 9 时，淀粉酶的活性________（填“相同”或“不同”），原因是__________。试管中溶液的 pH 由 13 调为 7 后，淀粉含量不会明显减少，原因是___________。

8. 酶的抑制剂能降低酶的活性，不同的抑制剂对酶活性的影响不同。某科研小组通过实验研究了两种抑制剂对某消化酶酶促反应速率的影响，对实验的结果进行分析并绘图如下，请回答：

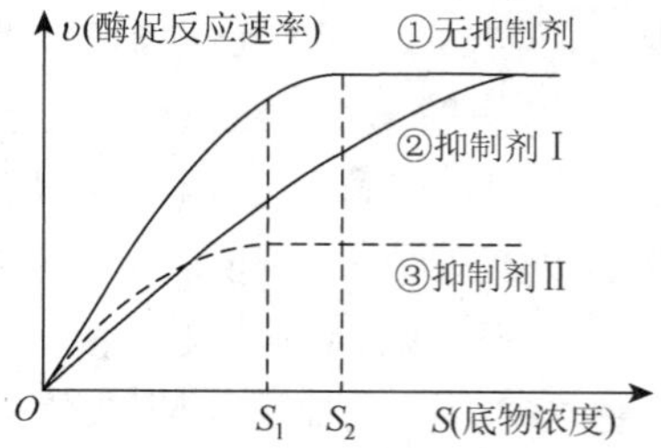

（1）该实验的自变量是____________，实验中对无关变量应进行控制，该实验的无关变量有______________。(答出两项即可)

（2）据图分析，随着底物浓度的升高，抑制剂______（填“Ⅰ”或“Ⅱ”）的作用逐渐减小甚至消失。

（3）某同学认为该实验小组的实验过程应是：

a. 将某消化酶溶液等分为①②③三组，将每组等分为若干份；

b. 在一定条件下将三组消化酶溶液均与等量的不同浓度的底物混合；

c. 在①中加入一定量的蒸馏水，②中加入等量的抑制剂Ⅰ，③中加入等量的抑制剂Ⅱ；

d. 定时取样检测各反应中底物的量或产物的量，记录实验结果并绘图。

该实验操作有误，请进行改正__________。

5.2　细胞的能量“通货”ATP

核心问题

1. ATP 与 ADP 的相互转化是可逆的吗？为什么？

答：不是可逆反应。具体如下：

项目	ATP 的合成	ATP 的水解
反应式	ADP+Pi+能量 $\xrightarrow{酶}$ ATP	ATP $\xrightarrow{酶}$ ADP+Pi+能量
所需酶	ATP 合成酶	ATP 水解酶
能量来源	光能（光合作用）、化学能（细胞呼吸）	储存在高能磷酸键中的能量
能量去路	储存于形成的高能磷酸键中	用于各项生命活动
反应场所	细胞质基质、线粒体、叶绿体	生物体的需能部位

2. 从 ATP 的结构分析，它与 RNA 有什么关系？

答：ATP 是由一个腺苷（核糖+腺嘌呤）和三个磷酸基团构成，当 ATP 断裂两个高能磷酸键脱去两个磷酸基团后，剩余的结构为腺嘌呤核糖核苷酸，是构成 RNA 的基本单位之一。

【点拨】 ATP、ADP、DNA、RNA、磷脂的组成元素都是 C、H、O、N、P。关于 ATP 分子结构的记忆可用“一、二、三”来概括：一个腺苷、两个高能磷酸键、三个磷酸基团。

典例精讲

【典例 1】（2019 天津）下列过程需 ATP 水解提供能量的是（　　）。

A. 唾液淀粉酶水解淀粉　　B. 生长素的极性运输

C. 光反应阶段中水在光下分解　　D. 乳酸菌无氧呼吸的第二阶段

【解析】 答案 B。唾液淀粉酶水解淀粉在消化道内进行，不耗能，A 错误；生长素的极性运输是主动运输，主动运输需要载体蛋白和能量，B 正确；光反应中水的光解产生 NADPH 和 O_2，不耗能，C 错误；无氧呼吸第二阶段既不产生能量也不消耗能量，D 错误。

【提醒】 关于 ATP 的合成和水解中能量的来源和去路归纳如下：

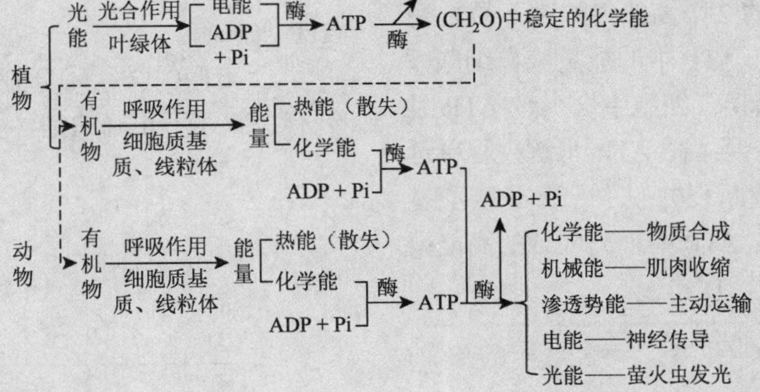

【典例 2】（2014 全国卷）ATP 是细胞中重要的高能磷酸化合物。下列叙述，错误的是（　　）。

A. 线粒体合成的 ATP 可在细胞核中发挥作用

B. 机体在运动时消耗 ATP，睡眠时则不消耗 ATP

C. 在有氧与缺氧的条件下，细胞质基质中都能形成 ATP

D. 植物根细胞吸收矿质元素离子所需的 ATP 来源于呼吸作用

【解析】 答案 B。细胞核所需要的 ATP 主要由线粒体提供，A 正确；ATP 是生命活动的直接能源物质，机体时刻都在合成和消耗，B 错误；有氧呼吸和无氧呼吸的第一阶段均在细胞质基质中进行，均有 ATP 形成，C 正确；根细胞吸收矿质元素离子的方式主要是主动运输，其消耗的 ATP 来源于呼吸作用，D 正确。

【提醒】 在剧烈运动时，虽然骨骼肌细胞中每摩尔葡萄糖生成 ATP 的量多于安静时，但 ATP 又在不断地水解，ATP 和 ADP 的相互转化非常迅速，因此 ATP 含量很少且处于动态平衡中。

【典例 3】（2018 浙江）ATP 是细胞中的能量通货，下列叙述正确的是（　　）。

A. ATP 中的能量均来自细胞呼吸释放的能量

B. ATP-ADP 循环使得细胞储存了大量的 ATP

C. ATP 水解形成 ADP 时释放能量和磷酸基团

D. ATP 分子中的 2 个高能磷酸键不易断裂

【解析】 答案 C。ATP 中的能量来自细胞呼吸和光合作用，A 错误；细胞中含少量 ATP 且处于动态平衡，B 错误；在 ATP 水解过程中远离腺苷的高能磷酸键断裂并脱去一分子磷酸基团释放能量，C 正确；ATP 中远离腺苷的高能磷酸键容易断裂和形成，D 错误。

【提醒】 ATP≠能量。细胞生命活动所需的能量除 ATP 外还可由 GTP、CTP、UTP 等提供。

针 对 训 练

1. 下列各项中与 ATP 的有关叙述中，不正确的是（　　）。

A. ATP 中的“A”所表示的结构中含有核糖

B. 葡萄糖进入小肠绒毛上皮细胞短时间内会使细胞内 ADP 的含量增加

C. 动植物、真菌、细菌等细胞内都以 ATP 作为能量“通货”说明了生物界的统一性

D. 原核细胞合成 ATP 时能量只能来自细胞呼吸释放的化学能

2. 下图表示生物体内发生的两个化学反应，请判断下列相关说法中正确的是（　　）。

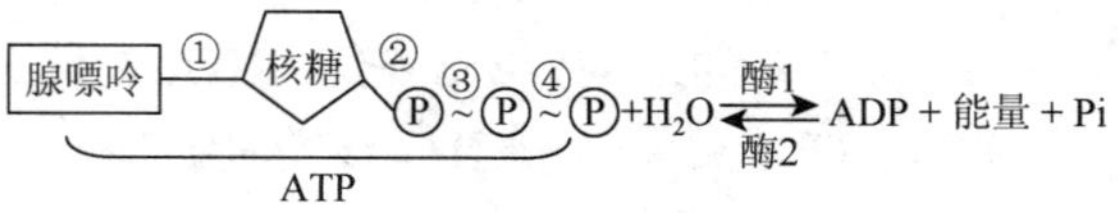

A. ATP 分子水解时，图中所示的化学键③最易断裂

B. 若细胞代谢强度增加一倍，则细胞内 ATP 的含量也将增加一倍

C. 图中酶 1 和酶 2 的化学本质相同，但是二者的种类不同

D. 细胞中的吸能反应一般与 ATP 的合成反应相联系

3. 下列有关酶与 ATP 的叙述，正确的是（　　）。

A. 合成酶时需要 ATP，合成 ATP 时需要酶

B. 酶的组成元素与 ATP 的组成元素各不相同

C. 产生 ATP 的细胞一定能产生酶

D. 细胞质基质中存在 ATP 合成酶，不存在 ATP 水解酶

4. 下图①②③④分别代表不同的物质，下列有关叙述不正确的是（　　）。

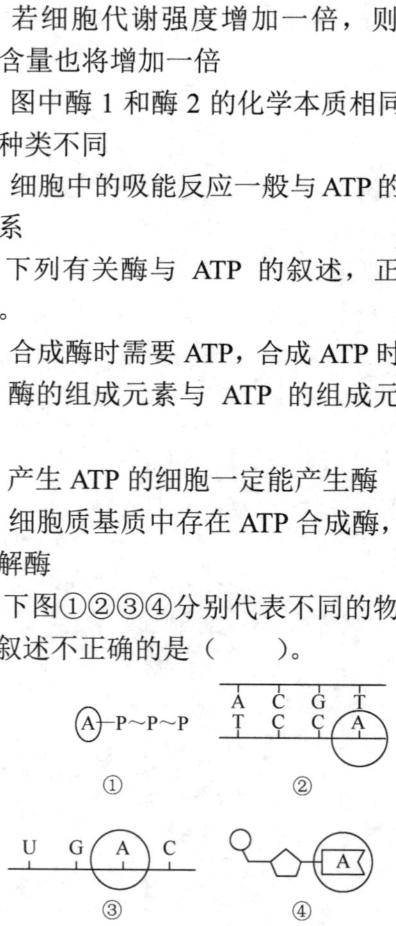

A. ①②③④可同时存在于一个细胞中

B. ①②③④的元素组成相同

C. ①断裂两个高能磷酸键后可作为③的基本单位

D. ①④中“A”代表的含义相同

5.3　细 胞 呼 吸

5.3.1　细胞呼吸的类型及过程

核 心 问 题

1. 你能概括出细胞呼吸过程中相关物质参与或生成的阶段及场所吗？

答：

物质	参与的阶段及场所	生成的阶段及场所
葡萄糖	有氧呼吸和无氧呼吸第一阶段（细胞质基质）	
H_2O	有氧呼吸第二阶段（线粒体基质）	有氧呼吸第三阶段（线粒体内膜）
O_2	有氧呼吸第三阶段（线粒体内膜）	
丙酮酸	有氧呼吸第二阶段（线粒体基质）、无氧呼吸第二阶段（细胞质基质）	有氧呼吸和无氧呼吸第一阶段（细胞质基质）
[H]	有氧呼吸第三阶段（线粒体内膜）、无氧呼吸第二阶段（细胞质基质）	有氧呼吸第一阶段（细胞质基质）、有氧呼吸第二阶段（线粒体基质）、无氧呼吸第一阶段（细胞质基质）
CO_2		有氧呼吸第二阶段（线粒体基质）、无氧呼吸第二阶段（细胞质基质）
乳酸（酒精）		无氧呼吸第二阶段（细胞质基质）
ATP		有氧呼吸三个阶段（细胞质基质和线粒体）、无氧呼吸第一阶段（细胞质基质）

【点拨】 关于细胞呼吸的易错易混点：

①线粒体是进行有氧呼吸的主要场所，但部分原核生物（如醋酸杆菌、蓝藻）虽无线粒体但含有有氧呼吸相关的酶，也能进行有氧呼吸。

②无线粒体的真核生物或细胞只能进行无氧呼吸，如蛔虫、哺乳动物成熟的红细胞等。

③无氧呼吸中，葡萄糖中的能量主要转移到乳酸或酒精中没有释放出来；有氧呼吸中，葡萄糖中的能量则主要以热能散失了。

④无氧呼吸只在第一阶段产生少量 ATP，第二阶段不能产生 ATP，[H]在第一阶段产生，第二阶段被利用，无[H]积累。

⑤细胞呼吸释放的能量，少部分以化学能的形式储存在 ATP 中。

⑥动物细胞产生的 CO_2 只来自有氧呼吸，因其无氧呼吸的产物是乳酸，无 CO_2。

⑦有氧呼吸总反应式两边的水不能相互抵消。由元素转移的途径可知，反应物 H_2O 中的 O 去向产物 CO_2，生成物 H_2O 中的 O 来自反应物 O_2。

⑧线粒体不能直接利用葡萄糖。葡萄糖参与有氧呼吸第一阶段，必须在细胞质基质中分解为丙酮酸才能进入线粒体被分解。

2. 可以从哪些方面判断以及如何判断细胞的呼吸方式？

答：（1）反应物和产物种类。

①消耗 O_2 或产物中有 H_2O：存在有氧呼吸。

②产物中有酒精或乳酸：存在无氧呼吸。

③无 CO_2 产生：产生乳酸的无氧呼吸。

④不耗 O_2，但产生 CO_2：产生酒精的无氧呼吸。

（2）物质的量关系。

①酒精量=CO_2 量：只有无氧呼吸。

②酒精量＜CO_2：存在有氧呼吸和无氧呼吸。

③CO_2 产生量=O_2 消耗量：只有有氧呼吸。

④CO_2 产生量＞O_2 消耗量：存在有氧呼吸和无氧呼吸。

⑤CO_2 产生量＜O_2 消耗量：呼吸的底物存在脂肪类物质。

（3）生物类型。

①有氧呼吸：大多数真核细胞（生物）。

部分原核细胞（生物）：醋酸杆菌、谷氨酸棒状杆菌、硝化细菌、蓝藻等。

②无氧呼吸：

无线粒体的真核细胞（生物）：哺乳动物成熟的红细胞、蛔虫等。

产酒精的：酵母菌、大多数植物等。

产乳酸的：乳酸菌、大多数动物、马铃薯块茎、甜菜块根、玉米胚等。

【点拨】

①不同生物无氧呼吸的产物不同：直接原因在于催化反应的酶不同，根本原因在于控制酶合成的基因不同。

②同一个体不同细胞无氧呼吸的产物不同：下直接原因在于催化反应的酶不同，根本原因在于基因的选择性表达。

典 例 精 讲

【典例 1】 金鱼能在严重缺氧环境中生存若干天，肌细胞和其他组织细胞中无氧呼吸产物不同，下图表示金鱼缺氧状态下细胞中的部分代谢途径。相关叙述不正确的是（　　）。

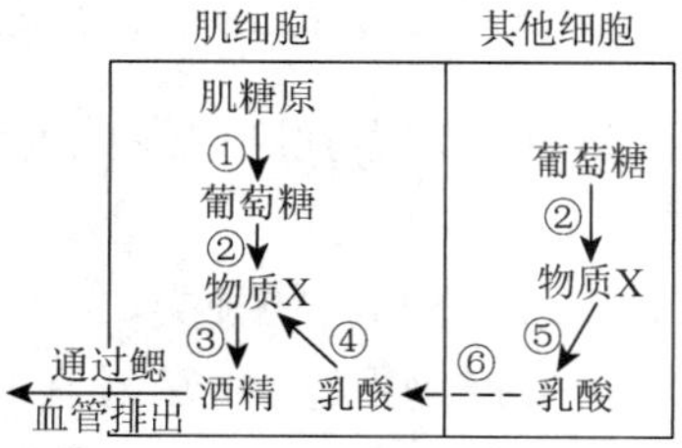

A. “物质 X”是丙酮酸，由 3 种元素组成

B. 过程①②③⑤均有能量释放，用于合成 ATP

C. 不同类型细胞中无氧呼吸产物不同是因为酶种类不同

D. 在肌细胞中将乳酸转化成酒精并排出有利于防止酸中毒

【解析】 答案 B。②表示无氧呼吸第一阶段，葡萄糖被分解为丙酮酸（$C_3H_4O_3$），A 正确；①表示肌糖原水解，③⑤代表无氧呼吸第二阶段，不合成 ATP，B 错误；同为金鱼细胞，不同类型细胞的基因是相同的，无氧呼吸产物不同是因为基因的选择性表达导致酶的种类不同，C 正确；据图分析，在肌细胞中将乳酸转化成酒精并排出有利于防止酸中毒，D 正确。

【提醒】 有氧呼吸第三阶段产生的水可在下一次有氧呼吸第二阶段使用。如：小鼠吸入 $^{18}O_2$，在其呼出的 CO_2 中也可能含有 ^{18}O。

【典例 2】（2020 全国卷Ⅰ）种子贮藏中需控制呼吸作用以减少有机物的消耗。若作物种子呼吸作用所利用的物质是淀粉分解产生的葡萄糖，下列关于种子呼吸作用的叙述，错误的是（　　）。

A. 若产生的 CO_2 与酒精的分子数相等，则细胞只进行无氧呼吸

B. 若细胞只进行有氧呼吸，则吸收 O_2 的分子数与释放 CO_2 的分子数相等

C. 若细胞只进行无氧呼吸且产物是乳酸，则无 O_2 吸收，也无 CO_2 释放

D. 若细胞同时进行有氧和无氧呼吸，则吸收的 O_2 比释放的 CO_2 多

【解析】 答案 D。细胞无氧呼吸产生酒精时，分解 1 分子葡萄糖产生 2 分子酒精和 2 分子 CO_2，A 正确；细胞有氧呼吸时，分解 1 分子葡萄糖消耗 6 分子 O_2，产生 6 分子 CO_2，B 正确；细胞无氧呼吸产生乳酸时，分解 1 分子葡萄糖产生 2 分子乳酸，不产生 CO_2，C 正确；若细胞同时进行有氧和无氧呼吸，O_2 只能用于有氧呼吸，而 CO_2 既可来自有氧呼吸，又可来自无氧呼吸，故细胞释放的 CO_2 多于吸收的 O_2，D 错误。

【提醒】 脂肪氧化分解的呼吸熵（CO_2/O_2）小于 1。当以脂肪为底物进行有氧呼吸时，消耗 O_2 的量要大于产生 CO_2 的量，是因为与葡萄糖相比，脂肪含 H 多含 O 少。

【典例 3】 将一份刚采摘的新鲜蓝莓用高浓度的 CO_2 处理 48h 后，贮藏在温度为 1℃的冷库内，另一份则始终贮藏在 1℃的冷库内。从采摘后算起，每 10 天取样一次，测定其单位时间内 CO_2 释放量（mol）和 O_2 吸收量（mol），计算二者的比值，得到如图所示的曲线。下列结论正确的是（　　）。

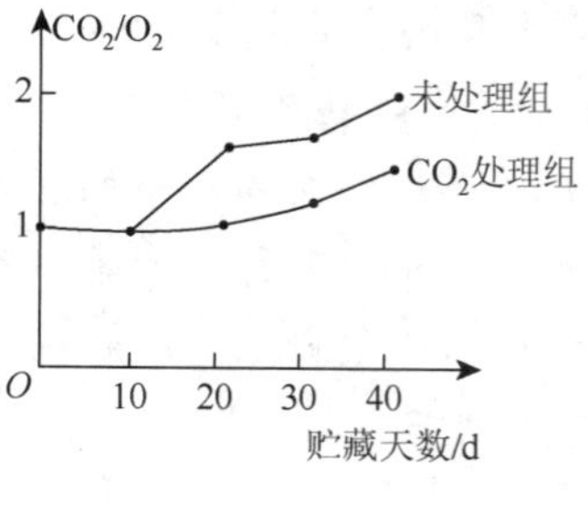

A. 贮藏前用 CO_2 处理后的蓝莓无法进行无氧呼吸

B. 第 10d 时，细胞中的 ATP 完全来自线粒体

C. 第 20d 未处理组蓝莓产生的乙醇量高于 CO_2 处理组

D. 第 40d 未处理组蓝莓有氧呼吸比无氧呼吸消耗的葡萄糖多

【解析】 答案 C。根据曲线，10d 后 CO_2/O_2 大于 1，说明两组蓝莓均可进行无氧呼吸，A 错误；第 10d 时 CO_2/O_2 等于 1，细胞只进行有氧呼吸，而有氧呼吸第一阶段也能合成 ATP，场所为细胞质基质，B 错误；第 20d 未处理组蓝莓的 CO_2/O_2 更大，说明其无氧呼吸释放的 CO_2 更多，因此未处理组蓝莓无氧呼吸产生的乙醇量高于 CO_2 处理组，C 正确；第 40d 未处理组蓝莓的 CO_2/O_2 为 2，假设有氧呼吸吸收的 O_2 为 1mol，根据有氧呼吸的反应式则有氧呼吸产生的 CO_2 为 1mol，消耗的葡萄糖为 1/6mol，那么无氧呼吸释放的 CO_2 也为 1mol，无氧呼吸消耗的葡萄糖为 1/2mol，D 错误。

【提醒】 以葡萄糖为底物且不考虑产生乳酸的无氧呼吸。

①有氧呼吸时，葡萄糖∶O_2∶CO_2=1∶6∶6；无氧呼吸时，葡萄糖∶CO_2∶酒精=1∶2∶2。

②若产生 CO_2 量/消耗 O_2 量＞4/3，则细胞无氧呼吸消耗的葡萄糖较多，同时进行有氧呼吸；若 1＜产生 CO_2 量/消耗 O_2 量＜4/3，则细胞有氧呼吸消耗的葡萄糖较多，同时进行无氧呼吸。

另外，在计算时多以 O_2、酒精这样的特征物质入手。

5.3.2 影响细胞呼吸的外界因素及其应用

核 心 问 题

1. 据图回答下列问题：

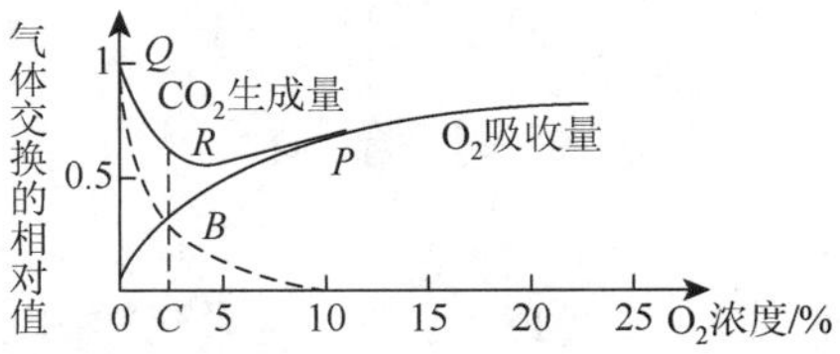

（1）分别说出氧气浓度对有氧呼吸和无氧呼吸的影响。

答：氧气浓度为 0 时，无氧呼吸最强，随氧气浓度的升高，无氧呼吸强度逐渐降低，当氧气浓度为 10%时，无氧呼吸消失。

氧气浓度为 0 时，有氧呼吸为 0，随氧气浓度的升高，有氧呼吸强度逐渐增强，最后达到稳定。

（2）分别说出 Q、R、P、B 四点的含义。

答：Q——只有无氧呼吸。

R——既有有氧呼吸又有无氧呼吸，此时细胞总呼吸强度最低，消耗的有机物最少，适于储存果蔬、种子等。

P——只有有氧呼吸。

B——有氧呼吸的 CO_2 生成量等于无氧呼吸的 CO_2 生成量，在产生等量 CO_2 的情况下，有氧呼吸消耗的葡萄糖是无氧呼吸的 1/3，但有氧呼吸释放的总能量还是大于无氧呼吸。

2. 种子萌发时，呼吸速率如何变化？

答：种子的呼吸作用在种皮未破裂时，先以无氧呼吸供能，后逐渐出现有氧呼吸。在种皮破裂后，无氧呼吸逐渐减弱，有氧呼吸逐渐加强。种子吸水导致呼吸速率不断增大。

【点拨】 ①种子萌发过程中，干重先小幅度上升，后持续下降，待幼苗出土后干重再上升。干种子吸水后，蛋白质、脂肪、淀粉等要水解成小分子物质，水分子中的—H 和—OH 会变成小分子有机物的一部分，使种子干重上升。此后直至幼苗出土，种子只能进行呼吸作用，干重一直下降。幼苗出土后，当光合速率大于呼吸速率时，干重又上升。

②种子萌发过程中，有机物的种类增多。因为大分子物质要分解成小分子物质、形成更多的酶催化其他的产物等。

典 例 精 讲

【典例 1】（2018 天津）为探究酵母菌的呼吸方式，在连通 CO_2 和 O_2 传感器的 100mL 锥形瓶中，加入 40mL 活化酵母菌和 60mL 葡萄糖培养液，密封后在最适温度下培养。培养液中的 O_2 和 CO_2 相对含量变化见下图。有关分析错误的是（　　）。

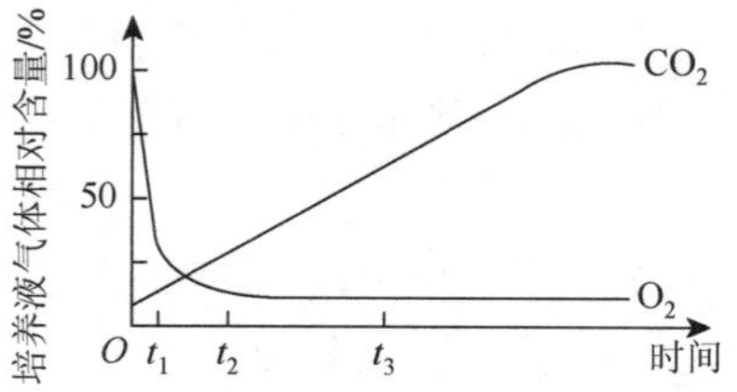

A. $t_1 \rightarrow t_2$，酵母菌的有氧呼吸速率不断下降

B. t_3 时，培养液中葡萄糖的消耗速率比 t_1 时快

C. 若降低 10℃培养，O_2 相对含量达到稳定所需时间会缩短

D. 实验后的培养液滤液加入适量酸性重铬酸钾溶液后变成灰绿色

【解析】 答案 C。在 t_1～t_2 时刻，单位时间内氧气的减少速率越来越慢，说明酵母菌的有氧呼吸速率不断下降，A 正确；t_3 时刻，培养液中氧气的含量不再发生变化，说明酵母菌不再消耗氧气，进行无氧呼吸，由于 t_1 和 t_3 产生 CO_2 的速率相同，而单位时间内产生等量 CO_2 时无氧呼吸所消耗的葡萄糖是有氧呼吸的 3 倍，因此 t_3 时，溶液中消耗葡萄糖的速率比 t_1 时快，B 正确；图示所给温度是最适温度，此时酶的活性最高，反应速率最快，若降低温度，反应速率会减慢，O_2 相对含量达到稳定时所需要的时间会变长，C 错误；据图可知，酵母菌进行了无氧呼吸，无氧呼吸过程会产生酒精，酒精与酸性重铬酸钾溶液反应后培养液会变成灰绿色，D 正确。

> **【提醒】** 影响细胞呼吸的因素并不是单一的。内部因素也会影响细胞呼吸的强度，如生物的遗传特性、器官种类、生长时期等。

【典例 2】（2019 全国卷Ⅲ）若将 n 粒玉米种子置于黑暗中使其萌发，得到 n 株黄化苗。那么，与萌发前的这 n 粒干种子相比，这些黄化苗的有机物总量和呼吸强度表现为（　　）。

A. 有机物总量减少，呼吸强度增强

B. 有机物总量增加，呼吸强度增强

C. 有机物总量减少，呼吸强度减弱

D. 有机物总量增加，呼吸强度减弱

【解析】 答案 A。由题意可知，种子萌发时会吸水膨胀，自由水增多，相较于干种子呼吸作用逐渐增强，并将储藏在子叶或胚乳中的营养物质逐步分解转化，所以种子萌发过程中，因呼吸作用消耗有机物总量不断减少。综上所述，A 正确。

> **【提醒】** 种子的萌发过程与前后章节的知识紧密联系。例如：①利用细胞膜的功能特性可通过染色法鉴定种子死活；②种子若避光萌发，会因缺少光照使得叶绿素不能合成而出现黄化苗；③种子萌发成幼苗的过程没有体现细胞的全能性。

【典例 3】（全国卷汇编）下列说法正确的是（　　）。

A. 马铃薯块茎储藏库中氧气浓度的升高会增加酸味的产生

B. 农田适时松土有利于农作物根细胞对矿质元素的吸收

C. 与风干前相比，风干种子中细胞呼吸作用的强度高

D. 破伤风芽孢杆菌适宜生活在有氧的环境

【解析】 答案 B。马铃薯块茎无氧呼吸的产物是乳酸，当氧气浓度升高时，会抑制无氧呼吸的强度，使酸味减少，A 错误；农田适时松土可增加土壤中的氧气量，促进根细胞的有氧呼吸进而为矿质元素的吸收提供更多能量，B 正确；种子风干后，自由水与结合水的比值降低，细胞呼吸强度减弱，C 错误；破伤风芽孢杆菌是严格的厌氧型细菌，D 错误。

> **【提醒】** 细胞呼吸原理的应用：
>
> ①包扎伤口时选用透气的材料抑制厌氧菌的无氧呼吸。

②有氧运动可避免因剧烈运动导致肌细胞因氧气不足而进行无氧呼吸产生大量乳酸。

③中耕松土可增加土壤中的氧含量，利于植物根系细胞的有氧呼吸。

④稻田定期排水可增加土壤中氧含量，防止幼根因缺氧而变黑。

⑤利用乳酸菌发酵制作酸奶、泡菜。

⑥利用粮食等通过酵母菌发酵可以产生各种酒。

⑦果蔬储存应零上低温（抑制酶的活性）、低氧（减少有机物消耗，同时避免酒精积累损害细胞）、高 CO_2（抑制细胞呼吸）、保持一定湿度（保持鲜度）。

⑧种子储存应零上低温、低氧、高 CO_2、干燥（降低自由水降低细胞呼吸强度）。

5.3.3　实验：探究酵母菌细胞呼吸的方式以及相关实验拓展

核 心 问 题

1. 为什么选择酵母菌作为研究细胞呼吸方式的实验材料？在该实验中，用什么检测二氧化碳，以及如何判断二氧化碳的多少？用什么检测酒精，有什么现象？

答：(1) 因为酵母菌的代谢类型是兼性厌氧型，在有氧和无氧条件下均可进行细胞呼吸。呼吸产物容易获得并进行定性测量，便于探究细胞呼吸方式。而且酵母菌是单细胞真菌，具有典型性。另外酵母菌来源广、成本低、存活能力强，适合作为实验材料。

(2) 二氧化碳可用澄清石灰水鉴定，通过比较变浑浊的程度，分析二氧化碳的多少。也可以用溴麝香草酚蓝水溶液鉴定，通过比较由蓝变绿再变黄的时间长短来分析二氧化碳的多少。

(3) 酒精用酸性条件下的重铬酸钾溶液鉴定，颜色由橙色变成灰绿色。

【点拨】 ①新配制的质量分数为 5%的葡萄糖溶液先加热煮沸，以杀死里面的微生物并除去溶液中的氧气，等冷却后再加入酵母菌。

②为防止实验过程中酵母菌培养液溢出，酵母菌培养液不能装满，需留 1/3 的空间。

③为确保无氧组中通入澄清石灰水的 CO_2 均来自酵母菌无氧呼吸，应将发酵瓶封口放置一段时间，待酵母菌将氧气消耗完再连通盛有澄清石灰水的锥形瓶。

2. 在探究酵母菌细胞呼吸的方式的实验中，为什么不设置对照组？

答：此实验为对比实验。对比实验不设置对照组，而是设置两个及两个以上的实验组通过对结果的比较分析来探究某种因素与实验对象的关系。此探究实验通过在有氧和无氧条件下的两个实验组相互比较得出实验结论。

【点拨】 对照组和实验组的判定方法

实验组是接受实验变量处理的对象组，对照组是不接受实验变量处理的对象组。按对照的内容和形式上的不同，通常有以下几种对照类型：

（1）空白对照：指不做任何实验处理的对象组。如在“生物组织中可溶性还原糖的鉴定”的实验中，向甲试管中加入斐林试剂，而乙试管不加斐林试剂，这样甲为实验组，乙为对照组。

（2）自身对照：指实验与对照在同一对象上进行，即不另设对照组。如“植物细胞质壁分离和复原”实验就是典型的自身对照。实验处理前的对象状况可视为对照组，实验处理后的对象状况则视为实验组。

（3）条件对照：指虽给对象施以某种实验处理，但这种处理是作为对照意义的，或者说这种处理不是实验假设所给定的实验变量意义上的。

例如“动物激素饲喂小动物”实验的设计方案：甲组：饲喂甲状腺激素（实验组）；乙组：饲喂甲状腺抑制剂（条件对照组）；丙组：不饲喂药剂（空白对照组）。

（4）相互对照：指不另设对照组，而是几个实验组相互对比对照。如“温度对酶活性的影响”的实验中，几个实验组所采用的就是相互对照。

典 例 精 讲

【典例 1】 有关“探究酵母菌的呼吸方式”实验，错误的是（　　）。

A. 实验中将葡萄糖溶液煮沸的目的是灭菌和去除溶液中的 O_2

B. 在探究有氧呼吸的实验过程中，泵入的空气应去除 CO_2

C. 实验中需控制的无关变量有温度、pH、培养液浓度等

D. 可通过观察澄清石灰水是否变混浊来判断酵母菌的呼吸方式

【解析】 答案 D。由于酵母菌有氧呼吸和无氧呼吸均可产生 CO_2，但有氧呼吸产生 CO_2 速率快，可通过观察澄清石灰水变混浊程度来判断酵母菌的呼吸方式，D 错误。

> **【提醒】** 用酵母菌使葡萄汁发酵生产葡萄酒，当酒精含量达到 12%～16%时，发酵就停止了。因为随着发酵产物（如酒精）增多，营养物质的减少以及酸碱度发生变化等影响，酵母菌的繁殖速度逐渐下降，死亡率逐渐上升，酒精发酵最终会停止。

【典例 2】 下图是验证酵母菌细胞呼吸类型的实验装置，两套装置的培养条件一致（不考虑环境中物理因素的影响），下列相关叙述不正确的是（　　）。

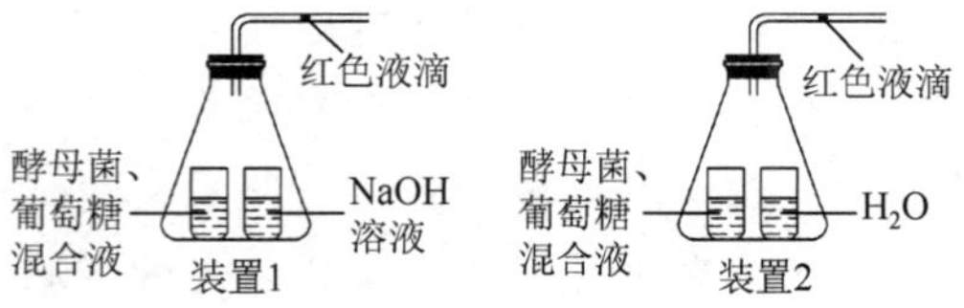

A. 若装置 1 的液滴向左移，移动距离可表明酵母菌有氧呼吸所消耗的氧气量

B. 若酵母菌只进行无氧呼吸，则装置 1 中液滴不移动，装置 2 中液滴向右移

C. 若酵母菌只进行有氧呼吸，则装置 1 中液滴不移动，装置 2 中液滴向左移

D. 若酵母菌同时进行有氧呼吸和无氧呼吸，则装置 1 中液滴向左移，装置 2 中液滴向右移

【解析】 答案 C。装置 1 中的 NaOH 溶液能吸收细胞呼吸中产生的 CO_2，因此红色液滴向左移动的距离代表酵母菌有氧呼吸消耗的 O_2 量，装置 1 能用于探究酵母菌是否存在有氧呼吸；装置 2 中红色液滴的移动与细胞呼吸中产生的 CO_2 和吸收的 O_2 的差值有关，当存在无氧呼吸时，液滴向右移动，只要有有氧呼吸时，液滴不动；综上所述，C 错误。

> **【提醒】** 细胞呼吸方式的实验探究。
>
> （1）实验装置（以发芽种子为例）：

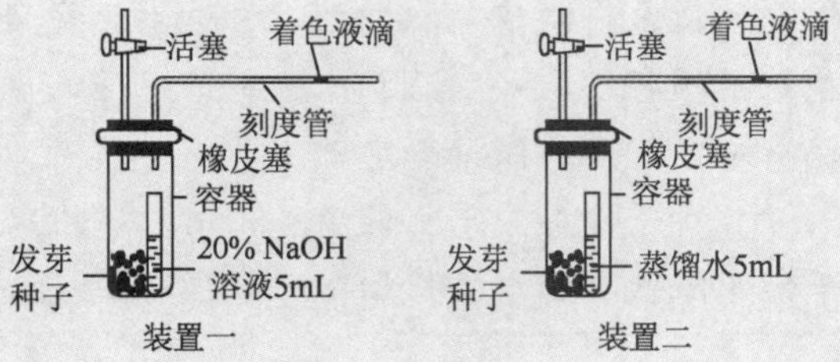

> （2）实验原理：
>
> ①装置一中 NaOH 溶液的作用是吸收细胞呼吸所产生的 CO_2，着色液滴移动的距离代表发芽种子细胞呼吸吸收 O_2 的量。
>
> ②装置二中着色液滴移动的距离代表植物细胞呼吸产生 CO_2 的量与吸收 O_2 量的差值。
>
> （3）实验现象和结论（以葡萄糖作为呼吸底物）：

实验现象		结论
装置一液滴	装置二液滴	
不动	不动	只进行产生乳酸的无氧呼吸
不动	右移	只进行产生酒精的无氧呼吸
左移	右移	进行有氧呼吸和产生酒精的无氧呼吸
左移	不动	进行有氧呼吸或进行有氧呼吸和产生乳酸的无氧呼吸

> （4）用实验装置测定细胞呼吸的速率时要注意：
>
> ①为防止气压、温度等物理因素对实验结果的干扰，应用煮熟冷却的发芽种子设置一组对照。
>
> ②对发芽的种子最好进行消毒处理，防止种子表面微生物呼吸作用的干扰。

③如果实验材料是绿色植物，整个装置应遮光处理，否则植物的光合作用会干扰实验结果。

针 对 训 练

1. 从小鼠的肝细胞中提取细胞质和线粒体，分别保存于两支试管中，置于适宜环境中进行相关实验。下列说法正确的是（　　）。

A. 向盛有细胞质基质的试管中注入葡萄糖，可测得 CO_2 产生

B. 向盛有线粒体的试管中注入葡萄糖，可测得 CO_2 产生

C. 向盛有细胞质基质的试管中注入丙酮酸，可测得 CO_2 产生

D. 向盛有线粒体的试管中注入丙酮酸，可测得 CO_2 产生

2. 人体肌肉由快缩肌纤维（细胞）和慢缩肌纤维（细胞）组成。在电镜下观察，前者几乎没有线粒体存在，后者含有大量的线粒体。对不同运动项目的机体总需氧量、实际摄入氧量和血液中乳酸增加量进行测定，结果如下表。下列叙述正确的是（　　）。

运动项目	总需氧量/L	实际摄入氧量/L	血液乳酸增加量
马拉松跑	600	589	略有增加
400 米跑	16	2	显著增加

A. 快缩肌纤维中存在的肌质体更多

B. 消耗等量的葡萄糖，快缩肌纤维比慢缩肌纤维产生的 ATP 多

C. 进行长期慢跑等有氧运动时慢缩肌纤维产生的 ATP 主要来自线粒体内膜

D. 快缩肌纤维会产生乳酸，慢缩肌纤维不会产生乳酸

3. 下列关于细胞呼吸原理及应用的叙述，正确的是（　　）。

A. 马拉松运动时，肌细胞主要进行无氧呼吸并产生 CO_2

B. 使用农家肥可为农作物提供丰富的有机物

C. 乳酸菌无氧呼吸不产生 CO_2，故酸奶胀袋后不能饮用

D. 皮肤角质层太厚会严重影响皮肤细胞呼吸，故要定期去角质

4. 下图是酵母菌细胞呼吸流程图，下列相关叙述正确的是（　　）。

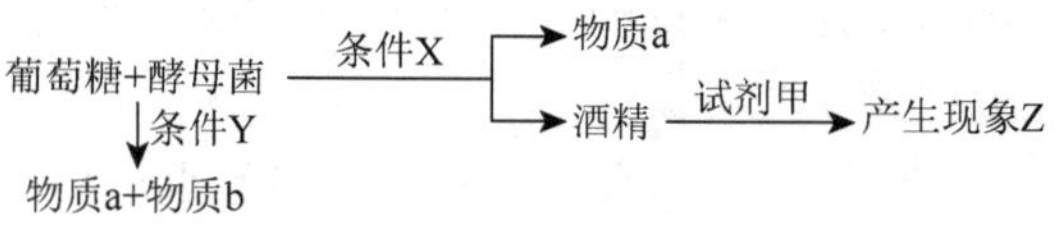

A. 条件 X 下，葡萄糖中能量的去向有 2 个

B. 条件 Y 下，葡萄糖在线粒体中被分解，并产生 CO_2 和水

C. 试剂甲为溴麝香草酚蓝水溶液

D. 在条件 X 和条件 Y 下，物质 a 产生的场所不同

5. 呼吸熵（RQ=放出的 CO_2 量/吸收的 O_2 量）是描述细胞呼吸过程中氧气供应状态的一种指标。如图是酵母菌氧化分解葡萄糖过程中氧分压与呼吸熵的关系。以下叙述中，正确的是（　　）。

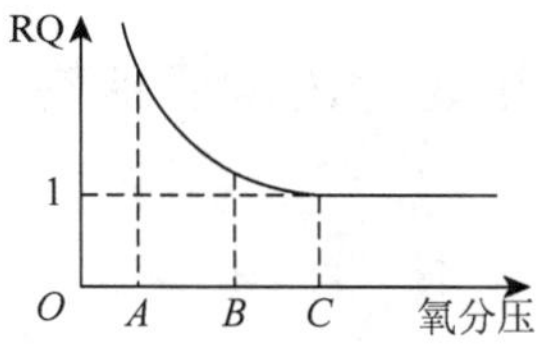

A. 呼吸熵越大，细胞有氧呼吸强度越强，无氧呼吸强度越弱

B. *B* 点的有氧呼吸强度大于 *A* 点的有氧呼吸强度

C. 为了减少有机物的损耗，最好将氧分压调至 *C* 点

D. *C* 点以后，有氧呼吸强度不再随氧分压的变化而变化

6. 科研人员探究温度对密闭罐中水蜜桃果肉细胞呼吸速率的影响，结果如下图。下列叙述正确的是（　　）。

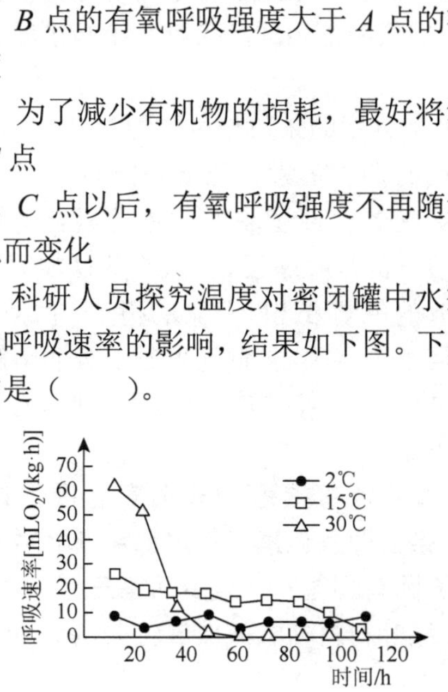

A. 20h 内，果肉细胞产生 ATP 的场所有细胞质基质、线粒体

B. 50h 后，30℃条件下果肉细胞无细胞呼吸

C. 50h 后，30℃条件下果肉细胞的有氧呼吸速率比 2℃和 15℃时的慢，是因为温度高使酶活性降低

D. 实验结果说明：温度越高，果肉细胞有氧呼吸速率越大

7. 如图是探究有活性的水稻种子呼吸作用的实验装置。回答下列问题：

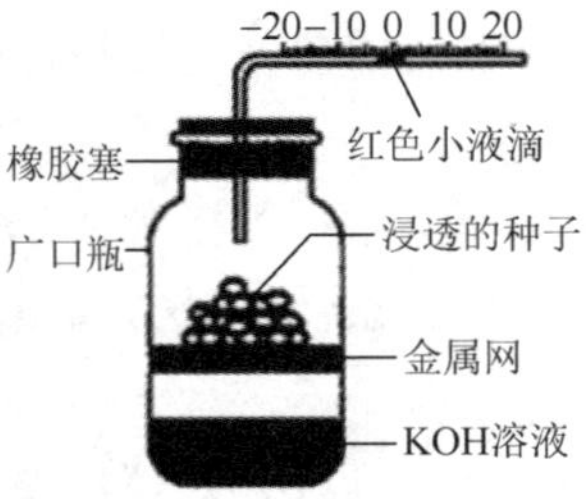

（1）实验前将种子浸透是为了增加种子细胞中____________的含量，从而增强种子的代谢作用。

（2）实验开始时，红色小液滴位于 0 刻度处，在其他条件适宜的情况下，一段时间后红色小液滴将向______移动。当小液滴停止移动后，种子的呼吸作用方式是__________。

（3）为验证红色小液滴的移动仅由种子的生理活动引起，防止气压、温度等物理因素对实验结果的干扰，应如何设置一组对照？______________。

（4）若实验开始时，实验组和对照组的红色小液滴均位于 0 刻度处，实验后实验组读数为–10，对照组的读数为–2，则说明种子在实验过程中吸收了____个单位的氧气。

5.4　能量之源——光与光合作用

5.4.1　捕获光能的色素和结构

核心问题

1. 通过实验结果分析：色素带的条数、宽窄、色素带离滤液细线的远近与叶绿体中色素含量、色素在层析液中的溶解度大小及扩散速度的关系。

答：色素带的条数与色素种类有关，四条色素带说明有四种色素。色素带的宽窄与色素含量有关，色素带越宽说明此种色素含量越多。色素带最宽的是叶绿素 a，最窄的是胡萝卜素，叶绿素 b 的色素带比叶黄素的稍宽。色素带扩散速度与溶解度有关，扩散速度越快说明溶解度越高，比如通过层析液扩散后，距离划线处最远的为胡萝卜素。

2. 请从色素提取和分离实验操作过程分析，滤纸条上四条色素带相对都窄，颜色相对浅，可能的原因有哪些？（至少回答三点）

答：绿叶材料幼嫩或放置较久，色素含量少；加二氧化硅、碳酸钙太少，研磨不充分或色素被破坏了一部分；一次加入无水乙醇较多，提取液浓度低；画滤液线次数少。

3. 叶绿体的结构有哪些特点与光合作用相适应？

答：①叶绿体的色素分布在基粒的类囊体膜上，基粒和类囊体的数量很多，扩展了受光面积有利于色素吸收光能。②类囊体薄膜上和叶绿体基质中分布有与光合作用有关的酶。

4. 如图为叶绿体中的色素及色素的吸收光谱，由图分析：两条暗带表示什么？叶绿素 a、叶绿素 b 和类胡萝卜素吸收光谱的主要区别是什么？

答：色素主要吸收红橙光和蓝紫光，导致两个区域出现暗带。

叶绿素 a、叶绿素 b 主要吸收蓝紫光和红光，吸收光谱各有两个区。类胡萝卜素吸收光谱主要位于蓝紫光，绿光吸收很少，黄光后几乎不吸收，吸收光谱有一个区。注意：叶绿体中的色素只吸收可见光，而对红外光和紫外光等不吸收。

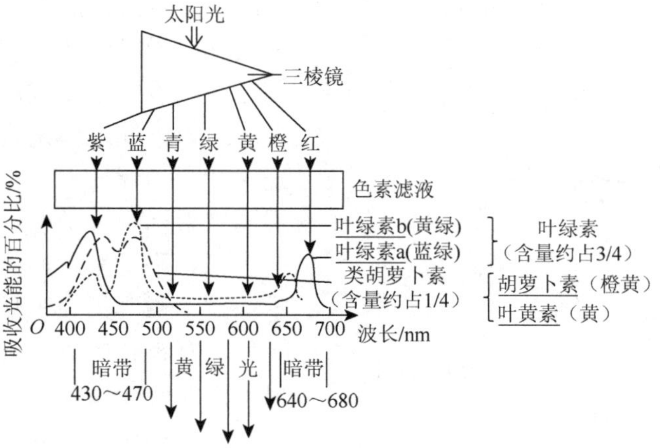

典例精讲

【典例 1】 下列关于用鲜菠菜进行色素提取、分离实验的叙述，正确的是（　　）。

A. 菜叶剪碎不够充分，只能提取出两种光合色素

B. 应该在研磨叶片后立即加入 $CaCO_3$，可充分破坏叶绿体，获得更多的色素

C. 为获得 10mL 提取液，研磨时一次性加入 10mL 乙醇研磨效果最好

D. 此实验可确定叶绿体中色素的种类和各种色素的颜色

【解析】 答案 D。即使菜叶剪碎不够充分，但后续的充分研磨也可使 4 种光合作用色素被释放出来；为防止酸破坏叶绿素，应该在研磨叶片前加入 $CaCO_3$，而不是研磨后，加碳酸钙可防止研磨过程中色素被破坏；研磨时应先后几次加入乙醇，而不是一次加入。

【典例 2】 将韭菜的宿根均分为甲、乙两组，甲组种植在黑暗环境中，乙组种植在自然环境中，在其他条件相同且适宜的情况下培养一段时间后，甲组长出的幼苗（韭黄）呈黄色，乙组长出的幼苗（韭菜）呈绿色。然后，利用甲、乙两组的幼苗进行色素的提取和分离实验，甲组的滤纸条上只有 2 条色素带（橙黄色和黄色），乙组的滤纸条上有 4 条色素带。下列相关叙述错误的是（　　）。

A. 该实验可以初步证明叶绿素的合成离不开光照

B. 提取色素时，利用了光合色素易溶于有机溶剂的特性

C. 乙组的滤纸条上中间的两条色素带的颜色（从上至下）为黄色和蓝绿色

D. 将甲组幼苗转移至光下，其根细胞内合成 ATP 的场所会增多

【解析】 答案 D。甲组的幼苗为黄色且对应滤纸条上只有橙色和黄色两条色素带，由此证明叶绿素的合成离不开光照；乙组的滤纸条上有 4 条色素带，中间两条色素带（从上至下）分别是叶黄素、叶绿素 a，对应颜色为黄色和蓝绿色；将甲组幼苗转移至光下，地上部分的颜色会逐渐变成绿色，但根细胞内没有叶绿体，合成 ATP 的场所依然是细胞质基质和线粒体。

【提醒】 影响叶绿素合成的因素。

（1）光照：光是影响叶绿素合成的主要条件，一般植物在黑暗中不能合成叶绿素，因而叶片发黄。

（2）温度：温度可影响与叶绿素合成有关的酶的活性，进而影响叶绿素的合成。低温时，叶绿素分子易被破坏，而类胡萝卜素分子较为稳定，使叶子变黄。

（3）必需元素：叶绿素中含 N、Mg 等必需元素，缺乏 N、Mg 将导致叶绿素无法合成，叶变黄。另外，Fe 是叶绿素合成过程中某些酶的辅助成分，缺 Fe 也将导致叶绿素合成受阻，叶变黄。

针对训练

1. 下图中①代表新鲜菠菜叶的光合色素

纸层析结果，则下图②所示结果最有可能来自（　　）。

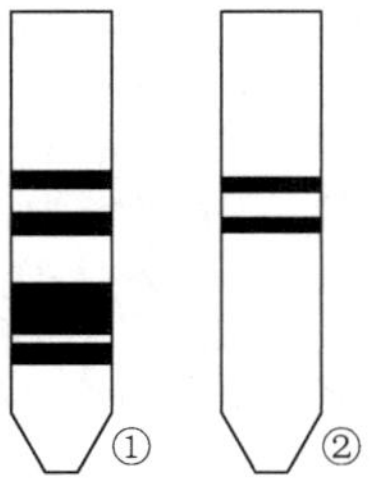

A. 紫色洋葱鳞片叶　B. 生长的荔枝幼叶

C. 新鲜的玫瑰花瓣　D. 秋天的落叶

2. 下图表示叶绿体中色素吸收光能的情况。据图判断，以下说法不正确的是（　　）。

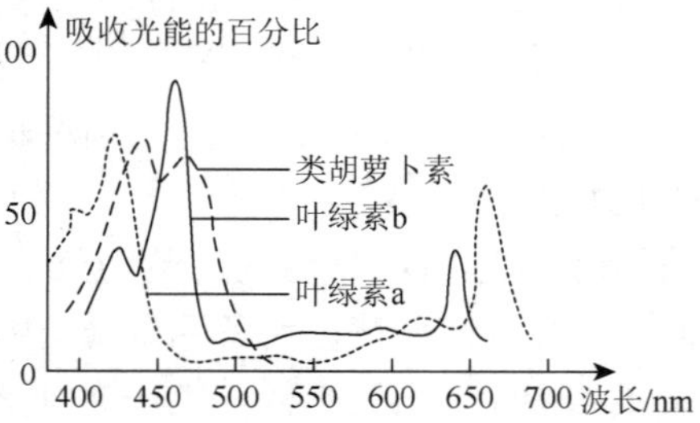

A. 据图分析，在研究叶绿素的过程中，为减少类胡萝卜素的干扰，最好选用红光区

B. 用450nm波长的光比600nm波长的光更有利于提高光合作用强度

C. 红光照射水稻的胡萝卜素缺失突变体的叶片，则光吸收值下降，色素层析条带缺第2条

D. 土壤中缺乏镁时，植物对 420～470nm 波长的光的利用量显著减少

5.4.2　光合作用的原理和应用

5.4.2.1　光合作用探究历程

核 心 问 题

1. 请结合教材中介绍的光合作用探究历程，分析这些探究实验的结论与如今认知的光合作用原理之间的重大联系。

答：梅耶根据能量转化与守恒定律推测，植物进行光合作用时把光能转化成化学能储存起来，将物质和能量联系起来，强调植物吸收光能后能量会转换；萨克斯光合作用研究实验得出绿色叶片通过光合作用产生淀粉，并强调光的必需性；恩格尔曼利用水绵研究光合作用实验得出结论，叶绿体是进行光合作用的场所，O_2是由叶绿体释放的；美国科学家鲁宾和卡门利用同位素标记法证明，光合作用释放的氧气来自水，而不是来自二氧化碳；卡尔文用同位素示踪技术探明了二氧化碳中的碳在光合作用中转化成有机物中碳的途径；科学家们一步一步揭示出光合作用发生所需要的原料、产物、反应条件、场所。勾勒出物质运行路径、能量的转化过程，为获得光合作用总反应式提供了科学的实验论证。

【点拨】研究历程中科学家创造性设计多种研究方法，说明了生物学的发展与物理学和化学的研究进展关系更加密切，相关学科的互相促进，以及技术手段的进步对科学发展的推动作用。

2. 光照下卡尔文给小球藻悬浮液通入$^{14}CO_2$，一定时间后杀死小球藻，同时提取产物并分析。实验发现，仅仅30s的时间，放射性代谢产物多达几十种。缩短时间到7s，发现放射性代谢产物减少到12种，如果要探究CO_2转化成的第一个产物是什么，你的实验思路是什么？

答：不断缩短光照时间后杀死小球藻，同时提取产物并分析，直到最终提取物中只有一种放射性代谢产物，该物质即为CO_2转化成的第一个产物。

3. 在萨克斯和恩格尔曼研究光合作用的两个实验中，黑暗处理的目的分别是什么？两个实验的自变量和因变量分别是什么？

答：在萨克斯实验中，植物绿叶在实验前进行黑暗处理是为了消耗掉叶片中原有的营养物质（淀粉），增强实验的说服力。在恩格尔曼研究光合作用实验中，开始时将装片放置于黑暗且无空气的条件下，使得好氧细菌暂时不集中分布，便于后面在极细光束照射以及完全曝光后的实验条件下，检验好氧细菌集中分布的部位，以证明发生光合作用的场所。萨克斯实验自变量为有无光照，因变量为是否产生淀粉。恩格尔曼实验自变量为光照（光源状况），因变量为好氧细菌的分布情况。

典 例 精 讲

【典例 1】 下列有关科学家探索光合作用的实验中，叙述正确的是（　　）。

A. 恩格尔曼实验用好氧型细菌定量分析了水绵光合作用生成的氧气量

B. 鲁宾和卡门用 ^{18}O 标记 CO_2 证明了光合作用产生的氧气中的氧来自 H_2O 而不是 CO_2

C. 卡尔文利用小球藻，探明了 CO_2 中的碳在光合作用中转化的途径，自变量为控制光照时间

D. 用银边天竺葵探究光合作用产物是淀粉时，不用脱色可直接加碘液使叶片边缘变蓝色

【解析】 答案 C。恩格尔曼实验发现光合作用场所是叶绿体，产物有氧气，并未定量分析氧气的量，A 错误；鲁宾和卡门用 ^{18}O 分别标记 H_2O、CO_2，对照证明了光合作用产生的氧气中的氧来自水而不是 CO_2，B 错误；卡尔文利用小球藻，探明了 CO_2 中的碳在光合作用中先形成三碳化合物，再形成葡萄糖，根据不断缩短光照时间，取样测定放射性物质的种类，C 正确；光合作用产物之一是淀粉，淀粉遇碘液变蓝色，用酒精使绿色的叶片脱去颜色，防止本身颜色对实验的干扰，但银边天竺葵叶片边缘没有叶绿体，不能进行光合作用，因此用碘液检测边缘不变蓝色，D 错误。

【典例 2】 研究者使用同位素 ^{18}O 标记水和碳酸氢钠中的部分氧原子，加入三组小球藻培养液中，记录反应起始时水和碳酸氢钠中 ^{18}O 的比例，光照一段时间后，分别检测小球藻释放的氧气中 ^{18}O 的比例，实验结果如下表所示。结合该实验原理和所学知识判断下列相关叙述错误的是（　　）。

组别	起始时水中 ^{18}O 的比例/%	起始时 HCO_3^- 中 ^{18}O 的比例/%	释放的 O_2 中 ^{18}O 的比例/%
1	0.85	0.41	0.84
2	0.85	0.55	0.85
3	0.85	0.61	0.85

A. $^{18}O_2$ 是在小球藻叶绿体的类囊体上生成的

B. HCO_3^- 可为小球藻的光合作用提供碳元素

C. HCO_3^- 中 ^{18}O 的比例不同导致放氧速率不同

D. 释放的 O_2 中 ^{18}O 比例与水相近，推测 O_2 的氧原子来自水

【解析】 答案 C。光合作用光反应阶段水在光下分解，释放氧气，该过程是在叶绿体的类囊体薄膜上进行，A 正确；碳酸氢钠释放二氧化碳，为光合作用提供碳元素，B 正确；据表中数据可知，放氧比例与水中 ^{18}O 起始比例一致，与 HCO_3^- 中 ^{18}O 的比例不同，C 错误；D 正确。

【典例 3】 银边天竺葵叶片的边缘呈白色，中间呈绿色（如图所示）。不考虑叶片中光合产物的转移，请以银边天竺葵的叶片为材料，设计一组实验，验证叶绿体是进行光合作用的场所，简要写出实验思路和预期实验结果。

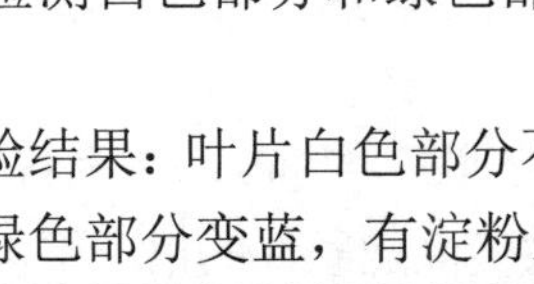

【解析】 实验思路是：先把叶片在暗处放置一段时间，然后再将其置于光下一段时间，最后用碘液分别检测白色部分和绿色部分中的颜色变化。

预期实验结果：叶片白色部分不变蓝，没有淀粉生成。绿色部分变蓝，有淀粉生成。

> **【提醒】** 为了排除叶片内原来所含有的淀粉对实验的干扰，应先将叶片置于暗处一段时间进行“饥饿”处理，以消耗原来积累的淀粉；然后将叶片置于光照下一段时间，最后分别检测白色部分和绿色部分中是否有淀粉生成。绿色部分含有叶绿体，而白色部分不含叶绿体，因此，在光照下应只有绿色部分生成淀粉。

5.4.2.2　光合作用的过程

核　心　问　题

1. 绿色植物叶绿体中光合作用各阶段主要进行的生理过程分别是什么？能量变化是怎样的？细胞在利用 CO_2 合成有机物的过程中，光、水、叶绿体是必需的条件吗？

答：光合作用的过程可分为光反应和暗反应两个阶段。前者在叶绿体的类囊体的薄膜上进行，包括水在光下分解成 O_2 和[H]，ADP 和 Pi 形成 ATP。后者在叶绿体的基质中进行，包括 CO_2 的固定，形成 C_3，C_3 的还原形成糖类和 C_5。能量变化：光能→ATP 中活跃的化学能→有机物中稳定的化学能。细胞在利用 CO_2 合成有机物的过程中，光、水、叶绿体不是必需的条件。

【点拨】某些细菌利用 CO_2 合成有机物的过程中，水可以被硫化氢替代作为供氢体。硝化细菌可以利用化学能替代光能作为 CO_2 合成有机物的动力。蓝藻没有叶绿体，但也可以将 CO_2 和 H_2O 合成有机物。

2. 说出光反应和暗反应之间的联系。

答：光反应为暗反应提供[H]和 ATP，暗反应为光反应提供 ADP 和 Pi、$NADP^+$。没有光反应，暗反应无法进行；没有暗反应，有机物无法合成。

3. 外界光照条件的改变是怎样影响暗反应进行的？在不改变光照条件的情况下，将小球藻置于没有 CO_2 的环境中，短时间内叶绿体基质中 ATP/ADP 的值和 $NADP^+$/NADPH 的值如何变化？

答：光照条件的改变会影响[H]和 ATP 的含量，暗反应中 C_3 的还原需要消耗光反应产生的[H]、ATP。短时间内 ATP/ADP 的值增大，$NADP^+$/NADPH 的值降低。

4. 同一植物总光照时间相同时，持续光照条件下、光照与黑暗短暂的交替条件下，为什么前者制造的有机物较少？

答：在一般情况下，光反应的速率比暗反应快，光反应的产物 ATP 和[H]不能被暗反应及时消耗掉。光暗交替条件下，光照刚停止时，光反应产生的[H]和 ATP 仍能在短时间内维持暗反应所需，因此在光照强度和光照时间不变的情况下，后者暗反应进行的时间较长，而有机物是暗反应的产物，所以前者条件下制造的有机物较后者少。

5. 利用同位素示踪法判断：光合作用中 C、H、O 的转移途径是怎样的？（用箭头联系物质之间的路径，并在箭头上标明反应阶段）

答：（1）C：$^{14}CO_2 \xrightarrow{CO_2\text{的固定}} {}^{14}C_3 \xrightarrow{C_3\text{的还原}}$ （$^{14}CH_2O$）。

（2）H：$^{3}H_2O \xrightarrow{\text{光反应}} [^{3}H] \xrightarrow{\text{暗反应}}$ （$C^{3}H_2O$）。

（3）O：$H_2^{18}O \xrightarrow{\text{光反应}} {}^{18}O_2$；$C^{18}O_2 \xrightarrow{CO_2\text{的固定}} C_3 \xrightarrow{C_3\text{的还原}}$ （$CH_2^{18}O$）。

典　例　精　讲

【典例 1】 如图是某植物体内进行的某种活动，A、B、C 表示反应涉及的物质，下列说法中正确的是（　　）。

A. 该生理活动是在叶绿体中进行的，产生的物质 A 可用于细胞吸收无机盐离子

B. 该过程中产生的物质 B 为 NADH，可用于细胞呼吸

C. 用 ^{18}O 标记 H_2O，经过一段时间的光合作用与细胞呼吸后，^{18}O 可能存在于 C_3 中

D. CO_2 的固定实质上是将 ATP 中的化学能转变为 C_3 中的化学能

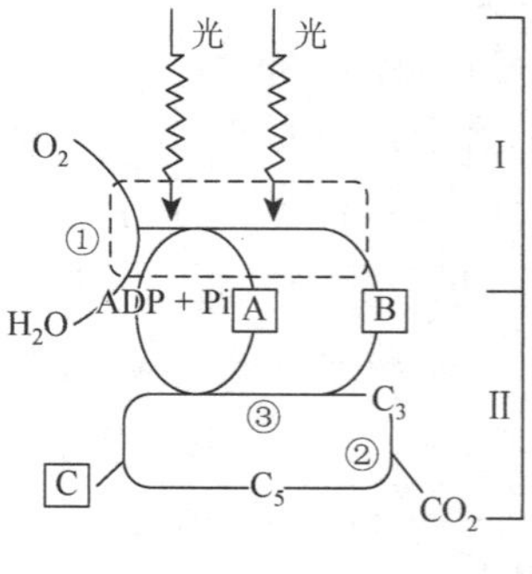

【解析】 答案 C。图中Ⅰ表示光反应阶段，Ⅱ表示暗反应阶段，①表示水在光下分解，②表示二氧化碳的固定，③表示 C_3 的还原，字母 A

表示 ATP，字母 B 表示[H]即 NADPH，字母 C 表示糖类等有机物。光反应产生的 ATP 用于叶绿体内的生命活动；物质 B 表示[H]，只能用于暗反应阶段中三碳化合物的还原；用 ^{18}O 标记 H_2O，该水参与有氧呼吸的第二阶段后，产生具有放射性的二氧化碳，二氧化碳参与光合作用过程中二氧化碳的固定，从而生成具有放射性的三碳化合物，即 ^{18}O 可能存在于 C_3 中；ATP 为 C_3 的还原提供能量，并将能量转移到（CH_2O）等有机物中，CO_2 的固定不需要能量。

【典例 2】 叶肉细胞中光合作用包括光反应和暗反应。对于改变反应条件而引起的变化，说法正确的是（　　）。

A. 突然中断 CO_2 供应会暂时引起叶绿体基质中 C_5/C_3 比值减小

B. 突然中断 CO_2 供应会暂时引起叶绿体基质中 ADP/ATP 比值增大

C. 突然将红光改变为绿光会暂时引起叶绿体基质中 C_3/C_5 比值减小

D. 突然将绿光改变为红光会暂时引起叶绿体基质中 ATP/ADP 比值增大

【解析】 答案 D。突然中断 CO_2 供应导致 CO_2 的固定速率降低，C_3 的生成减少，原有的 C_3 继续在被还原为葡萄糖。而叶绿体中 C_5 继续生成，未被更多地消耗，C_5 含量增多、C_3 含量减少，C_5/C_3 比值增大，A 错误；突然中断 CO_2 供应使 C_3 含量减少，进而使 ATP 和[H]含量增多，所以 ADP/ATP 比值减小，B 错误；突然将红光改变为绿光后，光反应减弱，ATP 和[H]含量减少，进而使 C_3 含量增多、C_5 含量减少，C_3/C_5 比值增大，C 错误；突然将绿光改变为红光后光反应增强，ATP 合成加快，ATP/ADP 比值增大，D 正确。

【提醒】 C_3、C_5 含量变化的三点注意：①分析含量变化时只表示条件改变后短时间内各物质相对含量的变化，而非长时间。②各物质变化中，C_3 和 C_5 含量的变化是相反的，[H]和 ATP 的含量变化是一致的。③光照强度改变影响光反应可从 ATP 和[H]含量变化影响暗反应物质 C_3、C_5 含量变化去判断；CO_2 浓度改变，应从暗反应开始推，首先影响 C_3、C_5 含量变化，再推 ATP 和[H]含量变化。这类知识点考查都是围绕光反应、暗反应过程，以及光反应、暗反应之间联系的桥梁——ATP 和[H]关键点展开的。

【典例 3】 下图为绿色植物部分物质和能量转换过程的示意图，下列叙述正确的是（　　）。

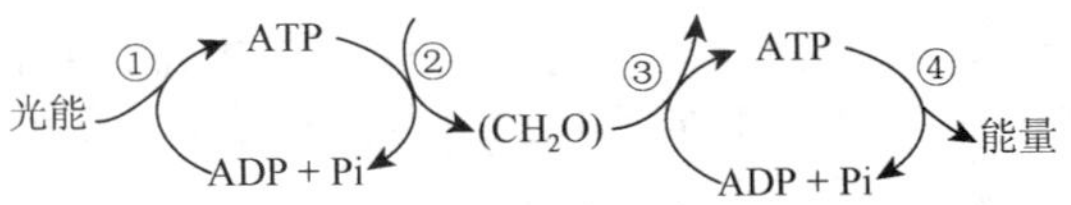

A. 过程①②发生在叶绿体中，过程③④发生在线粒体中

B. 色素吸收的光能全部通过过程①转化到 ATP 中，过程③释放的能量部分转移到 ATP 中

C. 若叶肉细胞中过程②速率大于过程③，则植物干重增加

D. 过程③中 ATP 的合成与放能反应相联系，过程④与吸能反应相联系

【解析】 答案 D。过程③发生在细胞质基质和线粒体中，过程④用于各项生命活动供能；色素吸收的光能在传递过程中散失一部分，部分通过过程①转化到 ATP 中，部分转移到[H]中，过程③释放的能量部分转移到 ATP 中，其余以热能形式散失；若叶肉细胞中过程②速率大于过程③，则叶肉细胞的干重增加，但是植株的所有活细胞都进行呼吸作用，无法判断植物干重是否增加；过程③中 ATP 的合成与放能反应相联系，过程④ATP 的水解与吸能反应相联系。

【提醒】 植物生长是因整株植物一昼夜的光合作用强度大于总呼吸作用强度，从而使植物干重增加。

【典例 4】 科学家以生长状态相同的某种植物在适宜且稳定的条件下开展下列实验。

组别	A	B
处理	光照时间为135秒	先光照后黑暗，光暗交替，每次光照和黑暗时间各为3.75毫秒，总时间为135秒
光合产物相对含量	100%	94%

请回答：

（1）上述实验表明，光合作用中包含需要光的阶段和不需要光的阶段，为验证这一观点，可以对进行光合作用的植物短暂闭光，并提供____原料，经放射性检测后发现植物在短暂黑暗中会利用该物质。

（2）分析上表可知，B组在单位光照时间内生产有机物的量较A组____，依据是__________。

若将 B 组的每次光照和黑暗时间设定为7.5毫秒，其他条件不变，则光合产物的相对含量____（填“大于”“等于”或“小于”）94%。

【解析】 答案：（1）$^{14}CO_2$ （2）高 B组只用了 A 组一半的光照时间，其光合产物相对含量却是A组的94% 小于

【提醒】 理解光合作用的过程及物质和能量转变的相关知识，以及光反应、暗反应之间的联系。理解光反应产生的[H]和 ATP 仍能在短时间内维持暗反应所需。暗反应是制造有机物的阶段。分析上表可知，B 组只用了A组一半的光照时间，其光合产物相对含量却是A组的94%，所以B组在单位光照时间内生产有机物的量较A组高。

【典例5】（2020全国卷Ⅰ）农业生产中的一些栽培措施可以影响作物的生理活动，促进作物的生长发育，达到增加产量等目的。回答下列问题：

（1）中耕是指作物生长期中，在植株之间去除杂草并进行松土的一项栽培措施，该栽培措施对作物的作用有______________________（答出2点即可）。

（2）农田施肥的同时，往往需要适当浇水，此时浇水的原因是__________________（答出1点即可）。

（3）农业生产常采用间作（同一生长期内，在同一块农田上间隔种植两种作物）的方法提高农田的光能利用率。现有4种作物，在正常条件下生长能达到的株高和光饱和点（光合速率达到最大时所需的光照强度）见下表。从提高光能利用率的角度考虑，最适合进行间作的两种作物是______，选择这两种作物的理由是________。

作物	A	B	C	D
株高/cm	170	65	59	165
光饱和点/($\mu mol \cdot m^{-2} \cdot s^{-1}$)	1200	1180	560	623

【解析】（1）除去杂草可以减少杂草和农作物之间对水分、矿质元素和光的竞争，使能量更多地流向农作物；松土可以使土壤中 O_2 含量增多，有利于根细胞进行有氧呼吸，进而增强根对矿质元素的吸收等活动。（2）肥料中的矿质元素只有溶解在水中才能被作物根系吸收，因而农田施肥的同时常适当浇水，以使肥料中的矿质元素溶解在水中；另外，浇水还可以降低土壤溶液的渗透压，防止作物因过度失水而死亡。（3）为了更充分地利用光照资源，间作过程中要确保高低作物的合理搭配。株高较高的作物获取的光照充足，应选择光饱和点较高的作物（作物 A）；株高较低的作物获取的光照较少，应选择光饱和点较低的作物（作物C）。

【提醒】 解答此类问题要明确光照强度影响光合作用的原理，学会从光合作用的原理和过程角度分析阴生植物光补偿点比阳生植物低的原因，掌握曲线图中判断阴生植物和阳生植物的方法，总结影响光合作用因素的曲线类题目的类型、分析方法和解题技巧。

【典例6】（2021年全国乙卷）生活在干旱地区的一些植物（如植物甲）具有特殊的 CO_2 固定方式。这类植物晚上气孔打开吸收 CO_2，吸收的 CO_2 通过生成苹果酸储存在液泡中；白天气孔关闭，液泡中储存的苹果酸脱羧释放的 CO_2 可用于光合作用。回答下列问题：

（1）白天叶肉细胞产生 ATP 的场所有__________。光合作用所需的 CO_2 来源于苹果酸脱羧和__________释放的 CO_2。

（2）气孔白天关闭、晚上打开是这类植物适应干旱环境的一种方式，这种方式既能防止__________，又能保证___________正常进行。

（3）若以pH作为检测指标，请设计实验来验证植物甲在干旱环境中存在这种特殊的 CO_2 固定方式。（简要写出实验思路和预期结果）

【解析】（1）白天植物叶肉细胞技能进行光

合作用也能进行呼吸作用，光合作用过程中光反应阶段产生 ATP 的场所是叶绿体类囊体薄膜，呼吸作用过程产生 ATP 的场所是细胞质基质和线粒体。白天气孔关闭，液泡中的苹果酸脱羧产生 CO_2 用于光合作用，同时叶肉细胞进行呼吸作用释放出来的 CO_2 也可用于光合作用。（2）干旱环境，白天气孔关闭可以降低蒸腾作用，避免植物细胞中水分的大量散失，而夜间气孔打开，吸收的 CO_2 通过生成苹果酸储存在液泡中，白天释放出来用于光合作用，保证了光合作用的正常进行。（3）由“验证植物甲在干旱环境中存在这种特殊的 CO_2 固定方式”可知该实验的自变量是植物甲所处的时间段（白天和夜间），夜间苹果酸的积累导致植物甲叶肉细胞 pH 逐渐降低，白天苹果酸脱羧释放 CO_2，导致植物甲叶肉细胞 pH 逐渐升高。因变量为植物叶肉细胞的 pH 变化。

针 对 训 练

1. 下列有关叶绿体和光合作用的几个小实验，你认为哪项结果是不可能的？（　　）

A. 将叶绿素的无水乙醇提取液置于适宜光源下照射 5h，加碘液处理后溶液呈蓝色

B. 在温暖晴朗的一天下午，在某植物的向阳处采一片叶，用酒精隔水加热脱色，并加碘液处理叶片，变成蓝色

C. 叶绿体色素的无水乙醇提取液放于自然光和三棱镜之间，从三棱镜的一侧观察，连续光谱中变暗（暗带）的区域是红光和蓝紫光区域

D. 将经饥饿处理后的绿色正常叶片置于含有充足 $^{14}CO_2$ 的密闭透明的照光小室内，3h 后在叶内淀粉中可检验到 ^{14}C 的存在

2. 如图为高等绿色植物光合作用和呼吸作用之间的能量转变示意图，图中①～⑥代表物质，据图判断下列说法不正确的是（　　）。

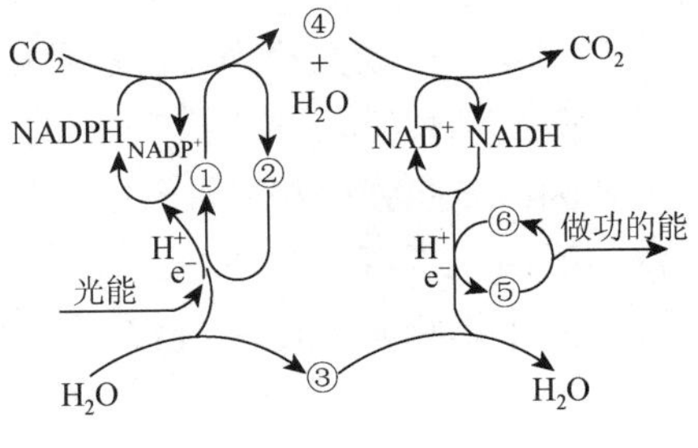

A. ①和⑤产生后在细胞中的主要分布位置不同

B. ④转变成 CO_2 的过程不全部发生在一种细胞器内

C. 仅给植物提供 $C^{18}O_2$，则植物所释放氧气只能是 $^{16}O_2$

D. 光照突然增强，会导致①/②值持续增大

3. 用 $^{14}CO_2$“饲喂”叶肉细胞，让叶肉细胞在光下进行光合作用。一段时间后，关闭光源，将叶肉细胞置于黑暗环境中，含放射性的三碳化合物浓度的变化情况如图所示，下列相关叙述正确的是（　　）。

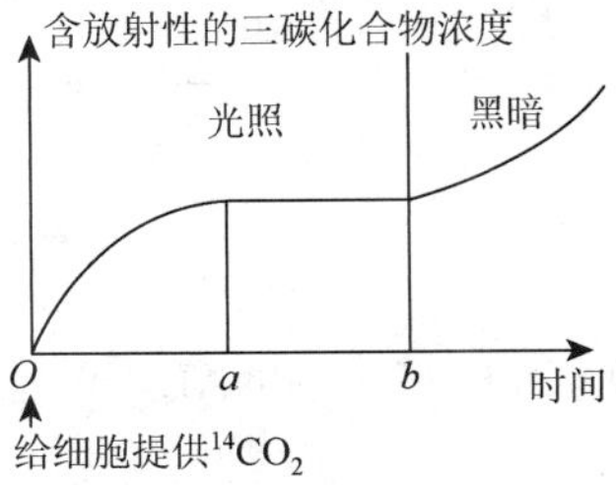

A. *Oa* 段叶肉细胞中五碳化合物浓度有所下降

B. 叶肉细胞利用 $^{14}CO_2$ 的场所是叶绿体基质，暗反应全过程都消耗 ATP 和[H]

C. *ab* 段三碳化合物浓度不变的原因是 $^{14}CO_2$ 消耗殆尽

D. *b* 点后叶肉细胞内没有有机物的合成

4.（2020 天津）研究人员从菠菜中分离类囊体，将其与 16 种酶等物质一起用单层脂质分子包裹成油包水液滴，从而构建半人工光合作用反应体系。该反应体系在光照条件下可实现连续的 CO_2 固定与还原，并不断产生有机物乙醇酸。下列分析正确的是（　　）。

A. 产生乙醇酸的场所相当于叶绿体基质

B. 该反应体系不断消耗的物质仅是 CO_2

C. 类囊体产生的 ATP 和 O_2 参与 CO_2 固定与还原

D. 与叶绿体相比，该反应体系不含光合作用色素

5. 在光合作用中 $NADP^+$ 与 NADPH 可相互转化（如图 1）。为探究外界因素对 $NADP^+$ 含量的影响，取某双子叶植物小圆叶片等量分为 3 组，进行以下实验：

组别	处理
甲组	25℃，光照 1h→黑暗 5min→重新光照
乙组	25℃，光照 1h→黑暗 5min→不再光照
丙组	42℃，光照 1h→黑暗 5min→重新光照

各组均在黑暗处理5min后开始测定$NADP^+$含量，结果如图2. 回答下列问题：

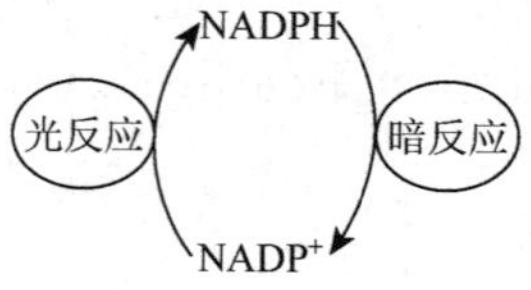

图 1

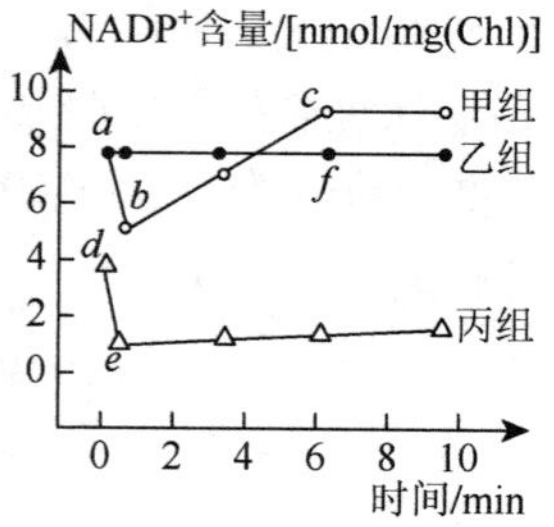

图 2

（1）NADPH 转化为$NADP^+$过程物质转移方向是______________________________。

（2）图2中对比______（填“a与d”或“d与e”或“c与f”）$NADP^+$含量的差异，反映出高温（42℃）抑制该植物的暗反应。

（3）ab段$NADP^+$含量下降的原因是____。

（4）资料显示：抗霉素 A 能够影响该植物光合作用，导致$NADP^+$含量减少。请在上述实验的基础上，补充实验加以验证（简要写出实验思路即可）____。

6. 在适宜的条件下，植物光合作用的光反应与暗反应是平衡的，但是这个平衡会受到外界环境，如光照突然增强的影响。请回答下列问题：

（1）植物在光反应过程中，吸收的光能除了用于合成 ATP 外，还可用于__________；在暗反应过程中，CO_2通过气孔进入叶肉细胞的过程在夏季中午会受到抑制，原因是__________。

（2）当光照强度不变、CO_2浓度升高时，光合速率先升高，后不变，试从光反应、暗反应两个过程解释其原因____。

（3）光照突然增强时，植物吸收CO_2的速率并没有迅速上升，而是缓慢上升，解释其原因。______________________________。

5.4.2.3　光合作用原理的应用

核　心　问　题

1. 什么是光合作用速率、光合作用效率、光能利用率？

答：光合作用速率是指绿色植物在单位时间内通过光合作用制造糖类的数量。一般可以用一定时间内光合作用产生有机物量或光合作用吸收CO_2的量或者光合作用产生的O_2量来定量表示，即反映了光合作用的强度。

光合作用效率是指绿色植物通过光合作用制造的有机物中所含有的能量与光合作用所吸收的光能的比值。

光能利用率是指单位土地面积上植物通过光合作用所产生的有机物中所含能量与这块土地所接受的光能之比。

【点拨】 提高光能利用率包括提高光合作用效率、延长光合作用时间、增加光合作用面积。提高光合作用效率能提高光能利用率，但提高光能利用率不一定提高光合作用效率，但二者均能提高单位土地面积上农作物产量。种植方式的套种、间种和轮种能从增加光合作用面积和增加光合作用时间上提高光能利用率，但不一定提高光合作用效率。

2. 从内因和外因归纳影响光合速率的因素，并分析光照时间、光合作用时间和光合作用面积对农作物产量的影响。

答：（1）内因：植物种类、器官类型、叶片的发育程度、光合产物的输出、叶绿体的数量、色素含量、酶的活性等。

（2）外因：光照强度和光波长、温度、CO_2浓度、水、矿质元素等。

光照时间不影响光合速率，但在光合速率不

变的情况下，光照时间越长光合作用合成的有机物的总量越多。光照时间不同于光合作用进行的时间，如农田中不种植农作物，即使是白天也不能合成有机物。光合面积不等于种植面积，进行光合作用的器官的面积，主要是指叶面积，密植能提高光合面积，但种植密度过高会因遮光、空气流通减慢等导致光合速率减慢，因此要合理密植。

3. 土壤板结造成光合速率下降的原因是什么？

答：土壤板结，导致土壤中缺氧，根细胞进行无氧呼吸，产生的 ATP 减少，供给根细胞用于矿质元素吸收的能量减少，光合色素的合成和酶数量减少，光合作用减弱。土壤板结也不利于土壤微生物对有机物的分解作用，为植物提供 CO_2 浓度减少，光合作用减弱。

4. 大棚种植使用有机肥有利于增产，请从影响光合作用的因素分析原因。夏季连续阴天，大棚中作物提高产量应采取哪些措施？土壤中缺乏 N，植物的光合作用为什么会受影响？

答：(1) 有机肥被微生物分解产生无机盐和 CO_2，无机盐被植物吸收利用，CO_2 能增大棚内的 CO_2 浓度，提高作物的光合速率。

(2) 白天适当补充光照，夜晚适当降温，可以提高作物产量。

(3) N 是组成 ATP、NADPH、酶以及类囊体薄膜等与光合作用有关的物质或结构的重要元素。

5. 教材以探究光照强弱对光合作用强度的影响实验，依据叶圆片上浮法分析光照强弱影响光合作用强度，请分析原理。

答：利用“真空渗水法”排除叶肉细胞间隙的空气，同时渗入水分，使叶片沉于水中。在光合作用过程中，植物吸收 CO_2 释放 O_2，由于 O_2 在细胞间隙积累，结果使原来下沉的叶片上浮。根据在相同时间内上浮叶片数目的多少（或者叶片全部上浮所需时间的长短），即能比较光合作用的强弱。

6. 探究光照强弱对光合作用强度的影响实验中，自变量是如何设置的？因变量及检测指标是什么？

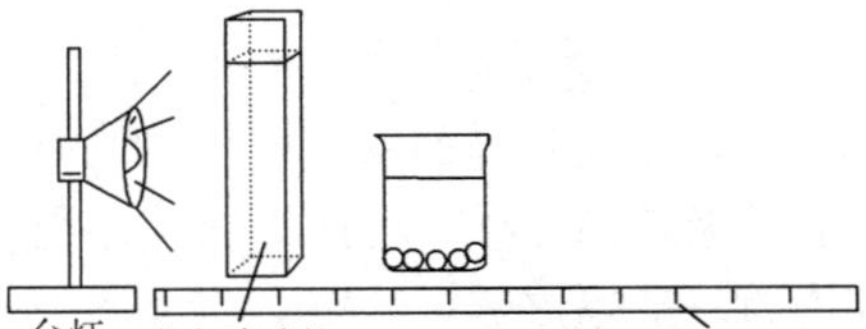

答：(1) 自变量的设置：光照强度是自变量，通过调整台灯与烧杯之间的距离来调节光照强度的大小。也可以在相同距离设置不同功率（强、中、弱）的灯泡照射。并设置中间盛水的玻璃柱以吸收灯光的热量，避免光照对烧杯内水温产生影响控制无关变量（如图）。

(2) 因变量是光合作用强度，可通过观测单位时间内被抽去空气的小圆形叶片上浮的数量或者是浮起相同数量的叶片所用的时间长短来衡量光合作用的强弱。

典 例 精 讲

【典例 1】 某研究小组用氧电极法测定了温度对发菜的光合作用和呼吸作用的影响，结果如图，据图分析正确的是（　　）。

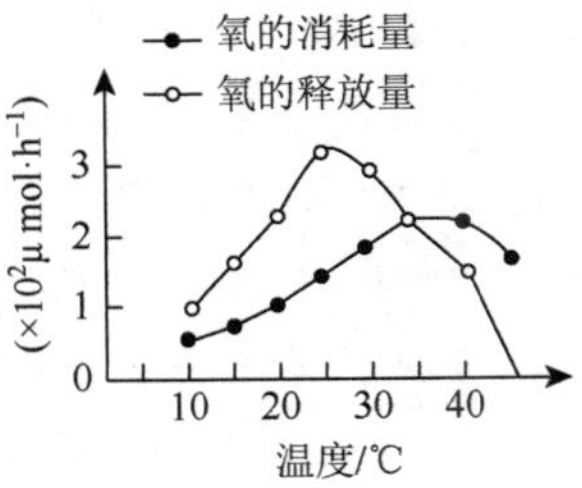

A. 35℃时发菜细胞的光合作用速率和呼吸作用速率相等

B. 25℃时若增大光照强度，发菜的光合速率一定会增大

C. 45℃氧的释放量为 0，高温使发菜无法进行光合作用

D. 从图中曲线变化可看出，25℃是发菜生长的最适温度

【解析】 答案 D。35℃时，净光合作用强度=呼吸作用强度，发菜细胞的光合作用速率是呼吸作用速率的 2 倍；影响光合作用的因素主要有光照强度、温度和二氧化碳浓度等，25℃时若增大光照强度，如果该曲线是光照强度达到饱

和后的曲线，增大光照强度，发菜的光合速率则不会增大；45℃氧的释放量为0，说明此时光合速率等于呼吸速率；25℃时净光合速率最大，是发菜生长的最适温度。

【提醒】 本题曲线表示温度对光合作用、呼吸作用的影响以及光合作用与呼吸作用之间关系的理解，明确这两个名词所代表的指标是避免出错的关键。学会分析题图曲线进行推理、判断：纵轴氧气的释放量表示净光合作用强度，氧气的吸收量表示呼吸作用强度，实际光合作用强度=净光合作用强度+呼吸作用强度；当温度小于 35℃时，净光合作用强度大于呼吸作用强度，当温度大于35℃时，净光合作用强度小于呼吸作用强度，35℃时，净光合作用强度=呼吸作用强度，即总光合速率是呼吸速率的两倍。植物每天的有机物积累量取决于绿色部分进行光合作用与植株全部细胞呼吸速率的代数和（即净光合速率），若净积累量大于零，则植物生长，若小于或等于零，则植物无法正常生长。

此外，还要弄清楚两个概念：表观光合速率和真正光合速率。

植物在进行光合作用积累物质的同时，也在不断地进行呼吸作用消耗有机物并释放 CO_2。当测定光合速率时，一般得到的是实际光合速率和呼吸速率之差，被称为净光合速率，也叫表观光合速率。如果测定光合作用中 CO_2 吸收量的同时，测定呼吸释放 CO_2 的量，加以校正，即可得到实际的总光合速率，也叫真正光合速率。净光合作用速率=总光合作用速率–呼吸作用速率。表观光合速率常用 O_2 释放量、CO_2 吸收量、有机物积累量等来表示。真正光合速率常用光合作用产生 O_2 量、CO_2 固定量、有机物的产生量来表示。呼吸速率的测定方法：将植物置于黑暗中，测定实验容器中 CO_2 增加量、O_2 减少量或有机物减少量。净光合速率的测定方法：将植物置于光下，测定实验容器中 O_2 增加量、CO_2 减少量或有机物增加量。

【典例 2】 甲、乙两种植物的光合速率随 CO_2 浓度的变化趋势如图所示，以下分析错误的是（　　）。

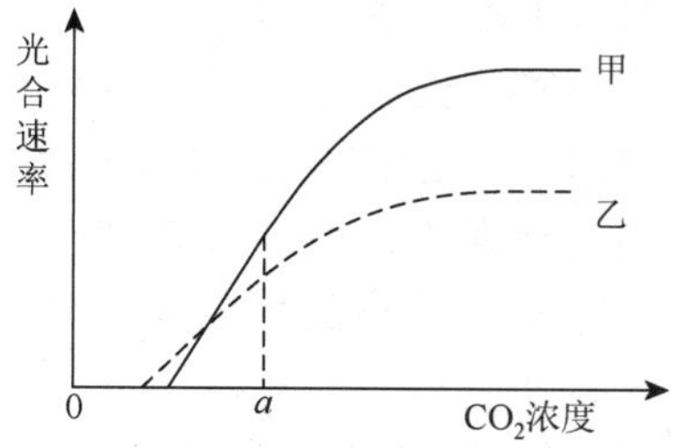

A. 图中甲、乙两种植物的光合速率为净光合速率

B. 在某 CO_2 浓度下，甲、乙两种植物净光合速率可能相等

C. 当 CO_2 浓度大于 a 时，甲的叶肉细胞固定 CO_2 的速率较快

D. 将甲、乙两种植物培养在同密闭环境中适宜光照下，甲的光合速率先开始下降

【解析】 答案 C。甲、乙两条曲线，图中 CO_2 浓度为0时，光合速率为负值，所以表示净光合速率，A 正确；在较低 CO_2 浓度时，甲乙两曲线有交点。二者净光合速率相等，B 正确。从图中无法得出甲、乙植物的呼吸速率，无法比较两植物的总光合速率，且叶肉细胞固定 CO_2 的速率也不等于植物体的总光合速率，故无法比较当 CO_2 浓度大于 a 时两植物叶肉细胞固定 CO_2 的速率，C 错误。当甲、乙两种植物培养在同一密闭环境中时，适宜光照下，开始时光合作用较强，之后密闭环境中 CO_2 浓度迅渐下降，而相同光照下甲植物的 CO_2 补偿点和 CO_2 饱和点都高于乙植物，故 CO_2 浓度降低后甲植物光合速率先开始下降，D 正确。

【典例 3】 如图所示纵坐标表示某种植物气体吸收量或释放量的变化，且该植物光合作用和呼吸作用的最适温度分别为 25℃和 30℃。下列叙述正确的是（　　）。

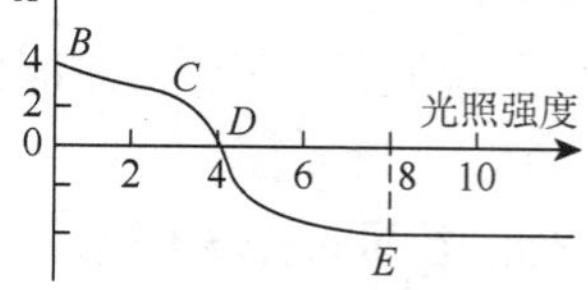

注：本题不考虑横坐标和纵坐标单位的具体表示形式

A. 若 A 代表 CO_2 释放量，E 点时限制光合作用的外界因素仅是 CO_2 浓度

B. 若 A 代表 O_2 吸收量，可以判断 C 点只有呼吸作用，D 点开始进行光合作用

C. 若 A 代表 O_2 吸收量，图示曲线是环境温度为 25℃时测定的，当环境温度上升至 30℃，B 点上移，E 点下移

D. 若 A 代表 CO_2 释放量，提高大气中的 CO_2 浓度，E 点向右下移动

【解析】 答案 D。若 A 代表 CO_2 释放量，E 点为光饱和点，此时限制光合作用的因素不再是光照强度，有可能是 CO_2 浓度或温度，A 错误；若 A 代表 O_2 吸收量，D 点表示光补偿点，光合作用从 D 点以前已经开始，B 错误；若 A 代表 O_2 吸收量，图示曲线是环境温度为 25℃时测定的，当环境温度上升至 30℃，光合作用减弱而呼吸作用增强，净光合强度下降，因此 B 点将上移，E 点上移，C 错误。若 A 代表 CO_2 释放量，E 点光合作用达到最大值，限制光合作用的因素不再是光照强度，可能是 CO_2 浓度，提高大气中的 CO_2 浓度，光合作用强度增大，光饱和点（E 点）增大，向右下移动，D 正确。

【提醒】 分析坐标曲线关键明确图中曲线可以表示氧气的吸收量或二氧化碳的释放量，下半轴表示氧气释放量或二氧化碳的吸收量，表示光合作用净量。其中 D 点为 0，表示光合速率与呼吸速率相等，为光补偿点。B 点为某温度下的呼吸速率。再进行分析推理判断。

光补偿点：光合作用固定的 CO_2 量等于呼吸作用放出的 CO_2 量时的光照强度。光饱和点：达到最大光合速率时的最低光照强度。CO_2 饱和点：光合速率达到最大值时环境中的 CO_2 浓度。CO_2 补偿点：植物光合作用速率等于细胞呼吸速率时的 CO_2 浓度。

光合作用与细胞呼吸曲线中补偿点和饱和点的移动：

光合作用与细胞呼吸曲线中，曲线与横坐标的交点表示光（或 CO_2）补偿点，此时光合速率（$v_{光}$）等于呼吸速率（$v_{呼}$）；曲线中最大光合速率所对应的最低光照强度（或 CO_2 浓度）表示光（或 CO_2）饱和点，此时净光合速率达到最大。下面以 CO_2 补偿点和饱和点为例进行分析。

（1）CO_2 补偿点的位置发生移动，说明 $v_{光}$ 或 $v_{呼}$ 发生了变化，而引起它们变化的因素有光照强度、温度等（高中阶段只研究单一因素变化引起的补偿点移动）。

①光照强度：只引起 $v_{光}$ 变化，高中阶段一般不考虑对 $v_{呼}$ 的影响。光照增强导致 $v_{光}$ 变大，若要继续维持 $v_{光}=v_{呼}$ 则需降低 CO_2 供应（补偿点左移），以降低 $v_{光}$，刚好使二者速率相等。反之，若光照减弱导致 $v_{光}$ 变小则补偿点右移。

②缺镁环境下，叶片中叶绿素减少→光反应速率降低→$v_{光}$ 减小，若继续维持 $v_{光}=v_{呼}$，需增加 CO_2 供应（补偿点右移），以提高 $v_{光}$，使二者速率相等。

③温度的变化对补偿点移动的判断较为复杂，但是有一点需明确：补偿点的移动是因 $v_{光}$ 或 $v_{呼}$ 值发生了变化，而移动的目的是让 $v_{光}$ 和 $v_{呼}$ 继续维持相等。如环境温度由光合最适温度（25℃）变为呼吸最适温度（30℃）时，$v_{光}$ 变小、$v_{呼}$ 变大，若让二者仍保持相等，需增加 CO_2 供应（补偿点右移），以提高 $v_{光}$。

（2）CO_2 饱和点移动方向的判断技巧：①在光饱和点之前增加光照强度，植物单位时间内获得的能量增多，合成的有机物增多（净光合作用速率增大，坐标曲线中表现为光合速率最大值上移）；②需要的 CO_2 量增多（坐标曲线中表现为饱和点右移），整体上表现为最大值向右上方移动。

【典例 4】 用等体积的三个玻璃瓶甲、乙、丙同时从某池塘水深 0.5m 处的同一位置取满水样，立即测定甲瓶中的氧气含量，并将乙、丙瓶密封后沉回原处。一昼夜后取出玻璃瓶，分别测定两瓶中的氧气含量，结果如表（不考虑化能合成作用）。有关分析不合理的是（　　）。

透光玻璃瓶甲	透光玻璃瓶乙	不透光玻璃瓶丙
4.9mg	5.6mg	3.8mg

A. 丙瓶中浮游植物的细胞产生[H]的场所是细胞质基质和线粒体基质

B. 在一昼夜内，丙瓶生物细胞呼吸消耗的氧气量约为 1.1mg

C. 在一昼夜后，乙瓶水样的 pH 比丙瓶的高

D. 在一昼夜内，乙瓶中生产者实际光合作用释放的氧气量约为 0.7mg

【解析】 答案 D。分析甲瓶中的氧气含量可作为乙和丙的对照；乙中氧气浓度增加，这是光合作用大于呼吸作用积累的，即为净光合作用量；由于丙为不透光的玻璃瓶，因此减少的氧气量可代表浮游植物呼吸消耗的氧气量。玻璃瓶丙不透光，浮游植物只能通过呼吸作用产生[H]，场所是细胞质基质、线粒体基质，A 正确；丙瓶生物只能进行呼吸作用，在一昼夜内，其消耗的氧气的量为 4.9–3.8=1.1（mg），B 正确；乙瓶的含氧量升高，说明光合作用大于呼吸作用，则 24h 后乙瓶中的氧气含量高于开始时，但二氧化碳含量却低于开始时，因此乙瓶水样的 pH 比丙瓶的高，C 正确；乙瓶浮游植物 24h 净光合强度为 5.6–4.9=0.7（mg），呼吸强度为 4.9–3.8=1.1（mg），因此光合作用产生的氧气量（实际光合作用强度）=净光合强度+呼吸强度=0.7+1.1=1.8（mg），D 错误。

【提醒】 通过净光合作用强度和呼吸作用强度推算总光合作用强度的试题是常见题型，掌握常见的“黑白瓶”问题的测定原理，是解答此类试题的关键。

透光玻璃瓶甲取满水样立即测定甲瓶中的氧气含量则代表三瓶水样的初始溶氧量。实验组的溶氧将与该值做比较。放回原水层的黑瓶为不透光的玻璃瓶，其中只进行细胞呼吸，即：有初始值的情况下，黑瓶中 O_2 的减少量（或 CO_2 的增加量）为呼吸作用量（强度）。而放回原水层白瓶中既能进行光合作用又能进行细胞呼吸，白瓶测得的为表观（净）光合作用强度值，即：白瓶中 O_2 的增加量（或 CO_2 的减少量）为净光合作用量（强度）。综合两者即可得到真正光合作用强度值。（实验组挂回原水层是为了测该水层条件下的呼吸作用、净光合作用强度。）没有初始值的情况下，白瓶中测得的现有量减去黑瓶中测得的现有量，等于总光合作用量。

【典例 5】 下列对光合作用和化能合成作用的叙述，正确的是（　　）。

A. 进行光合作用的生物都是真核生物，进行化能合成作用的生物都是原核生物

B. 硝化细菌能将 NH_3 最终氧化为 HNO_3，该过程释放的能量能用于其蛋白质合成等生命活动

C. 硝化细菌细胞中同时存在着催化 NH_3 氧化的酶和催化葡萄糖合成的酶

D. 光合作用和化能合成作用中合成有机物利用的含碳底物不相同

【解析】 答案 C。蓝藻是原核生物，能进行光合作用，A 错误。硝化细菌不能利用光能，但能将土壤中的 NH_3 氧化成 HNO_2，进而将 HNO_2 氧化成 HNO_3。硝化细菌能利用这两个化学反应中释放出来的化学能，将 CO_2 和水合成为糖类，这些糖类可供硝化细菌维持自身的生命活动，B 错误。硝化细菌能催化 NH_3 氧化和催化葡萄糖的合成，均有相关的酶的催化作用，C 正确。光合作用和化能合成作用中合成有机物利用的含碳底物相同，都是二氧化碳，D 错误。

【提醒】 化能合成作用与光合作用。

（1）相同点：化能合成作用和光合作用都能将周围环境中的无机物转变成有机物，都能将能量储存在有机物中。相关生物都是自养生物。

（2）不同点：合成有机物时所需能量的来源不同。光合作用（绿色植物、蓝藻等）利用的是光能；化能合成作用利用的是无机物氧化释放的化学能。如硝化细菌利用的是 NH_3 氧化成亚硝酸、亚硝酸氧化成硝酸时释放的化学能，将 CO_2 和 H_2O 合成为有机物。土壤中硝化细菌的活动，可提高土壤肥力（将植物不容易吸收的氨态氮变成植物容易吸收的硝态氮），增加植物可利用的氮素营养；硫细菌能够利用氧化硫过程中释放的化学能将 CO_2 和水合成为有机物。

针 对 训 练

1. 下表是某科研小组研究光合作用强度时所得到的部分结果，请结合温度影响酶的曲线和 CO_2 浓度影响光合作用速率的曲线判断，下列相关分析正确的是（　　）。

改变的条件	M	N
测定的光合作用强度	P	K

A. 若改变的条件为温度，且 P＞K，则 M＞N

B. 若改变的条件为温度，且 M＞N，则 P＞K

C. 若改变的条件为 CO_2 浓度，且 M＞N，则 P＞K

D. 若改变的条件为 CO_2 浓度，且 P＞K，则 M＞N

2. 科研人员研究温度对甲、乙两种植物净光合速率的影响，得到的实验结果如图。据图推测合理的是（　　）。

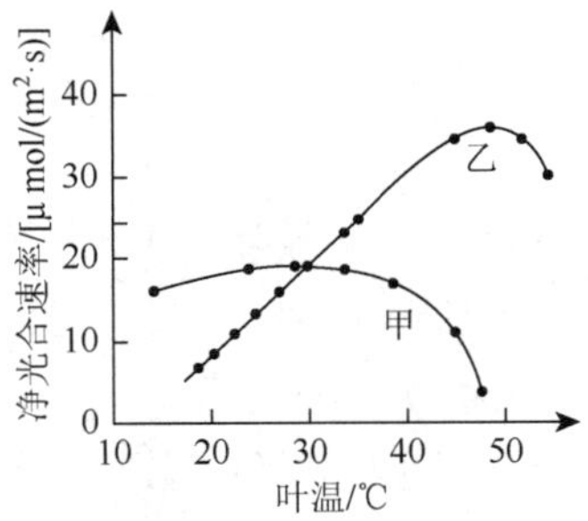

A. 甲植物和乙植物在 30℃时，光合作用生成的有机物相等

B. 温度保持为 20℃，甲植物和乙植物体内都有有机物积累

C. 50℃之前，限制乙植物净光合速率的主要外界条件是 CO_2 浓度

D. 若将甲、乙植物同置于高温环境，则受影响较大的是乙植物

3.（2020 浙江）将某植物叶片分离得到的叶绿体，分别置于含不同蔗糖浓度的反应介质溶液中，测量其光合速率，结果如图所示。图中光合速率用单位时间内单位叶绿素含量消耗的二氧化碳量表示。下列叙述正确的是（　　）。

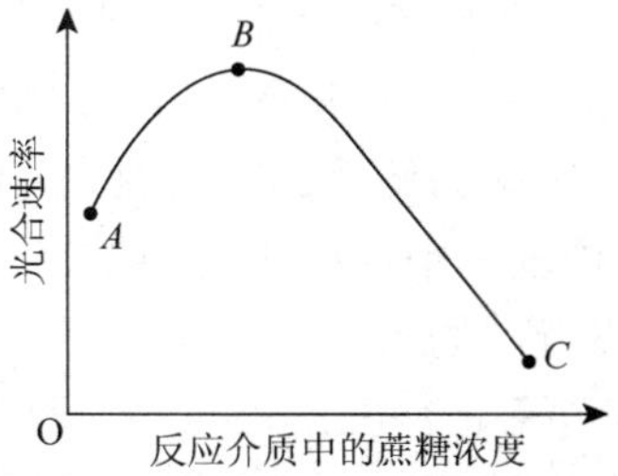

A. 测得的该植物叶片的光合速率小于该叶片分离得到的叶绿体的光合速率

B. 若分离的叶绿体中存在一定比例的破碎叶绿体，测得的光合速率与无破碎叶绿体相比，光合速率偏大

C. 若该植物较长时间处于遮阴环境，叶片内蔗糖浓度与光合速率的关系与图中 *B*～*C* 段对应的关系相似

D. 若该植物处于开花期，人为摘除花朵，叶片内蔗糖浓度与光合速率的关系与图中 *A*～*B* 段对应的关系相似

4. 研究人员在相同且适宜温度条件下分别测定了两个作物品种 S_1、S_2 的光饱和点（光饱和点是达到最大光合速率所需的最小光照强度）。当增加环境中 CO_2 浓度后，测得 S_1 的光饱和点没有显著改变，S_2 的光饱和点显著提高。下列叙述不正确的是（　　）。

A. S_1 的光饱和点不变，可能是原条件下光反应产生的[H]和 ATP 不足

B. S_1 的光饱和点不变，可能是原条件下 CO_2 浓度未达到饱和

C. S_2 的光饱和点提高，可能是原条件下光反应产生的[H]和 ATP 未达到饱和

D. S_2 的光饱和点提高，可能是原条件下 CO_2 浓度不足

5. 光补偿点是指当光合速率和呼吸速率相等时所对应的光照强度。光饱和点是指植物光合速率达到最大时，环境中的最小光照强度。下表为在适宜条件下，某森林林冠层四种主要乔木幼苗叶片的生理指标。下列分析正确的是（　　）。

物种指标	苦槠	马尾松	石栎	青冈
光补偿点/($\mu mol\cdot m^{-2}\cdot s^{-1}$)	66	140	37	22
光饱和点/($\mu mol\cdot m^{-2}\cdot s^{-1}$)	1255	1425	976	924

A. 光强等于 $37\mu mol\cdot m^{-2}\cdot s^{-1}$ 时，石栎幼苗叶肉细胞中产生的 O_2 全部进入该细胞线粒体中

B. 光强小于 $1255\mu mol\cdot m^{-2}\cdot s^{-1}$ 时，影响苦槠幼苗光合速率的环境因素主要是 CO_2 浓度

C. 四种植物中，由于青冈幼苗的光补偿点最低，所以青冈幼苗适应弱光的能力最强

D. 光强等于 $142\mu mol\cdot m^{-2}\cdot s^{-1}$ 时，在四种植物中，马尾松幼苗的净光合作用最强

6. 三七是一种名贵中药材，主产地在云南。科研人员测定不同光照强度下三七和云南松光合速率的变化如图。下列说法正确的是（　　）。

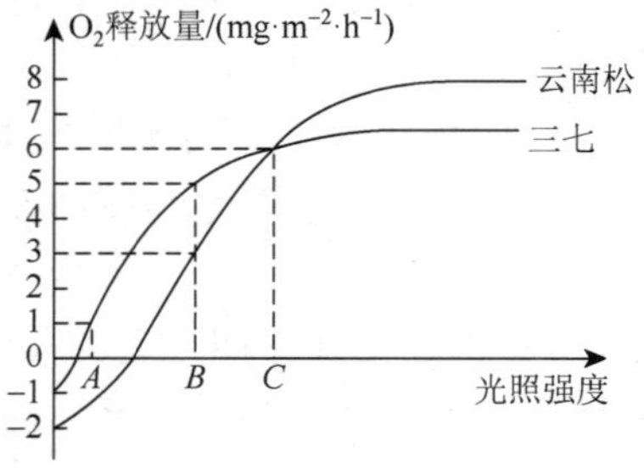

A. 在 A 光照强度下，光照 12 小时、黑暗 12 小时的三七能正常生长

B. 在 B 光照强度下，三七和云南松所产生的氧气量的比值为 6∶5

C. 在 C 光照强度下，三七所产生的氧气量为 $7mg\cdot m^{-2}\cdot h^{-1}$，比云南松所产生的氧气量多 $1mg\cdot m^{-2}\cdot h^{-1}$

D. 三七植株镁的含量减少导致叶绿素含量减少，光的补偿点将向左移

7. 取生长旺盛的绿叶，用直径为 1cm 打孔器打出小圆片若干（注意避开大叶脉），抽出小圆片内的气体，并在黑暗处用清水处理使小圆片细胞间隙充满水，然后平均置于不同浓度的 $NaHCO_3$ 溶液（可提供不同浓度 CO_2）的小烧杯中，置于光照强度和温度恒定且适宜的条件下，测得各组小圆片上浮至液面所需平均时间，将记录结果绘制成曲线如图 1 所示。

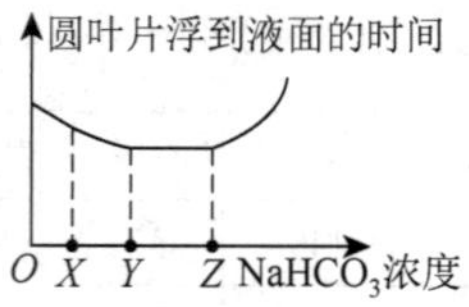

图 1

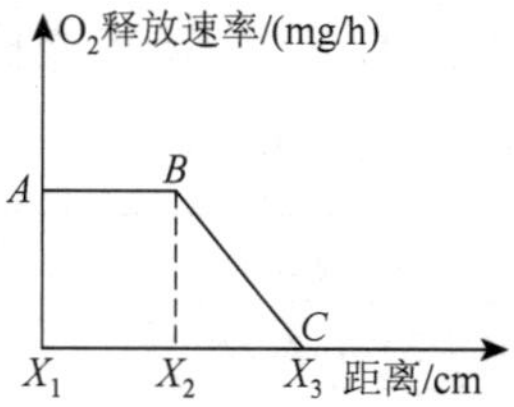

图 2

（1）Y 浓度时小圆片叶肉细胞的类囊体薄膜上[H]的生成速率________（填“快”“相等”或“慢”），原因是______________________。

（2）当 CO_2 浓度大于 Z 时，随着 $NaHCO_3$ 浓度的增大，小圆片中有机物的积累速率______（填“加快”“不变”或“减慢”）。原因是________________________。

（3）另取若干相同的小圆片分别置于温度相同且适宜、CO_2 溶液浓度为 a 的小烧杯中，选用 40W 的台灯作为光源，通过改变光源与小烧杯之间的距离进行实验，根据实验结果绘制成图 2 曲线（$X_1>0$）。

①该实验的目的是____________________。

②限制 B 点净光合速率的主要外界因素是__________，C 点的含义是____________时光源与小烧杯之间的距离。

8. 下图为同一自然区域内两种植物氧气释放速率与光照强度变化曲线。据图回答相关问题：

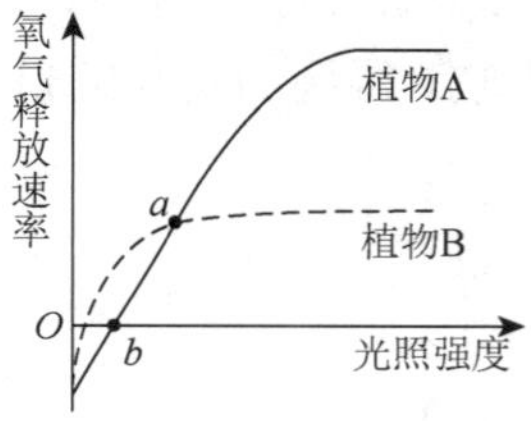

（1）a 点对应的光照强度下，植物 A 与植物 B________（填“细胞呼吸”或“实际光合作用”或“净光合作用”）强度相等。

（2）一定范围内随光照强度增强，植物 A 叶肉细胞固定二氧化碳的速率加快，其原因是

____

____。

（3）分析图中曲线可推知，农作物根部周围生长出的杂草需要及时清除，其原因是______

____

____。

9. 在光合作用的暗反应中，C_3 会先被还原为中间产物磷酸丙糖，进而形成蔗糖、氨基酸或淀粉等有机物，代谢途径如图所示（注：TPT 是叶绿体膜上一种重要的转运蛋白，TPT 将 Pi 运进叶绿体的同时运出磷酸丙糖）。回答下列问题：

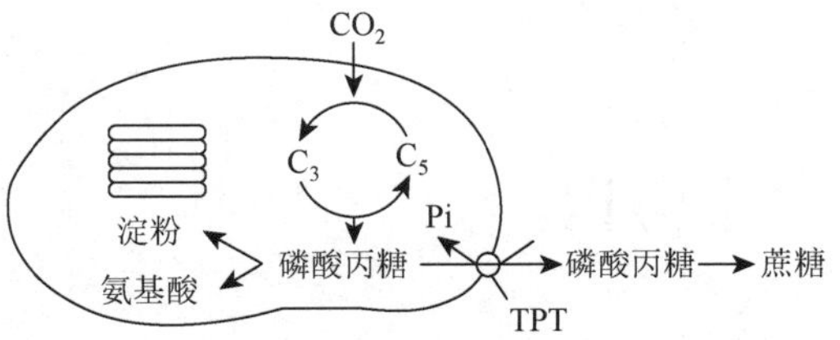

（1）在叶绿体中，由 C_3 生成磷酸丙糖的场所是____；该过程进行的速率与光照强度____（填“有关”或“无关”），原因是____________。

（2）研究表明，CO_2 充足时 TPT 的活性会受到抑制。在农业生产上可以通过适当升高 CO_2 浓度来提高玉米的产量，原因是__________（答出两点）。

（3）请根据图示信息和 TPT 的作用，提出大田种植甘蔗时提高蔗糖含量最简便易行的措施：________________________。

参考答案

5.1　降低化学反应活化能的酶

5.1.1　酶的作用和本质

1. C　2. A　3. C　4. D

5.1.2　酶的特性

1. D　2. A　3. D　4. C　5. C　6. D

7.（1）淀粉酶对淀粉水解反应的能力（或催化效率）　酶促反应速率　（2）作为对照，排除 Na^+、SO_4^{2-} 对酶活性的影响　（3）不同　两种条件下，尽管淀粉的剩余量相等，但 pH 为 3 时，有盐酸催化淀粉水解，pH 为 13 时，酶已经完全失活，降为 7 后，淀粉酶活性不能恢复

8.（1）抑制剂种类和底物浓度　温度、pH、酶浓度、抑制剂的使用量、反应时间等　（2）I　（3）步骤 c 应与步骤 b 互换，即先对酶溶液进行处理再加入底物

5.2　细胞的能量“通货”ATP

1. B　2. C　3. A　4. D

5.3　细胞呼吸

1. D　2. C　3. C　4. D　5. B　6. A

7.（1）自由水　（2）左　只有无氧呼吸

（3）将有活性的水稻种子换为等量煮熟冷却的水稻种子，其他设置不变　（4）8

5.4　能量之源——光与光合作用

5.4.1　捕获光能的色素和结构

1. D　2. C

5.4.2.2　光合作用的过程

1. A　2. D　3. A　4. A

5.（1）叶绿体基粒→叶绿体基质　（2）*a* 与 *d*　（3）重新光照时，光反应迅速将水分解，消耗 $NADP^+$，生成 O_2 和 NADPH，暗反应中 C_3 还原，消耗的 NADPH 较少，导致 $NADP^+$ 含量显著下降　（4）增设 1 组实验，加入抗霉素 A，其他条件与甲组相同，测定 $NADP^+$ 含量，与甲组进行比较

6.（1）将 H_2O 光解生成 O_2 和[H]　夏季中午温度高，为降低蒸腾作用，叶片的气孔（部分）关闭　（2）当光照强度不变、CO_2 浓度升高时，C_3 的合成量增加，还原速率加快，[H]和 ATP 的含量下降，生成速率加快，光反应速率加快，使光合速率加快。当达到该光照强度下的 CO_2 饱和点时，光合速率不再加快　（3）叶绿体内 C_5 浓度较低，C_5 的再生需要一段时间

5.4.2.3　光合作用原理的应用

1. D　2. B　3. A　4. B　5. C　6. B

7.（1）快　CO_2 浓度提高，暗反应加快，固定 CO_2 生成 C_3 增多，促进光反应加快生成[H]　（2）减慢　CO_2 浓度大于 *Z* 时，叶肉细胞的细胞外液浓度较高，细胞失水增多，影响光合作用的进行，导致小叶片中有机物的积累速率减慢　（3）①探究光照强度对光合速率的影响　②CO_2 浓度　小圆片光合速率等于细胞呼吸速率（净光合速率为零）

8.（1）净光合作用　（2）光照增强，导致光反应加快，为暗反应提供更多的[H]和 ATP，使二氧化碳的固定速率加快　（3）较弱光照下，适应于弱光下生长的杂草固定二氧化碳的能力更强，会导致农作物下部叶片的光合速率降低

9.（1）叶绿体基质　有关　C_3 的还原需要光反应产生的[H]和 ATP　（2）升高 CO_2 浓度可提升暗反应速率，使磷酸丙糖生成加快；高 CO_2 浓度会抑制 TPT 的活性，减少磷酸丙糖从叶绿体输出，有利于合成更多的淀粉　（3）适当增施磷肥

第6章　细胞的生命历程

6.1　细胞的增殖

6.1.1　细胞的生长和细胞周期

核 心 问 题

1. 细胞的生长有什么特点？

答：细胞不能无限长大。原因是细胞相对表面积（表面积与体积之比）限制物质运输效率，细胞核的控制能力有限。

【点拨】 结构与功能相适应：某些单细胞生物（原生生物）的细胞体积很大，但其中含有伸缩泡或多个核，伸缩泡可以增大膜表面积与体积之比从而增大物质运输效率，多个细胞核增强了对细胞的控制能力。再比如卵细胞体积很大，但其代谢活动很缓慢，一旦受精后，细胞分裂加快，细胞的相对表面积增大，代谢增强。

2. 什么是细胞周期？如何表示？

答：（1）连续分裂的细胞，从一次分裂完成时开始，到下一次分裂完成时为止，为一个细胞周期。

（2）两个阶段：分裂间期（G_1、S、G_2）和分裂期（M 期）。G_1 期：合成一些 RNA 和与 DNA 复制相关的蛋白质。S 期：DNA 复制。G_2 期：合成另一些 RNA 和与分裂期有关的酶。

【点拨】 细胞周期的表示方法。

方法名称	表示方法	用字母表示细胞周期
扇形图	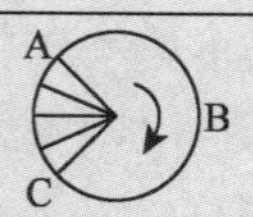	A→B→C→A 为一个细胞周期
直线图	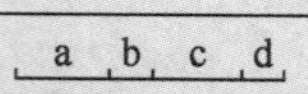	a+b 或 c+d 为一个细胞周期

续表

方法名称	表示方法	用字母表示细胞周期
坐标图	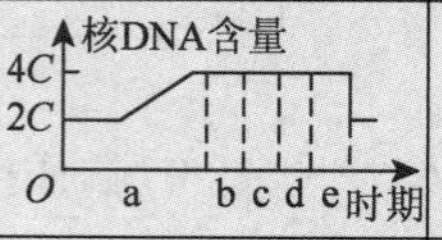	a+b+c+d+e 为一个细胞周期
柱形图	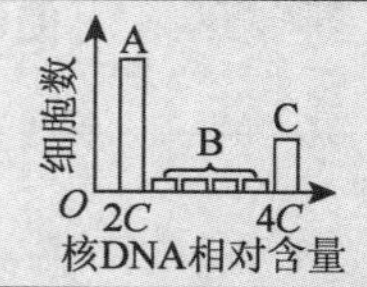	B 组细胞处于分裂间期，正在进行 DNA 复制，C 组细胞多数处于分裂期，A 组细胞为未进行 DNA 复制的细胞

典 例 精 讲

【典例 1】 科学家用含 ^{32}P 的磷酸盐作为标记物浸泡蚕豆幼苗，追踪蚕豆根尖细胞分裂情况，得到蚕豆根尖分生区细胞连续分裂的数据如下，则下列叙述正确的是（　　）。

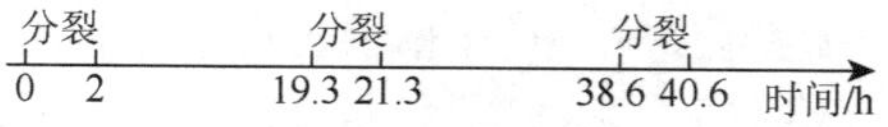

A. 蚕豆根尖细胞分裂的一个细胞周期为 19.3h

B. 一个细胞周期可以用 0～19.3h、19.3～38.6h 来表示

C. 高尔基体、线粒体、叶绿体在蚕豆根尖细胞分裂过程中活动旺盛

D. 蚕豆根尖细胞的 DNA 分子复制时期有 0～2h、19.3～21.3h、38.6～40.6h

【解析】 答案 A。从图中可以看出，2～21.3h、21.3～40.6h 各为一个细胞周期，一个细胞周期需要的时间是 19.3h，故 A 正确、B 错误；蚕豆根尖细胞中无叶绿体，C 错误；在细胞分裂过程中，间期要进行 DNA 分子的复制，即 2～19.3h、21.3～38.6h，D 错误。

【提醒】间期在前，分裂期在后；间期长，分裂期短；间期和分裂期连续。

【典例 2】下列选项中，两类细胞的染色体数目均可呈周期性变化的是（　　）。

A. 蛙的红细胞与淋巴细胞

B. 动物皮肤生发层细胞和植物形成层细胞

C. 人的胚胎干细胞与成熟红细胞

D. 牛的精细胞与精原细胞

【解析】答案 B。题干中出现了染色体，并且其数目发生周期性变化，指的是有丝分裂。蛙的红细胞进行无丝分裂，观察不到染色体，淋巴细胞在受到抗原刺激后，可以恢复有丝分裂，A 错误。人的胚胎干细胞是具有分裂和分化能力的细胞，但是人的成熟红细胞没有细胞核，无法进行有丝分裂，C 错误。牛的精细胞是精原细胞减数分裂产生的，会进一步变形为精子，不再分裂，精原细胞既可以进行有丝分裂，也可以进行减数分裂，所以 D 错误。

【提醒】分裂产生的子细胞有三种去向：连续分裂、暂不分裂、不再分裂。

（1）连续分裂：始终处于细胞周期中，如部分造血干细胞、卵裂期细胞、癌细胞、根尖分生区细胞、茎形成层细胞、芽生长点细胞。

（2）暂不分裂：暂时脱离细胞周期，但仍具有分裂能力，在一定条件下可回到细胞周期中，如肝脏细胞、淋巴细胞（T 细胞、B 细胞、记忆细胞）。

（3）不再分裂：脱离细胞周期，处于高度分化状态直到死亡，如肌纤维细胞、神经细胞、浆细胞、叶肉细胞、洋葱鳞片叶表皮细胞、根尖成熟区细胞等。

【典例 3】（2017 全国卷Ⅲ）利用一定方法使细胞群体处于细胞周期的同一阶段，称为细胞周期同步化。以下是能够实现动物细胞周期同步化的三种方法。回答下列问题：

（1）DNA 合成阻断法：在细胞处于对数生长期的培养液中添加适量的 DNA 合成可逆抑制剂，处于____期的细胞不受影响而继续细胞周期的运转，最终细胞会停滞在细胞周期的____期，以达到细胞周期同步化的目的。

（2）秋水仙素阻断法：在细胞处于对数生长期的培养液中添加适量的秋水仙素，秋水仙素能够抑制______，使细胞周期被阻断，即可实现细胞周期同步化。经秋水仙素处理的细胞____（填“会”或“不会”）被阻断在间期。

（3）血清饥饿法：培养液中缺少血清可以使细胞周期停滞在间期，以实现细胞周期同步化。分裂间期的特点是__________（答出 1 点即可）。

【答案】（1）分裂　间（或 S）　（2）纺锤体形成　不会　（3）完成 DNA 复制和有关蛋白质的合成，为分裂期准备物质

【解析】（1）处于对数生长期的细胞进行连续分裂，此时在培养液中加入适量的 DNA 合成可逆抑制剂，会阻断间期的 DNA 复制过程，使细胞停滞在间期，但其不影响处于分裂期的细胞继续分裂。（2）秋水仙素能够抑制分裂前期纺锤体的形成，致使着丝粒分裂后的染色体不能移向细胞两极，所以经秋水仙素处理的细胞，其分裂会暂时停滞，细胞周期被阻断。秋水仙素不影响 DNA 复制、有关蛋白质的合成等过程，所以细胞分裂不会在间期被阻断。（3）分裂间期的特点：为分裂期的进行准备物质条件，即主要完成 DNA 复制与有关蛋白质的合成；同时细胞有适度的生长。

针 对 训 练

1. 下列关于细胞周期的叙述，正确的是（　　）。

A. 成熟生殖细胞产生后立即进入下一个细胞周期

B. 机体内所有的体细胞均处于细胞周期中

C. 细胞种类不同，但细胞周期持续时间相同

D. 细胞分裂间期为细胞分裂期提供物质准备

2. 下列与细胞周期有关的叙述，正确的是（　　）。

A. 等位基因的分离发生在细胞周期的分裂间期

B. 在植物细胞的细胞周期中纺锤丝出现在

分裂间期

C. 细胞周期中染色质 DNA 比染色体 DNA 更容易复制

D. 肝细胞的细胞周期中染色体存在的时间比染色质的长

3. 用光学显微镜观察有丝分裂，如果仅从细胞分裂周期来看，图中哪种植物作实验材料最合适？（　　）。

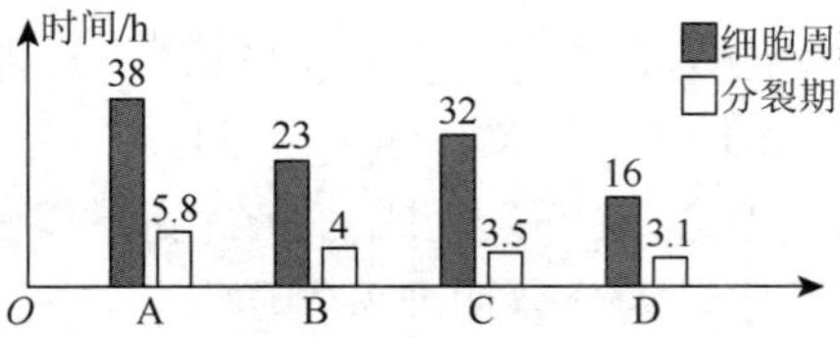

4. 如图所示，图甲中 a+b 表示一个细胞周期，c+d 表示另一个细胞周期。图乙中，按箭头方向表示细胞周期。从图中所示结果分析其细胞周期，不正确的是（　　）。

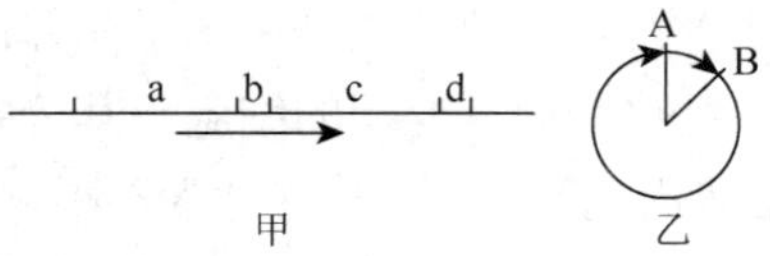

A. 图甲中的 a、图乙中的 B→A，细胞可能正在进行 DNA 复制

B. 图甲中的 b、图乙中的 A→B，是会出现染色体数目加倍的时期

C. 图乙中的细胞周期可以是从 A 到 B 再到 A

D. 图乙中的细胞周期可以是从 B 到 A 再到 B

5. 细胞周期包括分裂间期（分为 G_1 期、S 期和 G_2 期）和分裂期（M 期）。下图标注了甲动物（体细胞染色体数为 12）肠上皮细胞的细胞周期各阶段的时长及 DNA 含量。请回答下列问题：

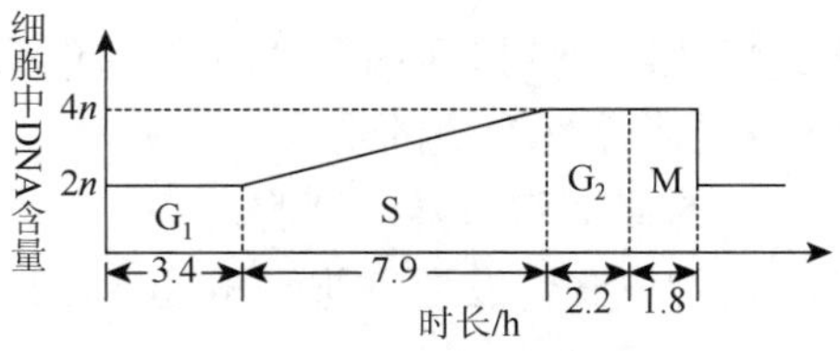

（1）若用含放射性同位素的胸苷（DNA 复制的原料之一）短期培养甲动物肠上皮细胞后，处于 S 期的细胞都会被标记。洗脱含放射性同位素的胸苷，换用无放射性的新鲜培养液培养，定期检测。预计最快约______h 后会检测到被标记的 M 期细胞。

（2）从被标记的 M 期细胞开始出现到其所占 M 期细胞总数的比例达到最大值时，所经历的时间为________________________期的时间，处于该期的一个细胞中染色体数目的变化情况是__________________。

（3）若向甲动物肠上皮细胞培养液中加入过量胸苷，处于 S 期的细胞立刻被抑制，而处于其他时期的细胞不受影响。预计加入过量胸苷约______h 后，细胞都将停留在 S 期。

（4）乙动物肠上皮细胞的细胞周期时长为 24h，M 期时长为 1.9h。若要在显微镜下观察细胞有丝分裂过程中染色体形态的变化，选用______（填“甲”或“乙”）动物肠上皮细胞更合适。

（5）在光学显微镜下观察，同处于分裂末期的动物肠上皮细胞与洋葱根尖细胞，形态上最主要的区别是：__________________________。

6.1.2　有丝分裂与无丝分裂

核心问题

1. 真核细胞是如何进行无丝分裂的？

答：（1）过程：细胞核先延长，缢裂成为两个细胞核，接着整个细胞从中部缢裂成两部分，形成两个子细胞。（2）特点：无纺锤丝、染色体出现。（3）举例：蛙的红细胞。

【点拨】 无丝分裂没有细胞周期，但有 DNA 的复制，核膜、核仁不消失。遗传物质不平均分配。

2. 真核细胞是如何进行有丝分裂的？有丝分裂的意义是什么？

	间期	前期	中期	后期	末期
植物细胞		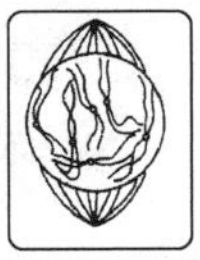			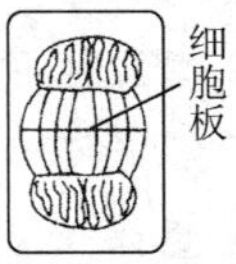
动物细胞	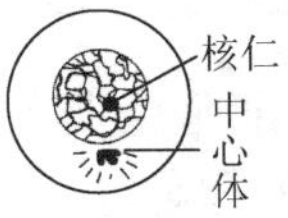	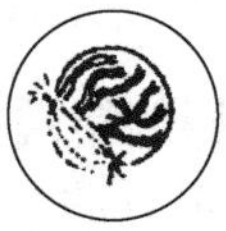			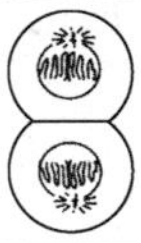
意义：将亲代细胞的染色体（关键是 DNA）经过复制之后，精确地平均分配到两个子代细胞中。由于染色体上有遗传物质 DNA，因而在细胞的亲代和子代之间保持了遗传性状的稳定性。					

【点拨】 巧记：膜仁消失现两体、形定数晰赤道齐、粒裂数增均两极、两消两现重开始。
膜仁消失现两体：核膜核仁消失，染色质→染色体，纺锤体形成。
形定数晰赤道齐：染色体形态稳定，数目清晰，着丝粒整齐地排列在赤道板上。
粒裂数增均两极：着丝粒分裂，姐妹染色单体分开，子染色体移向两极。
两消两现重开始：染色体→染色质，纺锤体消失，核膜核仁出现。

3. 如何看待动植物细胞有丝分裂过程的差别？

	间期 （中心体复制）	前期 （纺锤体的形成方式）	末期 （细胞质分配方式）
高等植物	无	两极发出纺锤丝	细胞板→细胞壁→分隔细胞质
动物	有	两组中心体之间的星射线	细胞膜→中央凹陷→缢裂细胞质

【点拨】 动植物有丝分裂过程的不同，与其结构密切相关。高等植物细胞有细胞壁，无中心体。而动物细胞有中心体，无细胞壁。所以因为中心体的差别导致间期和前期出现差异，间期涉及中心体的复制有无，前期涉及中心体是否参与纺锤体的形成。动物细胞无细胞壁，所以细胞膜凹陷缢裂便可将细胞一分为二。植物细胞有细胞壁，但伸缩性弱，不会像细胞膜那样凹陷缢裂，只能重新从细胞中央形成细胞板，将细胞隔成两部分。

4. 如何看待有丝分裂过程每条染色体上的 DNA 分子数？

	间期	前期	中期	后期	末期
形态变化	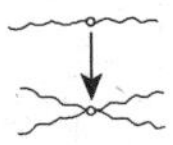	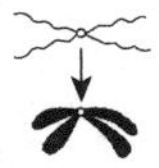	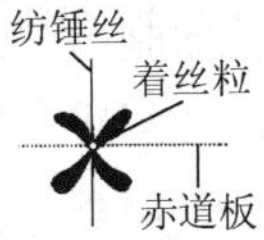	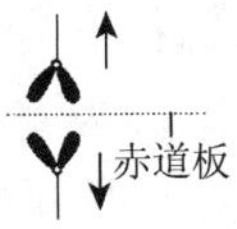	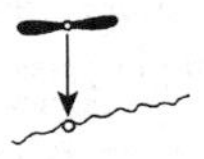
行为变化	复制形成染色单体	螺旋成染色体	着丝粒排列在赤道板	着丝粒分裂	解旋成染色质
数量变化	每条染色体上DNA含量 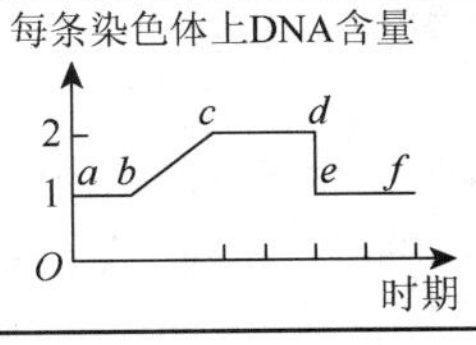		染色体与核DNA数目比 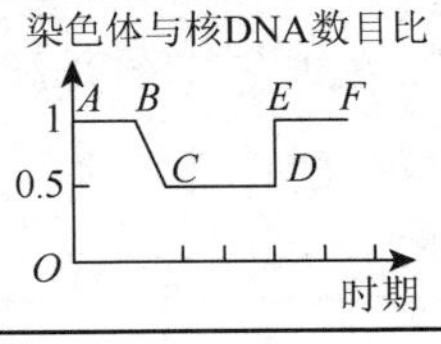		

【点拨】 每条染色体上的 DNA 分子数，与姐妹染色单体的形成与消失密切相关。*bc* 段因为 DNA 复制，形成姐妹染色单体，所以每条染色体上的 DNA 分子数由 1 变为 2。*de* 段着丝粒分裂，姐妹染色单体分开（消失），每条染色体上的 DNA 分子数由 2 变为 1，因此纵坐标上的数值只能是 1 或者 2，可看作核 DNA 数与染色体数的比值。若纵坐标表示染色体与核 DNA 数目比，比值变为 1 或者 0.5。*BC* 段对应 *bc* 段，*DE* 段对应 *de* 段。

典 例 精 讲

【典例 1】 下列有关无丝分裂的叙述，错误的是（　　）。

A. 低等生物细胞特有的分裂方式

B. 遗传物质也要复制

C. 分裂过程中不出现纺锤丝

D. 分裂过程中不出现染色体的变化

【解析】 答案 A。无丝分裂是真核细胞的分裂方式，低等生物和高等生物都存在该分裂方式。

【典例 2】 如图是某一学生绘出的高等植物的细胞分裂图像，其中错误的是（　　）。

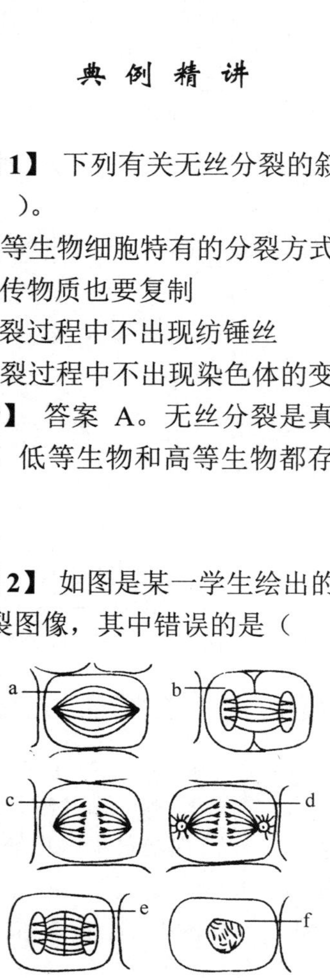

A. a 和 b　　B. c 和 d

C. b 和 d　　D. e 和 f

【解析】 答案 C。b 图有细胞壁，表明这是植物细胞，植物细胞的分裂应是在赤道板的中央位置出现细胞板，向四周扩展为细胞壁将细胞分开，不是细胞膜向内凹陷。从题干可知，这些细胞是高等植物细胞，但 d 图却出现了中心体这个结构。

【提醒】鉴别一个正在进行有丝分裂的细胞是植物细胞还是动物细胞，最可靠的方法是看细胞质的分配方式。

【典例 3】 如图为细胞周期中部分细胞核的变化示意图，此过程（　　）。

A. 发生在细胞分裂期的末期，核膜再度合成

B. 发生在细胞周期的分裂间期，染色体复制

C. 发生在细胞分裂期的前期，核膜逐渐消失

D. 发生在细胞分裂期的中期，染色体螺旋变粗

【解析】 答案 C。由图可知，该细胞核中的染色体含有姐妹染色单体，核膜逐渐消失，核仁已经解体，故细胞处于细胞分裂期的前期。

【提醒】 有丝分裂的细胞图，关键看染色体的形态（姐妹染色单体有无）、数目和位置。

【典例 4】 请绘出有丝分裂过程细胞中核 DNA、染色体、染色单体的含量变化曲线，并在同一坐标系中绘出以上三者的含量变化曲线。

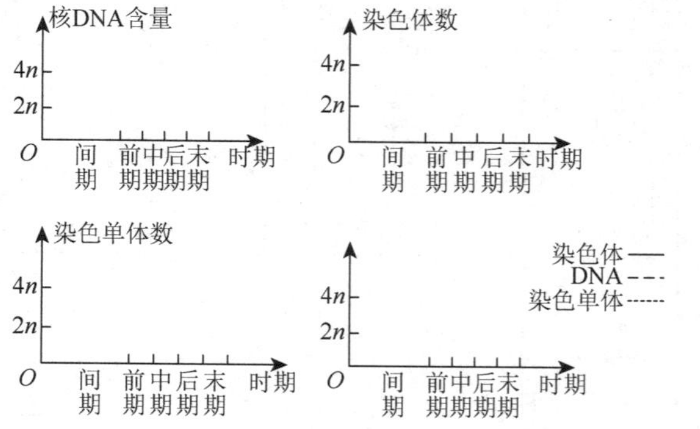

【答案】

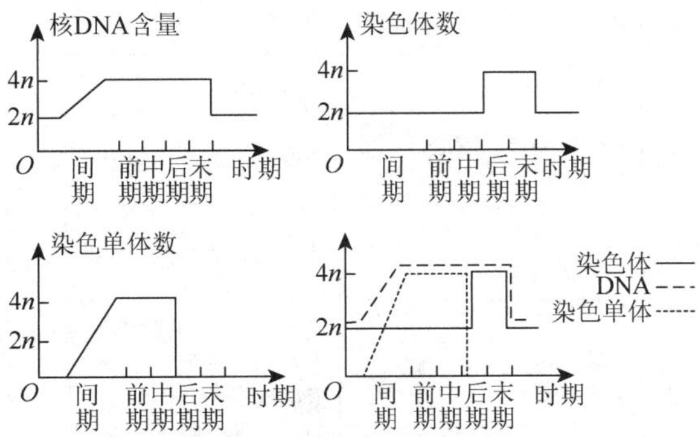

【提醒】 以上三个指标，均可看作是对有丝分裂过程构建的数学模型。在同一个坐标系中表示以上三个指标，需注意三个指标所表示有丝分裂过程的同步性。绘制曲线图时应特别注意转折点处所表达的意义是否正确。

【典例 5】 根据柱状图判断细胞分裂时期的规律，并将下图中的文字说明和图形补充完整。

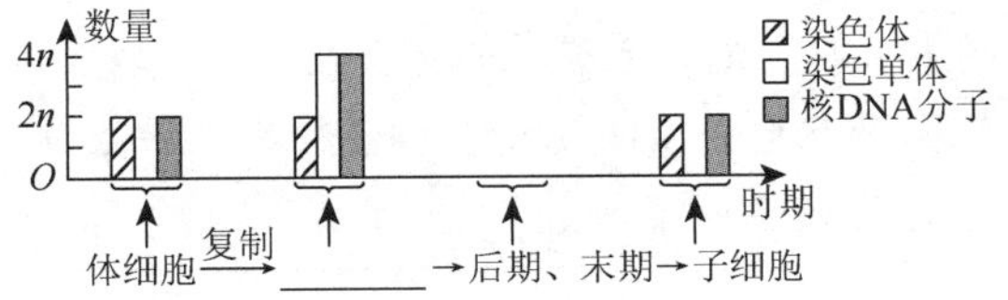

【答案】

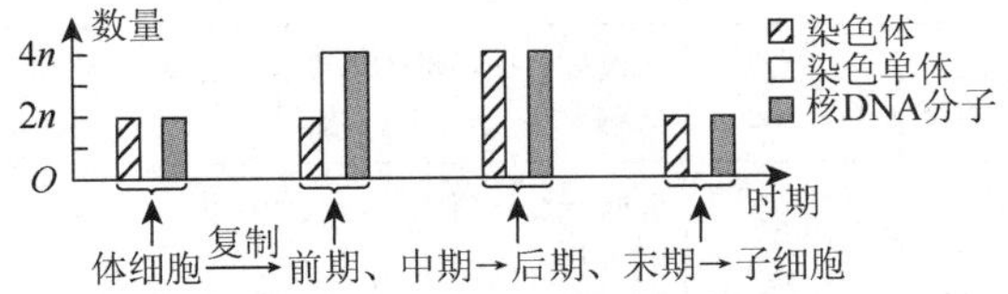

【提醒】 柱状图是在曲线图基础上构建的模型，即在某一时刻，比较三个指标的数量。柱状图应特别注意染色体的数量。

针对训练

1. 有关真核细胞分裂的叙述，正确的是（　　）。

A. 无丝分裂过程核膜不消失

B. 动物细胞仅以有丝分裂方式进行增殖

C. 动物细胞有丝分裂末期会形成细胞板

D. 无丝分裂仅出现于高等生物的衰老细胞

2. 在细胞有丝分裂过程中，染色体和核 DNA 都有复制和加倍的过程，下列相关叙述不正确的是（　　）。

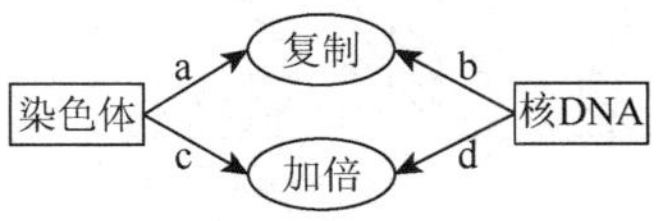

A. 染色体复制后其数量是之前的 2 倍

B. 细胞中 b、d 过程发生在细胞分裂间期

C. 细胞中 a 过程发生在细胞分裂间期，c 过程发生在细胞分裂后期

D. 染色体复制的实质是核 DNA 的复制以及相关蛋白质的合成

3. 如图甲、乙为某生物的体细胞有丝分裂染色体行为变化示意图，图 1 和图 2 为 DNA 含量变化图。下列有关叙述错误的是（　　）。

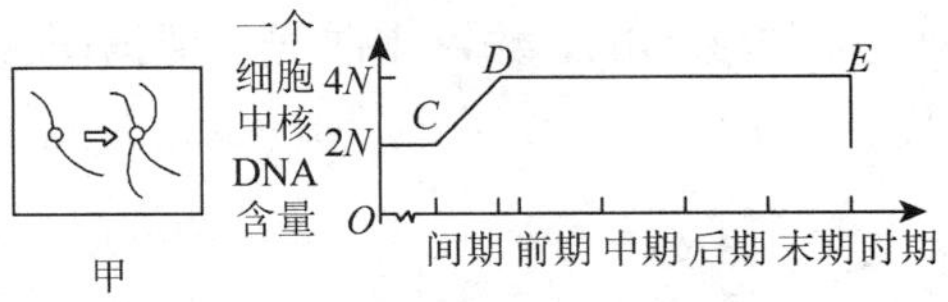

图1

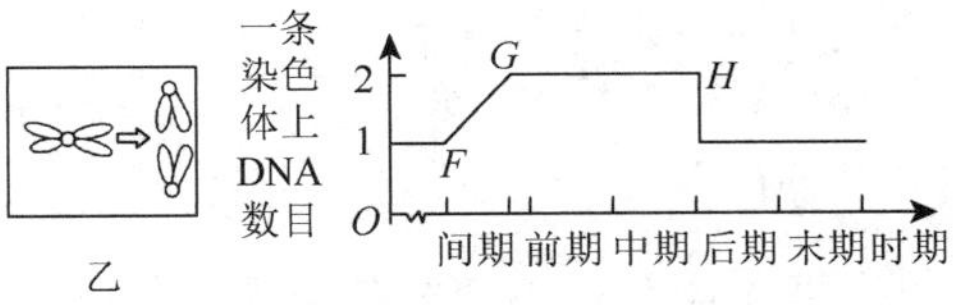

图2

A. 甲图对应图 1 中曲线的 CD 段，对应图 2 中曲线的 FG 段

B. 乙图为细胞分裂后期图，这一时期两曲线有不同的变化

C. 甲图所示变化在光学显微镜下难以观察到

D. 观察组织细胞有丝分裂时，可用同一细胞来观察甲、乙两种时期

4. 图甲表示某动物体内细胞分裂图，图乙表示每条染色体上 DNA 含量的变化，图丙表示不同分裂时期细胞核中染色体数目、染色单体数目与染色体 DNA 数目关系变化。下列叙述中正确的是（　　）。

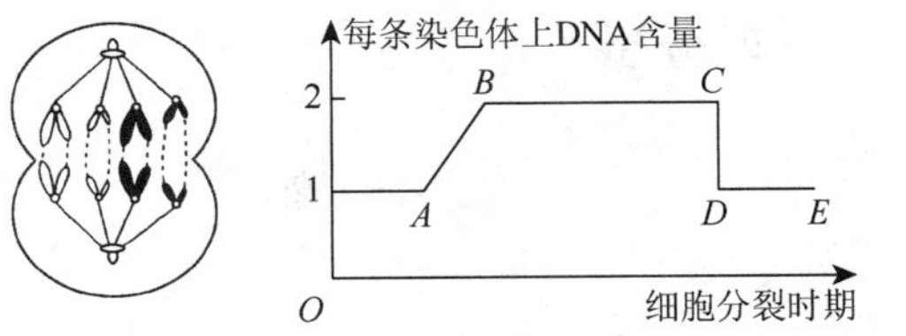

甲　　乙

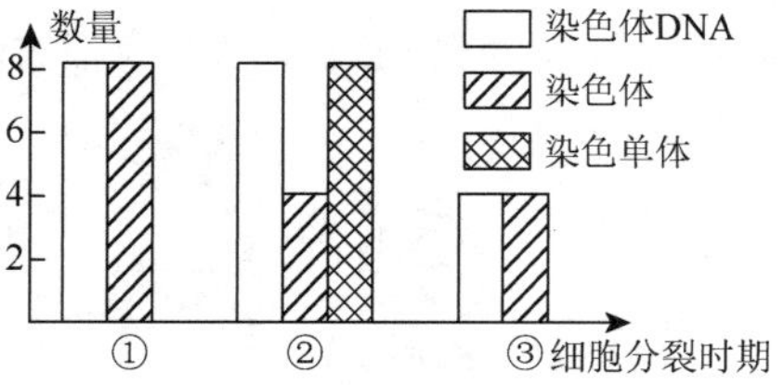

丙

A. 图甲所示细胞对应于图乙中的 *DE* 段、图丙中的②

B. 图甲所示细胞分裂时期核糖体、中心体代谢活跃

C. 图丙中与图乙中 *BC* 段对应的只有②

D. 图丙中引起②→③变化的原因是同源染色体的分离

5. 图 1 为视野中某植物细胞有丝分裂不同时期的图像，图 2 为该植物细胞有丝分裂不同时期染色体与核 DNA 数目比曲线，请据图回答下列问题：

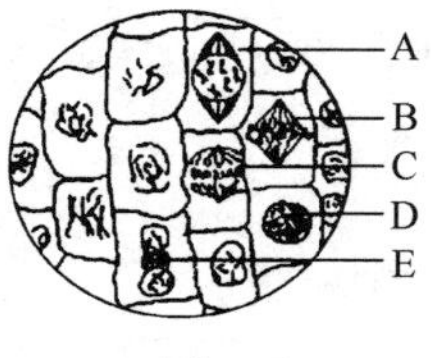

图1

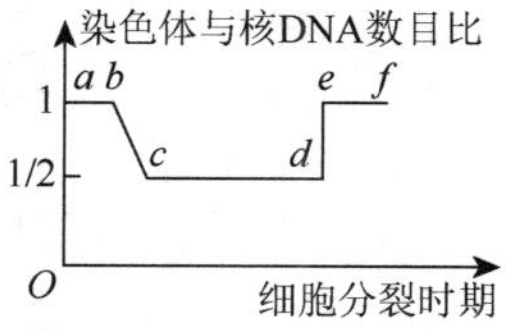

图2

（1）图 1 中一定不含染色单体的细胞有____（填字母）。

（2）图 1 中 A→E 细胞分裂时期的先后顺序是________________（用字母和“→”表示），A 时期细胞中染色质变为染色体的重要意义是___________________。

（3）与动物细胞相比，图 1 中 E 时期细胞的显著不同点是______________________。

（4）图 2 中发生 *bc* 段变化的原因是______，发生 *de* 段变化的原因是____________。

（5）图 1 中与图 2 的 *ef* 段对应的细胞有____（填字母）。

6.1.3　实验：观察根尖分生组织细胞的有丝分裂

核 心 问 题

1. 观察有丝分裂的实验步骤及目的是什么？

步骤	材料或处理	目的
解离	酒精和盐酸等体积混合	使细胞相互分离开
漂洗	清水	洗去药液，防止解离过度
染色	龙胆紫溶液、醋酸洋红液等碱性染料	使染色体着色，便于观察
制片	盖玻片上再加载玻片，拇指按压	使细胞分散开来，有利于观察
观察	先用低倍镜观察，后用高倍镜观察	低倍镜下找到分生区细胞：呈正方形，排列紧密。高倍镜下依次找中期、前期、后期、末期、间期细胞

【点拨】因植物细胞经过解离之后已经死亡，所以无法直接观察细胞分裂的动态变化。本实验通过观察视野中处于某个时期的细胞数，并计算其占显微镜视野中细胞总数的比例，来估算细胞周期中各时期所占时间的长短。酸性或碱性染料的界定并非由染料溶液的 pH 决定，而是由染料中的助色基团在水中电离后所带的电荷决定，即碱性染料的 pH 不一定大于 7。一般来说，电离后助色基团带正电荷（阳离子）的染料为碱性染料，反之则为酸性染料。

2. 实验成功的关键及注意事项有哪些？

实验材料的选择	类型		选取分裂期占细胞周期比例相对较大的材料
	部位		选取分裂旺盛的部位（如根尖、茎尖的分生区）
操作注意事项	解离时间	太短	细胞间质未被完全溶解，压片时细胞不易分散
		过长	导致细胞解离过度、根尖酥软，影响染色
	漂洗时间	适宜	洗去多余的盐酸，防止解离过度而影响染色
	染色时间	太短	染色体或染色质不能完全着色
		过长	使其他部分也被染成深色，无法分辨染色体
	压片	过轻	细胞未分散开
		过重	将组织压烂
显微镜观察	细胞状态		显微镜观察的都是死细胞，不能看到动态变化
	细胞数目		间期的细胞数目最多，原因是间期历时最长

典例精讲

【典例 1】 如图为洋葱根尖结构示意图。下列相关叙述错误的是（　　）。

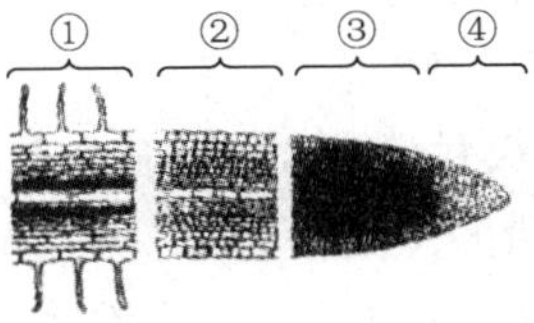

A. 观察细胞质壁分离现象的最佳区域是①

B. 使根尖细胞数目增加的主要区域是②

C. 经低温处理后，③处可出现染色体数目改变的细胞

D. 在观察植物细胞有丝分裂的实验中，需用盐酸和酒精处理使细胞分离开来

【解析】 答案 B。图中①是成熟区，最明显的特征是根毛，根毛增大了与土壤环境的接触面积，有利于物质的吸收，成熟区细胞因为有中央大液泡，所以可以用来观察质壁分离，A 正确；②是伸长区，细胞呈长方形，没有分裂能力，不能增加细胞数目，B 错误；③是分生区，细胞呈方形，是观察分裂期细胞的部位，若经过低温处理，通过抑制纺锤体形成，可出现染色体数目改变的细胞，C 正确；解离液的成分包含盐酸和酒精，D 正确。

【典例 2】（2019 江苏）下列关于观察植物细胞有丝分裂实验的叙述，正确的是（　　）。

A. 只有从新生的根尖上取材，才能观察到有丝分裂

B. 解离时间要尽量长，以确保根尖组织细胞充分分离

C. 滴加清水、弄碎根尖以及压片都有利于细胞的分散

D. 临时装片镜检时，视野中最多的是处于分裂中期的细胞

【解析】 答案 C。从生长旺盛的部位取材，包括茎尖、形成层、根尖等部分，均可以观察到有丝分裂，A 错误；解离时间一般在 3～5min，时间过长，细胞过于酥软，不利于漂洗且染色体易被破坏，因此解离的时间不宜过长，B 错误；在观察有丝分裂的实验中滴加清水，主要目的是更容易将盖玻片盖上，盖好盖玻片后实验材料会充盈在水环境中，处于比较舒展状态，便于使用显微镜观察其结构，弄碎根尖、压片可使细胞分离开，因此三者都有利于细胞的分散，C 正确；由于细胞分裂间期的时间最长，因此临时装片镜检时，视野中最多的是处于有丝分裂间期的细胞，D 错误。

【典例 3】（2019 北京）玉米根尖纵切片经碱性染料染色，用普通光学显微镜观察到的分生区图像如下。对此图像的观察与分析，错误的是（　　）。

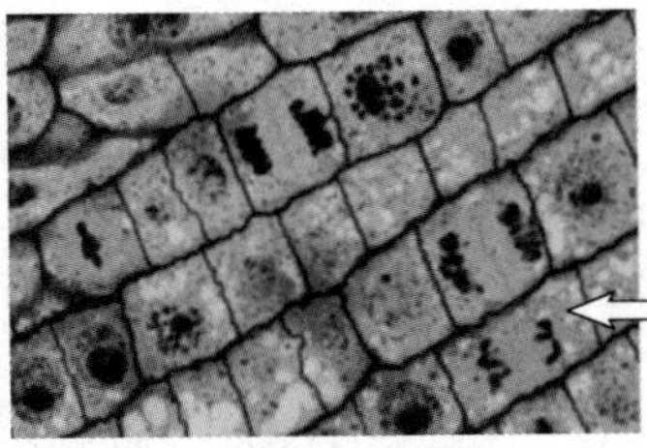

A. 先用低倍镜再换高倍镜观察符合操作规范

B. 可观察到箭头所指细胞的细胞核和细胞壁

C. 在图像中可观察到处于分裂期前期的细胞

D. 细胞不同结构成分与该染料结合能力不同

【解析】 答案 B。用普通光学显微镜观察根尖分生区的装片，要先用低倍镜观察，再用高倍镜观察，A 正确；图中箭头所指的细胞处于有丝分裂后期，姐妹染色单体分开，染色体数目加倍，此时观察不到细胞核，因为，细胞核在有丝分裂前期逐渐消失，B 错误；有丝分裂前期染色质缩短变粗，成为染色体，核仁逐渐解体，核膜逐渐消失，从细胞的两极发出纺锤丝，形成一个梭形的纺锤体，染色体散乱地分布在纺锤体中央，据以上特点，可以在图像中观察到处于分裂期前期的细胞，C 正确；碱性染料易与染色体结合，而不易与其他结构成分结合，D 正确。

【典例 4】 细胞增殖过程中 DNA 含量会发生变化，通过测定一定数量细胞的 DNA 含量，可分析其细胞周期。根据细胞的 DNA 含量不同，将某种连续增殖的细胞分为三组，每组的细胞数

目如下图。从图中所示结果分析其细胞周期，不正确的是（　　）。

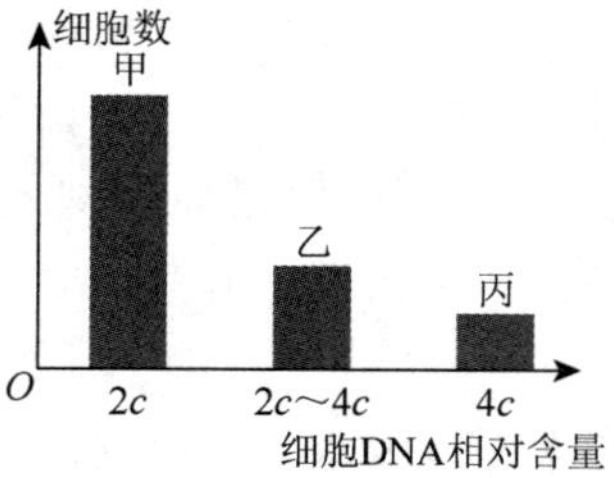

A. 乙组细胞正在进行 DNA 复制

B. 细胞分裂间期的时间比分裂期长

C. 丙组中只有部分细胞的染色体数目加倍

D. 将周期阻断在 DNA 复制前会导致甲组细胞数减少

【解析】答案 D。从甲过程到乙过程，DNA 含量从 $2c$ 达到了 $4c$，反映出了细胞中 DNA 的复制过程。处于甲状态的细胞较多，说明间期持续时间较长。如果将 DNA 的复制阻断，则会导致甲细胞数增多，而乙、丙细胞数相对减少。

针对训练

1.（2019 海南）若要观察植物细胞有丝分裂中期的染色体，适宜的材料和染液组合是（　　）。

A. 大蒜根尖细胞，龙胆紫溶液

B. 玉米根尖细胞，台盼蓝染液

C. 菠菜叶肉细胞，碘液

D. 番茄果肉细胞，吡罗红染色剂

2. 在“观察植物细胞有丝分裂”实验中，三位实验人员制作洋葱根尖装片的操作步骤（“+”表示操作，“–”表示未操作）如下表所示，则甲、乙、丙观察到的实验现象分别是（　　）。

实验人员	操作				
	取材	解离	漂洗	染色	压片
甲	根尖 1～3mm 处	–	+	+	+
乙	根尖 1～3mm 处	+	–	+	+
丙	根尖 5～7mm 处	+	+	+	+

A. 细胞重叠、染色体着色很浅不清楚、细胞分散且染色体清楚

B. 细胞分散但看不到染色体、染色体着色清楚、细胞分散且染色体清楚

C. 细胞重叠、染色体着色很浅不清楚、细胞着色清楚但看不到染色体

D. 染色体着色很浅不清楚、细胞分散且染色体清楚

3. 下列有关“观察根尖分生组织细胞的有丝分裂”实验的叙述，正确的是（　　）。

A. 剪取约 5cm 根尖放入盐酸和酒精的混合液中，在室温下解离

B. 根尖染色常用的是 pH＞7 的碱性染料龙胆紫溶液或醋酸洋红液

C. 漂洗的目的是用清水洗去多余的染液，防止染色体着色过深

D. 视野中观察某时期的细胞数越少，则该时期经历的时间越短

4. 以下是某动物细胞分裂的示意图。图甲表示该动物体细胞有丝分裂过程中，不同时期细胞内染色体、染色单体和 DNA 含量的关系；图乙表示细胞分裂过程中某两个时期的图像。请分析回答：

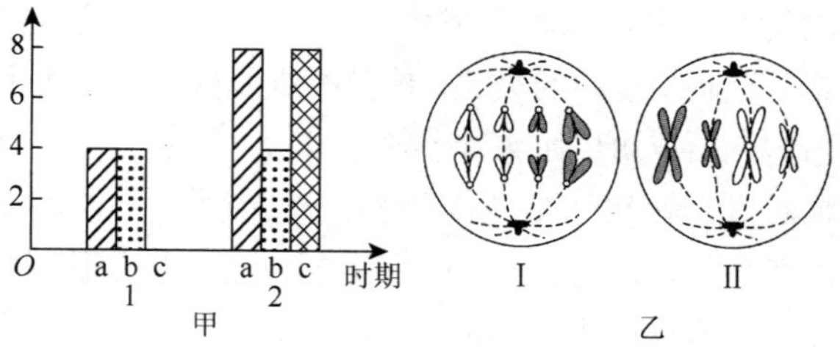

（1）图甲中 a、c 分别表示的是____、____。

（2）图乙中Ⅱ细胞对应于图甲中的____（填“1”或“2”）时期。Ⅰ细胞中染色单体数为____。Ⅱ细胞中染色体与 DNA 数之比为____。

（3）在电镜下观察处于分裂期的细胞，可见放射状星射线是由____________发出。在光学显微镜下观察，处于分裂末期的动物小肠上皮细胞，与处于末期的植物细胞相比，在形态上最主要的不同是__________________________。

（4）观察下图中根尖有丝分裂时应选择______（填下图中的字母）区细胞，该区域细胞特点是____________，③和④过程中细胞核遗传物质______（填“会”或“不会”）发生改变。

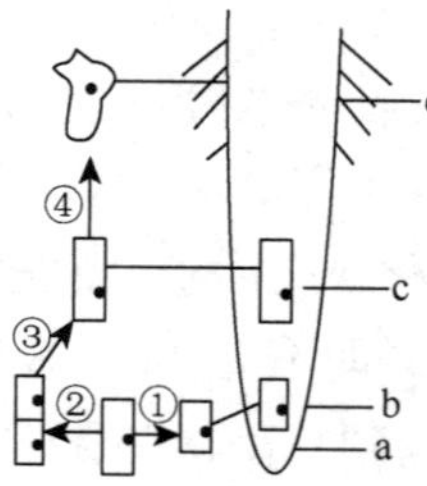

（5）在观察植物细胞有丝分裂的实验中，要将实验材料（洋葱根尖）进行染色，染色主要是让细胞内的______________染上颜色，便于观察清楚。

6.2　减数分裂和受精作用

6.2.1　减数分裂和受精作用

核 心 问 题

1. 如何区分同源染色体与非同源染色体？

答：减数分裂过程中配对的两条染色体，形状大小一般相同，一条来自父方，一条来自母方，叫作同源染色体。形状、大小不相同，且在减数分裂过程中不进行配对的染色体，叫作非同源染色体。

【点拨】 XY 或 ZW 性染色体形状大小不同，但属于同源染色体。姐妹染色单体分开后形成的子染色体形状大小相同，但不是同源染色体。

2. 如何确定细胞中四分体的数量？

答：联会的同源染色体有 4 条染色单体，所以叫四分体。右图中，DNA 复制之前，没有染色单体，所以没有四分体。DNA 复制后，联会的 AB 和 CD 构成 2 个四分体。若 AB 同源染色体分开，不再联会，四分体数为 0。

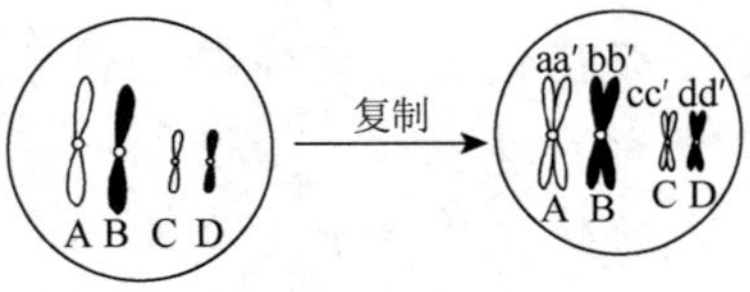

3. 如何看待真核生物的减数分裂？

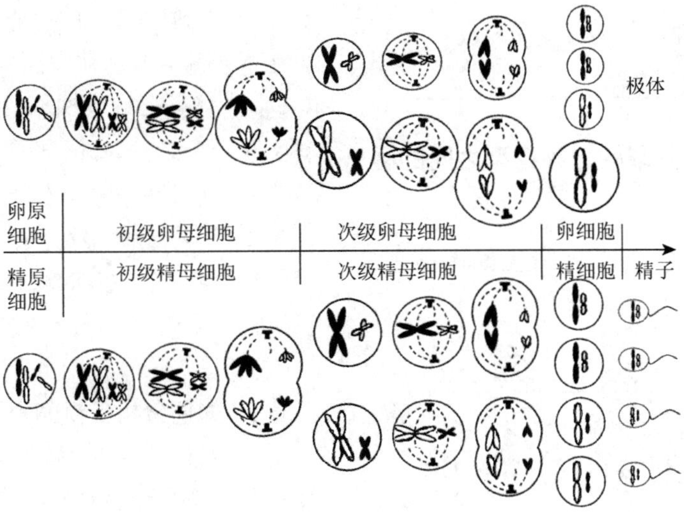

【点拨】 减数分裂主要看染色体的行为、数目与位置：减Ⅰ分同源，减Ⅱ分姐妹。

减数第一次分裂：有同源染色体特殊行为（联会、交叉互换、整齐排列在赤道板上、分离）。

减数第二次分裂：与有丝分裂类似，但无同源染色体。

4. 如何看待卵细胞和精子的形成过程的区别？

项目	精子的形成	卵细胞的形成
产生部位	动物睾丸或精巢	动物卵巢
原始生殖细胞	精原细胞	卵原细胞
细胞质是否出现不均等分配	否	是
是否变形	是	否
结果	产生4个精子	产生1个卵细胞（3个极体消失）

【点拨】精细胞变形为精子的过程中，大部分细胞质及多数细胞器被丢弃，部分细胞质变成精子的颈部和尾部，全部线粒体被保留下来，并集中在尾的基部。因为精子要靠尾部摆动游到卵细胞所在位置，才能与卵细胞结合，而这一过程需要有氧呼吸提供大量的能量。精子的头部几乎只保留了细胞核，为受精卵提供一半来自父方的核遗传物质，在胚胎发育早期，细胞分裂活动旺盛，却不从外界摄取营养物质，是因为卵母细胞在减数分裂过程两次不均等分裂，形成了较大卵细胞，储存了丰富的营养物质。

5. 如何看待减数分裂的三种模型之间的区别与联系？

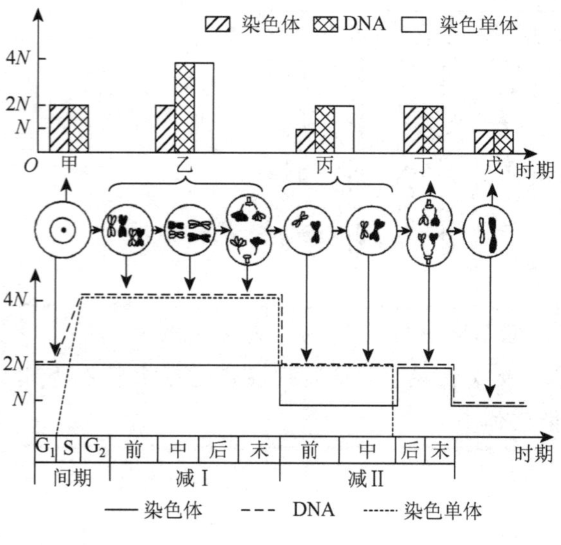

【点拨】细胞图最直观，属于物理模型，曲线图是在细胞图的基础上，根据数量变化而构建的数学模型，通过某一指标（DNA、染色体、染色单体）的连续变化，反映减数分裂过程。柱状图是在曲线图的基础上，进一步构建出的数学模型，反映某个时刻或者某段时期，几个指标之间的数量之比。

6. 如何看待减数分裂过程中每条染色体上的DNA分子数？

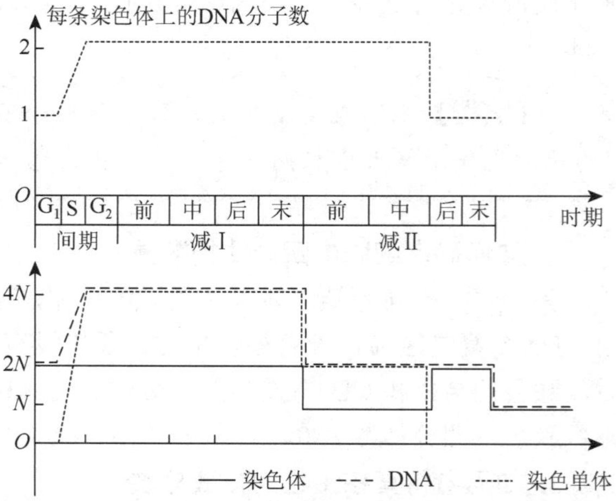

【点拨】每条染色体上的DNA分子数，只是强调一条染色体的行为变化，无法反映细胞的分裂情况。所以当发生减数第一次细胞分裂时，染色体数、核DNA数减半，但着丝粒未分裂，每条染色体上的DNA分子数依然是2。当减数第二次分裂后期，着丝粒分裂时，每条染色体上的DNA分子数由2变为1时，细胞中染色体数也同步发生变化。

7. 如何分析受精卵中染色体、DNA的来源？

答：受精卵中的染色体，其中有一半来自精子（父方），另一半来自卵细胞（母方）。

受精卵的DNA=核DNA（1/2父方+1/2母方）+质DNA（几乎全部来自母方）。

【点拨】受精卵中DNA（遗传物质）：母方＞父方；受精卵中的核DNA（染色体）数：母方=父方。

典 例 精 讲

【典例 1】 下列关于同源染色体与四分体的叙述正确的是（　　）。

A. 两条染色体复制后形成一个四分体

B. 一对同源染色体就是一个四分体

C. 同源染色体联会后形成四分体

D. X 染色体和 Y 染色体不是同源染色体

【解析】 答案 C。减数第一次分裂前期同源染色体联会后形成四分体，C 正确；一般来说，同一细胞中 X 染色体和 Y 染色体是同源染色体，D 错误。

【典例 2】 图 1 为某细胞减数第一次分裂后期图，请在图 2 中选出该细胞处于减数第二次分裂中期的图像（　　）。

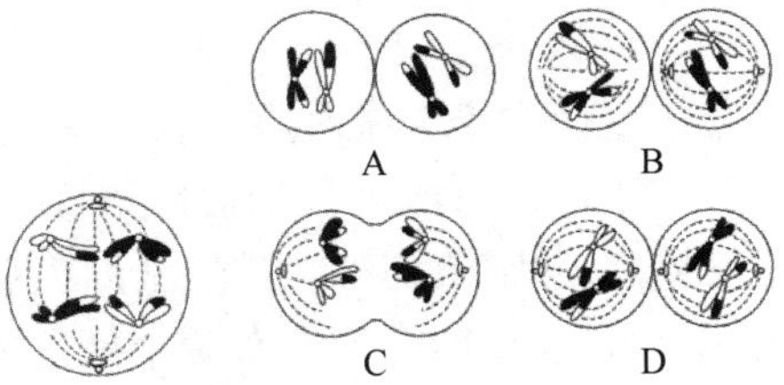

图1　　图2

【解析】 答案 B。根据图 1 可知，同源染色体内发生了交叉互换；减数第二次分裂中期细胞内没有同源染色体，染色体着丝粒排列在赤道板上，故 A 和 C 错误；减数第二次分裂中期两细胞是由同源染色体分离形成的，故两细胞内的染色体“互补”，则 D 错误。

> **【点拨】** 减数分裂过程中，有 4 种细胞的形态比较特殊，能直接判断其名称和所处时期。

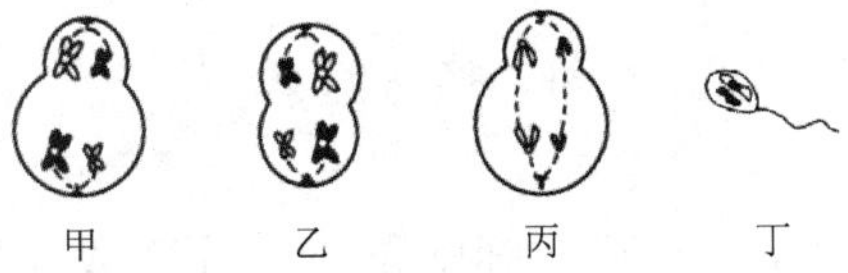

甲：细胞处于减数第一次分裂的后期，名称为初级卵母细胞。

乙：细胞处于减数第一次分裂的后期，名称为初级精母细胞。

丙：细胞处于减数第二次分裂的后期，名称为次级卵母细胞。

丁：精子。

【典例 3】 请绘出减数分裂过程中细胞中染色体数、核 DNA 数、染色单体数、同源染色体对数的变化曲线图。

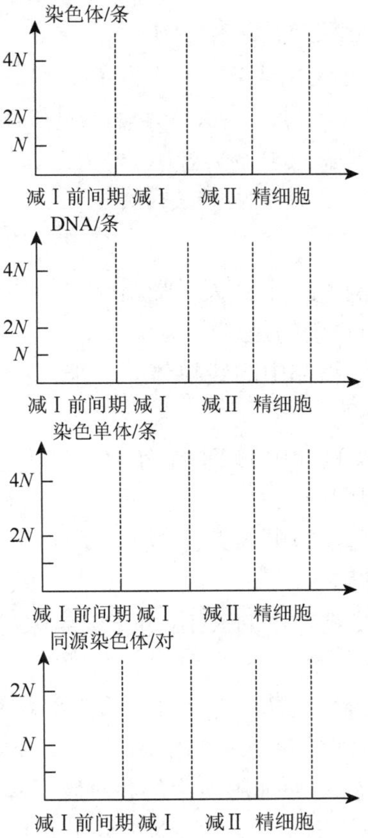

【答案】

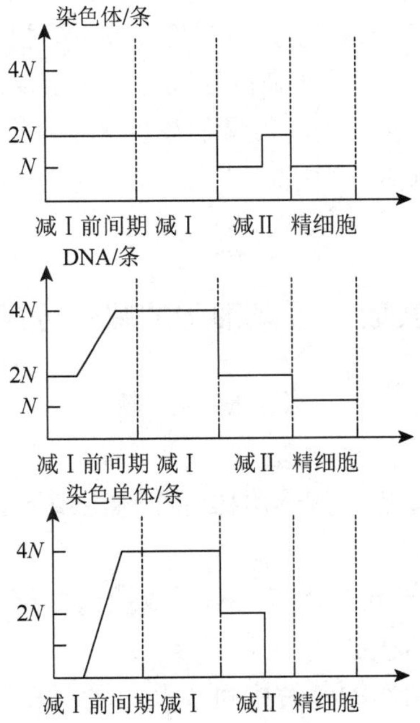

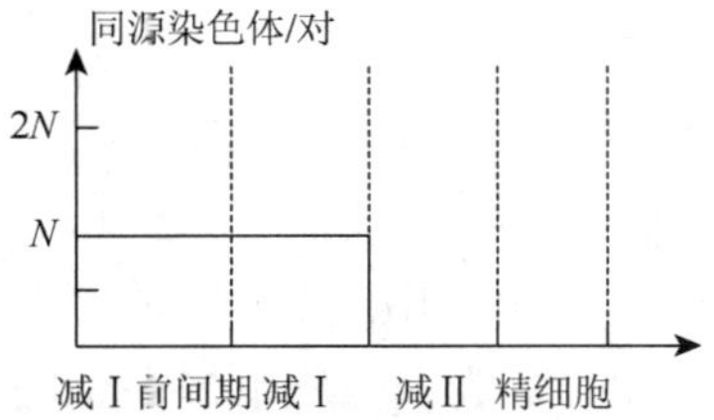

【点拨】曲线图应特别注意转折点。不同曲线图之间也有内在联系，重点抓住染色体的数量变化这条主线，比如根据染色体数目和染色体形态可以直接转换到姐妹染色单体。染色体数目 N，$2N$，$4N$。“N”前面的数值可以转换为染色体组数。

【典例 4】 下列关于受精卵中的物质或结构的叙述，正确的是（　　）。

A. 受精卵中的线粒体一半来自精子，一半来自卵细胞

B. 受精卵中的 DNA 分子一半来自精子，一半来自卵细胞

C. 受精卵中的染色体一半来自精子，一半来自卵细胞

D. 受精卵中的 RNA 分子一半来自精子，一半来自卵细胞

【解析】 答案 C。精子的头部含有很少的细胞质，故受精卵中的细胞质几乎全部来源于卵细胞，受精卵细胞质中的各种物质和结构（包括线粒体等细胞器以及 RNA 分子）几乎全部来源于卵细胞，A、D 错误。受精卵中的细胞核 DNA 一半来自精子，一半来自卵细胞，而细胞质 DNA 几乎全部来自卵细胞，B 错误；精子和卵细胞中含有相同数量的染色体，因此，受精卵中的染色体一半来自精子，另一半来自卵细胞，C 正确。

6.2.2　实验：观察细胞的减数分裂

核 心 问 题

1. 本实验宜选用雄性个体生殖器官，其原因是什么？

答：雄性个体产生精子数量远多于雌性个体产生卵细胞数。

2. 制作的装片中可以观察到细胞内染色体数目有哪些？

答：可以观察到的染色体数为 n、$2n$、$4n$ 等不同的细胞分裂图像。因为精巢内精原细胞既进行有丝分裂，又进行减数分裂。

3. 如何根据图像判断该细胞处于哪个时期？

答：根据减数分裂不同阶段的染色体的形态、位置和数目进行判断。

典 例 精 讲

【典例 1】 下图①～⑤是用某种方法在显微镜（不用染色）下拍到的二倍体百合（$2n$=24）某个细胞的减数分裂不同时期的图像。相关叙述不正确的是（　　）。

①　②　③　④　⑤

A. 图中细胞分裂顺序为①→③→②→⑤→④

B. 图①细胞内 DNA 和染色体数目加倍

C. 图②③细胞中均可能发生基因重组

D. 图②③⑤细胞中均含有两个染色体组

【解析】 答案 B。根据染色体的行为可判断，①～⑤分别为减数第一次分裂前的间期、减Ⅰ后期、减Ⅰ前期、减Ⅱ末期、减Ⅱ后期，其顺序是①→③→②→⑤→④，A 正确；图①为减数第一次分裂前的间期，此时细胞中进行染色体的复制，DNA 数目加倍，但染色体数目保持不变，B 错误；基因重组有两种类型，一种是自由组合型，发生在减Ⅰ后期，如图②，另一种是交叉互换型，发生在减Ⅰ前期，如图③，C 正确；图②③⑤细胞中所含染色体数目均与体细胞相同，都含有两个染色体组，D 正确。

针 对 训 练

1. 人体内某一细胞正在进行减数分裂，其内有 44 条常染色体与 2 条 X 染色体，此细胞不可能是（染色体组成：男性为 44 常+XY，女性为 44 常+XX）（　　）。

①初级精母细胞　②次级精母细胞

③初级卵母细胞　④卵细胞

A. ①④　B. ①③　C. ①②　D. ①②③

2. 如图表示哺乳动物精子的形成过程中一个细胞内核 DNA 分子含量的变化。下列各项中对本图的解释完全正确的是（　　）。

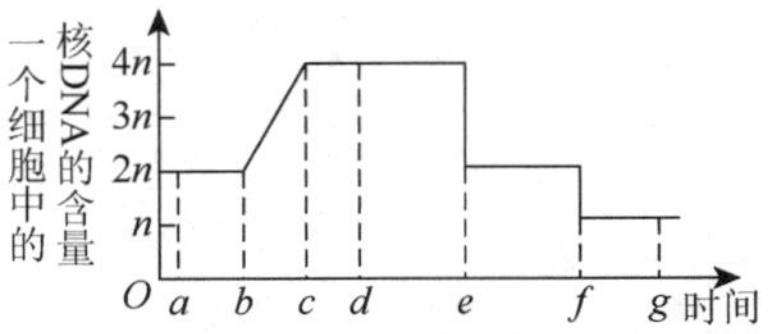

A. 同源染色体的联会发生在 d～e 的初期

B. e 点染色体数目为 n，f 点染色体数目又出现短时间的加倍

C. e 点等位基因分离，f 点染色体的着丝粒分裂

D. a～c 是间期，c～f 是分裂期，f～g 是精细胞变形阶段

3. 图中甲、乙、丙、丁分别表示某哺乳动物细胞（2n）进行减数分裂的不同时期，其中 a 表示细胞数目，则 b、c、d 依次代表（　　）。

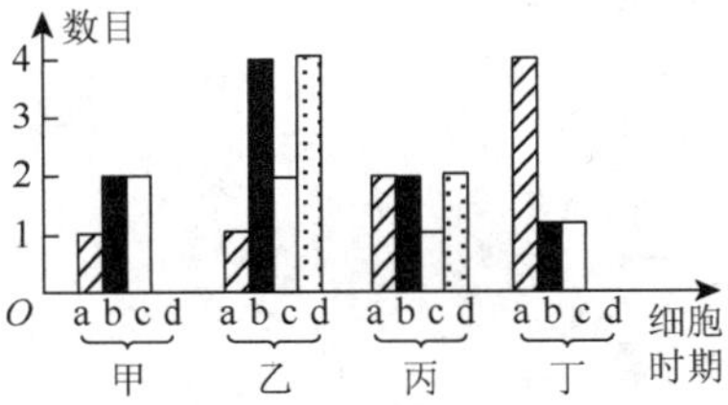

A. DNA 分子数、染色体数、染色单体数

B. 染色体数、DNA 分子数、染色单体数

C. DNA 分子数、染色单体数、染色体数

D. 染色单体数、染色体数、DNA 分子数

4.（2014 安徽）某种植物细胞减数分裂过程中几个特定时期的显微照片如下。下列叙述正确的是（　　）。

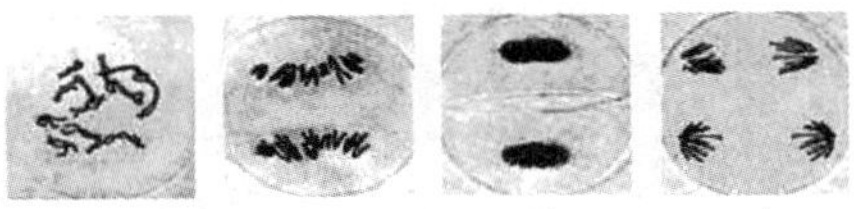

甲　　乙　　丙　　丁

A. 图甲中，细胞的同源染色体之间发生了基因重组

B. 图乙中，移向细胞两极的染色体组成相同

C. 图丙中，染色体的复制正在进行，着丝粒尚未分裂

D. 图丁中，细胞的同源染色体分离，染色体数目减半

5. 下列由某二倍体（2n）的精子和卵细胞结合成受精卵的过程中，正确的是（　　）。

①受精卵中的遗传物质主要来自染色体

②受精卵中的细胞质主要来自卵细胞

③受精时精子全部进入卵细胞内

④精子和卵细胞的染色体合在一起成为 4n 条

⑤受精卵中的染色体一半来自父方，一半来自母方

A. ①②⑤　　B. ③④⑤

C. ①③④　　D. ②③④

6. 若细胞分裂过程中一条染色体上 DNA 含量的变化情况如图所示。下列有关该图叙述不正确的是（　　）。

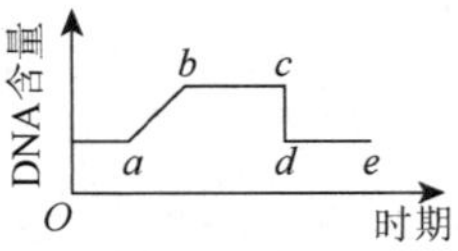

A. $a \to b$ 可表示 DNA 复制

B. $b \to c$ 可表示有丝分裂前期和中期

C. $c \to d$ 可表示染色体的着丝粒分裂

D. $d \to e$ 可表示减数第二次分裂全过程

7. 如某动物细胞中核 DNA 含量为 2 个单位（m）。如图分别为一个雌性动物生殖细胞减数分裂核 DNA 含量变化的曲线图和细胞示意图。请据图回答下列问题：

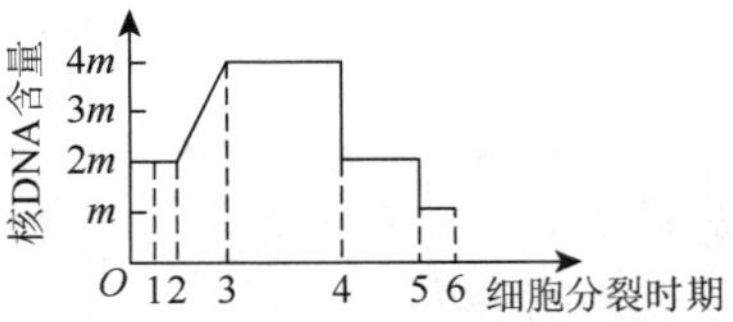

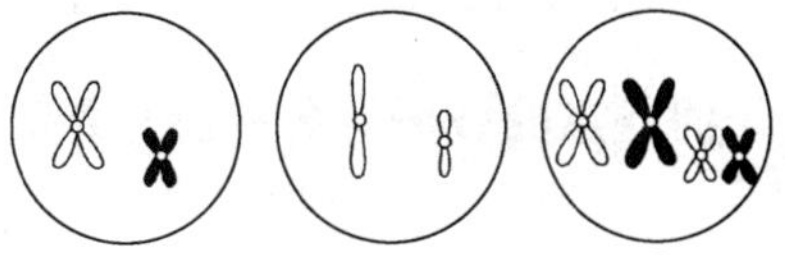

A　　B　　C

（1）细胞 A 是________细胞，与之相对应的曲线线段是________（以横轴上的数字区间表示）。

（2）细胞 B 有染色体组________个，与之相对应的曲线线段是________。

（3）细胞 C 中有 DNA________个单位，C 细胞最终能形成________个成熟生殖细胞。

（4）在曲线为 4 时，DNA 含量变化是由于________的结果，减数第二次分裂时________分离，分别进入两个子细胞。

6.2.3　减数分裂和有丝分裂的综合

核心问题

1. 如何通过细胞图区分有丝分裂和减数分裂？

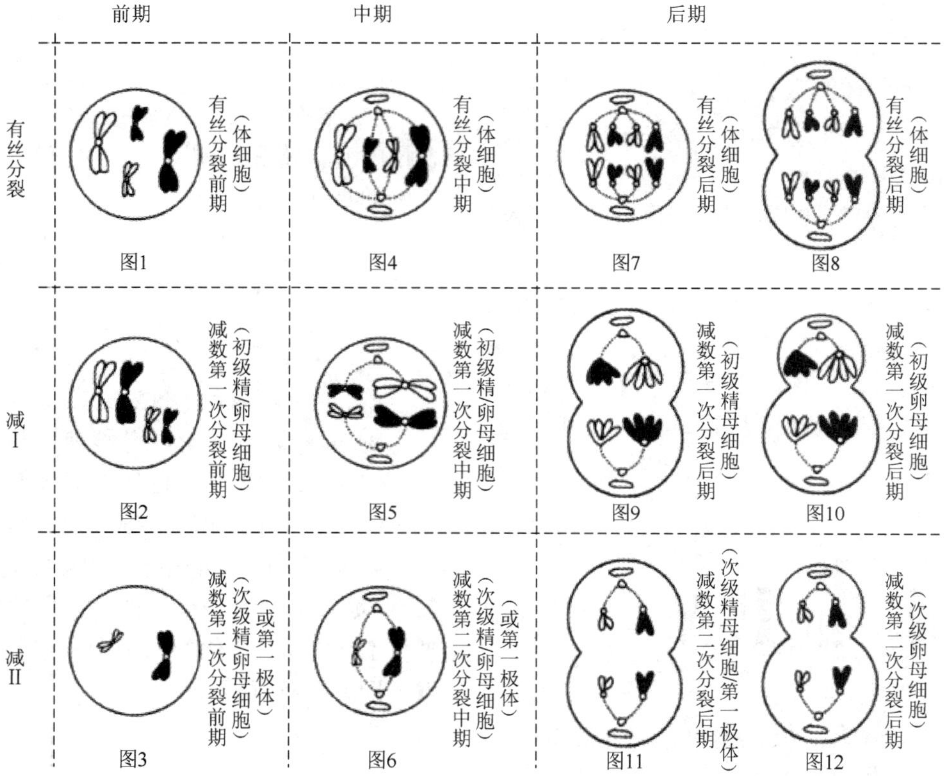

【点拨】 有丝分裂整个过程都有同源染色体，但无同源染色体特殊行为。减数第一次分裂有同源染色体特殊行为，减数第二次分裂无同源染色体，与有丝分裂类似。

2. 如何通过曲线图区分有丝分裂和减数分裂？

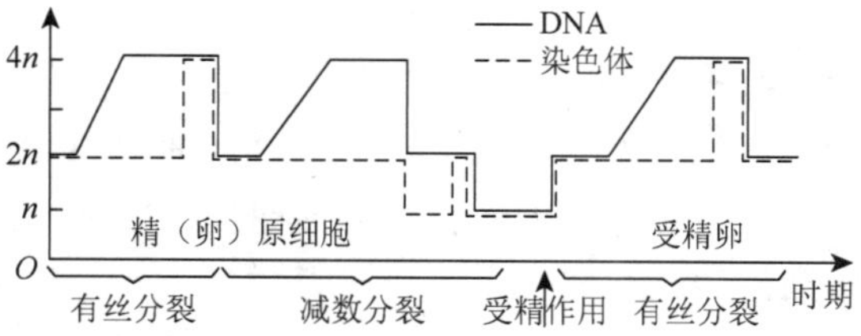

【点拨】 上面的曲线图，分成了三段，第一段是精（卵）原细胞通过有丝分裂维持 DNA 和染色体数量的稳定，第二段为减数分裂形成配子，染色体和 DNA 数均减半，之后再发生受精作用恢复正常的染色体数和 DNA 分子数，第三段为受精卵的有丝分裂。特别注意每一段的“首尾”和“染色体数”，首尾是否减半。染色体数是 n、$2n$，还是 $2n$、$4n$。

3. 如何通过柱状图区分有丝分裂和减数分裂？

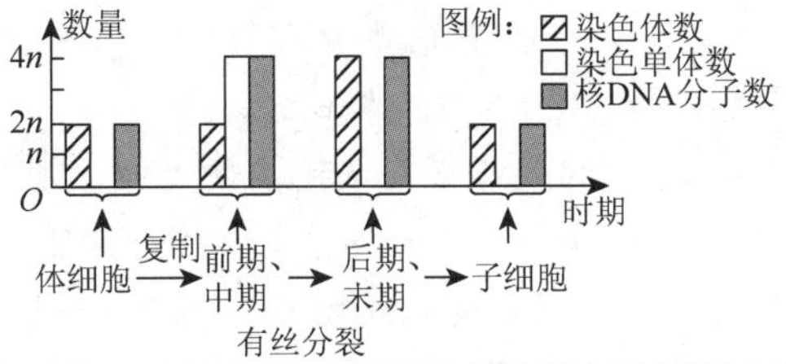

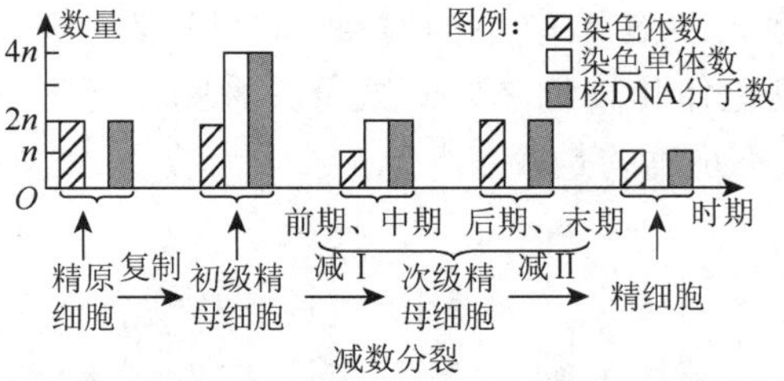

【点拨】 判断柱状图的方法，先看染色体数量，再看姐妹染色单体有无。特别注意染色体数为 4*n* 或 *n* 时，比较特殊：对于二倍体生物来说，4*n* 为有丝分裂特有，*n* 为减数分裂特有。有丝分裂和减数分裂都会出现 2*n* 的情况，若要进一步判断，则看姐妹染色单体的有无。

典 例 精 讲

【典例 1】（2018 全国卷Ⅲ）关于某二倍体哺乳动物细胞有丝分裂和减数分裂的叙述，错误的是（　　）。

A. 有丝分裂后期与减数第二次分裂后期都发生染色单体分离

B. 有丝分裂中期和减数第一次分裂中期都发生同源染色体联会

C. 一次有丝分裂与一次减数分裂过程中染色体的复制次数相同

D. 有丝分裂中期和减数第二次分裂中期染色体都排列在赤道板上

【解析】 答案 B。染色单体分离发生在有丝分裂后期和减数第二次分裂后期，A 正确；同源染色体联会发生在减数第一次分裂前期，有丝分裂过程中不发生同源染色体联会，B 错误；有丝分裂过程中，染色体复制一次，细胞分裂一次，形成的子细胞的染色体数目与亲代细胞一致；减数分裂过程中染色体复制一次，细胞分裂两次，形成的子细胞的染色体数目是亲代细胞的一半，C 正确；哺乳动物细胞处于有丝分裂中期和减数第二次分裂中期时，染色体的形态稳定、数目清晰，排列在赤道板上，D 正确。

【典例 2】 如图①～⑥为细胞分裂模式图。其中能正确表示同种生物减数分裂过程顺序的是（　　）。

A. ②⑤④①　　　B. ⑤③①⑥

C. ⑤①④⑥　　　D. ①③②⑥

【解析】 答案 B。分析题图可知，①处于减数第二次分裂前期，②处于有丝分裂后期，③处于减数第一次分裂后期，④处于有丝分裂中期，⑤处于减数第一次分裂前期，⑥处于减数第二次分裂后期，由此可判断减数分裂过程的顺序是⑤③①⑥。

【典例 3】 图示细胞分裂和受精作用过程中核 DNA 含量和染色体数目的变化，据图分析可得出（　　）。

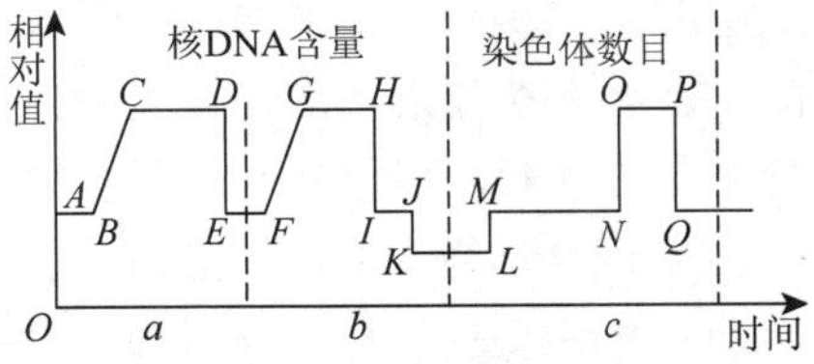

①*a* 阶段为有丝分裂、*b* 阶段为减数分裂

②$L \to M$ 所示过程与细胞膜的流动性有关

③*GH* 段和 *OP* 段，细胞中含有的染色体数相等

④*MN* 段发生了核 DNA 含量的加倍

A. ①②④　　　B. ①②③

C. ①③　　　D. ②④

【解析】 答案 A。图中 *a* 阶段是有丝分裂过程，*b* 阶段是减数分裂过程，①正确；$L \to M$ 是受精作用过程，在受精过程中，精子与卵细胞的结合与细胞膜的流动性有关，②正确；*OP* 段是有丝分裂的后期，由于着丝粒分裂，染色体数目加倍，是 *GH* 段染色体数目的 2 倍，③错误；*c* 阶段是有丝分裂过程，*MN* 段是有丝分裂的间期、前期、中期，核 DNA 含量加倍，④正确。

【典例 4】 如图为某动物（体细胞染色体为 $2n$）细胞分裂过程中不同时期每个细胞中核 DNA、染色体和染色单体的数量关系图。下列有关说法不正确的是（　　）。

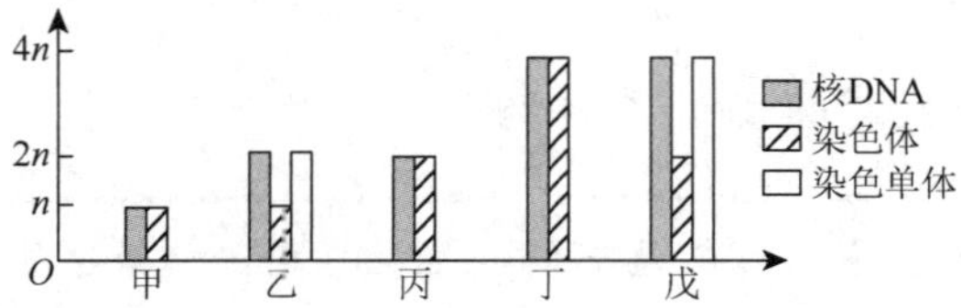

A. 乙→丙和戊→丁所发生的主要变化均为着丝粒分裂

B. 丙可以表示减数第二次分裂后期，甲只能代表精子或卵细胞

C. 基因重组可发生在戊时期，基因突变主要发生在丙→戊过程中

D. 处于丁和戊时期的细胞一定存在同源染色体

【解析】 答案 B。乙→丙表示减数第二次分裂后期，戊→丁表示有丝分裂后期，它们所发生的主要变化均为着丝粒分裂，染色单体分开，染色体数目加倍，A 正确；丙可以代表体细胞或减数第二次分裂后期、末期的细胞，甲可以代表精子或卵细胞或第二极体，B 错误；戊可以表示有丝分裂前、中期或减数第一次分裂过程，基因重组可以发生在戊时期，基因突变主要发生在丙→戊过程中，即细胞分裂间期，C 正确；丁表示有丝分裂后期，戊可以表示有丝分裂前、中期或减数第一次分裂过程，所以处于丁和戊时期的细胞一定存在同源染色体，D 正确。

【点拨】 判断柱状图的方法，先确定染色体数量，再看姐妹染色单体有无。特别注意染色体数为 $4n$ 或 n 时，比较特殊。

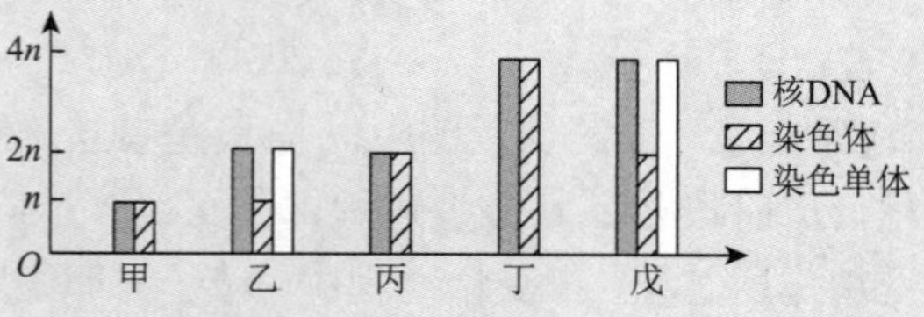

（1）丁：染色体数为 $4n$，无姐妹染色单体→有丝（后末），体细胞。

（2）甲：染色体数为 n，无姐妹染色单体→减II结束，精细胞、精子、卵细胞。

（3）乙：染色体数为 n，有姐妹染色单体→减II（前中），次级精（卵）母细胞、极体。

（4）丙：染色体数为 $2n$，无姐妹染色单体→有丝（G_1 期），体细胞。
→减I前的间期（G_1 期），精（卵）原细胞。
→减II（后末），次级精（卵）母细胞、极体。

（5）戊：染色体数为 $2n$，有姐妹染色单体→有丝（G_2 期、前、中），体细胞。
→减I前的间期（G_2 期）、减I，初级精（卵）母细胞。

（6）如何选取以上不同时刻的柱状图来表示有丝分裂和减数分裂？

有丝分裂：丙→戊→丁→丙。减数分裂：丙→戊→乙→丙→甲。

【典例 5】 如图所示为人体内的细胞在分裂过程中每条染色体上 DNA 含量的变化曲线。下列有关叙述中，正确的是（　　）。

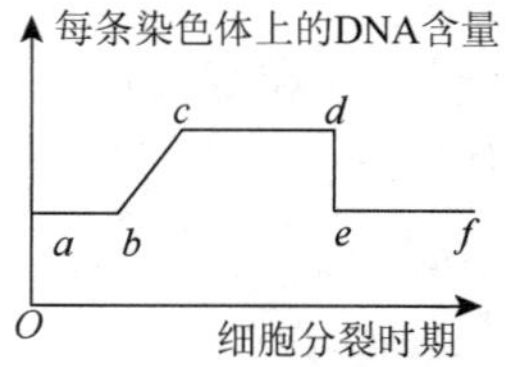

A. 该图若对应减数分裂，则同源染色体分离和非同源染色体自由组合都发生在 cd 段某时期

B. 该图若对应减数分裂，则 cd 时期的细胞都含有 23 对同源染色体

C. 该图若对应有丝分裂，则赤道板和纺锤体都出现在 bc 段对应的时期

D. 该图若对应有丝分裂，则 ef 时期的细胞都含有染色单体

【解析】 答案 A。因纵坐标为每条染色体上的 DNA 含量，所以 de 段表示着丝粒分裂。若该图表示减数分裂，则图中 cd 时期包含减数第一次分裂以及减数第二次分裂的前、中期等，同源染色体的分离和非同源染色体自由组合都发生在减数第一次分裂后期，减数第二次分裂的前、中期的细胞不含同源染色体，A 正确、B 错误；该图若对应有丝分裂，图中 bc 时期表示间期 DNA 复制的时期，赤道板不是客观存在的结构，纺锤体应在前期出现，C 错误；该图若对应

有丝分裂，图中 *ef* 时期表示有丝分裂后期和末期，不存在染色单体，D 错误。

针 对 训 练

1. 细胞分裂的方式中，有丝分裂和减数分裂过程中共有的特点是（　　）。

①DNA 复制　　　　②纺锤体出现

③联会　　　　　　④着丝粒分裂

A. ①③　B. ②③④　C. ①④　D. ①②④

2. 下列各图所示细胞均来自同一生物体，有关叙述正确的是（　　）。

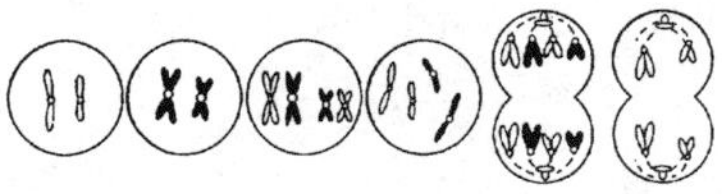

①　②　③　④　⑤　⑥

A. 属于有丝分裂过程的图是③④⑤

B. 细胞①的形成过程：④→③→⑤→②→⑥→①

C. 图①和图②可能来自同一个初级精母细胞

D. 图③④⑤⑥中都具有同源染色体

3. 下图表示细胞分裂和受精作用过程中核 DNA 含量和染色体数目的变化，据图分析不正确的是（　　）。

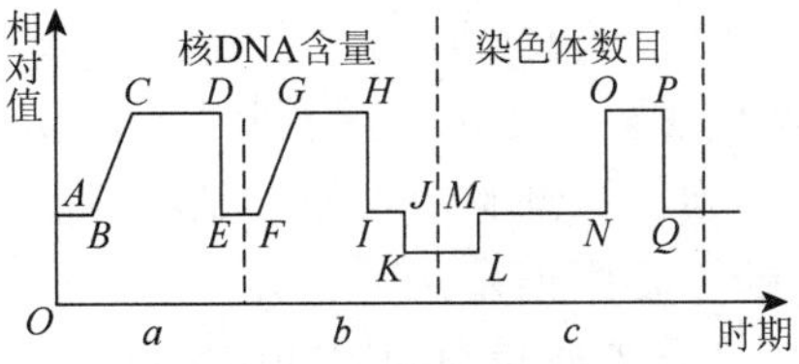

A. *a* 阶段为有丝分裂、*b* 阶段为减数分裂

B. *L*→*M* 所示过程与细胞膜的流动性有关

C. *GH* 段和 *OP* 段，细胞中含有的染色体数是相等的

D. *MN* 段发生了核 DNA 含量的加倍

4. 下图表示的是某二倍体生物细胞有丝分裂或减数分裂过程中 DNA 含量的变化。下列说法正确的是（　　）。

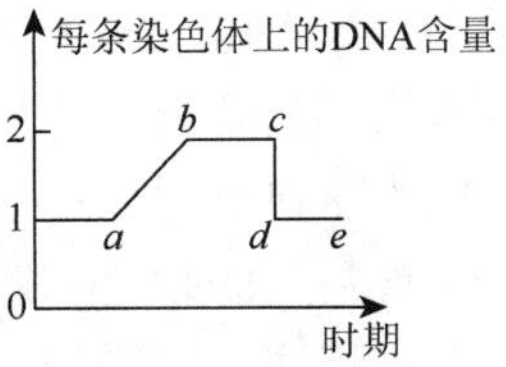

图甲

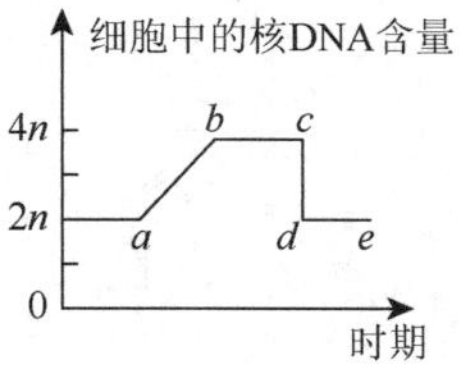

图乙

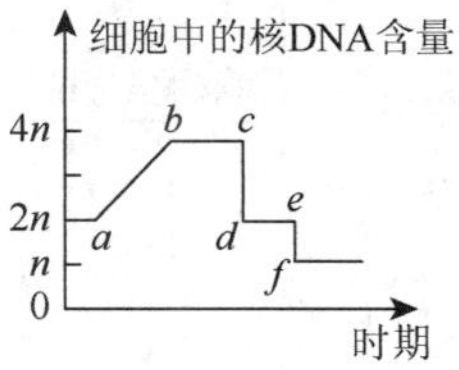

图丙

A. 若图甲和图乙表示相同的分裂过程，则两曲线的 *bc* 段持续时间相同

B. 若图甲和图丙表示相同的分裂过程，则图甲的 *cd* 段发生在丙的 *de* 段中

C. 图乙的 *bc* 段染色体数目不变，图乙和图丙的 *bc* 段都存在同源染色体

D. 图甲的 *cd* 段、图乙的 *cd* 段、图丙 *cd* 段和 *ef* 段都标志着子细胞的形成

5. 下图分别表示某二倍体动物（$2n=4$）体内细胞正常分裂过程中不同时期细胞内染色体、染色单体和核 DNA 含量的关系（图 1）及细胞分裂图像（图 2），请回答：

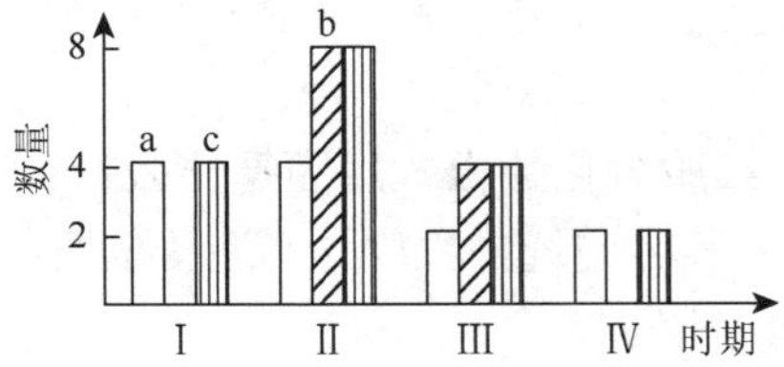

图1

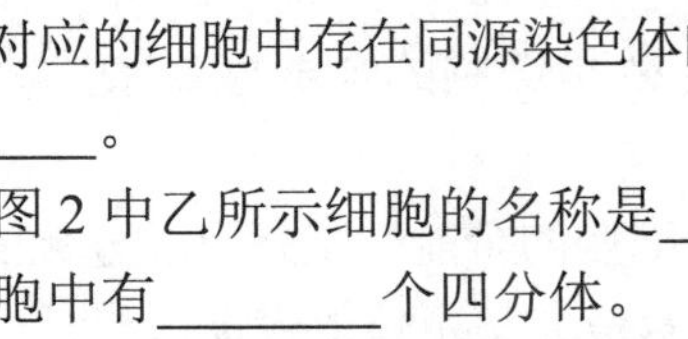

甲　　乙　　丙

图2

（1）图 1 中 a、b、c 表示 DNA 的是______，图 1 中所对应的细胞中存在同源染色体的是________________。

（2）图 2 中乙所示细胞的名称是________，此时该细胞中有________个四分体。

（3）图 1 中Ⅱ的数量关系对应于图 2 中________________；孟德尔的遗传定律发生在图 2 中____________所表示的分裂时期。

（4）若该动物为雄性，则可能不含 Y 染色体的时期是图 1 中的__________。

6. 以下为某种动物细胞分裂过程中的坐标图、细胞图及柱形图。请据图回答下列问题：

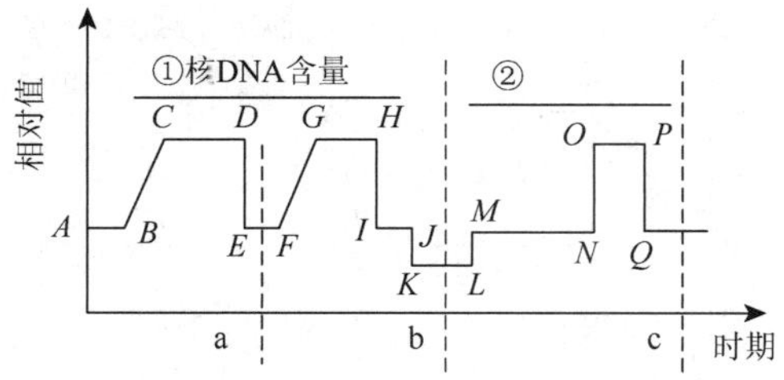

图甲

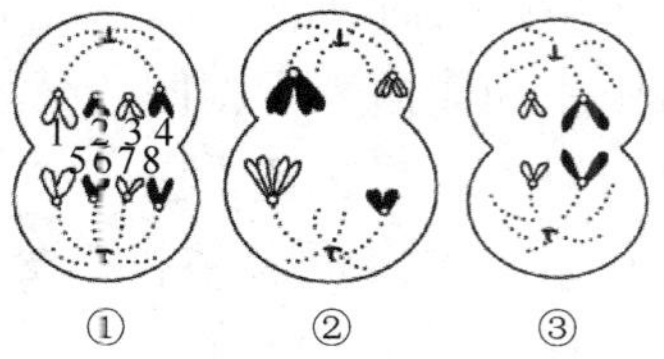

图乙

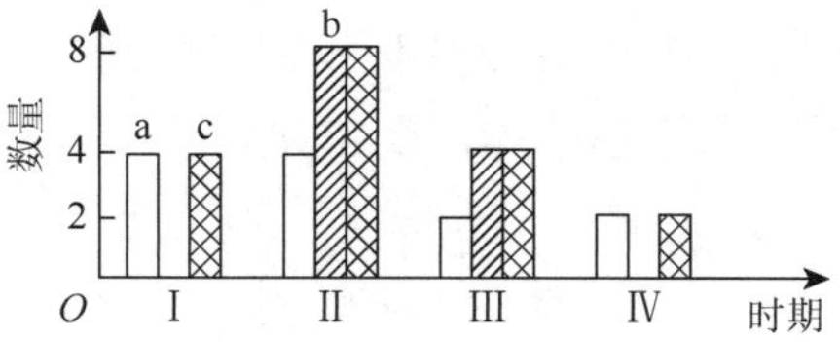

图丙

（1）图甲中横线上的②为________数目变化；图甲中发生了________次 DNA 复制。

（2）图乙中细胞②分裂形成的子细胞③的名称是______。

（3）图丙中由时期Ⅱ到时期Ⅲ，可发生在图乙____→____（填序号）过程中。由时期Ⅲ到时期Ⅰ，是因为图乙③______________中发生，发生在图甲中______（填序号）段内。

6.3　细胞分化与全能性

核心问题

1. 细胞分化的根本原因是什么？

答：基因的选择性表达（遗传信息相同，但执行情况不同）。

【点拨】 管家基因是所有细胞均表达的一类基因，其表达产物是维持细胞基本生命活动所必需的，如呼吸酶基因、ATP 水解酶基因。奢侈基因是不同类型细胞特异性表达的一类基因，其产物赋予不同细胞特异性的生理功能，如血红蛋白基因、胰岛素基因。所以细胞分化实际上是奢侈基因在选择性表达。

2. 什么是细胞的全能性？细胞为什么具有全能性？

答：细胞的全能性是指已经分化的细胞，仍然具有发育成完整个体的潜能。当然，那些没有分化的细胞，如受精卵、动物和人体的早期胚胎细胞、植物体的分生组织细胞也具有全能性。细胞具有全能性是因为细胞含本物种的全套遗传物质，即含有发育成完整个体所必需的全部基因。

3. 全能性大小如何比较？

答：分化程度越高，分裂能力越弱，全能性越低。

【点拨】 全能性也会因为物种、分化程度、分裂能力的区别而表现出差异。（1）物种不同：植物细胞＞动物细胞。（2）分化程度不同：受精卵＞生殖细胞＞体细胞。（3）分裂能力不同：分裂能力强＞分裂能力弱。

典例精讲

【典例1】（2014 全国卷Ⅱ）同一动物个体的神经细胞与肌细胞在功能上是不同的，造成这种差异的主要原因是（　　）。

A. 二者所处的细胞周期不同

B. 二者合成的特定蛋白不同

C. 二者所含有的基因组不同

D. 二者核 DNA 的复制方式不同

【解析】 答案 B。神经细胞与肌细胞都是高度分化的细胞，不再分裂，只有连续分裂的细胞才具有细胞周期，因此二者都不具有细胞周期，A 错误；同一动物个体的神经细胞与肌细胞在功能上不同，源于基因的选择性表达，二者合成的特定蛋白不同，B 正确；同一动物个体的不同细胞都来自受精卵的分裂和分化，所含的基因组相同，C 错误；两种细胞不再分裂，其核 DNA 也不再复制，即使复制，DNA 的复制方式也都是半保留复制，方式相同，D 错误。

【典例 2】 如图表示同一个体的 5 种细胞中 5 种基因的表达情况，下列分析错误的是（　　）。

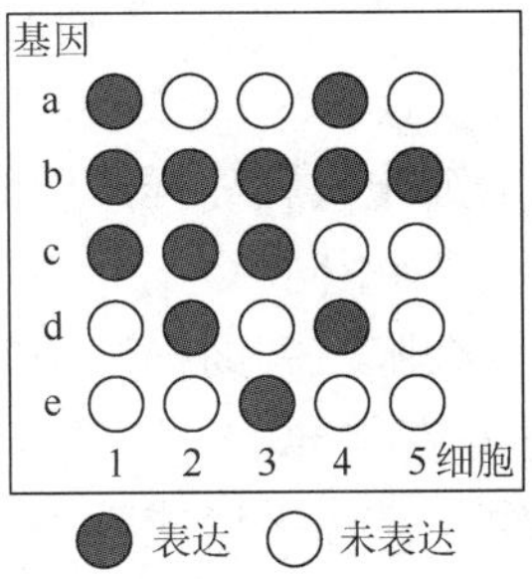

A. 此图能说明细胞分化的实质

B. 基因 b 可能控制 RNA 聚合酶的合成

C. 细胞中 mRNA 差异最大的是细胞 2 和 4

D. 一般来说，这 5 种细胞的核遗传物质相同

【解析】 答案 C。题图显示，同一个体的 5 种细胞中基因表达的情况有差异，说明基因在不同细胞中选择性表达，体现了细胞分化的实质，A 正确；5 种细胞中都有相关基因表达，基因表达的转录过程中有 RNA 聚合酶参与，说明 5 种细胞中都有 RNA 聚合酶，基因 b 在 5 种细胞中都表达了，故其可能是控制 RNA 聚合酶合成的基因，B 正确；细胞 2 和 4 中 mRNA 有 2 种不同，而 3 和 4 中 mRNA 有 4 种不同，C 错误；5 种细胞均最终来源于受精卵，故它们细胞核中的遗传物质通常相同，D 正确。

【典例 3】 下列关于植物细胞的叙述，错误的是（　　）。

A. 高度分化的成熟叶肉细胞不具备发育成完整植株的潜能

B. 植物细胞在有氧条件下的呼吸终产物与无氧条件下的不同

C. 种子胚根和胚芽中的所有细胞都是由受精卵分裂分化而来的

D. 叶肉细胞和根尖细胞在结构和功能上的差异是细胞分化的结果

【解析】 答案 A。本题考查植物细胞的分化和细胞呼吸。高度分化的成熟叶肉细胞含有完整的遗传信息，具有发育成完整植株的潜能，A 错误。植物细胞在有氧条件下的呼吸终产物为 CO_2 和 H_2O，在无氧条件下的呼吸终产物是酒精和 CO_2 或者只有乳酸，B 正确。胚根和胚芽中的所有细胞都来自受精卵的分裂和分化，C 正确。叶肉细胞和根尖细胞的形成是细胞分化的结果，D 正确。

【典例 4】 下列发生了细胞分化且能体现体细胞全能性的生物学过程是（　　）。

A. 玉米种子萌发长成新植株

B. 小鼠骨髓造血干细胞形成各种血细胞

C. 小麦花粉经离体培养发育成单倍体植株

D. 胡萝卜根韧皮部细胞经组织培养发育成新植株

【解析】 答案 D。本题考查细胞的分化和细胞的全能性，考查考生对所学知识的理解和迁移能力。A 选项中，玉米种子萌发长成新植株发生了细胞分化，但玉米种子的胚本身是一个新的个体，不能体现体细胞的全能性；B 选项中，小鼠骨髓造血干细胞形成各种血细胞，发生了细胞分化，但没有形成新的个体，不能体现体细胞的全能性；C 选项中，小麦花粉经离体培养发育成单倍体植株既发生了细胞分化，也能体现细胞的全能性，但花粉是配子，与题干中“体细胞全能性”不符；D 选项中，根韧皮部细胞是体细胞，经组织培养发育成新植株的过程既发生了细胞分化，也能体现体细胞的全能性。

【典例 5】 关于人体造血干细胞的叙述，错误的是（　　）。

A. 造血干细胞与成熟红细胞中的酶存在差异

B. 造血干细胞分化为成熟红细胞的过程是可逆的

C. 健康成年人的造血干细胞主要存在于其骨髓中

D. 造血干细胞分化形成的红细胞和白细胞寿命不同

【解析】 答案 B。造血干细胞与成熟红细胞中的酶存在差异，例如造血干细胞含有与细胞分裂相关的酶，成熟红细胞则不含有，A 正确；造血干细胞分化为成熟红细胞的过程是不可逆的，B 错误；健康成年人的造血干细胞主要储存在骨髓中，C 正确；红细胞的寿命大约为 120 天，而白细胞寿命长短不一，大部分白细胞的寿命只有几天，D 正确。

【典例 6】 在细胞的生命历程中，会出现分裂、分化等现象。下列叙述错误的是（　　）。

A. 细胞的有丝分裂对生物性状的遗传有贡献

B. 哺乳动物的造血干细胞是未经分化的细胞

C. 细胞分化是细胞内基因选择性表达的结果

D. 通过组织培养可将植物叶肉细胞培育成新的植株

【解析】 答案 B。细胞有丝分裂的重要意义是使细胞的亲代和子代之间保持遗传性状的稳定性，因此细胞有丝分裂对生物性状的遗传有贡献，A 正确；哺乳动物的造血干细胞是已经分化的多能干细胞，B 错误；细胞分化的实质是：个体发育过程中，在遗传物质的控制下合成特异性蛋白质的过程，即细胞分化是细胞内基因选择性表达的结果，C 正确；植物细胞具有全能性，借助植物组织培养技术，可将离体的植物叶肉细胞培育成新的植株，D 正确。

针 对 训 练

1. 同一物种的两类细胞各产生一种分泌蛋白，组成这两种蛋白质的各种氨基酸含量相同，但排列顺序不同。其原因是参与这两种蛋白质合成的（　　）。

A. tRNA 种类不同

B. mRNA 碱基序列不同

C. 核糖体成分不同

D. 同一密码子所决定的氨基酸不同

2. 关于细胞分化的叙述，错误的是（　　）。

A. 白细胞和红细胞都是由造血干细胞分化来的

B. 基因突变可使已分化的正常细胞变成癌细胞

C. 同一个体的小肠上皮细胞和平滑肌细胞所含基因不同

D. 同一个体茎尖分生组织细胞的分化能力比叶肉细胞的强

3. 干细胞移植现已成为治疗糖尿病的一种临床技术。自体骨髓干细胞植入胰腺组织后可分化为胰岛样细胞，以替代损伤的胰岛 B 细胞，达到治疗糖尿病的目的。下列叙述正确的是（　　）。

A. 骨髓干细胞与胰岛样细胞的基因组成不同，基因表达产物不同

B. 骨髓干细胞与胰岛样细胞的基因组成相同，基因表达存在差异

C. 胰腺组织微环境造成骨髓干细胞基因丢失，分化成为胰岛样细胞

D. 胰腺组织微环境对骨髓干细胞分化无影响，分化是由基因决定的

4.（2018 江苏）人体骨髓中存在少量属于多能干细胞的间充质干细胞（MSC），如图为 MSC 分裂、分化成多种组织细胞的示意图，下列叙述正确的是（　　）。

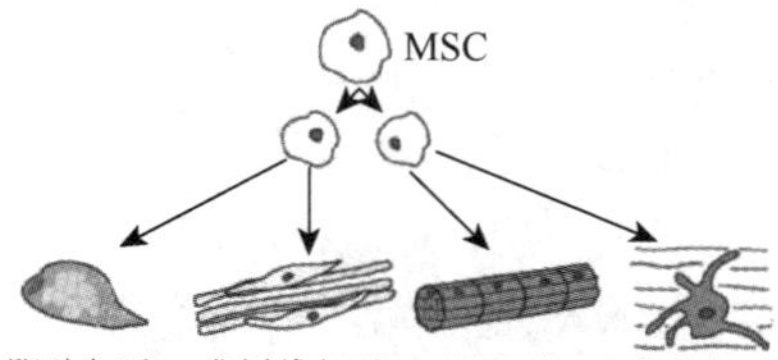

A. 组织细胞中的 DNA 和 RNA 与 MSC 中的相同

B. MSC 不断增殖分化，所以比组织细胞更易衰老

C. MSC 中的基因都不能表达时，该细胞开始凋亡

D. 不同诱导因素使 MSC 分化形成不同类型的细胞

5. 分别用 β-珠蛋白基因、卵清蛋白基因和丙酮酸激酶（与细胞呼吸相关的酶）基因的片段为探针，与鸡的成红细胞、输卵管细胞和胰岛细胞中提取的总 RNA 进行分子杂交，结果见下表（注：“+”表示阳性，“−”表示阴性）。下列叙述不正确的是（　　）。

总 RNA	探针		
	β-珠蛋白基因	卵清蛋白基因	丙酮酸激酶基因
成红细胞总 RNA	+	−	+
输卵管细胞总 RNA	−	+	+
胰岛细胞总 RNA	−	−	+

A. 在成红细胞中，β-珠蛋白基因处于活动状态，卵清蛋白基因处于关闭状态

B. 输卵管细胞的基因组 DNA 中存在卵清蛋白基因，缺少 β-珠蛋白基因

C. 丙酮酸激酶基因的表达产物对维持鸡细胞的基本生命活动很重要

D. 上述不同类型细胞的生理功能差异与基因的选择性表达有关

6.4　细胞的衰老、凋亡和癌变

核心问题

1. 衰老细胞的特征是什么？

答：①细胞内的水分减少，结果使细胞萎缩，体积变小，细胞新陈代谢的速率减慢。②细胞内多种酶的活性降低。例如，由于头发基部的黑色素细胞衰老，细胞中的酪氨酸酶活性降低，黑色素合成减少，所以老年人的头发会变白。③细胞内的色素会随着细胞衰老而逐渐积累，它们会妨碍细胞内物质的交流和传递，影响细胞正常的生理功能。④细胞内呼吸速率减慢，细胞核的体积增大，核膜内折，染色质收缩、染色加深。⑤细胞膜通透性改变，使物质运输功能减弱。

【点拨】 细胞衰老的特征都可以围绕"代谢减弱"理解。

2. 如何区分细胞凋亡和细胞坏死？

答：细胞凋亡是由基因所决定的细胞自动结束生命的过程。由于细胞凋亡受到严格的由遗传机制决定的程序性调控，所以它是一种程序性死亡。细胞坏死是在种种不利因素影响下，如极端的物理、化学因素或严重的病理性刺激的情况下，由细胞正常代谢活动受损或中断引起的细胞损伤和死亡。

3. 细胞衰老、凋亡、坏死与癌变有什么区别？

项目	实质	遗传物质
细胞衰老	内因、外因共同作用	不发生改变
细胞凋亡	受到由遗传机制决定的程序性调控	
细胞坏死	受外界不利因素影响；不受基因控制	
细胞癌变	致癌因子诱发突变（致癌因子提高癌基因和抑癌基因突变频率）	发生改变

典例精讲

【典例 1】 下列关于人体细胞的叙述，错误的是（　　）。

A. 人的正常体细胞的分裂次数是有限的

B. 自由基攻击蛋白质可以引起细胞衰老

C. 细胞中衰老的线粒体可被溶酶体分解清除

D. 衰老细胞代谢速率加快是细胞内水分减少引起的

【解析】 答案 D。本题考查细胞的增殖、衰老细胞的特点和细胞衰老的机理。人的正常体细胞的分裂次数是有限的，A 正确。自由基学说认为自由基可以攻击蛋白质，使蛋白质活性下降，从而引起细胞衰老，B 正确。溶酶体是细胞内的"消化车间"，衰老的线粒体等细胞器均能被溶酶体分解，C 正确。衰老细胞内水分减少，细胞代谢速率减慢，D 错误。

【典例 2】 端粒酶由 RNA 和蛋白质组成，该酶能结合到端粒上，以自身的 RNA 为模板合成端粒 DNA 的一条链。下列叙述正确的是（　　）。

A. 大肠杆菌拟核的 DNA 中含有端粒

B. 端粒酶中的蛋白质为 RNA 聚合酶

C. 正常人细胞的每条染色体两端都含有端粒 DNA

D. 正常体细胞的端粒 DNA 随细胞分裂次数增加而变长

【解析】 答案 C。依据端粒学说，端粒酶存在于染色体的两端，大肠杆菌无染色体，A 错误；题干中，端粒酶以自身 RNA 为模板合成端粒 DNA，判定端粒酶应该是逆转录酶而非 RNA 聚合酶，B 错误；正常细胞的端粒 DNA 序列在每次分裂后会缩短一截，D 错误。

【典例 3】（2019 全国卷Ⅰ）细胞凋亡是细胞死亡的一种类型。下列关于人体中细胞凋亡的叙述，正确的是（　　）。

A. 胎儿手的发育过程中不会发生细胞凋亡

B. 小肠上皮细胞的自然更新过程中存在细胞凋亡现象

C. 清除被病原体感染细胞的过程中不存在细胞凋亡现象

D. 细胞凋亡是基因决定的细胞死亡过程，属于细胞坏死

【解析】 答案 B。胎儿手发育的过程中，手指间隙的细胞会发生细胞凋亡，A 错误；小肠上皮细胞中衰老的细胞将会发生细胞凋亡，不断完成细胞的自然更新，B 正确；被病原体感染的细胞属于靶细胞，机体通过细胞免疫将靶细胞裂解死亡，释放抗原，属于细胞凋亡，C 错误；细胞凋亡是由基因所决定的细胞自动结束生命的过程，细胞坏死是在种种不利因素的影响下导致的细胞非正常死亡，D 错误。

【典例 4】 神经系统正常发育过程中神经细胞数量的调节机制如图所示。下列说法正确的是（　　）。

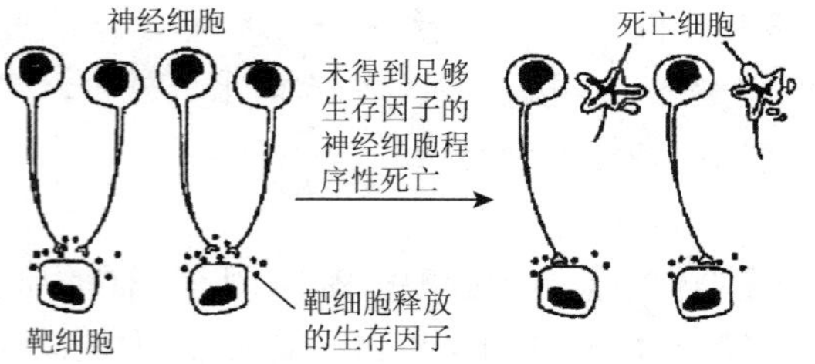

A. 细胞程序性死亡不利于神经系统正常发育

B. 生存因子影响了神经细胞的基因表达

C. 神经细胞与靶细胞间通过电信号传递信息

D. 死亡细胞被吞噬细胞清除属于细胞免疫

【解析】 答案 B。细胞程序性死亡对机体的生长发育具有积极作用，有利于神经系统的正常发育，A 错误。细胞的生存和程序性死亡是基因选择性表达的结果，由图示可知，生存因子影响了不同神经细胞的基因表达，从而导致部分神经细胞死亡，部分神经细胞生存，B 正确。由图示可知，神经细胞和靶细胞之间通过生存因子传递信息，属于体液调节的范畴，C 错误。吞噬细胞吞噬死亡细胞属于非特异性免疫，D 错误。

【典例 5】（2018 全国卷Ⅱ）在致癌因子的作用下，正常动物细胞可转变为癌细胞。有关癌细胞特点的叙述错误的是（　　）。

A. 细胞中可能发生单一基因突变，细胞间黏着性增加

B. 细胞中可能发生多个基因突变，细胞的形态发生变化

C. 细胞中的染色体可能受到损伤，细胞的增殖失去控制

D. 细胞中遗传物质可能受到损伤，细胞表面糖蛋白减少

【解析】 答案 A。正常细胞转变为癌细胞并不是单一基因突变的结果，至少在一个细胞中发生 5～6 个基因突变，才能赋予癌细胞所有的特征。癌细胞膜上的糖蛋白减少，从而使癌细胞之间的黏着性降低，A 错误；癌细胞是原癌基因和抑癌基因突变的累积效应，癌细胞的形态结构发生显著变化，例如，体外培养的呈扁平梭形的正常成纤维细胞转变为癌细胞后变成球形，B 正确；环境中的致癌因子会损伤细胞中的染色体，使正常细胞成为不受机体控制的恶性增殖细胞，C 正确；细胞癌变的内因是原癌基因和抑癌基因发生突变，即细胞中的遗传物质可能受到损伤，使细胞表面的糖蛋白减少，D 正确。

【典例 6】 研究发现，直肠癌患者体内存在癌细胞和肿瘤干细胞。用姜黄素治疗，会引起癌细胞内 BAX 等凋亡蛋白高表达，诱发癌细胞凋亡；而肿瘤干细胞因膜上具有高水平的 $ABCG_2$ 蛋白，能有效排出姜黄素，从而逃避凋亡，并增殖分化形成癌细胞。下列说法不正确的是（　　）。

A. 肿瘤干细胞和癌细胞中基因的执行情况不同

B. 肿瘤干细胞的增殖及姜黄素的排除都需要消耗 ATP

C. 编码 BAX 蛋白和 $ABCG_2$ 蛋白的基因都属于原癌基因

D. 用 ABCG 2 抑制剂与姜黄素联合治疗，可促进肿瘤干细胞凋亡

【解析】答案 C。肿瘤干细胞和癌细胞是两种不同的细胞，二者细胞中基因的执行情况不同，A 正确；细胞的增殖及姜黄素的排出都耗能，都需要消耗 ATP，B 正确；BAX 蛋白属于凋亡蛋白，$ABCG_2$ 蛋白属于载体蛋白，其编码基因都不属于原癌基因，C 错误；$ABCG_2$ 蛋白能有效排出姜黄素，逃避凋亡，故利用 $ABCG_2$ 抑制剂与姜黄素联合治疗，可促进肿瘤干细胞凋亡，D 正确。

针 对 训 练

1. 细胞衰老和凋亡对维持个体的正常生长发育及生命活动具有重要意义。下列叙述错误的是（　　）。

A. 细胞普遍衰老会导致个体衰老

B. 效应 T 细胞可诱导靶细胞发生凋亡

C. 细胞凋亡是各种不利因素引起的细胞死亡

D. 衰老细胞内染色质固缩影响 DNA 复制和转录

2. 关于细胞凋亡的叙述，错误的是（　　）。

A. 细胞凋亡受细胞自身基因的调控

B. 细胞凋亡也称为细胞编程性死亡

C. 细胞凋亡不出现在胚胎发育过程中

D. 被病原体感染的细胞可通过细胞凋亡清除

3. 下列关于细胞癌变的叙述，错误的是（　　）。

A. 癌细胞在条件适宜时可无限增殖

B. 癌变前后，细胞的形态和结构有明显差别

C. 病毒癌基因可整合到宿主基因组诱发癌变

D. 原癌基因的主要功能是阻止细胞发生异常增殖

4. 正常情况下，甲胎蛋白（AFP）主要来自胚胎的肝细胞，胎儿出生后约两周 AFP 从血液中消失，但慢性肝炎、肝硬化患者的肝细胞再生时，血液中 AFP 会升高，尤其当肝细胞发生癌变时，血液中 AFP 会持续性异常升高。下列有关说法不正确的是（　　）。

A. 可以推测当肝细胞分裂周期变短时，AFP 合成量会增加

B. 可以推测 AFP 能对细胞的分化起促进作用

C. 肝细胞中的内质网和高尔基体会参与 AFP 的加工与运输

D. 肝细胞发生癌变后因细胞膜上糖蛋白减少而容易发生扩散

5. 在培养人食管癌细胞的实验中，加入青蒿琥酯（Art），随着其浓度升高，凋亡蛋白 Q 表达量增多，癌细胞凋亡率升高。下列叙述错误的是（　　）。

A. 为初步了解 Art 对癌细胞的影响，可用显微镜观察癌细胞的形态变化

B. 在癌细胞培养液中加入用放射性同位素标记的 Art，可确定 Art 能否进入细胞

C. 为检测 Art 对凋亡蛋白 Q 表达的影响，须设置不含 Art 的对照实验

D. 用凋亡蛋白 Q 饲喂患癌小鼠，可确定该蛋白能否在动物体内诱导癌细胞凋亡

参 考 答 案

6.1　细胞的增殖

6.1.1　细胞的生长和细胞周期

1. D　2. C　3. D　4. C

5.（1）2.2　（2）M　12→24→12　（3）7.4　（4）甲　（5）动物肠上皮细胞膜凹陷，细胞缢裂；洋葱根尖细胞形成细胞板

6.1.2　有丝分裂与无丝分裂

1. A　2. A　3. D　4. C

5.（1）C、E　（2）D→A→B→C→E　便于遗传物质的平均分配　（3）在赤道板位置出现细胞板，向四周扩展形成细胞壁　（4）DNA 复制　着丝粒分裂　（5）C、E

6.1.3　实验：观察根尖分生组织细胞的有丝分裂

1. A　2. C　3. D

4.（1）DNA（含量）　染色单体　（2）2　0　1∶2　（3）中心体　动物小肠上皮细胞膜凹陷，细胞缢裂　（4）b　呈正方形，排列紧密　不会　（5）染色质或染色体

6.2　减数分裂和受精作用

6.2.2　实验：观察细胞的减数分裂

1. A　2. A　3. A　4. A　5. A　6. D

7.（1）极体或次级卵母　4～5　（2）1　5～6　（3）4　1　（4）同源染色体分离　姐妹染色单体

6.2.3　减数分裂和有丝分裂的综合

1. D　2. C　3. C　4. B

5.（1）C　Ⅰ Ⅱ（2）初级卵母细胞　0（3）乙　乙（4）Ⅰ　Ⅲ　Ⅳ

6.（1）染色体　三　（2）极体　（3）②→③（减数第二次分裂后期）着丝粒分裂　*IJ*

6.3　细胞分化与全能性

1. B　2. C　3. B　4. D　5. B

6.4　细胞的衰老、凋亡和癌变

1. C　2. C　3. D　4. B　5. D

第 7 章　遗传因子的发现

7.1　孟德尔的豌豆杂交实验 1（分离定律）

7.1.1　分离定律的发现过程

核 心 问 题

1. 豌豆作为杂交实验材料的优势有哪些？

答：

特点	优势
严格的自花传粉、闭花授粉；花朵大	a. 授粉时无外来花粉的干扰，便于形成纯种，能确保杂交结果的可靠性 b. 花朵大，便于人工去雄和授粉
成熟后籽粒都留在豆荚中	便于观察和计数
具有多个稳定、易于区分的性状	实验结果易于观察和分析
豌豆的生长期较短，产生的种子数量多	方便实验和统计

2. 人工异花传粉的过程是怎样的？

答：母本人工去雄（时间：花粉尚未成熟时）→套袋（目的：防止外来花粉的干扰）→人工授粉→套袋（目的：防止外来花粉的干扰）。

3. 你掌握了有关分离定律的相关概念吗？

答：①相对性状：一种生物的同一种性状的不同表现类型，叫作相对性状。

②显性性状：具有一对相对性状的亲本杂交，子一代中显现出来的性状叫作显性性状。

③隐性性状：具有一对相对性状的亲本杂交，子一代中未显现出来的性状叫作隐性性状。

④性状分离：在杂种后代中，同时出现显性性状和隐性性状的现象叫作性状分离。

⑤测交：测交是一种特殊形式的杂交，是杂交子一代个体（F_1）与隐性纯合子的杂交。

4. 孟德尔是如何通过假说-演绎法得出分离定律的？

答：①提出问题：孟德尔通过七对相对性状的杂交实验提出问题，为什么 F_1 只有一种性状而 F_2 却有两种性状且比例为 3∶1 呢？

②做出假说：孟德尔对分离现象进行的四个解释（略）。

③演绎推理：如果上述假说是正确的，那么 F_1 与隐性个体杂交（即测交），后代应该有两种表现型且比例为 1∶1。

④验证假说：进行测交实验，观察后代的表现型及比例。实验结果与推理结果完全一致。

⑤得出结论：孟德尔分离定律。

典 例 精 讲

【典例 1】 有些植物的花为两性花（即一朵花中既有雄蕊，也有雌蕊），有些植物的花为单性花（即一朵花中只有雄蕊或雌蕊）。下列有关植物杂交育种的说法中，正确的是（　　）。

A. 对两性花的植物进行杂交需要对父本进行去雄

B. 对单性花的植物进行杂交的基本操作程序是去雄→套袋→授粉→套袋

C. 无论是两性花植物还是单性花植物，在杂交过程中都需要套袋

D. 提供花粉的植株称为母本

【解析】 答案 C。对两性花的植物进行杂交需要对母本进行去雄，防止其自交而影响实验结果，A 错误；对单性花的植物进行杂交时，不需要进行去雄操作，B 错误；无论是两性花植物还是单性花植物在杂交过程中都需要套袋，以防止外来花粉干扰，C 正确；提供花粉的植株称为父本，D 错误。

【典例 2】 下列性状中，属于相对性状的是（　　）。

A. 番茄的圆形果实和黄色果实

B. 人的卷发与狗的卷毛

C. 果蝇的红眼与白眼

D. 豌豆的圆粒和蚕豆的皱粒

【解析】 答案 C。番茄的圆形果实和黄色果实不是同一性状，二者不是一对相对性状，A 错误；人与狗不是同种生物，故人的卷发与狗的卷毛不是一对相对性状，B 错误；果蝇的红眼与白眼是同种生物同一性状的不同表现形式，是一对相对性状，C 正确；豌豆和蚕豆不是同种生物，豌豆的圆粒和蚕豆的皱粒不是一对相对性状，D 错误。

【典例 3】 下列叙述正确的是（　　）。

A. 生物体没有显现出来的性状称为隐性性状

B. 亲本之中一定有一个表现为隐性性状

C. 若子代中出现显性性状，则亲代中必有显性性状个体

D. 在一对相对性状的遗传实验中，双亲只具有一对相对性状

【解析】 答案 C。隐性性状并非一直不能表现出来，只是在一对相对性状的杂交实验中的子一代中不能表现，A 错误；亲本的表现类型可以都是显性，可以都是隐性，也可以是一显一隐，B 错误；若子代出现显性性状，子代含有的显性基因是亲代传递下来的，则亲代至少有一方是显性性状的个体，C 正确；在一对相对性状的遗传实验中，双亲并非只具有一对相对性状，而是只研究其中的一对相对性状，D 错误。

【典例 4】 在下列遗传实例中，属于性状分离现象的是（　　）。

①高茎豌豆与矮茎豌豆杂交，后代全为高茎豌豆

②高茎豌豆与矮茎豌豆杂交，后代有高有矮，数量比接近 1∶1

③圆粒豌豆的自交后代中，圆粒豌豆与皱粒豌豆分别占 3/4 和 1/4

④一对性状表现正常的夫妇生了三个孩子，其中一个女儿是白化病患者

A. ②③④　　B. ③④

C. ②③　　D. ③

【解析】 答案 B。相同性状的双亲交配后，产生不同于亲本表现型的相对性状，这种现象叫性状分离。高茎（AA）×矮茎（aa）→高茎（Aa），不符合性状分离的概念，①错误；高茎（Aa）×矮茎（aa）→高茎（Aa）∶矮茎（aa）=1∶1，不符合性状分离的概念，②错误；圆粒（Rr）×圆粒（Rr）→圆粒（RR、Rr）∶皱粒（rr）=3∶1，符合性状分离的概念，③正确；一对性状表现正常的夫妇生了三个孩子，其中一个女儿是白化病患者，出现了不同于亲本的性状，符合性状分离的概念，④正确。

【提醒】 本题考查了对“性状分离”概念的掌握程度。若亲本和子代都是两种表现型，则不属于性状分离现象。

【典例 5】 孟德尔在豌豆杂交实验的基础上，利用“假说-演绎法”成功提出两大遗传定律。下列关于孟德尔在研究过程中的分析正确的是（　　）。

A. “亲本产生配子时，成对的等位基因发生分离”属于假说的内容

B. “杂合子自交产生 3∶1 的性状分离比”属于孟德尔提出的核心假说

C. “形成配子时，成对的遗传因子彼此分离，分别进入不同的配子中”是演绎推理过程

D. “杂合子与隐性亲本杂交后代发生 1∶1 的性状分离比”，属于演绎推理过程

【解析】 答案 D。孟德尔所在年代还没有“基因”一词，因此 A 错误。杂合子自交产生 3∶1 的性状分离比属于发现问题，不是假说，B 错误。形成配子时，成对的遗传因子彼此分离，分别进入不同的配子中属于假说内容，C 错误。杂合子与隐性亲本杂交后代发生 1∶1 的性状分离比属于演绎推理过程，D 正确。

7.1.2　分离定律的热点题型

核 心 问 题

1. 一对相对性状的杂交实验，F_2 性状分离比是 3∶1；F_1 与隐性个体测交，后代的性状分离比是 1∶1。那么有关分离定律的分离比，还有特殊情况吗？

答：会导致出现异常分离比的情况：

（1）配子致死：致死基因在配子时期发生作用，从而不能形成有活力的配子。

（2）合子致死：致死基因在胚胎时期或成体某一阶段发生作用，从而不能形成活的幼体或个体在生长过程中某一阶段死去。

（3）隐性致死：隐性基因在纯合状态下对个体有致死效应。例如植物中的白化基因（bb）使植物不能形成叶绿素，不能进行光合作用而死亡。

（4）显性致死：显性基因具有致死效应，又分为显性纯合致死和显性杂合致死。

（5）从性遗传：由常染色体上的基因控制的性状，在表现型上受个体性别影响。例如绵羊的有角和无角受性别的影响；遗传性斑秃，男性杂合子（Bb）会出现早秃，而女性杂合子（Bb）不出现早秃，女性只有纯合子（BB）才出现早秃。

（6）复等位基因：在种群中，同源染色体的相同位点上可以存在两种以上的等位基因，遗传学上把这种等位基因称为复等位基因。例如人的 ABO 血型的遗传。

（7）环境影响导致的特殊现象：由于受环境影响，导致表现型与基因型不符合。例如果蝇长翅（V）和残翅（v）的遗传受温度的影响。

2. 自交和自由交配的区别是什么？

答：（1）自交是指相同基因型个体的交配，如基因型为 AA、Aa 的群体中自交是指：AA×AA、Aa×Aa。

（2）自由交配是指群体中所有个体进行随机交配，如基因型为 AA、Aa 群体中的自由交配是指：AA×AA、Aa×Aa、AA♀×Aa♂、Aa♀×AA♂。

3. 如何验证分离定律？

（1）测交法：将杂种子一代与隐性纯合子杂交，若子二代表现型之比为 1∶1，则可验证分离定律。

（2）自交法：将杂种子一代进行自交得子二代，若子二代表现型之比为 3∶1，则可验证分离定律。

（3）花粉鉴定法：有的植物花粉中存在淀粉，而含等位基因的花粉中则没有。利用碘与花粉中淀粉反应显色的现象，来计数变蓝与不变蓝的花粉数量。若其比例为 1∶1，则可验证分离定律。

4. 如何判断显性性状和隐性性状？

答：（1）根据子代性状判断。

①具有一对相对性状的亲本杂交⇒子代只出现一种性状⇒子代所出现的性状为显性性状。（杂交法）

②具有相同性状的亲本杂交⇒子代出现不同性状⇒子代所出现的新的性状为隐性性状。（自交法）

（2）根据子代性状分离比判断。

具一对相对性状的亲本杂交⇒F_2 性状分离比为 3∶1⇒分离比为“3”的性状为显性性状。

（3）“实验法”判断性状的显隐性。

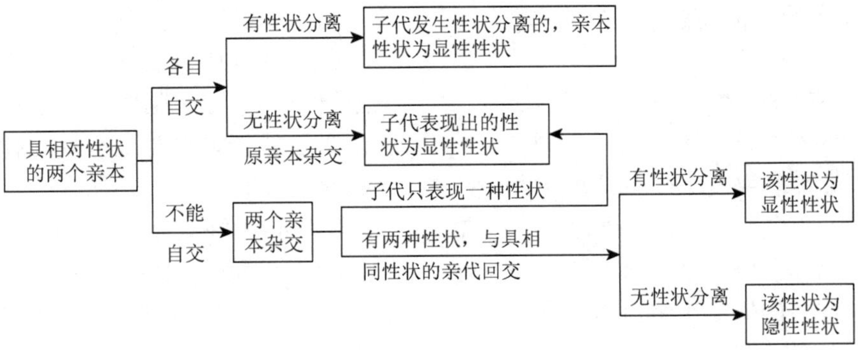

（4）根据遗传系谱图判断。

双亲表现正常，后代出现“患者”，则致病性状为隐性性状，即“无中生有为隐性”，如图甲所示；双亲表现患病，后代出现“正常”，则致病性状为显性性状，即“有中生无为显性”，如图乙所示。

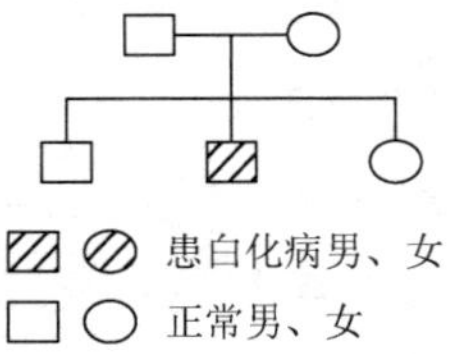

甲

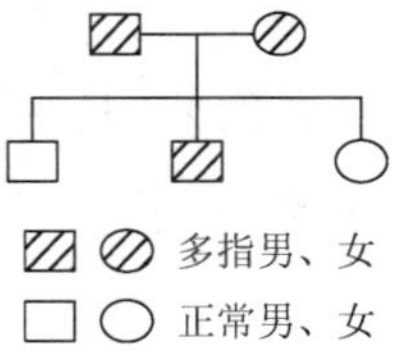

乙

5. 在分离定律应用中，如何进行相关的概率计算？

答：（1）用加法原理和乘法原理计算。

①加法原理：当一个事件出现时，另一个事件就被排除，这种互斥事件出现的概率，是它们各自概率之和。

②乘法原理：一个事件的发生不影响另一个事件的发生，这样的两个独立事件同时发生或相继发生的概率是各自发生概率的乘积。

（2）用经典公式或分离比计算。

①概率=（某性状或基因组合数/总组合数）×100%。

②根据分离比推理计算。

a. 若双亲都是杂合子（Bb），则后代表现型的概率：显性占 3/4，隐性占 1/4；基因型的概率：BB 占 1/4，Bb 占 1/2，bb 占 1/4。

b. 若双亲是测交类型，则后代表现型的概率：显性占 1/2，隐性占 1/2，基因型的概率：Bb 占 1/2，bb 占 1/2。

（3）根据配子的概率计算。

先计算出亲本产生的每种配子的概率，再根据题目要求用相关的两种配子的概率相乘，即可得出某一基因型的个体的概率；计算表现型概率时，将相同表现型的个体的概率相加即可。

典 例 精 讲

【典例 1】 某种群中，现有基因型及其比例为 AA∶Aa=1∶1 的生物若干，若该种群个体自交，则后代基因型 AA 的个体所占的比例为______，若种群中的雌雄个体自由交配，则后代中基因型为 AA 的个体所占的比例为______。

【解析】 答案：5/8　9/16

①自交：

第一步：画出遗传图解简图

AA　　　　　　　Aa

↓⊗　　　　　　　↓⊗

AA　　　　　　　1/4AA 1/2Aa 1/4 aa

AA：1/2×1=1/2　　AA：1/2×1/4=1/8

Aa：1/2×1/2=1/4

aa：1/2×1/4=1/8

第二步：计算比例，AA 个体所占的比例为 1/2+1/8=5/8。

②自由交配：

第一步：写出雌雄配子的种类及其比例。

雌配子：AA=2A，Aa=1A+1a→A=3/4，a=1/4；

雄配子：AA=2A，Aa=1A+1a→A=3/4，a=1/4。

第二步：用棋盘法推算后代比例

雄配子	雌配子	
	$\frac{3}{4}$A	$\frac{1}{4}$a
$\frac{3}{4}$A	$\frac{9}{16}$AA	$\frac{3}{16}$Aa
$\frac{1}{4}$a	$\frac{3}{16}$Aa	$\frac{1}{16}$aa

【提醒】 自由交配的计算方法，也可以列出交配的四种类型，分别计算每种类型的结果，再将 AA 比例汇总。但是，用配子法解决问题是最为简单的。

【典例 2】（2019 全国Ⅲ）玉米是一种二倍体异花传粉作物，可作为研究遗传规律的实验材料。玉米子粒的饱满与凹陷是一对相对性状，受一对等位基因控制。回答下列问题。

（1）在一对等位基因控制的相对性状中，杂合子通常表现的性状是__________。

（2）现有在自然条件下获得的一些饱满的玉米子粒和一些凹陷的玉米子粒，若要用这两种玉米子粒为材料验证分离定律。写出两种验证思路及预期结果。

【解析】 答案：（1）显性性状。

（2）①两种玉米分别自交，若某些玉米自交后，子代出现 3∶1 的性状分离比，则可验证分离定律。

②两种玉米分别自交，在子代中选择两种纯合子进行杂交得到 F_1，F_1 自交，得到 F_2，若 F_2 中出现 3∶1 的性状分离比，则可验证分离定律。

③让子粒饱满的玉米和子粒凹陷的玉米杂交，如果 F_1 都表现一种性状，则用 F_1 自交，得到 F_2，若 F_2 中出现 3∶1 的性状分离比，则可验证分离定律。

④让子粒饱满的玉米和子粒凹陷的玉米杂交，如果 F_1 表现两种性状，且表现为 1∶1 的性状分离比，则可验证分离定律。

【提醒】(1)杂合子是由不同基因的配子结合成的合子发育而成的个体，包含显性基因和隐性基因，一般表现出显性性状。

(2)验证分离定律的方法有两种，一种是通过杂合个体的自交产生后代 3∶1 的分离比来验证；另一种是用杂合个体进行测交实验，得到 1∶1 的后代来验证。本题两种性状玉米可以先进行是不是纯合子的验证，也就是通过自交验证纯合与否（纯合不发生性状分离，杂合会出现性状分离），然后通过两种思路设计实验验证即可。

【典例 3】 大豆的白花和紫花是一对相对性状。下列四组杂交实验中能判断显性和隐性关系的是（　　）。

①紫花×紫花→403 紫花

②紫花×紫花→301 紫花+101 白花

③紫花×白花→399 紫花

④紫花×白花→198 紫花+202 白花

A. ②和③　　B. ③和④

C. ①和③　　D. ①和②

【解析】 答案 A。②为自交法确定，③为杂交法确定。

【典例 4】 两株高茎豌豆杂交，后代既有高茎又有矮茎，让子代高茎豌豆自然条件下交配，则后代的性状分离比为（　　）。

A. 3∶1　B. 1∶1　C. 9∶6　D. 5∶1

【解析】 答案 D。若控制豌豆茎高度的基因用 D、d 表示，由两株高茎豌豆的杂交后代既有高茎也有矮茎可知，两株豌豆的基因型均为 Dd。其中子代的高茎中 1/3DD，2/3Dd，由于豌豆是严格的自花传粉、闭花授粉植物，因此自然条件下只能自交，故子代高茎豌豆的后代中矮茎豌豆出现的概率=2/3×1/4=1/6，高茎豌豆出现的概率为 5/6，因此高茎∶矮茎=5∶1。

【典例 5】（2019 珠海）一杂合子（Dd）植株自交时，含有隐性基因的花粉有 50%的死亡率，则自交后代的基因型比例为（　　）。

A. DD∶Dd∶dd=2∶3∶1

B. DD∶Dd∶dd=2∶2∶1

C. DD∶Dd∶dd=4∶4∶1

D. DD∶Dd∶dd=1∶2∶1

【解析】 答案 A。一杂合子（Dd）植株自交时，产生精子的比例为 D∶d=2∶1，产生卵细胞的比例为 D∶d=1∶1。精子和卵细胞随机结合，产生后代为 DD∶Dd∶dd=2∶3∶1。

【提醒】 本题涉及“配子致死”的问题。解答本题的要点是如何理解“含隐性基因的花粉有 50%的死亡率”。每种配子之和等于 1，再根据雌雄配子随机结合，即可推出后代的情况。

针对训练

1. 下列各种遗传现象中，不属于性状分离的是（　　）。

A. F_1 的高茎豌豆自交，后代中既有高茎豌豆，又有矮茎豌豆

B. F_1 的短毛雌兔与短毛雄兔交配，后代中既有短毛兔，又有长毛兔

C. 黑色长毛兔与白色短毛兔交配，后代均是白色长毛兔

D. 花斑色茉莉花自交，后代中出现绿色、花斑色和白色三种茉莉花

2.下列有关孟德尔一对相对性状杂交实验的说法，正确的是（　　）。

A. 检测假设阶段的实验是让子一代与隐性纯合子杂交

B. 解释性状分离现象提出的“假说”是：若 F_1 产生配子时，成对的遗传因子分离，则测交后代出现两种表现型，且比例接近 1∶1

C. 解释性状分离现象的“演绎”过程是体

细胞中的等位基因是成对存在的，F_1 产生配子时，成对的等位基因分离

D. 豌豆是自花授粉植物，该实验过程免去了人工授粉的麻烦

3. 将基因型为 Aa 的玉米自交所得的种子全部种下，待其长成幼苗，人工去掉隐性个体，随机分成两组，第一组让其自交，第二组让其自由传粉。则一、二组子代中基因型为 aa 的个体所占比例分别为（　　）。

A. 1/9、1/16　　B. 3/8、1/9

C. 1/6、5/12　　D. 1/6、1/9

4. 已知豌豆的高茎对矮茎为显性，现有一株高茎豌豆甲，要确定甲的遗传因子组成，以下方法不可行的是（　　）。

A. 选另一株矮茎豌豆与甲杂交，子代若有矮茎出现，则甲为杂合子

B. 让甲与另一株高茎豌豆杂交，子代若都表现高茎，则甲为纯合子

C. 让甲豌豆进行自花传粉，子代中若有矮茎出现，则甲为杂合子

D. 让甲与另一株高茎豌豆杂交，子代若高茎与矮茎之比接近 3∶1，则甲为杂合子

5. 某常染色体显性遗传病在人群中的发病率为 36%。现有一对患病的夫妇，他们所生小孩正常的概率是多少？若他们已经生有一个正常男孩，那么他们再生一个正常女孩的概率是多少？（　　）。

A. 81/10000　1/8　　B. 16/81　1/4

C. 16/81　1/8　　D. 81/10000　1/4

6. 在某小鼠种群中，毛色受三个复等位基因（A^Y、A、a）控制，A^Y 决定黄色、A 决定鼠色、a 决定黑色。基因位于常染色体上，其中基因 A^Y 纯合时会导致小鼠在胚胎时期死亡，且基因 A^Y 对基因 A、a 为显性，A 对 a 为显性。现用 A^YA 和 A^Ya 两种黄毛鼠杂交得 F_1，F_1 个体自由交配，下列有关说法正确的是（　　）。

A. F_1 中小鼠的表现型和比例为黄色∶鼠色∶黑色=1∶1∶1

B. F_2 小鼠中黄色鼠的比例为 4/9

C. F_2 中 A^Y 的基因频率是 1/4

D. F_2 小鼠中基因型为 Aa 的比例为 1/8

7. 番茄中红果、黄果是一对相对性状，D 控制显性性状，d 控制隐性性状。根据遗传图解回答下列问题：

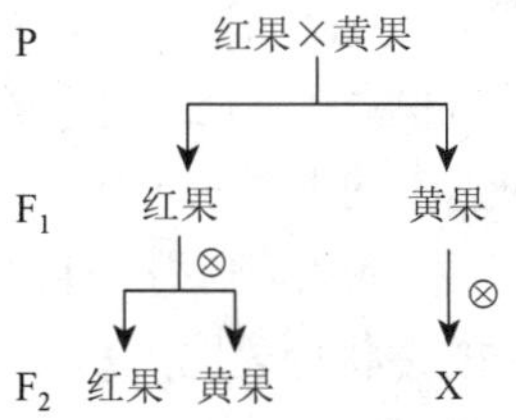

（1）红果、黄果中显性性状是________，做出这一判断是根据哪一过程？______________。

（2）P 中红果的遗传因子组成是________，F_1 中红果的遗传因子组成是________，F_2 的红果中遗传因子组成及比例是________。

（3）F_1 黄果植株自交后代的性状是______，遗传因子组成是________。

（4）如果需要得到纯种的红果番茄，你将怎样做？______________。

（5）F_2 自交得 F_3，F_3 中能稳定遗传的红果所占比例是________。

8. 在一个经长期随机交配形成的自然鼠群中，存在的毛色表现型与基因型的关系如下表（注：AA 纯合胚胎致死）。请分析并回答相关问题：

表现型	黄色		灰色		黑色
基因型	Aa_1	Aa_2	a_1a_1	a_1a_2	a_2a_2

（1）若亲本基因型为 $Aa_1 \times Aa_2$，则其子代的表现型可能为______________。

（2）两只鼠杂交，后代出现三种表现型。则该对亲本的基因型是________，它们再生一只黑色雄鼠的概率是________。

（3）假设进行很多 $Aa_2 \times a_1a_2$ 的杂交，平均每窝生 8 只小鼠。在同样条件下进行许多 $Aa_2 \times Aa_2$ 的杂交，预期每窝平均生________只小鼠。

（4）现有一只黄色雄鼠和多只其他各色的雌鼠，如何利用杂交方法检测出该雄鼠的基因型？

实验思路：

①选用该黄色雄鼠与多只____色雌鼠杂交。

②__________________。

结果预测：①如果后代出现________，则该黄色雄鼠的基因型为 Aa_1。

②如果后代出现________，则该黄色雄鼠的基因型为 Aa_2。

7.2　孟德尔的豌豆杂交实验 2（自由组合定律）

7.2.1　自由组合定律的发现过程

核心问题

1. 如何运用假说-演绎法的过程理解自由组合定律发现的过程？

答：（1）两对相对性状的杂交实验——提出问题。

P：黄圆×绿皱

↓

F_1：　黄圆

↓⊗

F_2：黄圆　绿圆　黄皱　绿皱

9　∶　3　∶　3　∶1

对 F_2 中不同的性状类型进行了数量统计，发现数量比接近于 9∶3∶3∶1。对每一对相对性状单独进行分析时，圆粒∶皱粒接近 3∶1，黄色∶绿色接近 3∶1，说明每一对相对性状遗传时遵守分离定律。

问题一：为什么会出现新的性状组合？

问题二：将两对相对性状的遗传一并考虑，为什么不同类型性状比为 9∶3∶3∶1？

（2）对自由组合现象的解释——提出假说，演绎推理。

提出假说：

①假设豌豆的圆粒和皱粒分别由遗传因子 R、r 控制，黄色和绿色分别由遗传因子 Y、y 控制，这样，纯种黄色圆粒和纯种绿色皱粒豌豆的遗传因子组成分别是 YYRR 和 yyrr，它们产生的 F_1 的遗传因子组成是 YyRr，表现为黄色圆粒。

②F_1 在产生配子时，每对遗传因子彼此分离，不同对的遗传因子可以自由组合。这样 F_1 产生的雌配子和雄配子各有 4 种：YR、Yr、yR、yr，它们之间的数量比为 1∶1∶1∶1。

③受精时，雌雄配子的结合是随机的，雌雄配子的结合方式有 16 种。

演绎推理：　　YYRR×yyrr

↓

F_1　YyRr

↓⊗

F_1 配子	YR	Yr	yR	yr
YR	YYRR	YYRr	YyRR	YyRr
Yr	YYRr	YYrr	YyRr	Yyrr
yR	YyRR	YyRr	yyRR	yyRr
yr	YyRr	Yyrr	yyRr	yyrr

在 F_2 代中　黄圆 9/16　绿圆 3/16　黄皱 3/16　绿皱 1/16

（3）对自由组合现象解释的验证——实践检验。

孟德尔又设计了测交实验，让杂种子一代（YyRr）与隐性纯合子（yyrr）杂交。

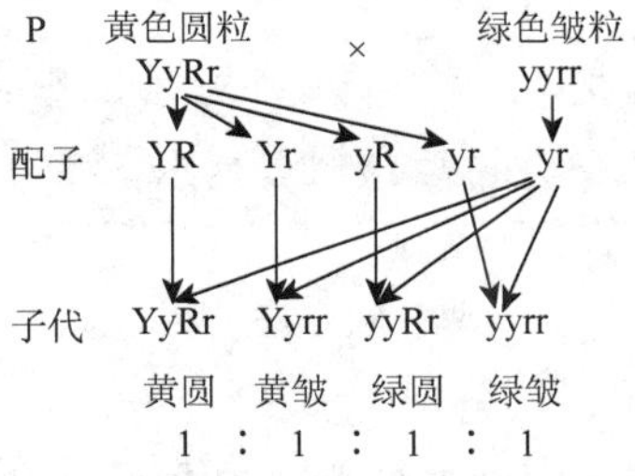

推测：测交后代黄圆∶绿圆∶黄皱∶绿皱=1∶1∶1∶1。孟德尔所做的测交实验，无论是以 F_1 作母本还是作父本，结果都符合预期的设想。

（4）得出结论：控制不同性状的遗传因子的分离和组合是互不干扰的；在形成配子时，决定同一性状的成对的遗传因子彼此分离，决定不同性状的遗传因子自由组合。

【点拨】 自由组合定律与减数分裂有怎样的紧密关系？

自由组合定律的实质是非同源染色体上的非等位基因自由组合，它是伴随着在减数第一次分裂后期同源染色体分离，非同源染色体自由组合而发生的，所以原始生殖细胞的减数分裂是自由组合定律发生的细胞学基础。发生的范围是进行有性生殖的生物，发生的对象是在真核细胞的染色体上的基因。

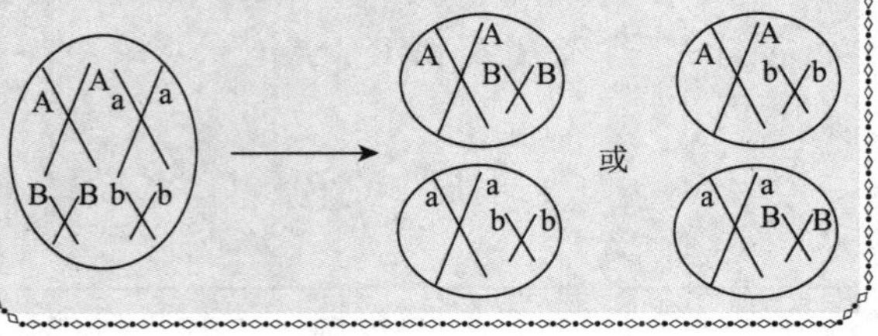

2. 如何用分离定律理解两对相对性状的遗传实验？

P　YYRR(黄圆)×yyrr(绿皱)

↓

F_1　　YyRr(黄圆)

⊗↓ → { Yy×Yy → 1YY∶2Yy∶1yy；Rr×Rr → 1RR∶2Rr∶1rr }

F_2	1YY（黄）、2Yy（黄）	1yy（绿）
1RR（圆）、2Rr（圆）	1YYRR、2YyRR、2YYRr、4YyRr（黄圆）	1yyRR、2yyRr（绿圆）
1rr（皱）	1YYrr、2Yyrr（黄皱）	1yyrr（绿皱）

【点拨】 把 F_1 中每对等位基因自交后代写出来，再把后代组合起来。

典 例 精 讲

【典例 1】 在孟德尔两对相对性状杂交实验中，F_1 黄色圆粒豌豆（YyRr）自交产生 F_2。下列表述正确的是（　　）。

A. F_1 产生 4 种精子，比例为 1∶1∶1∶1

B. F_1 可产生基因型为 Yy 的卵细胞

C. 基因自由组合定律的实质指 F_1 产生的雌雄配子随机结合

D. F_2 中黄色圆粒豌豆约占 3/16

【解析】 答案 A。F_1（YyRr）产生 4 种配子，配子类型及比例为 YR∶Yr∶yR∶yr=1∶1∶1∶1，A 正确；Y 和 y 属于等位基因，在产生配子的过程中应该分离，产生的配子中只有其中的一个，B 错误；基因自由组合定律是指 F_1 在减数分裂过程中，同源染色体分离，非同源染色体上的非等位基因自由组合，C 错误；F_2 中黄色圆粒豌豆为双显性性状（Y_R_）约占 9/16，D 错误。

【提醒】 基因自由组合是指 F_1 在减数分裂过程中，同源染色体分离，非同源染色体上的非等位基因自由组合，不是指受精过程中 F_1 产生的雌雄配子随机结合。如下图所示中哪些过程可以发生基因重组？

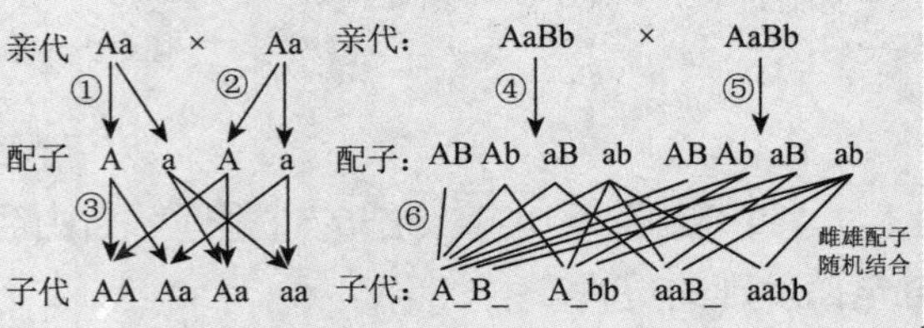

答案：④⑤。

【典例 2】 孟德尔用具有两对相对性状的豌豆作亲本杂交获得 F_1，F_1 自交得 F_2，F_2 中黄色圆粒、黄色皱粒、绿色圆粒、绿色皱粒的比例为 9∶3∶3∶1。与 F_2 出现这种比例无直接关系的是（　　）。

A. 亲本必须是纯合的黄色圆粒豌豆与绿色皱粒豌豆

B. F_1 产生的雌、雄配子各有 4 种，比例为 1∶1∶1∶1

C. F_1 自交时，4 种类型的雌、雄配子的结合是随机的

D. F_1 的雌、雄配子结合成的合子都能发育成新个体

【解析】 答案 A。亲本既可以选择纯合的黄色圆粒豌豆与绿色皱粒豌豆，也可以选择纯合的黄色皱粒豌豆与绿色圆粒豌豆，因此亲本必须是纯合的黄色圆粒豌豆和绿色皱粒豌豆与 F_2 出现这种比例无直接关系。

【提醒】 F_2 中重组类型是指 F_2 中表现型与亲本不同的个体，而不是基因型与亲本不同的个体。含两对相对性状的纯合亲本杂交，亲本基因型组合为 YYRR 和 yyrr 或 YYrr 和 yyRR，所以 F_2 中重组类型所占比例是 $\frac{6}{16}$ 或 $\frac{10}{16}$。

针 对 训 练

1. 大鼠的毛色由独立遗传的两对等位基因

控制。用黄色大鼠与黑色大鼠进行杂交实验，结果如图。据图判断，下列叙述正确的是（　　）。

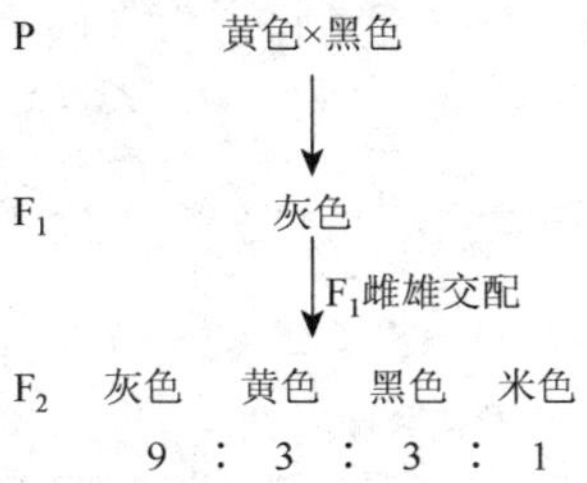

A. 黄色为显性性状，黑色为隐性性状

B. F_1与黄色亲本杂交，后代有两种表现型

C. F_1和F_2中灰色大鼠均为杂合子

D. F_2黑色大鼠与米色大鼠杂交，其后代中出现米色大鼠的概率为 1/4

2. 现有 4 个小麦纯合品种，即抗锈病无芒、抗锈病有芒、感锈病无芒和感锈病有芒。已知抗锈病对感锈病为显性，无芒对有芒为显性，且这两对相对性状各由一对等位基因控制。若用上述 4 个品种组成两个杂交组合，使其F_1均为抗锈病无芒，且这两个杂交组合的F_2的表现型及其数量比完全一致。回答问题：

（1）为实现上述目的，理论上，必须满足的条件有：在亲本中控制这两对相对性状的两对等位基因必须位于________上，在形成配子时非等位基因要______，在受精时雌雄配子要________，而且每种合子（受精卵）的存活率也要______。那么，这两个杂交组合分别是________和________。

（2）上述两个杂交组合的全部F_2植株自交得到F_3种子，1 个F_2植株上所结的全部F_3种子种在一起，长成的植株称为 1 个F_3株系。理论上，在所有F_3株系中，只表现出一对性状分离的株系有 4 种，那么，在这 4 种株系中，每种株系植株的表现型及其数量比分别是__________，__________，__________和__________。

7.2.2 自由组合定律的热点题型

7.2.2.1 基因自由组合定律的常见题型

典 例 精 讲

题型一　求种类与概率问题

【典例 1】 基因型为 AaBbCc 与 AaBbCC 的个体杂交：

（1）第一亲本和第二亲本产生的配子种类数分别为______、________。

（2）AaBbCc 与 AaBbCC 杂交过程中，配子间的结合方式种数为________。

（3）杂交后代的基因型与表现型的种类数分别为________、________。

（4）杂交后代中 AAbbCc 和 aaBbCC 的概率分别是______、________。

（5）杂交后代中基因型为 A__bbC__与 aaB__C__的概率分别是______、______。

【解析】（1）AaBbCc 的配子种类数为：2×2×2=8 种。AaBbCC 的配子种类数为：2×2×1=4 种。（2）AaBbCc×AaBbCC 配子间有 8×4=32 种结合方式。（3）AaBbCc×AaBbCC，后代中有 3×3×2=18 种基因型，有 2×2×1=4 种表现型。（4）杂交后代中 AAbbCc 的概率为$\frac{1}{4}\times\frac{1}{4}\times\frac{1}{2}=\frac{1}{32}$。aaBbCC 的概率为$\frac{1}{4}\times\frac{1}{2}\times\frac{1}{2}=\frac{1}{16}$。（5）A__bbC__的概率为$\frac{3}{4}\times\frac{1}{4}\times1=\frac{3}{16}$。aaB__C__的概率为$\frac{1}{4}\times\frac{3}{4}\times1=\frac{3}{16}$。

题型二　求遗传病概率的计算题

【典例 2】 一个正常的女人与一个并指（Bb）的男人结婚，他们生了一个白化病且手指正常的孩子。求再生一个孩子：

（1）只患并指的概率是____________。

（2）只患白化病的概率是____________。

（3）既患白化病又患并指的男孩的概率是____________。

（4）只患一种病的概率是____________。

（5）患病的概率是____________。

由题意知，第 1 个孩子的基因型应为 aabb，则该夫妇基因型应分别为：妇 Aabb，夫 AaBb。依据该夫妇基因型可知，孩子中并指的概率应为 1/2（非并指概率为 1/2），白化病的概率为 1/4（非白化病概率为 3/4），则：

（1）再生一个只患并指孩子的概率为：并指

概率−并指又白化概率=1/2−1/2×1/4=3/8。

（2）只患白化病的概率为：白化病概率−白化病又并指的概率=1/4−1/2×1/4=1/8。

（3）生一既白化又并指的男孩的概率为：男孩出生率×白化病概率×并指概率=1/2×1/4×1/2=1/16。

（4）后代只患一种病的概率为：并指概率×非白化病概率+白化病概率×非并指概率=1/2×3/4+1/4×1/2=1/2。

（5）后代中患病的概率为：1−全正常（非并指、非白化）=1−1/2×3/4=5/8。

【提醒】 用“先分解后组合”法解决自由组合定律的相关问题。

思路：首先将自由组合定律问题转化为若干个分离定律问题，在独立遗传的情况下，有几对等位基因就可分解为几个分离定律的问题。如 AaBb×Aabb，可分解为如下两组：Aa×Aa，Bb×bb。然后，按分离定律进行逐一分析。最后，将获得的结果进行综合，得到正确答案：

（1）具有多对等位基因的个体，在减数分裂时，产生配子的种类数是每对基因产生配子种类数的乘积。

（2）多对等位基因的个体产生某种配子的概率是每对基因产生相应配子概率的乘积。

（3）任何两种基因型的亲本相交，产生的子代基因型的种类数等于亲本各对基因单独相交所产生基因型种类数的乘积。

（4）子代某一基因型的概率是亲本每对基因杂交所产生相应基因型概率的乘积。

（5）子代某一表现型的概率是亲本每对基因杂交所产生相应表现型概率的乘积。

题型三　基因型、表现型推断问题

【典例 3】 豌豆中，子粒黄色（Y）和圆粒（R）分别对绿色（y）和皱粒（r）为显性，现将黄色圆粒豌豆和绿色皱粒豌豆杂交得到的 F_1 进行自交得 F_2，F_2 的表现型及比例为黄色圆粒：黄色皱粒：绿色圆粒：绿色皱粒=9：3：15：5，则亲本的基因型为（　　）。

A. YYRR×yyrr　　B. YYRr×yyrr

C. YyRR×yyrr　　D. YyRr×yyrr

【解析】 答案 C。将子代（F_2）表现型比例拆分为分离比：黄色：绿色=（9+3）：（15+5）=12：20=3：5→F_1 为 $\frac{1}{2}$Yy+$\frac{1}{2}$yy→P 为 Yy×yy；圆粒：皱粒=（9+15）：（3+5）=24：8=3：1→F_1 为 Rr→P 为 RR×rr。

【提醒】 两对（或多对）相对性状自由组合的同时，每对相对性状的遗传仍符合基因分离定律，因此可将子代表现型比例拆分为分离比，确定每一对相对性状的亲本基因型，再进行组合。如：

①9：3：3：1⇒（3：1）（3：1）⇒（Aa×Aa）（Bb×Bb）；

②1：1：1：1⇒（1：1）（1：1）⇒（Aa×aa）（Bb×bb）；

③3：3：1：1⇒（3：1）（1：1）⇒（Aa×Aa）（Bb×bb）；

④3：1⇒（3：1）×1⇒（Aa×Aa）×（BB×BB）或（Aa×Aa）×（BB×Bb）或（Aa×Aa）×（BB×bb）或（Aa×Aa）（bb×bb。）

（此方法只适用于亲本和子代表现型已知且显隐性关系已知时。）

针 对 训 练

1. 某植物个体的基因型为 Aa（高茎）、Bb（红花）、Cc（灰种皮）、dd（小花瓣），请思考如下问题：

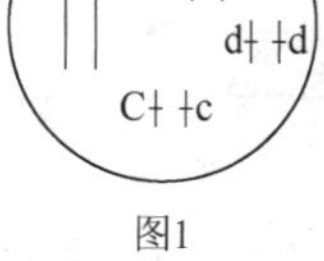

图1

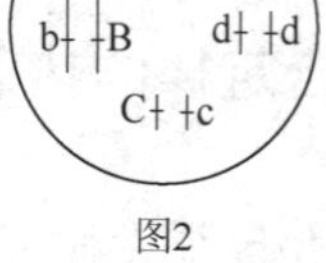

图2

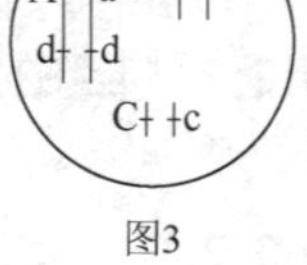

图3

（1）若某基因型为 AaBbCcdd 个体的体细胞中基因与染色体的位置关系如图 1 所示，则其产生的配子种类数为______种，基因型为 AbCd 的配子所占比例为______，其自交所得子代的基因型有______种，其中 AABbccdd 所占比例为______，其中子代的表现型有______种，其中高茎红花灰种皮小花瓣个体所占比例为______。

（2）若某基因型为 AaBbCcdd 个体的体细胞中基因与染色体的位置关系如图 2 所示（不发生交叉互换），则其产生的配子种类数为______种，基因型为 AbCd 的配子所占比例为______，其自交所得子代的基因型有________种，其中 AaBbccdd 所占比例为________，其中子代的表现型有________种，其中高茎红花灰种皮小花瓣个体所占比例为________。

（3）若某基因型为 AaBbCcdd 个体的体细胞中基因与染色体的位置关系如图 3 所示（不发生交叉互换），则其产生的配子种类数为________种，基因型为 AbCd 的配子所占比例为__________，其自交所得子代的基因型有________种，其中 AABbccdd 所占比例为______，其中子代的表现型有________种，其中高茎红花灰种皮小花瓣个体所占比例为________。

2. 若某哺乳动物毛色由 3 对位于常染色体上的、独立分配的等位基因决定，其中，A 基因编码的酶可使黄色素转化为褐色素；B 基因编码的酶可使该褐色素转化为黑色素；D 基因的表达产物能完全抑制 A 基因的表达；相应的隐性等位基因 a、b、d 的表达产物没有上述功能。若用两个纯合黄色品种的动物作为亲本进行杂交，F_1 均为黄色，F_2 中毛色表现型出现了黄∶褐∶黑=52∶3∶9 的数量比，则杂交亲本的组合是（　　）。

A. AABBDD×aaBBdd，或 AAbbDD×aabbdd

B. aaBBDD×aabbdd，或 AAbbDD×aaBBDD

C. aabbDD×aabbdd，或 AAbbDD×aabbdd

D. AAbbDD×aaBBdd，或 AABBDD×aabbdd

3. 人类有多种血型系统，MN 血型和 Rh 血型是其中的两种。MN 血型由常染色体上的 1 对等位基因 M、N 控制，M 血型的基因型为 MM，N 血型的基因型为 NN，MN 血型的基因型为 MN；Rh 血型由常染色体上的另 1 对等位基因 R 和 r 控制，RR 和 Rr 表现为 Rh 阳性，rr 表现为 Rh 阴性：这两对等位基因自由组合。若某对夫妇中，丈夫和妻子的血型均为 MN 型-Rh 阳性，且已生出 1 个血型为 MN 型-Rh 阴性的儿子，则再生 1 个血型为 MN 型-Rh 阳性女儿的概率是（　　）。

A. 3/8　　B. 3/16　　C. 1/8　　D. 1/16

4. 某种植物的果皮有毛和无毛、果肉黄色和白色为两对相对性状，各由一对等位基因控制（前者用 D、d 表示，后者用 F、f 表示），且独立遗传。利用该种植物三种不同基因型的个体（有毛白肉 A、无毛黄肉 B、无毛黄肉 C）进行杂交，实验结果如下：

有毛白肉 A×无毛黄肉 B
↓
有毛黄肉∶有毛白肉为 1∶1
实验 1

无毛黄肉 B×无毛黄肉 C
↓
全部为无毛黄肉
实验 2

有毛白肉 A×无毛黄肉 C
↓
全部为有毛黄肉
实验 3

回答下列问题：

（1）果皮有毛和无毛这对相对性状中的显性性状为____，果肉黄色和白色这对相对性状中的显性性状为______________________________。

（2）有毛白肉 A、无毛黄肉 B 和无毛黄肉 C 的基因型依次为__________________________。

（3）若无毛黄肉 B 自交，理论上，下一代的表现型及比例为________________________。

（4）若实验 3 中的子代自交，理论上，下一代的表现型及比例为______________________。

（5）实验 2 中得到的子代无毛黄肉的基因型有____________________________________。

5. 假如水稻的高秆（D）对矮秆（d）为显性，抗病（R）对易染病（r）为显性。现有一高秆抗病的亲本水稻和矮秆易染病的亲本水稻杂交，产生的 F_1 再和隐性类型进行测交，结果如图所示（两对基因位于两对同源染色体上），则 F_1 的基因型为（　　）。

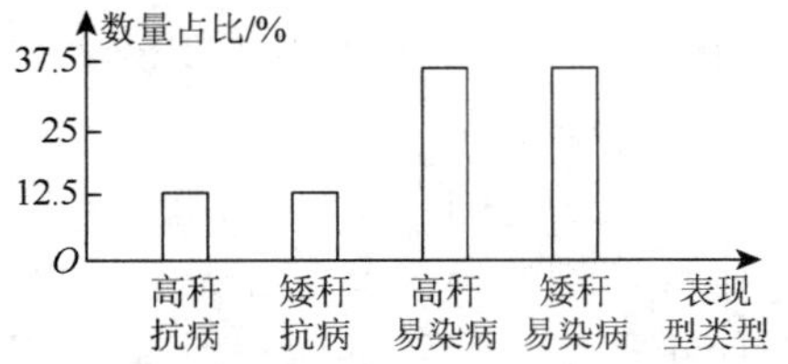

A. DdRR 和 ddRr　　B. DdRr 和 ddRr

C. DdRr 和 Ddrr　　D. ddRr

7.2.2.2 自由组合定律中9∶3∶3∶1变式的题型

典 例 精 讲

题型一　正常自由组合而产生的特值（=16）

特值一　基因互作类

F_1自交后代9∶3∶3∶1变式特值有9∶6∶1、15∶1、9∶7、13∶3、9∶3∶4等。

F_1测交后代1∶1∶1∶1变式特值有3∶1、1∶2∶1、1∶3等。

特值二　数量遗传（累积效应，显性基因个数影响性状表现）1∶4∶6∶4∶1

【典例1】 科研人员为探究某种鲤鱼体色的遗传，做了如下实验：用黑色鲤鱼与红色鲤鱼杂交，F_1 全为黑鲤，F_1 自交结果如下表所示。根据实验结果，判断下列推测错误的是（　　）。

杂交组	F_2总数	F_2性状的分离情况		
		黑鲤	红鲤	黑鲤∶红鲤
1	1699	1592	107	14.88∶1
2	1546	1450	96	15.10∶1

A. 鲤鱼体色中的黑色是显性性状

B. 鲤鱼的体色由细胞核中的基因控制

C. 鲤鱼体色的遗传遵循自由组合定律

D. F_1与隐性亲本杂交，后代中黑鲤与红鲤的比例为1∶1

【解析】 答案 D。根据 F_1 自交结果黑色∶红色为15∶1，可推知鲤鱼体色的遗传受两对等位基因控制，遵循孟德尔的自由组合定律。由黑色∶红色为15∶1，可推知红色性状由双隐性基因决定，其他为黑色。根据 F_1 测交遗传图解可知测交会产生两种表现型，比例为3∶1。

【典例2】 用两个圆形南瓜做杂交实验，子一代均为扁盘状南瓜。子一代自交，子二代出现扁盘状、圆形和长形三种南瓜，三者的比例为9∶6∶1，现用一扁盘状南瓜做测交实验，则其子代中扁盘状、圆形和长形三种南瓜的比例不可能为（　　）。

A. 1∶0∶0　B. 1∶1∶0

C. 1∶0∶1　D. 1∶2∶1

【解析】 答案 C。根据题意可知，南瓜形状受两对等位基因（假设等位基因为 A 和 a、B 和 b）控制，其遗传符合基因的自由组合定律，则扁盘状、圆形和长形的基因型分别为 A__B__，A__bb 和 aaB__，aabb。扁盘状南瓜的基因型有四种可能：AABB、AABb、AaBB、AaBb，故其测交后代中扁盘状、圆形和长形三种南瓜的比例可能为1∶0∶0、1∶1∶0、1∶2∶1。

【典例3】 小鼠毛皮中黑色素的形成是一个连锁反应，当 R、C 基因（两对等位基因位于两对同源染色体上）同时存在时，才能产生黑色素，如图所示。现有基因型为 CCRR 和 ccrr 的两小鼠进行交配得到 F_1，F_1 雌雄个体交配，则 F_2 的表现型及比例为（　　）。

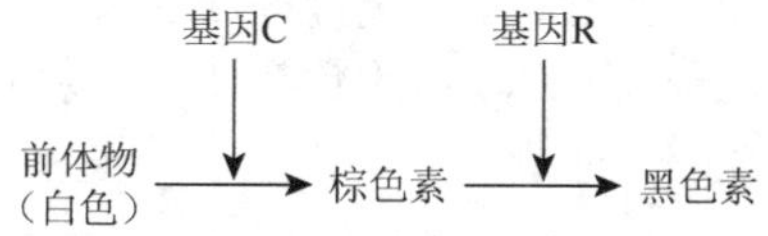

A. 黑色∶白色=3∶1

B. 黑色∶棕色∶白色=1∶2∶1

C. 黑色∶棕色∶白色=9∶3∶4

D. 黑色∶棕色∶白色=9∶6∶1

【解析】 答案 C。由图可知，黑色素的合成受两对等位基因控制，当基因型为 C__R__时，小鼠表现为黑色；当基因型为 C__rr 时，小鼠虽然不能产生黑色素，但是可以产生棕色素，小鼠表现为棕色；当基因型为 ccR__时，小鼠由于不能产生棕色素，也无法形成黑色素，表现为白色；当基因型为 ccrr 时，小鼠表现为白色。黑色小鼠（CCRR）和白色小鼠（ccrr）杂交，F_1 全为黑色

（CcRr），F_1 雌雄个体交配，后代有 9/16C__R（黑色）、3/16C__rr（棕色）、3/16ccR__（白色）、1/16ccrr（白色）。

【提醒】由基因互作引起特殊比例改变的解题技巧。解题时可采用以下步骤进行：①判断双杂合子自交后代 F_2 的表现型比例，若表现型比例之和是16，则符合自由组合定律。②利用自由组合定律的遗传图解，先写出双杂合子自交后代的正常性状分离比（9∶3∶3∶1），如下：

9 黄色圆粒/Y_R_　　3 黄色皱粒/Y_r

1YYRR　　1YYrr

2YYRr　　2Yyrr

2YyRR

4YyRr

3 绿色圆粒/yyR_　　1 绿色皱粒/1yyrr

1yyRR　　1yyrr

2yyRr

根据题意将具有相同表现型的个体进行"合并同类项"，如 12∶3∶1 即（9+3）∶3∶1，12出现的原因是前两种性状表现一致的结果。③根据②的推断确定 F_2 中各表现型所对应的基因型，推断亲代基因型及子代各表现型个体出现的比例。

【典例4】小麦的粒色受两对同源染色体上的两对基因 R_1 和 r_1、R_2 和 r_2 控制。R_1 和 R_2 决定红色，r_1 和 r_2 决定白色，R对r为不完全显性，并有累加效应，也就是说，麦粒的颜色随R的增加而逐渐加深。将红粒（$R_1R_1R_2R_2$）与白粒（$r_1r_1r_2r_2$）杂交得 F_1，F_1 自交得 F_2，则 F_2 的基因型种类数和不同表现型比例为（　　）。

A. 3种、3∶1

B. 3种、1∶2∶1

C. 9种、9∶3∶3∶1

D. 9种、1∶4∶6∶4∶1

【解析】答案D。思路一：将红粒（$R_1R_1R_2R_2$）与白粒（$r_1r_1r_2r_2$）杂交得 F_1，F_1 的基因型为 $R_1r_1R_2r_2$，所以 F_1 自交后代 F_2 的基因型有9种；后代中 $r_1r_1r_2r_2$ 占1/16，$R_1r_1r_2r_2$ 和 $r_1r_1R_2r_2$ 共占4/16，$R_1R_1r_2r_2$、$r_1r_1R_2R_2$ 和 $R_1r_1R_2r_2$ 共占6/16，$R_1R_1R_2r_2$ 和 $R_1r_1R_2R_2$ 共占4/16，$R_1R_1R_2R_2$ 占1/16，所以不同表现型的比例为1∶4∶6∶4∶1。

【提醒】显性基因累加效应也可用分解组合法：用分离定律先分开单独分析，然后再综合在一起考虑，但注意数准显性基因的个数。

题型二　多对基因控制一种性状而产生的特值（>16）

【典例5】小麦麦穗基部离地的高度受四对基因控制，这四对基因分别位于四对同源染色体上。每个基因对高度的增加效应相同且具叠加性。将麦穗离地27cm的mmnnuuvv和离地99cm的MMNNUUVV杂交得到 F_1，再用 F_1 代与甲植株杂交，产生 F_2 代的麦穗离地高度范围是36～90cm，则甲植株可能的基因型为（　　）。

A. mmNnUuVv　　B. mmNNUuVv

C. mmnnUuVV　　D. mmNnUuVv

【解析】答案B。由题意可知，该性状由4对等位基因控制，由于每对基因对高度的累加效应相同，且mmnnuuvv离地27cm，MMNNUUVV离地99cm，这四对基因构成的个体基因型中含有显性基因数量的种类有9种，每增加一个显性基因，则离地高度增加9cm，题中 F_1 基因型为MmNnUuVv，与甲杂交后代性状为离地36～90cm，说明后代含有1～7个显性基因，由此推出甲植株的基因型，B符合，其余则不符合。

【典例6】甘蓝型油菜花色性状由三对等位基因控制，三对等位基因分别位于三对同源染色体上。花色表现型与基因型之间的对应关系如表所示。

表现型	白花	乳白花	黄花	金黄花
基因型	AA______	Aa______	aaB______ aa____D__	aabbdd

请回答：

（1）白花（AABBDD）×黄花（aaBBDD），F_1 基因型是________，F_1 测交后代的花色表现型及其比例是______。

（2）黄花（aaBBDD）×金黄花，F_1 自交，

F_2 中黄花基因型有____种，其中纯合个体占黄花的比例是____。

（3）甘蓝型油菜花色有观赏价值，欲同时获得四种花色表现型的子一代，可选择基因型为________的个体自交，理论上子一代比例最高的花色表现型是________。

【解析】 答案：（1）AaBBDD　乳白花∶黄花=1∶1（2）8 1/5（3）AaBbDd 乳白花

（1）AABBDD×aaBBDD 的后代基因型为 AaBBDD，其测交后代的基因型为 1AaBbDd 和 1aaBbDd，对照表格可知其表现型及比例为乳白花∶黄花=1∶1。

（2）黄花（aaBBDD）×金黄花（aabbdd），F_1 基因型为 aaBbDd，其自交后代基因型有 9 种，表现型是黄花（9aaB_D_、3 aaB_dd、3aabbD_）和金黄花（1 aabbdd），故 F_2 中黄花基因型有 8 种，其中纯合个体占黄花的比例是 3/15=1/5。

（3）欲同时获得四种花色表现型的子一代，则亲代需同时含 A 和 a、B 和 b、D 和 d，故可选择基因型为 AaBbDd 的个体自交，子代白花的比例是 1/4，乳白花的比例是 1/2，黄花的比例是 1/4 × 3/4 × 3/4+1/4 × 3/4 × 1/4+1/4 × 1/4 × 3/4= 15/64，金黄花的比例是 1/4×1/4×1/4=1/64，故理论上子一代比例最高的花色表现型是乳白花。

【提醒】 两对或多对等位基因控制一种性状的问题分析，也是依托教材中两对相对性状的遗传实验，实质上仍然属于基因的自由组合问题，后代基因型的种类和自由组合的问题一样，但表现型的问题和孟德尔的豌豆杂交实验大有不同，性状分离比也有很大区别。解答的关键是弄清表现型和基因型的对应关系，根据这一对应关系结合一对相对性状和两对相对性状的经典实验综合分析。先用常规方法推断出子代的基因型种类或某种基因型的比例，然后再进一步推断出子代表现型的种类或某种表现型的比例。

题型三　因致死而产生的特值（<16）

【典例 7】 某种鱼的鳞片有 4 种表现型：单列鳞、野生型鳞、无鳞和散鳞，由位于两对同源染色体上的两对等位基因决定（分别用 Aa、Bb 表示），且 BB 对生物个体有致死作用。将无鳞鱼和纯合野生型鳞的鱼杂交，F_1 有两种表现型，野生型鳞的鱼占 50%，单列鳞的鱼占 50%；选取 F_1 中的单列鳞的鱼进行互交，其后代中有上述 4 种表现型，这 4 种表现型的比例为 6∶3∶2∶1，则 F_1 的亲本基因型组合是（　　）。

A. aaBb×AAbb 或 aaBB×AAbb

B. AABb×aabb

C. aaBb×AAbb

D. AaBB×AAbb

【解析】 答案 C。由于 BB 对生物个体有致死作用，故 A、D 错误；若 F_1 的亲本基因型是 AABb×aabb，则 F_1 中就无野生型鳞的鱼，故 B 错误。

【提醒】 容易忽略题干中“BB 对生物个体有致死作用”这一有用信息，导致分析推理出错。因此，审题时一定要认真。

【典例 8】 番茄的花色和叶的宽窄分别由一对等位基因控制，且两对基因中某一对基因纯合时会使受精卵致死。现用红色窄叶植株自交，子代的表现型及其比例为红色窄叶∶红色宽叶∶白色窄叶∶白色宽叶=6∶2∶3∶1。下列有关表述正确的是（　　）。

A. 这两对基因位于一对同源染色体上

B. 这两对相对性状中显性性状分别是红色和宽叶

C. 控制花色的基因具有隐性纯合致死效应

D. 自交后代中纯合子所占比例为 1/6

【解析】 答案 D。根据红色窄叶植株自交后代表现型比例为 6∶2∶3∶1 可知，这两对等位基因位于两对同源染色体上，其遗传遵循基因的自由组合定律；由子代中红色∶白色=2∶1、窄叶∶宽叶=3∶1，可知红色、窄叶为显性性状，且控制花色的显性基因纯合致死；子代中只有白色窄叶和白色宽叶中有纯合子，所占比例为 2/12，即 1/6。

【提醒】“和”小于 16 的特殊分离比成因，如果考虑合子致死，情况如下：

（1）从一对相对性状分离比角度分析。如：

6∶3∶2∶1⇒（2∶1）（3∶1）⇒一对显性基因纯合致死。

4∶2∶2∶1⇒（2∶1）（2∶1）⇒两对显性基因纯合致死。

（2）从 F_2 每种性状的基因型种类及比例分析（两对相对性状同时分析）。如BB致死：

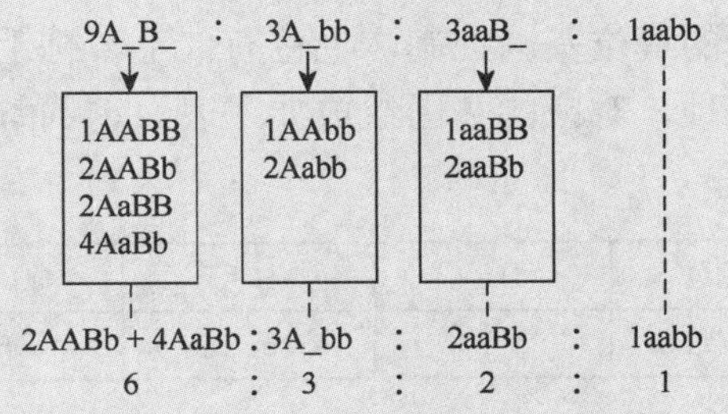

（3）隐性纯合致死（自交情况）自交子代出现9∶3∶3（双隐性致死）；自交子代出现9∶1（单隐性致死）。

【典例9】 某自花传粉植物紫茎（A）对绿茎（a）为显性，抗病（B）对感病（b）为显性，这两对基因分别位于两对同源染色体上，且当花粉含AB基因时不能萌发长出花粉管，因而不能参与受精作用。以下分析正确的是（　　）。

A. 这两对基因的遗传不遵循基因的自由组合定律

B. 基因型为AaBb和aabb的植株正反交子代性状及比例相同

C. 两紫茎抗病性状植株正反交后代不一定出现性状分离

D. 用单倍体育种的方法不可以得到基因型为AABB的植株

【解析】 答案C。由题干信息可知，两对等位基因分别位于2对同源染色体上，因此两对等位基因的遗传遵循基因的自由组合定律，A错误；由题意可知，AB的花粉不能参与受精作用，AB的卵细胞能参与受精，因此基因型为AaBb和aabb的植株正反交子代性状及比例不相同，B错误；因为AB的花粉不能进行受精作用，所以不会有AABB个体存在，故紫茎抗病植株的基因型是AaBB、AaBb、AABb，基因型为AaBB与AABb个体正交与反交都不发生性状分离，C正确；单倍体育种的过程是花药离体培养获得单倍体幼苗，用秋水仙素处理单倍体幼苗获得可育二倍体植株，由于AB花粉不能受精，但是可能以离体培养获得单倍体幼苗，因此可以获得基因型为AABB的植株；或者可以用AB的卵细胞进行单倍体育种，D错误。

【提醒】 分析配子致死类型要注意对后代基因型的影响：如AB的花粉不能参与受精作用，即基因组成为AB雄配子致死，所以不会有AABB个体存在，而基因型为AaBB、AaBb、AABb个体源于AB雌配子正常。

针对训练

1. 某植物的花色受不连锁的两对基因A/a、B/b控制，这两对基因与花色的关系如下图所示，此外，a基因对于B基因的表达有抑制作用。现将基因型为AABB的个体与基因型为aabb的个体杂交得到 F_1，则 F_1 的自交后代中花色的表现型及比例是（　　）。

A. 白∶粉∶红，3∶10∶3

B. 白∶粉∶红，3∶12∶1

C. 白∶粉∶红，4∶9∶3

D. 白∶粉∶红，6∶9∶1

2. 等位基因A、a和B、b分别位于不同对的同源染色体上。让显性纯合子（AABB）和隐性纯合子（aabb）杂交得 F_1，再让 F_1 测交，测交后代的表现型比例为1∶3。如果让 F_1 自交，则下列表现型比例中，F_2 不可能出现的是（　　）。

A. 13∶3　　B. 9∶4∶3

C. 9∶7　　D. 15∶1

3.（2019全国卷Ⅱ）某种甘蓝的叶色有绿色和紫色。已知叶色受两对独立遗传的基因A/a和B/b控制，只含隐性基因的个体表现隐性性状，其他基因型的个体均表现显性性状。某小组用绿叶甘蓝和紫叶甘蓝进行了一系列实验。

实验①：让绿叶甘蓝（甲）的植株进行自交，子代都是绿叶。

实验②：让甲植株与紫叶甘蓝（乙）植株进行杂交，子代个体中绿叶∶紫叶=1∶3。

回答下列问题。

（1）甘蓝叶色中隐性性状是__________，实验①中甲植株的基因型为__________。

（2）实验②中乙植株的基因型为________，子代中有________种基因型。

（3）用另一紫叶甘蓝（丙）植株与甲植株杂交，若杂交子代中紫叶和绿叶的分离比为1∶1，则丙植株所有可能的基因型是______________；若杂交子代均为紫叶，则丙植株所有可能的基因型是____________；若杂交子代均为紫叶，且让该子代自交，自交子代中紫叶与绿叶的分离比为15∶1，则丙植株的基因型为______。

4.（2011 山东）荠菜的果实形状有三角形和卵圆形两种，该形状的遗传涉及两对等位基因，分别用A、a，B、b表示。为探究荠菜果实形状的遗传规律，进行了杂交实验（如图）。

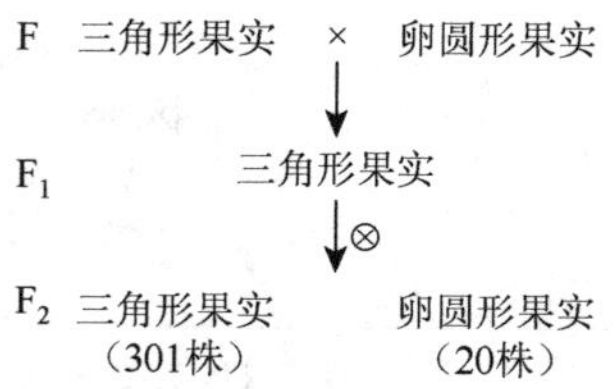

（1）图中亲本基因型为________________。根据F_2表现型比例判断，荠菜果实形状的遗传遵循__________。F_1测交后代的表现型及比例为________________。另选两种基因型的亲本杂交，F_1和F_2的性状表现及比例与图中结果相同，推断亲本基因型为__________________。

（2）图中F_2三角形果实荠菜中，部分个体无论自交多少代，其后代表现型仍然为三角形果实，这样的个体在F_2三角形果实荠菜中的比例为________；还有部分个体自交后发生性状分离，它们的基因型是________。

（3）现有3包基因型分别为AABB、AaBB、和aaBB的荠菜种子，由于标签丢失而无法区分。请设计实验方案确定每包种子的基因型。有已知性状（三角形果实和卵圆形果实）的荠菜种子可供选用。

实验步骤：①______；②______；③______。

结果预测：

Ⅰ如果__________，则包内种子基因型为AABB；

Ⅱ如果__________，则包内种子基因型为AaBB；

Ⅲ如果__________，则包内种子基因型为aaBB。

5.（2019 江苏）杜洛克猪毛色受两对独立遗传的等位基因控制，毛色有红毛、棕毛和白毛三种，对应的基因组成如下表。请回答下列问题：

毛色	红毛	棕毛	白毛
基因组成	A_B_	A_bb、aaB_	aabb

（1）棕毛猪的基因型有________种。

（2）已知两头纯合的棕毛猪杂交得到的F_1均表现为红毛，F_1雌雄交配产生F_2。

①该杂交实验的亲本基因型为__________。

②F_1测交，后代表现型及对应比例为____。

③F_2中纯合个体相互交配，能产生棕毛子代的基因型组合有________种（不考虑正反交）。

④F_2的棕毛个体中纯合体的比例为______。F_2中棕毛个体相互交配，子代白毛个体的比例为__________。

（3）若另一对染色体上有一对基因I、i，I基因对A和B基因的表达都有抑制作用，i基因不抑制，如I_A_B_表现为白毛。基因型为IiAaBb的个体雌雄交配，子代中红毛个体的比例为__________，白毛个体的比例为________。

6. 旱金莲由三对等位基因控制花的长度，这三对基因分别位于三对同源染色体上，作用相等且具叠加性。已知每个显性基因控制花长为5mm，每个隐性基因控制花长为2mm。花长为24mm的同种基因型个体相互授粉，后代出现性状分离，其中与亲本具有同等花长的个体所占比例最可能是（　　）。

A. 1/16　B. 2/16　C. 5/16　D. 6/16

7. 已知某一动物种群中仅有Aabb和AAbb两种类型的个体（aa的个体在胚胎期致死），两对性状的遗传遵循基因的自由组合定律，Aabb∶AAbb=1∶1，且该种群中雌雄个体比例为 1∶1，个体间可以自由交配，则该种群自由交配产生的成活子代中能稳定遗传的个体所占比例是（　　）。

A. 5/8　B. 3/5　C. 1/4　D. 3/4

8.（2010 福建）已知桃树中，树体乔化与矮化为一对相对性状（由等位基因 D、d 控制），蟠桃果形与圆桃果形为一对相对性状（由等位基因 H、h 控制），蟠桃对圆桃为显性。下表是两个杂交组合桃树的实验统计数据：

亲本组合		后代的表现型及其他株数			
组别	表现型	乔化蟠桃	乔化圆桃	矮化蟠桃	矮化圆桃
甲	乔化蟠桃×矮化圆桃	41	0	0	42
乙	乔化蟠桃×乔化圆桃	30	13	0	14

（1）根据组别______的结果，可判断桃树树体的显性性状为______。

（2）甲组的两个亲本基因型分别为____。

（3）根据甲组的杂交结果可判断，上述两对相对性状的遗传不遵循自由组合定律。理由是：如果这两对性状的遗传遵循自由组合定律，则甲组的杂交后代应出现______种表现型，比例应为______。

（4）桃树的蟠桃果形具有较高的观赏性。已知现有蟠桃树种均为杂合子，欲探究蟠桃是否存在显性纯合致死现象（即 HH 个体无法存活），研究小组设计了以下遗传实验，请补充有关内容。

实验方案：________，分析比较子代的表现型及比例。

预期实验结果及结论：①如果子代____，则蟠桃存在显性纯合致死现象；②如果子代____，则蟠桃不存在显性纯合致死现象。

9. 现用山核桃甲（AABB）、乙（aabb）两品种作亲本杂交得 F_1，F_1 测交结果如表，下列有关叙述错误的是（　　）。

测交类型		测交后代基因型种类及比例			
父本	母本	AaBb	Aabb	aaBb	aabb
F_1	乙	1	2	2	2
乙	F_1	1	1	1	1

A. F_1 产生的 AB 花粉 50%不能萌发，不能实现受精

B. F_1 自交得 F_2，F_2 的基因型有 9 种

C. F_1 花粉离体培养，将得到四种表现型不同的植株

D. 正反交结果不同，说明这两对基因的遗传不遵循自由组合定律

7.2.2.3　与自由组合定律有关的遗传实验设计题

典 例 精 讲

题型一　确定基因位置

【典例 1】（2018 全国卷Ⅲ）某小组利用某二倍体自花传粉植物进行两组杂交实验。杂交涉及的四对相对性状分别是：红果（红）与黄果（黄），子房二室（二）与多室（多），圆形果（圆）与长形果（长），单一花序（单）与复状花序（复）。实验数据如下表：

组别	杂交组合	F_1 表现型	F_2 表现型及个体数
甲	红二×黄多	红二	450 红二、160 红多、150 黄二、50 黄多
	红多×黄二	红二	460 红二、150 红多、160 黄二、50 黄多
乙	圆单×长复	圆单	660 圆单、90 圆复、90 长单、160 长复
	圆复×长单	圆单	510 圆单、240 圆复、240 长单、10 长复

回答下列问题：

（1）根据表中数据可得出的结论是：控制甲组两对相对性状的基因位于______上，依据是____；控制乙组两对相对性状的基因位于____（填“一对”或“两对”）同源染色体上，根据是______。

（2）某同学若用“长复”分别与乙组的两个 F_1 进行杂交，结合表中数据分析，其子代的统计结果不符合________的比例。

【解析】 答案：（1）两对同源染色体 F2 出现 9∶3∶3∶1 的性状分离比　一对　F2 圆∶长 =3∶1、单∶复=3∶1，但未出现 9∶3∶3∶1 的

性状分离比，说明两对等位基因遵循分离定律但不遵循自由组合定律　（2）1∶1∶1∶1

（1）由于 F2 出现 9∶3∶3∶1 的性状分离比，说明两对相对性状遵循自由组合定律，那么控制甲组两对相对性状的基因位于两对同源染色体上。对 F_2 中每一对相对性状单独分析时，发现圆∶长=3∶1、单∶复=3∶1，但两对相对性状同时分析时未出现 9∶3∶3∶1 的性状分离比，说明两对等位基因遵循分离定律但不遵循自由组合定律，那么控制乙组两对相对性状的基因位于一对同源染色体上。（2）由（1）可知控制乙组两对相对性状的基因位于一对同源染色体上，“长复”分别与乙组的两个 F_1 进行杂交时其子代的统计结果不符合 1∶1∶1∶1 的比例。

【典例 2】 某二倍体植物体内常染色体上具有三对等位基因（A 和 a，B 和 b，D 和 d），已知 A、B、D 三个基因分别对 a、b、d 基因完全显性，但不知这三对等位基因是否独立遗传。某同学为了探究这三对等位基因在常染色体上的分布情况，做了以下实验：用显性纯合个体与隐性纯合个体杂交得 F_1，再用所得 F_1 同隐性纯合个体测交，结果及比例为 AaBbDd∶AaBbdd∶aabbDd∶aabbdd=1∶1∶1∶1，则下列表述正确的是（　　）。

A. A、B 在同一条染色体上

B. A、b 在同一条染色体上

C. A、D 在同一条染色体上

D. A、d 在同一条染色体上

【解析】 答案 A。从 F_1 的测交结果可以推测出 F_1 能产生四种比例相等的配子：ABD、ABd、abD、abd，基因 A、B 始终在一起，基因 a、b 始终在一起，说明基因 A、B 在同源染色体的一条染色体上，基因 a、b 在另一条染色体上，基因 D 和 d 在另外一对同源染色体上。

【典例 3】（2017 全国卷Ⅲ）已知某种昆虫的有眼（A）与无眼（a）、正常刚毛（B）与小刚毛（b）、正常翅（E）与斑翅（e）这三对相对性状各受一对等位基因控制。现有三个纯合品系：①aaBBEE、②AAbbEE 和③AABBee。假定不发生染色体变异和染色体交换，回答下列问题：

若 A/a、B/b、E/e 这三对等位基因都位于常染色体上，请以上述品系为材料，设计实验来确定这三对等位基因是否分别位于三对染色体上。（要求：写出实验思路、预期实验结果、得出结论）

____

____

____

____

【解析】 根据题目要求，不考虑染色体变异和染色体交换。题中所给三个品系均为双显性一隐性性状，因此可以每两品系进行一次杂交，通过对杂交后自交产生的 F_2 代的性状进行分析，得出结论。选择①×②、②×③、①×③三个杂交组合，分别得到 F_1 和 F_2，若各杂交组合的 F_2 中均出现四种表现型，且比例为 9∶3∶3∶1，则可确定这三对等位基因位于三对染色体上；若出现其他结果，则可确定这三对等位基因不是位于三对染色体上。

题型二　验证自由组合定律

【典例 4】 现有①～④四个果蝇品系（都是纯种），其中品系①的性状均为显性，品系②～④均只有一种性状是隐性，其他性状均为显性。这四个品系的隐性性状及控制该隐性性状的基因所在的染色体如下表所示：

品系	①	②	③	④
隐性性状		残翅	黑身	紫红眼
相应染色体	Ⅱ、Ⅲ	Ⅱ	Ⅱ	Ⅲ

若需验证自由组合定律，可选择下列哪种交配类型？（　　）

A. ①×②　　B. ②×④

C. ②×③　　D. ①×④

【解析】 答案 B。自由组合定律研究的是位于非同源染色体上的非等位基因的遗传规律，若要验证该定律，所取两个亲本具有两对由非同源染色体上的基因控制的不同相对性状即可，故选②×④。

【提醒】　“实验法”验证遗传定律及确定基因位置

验证方法	结论
自交法	F_1自交后代的性状分离比为 9∶3∶3∶1 及其变式，则符合基因的自由组合定律，由位于两对同源染色体上的两对等位基因控制
测交法	F_1测交后代的性状比例为 1∶1∶1∶1 及其变式，则符合基因的自由组合定律，由位于两对同源染色体上的两对等位基因控制
花粉鉴定法	若有四种花粉，比例为 1∶1∶1∶1，则符合自由组合定律，由位于两对同源染色体上的两对等位基因控制

针 对 训 练

1. 某种植物花的颜色由两对基因（A 和 a，B 和 b）控制，A 基因控制色素合成（AA 和 Aa 的效应相同），B 基因为修饰基因，淡化颜色的深度（BB 和 Bb 的效应不同）。其基因型与表现型的对应关系见下表，请回答下列问题：

基因组合	A_Bb	A_bb	A_BB 或 aa__
花的颜色	粉色	红色	白色

（1）让纯合白花植株和纯合红花植株杂交，产生的子一代植株花色全为粉色的。请写出可能的杂交组合亲本基因型：____________________。

（2）为了探究两对基因（A 和 a，B 和 b）是在同一对同源染色体上，还是在两对同源染色体上，某课题小组选用基因型为 AaBb 的植株进行自交实验。

①实验假设：这两对基因在染色体上的位置有三种类型，已给出两种类型，请将未给出的类型画在方框内。如图所示，竖线表示染色体，黑点表示基因在染色体上的位置。

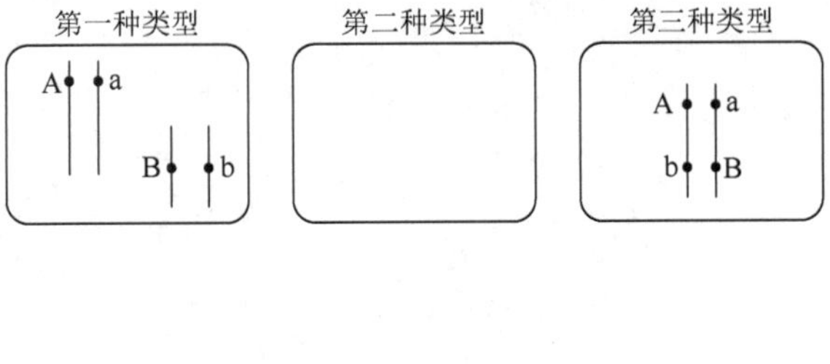

②实验步骤：第一步，粉花植株自交。

第二步，观察并统计子代植株花的颜色和比例。

③实验可能的结果（不考虑交叉互换）及相应的结论：

a. 若________________________，两对基因在两对同源染色体上（符合第一种类型）。

b. 若子代植株花粉色∶白色=1∶1，两对基因在一对同源染色体上（符合第二种类型）。

c. 若______________________，两对基因在一对同源染色体上（符合第三种类型）。

2. 某种植物的性状有高茎和矮茎、紫花和白花。现用纯合的高茎紫花个体与纯合的矮茎白花个体杂交，F_1 均表现为高茎紫花，F_1 自交产生 F_2，F_2 有 4 种表现型：高茎紫花 162 株，高茎白花 126 株，矮茎紫花 54 株，矮茎白花 42 株。请回答：

（1）控制上述两对相对性状的基因之间________（填“遵循”或“不遵循”）自由组合定律，判断依据是________________________。

（2）请在上述实验中选择合适材料，设计一次杂交实验进一步验证你关于（1）的判断，写出简要的实验思路并预测结果。

实验思路：__________________________。

结果预测：__________________________。

3. 某种杜鹃的花有红色和白色，研究小组为探究杜鹃花色的遗传规律进行了杂交实验，结果如图所示。请回答相关问题：

P　红色×白色

↓

F_1　红色

↓⊗

F_2　红色　白色

331　22

（1）据图推测，这种杜鹃的花色最可能由________对等位基因控制。若推测成立，F_2 中部分红色花个体自交后代将发生性状分离，这些个体占 F_2 红色花个体的比例为________。

（2）请你设计一个实验验证（1）的推测。（要求：实验只用一个杂交组合，并给出预期的实验结果。）____。

参 考 答 案

7.1　孟德尔的豌豆杂交实验 1（分离定律）

7.1.2　分离定律的热点题型

1. C　2. A　3. D　4. B　5. C　6. C

7.（1）红果　F_1红果自交出现性状分离

（2）Dd　Dd　DD∶Dd=1∶2　（3）黄果　dd（4）让红果植株连续多代自交，逐代淘汰黄果　（5）3/16

8.（1）黄色、灰色　（2）Aa_2、a_1a_2　1/8　（3）6（4）实验思路：①黑　②观察并统计后代毛色的比例

结果预测：①黄色和灰色　②黄色和黑色

7.2　孟德尔的豌豆杂交实验 2（自由组合定律）

7.2.1　自由组合定律的发现过程

1. B

2.（1）非同源染色体　自由组合　随机结合　相等　抗锈病无芒×感锈病有芒　抗锈病有芒×感锈病无芒（2）抗锈病无芒∶抗锈病有芒=3∶1　抗锈病无芒∶感锈病无芒=3∶1　感锈病无芒∶感锈病有芒=3∶1　抗锈病有芒∶感锈病有芒=3∶1

7.2.2　自由组合定律的热点题型

7.2.2.1　基因自由组合定律的常见题型

1.（1）8　1/8　27　1/32　8　27/64　（2）4　1/4　9　1/8　6　3/8　（3）8　1/8　27　1/32　8　27/64

2. D　3. B

4.（1）有毛　黄肉　（2）DDff、ddFf、ddFF（3）无毛黄肉∶无毛白肉=3∶1　（4）有毛黄肉∶有毛白肉∶无毛黄肉∶无毛白肉=9∶3∶3∶1　（5）ddFF、ddFf

5. C

7.2.2.2　自由组合定律中 9∶3∶3∶1 变式的题型

1. C　2. B　3.（1）绿色；aabb　（2）AaBb　4（3）Aabb、aaBb　AABB、AAbb、aaBB、AaBB、AABb　AABB

4.（1）AABB 和 aabb　自由组合　三角形∶卵圆形=3∶1　AAbb 和 aaBB　（2）7/15　AaBb、AaBb 和 aaBb（3）答案一：①用 3 包种子长成的植株分别与卵圆形果实种子长成的植株杂交，得 F_1 种子　②F_1 种子长成的植株自交，得 F_2 种子　③F_2 种子长成植株后，按果实形状的表现型统计植株的比例：Ⅰ F_2 三角形与卵圆形植株的比例约为 15∶1　Ⅱ F_2 三角形与卵圆形植株的比例约为 27∶5　Ⅲ F_2 三角形与卵圆形植株的比例约为 3∶1　答案二：①用 3 包种子长成的植株分别与卵圆形果实种子长成的植株杂交，得 F_1 种子　②F_1 种子长成的植株分别与卵圆形果实种子长成的植株杂交，得 F_2 种子　③F_2 种子长成植株后，按果实形状的表现型统计植株的比例　Ⅰ F_2 三角形与卵圆形植株的比例约为 3∶1 Ⅱ F_2 三角形与卵圆形植株的比例约为 5∶3　Ⅲ F_2 三角形与卵圆形植株的比例约为 1∶1。

5.（1）4　（2）①AAbb 和 aaBB　②红毛∶棕毛∶白毛=1∶2∶1　③4　④1/3　1/9　（3）9/64　49/64

6. D　7. B　8.（1）乙　乔化　（2）DdHh、ddhh　（3）4　1∶1∶1∶1　（4）让蟠桃树种自交，蟠桃与圆桃之比为 2∶1，蟠桃与圆桃之比为 3∶1　9. D

7.2.2.3　与自由组合定律有关的遗传实验设计题

1.（1）AABB×AAbb 或 aaBB×AAbb

（2）①

第二种类型

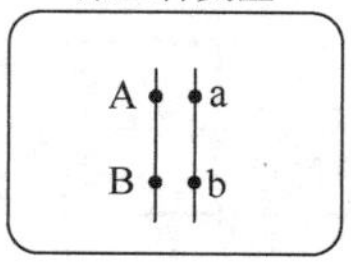

③a. 子代植株花粉色∶红色∶白色=6∶3∶7

c. 子代植株花粉色∶红色∶白色=2∶1∶1

2.（1）遵循　F_2 中高茎∶矮茎=3∶1，紫花∶白花=9∶7，且 F_2 中高茎紫花∶高茎白花∶矮茎紫花∶矮茎白花=27∶21∶9∶7，符合自由组合定律

（2）将 F_1 与亲本矮茎白花植株杂交，观察并统计后代的表现型及比例

后代中高茎紫花∶高茎白花∶矮茎紫花∶矮茎白花=1∶3∶1∶3

3.（1）两　8/15（2）让 F_1 红色花个体与白色花个体测交，后代中红色花∶白色花=3∶1

第 8 章　基因和染色体的关系

8.1　基因在染色体上

核心问题

1. 萨顿是用什么方法得出“基因在染色体上”的？

答：类比推理法。具体过程如下：

发现问题：用蝗虫作材料，研究精子和卵细胞的形成过程，发现孟德尔定律中基因的分离与减数分裂中同源染色体的分离非常相似。

依据：基因和染色体行为存在着明显的平行关系。

提出假说：基因位于染色体上。

【点拨】类比推理得出的结论并不具有逻辑的必然性，其正确与否，还需要观察和实验的检验。

2. 摩尔根是如何证明“基因在染色体上”的？

答：假说-演绎法。具体过程如下：

①实验现象：

P　红眼（雌）　×　白眼（雄）

↓

F_1　红眼（雌、雄）

↓F_1雌雄交配

F_2　红眼（雌、雄）　白眼（雄）

3/4　1/4

②提出问题：为什么 F_2 白眼个体只出现在雄性个体中？

③提出假说：控制白眼的基因（用 w 表示）在 X 染色体上，而 Y 染色体不含有它的等位基因。

红眼（雌）　白眼（雄）

P　X^WX^W　×　X^wY

↓

红眼（雌、雄）

F_1　X^WX^w　X^WY

↓F_1雌雄交配

红眼（雌、雄）　白眼（雄）

F_2　1/4X^WX^w　1/4X^WX^W　1/4X^WY　1/4 X^wY

④演绎推理，验证假说：

红眼（雌）　白眼（雄）

P　X^WX^w　×　X^wY

↓

红眼（雌）　白眼（雌）　红眼（雄）　白眼（雌）

F_1　1/4X^WX^w　1/4X^wX^w　1/4X^WY　1/4X^wY

⑤得出结论：控制白眼的基因（用 w 表示）在 X 染色体上，而 Y 染色体不含有它的等位基因。

【点拨】从实验现象中可看出果蝇眼色的遗传和性别相关联，那么也可以提出这样的假说：控制眼色的基因位于 X、Y 染色体的同源区段，X 染色体和 Y 染色体上都有。这一假说也能解释实验现象和预测对 F_1 的测交实验的结果。那么控制眼色的基因究竟在哪里？这需要设计新的实验来证明：让白眼雌果蝇和野生型的红眼雄果蝇交配，后代的雌果蝇表现为红眼、雄果蝇表现为白眼。这一结果有力地证明了：控制眼色的基因在 X 染色体上，而 Y 染色体不含有它的等位基因。

3. 所有基因都在染色体上吗？

答：并非所有基因都在染色体上。真核生物的细胞核基因在染色体上，而原核生物的基因和真核生物的细胞质基因都不在染色体上。

典 例 精 讲

【典例 1】 如图表示某二倍体生物一对同源染色体上的部分基因，以下正确的是（　　）。

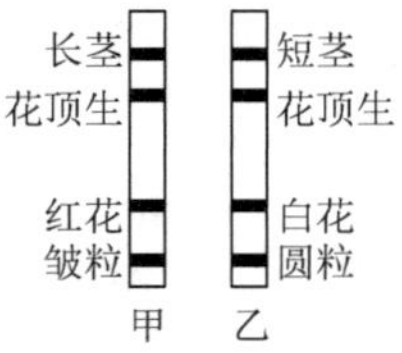

A. 该对同源染色体上共存在 4 对等位基因

B. 图示所有基因在染色体上呈线性排列

C. 图中茎长和花色两对相对性状的遗传遵循基因自由组合定律

D. 甲染色体上所示基因控制的性状在该生物体内可全部观察到

【解析】 答案 B。图中只画了部分基因，可能还有没画出的基因，A 错误。由图示可知基因在染色体上呈线性排列，B 正确。控制茎长和花色两对相对性状的基因在同一对同源染色体上，所以它们不遵循自由组合定律，C 错误。因为基因存在显隐性，有显性基因存在时，隐性基因控制的性状是不表现的，D 错误。

【典例 2】 摩尔根在果蝇杂交实验中发现了伴性遗传，在果蝇野生型个体与白眼突变体杂交实验中，最早能够判断白眼基因位于 X 染色体上的最关键实验结果是（　　）。

A. 白眼突变体与野生型个体杂交，F_1 全部表现为野生型，雌雄比例为 1∶1

B. F_1 自由交配，后代出现性状分离，白眼全部是雄性

C. F_1 雌性与白眼雄性杂交，后代出现白眼，且雌雄比例均为 1∶1

D. 白眼雌性与野生型雄性杂交，后代白眼全部为雄性，野生型全部为雌性

【解析】 答案 B。白眼基因若位于 X 染色体上，则白眼性状应与性别有关，其中 B 项是最早提出的实验证据。

【典例 3】（2016 全国Ⅰ）已知果蝇的灰体和黄体受一对等位基因控制，但这对相对性状的显隐性关系和该等位基因所在的染色体是未知的。同学甲用一只灰体雌蝇与一只黄体雄蝇杂交，子代中♀灰体∶♀黄体∶♂灰体∶♂黄体为 1∶1∶1∶1。同学乙用两种不同的杂交实验都证实了控制黄体的基因位于 X 染色体上，并表现为隐性。请根据上述结果，回答下列问题：

（1）仅根据同学甲的实验，能不能证明控制黄体的基因位于 X 染色体上，并表现为隐性？________。

（2）请用同学甲得到的子代果蝇为材料设计两个不同的实验，这两个实验都能独立证明同学乙的结论（要求：每个实验只用一个杂交组合，并指出支持同学乙结论的预期实验结果）。

____

____。

【解析】（1）不能。

（2）实验 1：杂交组合：♀灰体×♂灰体。

预期结果：子代中所有的雌性都表现为灰体，雄性中一半表现为灰体，另一半表现为黄体。

实验 2：杂交组合：♀黄体×♂灰体。

预期结果：子代中所有的雌性都表现为灰体，雄性都表现为黄体

> **【提醒】** 常染色体杂合子测交情况下也符合题干中的比例，故既不能判断控制黄体的基因是否位于 X 染色体上，也不能证明控制黄体的基因表现为隐性。设控制灰体的基因为 A，控制黄体的基因为 a，假定相关基因位于 X 染色体上，则同学甲的实验中，亲本黄体雄果蝇基因型为 X^aY，而杂交子代出现四种表现型且分离比为 1∶1∶1∶1，则亲本灰体雌蝇为杂合子，即 X^AX^a。作遗传图解，得到 F_1 的基因型：X^AX^a、X^aX^a、X^AY、X^aY，F_1 果蝇中杂交方式共有 4 种。其中，灰体雌蝇和黄体雄蝇杂交组合与亲本相同，由（1）可知无法证明同学乙的结论。而黄体雌蝇与黄体雄蝇杂交组合中，子代均为黄体，无性状分离，亦无法证明同学乙的结论。故应考虑采用灰体雌蝇与灰体雄蝇杂交，后代表型为：雌性个体全为灰体，雄性个体灰体与黄体比例接近 1∶1；黄体雌蝇与灰体雄蝇杂交，后代表现型为：雌性个体全为灰体，雄性个体全为黄体。

【典例 4】 已知果蝇的红眼和白眼是一对相对性状（红眼 W、白眼 w），且雌雄果蝇均有红眼和白眼类型。现有若干红眼和白眼的雌雄果蝇，某实验小组欲用一次交配实验证明这对基因位于何种染色体上。下列相关叙述错误的是（　　）。

A. 若子代中雌果蝇全部为红眼，雄果蝇全部为白眼，则这对基因位于 X 染色体上

B. 若子代中雌雄果蝇全部为红眼，则这对基因位于常染色体或 X、Y 染色体的同源区段上

C. 若子代中雌雄果蝇均既有红眼又有白眼，则这对基因位于常染色体上

D. 这对基因也有可能只位于 Y 染色体上

【解析】 答案 D。欲判断基因的位置，在已知显隐性的情况下，应选用隐性雌性个体与显性雄性个体交配，所以本实验应选择白眼雌果蝇与红眼雄果蝇杂交。预测实验结果时，可以采用假设法：如果该对基因位于 X 染色体上，则白眼雌果蝇与红眼雄果蝇的基因型分别为 X^wX^w 和 X^WY，杂交后代基因型为 X^WX^w 和 X^wY，雌果蝇全部为红眼，雄果蝇全部为白眼，A 正确；如果该对基因位于 X、Y 染色体的同源区段上，则白眼雌果蝇与红眼雄果蝇的基因型分别为 X^wX^w 和 X^WY^W，杂交后代的基因型为 X^WX^w 和 X^wY^W，雌雄果蝇均为红眼；如果该对基因位于常染色体上，且基因型为 ww 和 WW，则子代果蝇全部为红眼，B 正确；如果该对基因位于常染色体上，且基因型为 ww 和 Ww，则子代中雌雄果蝇均既有红眼，又有白眼，C 正确；由于红眼和白眼在雌果蝇中出现，所以该对基因不可能只位于 Y 染色体上，D 错误。

【提醒】 实验法判断基因位置的思路。

1. 判断在常染色体上还是在 X 染色体上。

（1）若已知性状的显隐性：

隐性雌 × 显性雄 ⇒
- a. 若子代中雌性全为显性，雄性全为隐性 ⇒ 在X染色体上
- b. 若子代中雌性有隐性，雄性中有显性 ⇒ 在常染色体上

（2）若未知性状的显隐性：

设计正反交实验 ⇒
- a. 若正反交子代雌雄表现型相同 ⇒ 在常染色体上
- b. 若正反交子代雌雄表现型不同 ⇒ 在X染色体上

2. 判断在 X、Y 染色体的同源区段还是仅位于 X 染色体上。

（1）基本思路一：用“隐性雌 × 纯合显性雄”进行杂交，观察分析 F_1 的性状。即：

隐性雌 × 纯合显性雄
- ①若子代所有雄性均为显性性状 ⇒ 位于同源区段上
- ②若子代所有雄性均为隐性性状 ⇒ 仅位于X染色体上

（2）基本思路二：用“杂合显性雌 × 纯合显性雄”进行杂交，观察分析 F_1 的性状。即：

杂合显性雌 × 纯合显性雄
- ①若子代中雌雄个体全表现显性性状 ⇒ 位于X、Y染色体的同源区段上
- ②若子代中雌性个体全表现显性性状，雄性个体中既有显性性状又有隐性性状 ⇒ 仅位于X染色体上

3. 判断基因位于常染色体还是 X、Y 染色体同源区段。

X、Y 染色体同源区段上的基因虽存在等位基因，但其传递状况往往与常染色体有区别，也可表现出与性别相联系，如当 Y 染色体上含显性基因（Y^A）时，其雄性子代一定表现显性性状。而 X^aX^a 与 X^AY^a 个体杂交的子代中，雄性个体则一定表现隐性性状，雌性个体一定表现显性性状——这与常染色体上等位基因随机传递显然有差别。

（1）实验设计：隐性的纯合雌性个体与显性的纯合雄性个体杂交获得的 F_1 全表现为显性性状，再选子代中的雌雄个体杂交获得 F_2，观察 F_2 表现型情况。

（2）结果预测及结论：

①若 F_2 雌雄个体中都有显性性状和隐性性状出现，则该基因位于常染色体上；

> ②若 F_2 中雄性个体全表现为显性性状，雌性个体中既有显性性状又有隐性性状，则该基因位于X、Y染色体的同源区段上。

针 对 训 练

1. 下列有关基因和染色体的叙述错误的是（　　）。

①染色体是基因的主要载体，基因在染色体上呈线性排列

②摩尔根利用果蝇进行杂交实验，运用“假说—演绎法”确定了基因在染色体上

③同源染色体的相同位置上一定是等位基因

④一条染色体上有许多基因，染色体就是由基因组成的

⑤萨顿研究蝗虫的减数分裂，运用类比推理的方法提出假说“基因在染色体上”

A. ①②③⑤　　B. ②③④

C. ③④　　D. ①②⑤

2. 萨顿依据“基因和染色体行为存在着明显的平行关系”，而提出“基因是由染色体携带着从亲代传递给下一代的”假说，以下哪项不属于他所依据的“平行”关系？（　　）。

A. 基因和染色体在体细胞中都是成对存在，在配子中都只有成对中的一个

B. 非同源染色体上的非等位基因在形成配子时自由组合；非同源染色体在减数分裂中也有自由组合

C. 作为遗传物质的DNA，是双链结构

D. 基因在杂交过程中保持完整性和独立性；染色体在配子形成和受精过程中，也有相对稳定的形态结构

3. 果蝇的红眼对白眼为显性，且控制眼色的基因在X染色体上。下列杂交组合中，通过眼色即可直接判断子代果蝇性别的一组是（　　）。

A. 杂合红眼雌果蝇×红眼雄果蝇

B. 白眼雌果蝇×红眼雄果蝇

C. 杂合红眼雌果蝇×白眼雄果蝇

D. 白眼雌果蝇×白眼雄果蝇

4. 纯种果蝇中，朱红眼♂×暗红眼♀，F_1 中只有暗红眼；而反交，暗红眼♂×朱红眼♀，F_1 中雌性为暗红眼，雄性为朱红眼。设相关的基因为A和a，则下列说法错误的是（　　）。

A. 正、反交实验常被用于判断有关基因所在的染色体类型

B. 正、反交的实验结果说明这对控制眼色的基因不在常染色体上

C. 正、反交的子代中，雌性果蝇的基因型都是 X^AX^a

D. 若正、反交的 F_1 代中雌、雄果蝇自由交配，其后代表现型的比例都是1∶1∶1∶1

5. 如图为果蝇性染色体结构简图。要判断果蝇某伴性遗传的基因是位于片段Ⅰ上还是片段Ⅱ-1上，现用一只表现型为隐性的雌蝇与一只表现型为显性的雄蝇杂交，不考虑突变。根据子代的性状表现对该基因的位置进行判断，下列说法正确的是（　　）。

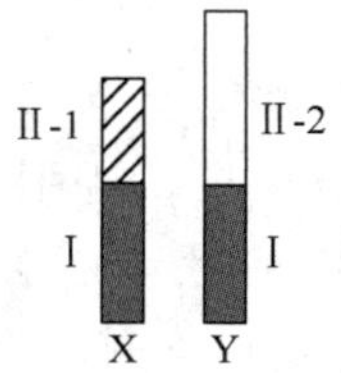

A. 若后代雌蝇为显性，雄蝇为隐性，则该基因一定位于片段Ⅰ上

B. 若后代雌蝇为显性，雄蝇为隐性，则该基因一定位于片段Ⅱ-1上

C. 若后代雌蝇为隐性，雄蝇为显性，则该基因一定位于片段Ⅰ上

D. 若后代雌蝇为隐性，雄蝇为显性，则该基因一定位于片段Ⅱ-1上

6. 果蝇是遗传学的良好材料。现有果蝇某性状的纯种野生型雌、雄品系与纯种突变型雌、雄品系（均未交配过），某研究小组从中选取亲本进行杂交实验，结果如图：

P　　♀突变型×♂野生型

↓

F_1　　雌、雄相互交配

↓

F_2　♀野生型 ∶ ♀突变型 ∶ ♂野生型 ∶ ♂突变型

80 ∶ 82 ∶ 76 ∶ 77

该性状仅受一对基因控制，根据实验回答问题：

（1）从实验结果可推断控制该性状的基因

位于__________（填“常”或“X”）染色体上，理由是_______________________________。

（2）从实验结果还可推断突变型对野生型为________（填“显性”或“隐性”）性状。若用 B、b 表示该基因，F_1 果蝇的基因型为______。

（3）若要进一步验证以上推断，可从 F_2 中选择材料进行杂交实验，则应选择 F_2 中表现型为__________果蝇作为亲本进行实验，若杂交一代表现型及比例为____________________则推断成立。

8.2　伴 性 遗 传

核 心 问 题

1. 伴性遗传有哪些类型？各自特点如何？

答：（1）伴 X 染色体隐性遗传实例——红绿色盲。

①男性的色盲基因一定传给女儿，也一定来自母亲，表现为交叉遗传特点。

②若女性为患者，则其父亲和儿子一定是患者；若男性正常，则其母亲和女儿也一定正常。

③如果一个女性携带者的父亲和儿子均患病，说明这种遗传病的遗传特点是隔代遗传。

④男性患者多于女性患者。

（2）伴 X 染色体显性遗传实例——抗维生素 D 佝偻病。

①男性的抗维生素 D 佝偻病基因一定传给女儿，也一定来自母亲。

②若男性为患者，则其母亲和女儿一定是患者；若女性正常，则其父亲和儿子也一定正常。

③女性患者多于男性患者，往往具有世代连续遗传。

（3）伴 Y 染色体遗传实例——外耳道多毛症。

①患者全为男性，女性全部正常。②没有显隐性之分。③父传子，子传孙，具有世代连续性。

（4）若基因位于 XY 染色体同源区段上。

①存在等位基因；②不同于常染色体遗传，亦表现为伴性遗传的特点，与性别相关联。

2. 色盲基因和抗维生素 D 佝偻病基因同样都是位于 X 染色体的非同源区段，为什么前者是“男性患者多于女性”而后者是“女性患者多于男性”？

答：因为色盲基因为隐性基因，女性体细胞内的两个 X 染色体上同时具备 b 基因时才会患病，而男性体细胞内只有一条 X 染色体，只要具备一个 b 基因就表现为色盲，所以“男性患者多于女性”；而抗维生素 D 佝偻病基因为显性基因，女性体细胞内的两个 X 染色体上只有同时具备 d 基因时才会正常，而男性只要具备一个 d 基因就表现为正常，所以“女性患者多于男性”。

3. 伴性遗传在实践中有哪些应用？

答：（1）推测后代发病率，指导优生优育。

婚配实例	生育建议及原因分析
男性正常×女性色盲	生女孩；原因是该夫妇所生男孩均患色盲
抗维生素 D 佝偻病男性×女性正常	生男孩；原因是该夫妇所生女孩全患病，而男孩正常

（2）根据性状推断性别，指导生产实践。

实例：已知控制鸡的羽毛有横斑条纹的基因只位于 Z 染色体上，且芦花（B）对非芦花（b）为显性。在某养鸡场为选育雌鸡用于产蛋，请简要设计遗传杂交实验过程。

实验设计：选择非芦花雄鸡和芦花雌鸡杂交获得 F_1，然后从 F_1 中选择表现型为“非芦花”的个体并保留，其余个体淘汰。

典 例 精 讲

【典例 1】 一个患有牙齿珐琅质褐色病症的男人与正常女人结婚后，其所有男性后代均正常，但是所有女性后代都为患者。男性后代与正常女性结婚，所生子女都正常。若女性后代与正常男性结婚，其下一代的表现可能是（　　）。

A. 女孩的患病概率为 1/2，男孩正常

B. 患病的概率为 1/4

C. 男孩的患病概率为 1/2，女孩正常

D. 健康的概率为 1/2

【解析】 答案 D。根据题中所描述的家系表现型，推知牙齿珐琅质褐色病症是由 X 染色体上的显性基因控制的，假设控制该病的相关基因用 A、a 表示，则题中女性后代的基因型为 X^AX^a，与正常男性 X^aY 结婚，所生下一代基因型及表现型为 X^AX^a（患病女性，1/4）、X^aX^a（正常女性，1/4）、X^AY（患病男性，1/4）、X^aY（正常男性，1/4），故女孩患病的概率为 1/2，男孩患病的概率为 1/2，子代中患病的概率为 1/2，正常的概率为 1/2。

【典例 2】（2014 新课标Ⅱ）山羊性别决定方式为 XY 型。下面的系谱图表示了山羊某种性状的遗传，图中深色表示该种性状的表现者。

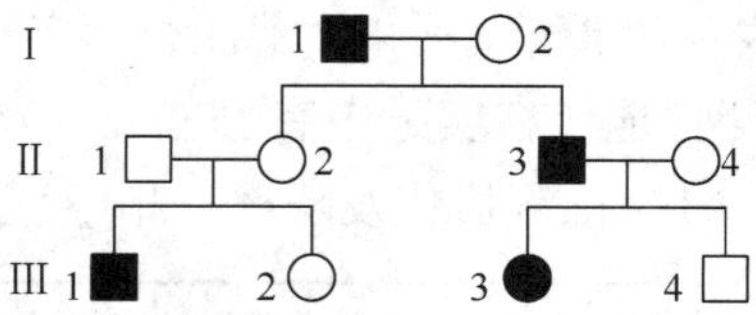

已知该性状受一对等位基因控制，在不考虑染色体变异和基因突变的条件下，回答下列问题：

（1）据系谱图推测，该性状为________（填“隐性”或“显性”）性状。

（2）假设控制该性状的基因仅位于 Y 染色体上，依照 Y 染色体上基因的遗传规律，在第Ⅲ代中表现型不符合该基因遗传规律的个体是________________（填个体编号）。

（3）若控制该性状的基因仅位于 X 染色体上，则系谱图中一定是杂合子的个体是______（填个体编号），可能是杂合子的个体是______（填个体编号）。

【解析】（1）由于图中不表现该性状的$Ⅱ_1$和$Ⅱ_2$生下表现该性状的$Ⅲ_1$，说明该性状为隐性性状。

（2）若控制该性状的基因位于 Y 染色体上，则该性状只在公羊中表现，不在母羊中表现。由图可知，$Ⅱ_3$为表现该性状的公羊，其后代$Ⅲ_3$（母羊）不应该表现该性状，而$Ⅲ_4$（公羊）应该表现该性状；$Ⅱ_1$（不表现该性状）的后代$Ⅲ_1$（公羊）不应该表现该性状，因此在第Ⅲ代中表现型不符合该基因遗传规律的个体是$Ⅲ_1$、$Ⅲ_3$和$Ⅲ_4$。

（3）若控制该性状的基因仅位于 X 染色体上，假设控制这个性状的基因为 a，由于$Ⅱ_3$（X^aY）表现该性状，$Ⅱ_3$的 X 染色体只能来自$Ⅰ_2$，故$Ⅰ_2$的基因型为 X^AX^a，肯定为杂合子。由于$Ⅰ_1$、$Ⅲ_1$表现该性状，而$Ⅱ_2$不表现该性状，则$Ⅱ_2$的基因型为 X^AX^a，肯定为杂合子。由于$Ⅲ_3$（X^aX^a）是表现该性状的母羊，其中一条 X 染色体（X^a）必来自$Ⅱ_4$，而$Ⅱ_4$不表现该性状，故$Ⅱ_4$的基因型为 X^AX^a，肯定为杂合子。因此，系谱图中一定是杂合子的个体是$Ⅰ_2$、$Ⅱ_2$、$Ⅱ_4$。$Ⅱ_1$和$Ⅱ_2$的交配组合为 $X^AY×X^AX^a$，其后代所有的基因型为 X^AX^A、X^AX^a、X^AY、X^aY，故$Ⅲ_2$（X^AX^-）可能是杂合子。

【典例 3】 如图为某家系的遗传系谱图，已知$Ⅱ_4$无致病基因，甲病基因用 A、a 表示，乙病基因用 B、b 表示。下列推断错误的是（　　）。

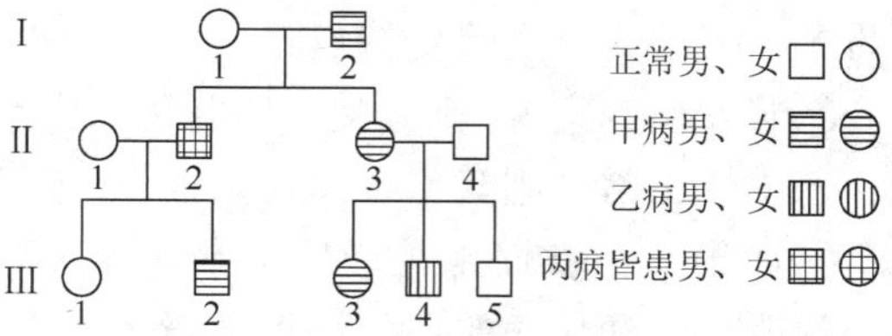

A. 甲病为常染色体显性遗传病，乙病为伴 X 染色体隐性遗传病

B. $Ⅱ_2$的基因型为 AaX^bY，$Ⅱ_3$的基因型为 AaX^BX^B 或 AaX^BX^b

C. 如果$Ⅲ_2$与$Ⅲ_3$婚配，生出患甲病男孩的概率为 3/8

D. 如果$Ⅲ_2$与$Ⅲ_3$婚配，生出正常孩子的概率为 7/32

【解析】 答案 B。因为$Ⅱ_3$和$Ⅱ_4$均无乙病，$Ⅲ_4$有乙病且$Ⅱ_4$无致病基因，所以乙病为伴 X 染色体隐性遗传病；$Ⅱ_2$有甲病，$Ⅲ_1$无甲病所以甲病为常染色体显性遗传病，A 正确；$Ⅱ_2$患有两种遗传病，且母亲没有甲病，所以$Ⅱ_2$的基因型为 AaX^bY，$Ⅱ_3$有甲病且为乙病基因的携带者，母亲无甲病，所以$Ⅱ_3$的基因型为 AaX^BX^b，B 错误；$Ⅱ_2$的基因型为 AaX^bY，$Ⅱ_1$无甲病，则$Ⅲ_2$的基因型为 AaX^BY，$Ⅱ_3$的基因型为 AaX^BX^b，$Ⅱ_4$无致病基因，其基因型为 aaX^BY，所以$Ⅲ_3$的基因型为 AaX^BX^B 或 AaX^BX^b，因此$Ⅲ_2$ AaX^BY 与$Ⅲ_3$ AaX^BX^B 或 AaX^BX^b 婚配，不患甲病的概率为 1/4，生出患甲病孩子的概率为 3/4，3/4×1/2=3/8，C 正确；不患乙病的概率为 7/8，生出

正常孩子的概率为 7/32，D 正确。

【提醒】（1）单基因遗传病的遗传方式的判断。

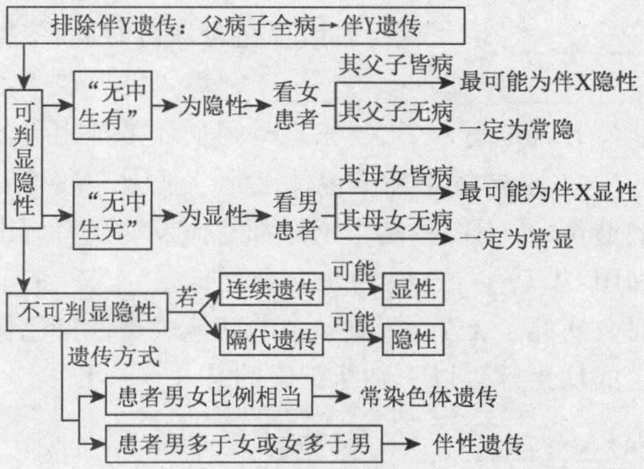

（2）男孩（女孩）患病概率与患病男孩（女孩）概率的区分：

①由常染色体上的基因控制的遗传病：患病概率与性别无关，不存在性别差异，因此，男孩患病概率=女孩患病概率=患病孩子概率。“患病”与“男孩”（或女孩）是两个独立事件，因此需把患病概率×性别比例，即患病男孩概率=患病女孩概率=患病孩子概率×1/2。

②由性染色体上的基因控制的遗传病：致病基因位于性染色体上，它的遗传与性别连锁，“男孩患病”是指男孩中患病的，不考虑女孩；“患病男孩”则是所有孩子中患病的男孩，二者主要区别是概率计算的范围不同。即患病男孩的概率=患病男孩在后代全部孩子中的概率；男孩患病的概率=后代男孩中患病的概率。

【典例 4】（2019 全国卷Ⅰ）某种二倍体高等植物的性别决定类型为 XY 型。该植物有宽叶和窄叶两种叶形，宽叶对窄叶为显性。控制这对相对性状的基因（B/b）位于 X 染色体上，含有基因 b 的花粉不育。下列叙述错误的是（　　）。

A. 窄叶性状只能出现在雄株中，不可能出现在雌株中

B. 宽叶雌株与宽叶雄株杂交，子代中可能出现窄叶雄株

C. 宽叶雌株与窄叶雄株杂交，子代中既有雌株又有雄株

D. 若亲本杂交后子代雄株均为宽叶，则亲本雌株是纯合子

【解析】 答案 C。由于含有基因 b 的花粉不育，因此不可能形成基因型为 X^bX^b 的个体，A 正确；若宽叶雌株基因型为 X^BX^b，则与宽叶雄株杂交，子代中可能出现基因型为 X^bY 的窄叶雄株，B 正确；由于含有基因 b 的花粉不育，所以窄叶雄株的子代只有雄株，C 错误；后代雄株的 X 染色体来自亲代雌株，若后代雄株均为宽叶，则亲代雌株只能提供含基因 B 的卵细胞，故亲本雌株是纯合子，D 正确。

【典例 5】（2016 全国卷Ⅱ）果蝇的某对相对性状由等位基因 G、g 控制，且对于这对性状的表现型而言，G 对 g 完全显性。受精卵中不存在 G、g 中的某个特定基因时会致死。用一对表现型不同的果蝇进行交配，得到的子一代果蝇中雌：雄=2：1，且雌蝇有两种表现型。据此可推测：雌蝇中（　　）。

A. 这对等位基因位于常染色体上，G 基因纯合时致死

B. 这对等位基因位于常染色体上，g 基因纯合时致死

C. 这对等位基因位于 X 染色体上，g 基因纯合时致死

D. 这对等位基因位于 X 染色体上，G 基因纯合时致死

【解析】 答案 D。由题意“子一代果蝇中雌：雄=2：1”可知，该相对性状的遗传与性别相关联，为伴性遗传，G、g 这对等位基因位于 X 染色体上；由题意“子一代雌蝇有两种表现型且双亲的表现型不同”可推知：双亲的基因型分别为 X^GX^g 和 X^gY；再结合题意“受精卵中不存在 G、g 中的某个特定基因时会致死”，可进一步推测：受精卵中 G 基因纯合时致死。综上分析，A、B、C 均错误，D 正确。

【提醒】

（1）利用遗传规律判断基因位于常染色体上还是性染色体上，再根据性状分离比例进一步筛选。

（2）伴性遗传中的致死问题。

①X 染色体上隐性基因使雄配子（花粉）致死，即含 X^g 的雄配子不能参与受精作用。

②X 染色体上隐性基因纯合使个体致死，即 X^gY 和 X^gX^g 致死。

针 对 训 练

1. 抗维生素 D 佝偻病为 X 染色体显性遗传病，短指为常染色体显性遗传病，红绿色盲为 X 染色体隐性遗传病，白化病为常染色体隐性遗传病。下列关于这四种遗传病遗传特征的叙述，正确的是（　　）。

A. 短指的发病率男性高于女性

B. 红绿色盲女性患者的父亲是该病的患者

C. 抗维生素 D 佝偻病的发病率男性高于女性

D. 白化病通常会在一个家系的几代人中连续出现

2. 人的 X 染色体和 Y 染色体大小、形态不完全相同，但存在着同源区段（Ⅱ）和非同源区段（Ⅰ、Ⅲ），如图所示。下列有关叙述错误的是（　　）。

A. 若某病是由位于非同源区段Ⅲ上的致病基因控制的，则患者均为男性

B. 若 X、Y 染色体上存在一对等位基因，则该对等位基因位于同源区段Ⅱ上

C. 若某病是由位于非同源区段Ⅰ上的显性基因控制的，则男性患者的儿子一定患病

D. 若某病是由位于非同源区段Ⅰ上的隐性基因控制的，则患病女性的儿子一定是患者

3.（2015 全国卷Ⅱ）等位基因 A 和 a 可能位于 X 染色体上，也可能位于常染色体上。假定某女孩的基因型是 X^AX^A 或 AA，其祖父的基因型是 X^AY 或 Aa，祖母的基因型是 X^AX^a 或 Aa，外祖父的基因型是 X^AY 或 Aa，外祖母的基因型是 X^AX^a 或 Aa。请回答下列问题：

（1）如果这对等位基因位于常染色体上，能否确定该女孩的 2 个显性基因 A 来自祖辈 4 人中的具体哪两个人？为什么？______________

（2）如果这对等位基因位于 X 染色体上，那么可判断该女孩两个 X^A 中的一个必然来自________（填“祖父”或“祖母”），判断依据是________；此外，________（填“能”或“不能”）确定另一个 X^A 来自外祖父还是外祖母。

4. 血友病是 X 染色体上隐性基因（h）控制的遗传病。下图中两个家系都有血友病患者，$Ⅲ_2$ 和 $Ⅲ_3$ 婚后生下一个性染色体组成是 XXY 的非血友病儿子（$Ⅳ_2$），家系中的其他成员性染色体组成均正常。以下判断正确的是（　　）。

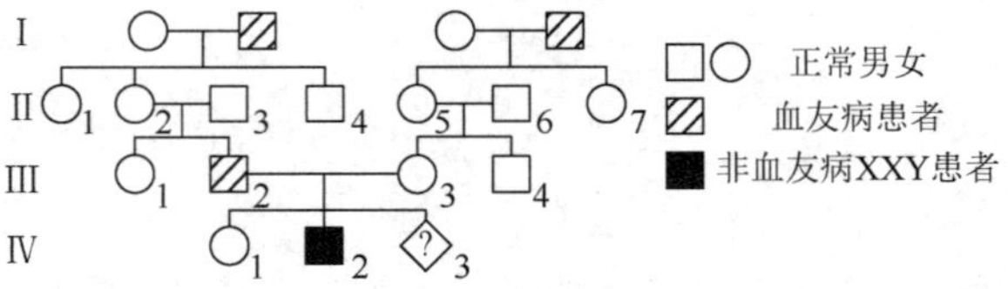

A. $Ⅳ_2$ 性染色体异常是因为 $Ⅲ_2$ 在形成配子过程中 XY 没有分开

B. 此家族中，$Ⅲ_3$ 的基因型是 X^HX^h，$Ⅳ_1$ 的基因型是 X^HX^H 或 X^HX^h

C. 若 $Ⅲ_2$ 和 $Ⅲ_3$ 再生育，$Ⅳ_3$ 个体为男性且患血友病的概率为 1/2

D. 若 $Ⅳ_1$ 和正常男子结婚，所生育的子女中患血友病的概率是 1/4

5. 图 1 为某单基因遗传病的家庭系谱图，该基因可能位于图 2 的 A、B、C 区段或常染色体上，下列据图分析合理的是（　　）。

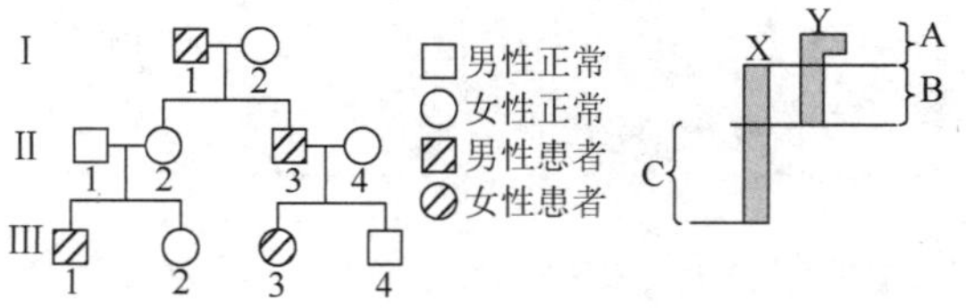

图 1　　图 2

A. 该遗传病一定为常染色体隐性遗传病或伴 X 染色体隐性遗传病

B. 控制该性状的基因位于图 2 的 A 区段，因为男性患者多

C. 无论是哪种单基因遗传病，$Ⅰ_2$、$Ⅱ_2$、$Ⅱ_4$ 一定是杂合子

D. 若是伴 X 染色体隐性遗传病，则 $Ⅲ_2$ 为携带者的可能性为 1/4

6. 某雌雄异株植物，其叶形宽叶（B）对窄叶（b）是显性，B、b 基因仅位于 X 染色体上。研究发现，含 X^b 的花粉粒有 50%会死亡。现选用杂合的宽叶雌株与窄叶雄株进行杂交获得 F_1，F_1 随机传粉获得 F_2，则下列叙述正确的是（　　）。

A. 该植物种群中，随机传粉代数增加，窄叶雄株的比例越小

B. F_1 雄株中窄叶占 1/3，因父本产生存活雄配子的比例为 $1/3X^b$、2/3Y

C. 若 F_1 中出现 XXY 的窄叶植株，能确定是父本减数第一次分裂异常

D. 在 F_2 中宽叶植株占全部植株的比例为 13/28，且雄株比雌株为 4∶3

7. 家鸡的正常喙和交叉喙分别由位于 Z 染色体上的 E 和 e 基因控制，其中某种基因型会使雌性个体致死，现有一对家鸡杂交，子一代个体中雌雄比是 1∶2，下列相关叙述不合理的是（　　）。

A. 若 Z^eW 个体致死，则子一代雄性个体中有杂合子

B. 若 Z^eW 个体致死，则子一代 Z^E 的基因频率是 80%

C. 若 Z^EW 个体致死，则子一代雄性个体表现型不同

D. 若 Z^EW 个体致死，则该家鸡种群中基因型最多有 4 种

8. 已知果蝇中，灰身与黑身为一对相对性状（显性基因用 B 表示，隐性基因用 b 表示），直毛与分叉毛为一对相对性状（显性基因用 F 表示，隐性基因用 f 表示）。两只亲代果蝇杂交得到以下子代表型和比例：

	灰身直毛	灰身分叉毛	黑身直毛	黑身分叉毛
雌果蝇	3/4	0	1/4	0
雄果蝇	3/8	3/8	1/8	1/8

请回答下列问题：

（1）控制灰身与黑身的基因位于______上，控制直毛与分叉毛的基因位于________上。

（2）亲代果蝇的表现型：雌果蝇为________；雄果蝇为________。

（3）亲代雌、雄果蝇的基因型分别为____、______。

（4）子代表型为灰身直毛的雌果蝇中，纯合体与杂合体的比例为________。

（5）子代雄果蝇中，灰身分叉毛的基因型为________、________，黑身直毛的基因型为________。

参考答案

8.1　基因在染色体上

1. C　2. C　3. B　4. D　5. C

6.（1）X　若为常染色体遗传，F_2 的性状分离比应为 3∶1，与结果不符，故为 X 染色体遗传（其他答案合理亦可）

（2）隐性　X^BX^b、X^bY

（3）野生型雌、雄（突变型雌蝇和野生型雄蝇）

野生型雌果蝇∶野生型雄果蝇∶突变型雄果蝇=2∶1∶1（野生型雌蝇∶突变型雄蝇=1∶1）

8.2　伴性遗传

1. B　2. C　3.（1）不能。原因是祖父母和外祖父母都有 A 基因，都可能遗传给女孩　（2）祖母该女孩的一个 X^A 来自父亲，而父亲的 X^A 一定来自祖母　不能

4. D　5. C　6. D　7. D

8.（1）常染色体　X 染色体　（2）灰身直毛　灰身直毛　（3）BbX^FX^f　BbX^FY　（4）1∶5　（5）BBX^fY　BbX^fY　bbX^FY

第 9 章　基因的本质

9.1　DNA 是主要的遗传物质

9.1.1　肺炎双球菌转化实验

核 心 问 题

1. 肺炎双球菌活体转化实验中，R 型菌转化成的 S 型菌能否稳定遗传？

答：能，活体转化实验中，能够从死亡小鼠体内分离出活的 S 型菌，而且这些 S 型活细菌的后代也是有毒性的 S 型细菌。

2. 加热杀死的 S 型细菌是否还有转化作用？

答：有，加热并没有使 DNA 完全失去活性，在加热杀死 S 型细菌的过程中，其蛋白质变性失活，但其内部的 DNA 在加热结束后随温度的降低又逐渐恢复活性。

3. 肺炎双球菌转化实验中 S 型菌的 DNA 和 R 型菌混合培养后，培养皿中只有 S 型菌落吗？

答：不是，S 型菌的 DNA 只可以使少部分 R 型活菌转化为 S 型，并不是所有的 R 型细菌都转化成 S 型细菌，原因是转化受 DNA 的纯度、两种细菌的亲缘关系、受体菌的状态等因素影响，因此培养皿上既有正常生长的 R 型细菌，又有 S 型细菌。

典 例 精 讲

【典例 1】 下列关于科学家及其研究取得的重要理论成果的叙述中，正确的是（　　）。

A. 虎克在显微镜下发现蜂窝状“细胞”，建立了细胞学说

B. 罗伯特森提出的生物膜结构模型可以解释细胞的生长和分裂

C. 格里菲思和艾弗里均通过实验证明 DNA 是肺炎双球菌的遗传物质

D. 我国科学家完成首例具有生物活性的结晶牛胰岛素的人工合成

【解析】 答案 D。虎克在显微镜下观察木栓组织，发现其由许多规则的小室组成，并把“小室”称为细胞，但细胞学说是施莱登和施旺建立的，A 错误；罗伯特森提出生物膜的蛋白质—脂质—蛋白质结构模型，但是他认为该结构是静态的，因此不能解释细胞的生长和分裂现象，B 错误；格里菲思通过实验发现肺炎双球菌转化中存在“转化因子”，艾弗里通过实验证明 DNA 是肺炎双球菌的遗传物质，C 错误；首例具有生物活性的结晶牛胰岛素的人工合成是我国科学家在 1965 年完成的，D 正确。

【提醒】 格里菲思实验时还没有 DNA 的概念，只证明存在“转化因子”，但对“转化因子”的本质不清楚。艾弗里的实验证明了转化因子是 DNA。他们的实验就好像接力赛，格里菲思跑第一棒，再将接力棒交给艾弗里。

【典例 2】（2020 浙江）下列关于“肺炎双球菌转化实验”的叙述，正确的是（　　）。

A. 活体转化实验中，R 型菌转化成的 S 型菌不能稳定遗传

B. 活体转化实验中，S 型菌的荚膜物质使 R 型菌转化成有荚膜的 S 型菌

C. 离体转化实验中，蛋白质也能使部分 R 型菌转化成 S 型菌且可实现稳定遗传

D. 离体转化实验中，经 DNA 酶处理的 S 型菌提取物不能使 R 型菌转化成 S 型菌

【解析】 答案 D。活体转化实验中，小鼠体内有大量 S 型菌，说明 R 型菌转化成的 S 型菌能稳定遗传，A 错误；活体转化实验中，无法说明是哪种物质使 R 型菌转化成有荚膜的 S 型菌，

B 错误；离体转化实验中，只有 S 型菌的 DNA 才能使部分 R 型菌转化成 S 型菌且可实现稳定遗传，C 错误；离体转化实验中，经 DNA 酶处理的 S 型菌提取物，其 DNA 被水解，故不能使 R 型菌转化成 S 型菌，D 正确。

【提醒】 活体转化实验是以 R 型和 S 型菌株作为实验材料进行遗传物质的实验，将活的、无毒的 R 型（无荚膜，菌落粗糙型）肺炎双球菌或加热杀死的有毒的 S 型肺炎双球菌注入小白鼠体内，结果小白鼠安然无恙；将活的、有毒的 S 型（有荚膜，菌落光滑型）肺炎双球菌或将大量经加热杀死的有毒的 S 型肺炎双球菌和少量无毒、活的 R 型肺炎双球菌混合后分别注射到小白鼠体内，结果小白鼠患病死亡，并从小白鼠体内分离出活的 S 型菌。格里菲思称这一现象为转化作用，实验表明，S 型死菌体内有一种物质能引起 R 型活菌转化产生 S 型菌。离体转化实验是艾弗里等人从 S 型活菌体内提取 DNA、RNA、蛋白质和荚膜多糖，将它们分别和 R 型活菌混合培养，结果只有 S 型菌 DNA 和 R 型活菌的混合培养的培养基中既有 R 型菌，也有 S 型菌，这就是一部分 R 型菌转化产生有毒的、有荚膜的 S 型菌所致，并且它们的后代都是有毒、有荚膜的。

【典例 3】 为研究 R 型肺炎双球菌转化为 S 型肺炎双球菌的转化物质是 DNA 还是蛋白质，进行了肺炎双球菌体外转化实验，其基本过程如图所示：

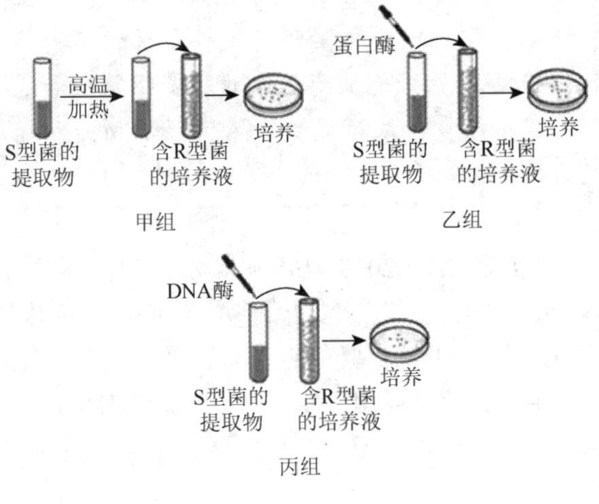

下列叙述正确的是（　　）。

A. 甲组培养皿中只有 S 型菌落，推测加热不会破坏转化物质的活性

B. 乙组培养皿中有 R 型及 S 型菌落，推测转化物质是蛋白质

C. 丙组培养皿中只有 R 型菌落，推测转化物质是 DNA

D. 该实验能证明肺炎双球菌的主要遗传物质是 DNA

【解析】 答案 C。甲组中培养一段时间后可发现有极少的 R 型菌转化成了 S 型菌，因此甲组培养皿中不仅有 S 型菌落也有 R 型菌落，A 错误；乙组培养皿中加入了蛋白酶，故在乙组的转化中已经排除了蛋白质的干扰，应当推测转化物质是 DNA，B 错误；丙组培养皿中加入了 DNA 酶，DNA 被水解后 R 型菌便不发生转化，故可推测是 DNA 参与了 R 型菌的转化，C 正确；该实验只能证明肺炎双球菌的遗传物质是 DNA，无法证明还有其他的物质也可做遗传物质，D 错误。

【提醒】 艾弗里的肺炎双球菌体外转化实验中，将 S 型菌的 DNA、蛋白质和荚膜等物质分离开，与 R 型菌混合培养，观察 S 型菌各个成分所起的作用。最后在 S 型菌的 DNA 与 R 型菌混合的培养基中发现了新的 S 型菌（但转化率并不是百分之百，只有少数 R 型菌能成功转化成 S 型菌），该实验证明了 DNA 是遗传物质，不能称“主要”。

【典例 4】 艾弗里和同事用 R 型和 S 型肺炎双球菌进行实验，结果如下表。从表可知（　　）。

实验组号	接种菌型	加入 S 型菌物质	培养皿长菌情况
①	R	蛋白质	R 型
②	R	荚膜多糖	R 型
③	R	DNA	R 型、S 型
④	R	DNA（经 DNA 酶处理）	R 型

A. ①不能证明 S 型菌的蛋白质不是转化因子

B. ②说明 S 型菌的荚膜多糖有酶活性

C. ③和④说明 S 型菌的 DNA 是转化因子

D. ①～④说明 DNA 是主要的遗传物质

【解析】 答案 C。①、②组：R+S 型菌的蛋白质/荚膜多糖，只长出 R 型菌，说明蛋白质/荚膜多糖不是转化因子，A、B 错误。③组：R+S 型菌的 DNA，结果既有 R 型菌又有 S 型菌，说明 DNA 可以使 R 型菌转化为 S 型菌；④组：用 DNA 酶将 DNA 水解，结果只长出 R 型菌，说明 DNA 的水解产物不能使 R 型菌转化为 S 型菌，从一个反面说明了只有 DNA 才能使 R 型菌发生转化，C 正确；①～④说明 DNA 是遗传物质，但没有说明 DNA 是主要的遗传物质，D 错误。

> **【提醒】** 该实验的第④组起对照作用。用 DNA 酶水解 S 型细菌的 DNA，结果不能发生转化，说明起转化作用的是 DNA。

9.1.2　噬菌体侵染细菌实验

核 心 问 题

1. 能否直接利用分别含放射性同位素 ^{35}S 和 ^{32}P 的培养基培养噬菌体？说明原因。

答：不能。因为病毒无细胞结构，其体内缺少完整的独立生活的酶系统，专营活细胞内寄生生活，病毒在普通培养基上无法生存。所以，应先培养细菌，再用细菌培养噬菌体。

2. ^{35}S 和 ^{32}P 能同时标记在同一个噬菌体上吗？能利用 ^{14}C 和 ^{15}N 同位素进行标记吗？试说明理由。

答：①不能同时标记在同一个噬菌体上，因为放射性检测时只能检测到存在部位，不能确定是何种元素的放射性。

②不能。因为 T_2 噬菌体的蛋白质和 DNA 中均含有这两种元素，无法确认被标记的是何种物质，无法将 DNA 和蛋白质区分开。所以，该实验不能用蛋白质和 DNA 的共有元素 C、H、O、N 来标记。

3. 分析噬菌体侵染大肠杆菌实验的实验误差：

（1）用 ^{32}P 标记的噬菌体侵染大肠杆菌，上清液含放射性的原因是什么？

答：①保温时间过短，有一部分噬菌体还没有侵染到大肠杆菌细胞内，经离心后分布于上清液中，上清液中出现放射性。

②保温时间过长，噬菌体在大肠杆菌内增殖后释放子代，经离心后分布于上清液，也会使上清液出现放射性。

（2）用 ^{35}S 标记的噬菌体侵染大肠杆菌，沉淀物中有放射性的原因是什么？

答：由于搅拌不充分，有少量含 ^{35}S 的噬菌体吸附在细菌表面，随细菌离心到沉淀物中。

典 例 精 讲

【典例 1】 关于 T_2 噬菌体的叙述，正确的是（　　）。

A. T_2 噬菌体的核酸和蛋白质中含硫元素

B. T_2 噬菌体寄生于酵母菌和大肠杆菌中

C. RNA 和 DNA 都是 T_2 噬菌体的遗传物质

D. T_2 噬菌体可利用寄主体内的物质大量增殖

【解析】 答案 D。T_2 噬菌体由蛋白质和核酸构成，其中蛋白质中含有 S 元素，而核酸不含，A 错误；T_2 噬菌体是病毒，其寄主细胞是细菌，而酵母菌是真菌，B 错误；T_2 噬菌体是 DNA 病毒，不含 RNA，其遗传物质是 DNA，C 错误；病毒可以以自身的遗传物质为模板，利用寄主细胞内的物质为原料进行大量增殖，D 正确。

> **【提醒】** 噬菌体属于病毒，必须在宿主细胞内才能代谢和繁殖，模板是亲代噬菌体的 DNA，原料是细菌体内的脱氧核苷酸和氨基酸，能量是细菌提供的 ATP，场所是细菌的核糖体。

【典例 2】（2019 江苏）赫尔希和蔡斯的 T_2 噬菌体侵染大肠杆菌实验证实了 DNA 是遗传物质，下列关于该实验的叙述正确的是（　　）。

A. 实验中可用 ^{15}N 代替 ^{32}P 标记 DNA

B. 噬菌体外壳蛋白是大肠杆菌编码的

C. 噬菌体 DNA 的合成原料来自大肠杆菌

D. 实验证明了大肠杆菌的遗传物质是 DNA

【解析】 答案 C。N 是蛋白质和 DNA 共有的元素，若用 ^{15}N 代替 ^{32}P 标记噬菌体的 DNA，则其蛋白质也会被标记，A 错误；噬菌体的蛋白质外壳是由噬菌体的 DNA 在大肠杆菌体内编码的，B 错误；噬菌体的 DNA 合成的模板来自噬菌体自身的 DNA，而原料来自大肠杆菌，C 正确；该实验证明了噬菌体的遗传物质是 DNA，D 错误。

> **【提醒】** T_2 噬菌体侵染细菌的实验步骤：分别用 ^{35}S 或 ^{32}P 标记噬菌体→噬菌体与大肠杆菌混合培养→噬菌体侵染未被标记的细菌→在搅拌器中搅拌，然后离心，检测上清液和沉淀物中的放射性物质→结论：DNA 是噬菌体的遗传物质。

【典例 3】 如果用 ^{35}S 和 ^{32}P 分别标记 T_2 噬菌体的蛋白质和 DNA，下列被标记的部位组合正确的是（　　）。

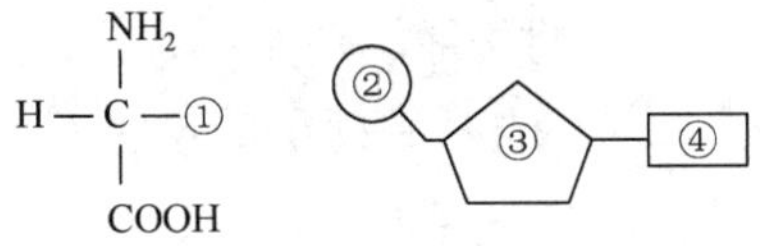

A. ①②　B. ①③　C. ①④　D. ②④

【解析】 答案 A。从图中可以判断出：①是氨基酸的 R 基，R 基上可含有 S 元素，如半胱氨酸；②是磷酸基团，是 DNA 中含有 P 的部位；③是脱氧核糖；④是含氮碱基。噬菌体侵染细菌的实验中，应该用 ^{35}S 标记 T_2 噬菌体的蛋白质中氨基酸的 R 基，即①，用 ^{32}P 标记 T_2 噬菌体的 DNA 中脱氧核苷酸的磷酸基团，即②。

【典例 4】 下列关于探索 DNA 是遗传物质的实验，叙述正确的是（　　）。

A. 格里菲思实验证明 DNA 可以改变生物体的遗传性状

B. 艾弗里实验证明从 S 型肺炎双球菌中提取的 DNA 可以使小鼠死亡

C. 赫尔希和蔡斯实验中离心后细菌主要存在于沉淀中

D. 赫尔希和蔡斯实验中细菌裂解后得到的噬菌体带有 ^{35}S 标记

【解析】 答案 C。格里菲思证明了 S 型菌中存在转化因子，能够使 R 型菌转化为 S 型菌，但没有提出转化因子是什么，A 错误；艾弗里没有利用小鼠，而是将肺炎双球菌在培养基中培养，根据菌落特征进行判断，证明了 DNA 是遗传物质，B 错误；赫尔希和蔡斯实验中离心的目的是让上清液析出重量较轻的 T_2 噬菌体颗粒，沉淀物中留下被感染的细菌，C 正确；^{35}S 标记亲代噬菌体的蛋白质，噬菌体在侵染大肠杆菌时，蛋白质外壳未进入宿主细胞内，子代噬菌体中无 ^{35}S 标记，D 错误。

> **【提醒】** 噬菌体侵染大肠杆菌实验中，由于亲代噬菌体的蛋白质外壳未进入宿主细胞，所以可以证明 DNA 是噬菌体的遗传物质，但无法证明蛋白质不是遗传物质。

【典例 5】 关于“噬菌体侵染细菌的实验”的叙述，正确的是（　　）。

A. 分别用含有放射性同位素 ^{35}S 和放射性同位素 ^{32}P 的培养基培养噬菌体

B. 分别用 ^{35}S 和 ^{32}P 标记的噬菌体侵染未被标记的大肠杆菌，进行长时间的保温培养

C. 用 ^{35}S 标记噬菌体的侵染实验中，沉淀物存在少量放射性可能是搅拌不充分所致

D. ^{32}P、^{35}S 标记的噬菌体侵染实验分别说明 DNA 是遗传物质、蛋白质不是遗传物质

【解析】 答案 C。噬菌体营寄生生活，不能用培养基直接培养，A 错误；保温时间不能过长，若保温时间太长则可能有含 ^{32}P 子代的噬菌体释放出来，离心后存在于上清液中，导致上清液中也能检测到放射性，B 错误；^{35}S 标记的是噬菌体的蛋白质，理论上应存在于上清液中，但可能因搅拌不充分而使部分噬菌体仍吸附在细菌表面，离心后存在于沉淀物中，C 正确；本实验可说明 DNA 是遗传物质，但不能证明蛋白质不是遗传物质，D 错误。

9.1.3　烟草花叶病毒感染实验及遗传物质

核 心 问 题

1. DNA 是遗传物质、RNA 是遗传物质和 DNA 是主要的遗传物质如何区分？

答：就生物个体而言，其遗传物质是唯一的。

DNA 是遗传物质：凡含 DNA 的生物，不论其有无 RNA，遗传物质均为 DNA。

RNA 是遗传物质：RNA 起遗传作用仅适用于 RNA 病毒。

DNA 是主要的遗传物质：遗传物质除 DNA 以外还有 RNA。因为绝大多数生物（如所有的原核生物、真核生物及部分病毒）的遗传物质是 DNA，只有少数生物（如部分病毒等）的遗传物质是 RNA，所以说 DNA 是主要的遗传物质，即只有针对“整个生物界”时，方可描述为“DNA 是主要的遗传物质”。

2. 不同生物的遗传物质是什么？

答：

生物类型	病毒	原核生物	真核生物
体内核酸种类	DNA 或 RNA	DNA 和 RNA	DNA 和 RNA
体内碱基种类	4 种	5 种	5 种
体内核苷酸种类	4 种	8 种	8 种
遗传物质	DNA 或 RNA	DNA	DNA
实例	噬菌体、烟草花叶病毒	乳酸菌、蓝藻	玉米、小麦、人

3. 如何探究某生物的遗传物质是什么？

答：(1) 分离提纯法：艾弗里及其同事做的肺炎双球菌的体外转化实验，缺点是物质纯度不能保证 100%。

(2) 同位素标记法：噬菌体侵染细菌的实验。方法：分别标记两者的特有元素；将病毒的化学物质分开，单独地、直接地观察它们各自的作用。目的：把 DNA 与蛋白质区分开。

(3) 病毒重组法：将一种病毒的遗传物质与另一种病毒的蛋白质外壳重新组合，得到杂种病毒，用杂种病毒去感染宿主细胞。

(4) 酶解法：利用酶的专一性，如加入 DNA 水解酶，将 DNA 水解，观察起控制作用的物质是否还有控制作用，若“有”，则其遗传物质不是 DNA，若“否”，则其遗传物质可能是 DNA。

典 例 精 讲

【典例 1】（2018 全国卷Ⅲ）下列关于病毒的叙述，错误的是（　　）。

A. 从烟草花叶病毒中可以提取到 RNA

B. T_2 噬菌体可感染肺炎双球菌导致其裂解

C. HIV 可引起人的获得性免疫缺陷综合征（艾滋病）

D. 阻断病毒的传播可降低其所致疾病的发病率

【解析】 答案 B。烟草花叶病毒的遗传物质是 RNA，因此从烟草花叶病毒中可以提取到 RNA，A 正确；T_2 噬菌体是一种寄生在大肠杆菌体内的病毒，可见，T_2 噬菌体可感染大肠杆菌导致其裂解，B 错误；艾滋病的全称是获得性免疫缺陷综合征，其发病机理是 HIV 病毒主要侵染 T 细胞，使机体几乎丧失一切免疫功能，C 正确；阻断病毒的传播，是保护易感人群的有效措施之一，可降低其所致疾病的发病率，D 正确。

【典例 2】 科学家从烟草花叶病毒（TMV）中分离出 a、b 两个不同品系，它们感染植物产生的病斑形态不同。下列 4 组实验（如表所示）中，不可能出现的结果是（　　）。

实验编号	实验过程	实验结果	
		病斑类型	病斑中分离出的病毒类型
①	a 型 TMV→感染植物	a 型	a 型
②	b 型 TMV→感染植物	b 型	b 型
③	组合病毒（a 型 TMV 的蛋白质+b 型 TMV 的 RNA）→感染植物	b 型	a 型
④	组合病毒（b 型 TMV 的蛋白质+a 型 TMV 的 RNA）→感染植物	a 型	a 型

A. 实验①　　B. 实验②

C. 实验③　　D. 实验④

【解析】 答案 C。烟草花叶病毒的遗传物质是 RNA，而蛋白质不是遗传物质，因此在实验③中，组合病毒的遗传物质是 b 型的，其病斑类型是 b 型，病斑中分离出的病毒类型也应是 b 型的。

【提醒】病斑中分离出的病毒类型、病斑类型与重组病毒中遗传物质同型。

【典例 3】在遗传物质的研究过程中，最具有代表性的有格里菲思、艾弗里、蔡斯和赫尔希等人所做的经典实验，下列相关叙述不正确的是（　　）。

A. 格里菲思的实验结论是 S 型菌体内有“转化因子”，理由是 DNA 是亲子代之间保持连续的物质

B. 艾弗里的实验结论是 DNA 是遗传物质，蛋白质等不是遗传物质，理由是只有 DNA 才能使 R 型细菌转化为 S 型细菌

C. 蔡斯和赫尔希的实验结论是 DNA 是遗传物质，理由是 DNA 是亲子代之间保持连续的物质，并且还指导了蛋白质的合成

D. 科学研究表明，DNA 是主要的遗传物质，理由是绝大多数生物的遗传物质是 DNA

【解析】答案 A。格里菲思的实验结论是 S 型菌体内有“转化因子”，理由是无毒性的 R 型活细菌在与被杀死的 S 型细菌混合后，转化为有毒性的 S 型活细菌，但是并没有得出转化因子是 DNA 的结论，A 错误；艾弗里的实验结论是 DNA 是遗传物质，蛋白质等不是遗传物质，理由是只有 S 型细菌的 DNA 才能使 R 型细菌转化为 S 型细菌，B 正确；蔡斯和赫尔希的实验结论是 DNA 是遗传物质，理由是 DNA 是亲子代之间保持连续的物质，并且还指导了蛋白质的合成，C 正确；科学研究表明，DNA 是主要的遗传物质，理由是绝大多数生物的遗传物质是 DNA，少数生物（病毒）的遗传物质是 RNA，D 正确。

【提醒】熟悉教材中经典实验的结论，掌握精髓部分，如格里菲思的实验证明有“转化因子”的存在，艾弗里的实验证明 DNA 是遗传物质，噬菌体侵染细菌的实验证明 DNA 是遗传物质，烟草花叶病毒实验证明 RNA 是遗传物质，最终结论：DNA 是主要的遗传物质。

【典例 4】（2019 海南）下列实验及结果中，能作为直接证据说明“核糖核酸是遗传物质”的是（　　）。

A. 红花植株与白花植株杂交，F_1 为红花，F_2 中红花∶白花=3∶1

B. 病毒甲的 RNA 与病毒乙的蛋白质混合后感染烟草只能得到病毒甲

C. 加热杀死的 S 型肺炎双球菌与 R 型活菌混合培养后可分离出 S 型活菌

D. 用放射性同位素标记 T_2 噬菌体外壳蛋白，在子代噬菌体中检测不到放射性

【解析】答案 B。红花植株与白花植株杂交，F_1 为红花，F_2 中红花∶白花=3∶1，属于性状分离现象，不能说明 RNA 是遗传物质，A 错误；病毒甲的 RNA 与病毒乙的蛋白质混合后感染烟草只能得到病毒甲，说明病毒甲的 RNA 是遗传物质，B 正确；加热杀死的 S 型肺炎双球菌与 R 型活菌混合培养后可分离出 S 型活菌，只能说明加入杀死的 S 型菌存在转化因子，不能说明 RNA 是遗传物质，C 错误；用放射性同位素标记 T_2 噬菌体外壳蛋白，在子代噬菌体中检测不到放射性，说明蛋白质未进入大肠杆菌，不能证明 RNA 是遗传物质，D 错误。

【典例 5】下列关于遗传物质的说法，错误的是（　　）。

①真核生物的遗传物质是 DNA　②原核生物的遗传物质是 RNA　③细胞核中的遗传物质是 DNA　④细胞质中的遗传物质是 RNA　⑤甲型 H1N1 流感病毒的遗传物质是 DNA 或 RNA

A. ①②③　　B. ②③④

C. ②④⑤　　D. ③④⑤

【解析】答案 C。细胞生物无论是真核生物还是原核生物，遗传物质都是 DNA；凡是有细胞结构的生物，无论是细胞核中还是细胞质中，遗传物质都是 DNA；甲型 H1N1 流感病毒是 RNA 病毒，遗传物质是 RNA。

针对训练

1. 关于“肺炎双球菌的转化实验”，下列叙

述正确的是（无荚膜R型细菌不能使小鼠患败血症；有荚膜S型细菌能使小鼠患败血症）（　　）。

A. 艾弗里的肺炎双球菌转化实验运用了同位素示踪技术

B. 用S型细菌DNA与活的R型细菌混合后，可能培养出S型菌落和R型菌落

C. 用DNA酶处理S型细菌DNA后与活的R型细菌混合，可培养出S型菌落和R型菌落

D. 格里菲思用活的R型细菌与加热杀死的S型细菌混合后注射到小鼠体内，可导致小鼠死亡，这证明了DNA是遗传物质

2. 下列关于肺炎双球菌转化实验的说法，正确的是（　　）。

A. 格里菲思和艾弗里分别用不同的方法证明了DNA是遗传物质

B. 艾弗里实验中S型菌DNA+R型菌一起培养，培养基上生存的细菌都是S型菌

C. 肺炎双球菌转化实验证明 DNA 是主要的遗传物质，蛋白质不是遗传物质

D. 已加热杀死的S型菌中，蛋白质已经失去活性而DNA仍具有活性

3. 肺炎双球菌有许多类型，有荚膜的S型菌有毒性，能引起人患肺炎或引起小鼠患败血症死亡，无荚膜的R型菌无毒性。下图为所做的细菌转化实验。相关说法错误的是（　　）。

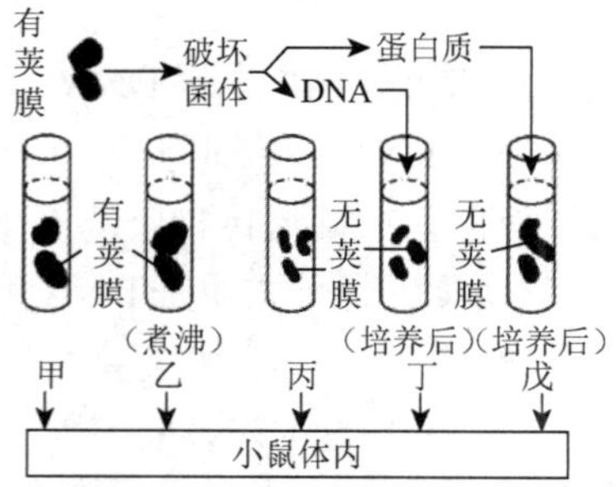

A. 丙组为空白对照，实验结果为小鼠不死亡

B. 能导致小鼠患败血症死亡的有甲、丁两组

C. 戊组实验表明，加S型菌的蛋白质后，试管中长出的还是无毒性的R型菌

D. 丁组产生的有毒性的肺炎双球菌不能将该性状遗传给后代

4. 在证明 DNA 是遗传物质的过程中，T_2噬菌体侵染大肠杆菌的实验发挥了重要作用。下列与该噬菌体相关的叙述，正确的是（　　）。

A. T_2噬菌体也可以在肺炎双球菌中复制和增殖

B. T_2噬菌体病毒颗粒内可以合成蛋白质

C. 培养基中的 ^{32}P 经宿主摄取后可出现在T_2噬菌体的核酸中

D. 人类免疫缺陷病毒（艾滋病病毒）与T_2噬菌体的核酸类型和增殖过程相同

5. 某同学分离纯化了甲、乙两种噬菌体的蛋白质和DNA，重新组合为"杂合"噬菌体，然后分别感染大肠杆菌，并对子代噬菌体的表现型做出预测，见表。其中预测正确的是（　　）。

"杂合"噬菌体的组成	实验预期结果	
	预期结果序号	子代表现型
甲的DNA+乙的蛋白质	1	与甲种一致
	2	与乙种一致
乙的DNA+甲的蛋白质	3	与甲种一致
	4	与乙种一致

A. 1、3　B. 1、4　C. 2、3　D. 2、4

6. 在探索遗传物质的过程中，赫尔希和蔡斯做了T_2噬菌体侵染细菌的实验。下列有关叙述正确的是（　　）。

A. 该实验证明了DNA是主要的遗传物质

B. 不能用^{32}P、^{35}S标记同一组T_2噬菌体的DNA和蛋白质

C. T_2噬菌体在细菌中增殖时，需要利用解旋酶、DNA酶等

D. 用^{32}P标记的T_2噬菌体侵染细菌，经离心处理，若上清液有少量放射性，则该现象与培养时间长短无关

7. 下列关于遗传物质探索历程的叙述，错误的是（　　）。

A. 若 ^{32}P 标记组的上清液有放射性，则可能的原因是搅拌不充分

B. 将S型菌的DNA、蛋白质、多糖等物质与R型活菌混合培养，培养基中均有R型菌出现

C. 噬菌体侵染细菌实验的成功，是因为采用了同位素标记法将蛋白质与DNA分开研究

D. 噬菌体侵染细菌实验比肺炎双球菌体外转化实验更具说服力

8.（2010 全国卷Ⅰ） 根据遗传物质的化学组成，可将病毒分为RNA病毒和DNA病毒两种

类型，有些病毒对人类健康会造成很大危害，通常，一种新病毒出现后需要确定该病毒的类型。假设在宿主细胞内不发生碱基之间的相互转换，请利用放射性同位素标记的方法，以体外培养的宿主细胞等为材料，设计实验以确定一种新病毒的类型，简要写出：(1) 实验思路；(2) 预期实验结果及结论即可。(要求：实验包含可相互印证的甲、乙两个组。)

____

____

9.2　DNA 分子的结构及相关计算

核 心 问 题

1. 每个 DNA 片段中，游离的磷酸基团有几个？在哪里？

答：每个 DNA 片段中，游离的磷酸基团有 2 个，分别位于 DNA 分子的两端。环状 DNA 分子中则没有游离的磷酸基团。

2. DNA 分子上相邻两碱基之间通过什么键相连接？

答：DNA 分子的“一条链”中相邻的两个碱基通过“脱氧核糖—磷酸—脱氧核糖”相连，“两条链”中互补的碱基通过氢键相连。

3. DNA 初步水解与彻底水解的产物有什么差异？

答：初步水解产物是 4 种脱氧核苷酸，彻底水解产物是磷酸、脱氧核糖和 4 种含氮碱基。

典 例 精 讲

【典例 1】 关于核酸的叙述，正确的是(　　)。

A. 只有细胞内的核酸才是携带遗传信息的物质

B. DNA 分子中两条脱氧核苷酸链之间的碱基一定是通过氢键连接的

C. 分子大小相同、碱基含量相同的核酸分子所携带的遗传信息一定相同

D. 用甲基绿和吡罗红混合染色 SARS 病毒可观察到 DNA 和 RNA 的分布

【解析】 答案 B。病毒没有细胞结构，但病毒的核酸也是携带遗传信息的物质，A 错误；DNA 分子中，两条脱氧核苷酸链之间的碱基通过氢键相连接，且遵循碱基互补配对原则，B 正确；遗传信息是指核酸分子中的碱基排列顺序，所以分子大小相同、碱基含量相同的核酸分子所携带的遗传信息不一定相同，C 错误；SARS 病毒只含有 RNA 一种核酸，D 错误。

【典例 2】 在 DNA 分子模型搭建实验中，如果用一种长度的塑料片代表 A 和 G，用另一长度的塑料片代表 C 和 T，那么由此搭建而成的 DNA 双螺旋的整条模型(　　)。

A. 粗细相同，因为嘌呤环必定与嘧啶环互补

B. 粗细相同，因为嘌呤环与嘧啶环的空间尺寸相似

C. 粗细不同，因为嘌呤环不一定与嘧啶环互补

D. 粗细不同，因为嘌呤环与嘧啶环的空间尺寸不同

【解析】 答案 A。A 和 G 都是嘌呤碱基，C 和 T 都是嘧啶碱基，在 DNA 分子中，总是 A=T，G=C，依题意，用一种长度的塑料片代表 A 和 G，用另一长度的塑料片代表 C 和 T，则 DNA 的粗细相同。

【典例 3】 某研究小组测定了多个不同双链 DNA 分子的碱基组成，根据测定结果绘制了 DNA 分子的一条单链与其互补链、一条单链与其所在 DNA 分子中碱基数目比值的关系图，下列图形中正确的是(　　)。

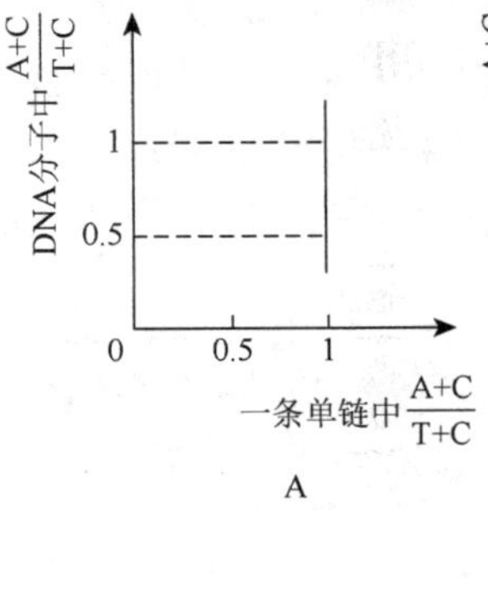

A

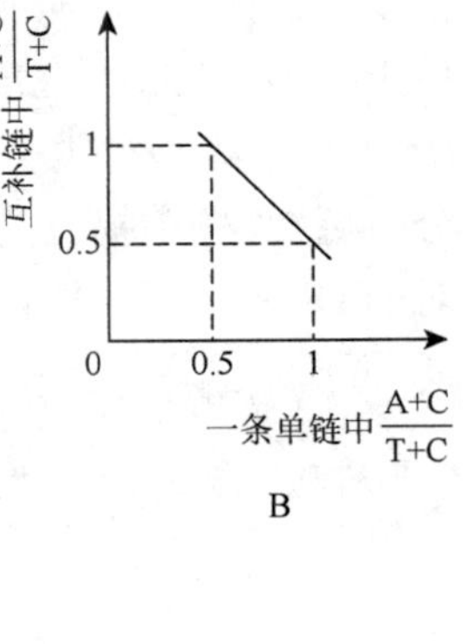

B

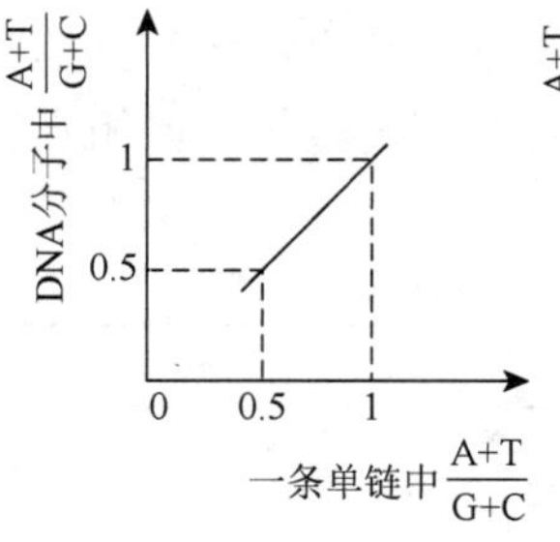

C

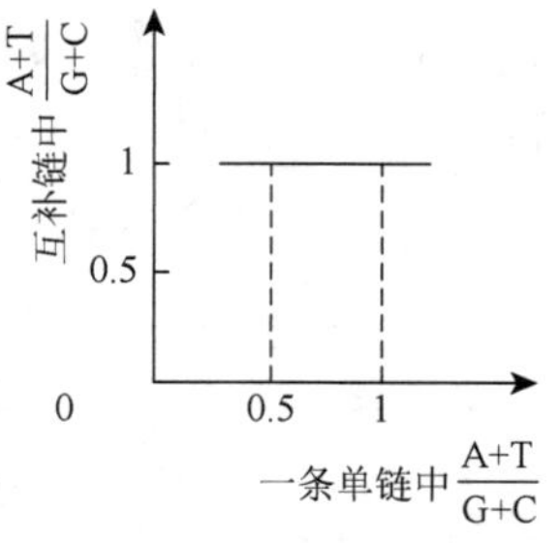

D

【解析】 答案 C。设该单链中四种碱基含量分别为 A_1、T_1、G_1、C_1，其互补链中四种碱基含量为 A_2、T_2、C_2、G_2，DNA 分子中四种碱基含量为 A、T、G、C。由碱基互补配对原则可知 (A+C)/(T+G)=1，A 曲线应为水平，A 错误；非互补碱基之和的比例在两条互补链中互为倒数，在整个 DNA 分子中为 1，即若在 DNA 一条链中(A+C)/(T+G)=a，则在其互补链中(A+C)/(T+G)=1/a，B 错误；$(A+T)/(G+C)=(A_1+A_2+T_1+T_2)/(G_1+G_2+C_1+C_2)=(A_1+T_1)/(G_1+C_1)$，C 正确；$(A_1+T_1)/(G_1+C_1)=(T_2+A_2)/(C_2+G_2)$，D 错误。

【典例 4】 在搭建 DNA 分子模型的实验中，若有 4 种碱基塑料片共 20 个，其中 4 个 C，6 个 G，3 个 A，7 个 T，脱氧核糖和磷酸之间的连接物 14 个，脱氧核糖塑料片 40 个，磷酸塑料片 100 个，代表氢键的连接物若干，脱氧核糖和碱基之间的连接物若干，则（　　）。

A. 能搭建出 20 个脱氧核苷酸

B. 所搭建的DNA分子片段最长为7碱基对

C. 能搭建出 4^{10} 种不同的 DNA 分子模型

D. 能搭建出一个4碱基对的DNA分子片段

【解析】 答案 D。每个脱氧核苷酸中，脱氧核糖数=磷酸数=碱基数，因脱氧核糖和磷酸之间的连接物是 14 个，故只能搭建出 14 个脱氧核苷酸，A 错误；由以上分析可知，题中提供的条件只能建出一个 4 碱基对的 DNA 分子片段，B 错误；能建出一个 4 碱基对的 DNA 分子片段，由于 A=T 有 3 对，G=C 有 4 对，因此能搭建的 DNA 分子模型种类少于 4^4 种，C 错误；由以上分析可知，题中提供的条件只能建出一个 4 碱基对的 DNA 分子片段，D 正确。

【提醒】 在双链 DNA 中，碱基之间的配对遵循碱基互补配对原则，即 A=T、G=C，则 A=T 有 3 对，G=C 有 4 对。设能搭建的 DNA 分子含有 *n* 个碱基对，则每条链需要脱氧核糖和磷酸之间的连接物的数目为 2*n*–1，共需（2*n*–1）×2 个，已知脱氧核糖和磷酸之间的连接物有 14 个，则 *n*=4，所以只能搭建出一个 4 碱基对的 DNA 分子片段。

【典例 5】 已知某 DNA 分子中，G 与 C 之和占全部碱基总数的 35.8%，其中一条链中的 T 与 C 分别占该链碱基总数的 32.9%和 17.1%。则在它的互补链中，T 和 C 分别占该链碱基总数的（　　）。

A. 32.9%，17.1%　　B. 31.3%，18.7%

C. 18.7%，31.3%　　D. 17.1%，32.9%

【解析】 答案 B。配对的碱基之和在一条链中与在整个 DNA 分子中的比例是相同的，因此，一条链中 A、T、C、G 的比例分别为 31.3%、32.9%、17.1%和 18.7%，根据碱基互补配对原则，它的互补链中 T、C 的比例分别为 31.3%、18.7%。

【提醒】 DNA 分子中有关碱基比例的计算分三步走：

第一步：搞清题中已知的和所求的碱基比例是占整个 DNA 分子碱基的比例，还是占 DNA 分子一条链上碱基的比例。

第二步：画一个 DNA 分子模式图，并在图中标出已知的和所求的碱基。

第三步：根据碱基互补配对原则及其规律进行计算。

针对训练

1. 关于 DNA 分子双螺旋结构的特点，下列叙述错误的是（　　）。

A. DNA 分子由两条反向平行的脱氧核苷酸链组成

B. 脱氧核糖和磷酸交替连接，排列在外侧

C. 碱基对构成 DNA 分子的基本骨架

D. 两条链之间的碱基配对方式为 A 与 T 配对，G 与 C 配对

2. 下列关于 DNA 分子结构的叙述，错误的

是（　　）。

A. 每个 DNA 分子一般都含有 4 种脱氧核苷酸

B. 每个 DNA 分子中的碱基、磷酸、脱氧核苷酸、脱氧核糖的数目是相等的

C. DNA 分子中每个脱氧核糖上均连着一个磷酸和一个碱基

D. 某双链 DNA 分子片段中如果有 40 个腺嘌呤，就一定同时含有 40 个胸腺嘧啶

3. 某生物核酸的碱基组成是嘌呤碱基占 58%，嘧啶碱基占 42%，此生物不可能是（　　）。

A. 噬菌体　　B. 大肠杆菌

C. 人或酵母菌　　D. 烟草

4. 假设一个 DNA 分子片段中，碱基 T 共 312 个，占全部碱基的 26%，则此 DNA 片段中碱基 G 所占百分比和数目分别是（　　）。

A. 26%，312 个　　B. 24%，288 个

C. 24%，298 个　　D. 12%，144 个

5. 已知多数生物的 DNA 是双链的，但也有个别生物的 DNA 是单链的。有人从两种生物中提取出 DNA，分析它们的碱基比例如下，请据表分析下列问题：

生物	A	T	C	G
甲	25	33	19	21
乙	31	31	19	19

（1）从生物________的碱基比例来看，它的 DNA 分子的结构应为________链，是极少数病毒具有的。

（2）从生物__________的碱基比例来看，它代表着大多数生物种类 DNA 分子的结构，其碱基构成特点为______________________。

（3）现有四种 DNA 样品，根据样品中碱基的百分含量判断最有可能来自嗜热菌（生活在高温环境中）的是________________________。

A. 含胸腺嘧啶 32%的样品

B. 含腺嘌呤 17%的样品

C. 含腺嘌呤 30%的样品

D. 含胞嘧啶 15%的样品

9.3　DNA 分子的复制与计算

核 心 问 题

1. DNA 复制过程中氢键的断裂和形成是否都需要酶和能量？

答：DNA 中氢键可由解旋酶催化断裂，同时需要 ATP 供能，也可加热断裂（体外）；而氢键是自动形成的，不需要酶和能量。

2. 所有的细胞都存在核 DNA 分子复制吗？复制后的两个子 DNA 在细胞分裂的何时分开？

答：不一定。如哺乳动物成熟的红细胞因为无细胞核和各种细胞器而不能进行核 DNA 分子复制；不分裂的细胞不存在 DNA 分子复制。

复制后的两个子 DNA 分子将在有丝分裂后期或减数第二次分裂后期着丝点分裂时，随两单体分离而分开，分别进入两个子细胞中。

3. "DNA 复制了 *n* 次"和"第 *n* 次复制"的区别是什么？

答：①若亲代 DNA 分子含有某种脱氧核苷酸 m 个，则经过 n 次复制需要消耗游离的该脱氧核苷酸数为 $m\times(2^n-1)$ 个。

②若进行第 n 次复制，则需消耗游离的该脱氧核苷酸数为 $m\times2^{n-1}$ 个。

"DNA 复制了 n 次"包括所有的复制，"第 n 次复制"只包括第 n 次的复制。

典 例 精 讲

【典例 1】 如图为 DNA 分子部分结构示意图，以下叙述正确的是（　　）。

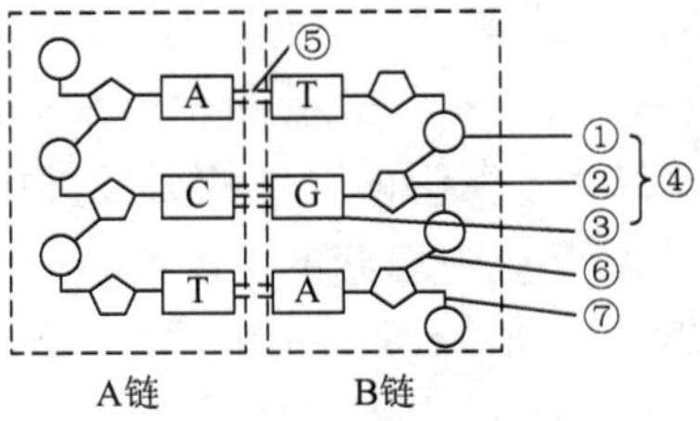

A. ④是一个鸟嘌呤脱氧核苷酸

B. DNA 聚合酶可催化⑥或⑦键形成

C. 解旋酶可断开⑤键，因此 DNA 的稳定性与⑤无关

D. A 链和 B 链的方向相反，共具有 2 个游离的磷酸基团

【解析】 答案 D。④不能表示为一个脱氧核苷酸，A 错误；DNA 聚合酶可催化⑥磷酸二酯键的形成，B 错误；DNA 的稳定性与⑤氢键的数目有关，氢键数目越多，越稳定，C 错误；A 链、B 链的方向相反，基本骨架是磷酸和脱氧核糖相间排列，共具有 2 个游离的磷酸基团，D 正确。

【典例 2】（2018 浙江）某研究小组进行“探究 DNA 的复制过程”的活动，结果如图所示。其中培养大肠杆菌的唯一氮源是 $^{14}NH_4Cl$ 或 $^{15}NH_4Cl$。a、b、c 表示离心管编号，条带表示大肠杆菌 DNA 离心后在离心管中的分布位置。下列叙述错误的是（　　）。

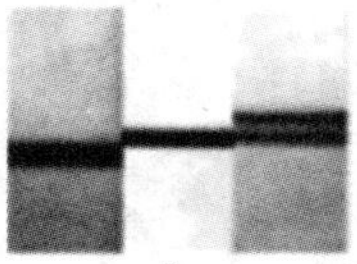

a　b　c

A. 本活动运用了同位素示踪和密度梯度离心技术

B. a 管的结果表明该管中的大肠杆菌是在含 $^{14}NH_4Cl$ 的培养液中培养的

C. b 管的结果表明该管中的大肠杆菌的 DNA 都是 ^{14}N-^{15}N-DNA

D. 实验结果说明 DNA 分子的复制是半保留复制的

【解析】 答案 B。由题意“培养大肠杆菌的唯一氮源是 $^{14}NH_4Cl$ 或 $^{15}NH_4Cl$”和“条带表示大肠杆菌 DNA 离心后在离心管中的分布位置”可知：本活动运用了同位素示踪和密度梯度离心技术，A 正确；分析图示可知：a 管中的 DNA 密度最大，表明该管中的大肠杆菌是在含 $^{15}NH_4Cl$ 的培养液中培养的，B 错误；b 管中的 DNA 密度介于 a、c 管中的之间，表明该管中的大肠杆菌的 DNA 都是 ^{14}N–^{15}N-DNA，C 正确；实验结果说明 DNA 分子的复制是半保留复制，D 正确。

【典例 3】 如图为某 DNA 分子片段，假设该 DNA 分子中有碱基 5000 对，A+T 占碱基总数的 34%，若该 DNA 分子在含 ^{14}N 的培养基中连续复制 2 次，下列叙述正确的是（　　）。

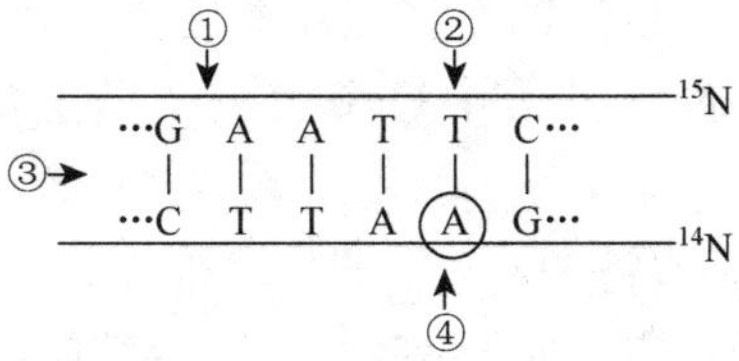

A. 复制时作用于③处的酶为 DNA 聚合酶

B. 该DNA分子复制2次需游离的胞嘧啶脱氧核苷酸 9900 个

C. ④处指的是腺嘌呤核糖核苷酸

D. 子代中含 ^{15}N 的 DNA 分子占 1/2

【解析】 答案 B。复制时作用于③处的酶为解旋酶而不是 DNA 聚合酶，A 错误；由题意知，DNA 分子中 A+T 占碱基总数的 34%，则 C+G 占 66%，DNA 分子中 G=C=5 000×2×66%÷2=3300 个，该 DNA 分子复制 2 次增加 3 个 DNA 分子，需要游离的胞嘧啶脱氧核苷酸 3300×3=9900 个，B 正确；DNA 分子的基本单位是脱氧核糖核苷酸，所以④处指的是腺嘌呤脱氧核糖核苷酸，C 错误；由题图可知，该 DNA 分子中的两条链一条含有 ^{15}N，一条含有 ^{14}N，若该 DNA 分子在含 ^{14}N 的培养基中连续复制 2 次，则形成的 4 个 DNA 分子中，只有一个含有 ^{15}N，即占 1/4，D 错误。

【典例 4】 在含有 BrdU 的培养液中进行 DNA 复制时，BrdU 会取代胸苷掺入到新合成的链中，形成 BrdU 标记链。当用某种荧光染料对复制后的染色体进行染色，发现含半标记 DNA（一条链被标记）的染色单体发出明亮荧光，含全标记 DNA（两条链均被标记）的染色单体荧光被抑制（无明亮荧光）。若将一个细胞置于含 BrdU 的培养液中，培养到第三个细胞周期的中期进行染色并观察。下列推测错误的是（　　）。

A. 1/2 的染色体荧光被抑制

B. 1/4 的染色单体发出明亮荧光

C. 全部 DNA 分子被 BrdU 标记

D. 3/4 的 DNA 单链被 BrdU 标记

【解析】 答案 D。DNA 的复制方式为半保留复制。根据题意分析，复制到第三个细胞周期

的中期时，共有 4 个细胞，以第一代细胞中的某一条染色体为参照，含半标记 DNA 的染色单体共有 2 条，含全标记 DNA 的染色单体共有 6 条。根据题意可知，在第三个细胞周期中期时，含半标记 DNA 的染色单体分别在两个细胞中，故有两个细胞的两条染色单体荧光全被抑制，有两个细胞中的一条染色单体发出明亮荧光，一条染色单体荧光被抑制，A、B 正确；一个 DNA 分子中有两条脱氧核苷酸链，由于 DNA 为半保留复制，故不含 BrdU 标记的两条脱氧核苷酸链分别位于两个 DNA 分子中，新复制得到的脱氧核苷酸链必然含 BrdU 标记，故所有 DNA 分子都被 BrdU 标记，C 正确；以第一代细胞中的某一条染色体为参照，在第三个细胞周期中期时一共有 16 条 DNA 单链，含 BrdU 标记的有 14 条，故有的 DNA 单链被 BrdU 标记，D 错误。

【典例 5】 将某精原细胞（$2n=8$）的 DNA 分子用 ^{15}N 标记后置于含 ^{14}N 的培养基中培养，经过连续两次细胞分裂，并检测分裂过程和分裂后细胞中的情况。下列推断正确的是（　　）。

A. 若这两次分裂为有丝分裂，则含 ^{15}N 染色体的子细胞比例为 1/2

B. 若这两次分裂为有丝分裂，则第二次分裂中期含 ^{14}N 的染色单体有 8 条

C. 若这两次分裂为减数分裂，则减 I 中期含 ^{14}N 的染色单体有 8 条

D. 若这两次分裂为减数分裂，则子细胞中每条染色体均含 ^{15}N

【解析】 答案 D。

（1）若进行两次有丝分裂，则进行 2 次 DNA 分子的复制，如下图所示（以一条染色体为例）：

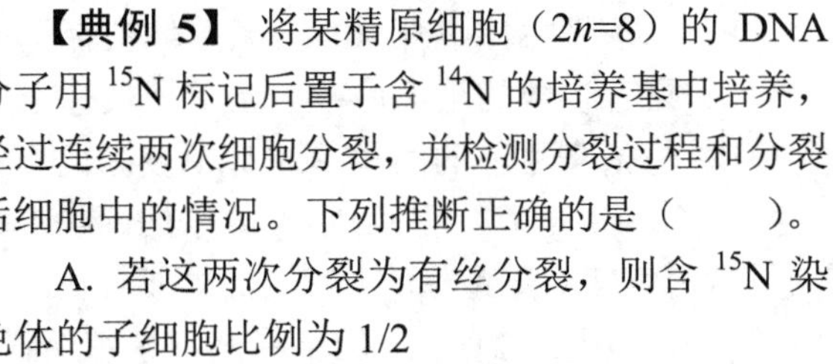

第一次有丝分裂形成的两个子细胞中所有染色体上的 DNA 分子均呈杂合状态，即“^{15}N//^{14}N”，第二次有丝分裂复制后的染色体上两条染色单体中只有一条染色单体含有 ^{15}N，DNA 分子为“^{15}N//^{14}N”，而另一条染色单体只含有 ^{14}N，DNA 分子为“^{14}N//^{14}N”，在后期时两条染色单体的分离是随机的，所以最终形成的子细胞的染色体中可能都含有 ^{15}N，也可能都不含 ^{15}N，含有 ^{15}N 的染色体条数是 0～8 条。则连续两次分裂形成的 4 个子细胞中含有 ^{15}N 的个数可能为 4、3、2 个。

（2）若进行减数分裂，则只进行了 1 次 DNA 分子的复制，其染色体中的 DNA 标记情况如图所示（以一对同源染色体为例）：

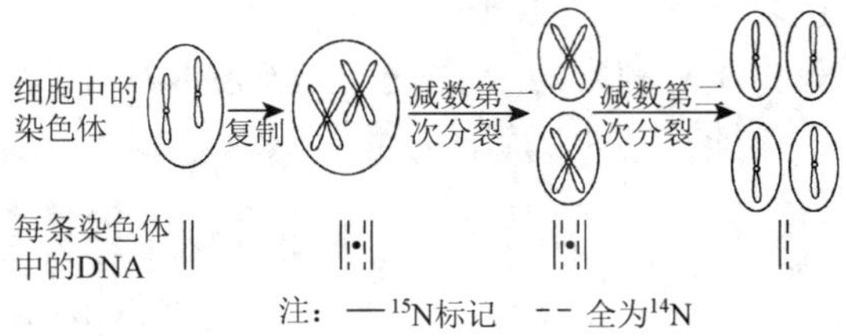

由图可以看出，减数分裂过程中细胞虽然连续分裂 2 次，但 DNA 只复制 1 次，所以四个子细胞中所有 DNA 分子均呈杂合状态，即“^{15}N//^{14}N”。

【提醒】 四步法解决细胞分裂中染色体标记问题：

第一步：画出含一条染色体的细胞图，下方画出该条染色体上的 1 个 DNA 分子，用竖实线表示含同位素标记。

第二步：画出复制一次、分裂一次的子细胞染色体图，下方画出染色体上的 DNA 链，未被标记的新链用竖虚线表示。

第三步：再画出第二次复制（分裂）后的细胞的染色体组成和 DNA 链的情况。

第四步：若继续推测后期情况，可想象着丝点分裂，染色单体分开，并进而推测子细胞染色体的情况。

针 对 训 练

1. 真核细胞中某生理过程如图所示，下列叙述错误的是（　　）。

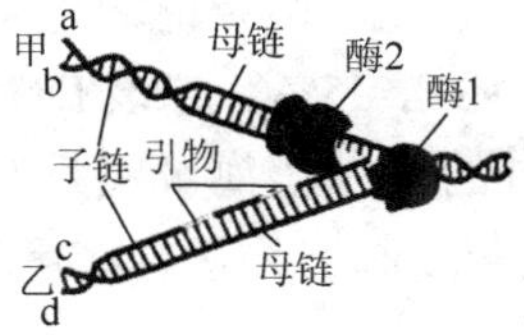

A. a 链和 b 链的方向相反，a 链与 c 链的碱基序列相同

B. 酶 1 可使磷酸二酯键断裂，酶 2 可催化磷酸二酯键的形成

C. 该图表示 DNA 半保留复制过程，遗传信息传递方向是 DNA→DNA

D. 植物细胞的线粒体和叶绿体中均可发生该过程

2. 某亲本 DNA 分子双链均以白色表示，以灰色表示第一次复制出的 DNA 子链，以黑色表示第二次复制出的 DNA 子链，该亲本双链 DNA 分子连续复制两次后的产物是（　　）。

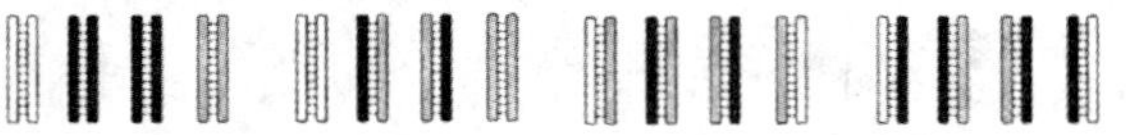

A　　B　　C　　D

3. 1958 年，科学家以大肠杆菌为实验材料进行实验（如图所示），证实了 DNA 是以半保留方式复制的。试管②、③、④、⑤是模拟可能出现的结果。

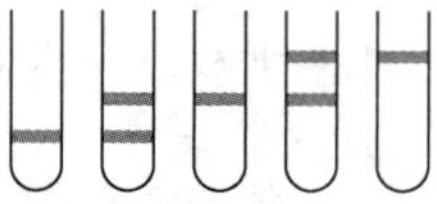

①　②　③　④　⑤

培养条件与实验方法：

（1）将大肠杆菌在含 ^{15}N 的培养液中培养若干代，使其 DNA 双链均被 ^{15}N 标记（试管①）

（2）转至含 ^{14}N 的培养液中培养，每 30min 繁殖一代。

（3）取出每代 DNA 样本，并离心分层。

下列相关推论正确的是（　　）。

A. 该实验中运用了同位素标记法，出现试管④的结果至少需要 90min

B. 试管③是转入含 ^{14}N 的培养液中复制一代的结果，试管②是复制两代的结果

C. 试管③④的结果对得到 DNA 以半保留方式复制结论起关键作用

D. 若在试管④中加入解旋酶，一段时间后离心出现的结果如试管⑤所示

4. 某 DNA 分子（两条链均含 ^{14}N）含有 3000 个碱基，腺嘌呤占 35%，若该 DNA 分子用 ^{15}N 同位素标记过的四种游离脱氧核苷酸为原料复制 3 次。将全部复制产物进行密度梯度离心，得到如图 1 所示结果；如果将全部复制产物加入解旋酶处理后再离心，则得到如图 2 所示结果。下列有关分析正确的是（　　）。

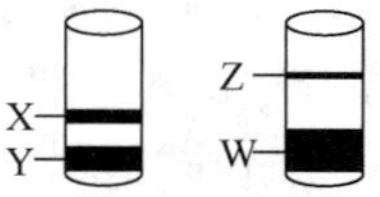

图1　　图2

A. X 层全部是仅含 ^{14}N 的基因

B. W 层中含 ^{15}N 标记的胞嘧啶 3150 个

C. X 层中含有的氢键数是 Y 层的 1/2

D. W 层与 Z 层的核苷酸数之比为 1∶4

5. 蚕豆根尖细胞在含 ^{3}H 标记的胸腺嘧啶脱氧核苷酸培养基中完成一个细胞周期，然后在不含放射性标记的培养基中继续分裂至中期，其染色体的放射性标记分布情况是（　　）。

A. 每条染色体的两条单体都被标记

B. 每条染色体中都只有一条单体被标记

C. 只有半数的染色体中一条单体被标记

D. 每条染色体的两条单体都不被标记

6.（2018 海南）现有 DNA 分子的两条单链均只含有 ^{14}N（表示为 $^{14}N^{14}N$）的大肠杆菌，若将该大肠杆菌在含有 ^{15}N 的培养基中繁殖两代，再转到含有 ^{14}N 的培养基中繁殖一代，则理论上 DNA 分子的组成类型和比例分别是（　　）。

A. 有 $^{15}N^{14}N$ 和 $^{14}N^{14}N$ 两种，其比例为 1∶3

B. 有 $^{15}N^{15}N$ 和 $^{14}N^{14}N$ 两种，其比例为 1∶1

C. 有 $^{15}N^{15}N$ 和 $^{14}N^{14}N$ 两种，其比例为 3∶1

D. 有 $^{15}N^{14}N$ 和 $^{14}N^{14}N$ 两种，其比例为 3∶1

7. 下图为真核生物 DNA 的结构（图甲）及发生的生理过程（图乙），请据图回答下列问题：

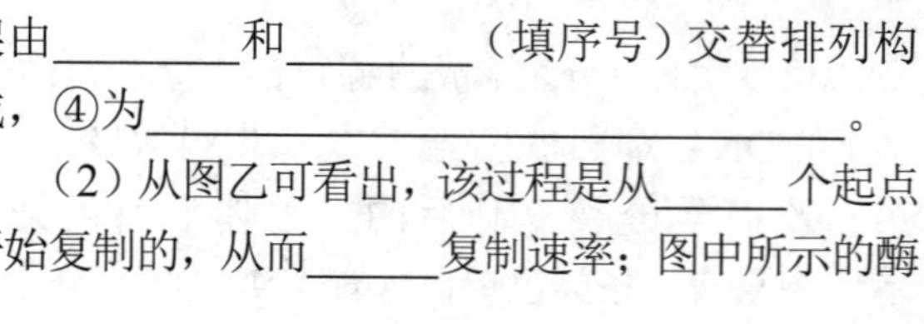

甲　　乙

（1）图甲为 DNA 的结构示意图，其基本骨架由________和________（填序号）交替排列构成，④为______________________________。

（2）从图乙可看出，该过程是从______个起点开始复制的，从而______复制速率；图中所示的酶

为______酶；作用于图甲中的________（填序号）。

（3）若用 1 个 ^{32}P 标记的噬菌体侵染未标记的大肠杆菌，释放出 300 个子代噬菌体，其中含有 ^{32}P 的噬菌体所占的比例是________。

（4）若图甲中的亲代 DNA 分子含有 100 个碱基对，将该 DNA 分子放在含有用 ^{32}P 标记的脱氧核苷酸培养液中复制一次，则子代 DNA 分子的相对分子质量比原来增加________。

（5）若图乙中亲代 DNA 分子在复制时，一条链上的 G 变成了 A，则该 DNA 分子经过 n 次复制后，发生差错的 DNA 分子占 DNA 分子总数的______。

8. 科学家以大肠杆菌为实验对象，运用同位素示踪技术及密度梯度离心方法进行了 DNA 复制方式的探索实验，实验内容及结果见下表。

组别	1 组	2 组	3 组	4 组
培养液中唯一氮源	$^{14}NH_4Cl$	$^{15}NH_4Cl$	$^{14}NH_4Cl$	$^{14}NH_4Cl$
繁殖代数	多代	多代	一代	两代
培养产物	A	B	B 的子Ⅰ代	B 的子Ⅱ代
操作	提取 DNA 并离心			
离心结果	仅为轻带（$^{14}N//^{14}N$）	仅为重带（$^{15}N//^{15}N$）	仅为中带（$^{15}N//^{14}N$）	1/2 轻带（$^{14}N//^{14}N$）1/2 中带（$^{15}N//^{14}N$）

请分析并回答：

（1）要得到 DNA 中的 N 全部被放射性标记的大肠杆菌 B，必须经过____代培养，且培养液中的____是唯一氮源。

（2）综合分析本实验的 DNA 离心结果，第____组结果对得到结论起到了关键作用。但需把它与第____组和第____组的结果进行比较，才能说明 DNA 分子的复制方式是____复制。

（3）分析讨论：

①若子Ⅰ代 DNA 的离心结果为“轻”和“重”两条密度带，则“重带”DNA 来自____，据此可判断 DNA 分子的复制方式不是____复制。

②将子Ⅰ代 DNA 双链分开后再离心，其结果______（选填“能”或“不能”）判断 DNA 的复制方式。

③若在同等条件下将子Ⅱ代继续培养，子 n 代 DNA 离心的结果是：密度带的数量和位置______________，放射性强度发生变化的是______________带。

④若某次实验的结果中，子Ⅰ代 DNA 的“中带”比以往实验结果的“中带”略宽，可能的原因是新合成 DNA 单链中的 N 尚有少部分为______。

9.4　基因是有遗传效应的 DNA 片段

核 心 问 题

1. 染色体、DNA、基因、脱氧核苷酸的关系如图所示，请问细胞中 DNA 分子的碱基总数与所有基因的碱基数之和相等吗？为什么？

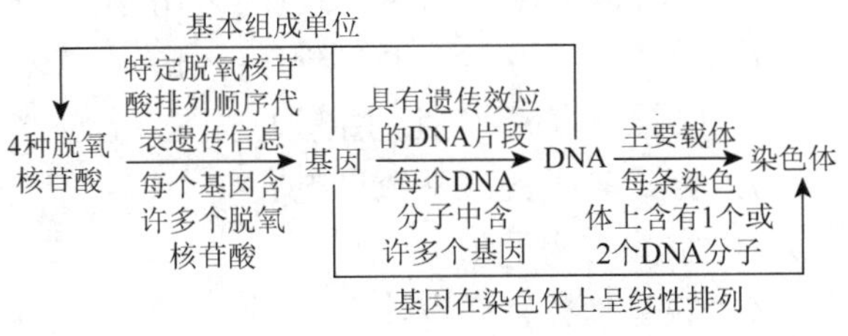

答：不相等，基因是有遗传效应的 DNA 片段，而 DNA 分子上还含有不具有遗传效应的片段，因此 DNA 分子的碱基总数应大于所有基因的碱基数之和。

2. 基因、染色体、蛋白质、性状的关系如图所示，请问对于真核细胞而言，染色体是不是 DNA 的唯一的载体？为什么？

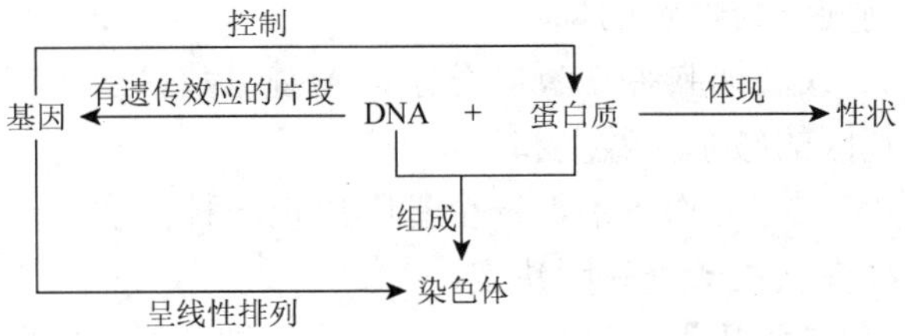

答：不是，因为线粒体和叶绿体中也含有 DNA。

①对于真核细胞来说，染色体是基因的主要载体；线粒体和叶绿体是基因的次要载体。

②对于原核细胞来说，基因存在于拟核中的

DNA 分子或质粒上，DNA 是裸露的，并没有与蛋白质一起构成染色体，因此，没有染色体这一载体。

3. 如果由 2000 个脱氧核苷酸构成一个基因，则可能有多少种脱氧核苷酸排列顺序？某个基因中有 2000 个脱氧核苷酸，则该基因中有多少种脱氧核苷酸排列顺序？

答：4^{1000} 种。1 种（对特定基因而言，脱氧核苷酸的排列顺序是特定的，只有 1 种）。

典 例 精 讲

【典例 1】 下列关于基因、DNA 和染色体关系的说法中，错误的是（　　）。

A. 染色体是基因的主要载体

B. 一条染色体上只有一个 DNA 分子

C. 一个 DNA 分子上有许多个基因

D. 基因中脱氧核苷酸的排列顺序蕴藏着遗传信息

【解析】 答案 B。大多数基因位于细胞核的染色体上，少数位于细胞质中，故染色体是基因的主要载体，A 正确；一条染色体含有 1 个或 2 个 DNA 分子，其上有多个基因，B 错误、C 正确；遗传信息指的是基因中脱氧核苷酸的排列顺序，D 正确。

【典例 2】（2017 海南）下列关于真核生物遗传物质和性状的叙述，正确的是（　　）。

A. 细胞中染色体的数目始终等于 DNA 的数目

B. 有丝分裂有利于保持亲代细胞和子代细胞间遗传性状的稳定

C. 细胞中 DNA 分子的碱基对数等于所有基因的碱基对数之和

D. 生物体中，一个基因决定一种性状，一种性状由一个基因决定

【解析】 答案 B。真核细胞的细胞核中，染色体复制之前，染色体数等于 DNA 数，复制后，染色体数∶DNA 数=1∶2，如果再加上细胞质中的 DNA，染色体始终小于 DNA 数目，A 错误；有丝分裂的意义就是有利于保持亲、子代细胞间遗传性状的稳定，B 正确；细胞中的 DNA 中，只有具遗传效应的片段才是基因，DNA 中还有很多非基因序列，C 错误；生物体中，基因与性状之间并不是单纯的一对一关系，D 错误。

【典例 3】 下列关于 DNA 或基因的叙述中，错误的是（　　）。

A. 能使 R 型菌发生转化的物质是 S 型菌的 DNA

B. 基因通常是有遗传效应的 DNA 片段

C. 构成 DNA 的碱基数等于构成基因的碱基数

D. 利用 DNA 的特异性可以确认罪犯

【解析】 答案 C。能使 R 型菌发生转化的物质是 S 型菌的 DNA，A 正确；基因通常是有遗传效应的 DNA 片段，B 正确；基因通常是有遗传效应的 DNA 片段，因此构成 DNA 的碱基数远远多于构成基因的碱基数，C 错误；利用 DNA 的特异性可以确认罪犯，D 正确。

针 对 训 练

1. 下列关于 DNA、染色体、基因的关系的叙述，错误的是（　　）。

A. 未复制前每条染色体有一个 DNA 分子，经复制每条染色单体上有一个 DNA 分子

B. 每个 DNA 分子上有许多基因，基因是有遗传效应的 DNA 片段

C. 基因在染色体上呈线性排列

D. 基因在 DNA 分子双链上成对存在

2. 某生物体有 10 对同源染色体，其生殖细胞中的 DNA 总量约为 7×10^9 个脱氧核苷酸对，假定每个基因平均含有 1.4×10^4 个脱氧核苷酸，则此生殖细胞中，染色体上的基因个数（　　）。

A. 小于 5×10^5 个　B. 等于 5×10^5 个

C. 小于 1×10^6 个　D. 等于 1×10^6 个

3. DNA 具有多样性的主要原因是（　　）。

A. 组成基因的碱基数目庞大

B. 空间结构千变万化

C. 碱基种类有许多种

D. 碱基排列顺序的千变万化

4. 下图所示为细胞中与基因有关的物质或结构，请分析并回答下列问题：

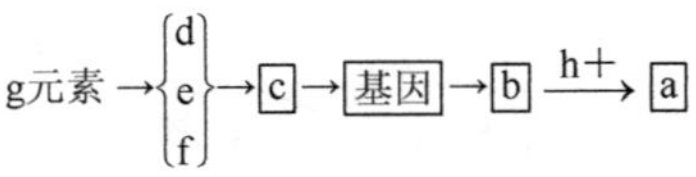

（1）细胞内的遗传物质是[　]______，基因和 b 的关系是________________________。

（2）遗传物质的主要载体是[　]____，基因和 a 的关系是__________________________。

（3）c 和 b 的关系是______________，b 被彻底水解后的产物是______（填字母）。

（4）如果基因存在于______上，则其遗传方式与性别相关联，这就是________________。这种遗传方式既遵循________定律，又有特殊性。

（5）b 的空间结构是______。若其中的(A+T)/(G+C)=0.25，则 G 占总碱基数的比例为______，其中一条单链中(A+T)/(G+C)=______。

参考答案

9.1　DNA 是主要的遗传物质

1. B　2. D　3. D　4. C　5. B　6. B　7. A　8.（1）实验思路。甲组：将宿主细胞培养在含有放射性标记尿嘧啶的培养基中，之后接种新病毒，培养一段时间后收集病毒并检测其放射性。乙组：将宿主细胞培养在含有放射性标记胸腺嘧啶的培养基中，之后接种新病毒，培养一段时间后收集病毒并检测其放射性　（2）实验结果及结论：若甲组收集的病毒有放射性，乙组无，即为 RNA 病毒；若乙组收集的病毒有放射性，甲组无，即为 DNA 病毒。

9.2　DNA 分子的结构及相关计算

1. C　2. C　3. A　4. B　5.（1）甲　单　（2）乙　A=T　G=C　（3）B

9.3　DNA 分子的复制与计算

1. B　2. D　3. C　4. B　5. B　6. D　7.（1）①②胞嘧啶脱氧核苷酸　（2）多　提高　解旋　⑨　（3）$\frac{1}{150}$　（4）100　（5）$\frac{1}{2}$　8.（1）多　$^{15}NH_4Cl$　（2）3　1　2　半保留　（3）①B　半保留　②不能　③没有变化　轻　④^{15}N

9.4　基因是有遗传效应的 DNA 片段

1. D　2. C　3. D

4.（1）b　DNA　基因是有遗传效应的 b 片段

（2）a　染色体　基因在 a 上呈线性排列

（3）c 是组成 b 的基本单位　d、e、f

（4）性染色体　伴性遗传　基因分离

（5）规则的双螺旋结构　40%　0.25

第 10 章　基因的表达

10.1　基因指导蛋白质的合成——遗传信息的转录和翻译

核 心 问 题

1. RNA 和 DNA 有哪些区别？

答：

比较项目		DNA	RNA
空间结构		规则的双螺旋结构	通常呈单链结构
化学组成	基本组成单位	脱氧核苷酸	核糖核苷酸
	碱基	A、G、C、T	A、G、C、U
	五碳糖	脱氧核糖	核糖
	无机酸	磷酸	磷酸
分布		主要分布于细胞核中	主要分布于细胞质中
功能		主要的遗传物质，储存、传递遗传信息	某些病毒的遗传物质；mRNA 指导蛋白质的合成；tRNA 识别并转运氨基酸；rRNA 是核糖体的组成成分；少数 RNA 具有催化作用

2. 遗传信息、密码子、反密码子及其与氨基酸之间有什么关系？

答：(1) 遗传信息、密码子与反密码子之间的联系。

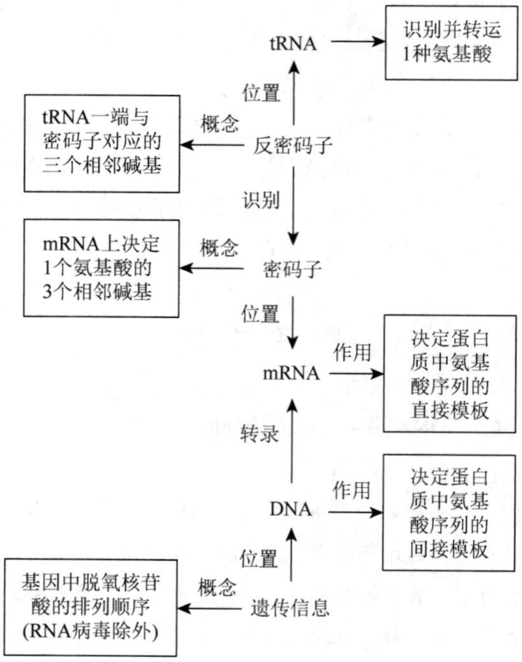

(2) 密码子、tRNA 和氨基酸之间的对应关系。

①密码子有 64 种（3 种终止密码子不决定氨基酸，决定氨基酸的密码子有 61 种）；不同生物共用一套遗传密码。

②一种密码子只能决定一种氨基酸，一种 tRNA 只能转运一种氨基酸。

③每种氨基酸对应一种或几种密码子（密码子的简并性），可由一种或几种 tRNA 转运。

3. 遗传信息的复制、转录和翻译有哪些区别？

答：

项目	复制	转录	翻译
作用	传递遗传信息	表达遗传信息	
时间	细胞分裂的间期	个体生长发育的整个过程	
场所	主要在细胞核	主要在细胞核	细胞质的核糖体
模板	DNA 的两条单链	DNA 的一条链	mRNA
原料	4 种脱氧核苷酸	4 种核糖核苷酸	20 种氨基酸
能量	都需要		
酶	解旋酶、DNA 聚合酶	RNA 聚合酶	多种酶
产物	2 个双链 DNA 分子	一个单链 RNA	多肽链（或蛋白质）
产物去向	传递到 2 个细胞或子代	通过核孔进入细胞质	组成细胞结构蛋白或功能蛋白

续表

项目	复制	转录	翻译
特点	边解旋边复制，半保留复制	边解旋边转录，转录后 DNA 恢复原状	翻译结束后，mRNA 被降解成单体
碱基配对	A—T、T—A，C—G、G—C	A—U、T—A，C—G、G—C	A—U、U—A，C—G、G—C

典例精讲

【典例 1】（2017 全国卷Ⅲ）下列关于真核细胞中转录的叙述，错误的是（　　）。

A. tRNA、rRNA 和 mRNA 都从 DNA 转录而来

B. 同一细胞中两种 RNA 的合成有可能同时发生

C. 细胞中的 RNA 合成过程不会在细胞核外发生

D. 转录出的 RNA 链与模板链的相应区域碱基互补

【解析】 答案 C。转录是以 DNA 的一条链为模板，以核糖核苷酸为原料合成 RNA 的过程，包括 tRNA、rRNA 和 mRNA 三种，A 正确；不同的 RNA 由不同的基因转录而来，所以同一细胞中两种 RNA 的合成有可能同时发生，B 正确；细胞中的 RNA 合成过程主要在细胞核内发生，在线粒体和叶绿体中也能进行转录合成 RNA，C 错误；转录时遵循碱基互补配对原则，所以转录出的 RNA 链与模板链的相应区域碱基互补，D 正确。

【提醒】 转录的产物不只是 mRNA，还有 tRNA、rRNA，但只有 mRNA 携带遗传信息，3 种 RNA 都参与翻译过程，只是作用不同。

【典例 2】（2020 全国卷Ⅲ）细胞内有些 tRNA 分子的反密码子中含有稀有碱基次黄嘌呤（I），含有 I 的反密码子在与 mRNA 中的密码子互补配对时，存在如图所示的配对方式（Gly 表示甘氨酸）。下列说法错误的是（　　）。

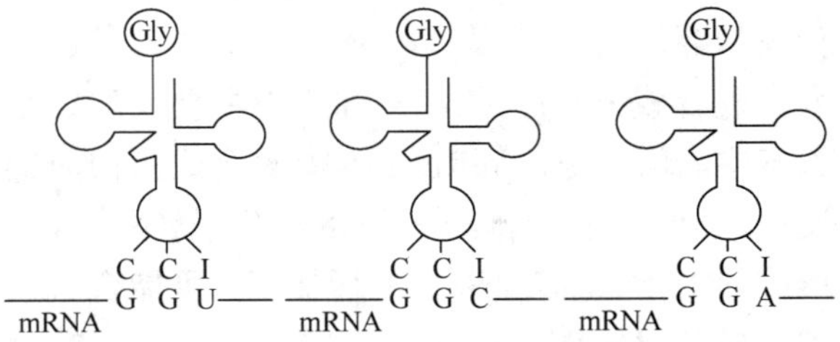

A. 一种反密码子可以识别不同的密码子

B. 密码子与反密码子的碱基之间通过氢键结合

C. tRNA 分子由两条链组成，mRNA 分子由单链组成

D. mRNA 中的碱基改变不一定造成所编码氨基酸的改变

【解析】 答案 C。分析图示可知，含有 CCI 反密码子的 tRNA 转运甘氨酸，而反密码子 CCI 能与 mRNA 上的三种密码子（GGU、GGC、GGA）互补配对，即 I 与 U、C、A 均能配对。由图示分析可知，I 与 U、C、A 均能配对，因此含 I 的反密码子可以识别多种不同的密码子，A 正确；密码子与反密码子的配对遵循碱基互补配对原则，碱基对之间通过氢键结合，B 正确；由图示可知，tRNA 分子由单链 RNA 经过折叠后形成三叶草的叶形，C 错误；由于密码子的简并性，mRNA 中碱基的改变不一定造成所编码氨基酸的改变，从图示三种密码子均编码甘氨酸也可以看出，D 正确。

【提醒】 RNA 通常呈单链结构，复制、转录、翻译过程都有氢键的形成和断裂。

【典例 3】（2019 浙江）下列关于遗传信息表达过程的叙述，正确的是（　　）。

A. 一个 DNA 分子转录一次，可形成一个或多个合成多肽链的模板

B. 转录过程中，RNA 聚合酶没有解开 DNA 双螺旋结构的功能

C. 多个核糖体可结合在一个 mRNA 分子上共同合成一条多肽链

D. 编码氨基酸的密码子由 mRNA 上 3 个相邻的脱氧核苷酸组成

【解析】 答案 A。遗传信息的表达主要包括复制、转录和翻译，基因控制蛋白质的合成包括

转录和翻译两个过程，以 DNA 分子的一条链作为模板合成 RNA，在真核细胞中主要发生在细胞核中。翻译是以 mRNA 为模板合成蛋白质的过程，场所为核糖体。一个 DNA 分子转录一次，形成的 mRNA 需要进行剪切加工，可能合成一条或多条模板链，A 正确；转录过程中，RNA 聚合酶兼具解旋功能故不需要 DNA 解旋酶参与转录，B 错误；在转录过程中，mRNA 上可附着多个核糖体进行翻译，得到数条相同的多肽链，而不是共同合成一条多肽链，C 错误；mRNA 由核糖核苷酸构成，不具有脱氧核苷酸，D 错误。

【提醒】 解答此题要熟练掌握 DNA 和 RNA 的基本单位，一个 mRNA 分子上结合多个核糖体，同时合成多条肽链。

【典例 4】（2018 全国卷Ⅰ）生物体内的 DNA 常与蛋白质结合，以 DNA-蛋白质复合物的形式存在。下列相关叙述错误的是（　　）。

A. 真核细胞染色体和染色质中都存在 DNA-蛋白质复合物

B. 真核细胞的核中有 DNA-蛋白质复合物，而原核细胞的拟核中没有

C. 若复合物中的某蛋白参与 DNA 复制，则该蛋白可能是 DNA 聚合酶

D. 若复合物中正在进行 RNA 的合成，则该复合物中含有 RNA 聚合酶

【解析】 答案 B。真核细胞的染色质和染色体是同一物质在不同时期的两种存在形式，主要是由 DNA 和蛋白质组成，都存在 DNA-蛋白质复合物，A 正确；真核细胞的核中含有染色体或染色质，存在 DNA-蛋白质复合物，原核细胞的拟核中也可能存在 DNA-蛋白质复合物，如拟核 DNA 进行复制或者转录的过程中都存在 DNA 与酶（成分为蛋白质）的结合，也能形成 DNA-蛋白质复合物，B 错误；DNA 复制需要 DNA 聚合酶、解旋酶等，因此复合物中的某蛋白可能是 DNA 聚合酶，C 正确；若复合物中正在进行 RNA 的合成，属于转录过程，转录需要 RNA 聚合酶等，因此复合物中的某蛋白可能是 RNA 聚合酶，D 正确。

【提醒】 DNA 的复制需要解旋酶和 DNA 聚合酶，转录不需要解旋酶，需要 RNA 聚合酶。

针对训练

1. 下列与真核生物中核酸有关的叙述，错误的是（　　）。

A. 线粒体和叶绿体中都含有 DNA 分子

B. 合成核酸的酶促反应过程中不消耗能量

C. DNA 和 RNA 分子中都含有单糖

D. 转录时有氢键的形成和断裂

2. 关于复制、转录和翻译说法正确的是（　　）。

A. 转录和翻译过程都存在 T—A、A—U、G—C 的碱基配对方式

B. 一个 DNA 只能控制合成一种蛋白质

C. 细菌的一个基因转录时两条 DNA 链可同时作为模板，提高转录效率

D. 原核细胞是边转录、边翻译，同地、同时进行。

3. 如图所示为真核细胞中发生的某些相关生理和生化反应过程，下列叙述错误的是（　　）。

A. 结构 a 是核糖体，物质 b 是 mRNA，过程①是翻译过程

B. 如果细胞中 r-蛋白含量较多，r-蛋白就与 b 结合，阻碍 b 与 a 结合

C. c 是基因，是指导 rRNA 合成的直接模板，需要 DNA 聚合酶参与催化

D. 过程②在形成细胞中的某种结构，这一过程与细胞核中的核仁密切相关

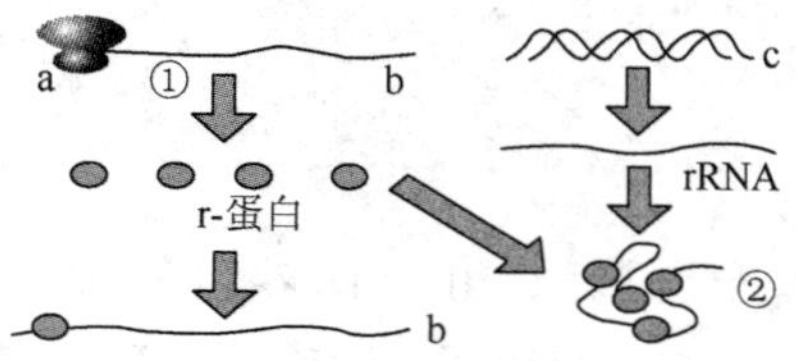

4.（2020 全国卷Ⅱ）大豆蛋白在人体内经消化道中酶的作用后，可形成小肽（短的肽链）。回答下列问题：

（1）在大豆细胞中，以 mRNA 为模板合成

蛋白质时，除 mRNA 外还需要其他种类的核酸分子参与，它们是__________、__________。

（2）大豆细胞中大多数 mRNA 和 RNA 聚合酶从合成部位到执行功能部位需要经过核孔。就细胞核和细胞质这两个部位来说，作为 mRNA 合成部位的是__________，作为 mRNA 执行功能部位的是__________；作为 RNA 聚合酶合成部位的是__________，作为 RNA 聚合酶执行功能部位的是__________。

（3）部分氨基酸的密码子如表所示。若来自大豆的某小肽编码序列为 UACGAACAUUGG，则该小肽的氨基酸序列是__________。若该小肽对应的 DNA 序列有 3 处碱基发生了替换，但小肽的氨基酸序列不变，则此时编码小肽的 RNA 序列为__________。

氨基酸	密码子
色氨酸	UGG
谷氨酸	GAA GAG
酪氨酸	UAC UAU
组氨酸	CAU CAC

10.2　中心法则及基因与性状的关系

核心问题

1. 补充后的中心法则内容图解是怎样的？

答：

复制 DNA $\underset{逆转录}{\overset{转录}{\rightleftarrows}}$ 复制 RNA $\xrightarrow{翻译}$ 蛋白质

2. 不同类型生物遗传信息的传递方向是怎样的？

答：①能分裂的细胞生物及噬菌体等 DNA 病毒遗传信息的传递：

复制 DNA $\xrightarrow{转录}$ RNA $\xrightarrow{翻译}$ 蛋白质

②具有 RNA 复制功能的 RNA 病毒（如烟草花叶病毒）遗传信息的传递：

复制 RNA $\xrightarrow{翻译}$ 蛋白质

③具有逆转录功能的 RNA 病毒（如艾滋病病毒）遗传信息的传递：

RNA $\xrightarrow{逆转录}$ 复制 DNA $\xrightarrow{转录}$ RNA $\xrightarrow{翻译}$ 蛋白质

④高度分化的细胞遗传信息的传递：

DNA $\xrightarrow{转录}$ RNA $\xrightarrow{翻译}$ 蛋白质

3. 请用文字和箭头表示基因对性状的控制途径。

答：（1）直接控制途径：

基因 $\xrightarrow{控制}$ 蛋白质的结构 $\xrightarrow{直接控制}$ 生物体的性状

（2）间接控制途径：

基因 $\xrightarrow{控制}$ 酶的合成 $\xrightarrow{控制}$ 代谢过程 $\xrightarrow{间接控制}$ 生物体的性状

典例精讲

【典例 1】（2020 全国卷Ⅲ）关于真核生物的遗传信息及其传递的叙述，错误的是（　　）。

A. 遗传信息可以从 DNA 流向 RNA，也可以从 RNA 流向蛋白质

B. 细胞中以 DNA 的一条单链为模板转录出的 RNA 均可编码多肽

C. 细胞中 DNA 分子的碱基总数与所有基因的碱基数之和不相等

D. 染色体 DNA 分子中的一条单链可以转录出不同的 RNA 分子

【解析】 答案 B。遗传信息的表达过程包括 DNA 转录成 mRNA，mRNA 进行翻译合成蛋白质，A 正确；以 DNA 的一条单链为模板可以转录出 mRNA、tRNA、rRNA 等，mRNA 可以编码多肽，而 tRNA 的功能是转运氨基酸，rRNA 是构成核糖体的组成物质，B 错误；基因是有遗传效应的 DNA 片段，而 DNA 分子上还含有不

具遗传效应的片段，因此 DNA 分子的碱基总数大于所有基因的碱基数之和，C 正确；染色体 DNA 分子上含有多个基因，由于基因的选择性表达，一条单链可以转录出不同的 RNA 分子，D 正确。

【点拨】 解答此题明确两个关键点：①真核生物的正常细胞中遗传信息的传递和表达过程包括 DNA 的复制、转录和翻译过程。②DNA 分子上分布着多个基因，基因是有遗传效应的 DNA 片段。

【典例 2】（2019 全国卷Ⅰ）用体外实验的方法可合成多肽链。已知苯丙氨酸的密码子是 UUU，若要在体外合成同位素标记的多肽链，所需的材料组合是（　　）。

①同位素标记的 tRNA　②蛋白质合成所需的酶　③同位素标记的苯丙氨酸　④人工合成的多聚尿嘧啶核苷酸　⑤除去了 DNA 和 mRNA 的细胞裂解液

A. ①②④　　B. ②③④

C. ③④⑤　　D. ①③⑤

【解析】 答案 C。蛋白质合成需要 mRNA 模板、游离的氨基酸、核糖体、tRNA 以及相关酶等。人工合成的多聚尿嘧啶核苷酸可作为合成多肽链的模板；要获得同位素标记的多肽链，需要使用同位素标记的氨基酸；除去了 DNA 和 mRNA 的细胞裂解液中含有核糖体、tRNA 以及相关酶等，C 项符合题意。

【点拨】 翻译不仅需要模板、原料、能量、酶，而且需要 tRNA 和核糖体。

【典例 3】（2018 海南）关于复制、转录和逆转录的叙述，下列说法错误的是（　　）。

A. 逆转录和 DNA 复制的产物都是 DNA

B. 转录需要 RNA 聚合酶，逆转录需要逆转录酶

C. 转录和逆转录所需要的反应物都是核糖核苷酸

D. 细胞核中的 DNA 复制和转录都以 DNA 为模板

【解析】 答案 C。逆转录和 DNA 复制的产物都是 DNA，A 正确；转录需要 RNA 聚合酶，逆转录需要逆转录酶，B 正确；转录需要的反应物是核糖核苷酸，逆转录需要的反应物是脱氧核糖核苷酸，C 错误；细胞核中的 DNA 复制和转录都以 DNA 为模板，D 正确。

【点拨】 解答此类题要熟练掌握复制、转录、逆转录的模板、原料、酶、产物。

针对训练

1. 下列关于基因、蛋白质和性状关系的叙述，正确的是（　　）。

A. 基因可以通过控制酶的合成来控制代谢过程，进而控制生物体的性状，如白化病的发病机理

B. 基因可以通过控制蛋白质的结构直接控制生物体的性状，如豌豆的圆粒和皱粒的形成

C. 基因中脱氧核苷酸的排列顺序发生改变一定会导致生物体性状的改变

D. 基因和性状之间是一一对应的

2. 下图为人体内基因对性状的控制过程，下列叙述错误的是（　　）。

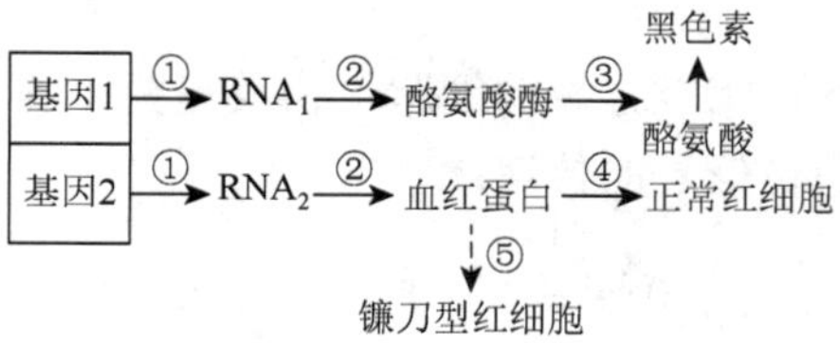

A. 图中①、②过程发生的场所分别是细胞核、细胞质中的核糖体

B. ④、⑤过程的结果存在差异的直接原因是血红蛋白结构的不同

C. 基因控制囊性纤维病与基因 2 控制性状的方式相同

D. 人体衰老引起白发的原因是图中酪氨酸酶不能合成

3. 人类免疫缺陷病毒（HIV）携带的 RNA 在宿主细胞内不能直接作为合成蛋白质的模板。下列相关叙述错误的是（　　）。

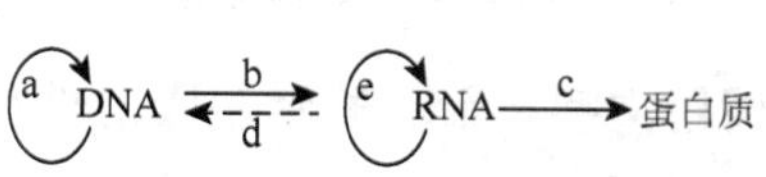

A. 合成子代病毒蛋白质外壳的完整过程至

少要经过 d、b、c 环节

B. 通过d形成的DNA可以整合到宿主细胞的染色体 DNA 上

C. d 和 e 过程需要的原料分别是脱氧核苷酸和核糖核苷酸

D. HIV 侵染细胞时，病毒中的蛋白质不会进入宿主细胞

4. 如图所示，下列有关叙述正确的是（　　）。

A. 甲是 DNA，乙为 RNA，此过程要以甲为模板，酶为 DNA 聚合酶和解旋酶

B. 甲是 DNA，乙为 DNA，此过程要以甲为模板，酶为 RNA 聚合酶

C. 甲是 RNA，乙为 DNA，此过程为以甲为模板，酶为逆转录酶

D. 甲是 RNA，乙为蛋白质，此过程为翻译，模板是三种 RNA

参考答案

10.1　基因指导蛋白质的合成——遗传信息的转录和翻译

1. B　2. D　3.C

4.（1）rRNA　tRNA

（2）细胞核　细胞质　细胞质　细胞核

（3）酪氨酸-谷氨酸-组氨酸-色氨酸

UAUGAGC ACUGG

10.2　中心法则及其与性状的关系

1. A　2. D　3. D　4. C

第 11 章　生物的变异与育种

11.1　基因突变和基因重组

核 心 问 题

1. 什么是基因突变？

答：基因突变是指 DNA 分子中发生碱基对的替换、增添和缺失，而引起的基因结构的改变。可从以下几个方面理解：

（1）时间：主要发生在有丝分裂间期或减数第一次分裂前的间期。（真核生物的无丝分裂、原核生物的二分裂及病毒 DNA 复制时也可发生基因突变）

（2）实质：基因结构改变。（基因的数量和位置不变）

（3）结果：产生新的基因。（若是真核生物基因突变，一般产生它的等位基因；若是原核细胞和病毒发生基因突变，由于它们的基因一般是单个存在的，不存在等位基因，因此其结果是产生新基因）

（4）举例：镰刀型细胞贫血症（碱基对的替换）、豌豆皱粒的形成（碱基对的增添）、囊性纤维病（碱基的缺失）。

> **【点拨】** DNA 中发生碱基对的增添、缺失和替换不一定是基因突变，如发生在 DNA 中的非基因片段就不是基因突变。只有引起了基因结构变化，才是基因突变。

2. 基因突变对蛋白质中的氨基酸序列有什么影响？基因突变一定会改变生物性状吗？

答：（1）基因突变对蛋白质中的氨基酸序列的影响：

碱基对	影响范围	对氨基酸序列的影响
替换	小	除非终止密码提前出现，否则只改变 1 个氨基酸或不改变氨基酸序列
增添	大	不影响插入位置前的序列而影响插入位置后的序列
缺失	大	不影响缺失位置前的序列而影响缺失位置后的序列

（2）基因突变不一定改变生物性状。如发生以下情况：①基因突变后形成的密码子与原密码子决定的是同种氨基酸（密码子的简并性）；②基因突变若为隐性突变（如 AA→Aa，不会导致性状的改变）；③环境因素的影响等。

3. 什么是基因重组？基因重组的类型有哪些？

答：基因重组是指在生物体进行有性生殖的过程中，控制不同性状的基因的重新组合。主要包括两种类型：

（1）自由组合型：减数第一次分裂的后期，随着同源染色体的分离，位于非同源染色体上的非等位基因随非同源染色体的自由组合而发生重组，如下图 1。

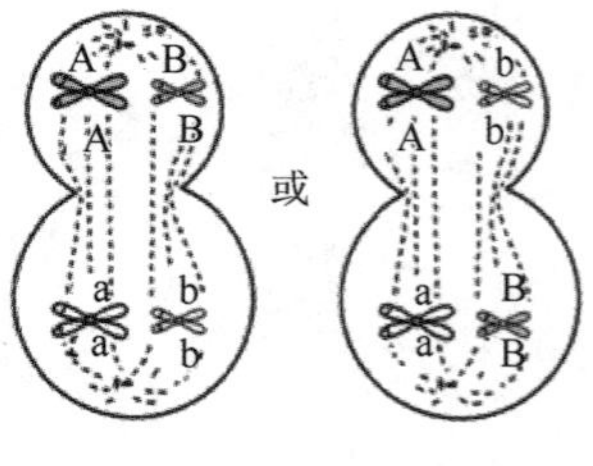

图 1

（2）交叉互换型：减数第一次分裂的四分体时期，同源染色体上的等位基因随非姐妹染色单体的交换而发生交换，导致染色单体上的非等位基因重组，如下图 2。

除此之外，肺炎双球菌的 R 型转化为 S 型、基因工程等都涉及基因重组。

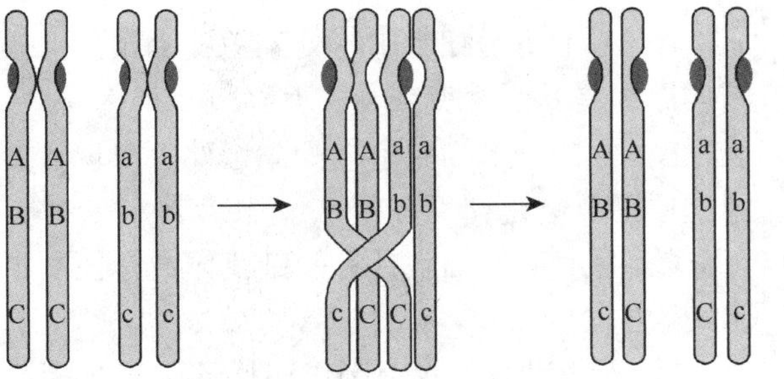

图 2

4. 精子与卵细胞随机结合属于基因重组吗？基因重组能产生新性状吗？

答：（1）精子与卵细胞随机结合不属于基因重组。因为基因重组一般发生在精子和卵细胞的形成过程中，而精子和卵细胞的随机结合发生在受精作用时。

（2）基因重组不能产生新性状。因为基因重组只是“原有基因间的重新组合”，它没有产生“新基因”，只是产生了“新基因型”，其所产生的性状应称为“重组性状”而不是“新性状”。

典 例 精 讲

【典例 1】（2019 海南）下列有关基因突变的叙述，正确的是（　　）。

A. 高等生物中基因突变只发生在生殖细胞中

B. 基因突变必然引起个体表现型发生改变

C. 环境中的某些物理因素可引起基因突变

D. 根细胞的基因突变是通过有性生殖传递的

【解析】 答案 C。高等生物中基因突变可以发生在体细胞或生殖细胞中，A 错误；由于密码子的简并性，导致基因突变不一定引起个体表现型发生改变；显性纯合子中只有一个基因发生隐性突变，表现型也不发生改变，B 错误；环境中的某些物理因素如射线可引起基因突变，C 正确；根细胞不是生殖细胞，其基因突变只能通过无性生殖传递，D 错误。

【典例 2】 枯草杆菌野生型与某一突变型的差异见下表：

枯草杆菌	核糖体 S_{12} 蛋白第 55～58 位的氨基酸序列	链霉素与核糖体的结合	在含链霉素培养基中的存活率
野生型	…—P—K—K—P—…	能	0
突变型	…—P—R—K—P—…	不能	100%

注：P 为脯氨酸；K 为赖氨酸；R 为精氨酸。

下列叙述正确的是（　　）。

A. S_{12} 蛋白结构改变使突变型具有链霉素抗性

B. 链霉素通过与核糖体结合抑制其转录功能

C. 突变型的产生是由于碱基对的缺失所致

D. 链霉素可以诱发枯草杆菌产生相应的抗性突变

【解析】 答案 A。突变型菌在含链霉素的培养基中存活率为 100%，故具有链霉素抗性，A 正确；链霉素与核糖体结合可抑制其翻译功能，B 错误；突变型的产生最可能为碱基对替换所致，因为只改变了一个氨基酸，C 错误；链霉素在培养基中起筛选作用，不能诱发枯草杆菌产生相应的抗性突变，D 错误。

【典例 3】 果蝇的某个基因若发生突变，会出现纯合致死效应（胚胎致死），请分析下列说法错误的是（　　）。

A. 如果是常染色体上的隐性突变，多对野生型果蝇杂交后代不会出现突变型个体

B. 如果是常染色体上的显性突变，一对突变型果蝇杂交后代性状分离比为 2∶1

C. 如果是 X 染色体上的隐性突变，为了探究一只雄果蝇在受到致变因素后是否发生该突变，可选野生型雌果蝇与之杂交，通过后代雌雄比来推测

D. 如果是 X 染色体上的隐性突变，为了探究一只雌果蝇在受到致变因素后是否发生该突变，可选野生型雄果蝇与之杂交，通过后代雌雄比来推测

【解析】 答案 C。如果是常染色体上的隐性突变（相应的基因用 a 表示），多对野生型果蝇（AA）杂交后代不会出现突变型个体（aa），A 正确；如果是常染色体上的显性突变（相应的基因用 A 表示），一对突变型果蝇杂交（Aa×Aa），后代基因型及比例为 AA（胚胎致死）：Aa：aa=1：2：1，因此后代性状分离比为 2：1，B 正确；如果是 X 染色体上的隐性突变（相应的

基因用 a 表示），为了探究一只雄果蝇在受到致变因素后是否发生该突变，若选野生型雌果蝇（X^AX^A）与之杂交，无论该雄果蝇是否发生基因突变，后代雌雄比均为 1∶1，因此不能通过后代雌雄比来推测，C 错误；如果是 X 染色体上的隐性突变（相应的基因用 a 表示），为了探究一只雌果蝇在受到致变因素后是否发生该突变，可选野生型雄果蝇（X^AY）与之杂交，若该雌果蝇未发生基因突变，即 $X^AX^A \times X^AY$，则后代雌雄比为1∶1，若该雌果蝇发生基因突变，即 $X^AX^a \times X^AY$，则后代雌雄比为 2∶1（X^aY 胚胎致死），因此可通过后代雌雄比来推测，D 正确。

【提醒】 掌握显性突变和隐性突变的判断方法：

（1）类型

显性突变：aa → Aa当代表现
隐性突变：AA → Aa当代不表现，一旦表现即为纯合子

（2）判断方法有两种：

①对于动、植物：选取突变体与其他已知未突变体（即野生型）杂交，根据子代性状表现进行判断。

a. 若后代全为野生型，则突变性状为隐性；

b. 若后代既有突变型又有野生型，则突变性状为显性。

②对于植物：让突变体自交，根据后代有无性状分离进行判断。

a. 自交后代无性状分离，则突变性状为隐性；

b. 自交后代有性状分离，则突变性状为显性；

【典例 4】 图 1、图 2 表示某基因型为 AaBb 的二倍体动物在生殖发育过程中正在分裂的两个细胞。下列相关叙述错误的是（　　）。

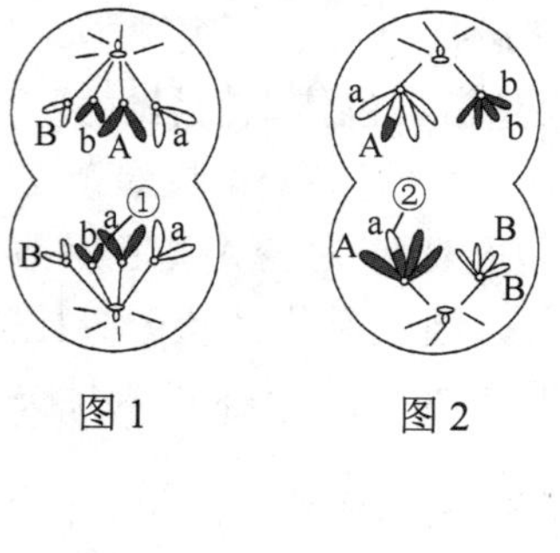

图 1　　　　图 2

A. 图 1 所示细胞中①处染色体上出现 a 基因的原因是基因突变或交叉互换

B. 图 2 所示细胞中②处染色体上出现 a 基因的原因可能是交叉互换

C. 图 1 所示细胞具有的染色体数是图 2 所示细胞的 2 倍

D. 选该动物的睾丸制作切片可观察到图 1、图 2 所示细胞图像

【解析】 答案 A。图 1 所示细胞是有丝分裂后期，因此①处染色体上出现 a 基因的原因是基因突变，A 错误；据图分析可知，图 2 细胞中②处染色体上出现 a 基因的原因可能是交叉互换，B 正确；图 1 细胞中共有 8 条染色体，图 2 细胞共有 4 条染色体，C 正确；该动物睾丸是其生殖器官，其中的细胞有进行有丝分裂，也有进行减数分裂，故用睾丸制作切片可观察到图 1、图 2 所示细胞图像，D 正确。

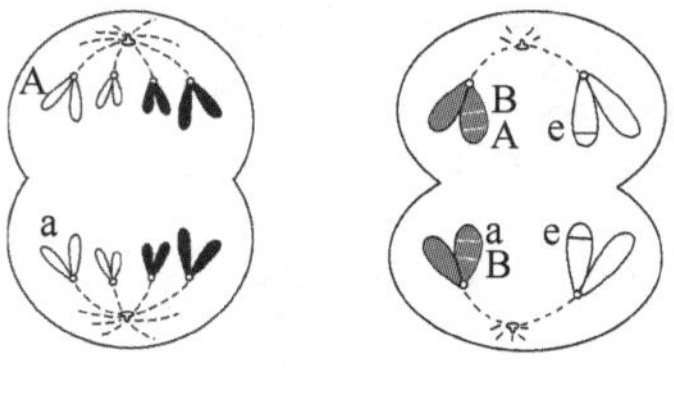

图 1　　　　图 2

【提醒】 姐妹染色单体（或分开后形成的子染色体）上存在等位基因的原因分析：①若为有丝分裂（如图 1），则为基因突变；②若为减数分裂（如图 2），则为交叉互换或基因突变，需再结合个体的基因型和基因个数进行判断。

【典例 5】（2017 天津）基因型为 AaBbDd 的二倍体生物，其体内某精原细胞减数分裂时同源染色体变化示意图如下。下列叙述正确的是（　　）。

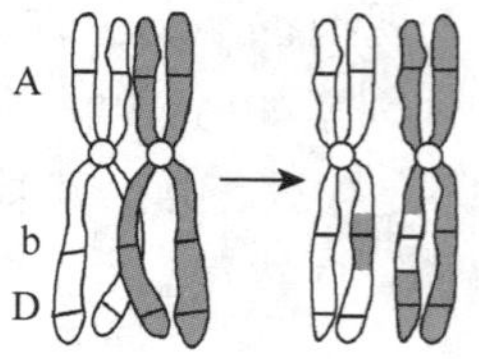

A. 三对等位基因的分离均发生在次级精母细胞中

B. 该细胞能产生 AbD、ABD、abd、aBd

四种精子

C. B（b）与 D（d）之间发生重组，遵循基因自由组合定律

D. 非姐妹染色单体发生交换导致了染色体结构变异

【解析】 答案 B。由图可知，基因 B、b 所在的片段发生了交叉互换，因此等位基因 B 和 b 的分离发生在初级精母细胞和次级精母细胞中，而等位基因 A、a 和 D、d 的分离只发生在初级精母细胞中，A 错误；若不发生交叉互换，该细胞将产生 AbD 和 aBd 两种精子，但由于基因 B、b 所在的片段发生了交叉互换，因此该细胞能产生 AbD、ABD、abd、aBd 四种精子，B 正确；基因 B（b）与 D（d）位于同一对同源染色体上，它们之间的遗传不遵循基因自由组合定律，C 错误；同源染色体的非姐妹染色单体发生交换只是导致基因重组，染色体结构并没有发生改变，D 错误。

针对训练

1. 关于基因突变的叙述正确的是（　　）。

A. 物理、化学、生物因素引起基因突变的机制是有区别的

B. 基因突变不一定会引起遗传信息的改变

C. 基因碱基对的缺失、增添、替换中对性状影响最小的一定是替换

D. 基因突变的方向与环境变化有明确的因果关系，为进化提供最初原始材料

2. 下列有关基因重组的说法，正确的是（　　）。

A. 基因重组能够丰富种群的基因种类

B. 有性生殖的基因重组有助于生物在复杂变化的环境中生存

C. 同源染色体的姐妹染色单体之间交叉互换可导致基因重组

D. 基因重组是指雌雄配子随机结合，产生多种基因型后代

3. 研究人员在开红花的豌豆群体中偶然发现一株开白花的植株，经鉴定该变异性状是由基因突变引起的。下列有关叙述正确的是（　　）。

A. 这种现象是由显性基因突变成隐性基因引起的

B. 该变异植株自交可产生这种变异性状的纯合子个体

C. 观察细胞有丝分裂中期染色体形态可判断基因突变的位置

D. 可通过检测和比较红花植株与白花植株中细胞的 DNA 含量来确定变异性状是由基因突变引起的

4. 如图所示为某雄性哺乳动物某一时期细胞中染色体组成及其上的部分基因。下列叙述错误的是（　　）。

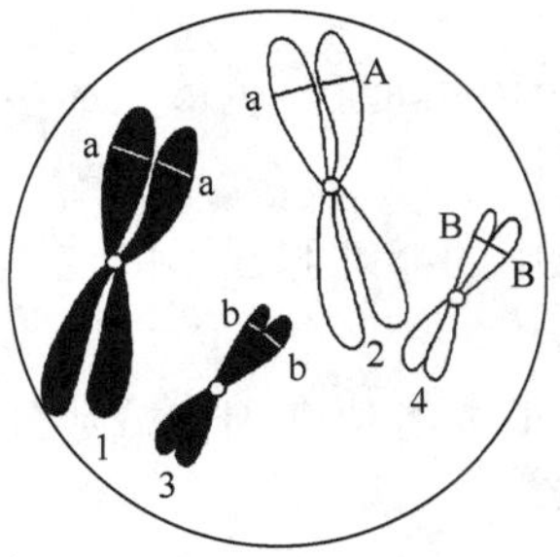

A. 该细胞含有同源染色体

B. 该细胞在 DNA 复制时发生了基因突变

C. 该细胞在四分体时期发生了交叉互换

D. 该细胞形成的子细胞的基因型有 2 种或 3 种

5. 1970 年以前，未发现植物对除草剂有抗性，但到目前为止已发现有百余种植物至少对一种除草剂产生了抗性。下表表示苋菜叶绿体基因 pbsA 抗“莠去净”（一种除草剂，“莠”指狗尾草）品系和敏感品系的部分 DNA 碱基序列和相应氨基酸所在位置。有关苋菜能抗“莠去净”的正确说法是（　　）。

抗性品系	CGT 丙氨酸	GGT 脯氨酸	AAG 苯丙氨酸	TTA 天冬酰胺
敏感品系	CGA 丙氨酸	AGT 丝氨酸	AAG 苯丙氨酸	TTA 天冬酰胺
氨基酸位置	227	228	229	230

A. 由于基因突变，导致 228 号位的脯氨酸被丝氨酸取代

B. 其抗性性状的遗传遵循基因的分离定律

C. 其抗性产生的根本原因是密码子由 AGT 变成 GGT

D. 其抗性产生的根本原因是 DNA 模板链上决定 228 号位氨基酸的有关碱基中的 A 被 G 取代

6. 图甲表示果蝇卵原细胞中的一对同源染色体，图乙表示该卵原细胞形成的一个卵细胞中的一条染色体，两图中的字母均表示对应位置上的基因。下列相关叙述中正确的是（　　）。

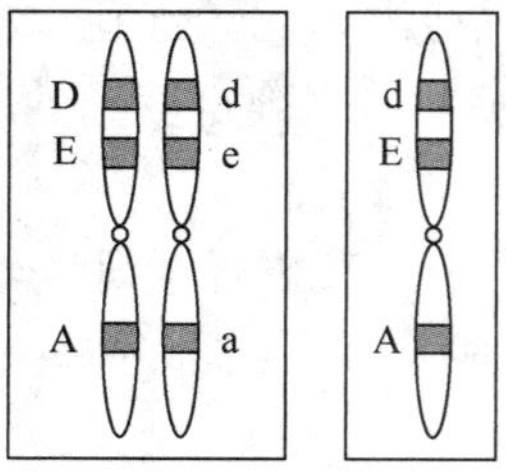

甲　　乙

A. 图甲中的同源染色体上最多只有三对等位基因

B. 图乙中的卵细胞在形成过程中肯定发生了基因突变

C. 图中的非等位基因在减数分裂过程中发生了自由组合

D. 基因 D、d 的本质区别是碱基对的排列顺序不同

7. 基因突变和染色体变异是真核生物可遗传变异的两种来源。回答下列问题：

（1）基因突变和染色体变异所涉及的碱基对的数目不同，前者所涉及的数目比后者______。

（2）在染色体数目变异中，既可发生以染色体组为单位的变异，也可发生以____为单位的变异。

（3）基因突变既可由显性基因突变为隐性基因（隐性突变），也可由隐性基因突变为显性基因（显性突变）。若某种自花授粉植物的 AA 和 aa 植株分别发生隐性突变和显性突变，且在子一代中都得到了基因型为 Aa 的个体，则最早在子______代中能观察到该显性突变的性状；最早在子______代中能观察到该隐性突变的性状；最早在子______代中能分离得到显性突变纯合子；最早在子______代中能分离得到隐性突变纯合子。

8. 一种 α 链异常的血红蛋白叫作 Hbwa，其 137 位以后的氨基酸序列及对应的密码子与正常血红蛋白（HbA）的差异如下，请据图回答下列问题：

血红蛋白	部分 α 链血红蛋白的密码子及其氨基酸的顺序								
	137	138	139	140	141	142	143	144	145
HbA	ACC 苏氨酸	UCC 丝氨酸	AAA 赖氨酸	UAC 酪氨酸	CGU 精氨酸	UAA 终止			
Hbwa	ACC 苏氨酸	UCA 丝氨酸	AAU 天冬酰胺	ACC 苏氨酸	GUU 缬氨酸	AAG 赖氨酸	CCU 脯氨酸	CGU 精氨酸	UAG 终止

（1）Hbwa 异常的直接原因是 α 链第______位的氨基酸对应的密码子__________________。

（2）Hbwa 的 α 链发生变化的根本原因是控制其合成的基因中______了一个碱基对，引起基因结构改变，这种变异是________，一般发生在细胞分裂的________期，该变异之所以是生物变异的根本来源，是由于____________________。

11.2　染色体变异

核　心　问　题

1. 染色体结构变异有哪些类型？

答：

类型	具体变化	举例	结果
缺失	缺失某一片段（如下图 1）	猫叫综合征	染色体上的基因数目或排列顺序发生改变
重复	增加某一片段（如下图 2）	果蝇的棒状眼	
易位	通常是某一片段移接到另一条非同源染色体上或非同源染色体之间交换某一片段（如下图 3）	人慢性粒细胞白血病	染色体上的基因数目或排列顺序发生改变
倒位	某一片段中基因位置颠倒（如下图 4）	人类 9 号染色体长臂倒位可导致习惯性流产	

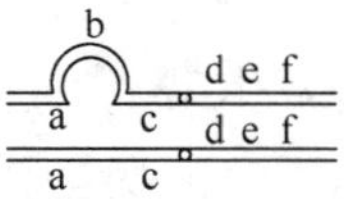

图 1

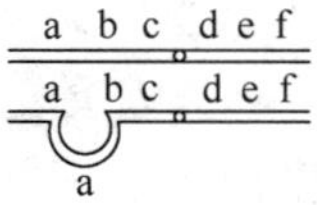

图 2

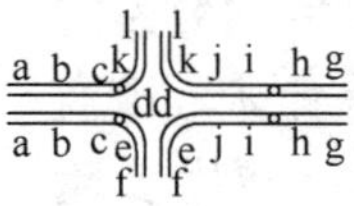

图 3

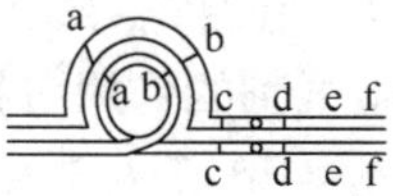

图 4

2. 染色体易位与交叉互换有什么区别？

答：

		染色体易位	交叉互换
图解		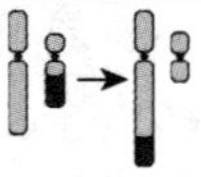	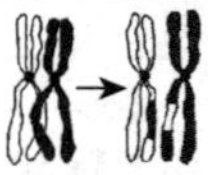
区别	位置	发生于非同源染色体之间	发生于同源染色体的非姐妹染色单体之间
	原理	属于染色体结构变异	属于基因重组
	观察	可在显微镜下观察到	在显微镜下观察不到

3. 什么叫作染色体组？

答：染色体组是指细胞中的一组非同源染色体，在形态和功能上各不相同，但又互相协调，共同控制生物的生长、发育、遗传和变异的一组染色体。如右图，共有 2 个染色体组，其中一染色体组包括的染色体有Ⅱ、Ⅲ、Ⅳ、X，另一个染色体组包括的染色体有Ⅱ、Ⅲ、Ⅳ、Y，而其产生的精子中只含有 1 个染色体组。

【点拨】 三种方法确定染色体组数量：

（1）染色体形态法：同一形态的染色体有几条就有几组，如下图中有 3 个染色体组。

（2）等位基因个数法：控制同一性状的基因有几个就有几组，如 AaaBBB 个体中有 3 个染色体组。

（3）公式法：染色体组数=$\frac{\text{染色体数}}{\text{染色体形态数}}$，如右图中染色体组数=9/3=3。

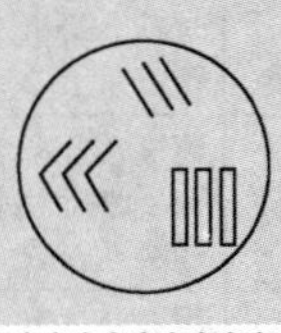

4. 如何区分单倍体、二倍体和多倍体？

答：

项目	二倍体	多倍体	单倍体
发育起点	受精卵	受精卵	配子
染色体组数目	2	≥3	≥1
实例	过半数高等植物和人、果蝇等几乎全部动物	香蕉（三倍体）、马铃薯（四倍体）、八倍体小黑麦等	雄蜂
性状表现	正常可育（作为单倍体、多倍体的参照物）	茎秆粗壮，叶片、果实、种子较大，营养物质含量丰富	与正常植株相比，单倍体植株长得弱小，且高度不育
形成过程	雄配子 —直接发育成个体→ 单倍体 + 雌配子 —直接发育成个体→ 单倍体 （两者：所含染色体组数不定，可为一、二或多个染色体组） ↓受精作用 受精卵 —发育→ 生物体 → 二倍体（含两个染色体组）；多倍体（含三个或三个以上染色体组，有几个染色体组就叫几倍体）		

5. 教材实验“低温诱导植物染色体数目的变化”用到的实验试剂的作用分别是什么？该实验与“观察根尖分生组织细胞的有丝分裂”实验有哪些不同？

答：（1）“低温诱导植物染色体数目变化”的实验中的试剂及其作用。

试剂	使用方法	作用
卡诺氏液	将根尖放入卡诺氏液中浸泡0.5～1h	固定细胞形态
体积分数为95%的酒精	冲洗用卡诺氏液处理的根尖	洗去卡诺氏液
	与质量分数为15%的盐酸等体积混合，作为解离液	解离根尖细胞
质量分数为15%的盐酸	与体积分数为95%的酒精等体积混合，作为解离液	解离根尖细胞
蒸馏水	浸泡解离后的根尖约10min	洗去药液，防止解离过度
改良苯酚品红染液	把漂洗干净的根尖放进盛有改良苯酚品红染液的玻璃皿中染色3～5min	使染色体着色

（2）与“观察根尖分生组织细胞的有丝分裂”实验的比较。

项目	低温诱导植物染色体数目的变化	观察根尖分生组织细胞的有丝分裂
培养	待洋葱长出1cm左右不定根时放入冰箱低温室（4 ℃）诱导培养36h	适宜温度下培养
固定	解离前用卡诺氏液进行固定，然后用体积分数为95%的酒精冲洗2次	不用固定
染色	用改良苯酚品红染液	用醋酸洋红液或龙胆紫溶液

典 例 精 讲

【典例1】 关于基因突变和染色体结构变异的叙述，正确的是（　　）。

A. 基因突变都会导致染色体结构变异

B. 基因突变与染色体结构变异都导致个体表现型改变

C. 基因突变与染色体结构变异都导致碱基序列的改变

D. 基因突变与染色体结构变异通常都能用光学显微镜观察

【解析】 答案C。基因突变只是基因中个别碱基对的替换、增添或缺失，而染色体结构变异是染色体中某个片段的增加、缺失、倒位、易位，所以基因突变不会导致染色体结构变异，A错误；基因突变中若发生碱基对的替换，可能因为密码子的简并性，不会改变氨基酸的种类，进而表现型也不会改变，若突变个体之前为显性纯合子AA，突变成为Aa，个体的表现型也可能不改变，B错误；基因突变中无论是碱基对的替换、增添、缺失，都会引起基因中碱基序列发生改变，染色体结构变异中染色体某个片段的增加、缺失、倒位、易位的情况也会导致DNA中碱基序列发生改变，C正确；基因突变是染色体的某个位点上碱基对的改变，这种改变在光学显微镜下是无法直接观察到的，而染色体结构变异是可以用光学显微镜直接观察到的，D错误。

【提醒】 准确区别染色体结构变异与基因突变：

（1）变异的范围不同：基因突变是在DNA分子水平上的变异，只涉及基因中一个或几个碱基的改变，这种变化在光学显微镜下观察不到；染色体结构的变异是在染色体水平上的变异，涉及染色体的某一片段的改变，这一片段可能含有若干个基因，这种变化在光学显微镜下可观察到。

（2）变异的方式不同：基因突变包括基因中碱基对的增添、缺失或替换三种类型；染色体结构变异包括染色体片段的缺失、重复、倒位和易位。它们的区别可用下图表示：

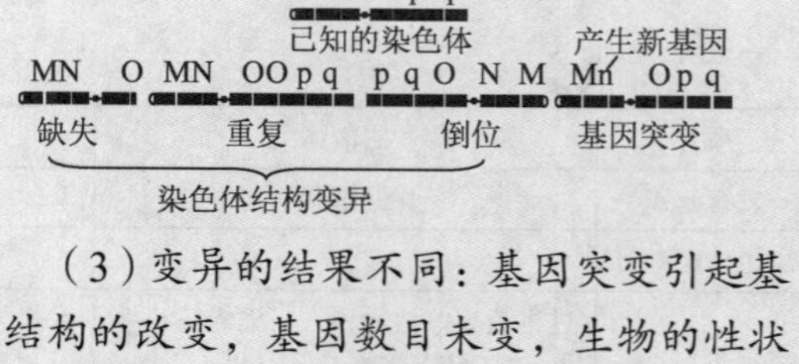

（3）变异的结果不同：基因突变引起基因结构的改变，基因数目未变，生物的性状不一定改变；染色体结构变异引起排列在染色体上的基因的数目和排列顺序发生改变，从而可能导致生物的性状发生改变。

【典例2】 下列对图中所示细胞所含染色体的相关叙述，正确的是（　　）。

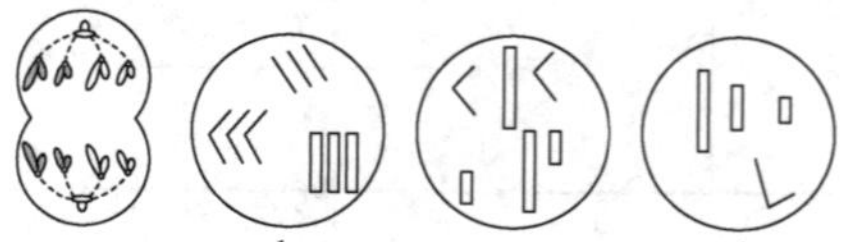

a　　b　　c　　d

A. 图 a 含有 2 个染色体组，图 b 含有 3 个染色体组

B. 如果图 b 表示体细胞，则图 b 代表的生物一定是三倍体

C. 如果图 c 表示由受精卵发育成的生物的体细胞，则该生物一定是二倍体

D. 图 d 代表的生物一定是由卵细胞发育而成的，是单倍体

【解析】 答案 C。图 a 为有丝分裂后期，含有 4 个染色体组，A 错误；如果图 b 生物是由配子发育而成的，则图 b 代表的生物是单倍体，如果图 b 生物是由受精卵发育而成的，则图 b 代表的生物是三倍体，B 错误；图 c 中含有 2 个染色体组，若是由受精卵发育而成的，则该细胞所代表的生物一定是二倍体，C 正确；图 d 中只含有 1 个染色体组，一定是单倍体，可能是由雄配子或雌配子发育而成的，D 错误。

【提醒】 "两看法"判断单倍体、二倍体和多倍体：

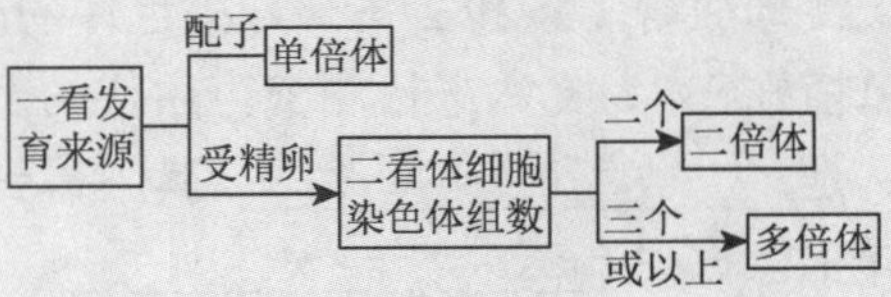

【典例 3】 某些类型的染色体结构和数目的变异，可通过对细胞分裂时期的观察来识别。图中 a、b、c、d 为某些生物减数第一次分裂时期染色体变异的模式图，它们依次属于（　　）。

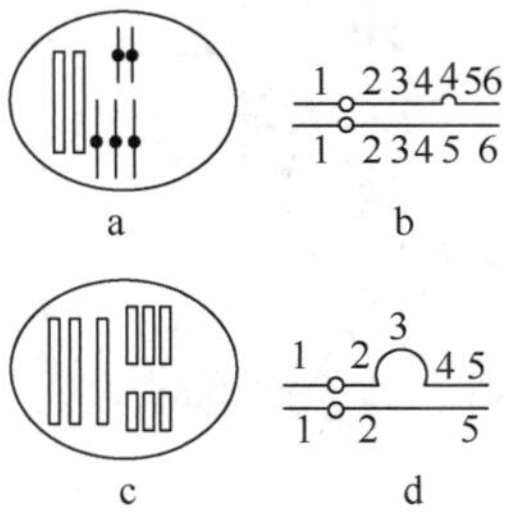

A. 三倍体、染色体片段重复、三体、染色体片段缺失

B. 三倍体、染色体片段缺失、三体、染色体片段重复

C. 三体、染色体片段重复、三倍体、染色体片段缺失

D. 染色体片段缺失、三体、染色体片段重复、三倍体

【解析】 答案 C。a 图是染色体数目变异中个别染色体的增加，属于三体；b 图为染色体结构变异中 4 号染色体片段的重复；c 图细胞中含三个染色体组，可能为三倍体；d 图为染色体结构变异中染色体片段 3 和 4 的缺失。

【提醒】 注意以下易混概念的区分（以体细胞中染色体数为 2n 的二倍体生物为例）

	单体	单倍体	三体	三倍体
染色体数	$2n-1$	n	$2n+1$	$3n$
发育起点	受精卵	配子	受精卵	受精卵
形成原因	通常由染色体数分别为 n、$n-1$ 的配子结合而成	由染色体数为 n 的配子直接发育而成	通常由染色体数分别为 n、$n+1$ 的配子结合而成	通常由染色体数分别为 n、$2n$ 的配子结合而成
减数分裂产生配子情况	n：（$n-1$）=1：1	无同源染色体，不能联会，一般高度不育	n：（$n+1$）=1：1。如基因型为 AAa 的三体产生的配子：A：Aa：AA：a=2：2：1：1	联会紊乱，产生可育配子的概率极低
举例	人的特纳氏综合征患者（XO）	雄蜂	人的 21 三体综合征	三倍体无籽西瓜
判断方法	一看体细胞中染色体数目，以二倍体生物为例，减少 1 条或增加 1 条染色体，可形成单体或三体；二看发育起点，如果发育起点是配子，则为单倍体，如果发育起点是受精卵，且体细胞中有三个染色体组，则为三倍体			

如下图所示，1 为正常二倍体生物的体细胞，以此为参照，2 为单体，3 为单倍体，4 为三体，5 为三倍体。

【典例 4】 利用基因型为 Aa 的二倍体植株培育三倍体幼苗，其途径如图所示。下列叙述正确的是（　　）。

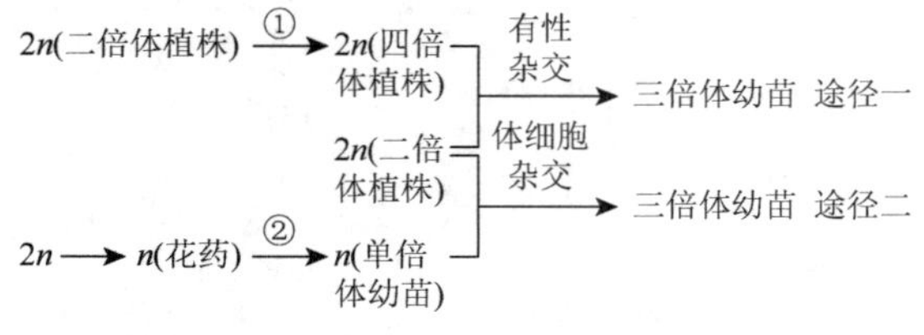

注：体细胞杂交是将不同的两种细胞融合成一个新细胞的过程。

A. ①过程需要秋水仙素处理，并在有丝分裂后期发挥作用

B. ②过程为单倍体育种，能明显缩短育种期限

C. 两条育种途径依据的生物学原理都主要是基因突变和染色体变异

D. 两条育种途径中，只有通过途径一才能获得基因型为 AAA 的三倍体幼苗

【解析】 答案 D。①过程需要秋水仙素处理，而秋水仙素的作用原理是抑制纺锤体的形成，因此在有丝分裂前期发挥作用，A 错误；②过程是花药离体培养，属于单倍体育种的步骤之一，B 错误；图中途径一为多倍体育种，途径二为植物体细胞杂交育种，两条育种途径的原理都是染色体变异，C 错误；途径一得到的三倍体的基因型为 AAA、AAa、Aaa 或 aaa，途径二得到的三倍体的基因型为 AAa 或 Aaa，D 正确。

【提醒】 注意以下两点易错点：

（1）“单倍体育种”≠“花药离体培养”：单倍体育种包括花药离体培养和秋水仙素处理等过程；花药离体培养只是单倍体育种的一个操作步骤。

（2）单倍体育种和多倍体育种都需用秋水仙素处理，前者操作对象是幼苗期的单倍体植株；后者操作对象为萌发期的种子或幼苗期的正常植株。

【典例 5】 玉米宽叶基因 T 与窄叶基因 t 是位于 9 号染色体上的一对等位基因，已知无正常 9 号染色体的花粉不能参与受精作用。现有基因型为 Tt 的宽叶植株 A，其细胞中 9 号染色体如图一所示。请回答问题：

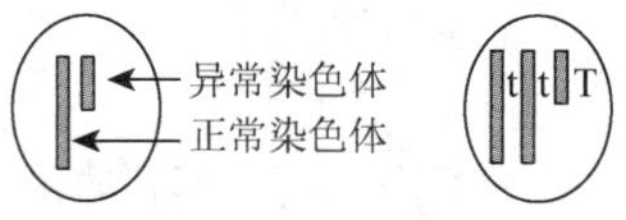

图一　　图二

（1）该宽叶植株的变异类型属于染色体结构变异中的________。

（2）为了确定植株 A 的 T 基因位于正常染色体还是异常染色体上，让其进行自交产生 F_1，如果 F_1 表现型及比例为__________________，则说明 T 基因位于异常染色体上。

（3）以植株 A 为父本、正常的窄叶植株为母本杂交产生的 F_1 中，发现了一株宽叶植株 B，其细胞中 9 号染色体及基因组成如图二。分析该植株出现的原因是________（父本或母本）减数分裂过程中____________未分离。

（4）若（3）中得到的植株 B 在减数第一次分裂过程中 3 条 9 号染色体会随机地移向细胞两极并最终形成含 1 条和 2 条 9 号染色体的配子，那么以植株 B 为父本进行测交，后代的表现型及比例是____________________，其中得到的染色体异常植株占____________________。

【解析】（1）缺失。（2）若 T 基因位于异常染色体上，让植株 A 进行自交产生 F_1，由于无正常 9 号染色体的花粉不能参与受精作用，即 Tt 个体产生的 T 的雄配子不能受精，因此雄配子只有 t，雌配子 T∶t=1∶1，则 F_1 中 Tt∶tt=1∶1。（3）图二变异植株的基因组成中含有 T，如果父本在减数分裂时同源染色体分离，则含 T 的精细胞不参与受精作用，不会出现如图二所示个体的染色体组成，由此推断图二的形成原因在于父本减数第一次分裂后期同源染色体未分离，产生 Tt 的可育雄配子。（4）由图示信息可知，图二所示的父本产生的精细胞的种类及比例为 tt、2Tt、T（不参与受精）、2t，母本产生的卵细胞基因组成为 t，产生的子代的表现型及比例为宽叶∶窄叶=2∶3。其中得到的染色体异常植株体细胞中的染色体组成为 ttt、Ttt，所占比例应为 3/5。

【提醒】注意归纳三体产生配子的种类及比例的分析。三体在减数分裂过程中，三条染色体中随机两条配对，剩余一条随机分配至细胞一极，如三体 AAa 在减数分裂过程中，AA 到一极、a 到另一极有 1 种情况；Aa 到一极、A 到另一极有两种情况，故产生配子的基因型及比例为 AA∶Aa∶A∶a=1∶2∶2∶1。

针 对 训 练

1. 导致遗传物质变化的原因有很多，如图字母代表不同基因，其中变异类型①和②依次是（　　）。

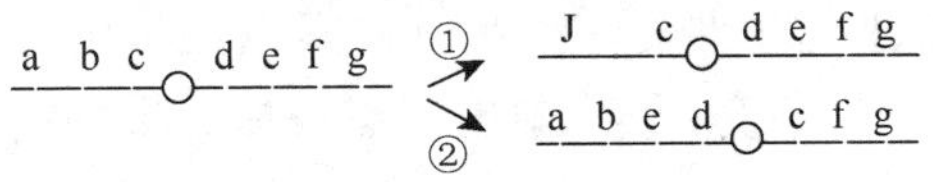

A. 突变和倒位　B. 重组和倒位

C. 重组和易位　D. 易位和倒位

2. 如图①②③④分别表示不同的变异类型，基因 a、a′仅有图③所示片段的差异。下列相关叙述正确的是（　　）。

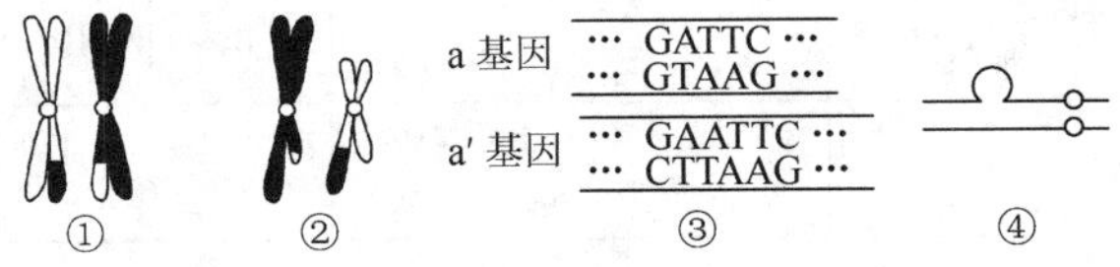

A. 图中 4 种变异中能够遗传的变异是②③④

B. ③中的变异属于染色体结构变异中的缺失

C. ④中的变异可能是染色体结构变异中的缺失或重复

D. ①②都表示同源染色体非姐妹染色单体的交叉互换

3.（2020 全国卷Ⅱ）关于高等植物细胞中染色体组的叙述，错误的是（　　）。

A. 二倍体植物的配子只含有一个染色体组

B. 每个染色体组中的染色体均为非同源染色体

C. 每个染色体组中都含有常染色体和性染色体

D. 每个染色体组中各染色体 DNA 的碱基序列不同

4. 下列关于单倍体、二倍体及染色体组的表述，正确的是（　　）。

A. 单倍体生物体的体细胞中都没有同源染色体

B. 21 三体综合征患者的体细胞中有三个染色体组

C. 人的初级卵母细胞中的一个染色体组中可能存在等位基因

D. 用秋水仙素处理二倍体西瓜幼苗的芽尖后，芽尖的细胞中都含有 4 个染色体组

5. 一只杂合长翅雄果蝇与一只残翅雌果蝇杂交，产生一只三体长翅雄果蝇，其基因可能为 AAa 或 Aaa。已知三体在减数分裂过程中，三条中随机两条配对，剩余一条随机分配至细胞一极。为确定该三体果蝇的基因组成（不考虑基因突变），让其与残翅雌果蝇测交，下列说法正确的是（　　）。

A. AAa 产生的原因只能为父本减数第二次分裂时姐妹染色单体没有分开

B. Aaa 产生的原因只能为母本减数第一次分裂时姐妹染色单体没有分开

C. 如果后代表现型及比例为长翅∶残翅=5∶1，则该三体果蝇的基因组成为 Aaa

D. 如果后代表现型及比例为长翅∶残翅=1∶1，则该三体果蝇的基因组成为 AAa

6. 下列有关"低温诱导植物染色体数目的变化"实验的叙述，正确的是（　　）。

A. 低温诱导染色体加倍的原理和秋水仙素诱导染色体加倍的原理一致

B. 改良苯酚品红染液的作用是固定和染色

C. 固定和解离后的漂洗液都是体积分数为 95%的酒精

D. 在高倍显微镜下可以观察到细胞从二倍体变为四倍体的过程

7. 回答下列关于遗传和变异的问题：

（1）高等动物在产生精子或卵细胞的过程中，位于非同源染色体上的基因会发生______，同源染色体的非姐妹染色单体之间可能会发生_________，这两种情况都有可能导致基因重组，从而产生基因组成不同的配子。

（2）假设物种的染色体数目为 $2n$，在其减数分裂过程中，会出现不同的细胞，甲、乙 2 个模式图仅表示出了 Aa、Bb 基因所在的常染色体，那么，图甲表示的是______（填“初级精母细胞”“次级精母细胞”或“精细胞”），图乙表示的是______（填“初级精母细胞”“次级精母细胞”或“精细胞”）。

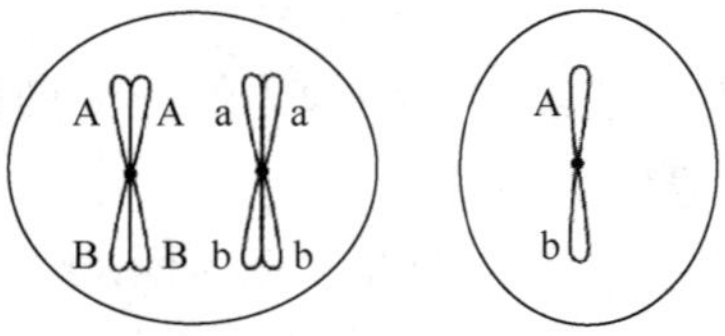

甲　　乙

（3）某植物的染色体数目为 $2n$，其产生的花粉经培养可得到单倍体植株。单倍体是指______________________。

8. 几种性染色体异常果蝇的性别、育性等如下图所示，请据图回答下列问题：

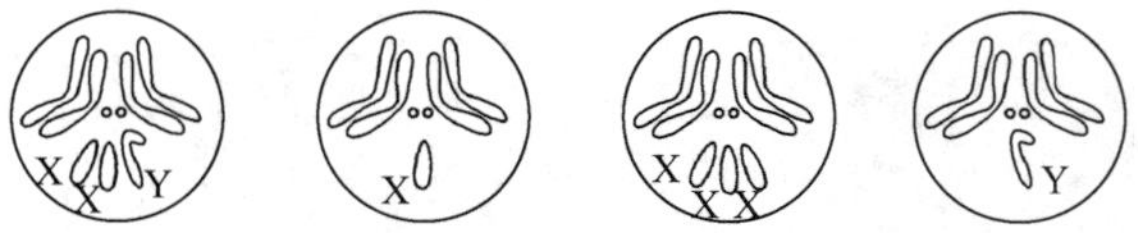

XXY（雌性，可育）　XO（雄性，不育）　XXX（死亡）　OY（死亡）

（1）正常果蝇在减数第一次分裂中期的细胞内染色体组数为______，在减数第二次分裂后期的细胞中染色体数是________条。

（2）白眼雌果蝇（X^rX^rY）最多能产生 X^r、X^rX^r、________和______四种类型的配子。该果蝇与红眼雄果蝇（X^RY）杂交，子代中红眼雌果蝇的基因型为__________________________。

（3）用黑身白眼雌果蝇（aaX^rX^r）与灰身红眼雄果蝇（AAX^RY）杂交，F_1 雌果蝇表现为灰身红眼，雄果蝇表现为灰身白眼。F_2 中，灰身红眼与黑身白眼果蝇的比例为____________。从 F_2 灰身红眼雌果蝇和灰身白眼雄果蝇中各随机选取一只杂交，子代中出现黑身白眼果蝇的概率为____________。

11.3　人类遗传病

核 心 问 题

1. 如何调查遗传病的发病率与遗传方式？

答：

项目	调查对象及范围	注意事项	结果计算及分析
发病率	广大人群随机抽样	考虑年龄、性别等因素，群体足够大	患病人数占所调查的总人数的百分比
遗传方式	患者家系	正常情况与患病情况	分析基因的显隐性及所在的染色体类型

【点拨】 调查人类遗传病时，最好选取群体中发病率较高的单基因遗传病，如红绿色盲、白化病、高度近视（600 度以上）等。

2. 人类、果蝇、水稻、玉米的基因组测序需测定的染色体数分别为多少条？基因组与染色体组所涉及的染色体数有什么不同？

答：（1）不同生物的基因组测序：

生物种类	人类	果蝇	水稻	玉米
体细胞染色体数	46	8	24	20
基因组测序染色体数	24（22 常+X、Y）	5（3 常+X、Y）	12	10
原因	X、Y 染色体非同源区段基因不同		雌雄同株，无性染色体	

（2）区分真核生物的基因组与染色体组：

无性染色体的真核生物：1 个基因组中的染色体数=1 个染色体组中的染色体数；

有性染色体的真核生物：1 个基因组中的染色体数=1 个染色体组中的染色体数+1。

典 例 精 讲

【典例 1】 人类遗传病是威胁人类健康的大敌，下列叙述错误的是（　　）。

A. 人类遗传病通常是由遗传物质发生改变而引起的疾病

B. 单基因遗传病是指受一对等位基因控制的遗传病

C. 多基因遗传病的一个特点是在人群中发病率比较高

D. 患有人类遗传病的人的体细胞中一定含有致病基因

【解析】 答案 D。染色体异常遗传病是由于染色体结构或数目异常引起的，不含有致病基因。

【提醒】 特别注意不含致病基因的个体不一定不患遗传病，如染色体异常遗传病，患病个体不携带致病基因，但染色体异常属于遗传病。

【典例 2】 下列关于人类遗传病的叙述，正确的是（　　）。

A. 人类遗传病的遗传都遵循孟德尔遗传定律

B. 具有先天性和家族性特点的疾病都是遗传病

C. 杂合子筛查对预防各类遗传病具有重要意义

D. 遗传病再发风险率估算需要确定遗传病类型

【解析】 答案 D。只有单基因遗传病在遗传时遵循孟德尔的遗传定律，多基因遗传病和染色体异常遗传病不遵循孟德尔的遗传定律，A 错误；具有先天性和家族性特点的疾病不一定是遗传病，B 错误；预防各类遗传病的措施中不存在杂合子筛查，C 错误。

【提醒】 注意厘清先天性疾病、家族性疾病与遗传病的关系：

（1）先天性疾病不一定是遗传病。有些疾病是在胚胎发育过程中受环境因素影响形成的，并没有遗传物质的改变，如母亲在妊娠期前三个月感染风疹病毒可使胎儿患先天性心脏病或先天性白内障。

（2）遗传病不一定是先天性疾病。如亨廷顿舞蹈病会随着年龄的增长而逐渐发病。

（3）家族性疾病不一定是遗传病。有些家族性疾病可能是由某种特殊环境或生活习惯造成的，如地方性缺碘导致的大脖子病等。

【典例 3】 某研究性学习小组在调查人群中的遗传病时，以“研究××病的遗传方式”为子课题，下列调查的遗传病与选择的方法最合理的是（　　）。

A. 研究猫叫综合征的遗传方式，在学校内随机抽样调查

B. 研究青少年型糖尿病，在患者家系中调查

C. 研究白化病的遗传方式，在全市中抽样调查

D. 研究红绿色盲的遗传方式，在患者家系中调查

【解析】 答案 D。研究遗传病的遗传方式，不能在人群中随机抽样调查，而应在患该遗传病的家系中调查。青少年型糖尿病为多基因遗传病，影响因素多，调查难度大，应选单基因遗传病进行研究。

【典例 4】 下列关于人类基因组计划说法，错误的是（　　）。

A. 测定人类的基因组，需要测定 22 条常染色体、X 和 Y 染色体上所有的 DNA 序列

B. 人类基因组计划的测序结果表明，人类基因组由大约 31.6 亿个碱基对组成，已发现的基因约为 2.0 万～2.5 万个

C. 对于某多倍体植物来说，体细胞中有几个染色体组就有几个基因组

D. 测定水稻的基因组，可以直接测定一个染色体组中所有的 DNA 序列

【解析】 答案 C。对于无性别分化的某多倍体植物来说，体细胞中有几个染色体组就有几个基因组，但有性别分化有性染色体的生物则不是，C 错误。

针对训练

1. 如图曲线表示各类遗传病在人体不同发育阶段的发病风险，下列说法不正确的是（　　）。

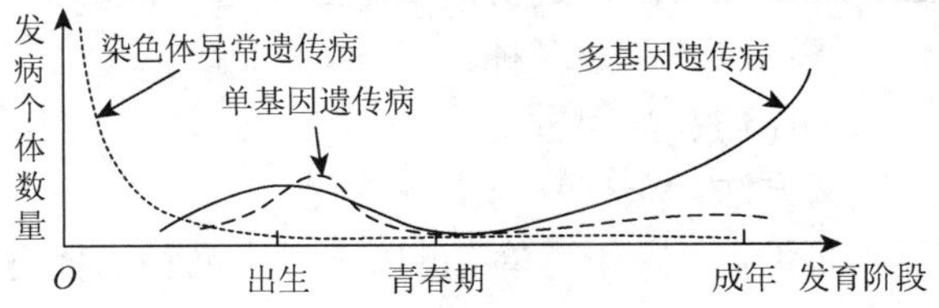

A. 在人类的遗传病中，患者的体细胞中可能不含致病基因

B. 在单基因遗传病中，体细胞中含有某致病基因后，个体就会发病

C. 多基因遗传病的显著特点是成年人发病风险显著增加

D. 染色体异常遗传病多导致流产，所以其发病率在出生后明显低于胎儿期

2. 单基因遗传病有红绿色盲、白化病、高度近视（600 度以上）等，某学校开展“调查人群中高度近视遗传病发病率”活动，相关叙述不正确的是（　　）。

A. 收集高度近视相关的遗传学知识，了解其症状与表现

B. 调查时需要调查患者家庭成员患病情况

C. 为保证调查群体足够大，应汇总各小组调查数据

D. 高度近视遗传病发病率=高度近视人数/被调查的总人数×100%

3. 范科尼贫血是一种罕见的儿科疾病，科学家已经找到了与范科尼贫血相关的 13 个基因，当这些基因发生突变时就会引发该病。下列关于该遗传病的叙述正确的是（　　）。

A. 分析异常基因的碱基种类可以确定突变的类型

B. 调查该病的发病率应在自然人群中随机取样调查计算

C. 该遗传病一定会传给子代个体

D. 基因突变可能造成某个基因的缺失，引起该遗传病

4. 如图所示是一对近亲结婚的青年夫妇的遗传分析图，其中白化病由基因 a 控制，色盲由基因 b 控制（图中与本题无关的染色体略），请回答下列有关问题：

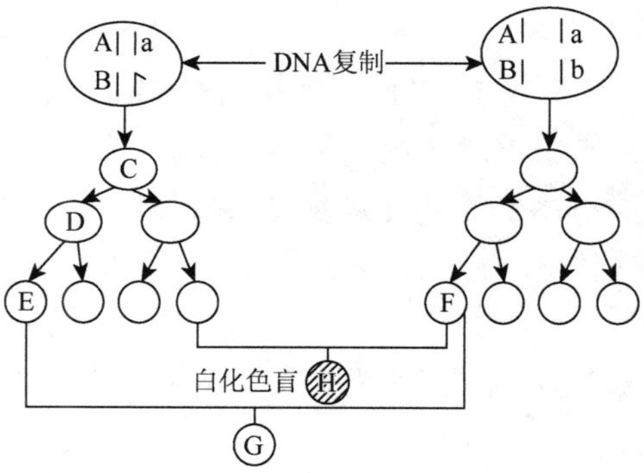

（1）图中 E 细胞的核 DNA 数目是______个，含有______个染色体组。

（2）从理论上分析，图中 H（白化色盲患者）为男性的概率是________。

（3）该对夫妇所生子女中，患病概率为____。

（4）若该对夫妇生下了一个患 21 三体综合征（第 21 号染色体多了一条）的孩子 G，请你运用减数分裂有关知识简要说明孩子 G 患 21 三体综合征的可能原因。

（5）请你从优生优育的观点出发，解释近亲不能结婚的原因。

11.4　杂交育种与诱变育种

核 心 问 题

1. 你能对杂交育种、诱变育种、单倍体育种、多倍体育种、基因工程育种的育种原理、方法、优缺点及举例进行简要叙述吗？

答：（1）杂交育种。

①原理：基因重组。

②方法：杂交→自交→选优。

③优点：操作简单；可以把多个品种的优良性状集中在一起。

④缺点：不能创造新基因和新性状；杂交后代会出现性状分离现象，育种进程缓慢，过程烦琐；不能克服远缘杂交不亲和的障碍。

⑤举例：矮茎抗锈病小麦的培育等。

（2）诱变育种。

①原理：基因突变。

②方法：用物理因素（如 X 射线、γ 射线等）、化学因素（如亚硝酸、硫酸乙二酯等）来处理生物。

③优点：提高突变率，产生新基因和新性状，在较短时间内获得更多的优良变异类型（大大加快了育种进程）。

④缺点：具有一定的盲目性，有利变异少，需处理大量实验材料。

⑤举例："黑农五号"等大豆品种的培育、青霉素高产菌株的选育、太空作物的培育等。

（3）单倍体育种。

①原理：染色体（数目）变异。

②方法：

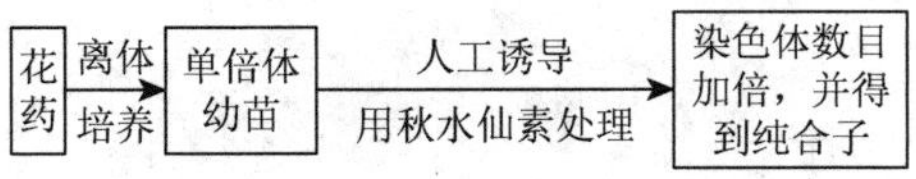

③优点：明显缩短育种年限，后代一般都为纯种。

④缺点：技术复杂，成本高。

（4）多倍体育种。

①原理：染色体（数目）变异。

②方法：用秋水仙素或低温处理萌发的种子或幼苗。

③优点：多倍体植株的茎秆粗壮，叶片、果实和种子都比较大，糖类和蛋白质等营养物质的含量都有所增加。

④缺点：发育迟缓，结实率低。

⑤举例：三倍体无子西瓜的培育。

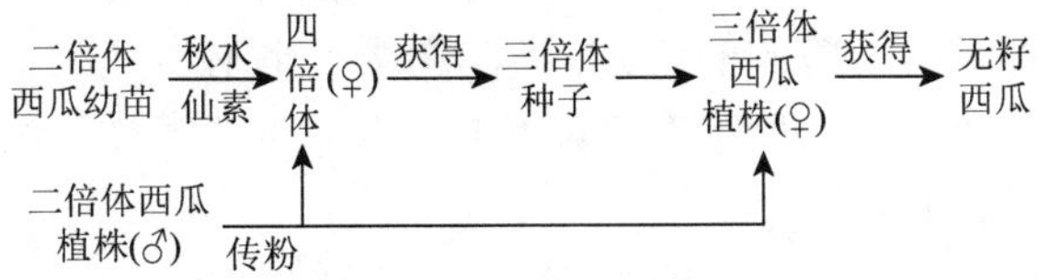

（5）基因工程育种（转基因育种）。

①原理：基因重组。

②方法：提取目的基因→目的基因与运载体结合→将目的基因导入受体细胞→目的基因的检测和鉴定。

③优点：定向改造生物的遗传性状；克服远缘杂交不亲和的障碍。

④缺点：可能会引起生态危机，技术难度大。

⑤举例：抗虫棉、固氮水稻、转基因动物（转基因鲤鱼）等。

2. 如何选择育种方法？

答：

育种特点	育种方法	育种特点	育种方法
操作最简便	杂交育种	种内集中优良性状	杂交育种
快速获得纯合子	单倍体育种	种间集中优良性状	基因工程育种
创造新性状	诱变育种	各性状"加强"	多倍体育种
最具"盲目性"	诱变育种	细菌的育种多采用	诱变育种
最具"预见性"	基因工程育种	"外源基因"表达	基因工程育种

典 例 精 讲

【典例 1】 图中甲、乙表示水稻两个品种，A、a 和 B、b 分别表示位于两对同源染色体上的两对等位基因，①～⑥表示培育水稻新品种的过程，请分析：

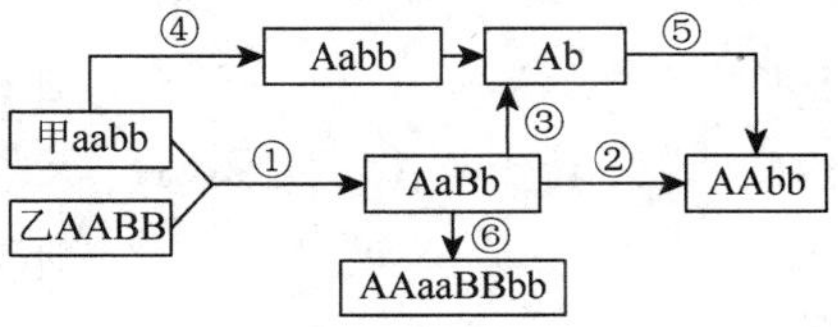

（1）图中单倍体育种途径为________（用序号表示）。这种方法能缩短育种年限的原因是____________。

（2）图中需用秋水仙素处理的是______（用序号表示），分别应如何处理？______。

（3）④⑥的育种原理分别是____、______。

（4）图中最简便及最难以达到育种目标的育种途径分别是______、______。

（5）杂交育种选育从 F_2 开始的原因是________，其实践过程中一定需要连续自交吗？为什么？______。

【答案】（1）①③⑤　采用花药离体培养获得的单倍体植株，经人工诱导染色体加倍后，植株细胞内每对染色体上的基因都是纯合的，自交后代不会发生性状分离（2）⑤⑥　⑤处需用秋水仙素处理单倍体幼苗，从而获得纯合子；⑥处常用秋水仙素处理萌发的种子或幼苗，以诱导染色体加倍（3）基因突变　染色体变异（4）①②　④（5）从 F_2 开始发生性状分离　不一定　若选育显性优良纯种，需要连续

自交筛选直至性状不再发生分离；若选育隐性优良纯种，则只要在 F_2 中出现该性状个体即可

【解析】 解决此类育种问题的关键是能准确判定图中各途径所呈现的育种方法。图中①②是杂交育种途径，①③⑤是单倍体育种途径，①⑥是多倍体育种途径，④是诱变育种途径。

【提醒】 根据育种程序图识别育种名称和过程。

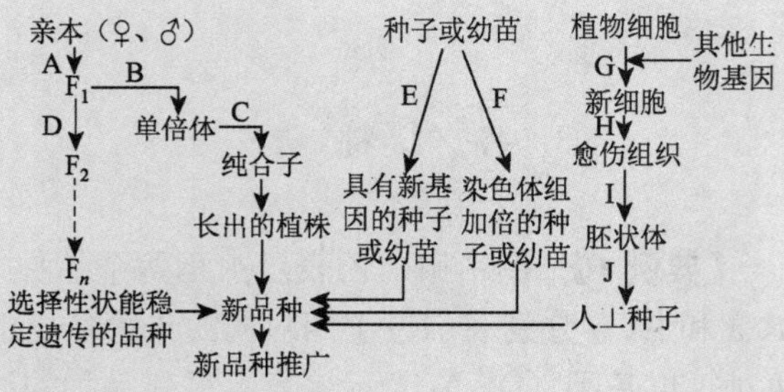

（1）识别图解中各字母表示的处理方法：A—杂交，D—自交，B—花药离体培养，C—秋水仙素或低温处理，E—诱变处理，F—秋水仙素处理，G—转基因技术，H—脱分化，I—再分化，J—包裹人工种皮。这是识别各种育种方法的主要依据。

（2）根据以上分析可以判断："亲本 $\xrightarrow{\text{A、D}}$ 新品种"为杂交育种，"亲本 $\xrightarrow{\text{A、B、C}}$ 新品种"为单倍体育种，"种子或幼苗 $\xrightarrow{\text{E}}$ 新品种"为诱变育种，"种子或幼苗 $\xrightarrow{\text{F}}$ 新品种"为多倍体育种，"植物细胞 $\xrightarrow{\text{G}}$ 新细胞 $\xrightarrow{\text{H}}$ 愈伤组织 $\xrightarrow{\text{I}}$ 胚状体 $\xrightarrow{\text{J}}$ 人工种子 $\longrightarrow$ 新品种"为基因工程育种。

【典例 2】 如图表示利用某种农作物品种①和②培育出⑥的几种方法，据图分析，下列叙述错误的是（　　）。

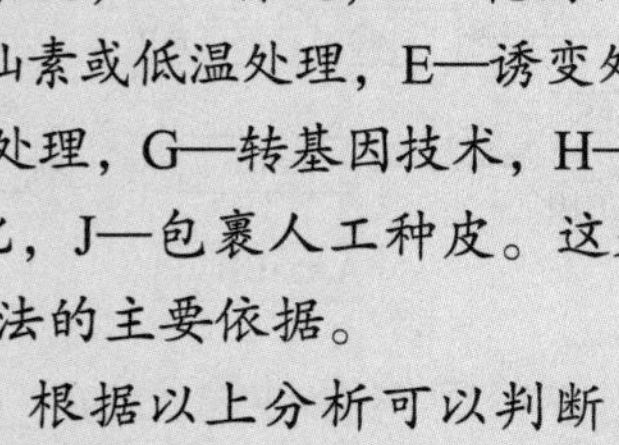

A. 过程Ⅵ是用秋水仙素处理正在萌发的种子

B. 培育品种⑥的最简捷的途径是Ⅰ→Ⅴ

C. 通过Ⅲ→Ⅵ过程育种的原理是染色体变异

D. 通过Ⅱ→Ⅳ过程育种最不容易达到目的

【解析】 答案 A。⑤（ab）为单倍体，没有种子，过程Ⅵ是用秋水仙素处理幼苗，A 错误；Ⅰ→Ⅴ为杂交育种，培育品种⑥的最简捷的途径是杂交育种，B 正确；Ⅲ→Ⅵ过程为单倍体育种，其育种的原理是染色体变异，C 正确；Ⅱ→Ⅳ过程为诱变育种，最不容易达到育种目的，D 正确。

【提醒】 育种中有两点需特别注意：

（1）育种中"最简便"与"最快速"的差异。"最简便"着重于技术含量应为"易操作"，如杂交育种，虽然年限长，但农民自己可简单操作。"最快速"则未必简便，如单倍体育种可明显缩短育种年限，但其技术含量却较高。

（2）单倍体育种和多倍体育种都需用秋水仙素处理，前者操作对象是幼苗期的单倍体植株；后者操作对象为萌发期的种子或幼苗期的正常植株。

针 对 训 练

1. 离子束诱变育种是将低能重离子注入生物体、组织或细胞内，使其产生变异。该技术应用于药用植物的研究，不仅克服了辐射诱变的盲目性，而且能降低辐射诱变的负效应。下列说法正确的是（　　）。

A. 离子束诱变不能产生染色体变异，而辐射诱变可以

B. 离子束诱变育种的结果都是有利的变异

C. 通过离子束诱变育种产生的具有优良效用的药用植物是新物种

D. 离子束诱变育种较辐射诱变育种处理的育种材料相对较少

2. 为获得纯合高蔓抗病番茄植株（二倍体），采用了下图所示的方法：

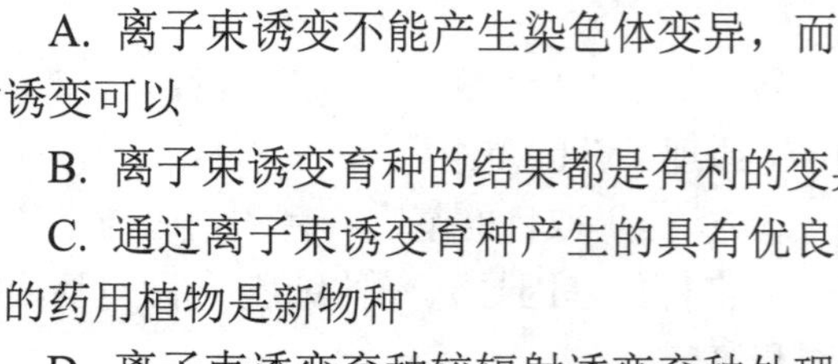

图中两对相对性状独立遗传，高蔓、感病是显性性状。据图分析错误的是（　　）。

A. 过程①的自交代数越多，纯合高蔓抗病植株的比例越高

B. 过程②可以取 F_1 中任一植株的适宜花药作培养材料

C. 经③处理获得的是由染色体加倍而成的多倍体植株

D. 经③处理后获得的植株中符合生产要求的约占 1/4

3.（2020 全国卷Ⅲ）普通小麦是目前世界各地栽培的重要粮食作物。普通小麦的形成包括不同物种杂交和染色体加倍过程，如图所示（其中 A、B、D 分别代表不同物种的一个染色体组，每个染色体组均含 7 条染色体）。在此基础上，人们又通过杂交育种培育出许多优良品种。回答下列问题：

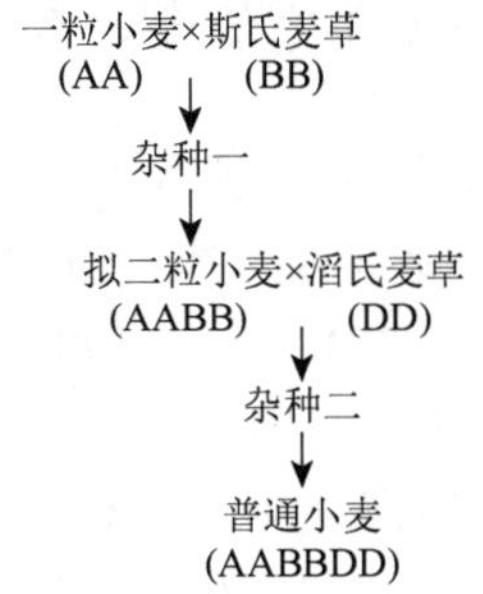

（1）在普通小麦的形成过程中，杂种一是高度不育的，原因是__________。已知普通小麦是杂种二染色体加倍形成的多倍体，普通小麦体细胞中有________条染色体。一般来说，与二倍体相比，多倍体的优点是____________（答出 2 点即可）。

（2）若要用人工方法使植物细胞染色体加倍，可采用的方法有________（答出 1 点即可）。

（3）现有甲、乙两个普通小麦品种（纯合体），甲的表现型是抗病易倒伏，乙的表现型是易感病抗倒伏。若要以甲、乙为实验材料设计实验获得抗病抗倒伏且稳定遗传的新品种，请简要写出实验思路。

4. 下图表示由甲、乙两种植物逐步培育出戊种植物的过程，请据图回答下列问题：

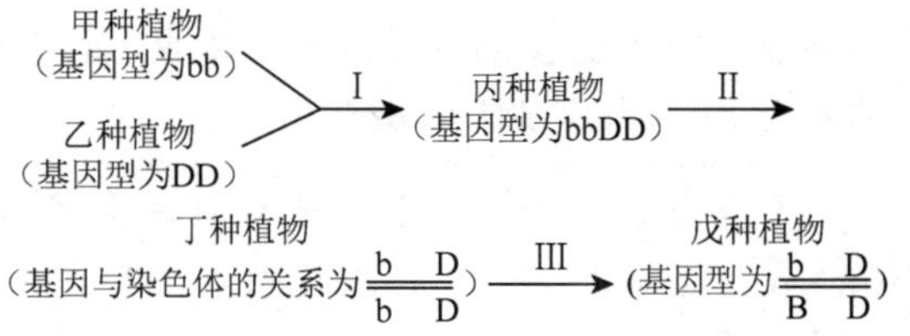

（1）通过Ⅰ过程培育出丙种植物的方法是：

将甲、乙两种植物杂交得到基因型为____的植株，并在________期用__________（化学物质）处理，从而获得基因型为 bbDD 的丙种植物。

（2）由丙种植物经Ⅱ过程培育成丁种植物，发生的变异属于________________________；将丁种植物经Ⅲ培育成戊种植物的过程，在育种上称为________________。

（3）若 B 基因控制着植株的高产，D 基因决定着植株的抗病性。如何利用戊种植物（该植物为两性花），采用简便的方法培育出稳定遗传的高产抗病新品种（不考虑同源染色体的交叉互换）？请画图作答并作简要说明。

11.5　基因工程及其应用

核 心 问 题

1. 基因工程有哪些操作步骤？

答：基因工程的操作有四个步骤。

（1）提取目的基因。

（2）目的基因与运载体结合。

①用一定的限制酶切割质粒，用相同限制酶切割目的基因

②加入 DNA 连接酶，让质粒和目的基因结合成重组 DNA

③该步骤在生物体外发生

④实质：基因重组

（3）将目的基因导入受体细胞。

①方法：主要是借鉴细菌或病毒侵染细胞的方法

②受体细胞的选择

a. 转基因动物：受精卵

b. 转基因植物：受精卵、体细胞

c. 获得基因产物：微生物，如细菌

【点拨】 该步骤不发生碱基互补配对，不需酶的催化。

（4）目的基因的检测与鉴定。

①目的基因的检测：根据受体细胞是否具有标记基因的基因产物或表现标记基因控制的性状，判断目的基因导入与否

②目的基因的鉴定：根据受体细胞是否具有目的基因的基因产物或表现目的基因控制的性状，如棉花抗冲性状的表现

举例：将人的胰岛素基因导入细菌，若有胰岛素产生，说明该基因已成功表达。

【点拨】若受体细胞只出现目的基因的mRNA，则不能说明目的基因已成功表达。

2. 基因工程有哪些应用？

答：基因工程目前在三个领域应用广泛且前景美好。

（1）作物育种。

①目的：获得高产、稳产和具有优良品质的农作物，培育出具有各种抗逆性的作物新物种。

②实例：转基因的抗虫棉、转基因奶牛和超级绵羊等。

（2）药物研制。

①目的：高效率地生产各种高质量、低成本的药品和疫苗。

②实例：胰岛素、干扰素、白细胞介素、溶血栓剂、凝血因子以及各种疫苗等。

（3）环境保护。

目的：利用转基因细菌降解有毒有害化合物，吸收环境中的重金属，分解泄漏的石油，处理工业废水等。

典 例 精 讲

【典例 1】 下列有关基因工程技术的叙述，正确的是（　　）。

A. 重组 DNA 技术所用的工具酶是限制酶、DNA 连接酶和运载体

B. 基因工程操作的四步中都有碱基互补配对现象

C. “不同的 DNA 分子具有相同的双螺旋结构”是基因工程成功实施的基础

D. 基因工程经常以抗生素抗性基因作为目的基因

【解析】 答案 C。基因工程所用的工具酶是限制酶、DNA 连接酶等工具酶，运载体不是酶，A 错误；基因工程操作第三步将目的基因导入受体细胞没有碱基互补配对现象，B 错误；基因工程常以抗生素抗性基因作为标记基因，D 错误。

【典例 2】 下列有关基因工程的叙述，正确的是（　　）。

A. 所有的限制酶都只能识别同一种特定的核苷酸序列

B. 选用细菌作为重组质粒的受体细胞是因为细菌繁殖快

C. 只要目的基因进入受体细胞就能实现表达

D. 载体上的抗性基因有利于筛选含重组 DNA 的细胞和促进目的基因的表达

【解析】 答案 B。一种限制酶只能识别一种特定的核苷酸序列，但各种限制酶间识别的核苷酸序列并不相同，具有多样性，A 错误；细菌作为单细胞原核生物具有繁殖速度快的特点，故可使目的基因更快地表达，产生表达产物，B 正确；目的基因进入受体细胞后，受体细胞表现出特定的性状，才说明目的基因完成了表达，C 错误；载体上的抗性基因有利于筛选含重组 DNA 的细胞，但不能促进目的基因的表达，D 错误。

【提醒】 限制酶具有专一性，一种限制酶只能识别并切割一种特定的核苷酸序列，但限制酶有多种。

【典例 3】 下面关于基因工程的应用的说法，错误的是（　　）。

A. 转基因抗虫作物的种植有利于降低生产成本，减少农药对环境的污染

B. 基因工程生产药品具有高效率、低成本的特点

C. 转基因食品都经过严格实验，安全性是毋庸置疑的

D. 把外源基因转入叶绿体 DNA 中，有助于防止基因污染

【解析】 答案 C。转基因食品虽然都经过严格实验，但是其可能存在滞后效应或出现新的过敏原，C 错误；把外源基因转入叶绿体 DNA 中，有助于防止因花粉传播引起的基因污染，D 正确。

> 【提醒】 转基因食品的安全性目前并无定论，国际消费者联会也表明“到目前为止还没有任何证据能够证明转基因食品是安全的”。

针 对 训 练

1. 下列关于基因工程的叙述，错误的是(　　)。

A. 基因工程需要用到体外 DNA 重组技术和转基因技术等

B. 基因工程能创造出更符合人们需要的新的生物类型和生物产品

C. 基因工程是在细胞水平进行设计和施工的

D. 基因工程需要进行严格的设计

2. 下列关于质粒运载体的说法正确的是(　　)。

A. 质粒运载体只能在与目的基因重组后进入细胞

B. 质粒运载体可能是用细菌或者病毒的 DNA 改造的

C. 目的基因只有随质粒整合到受体细胞的染色体 DNA 中才能复制

D. 没有限制酶就无法使用质粒运载体

3. 下列关于基因工程中有关酶的叙述，不正确的是(　　)。

A. DNA 聚合酶能够从引物末端延伸 DNA 或 RNA

B. 能将末端碱基互补的两个 DNA 片段连接的是 DNA 连接酶

C. 限制酶水解相邻核苷酸间的化学键打断 DNA

D. 逆转录酶以一条 RNA 为模板合成互补的 DNA

4. 下列关于转基因生物与环境安全的叙述，错误的是(　　)。

A. 重组的微生物在降解污染物的过程中可能产生二次污染

B. 种植抗虫棉可以减少农药的使用量，对环境没有任何负面影响

C. 如果转基因花粉中有毒蛋白或过敏蛋白，可能会通过食物链传递到人体内

D. 转基因生物可能会使某些地区的生态系统的稳定性遭到破坏

5. 基因工程是在现代生物学化学和工程学基础上建立和发展起来的，并有赖于微生物学理论和技术的发展运用，基因工程基本操作流程如图所示。请据图分析回答：

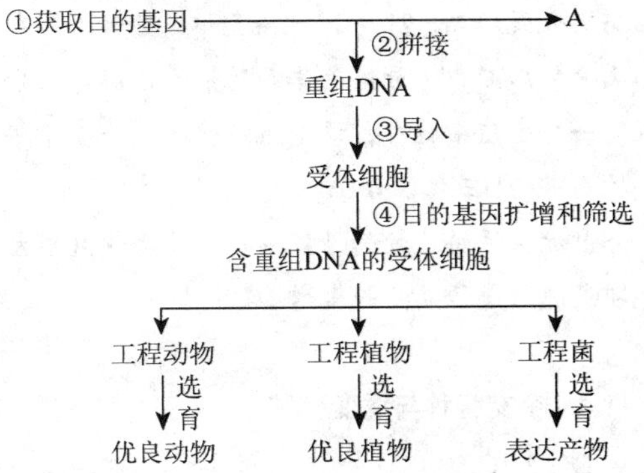

(1) 图中 A 是______，最常用的是______；在基因工程中，需要在______的作用下才能完成剪接过程。

(2) 在上述基因工程的操作过程中，遵循碱基互补配对原则的步骤有______（用图解中序号表示）。

(3) 不同种生物之间的基因移植成功，从分子水平分析，进行基因工程的主要理论依据是______，说明了生物共用一套______。

(4) 研究中发现，番茄体内的蛋白酶抑制剂对害虫的消化酶有抑制作用，导致害虫无法消化食物而被杀死，人们成功地将番茄的蛋白酶抑制剂基因导入玉米体内，玉米获得了与番茄相似的抗虫性状，玉米这种变异的来源是________。

参 考 答 案

11.1　基因突变和基因重组

1. A　2. B　3. B　4. C　5. D　6. D

7.（1）少　（2）染色体　（3）一　二　三　二

8.（1）138　缺失一个碱基 C　（2）缺失　基因突变间　基因突变产生了新基因

11.2　染色体变异

1. D　2. C　3. C　4. C　5. A　6. A

7.（1）自由组合　交叉互换　（2）初级精母细胞　精细胞　（3）含有本物种配子染色体数目的个体

8.（1）2　8　（2）X^rY　Y　X^RX^r、X^RX^rY　（3）3∶1　1/18

11.3　人类遗传病

1. B　2. B　3. B

4.（1）23　1　（2）100%　（3）7/16　（4）在减数第一次分裂后期，21 号同源染色体未分开（或在减数第二次分裂后期，21 号染色体的两条子染色体未分开），进入同一个生殖细胞中，该细胞经受精成为受精卵，发育成的 G 患 21 三体综合征

（5）近亲结婚导致隐性致病基因纯合的概率大大增加，即患隐性遗传病的概率增加

11.4　杂交育种与诱变育种

1. D　2. C

3.（1）无同源染色体，不能进行正常的减数分裂　42　茎秆粗壮，叶片、果实和种子都比较大，营养物质含量高　（2）秋水仙素处理　（3）甲、乙两个品种杂交，F_1 自交，选取 F_2 中既抗病又抗倒伏且自交后代不发生性状分离的植株

4.（1）bD　幼苗　秋水仙素　（2）染色体结构的变异（染色体易位）　诱变育种

（3）如图所示：从子代中选出高产抗病的植株，不断自交选育，直到不再发生性状分离为止，即可培育出基因型为$\frac{B\ D}{B\ D}$的高产抗病的新品种

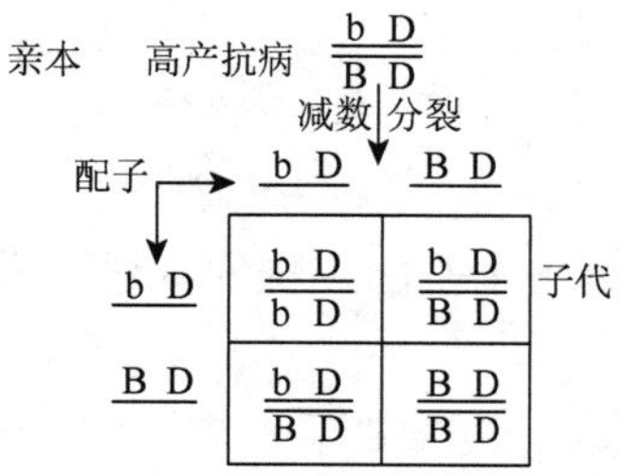

11.5　基因工程及其应用

1. C　2. D　3. A　4. B

5.（1）运载体　质粒　限制性核酸内切酶和 DNA 连接酶　（2）①②④　（3）不同生物的 DNA 结构相同　密码子　（4）基因重组

第 12 章　现代生物进化理论

12.1　现代生物进化理论的由来和主要内容

核 心 问 题

1. 现代生物进化理论的主要内容是什么？

答：现代生物进化理论的主要内容有四点。

（1）种群是生物进化的基本单位。

（2）突变和基因重组产生生物进化的原材料。（基因突变和染色体变异合称突变。）

（3）自然选择决定生物进化的方向。（生物进化的实质是种群基因频率的改变，进化的方向由自然选择决定；自然选择的实质是定向改变种群的基因频率。）

（4）隔离导致新物种的形成。

【点拨】 新物种形成的标志：生殖隔离的形成。即判断生物是不是同一物种，可依据是否存在生殖隔离，若存在生殖隔离，则不是同一物种。

2. 新物种形成的模式有哪些？

答：新物种的形成有三种模式。

（1）渐变式：经过长期的地理隔离逐渐演变成新物种，是大多数生物物种形成的方式。

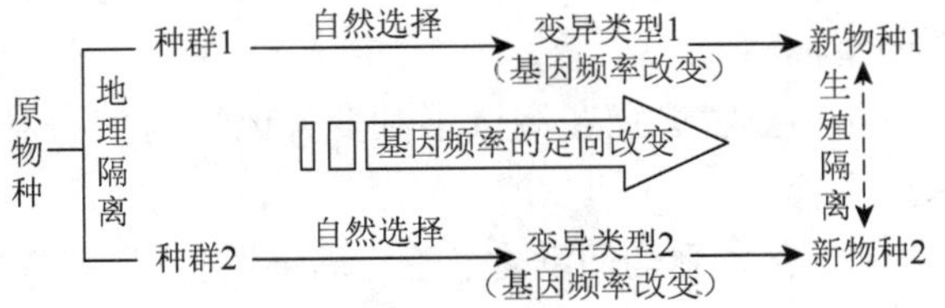

（2）骤变式：主要是通过异源多倍体（染色体畸变）的方式形成新物种，一经出现可以很快形成生殖隔离。此种方式多见于植物，如自然界植物多倍体的形成。

（3）人工创造新物种，如人工诱导多倍体的形成（四倍体西瓜、八倍体小黑麦）。

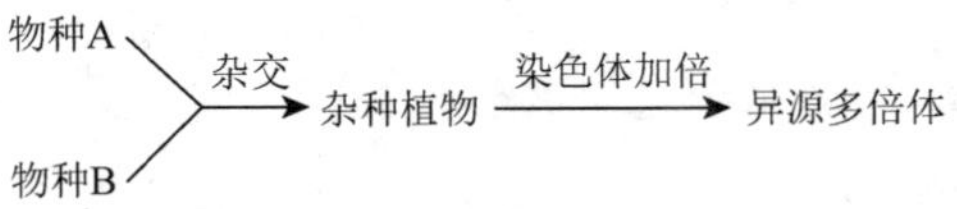

【点拨】 ①新物种形成不一定经过地理隔离，但都需要到生殖隔离才标志着新物种形成。

②隔离是物种形成的必要条件，但不是生物进化的必要条件。

3. 生物进化和物种形成有怎样的区别与联系？

答：

内容	物种形成	生物进化
标志	生殖隔离出现	基因频率改变
变化后的生物与原生物的关系	生殖隔离形成，属于不同物种	可能属于同一物种，也可能属于不同物种
二者联系	①只有不同种群的基因库产生了明显差异，出现生殖隔离才形成新物种； ②进化不一定产生新物种，新物种产生一定存在进化	

典 例 精 讲

【典例 1】 以下有关生物进化的叙述，正确的是（　　）。

A. 二倍体生物经秋水仙素处理形成的四倍体与原来二倍体之间不存在生殖隔离

B. 物种之间的共同进化都是通过物种之间的生存斗争实现的

C. 不同物种之间、生物与环境之间的共同进化导致生物的多样性

D. 生物进化过程中，直接受到自然选择的是基因型

【解析】 答案 C。二倍体生物经秋水仙素处

理形成的四倍体与原来二倍体之间进行有性生殖，产生的后代是三倍体，高度不育，表明二者之间存在生殖隔离，A 错误；物种之间的共同进化不都是通过物种之间的生存斗争实现的，B 错误；生物多样性的形成是不同物种之间、生物与环境之间相互作用的结果，C 正确；生物进化过程中，直接受自然选择的是生物的表现型，D 错误。

【提醒】 共同进化是不同物种之间、生物与无机环境之间在相互影响中不断进化和发展。

【典例 2】 下列有关生物多样性和进化的叙述中，不正确的是（　　）。

A. 自然选择能定向改变种群的基因频率，决定生物进化的方向

B. 新物种的形成通常要经过突变和基因重组、自然选择及隔离三个基本环节

C. 细菌在接触青霉素后会产生抗药性的突变个体，青霉素的选择作用使其生存

D. 蜂鸟细长的喙与倒挂金钟的筒状花萼是它们长期共同进化形成的相互适应特征

【解析】 答案 C。生物进化的实质是基因频率的定向改变，自然选择能定向改变种群的基因频率，决定生物进化的方向，A 正确；突变和基因重组、自然选择及隔离是新物种形成的三个基本环节，B 正确；细菌在接触青霉素前就已经突变产生了抗药性，在青霉素的选择作用下，其有抗药性的个体被选择保留下来，抗药性基因频率升高，C 错误；蜂鸟具有细长的喙，可从倒挂金钟的筒状花萼中采集花蜜，同时帮助倒挂金钟进行了传粉，是共同进化的结果，D 正确。

【提醒】 抗药性在细菌接触青霉素前就已经存在，青霉素只是起选择作用，有抗药性的个体才能存活。

【典例 3】 二十年前，某一野生动物种群的栖息场所被两条呈“十”字形交叉的高速公路分割成独立的 4 块，该种群也由此被分成甲、乙、丙、丁 4 个独立的种群。二十年后，调查这 4 个种群的某基因频率时发现，每个种群的基因频率均不同。下列相关叙述错误的是（　　）。

A. 甲种群可能未发生进化，与其他种群存在地理隔离

B. 乙种群中，某对等位基因的各基因频率之和一定等于 1

C. 自然选择通过作用于个体而引起种群基因频率改变

D. 能为生物进化提供原材料的是基因突变和染色体变异

【解析】 答案 D。由于不知道甲种群原来的基因频率，因此甲种群可能未发生进化，由于甲种群与其他种群通过高速公路分隔开，因此甲种群与其他种群存在地理隔离，A 正确；乙种群中，某对等位基因的各基因频率之和一定等于 1，其基因型频率之和也等于 1，B 正确；自然选择是通过改变种群的基因频率达到种群的进化，其选择过程是作用于个体而影响种群基因频率的改变，C 正确；能为生物进化提供原材料的是基因突变、基因重组和染色体变异，D 错误。

【提醒】 突变和基因重组提供进化的原材料。

针对训练

1. 下列有关自然选择学说的叙述，错误的是（　　）。

A. 自然选择只对影响个体生存和繁殖的变异起作用

B. 自然选择过程的发现引起达尔文注意到人工选择

C. 自然选择是导致种群发生适应性进化的唯一因素

D. 自然选择在淘汰不利变异的同时使有利变异积累

2. 某种新药问世时，治疗病毒性感冒治疗效果很好，几年后疗效降低，其原因可能是（　　）。

A. 抗药性个体的积累是自然选择的结果

B. 病毒为了适应环境，产生了抗药性变异

C. 病毒接触了药物后，慢慢地产生了抗药性

D. 后来的药量用得过少，产生了抗药性变异

3. 下列说法中，与现代生物进化理论的观点不相符的是（　　）。

A. 基因突变和自然选择都会使种群的基因频率发生改变

B. 隔离是新物种形成的必要条件，新物种形成的标志是产生生殖隔离

C. 一种抗生素使用一段时间后杀菌效果下降，原因是抗生素诱发细菌产生抗药性

D. 有性生殖的出现增强了生物变异的多样性，加快了生物进化的速率

4. 下列观点不符合现代生物进化理论的是（　　）。

A. 新物种的形成意味着生物能够以新的方式利用环境条件

B. 狮和虎可以交配并繁殖后代，因此它们之间不存在生殖隔离

C. 种群中个体的死亡可能会导致种群基因库发生改变

D. 共同进化是指不同物种之间以及生物与环境之间在相互影响中不断进化、发展

5. 有关种群和物种的形成，相关叙述不正确的是（　　）。

A. 发生在生物体内的基因突变，有可能使种群的基因频率发生变化

B. 两个种群的生殖隔离形成，这两个种群即属于两个物种

C. 物种都是经过长期的地理隔离，最后出现生殖隔离而形成的

D. 一个物种的形成或灭绝，会影响到若干其他物种的进化

12.2　种群基因频率和基因型频率的相关计算

核 心 问 题

1. 已知各种基因型的个体数，如何计算基因频率？

答：$\text{某基因频率}=\dfrac{\text{该基因总数}}{\text{该基因及其等位基因总数}}\times 100\%$

A、a 为基因，AA、Aa、aa 为三种基因型个体数，P_A、P_a 分别表示 A、a 的基因频率，则：

$$P_A=\frac{2AA+Aa}{2(AA+Aa+aa)}\times 100\%$$

$$P_a=\frac{Aa+2aa}{2(AA+Aa+aa)}\times 100\%$$

因为，$P_A+P_a=1$，所以，P_A、P_a 往往只需算出其中一个，即：算出 P_A，$P_a=1-P_A$

2. 已知基因型频率，如何计算基因频率？

答：AA、Aa、aa 的基因型频率分别为 P_{AA}、P_{Aa}、P_{aa}，P_A、P_a 分别表示 A、a 的基因频率，则：

$$P_A=P_{AA}+\frac{1}{2}P_{Aa}\quad P_a=P_{aa}+\frac{1}{2}P_{Aa}$$

即：某基因的频率=该基因纯合子的频率+1/2 杂合子的频率。

因为，$P_A+P_a=1$，所以，P_A、P_a 往往只需算出其中一个，即：算出 P_A，$P_a=1-P_A$

3. 伴性遗传中基因频率如何计算？

答：设有 N 个个体的种群（Y 染色体上没有相应的等位基因），p 为 X^A 频率，q 为 X^a 频率，则：

$$p=\frac{2N_{X^AX^A}+N_{X^AX^a}+N_{X^AY}}{2(N_{X^AX^A}+N_{X^AX^a}+N_{X^aX^a})+(N_{X^AY}+N_{X^aY})}\times 100\%$$

$$q=\frac{2N_{X^aX^a}+N_{X^AX^a}+N_{X^aY}}{2(N_{X^aX^a}+N_{X^AX^a}+N_{X^AX^A})+(N_{X^aY}+N_{X^AY})}\times 100\%$$

4. 如何利用遗传平衡定律计算基因型频率？

答：前提条件：①种群非常大；②所有雌雄个体之间自由交配；③没有迁入和迁出；④没有自然选择；⑤没有突变。

理想种群中，一对等位基因为 A 和 a，设 A 的基因频率为 p，a 的基因频率为 q，P_{AA}、P_{Aa}、P_{aa} 分别表示 AA、Aa、aa 的基因型频率，如果这个种群达到了遗传平衡，那么遗传平衡定律可以表示为：$(p+q)^2=p^2+2pq+q^2=1$。即：$P_{AA}=p^2$；$P_{Aa}=2pq$；$P_{aa}=q^2$。

5. 自交和自由交配时基因（型）频率变化有何规律？

答：（1）自交：种群个体自交时，纯合子增多，杂合子减少，基因型频率发生改变，但不改变基因频率。

（2）自由交配：在无基因突变、各种基因型

的个体生活力相同时，处于遗传平衡的种群自由交配遵循遗传平衡定律，上下代之间种群的基因频率及基因型频率不变。如果一个种群没有处于遗传平衡状态，自由交配不改变基因频率，但改变基因型频率。

典例精讲

【典例1】 在一个种群中随机抽取一定数量的个体，其中基因型为AA的个体占18%，基因型为Aa的个体占78%，基因型为aa的个体占4%，A和a的基因频率分别是（　　）。

A. 18%、82%　　B. 36%、64%

C. 57%、43%　　D. 92%、8%

【解析】 答案C。A基因频率=AA基因型频率+1/2Aa基因型频率=18%+1/2×78%=57%，a基因频率=aa基因型频率+1/2Aa基因型频率=4%+1/2×78%=43%。

> **【提醒】** 种群的基因型频率已知，可直接计算基因频率。

【典例2】 在某一遵循遗传平衡定律的人群中，已调查得知，隐性性状者为16%，则该性状不同类型的基因型频率分别是（按AA、Aa、aa顺序排列）（　　）。

A. 0.36、0.48、0.16　　B. 0.48、0.36、0.16

C. 0.16、0.48、0.36　　D. 0.16、0.36、0.38

【解析】 答案A。根据基因库中隐性性状者（aa）的频率为16%，则q^2=0.16，q=0.4，而p=1−0.4=0.6，根据遗传平衡公式，$[p(A)+q(a)]^2=p^2(AA)+2pq(Aa)+q^2(aa)$可计算出AA的频率为0.36，Aa的频率为0.48，aa的频率为0.16。

> **【提醒】** 遵循遗传平衡定律，可直接根据遗传平衡公式计算基因型频率。

【典例3】 调查某校学生中关于某种性状的各种基因型及比例为：

基因型	X^BX^B	X^BX^b	X^bX^b	X^BY	X^bY
比例/%	42.32	7.36	0.32	46	4

则该校学生中X^B和X^b的基因频率分别是（　　）。

A. 6%、8%　　B. 92%、8%

C. 78%、92%　　D. 8%、92%

【解析】 答案B。伴性遗传的基因频率计算，只计数等位基因所存在的染色体，即男性只统计一个基因，女性中统计两个基因，所以该校学生中X^b的基因频率为：

$$\frac{7.36\%+0.32\%\times2+4\%}{42.32\%\times2+7.36\%\times2+0.32\%\times2+46\%+4\%}\times100\%=8\%$$

，则X^B的基因频率为92%。

> **【提醒】** 计算伴性遗传相关基因频率时，要注意Y染色体上没有相应的等位基因。

针对训练

1. 某小麦种群中TT个体占20%，Tt个体占60%，tt个体占20%，由于某种病害导致tt个体全部死亡，则病害发生前后该种群中T的基因频率分别是（　　）。

A. 50%、50%　　B. 50%、62.5%

C. 62.5%、50%　　D. 50%、100%

2. 某相对独立的海岛上，原有果蝇20000只，其中基因型为AA、Aa和aa的果蝇分别占15%、55%和30%。若此时从岛外入侵了2000只基因型为AA的果蝇，且所有果蝇均随机交配，则理论上F_1中A的基因频率约是（　　）。

A. 43%　　B. 48%

C. 52%　　D. 57%

3. 在一个随机交配的中等大小的种群中，经调查发现控制某性状的基因型只有两种：AA基因型的频率为40%，Aa基因型的频率为60%，aa基因型（致死型）的频率为0，那么随机交配繁殖一代后，AA基因型的个体占（　　）。

A. 49/91　　B. 49/100

C. 11/20　　D. 11/17

4. 水稻非糯性（Y）对糯性（y）为显性，抗病（R）对不抗病（r）为显性。用非糯性抗病和糯性不抗病的两纯种水稻杂交，让F_1自交三代，在自然情况下，基因频率的变化是（　　）。

A. Y逐渐增大，R逐渐增大

B. Y逐渐减小，R逐渐减小

C. Y 基本不变，R 基本不变

D. Y 基本不变，R 逐渐增大

5. 在非洲人群中，每 10000 人中有 1 人患囊性纤维原瘤，该病属于常染色体遗传病。一对健康夫妇生有一患病的孩子，此后，该妇女与另一健康男性再婚，他们若生孩子，患此病的概率约为（　　）。

A. 1/25　　B. 1/50

C. 1/100　　D. 1/200

6. 现有两个非常大的某昆虫种群，个体间随机交配，没有迁入和迁出，无突变，自然选择对 A 和 a 基因控制的性状没有作用。种群 1 的 A 基因频率为 80%，a 基因频率为 20%；种群 2 的 A 基因频率为 60%，a 基因频率为 40%。假设这两个种群大小相等，地理隔离不再存在，两个种群完全合并为一个可随机交配的种群，则下一代中 Aa 的基因型频率是（　　）。

A. 75%　　B. 50%

C. 42%　　D. 21%

7. 某植物种群中，AA 个体占 16%，aa 个体占 36%，该种群随机授粉产生的后代中 AA 个体百分比、A 基因频率和自交产生的后代中 AA 个体百分比、A 基因频率依次是（　　）。

A. 增大，不变；不变，不变

B. 不变，增大；增大，不变

C. 不变，不变；增大，不变

D. 不变，不变；不变，增大

参考答案

12.1 现代生物进化理论的由来和主要内容

1. B　2. A　3. C　4. B　5. C

12.2 种群基因频率和基因型频率的相关计算

1. B　2. B　3. A　4. D　5. D　6. C　7. C

第 13 章　人体的内环境与稳态

13.1　细胞生活的环境

核心问题

1. 如何准确辨析人体内的液体？

答：

- 人体内的液体
  - 非体液：消化液、汗液、眼泪、尿液等能与外界环境直接相通的液体
  - 体液
    - 细胞内液（约占2/3）：指的是细胞内的液体，主要包括细胞质基质（新陈代谢的主要场所）、细胞器基质、核液等
    - 细胞外液（约占1/3）
      - 血浆
      - 组织液（细胞间隙液）
      - 淋巴（液）
      - 共同构成内环境
        - 淋巴细胞生活的内环境：淋巴、血浆
        - 血细胞生活的内环境：血浆
        - 绝大多数组织细胞（如小肠上皮细胞、膀胱壁细胞、皮肤细胞、肺泡壁细胞、肝脏细胞等）生活的内环境：组织液
        - 毛细血管壁细胞生活的内环境：血浆、组织液
        - 毛细淋巴管壁细胞生活的内环境：淋巴、组织液

（1）区分血液、血浆、血清、血细胞：血液=血浆+血细胞（红细胞、白细胞、血小板等），血浆和血清的主要区别是血清中不含纤维蛋白原（纤维蛋白原是一种在凝血过程中会转化为纤维蛋白的物质）。

（2）区别“细胞内液”和“细胞液”：“细胞内液”是动物细胞内的液体，“细胞液”专门指的是植物细胞液泡内的液体。

（3）细胞外液并不是只有血浆、组织液、淋巴，还有脑脊液等其他一些体液。

（4）内环境是针对多细胞动物提出的概念，单细胞生物没有内环境之说。

（5）“细胞外液”的“外”和“内环境”中的“内”分别是指：针对细胞而言，这些液体在细胞外，针对人体而言，这些液体在人体内。

（6）细胞生活的环境≠细胞生活的内环境：如小肠上皮细胞生活的环境是消化液和组织液，但其生活的内环境只有组织液。

2. 理清几种体液之间的转化（物质交换）关系。

答：

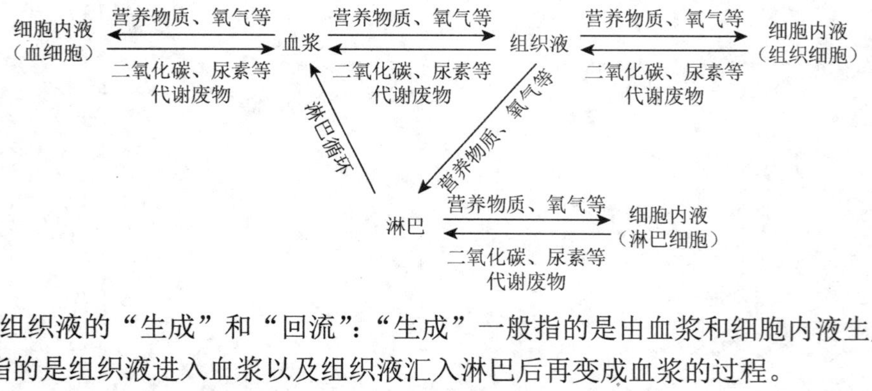

（1）区分组织液的“生成”和“回流”：“生成”一般指的是由血浆和细胞内液生成组织液的过程，“回流”指的是组织液进入血浆以及组织液汇入淋巴后再变成血浆的过程。

（2）O_2浓度：血浆＞组织液＞组织细胞内液；CO_2浓度：血浆＜组织液＜组织细胞内液。

原因：外界环境中的O_2→血浆→组织液→细胞内，细胞内产生的CO_2→组织液→血浆→外界环

境的运输方式均为自由扩散，只能从高浓度向低浓度运输。

3. 如何准确判断一种物质是否属于内环境？

答：

- 不属于内环境的成分
  - 人体内可与外界环境相通的物质：人的呼吸道、肺泡腔、消化道、泪腺等与外界相通的结构中的液体应视为外部环境。如尿液、泪液、消化液等
  - 细胞内的物质：血红蛋白（红细胞内）、过氧化氢酶、呼吸酶、解旋酶等各种胞内酶等
  - 细胞膜上的物质：载体蛋白、特异性受体等
  - 不能被人体吸收的物质：纤维素、麦芽糖等
- 属于内环境的成分
  - 营养物质：无机盐、葡萄糖、甘油、脂肪酸等
  - 代谢产物：血浆蛋白、激素、维生素、抗体、组织胺、神经递质等（抗体、激素、神经递质等未分泌到细胞外时，不属于内环境）
  - 代谢废物：二氧化碳、尿素等

（1）几种体液成分上的区别和联系：

- 血浆：蛋白质、Na^+、Cl^-较多
- 组织液：Na^+、Cl^-较多
- 淋巴：Na^+、Cl^-较多
- 细胞内液：蛋白质、K^+较多

（组织液与淋巴：成分最为相近；血浆、组织液、淋巴：三种细胞外液成分上的最主要区别是：血浆中蛋白质含量较多）

（2）血浆蛋白存在于血浆中，属于内环境；血红蛋白存在于红细胞中，不属于内环境。

（3）准确判断发生在内环境中的化学反应或生理过程：

能发生于内环境中：抗原与抗体的结合、缓冲物质对酸碱变化的中和反应等。

不能发生于内环境中：细胞呼吸（如丙酮酸的氧化分解等过程，发生于细胞内）、蛋白质的合成（发生于细胞内的核糖体中）、淀粉的水解（发生于消化道中，相当于外界环境）。

（4）血浆中各化学成分的种类及含量保持动态的稳定，所以分析血浆化学成分（如医生开具的化验单）可在一定程度上反映体内物质代谢情况，也可以分析一个人的身体健康状况。

【点拨】 属于≠只存在于，如神经递质可以在神经细胞内，也可以在突触间隙（组织液）中。

4. 建立人体与外界环境进行物质交换 2 种模型。

答：模型一：物质交换穿过膜的层数模型（关键：弄清楚物质的运输起点和终点）。

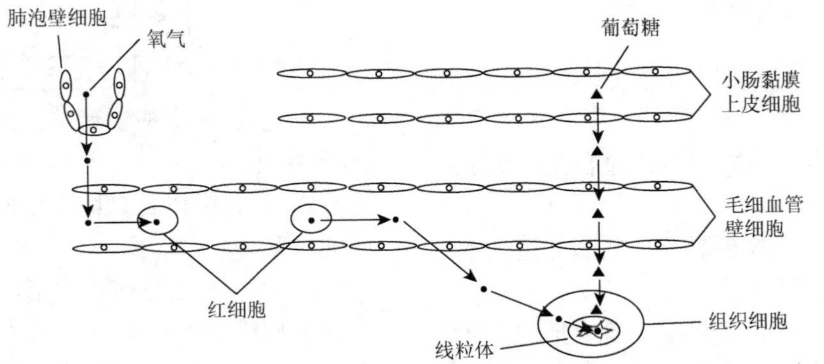

（1）外界环境中的 O_2（从肺泡内开始，需要血液中红细胞的运输，在线粒体中被利用）进入组织细胞被利用，至少需要穿过 11 层生物膜：

肺泡中的 O_2→肺泡壁（2 层膜）→毛细血管壁（2 层膜）→红细胞（2 层膜）→毛细血管壁（2 层膜）→进入组织细胞（1 层膜）→进入线粒体被利用（2 层膜）

（2）红细胞中的氧气进入组织细胞被利用，至少需要穿过 6 层生物膜（分析参考上述过程）。

（3）食物中的葡萄糖（不需要红细胞运输，在细胞质基质中被利用）进入组织细胞被利用，至少需要穿过 7 层生物膜：

消化道中的葡萄糖→小肠绒毛上皮细胞（2 层膜）→毛细血管壁（2 层膜）→毛细血管壁（2 层膜）→进入组织细胞被利用（1 层膜）

（4）如果题目中出现上述物质依次经过哪些细胞外液，记住肺泡壁和毛细血管之间、小肠绒毛上皮细胞和毛细血管之间、毛细血管和组织细胞之间都是组织液。

【点拨】 ①生物膜≠细胞膜，细胞膜属于生物膜组分之一，如细胞膜是一层生物膜，线粒体膜是 2 层生物膜。②一层生物膜=一层磷脂双分子层=两层磷脂分子层。③毛细血管、肺泡、毛细淋巴管、小肠黏膜（小肠绒毛上皮细胞）都是由单层细胞构成，穿过 1 层细胞=穿过 2 层细胞膜。

模型二：内环境是细胞与外界环境进行物质交换的媒介。

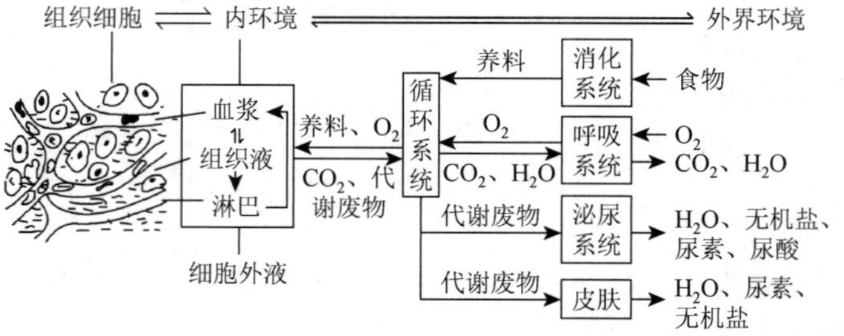

（1）细胞产生的代谢废物主要通过皮肤、泌尿系统排出体外，但尿素、CO_2 等代谢废物不会全部排到外界环境中，而是在内环境中的含量维持在一个相对稳定的水平，泌尿系统和皮肤除了排出代谢废物外还会排出水和体内多余的无机盐。

（2）并非所有物质都要经过“消化”：淀粉、蛋白质等不能被直接吸收的物质会被消化水解成葡萄糖、氨基酸等能被细胞直接吸收的物质，无机盐离子、水等不需要消化就能直接吸收。

典 例 精 讲

【典例 1】（2019 全国卷Ⅲ）下列关于人体组织液的叙述，错误的是（　　）。

A. 血浆中的葡萄糖可以通过组织液进入骨骼肌细胞

B. 肝细胞呼吸代谢产生的 CO_2 可以进入组织液中

C. 组织液中的 O_2 可以通过自由扩散进入组织细胞中

D. 运动时，丙酮酸转化成乳酸的过程发生在组织液中

【解析】 答案 D。骨骼肌细胞生活的内环境为组织液，葡萄糖进入骨骼肌细胞需要通过组织液，A 正确；肝脏细胞生活的内环境为组织液，代谢产物首先进入组织液，最后排出体外，B 正确；O_2、CO_2 等气体小分子运输的方式为自由扩散，C 正确；丙酮酸转化为乳酸的过程发生在细胞内，D 错误。

【典例 2】 图为正常人体局部代谢简图，其中 A、B、C 表示物质，在缺氧条件下物质 A 会转化为物质 B。下列有关叙述正确的（　　）。

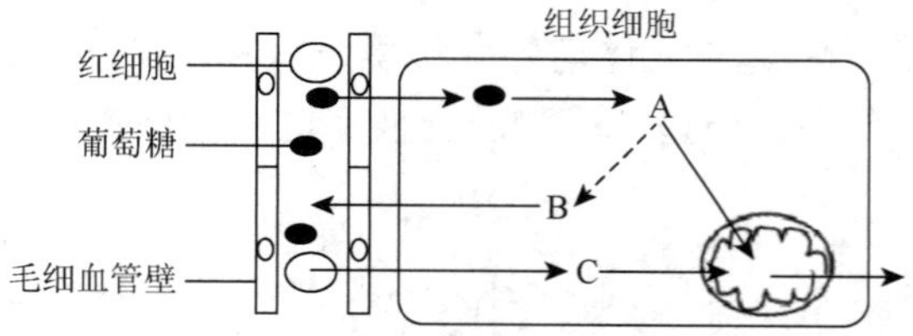

A. 血浆中存在葡萄糖、血红蛋白、激素、O_2 等物质

B. 血浆中物质 C 的含量低于组织液中物质 C 的含量

C. 毛细血管壁细胞生活的内环境由组织液和血液构成

D. 物质 B 进入血浆后和 HCO_3^- 等发生反应，血浆 pH 基本不变

【解析】 答案 D。血红蛋白在红细胞内，属于细胞内液，不属于内环境（细胞外液），A 错误；物质 C 为氧气，其运输方式为自由扩散，因此血浆中物质 C 浓度高于组织液，B 错误；毛细血管壁细胞生活的内环境为组织液和血浆，C 错误；物质 B 由物质 A 在缺氧情况下产生，为

乳酸，进入血浆与缓冲物质发生反应，D 正确。

【典例 3】 如图是肌细胞与环境的物质交换关系。X、Y、Z 表示三种细胞外液，叙述错误的是（　　）。

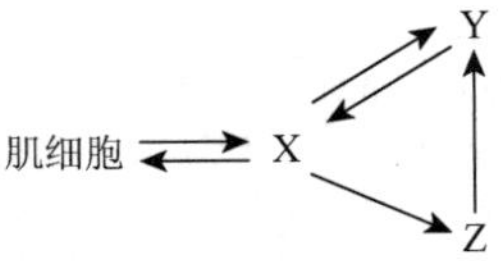

A. 肌细胞既可以利用葡萄糖，也能为 Y 补充血糖

B. 肌细胞的代谢产物可能导致X的pH降低

C. X 中的大分子物质可通过 Z 进入 Y

D. 若人体长期营养不良，则 Y 中渗透压会降低

【解析】 答案 A。肌糖原是不能分解成葡萄糖以补充血糖的，A 错误；肌细胞的无氧呼吸代谢产物是乳酸，可导致组织液的 pH 略有降低，B 正确；组织液中的大分子物质可通过淋巴进入血浆，C 正确；人体长期营养不良，血浆中蛋白质含量降低，血浆渗透压下降，D 正确。

针 对 训 练

1. 人体内含有大量以水为基础的液体，这些液体统称为体液。下列关于体液的叙述，正确的是（　　）。

A. 体液中含量最多的是细胞外液，包括血液、组织液和淋巴

B. 人体内的细胞直接生活在由细胞外液构成的内环境中

C. 小肠上皮细胞生活的内环境是组织液和肠液

D. 三种细胞外液的成分之间均可直接相互转化

2. 内环境稳态是维持机体正常生命活动的必要条件，下列叙述错误的（　　）。

A. 内环境保持相对稳定有利于机体适应外界环境的变化

B. 内环境稳态有利于新陈代谢过程中酶促反应的正常进行

C. 维持内环境中 Na^+、K^+浓度的相对稳定有利于维持神经细胞的正常兴奋性

D. 内环境中发生的丙酮酸氧化分解给细胞提供能量，有利于生命活动的进行

3. 如图表示人体细胞与外界环境之间进行物质交换的过程。Ⅰ、Ⅱ、Ⅲ、Ⅳ表示能直接与内环境进行物质交换的 4 种器官或系统，①②是有关的生理过程。据图回答：

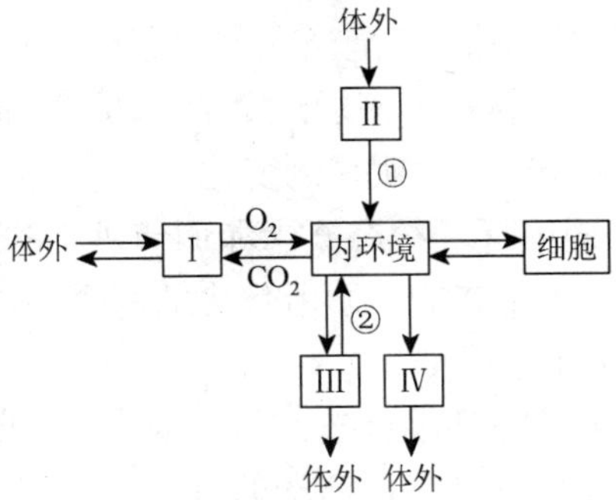

（1）由图体现了内环境的作用：构成了细胞生活的液体环境、________________________。

（2）由图可知改变内环境理化性质和化学成分变化的因素有：①细胞的代谢活动；②______。

（3）内环境与Ⅰ交换气体必须通过的结构是______________。

（4）血浆渗透压的大小主要与__________和__________有关。

（5）②表示________作用，Ⅳ表示的器官是________。Ⅱ内的葡萄糖通过①进入血浆需穿过________层磷脂分子层。

13.2　内环境的理化性质及稳态的调节机制

核 心 问 题

1. 内环境的三大理化性质以及相关易错点的理解。

答：①正常情况下：细胞内液渗透压=细胞外液的渗透压。②不要把理化性质中的“酸碱度”说成是“pH”。

- 渗透压
  - 概念：溶液中溶质微粒对水的吸引力
  - 渗透压大小取决于：单位体积中溶质微粒的数目，也就是溶液的物质的量浓度。即：溶液浓度越高，对水的吸引越大，渗透压越高
  - 与几种体液的渗透压相关的主要物质
    - 血浆渗透压主要与蛋白质、无机盐有关
    - 细胞外液的离子中含量上占优势的是Na^+、Cl^-，细胞外液渗透压90%以上来自Na^+、Cl^-
    - 与细胞内液渗透压相关的无机盐离子主要是K^+
- 酸碱度
  - 人体正常pH的范围是：7.35～7.45
  - 机体维持pH相对稳定的原因是含有缓冲对，如：$H_2CO_3/NaHCO_3$、NaH_2PO_4/Na_2HPO_4
  - 血浆pH相对稳定的机制
    - 当酸性物质进入血液时：$H^+ + HCO_3^- \rightarrow H_2CO_3$，$H_2CO_3 \rightarrow H_2O + CO_2$（多余的$CO_2$从肺部排出）
    - 例如：乳酸进入血液后，就与血液中的$NaHCO_3$发生作用，生成乳酸钠和H_2CO_3
    - 当碱性物质进入血液时：$OH^- + H_2CO_3 \rightarrow HCO_3^- + H_2O$（多余的碳酸氢盐可以由肾脏排出）
    - 例如：当Na_2CO_3进入血液后，就与血液中的H_2CO_3发生作用，生成碳酸氢盐
- 温度
  - 人体正常温度范围：37℃左右
  - 体温与体内酶活性的关系
    - 人等恒温动物体温相对稳定，体温不会随外界温度变化而发生明显变化，体内酶活性不变，酶促反应速率不变
    - 变温动物体温会随外界温度发生变化，体内酶活性和酶促反应速率也要变化

③正常机体血浆 pH“相对稳定”，因此不会发生明显变化。但是当在实验条件下向缓冲物质或者生物材料中滴加过量的 HCl 和 NaOH 等，也会导致 pH 发生明显的变化。

2. 对内环境稳态概念和调节机制的理解。

答：①稳态的实质所包含的两个层次：化学成分和理化性质。

②影响内环境稳态的两个因素：内外环境的变化和体内细胞代谢活动的进行。

③调节机制：神经-体液-免疫调节网络。

神经调节：神经调节是稳态调节的主要方式，由神经系统参与。

体液调节：体液中某些化学物质（如激素、CO_2、H^+等）通过体液运输到组织细胞，对生命活动进行调节，激素调节是体液调节的主要内容。

免疫调节：免疫系统通过清除异物和外来病原微生物等对内环境稳态起到调节作用。

④维持内环境稳态的基础：人体各个器官、系统协调一致地正常运行。

【点拨】 稳态=相对稳定≠恒定：不断变化但处于动态平衡之中。

3. 内环境稳态失调的表现。

答：人体维持稳态的调节能力是有一定限度的，当外界环境变化过于剧烈，或人体自身的调节功能出现障碍时，内环境的稳态就会遭到破坏。

症状名称	内环境理化性质变化	引起疾病的症状
尿毒症	尿素等代谢废物在体内积累	自身中毒综合征
糖尿病	血液中葡萄糖含量过高	多食、多饮、多尿、口渴、饥饿感强烈、身体消瘦
高原反应	体内缺氧，血氧过低	头痛、乏力、心跳加快
感冒发烧	体温过高，影响酶的活性	食欲不振、四肢无力
严重腹泻	丢失大量的水和无机盐	疲倦、周身不适、恶心
肾炎	血浆蛋白减少	组织水肿等生理病变

【点拨】 ①内环境达到稳态的机体也有可能生病，如一些人类遗传病。

②稳态破坏时，代谢速率不一定变慢，但一定会导致代谢紊乱。

4. 组织水肿形成的原因分析。

答：由于某种因素导致组织液的渗透压（相对）升高，吸水能力增强，使组织液水分增多，形成组织水肿。

①营养不良和肾炎：血浆蛋白减少，导致血浆渗透压降低，组织液渗透压相对升高，组织液吸水导致组织水肿。

②毛细血管破裂、过敏、淋巴循环受阻：组织液蛋白质含量增多，组织液渗透压增大，组织液吸水导致组织水肿。

③细胞代谢旺盛：代谢产物在组织液中增多，组织液渗透压增大，组织液吸水导致组织水肿。

典例精讲

【典例 1】 内环境稳态的维持要依靠机体的调节，但外界环境也会影响稳态，除哪项外，下列事实都支持这一观点？（　　）

A. 夏天长期待在空调房间易引起“空调病”

B. 有人到青藏高原后会头疼乏力、血压升高

C. 人屏息一段时间后，呼吸运动会明显加强

D. 长期处于高温环境可能会引起“中暑”

【解析】 答案 C。“空调病”是温差大导致体温调节失调引起的，A 正确；“高原反应”是因为缺氧导致内环境失调引起的，B 正确；屏息导致内环境 CO_2 浓度升高，刺激呼吸中枢使呼吸频率加快，呼吸加深，C 错误；中暑是高温导致体温调节失调引起的疾病，D 正确。

【典例 2】（2017 全国卷Ⅲ）若给人静脉注射一定量的 0.9%NaCl 溶液，则一段时间内会发生的生理现象是（　　）。

A. 机体血浆渗透压降低，排出相应量的水后恢复到注射前水平

B. 机体血浆量增加，排出相应量的水后渗透压恢复到注射前水平

C. 机体血浆量增加，排出相应量的 NaCl 和水后恢复到注射前水平

D. 机体血浆渗透压上升，排出相应量的 NaCl 后恢复到注射前水平

【解析】 答案 C。由于血浆的无机盐浓度是 0.9%，所以给人静脉注射一定量的 0.9%NaCl 溶液，血浆渗透压大小基本不变，但正常情况下，水盐代谢要平衡，进多少出多少，所以一段时间内会发生的生理现象是机体血浆量增加，排出相应量的 NaCl 和水后恢复到注射前水平。

【提醒】 0.9%NaCl 溶液称为生理盐水，为内环境的等渗溶液，能维持机体细胞正常形态、结构和生理功能。

【典例 3】 当我们的皮肤受到轻微创伤时，受伤部位会出现青紫且局部水肿，如图为人体局部内环境示意图，对此合理的解释是（　　）。

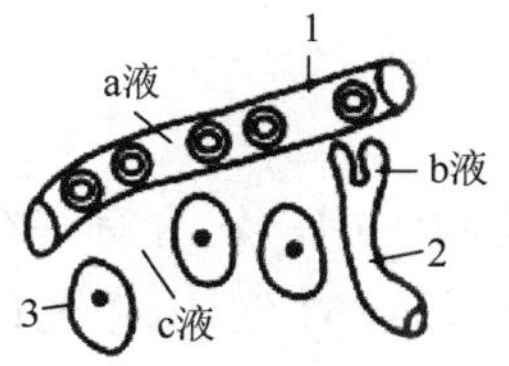

A. 1 破裂，c 液外流，b 液渗透压升高

B. 1 破裂，a 液外流，c 液渗透压升高

C. 2 破裂，b 液外流，c 液渗透压升高

D. 2 破裂，b 液外流，a 液渗透压升高

【解析】 答案 B。图中 1、2、3 分别为毛细血管、毛细淋巴管、组织细胞，a、b、c 分别为血浆、淋巴液和组织液。皮下青紫是因为毛细血管破裂，部分血浆外流，血浆蛋白渗出，局部组织液渗透压升高后，进入组织液的水量增多，造成组织水肿。

【提醒】 组织水肿发生的条件是组织液渗透压绝对或相对升高，从周围环境中吸水。

【典例 4】（2017 全国卷Ⅰ）血浆渗透压可分为胶体渗透压和晶体渗透压，其中，由蛋白质等大分子物质形成的渗透压称为胶体渗透压，由无机盐等小分子物质形成的渗透压为晶体渗透压。回答下列问题：

（1）某种疾病导致人体血浆蛋白含量显著降低时，血浆胶体渗透压降低，水分由________进入组织液，可引起组织水肿等。

（2）正常人大量饮用清水后，胃肠腔内的渗透压下降，经胃肠吸收进入血浆的水量会______，从而使血浆晶体渗透压__________。

（3）在人体中，内环境的作用主要为：①细胞生存的直接环境；②____________________。

【解析】（1）血浆胶体渗透压降低时，组织液的渗透压相对较高，因此水分由血浆进入组织液，可引起组织水肿。（2）正常人大量饮用清水后，胃肠腔内的渗透压下降，血浆渗透压相对较高，经胃肠吸收进入血浆的水量增多，使血浆晶体渗透压降低。（3）在人体中，内环境的作用主要为：①细胞生存

的直接环境；②细胞与外界环境进行物质交换的媒介。

针对训练

1. 在抗震救灾中，发现有些在废墟下由于肌肉受到挤压导致局部组织坏死但仍保持清醒的幸存者，当移开重物被救出后，却因肌肉大量释放的肌红素、钾等物质迅速进入血液，结果救出来后最终因心肾功能衰竭而不幸去世。下列与之有关的叙述，错误的是（　　）。

A. 在移开重物前，应先为伤者静脉滴注生理盐水，使血液中的有害物质随尿液排出

B. 有些刚被救出的伤者，其内环境稳态已经遭到破坏，影响正常的生命活动

C. 因严重缺水，幸存者体内抗利尿激素分泌增多，尿量减少

D. 心肾功能衰竭是由于伤者血浆渗透压过低所致

2. 通过研究发现，人的血液 pH 通常在 7.35～7.45 之间，变化不大的原因是（　　）。

①$H_2CO_3/NaHCO_3$、NaH_2PO_4/Na_2HPO_4 等多对缓冲物质对血液酸碱度起缓冲作用

②通过呼吸系统可不断排出 CO_2

③血浆中过多的碳酸氢盐可以经肾脏随尿排出体外

④神经系统对呼吸运动强度的调节有利于维持血液 pH 的相对稳定

⑤主要是通过食物中的碱性物质和酸性物质来调节血液的 pH

A. 只有①②　　B. 只有①②③

C. 只有①②③④　　D. 只有①②③⑤

3. 如图表示人体细胞与外界环境之间进行物质交换的过程。A、B、C、D 表示四种体液，①②表示有关的物质。请据图回答下列问题：

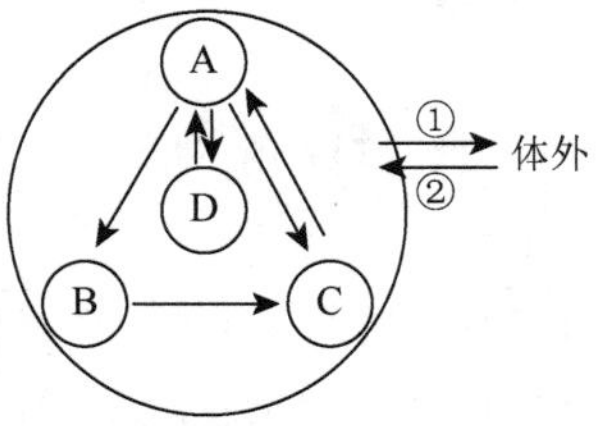

（1）A～D 中不属于内环境成分的是______。

（2）B 体液经过循环汇入 C 中，B、C 成分的最主要差别是 C 中________。

（3）C 的渗透压大小主要与____________的含量有关；其酸碱度保持相对稳定，与它含有的____________、HPO_4^{2-} 等离子有关。

（4）如果②代表 O_2，由体外进入到组织细胞需要________、__________（系统）协助完成；机体维持稳态的主要调节机制是__________调节网络。

（5）长期营养不良会导致血浆中________含量减少，血浆渗透压下降，引起组织水肿。肝脏是形成尿素的主要场所，相对于肝脏内毛细血管动脉端，静脉端的尿素含量__________（填“较高”或“较低”）。

参考答案

13.1　细胞生活的环境

1. B　2. D

3.（1）内环境是细胞与外界环境进行物质交换的媒介　（2）外界环境的变化　（3）毛细血管壁和肺泡壁　（4）蛋白质　无机盐　（5）重吸收　皮肤　8

13.2　内环境的理化性质及稳态的调节机制

1. D　2. C

3.（1）D　（2）含有较多的蛋白质　（3）无机盐、蛋白质　HCO_3^-　（4）呼吸系统　循环系统　神经-体液-免疫　（5）蛋白质　较高

第 14 章　动物和人体生命活动的调节

14.1　通过神经系统的调节

14.1.1　兴奋的产生、传导和传递

核 心 问 题

1. 反射的类型——条件反射和非条件反射。

答：

项目		非条件反射	条件反射
区别	概念	生下来就有的先天性反射	后天学习训练形成的反射
	特点	①大脑皮层以下的神经中枢参与；②先天性；③终身性；④数量有限	①大脑皮层参与；②后天性；③可建立也可消退；④数量可以不断增加
	意义	完成机体基本生命活动	提高人和动物适应复杂环境的能力
	举例	眨眼反射、膝跳反射、啼哭、缩手反射、吃东西分泌唾液等	“望梅止渴”、听见铃声走进教室等
联系		非条件反射是条件反射的基础：非条件反射 $\xrightarrow{\text{条件刺激、强化}}$ 条件反射	

【点拨】 反应（应激性）≠反射。应激性是指机体对外界刺激作出的反应，是生物的基本特征之一。反射是指在中枢神经系统参与下动物和人体对内外环境变化作出规律性应答，可以把反射看作是应激性的一种高级形式，两者的主要区别是看是否有神经系统的参与。如植物和单细胞动物就没有反射。

2. 反射的结构基础——反射弧。

答：

兴奋传导过程	反射弧结构	结构特点	功能	结构破坏对功能的影响
感受器 ↓ 传入神经 ↓ 神经中枢 ↓ 传出神经 ↓ 效应器	感受器	感觉神经末梢的特殊结构	将内外界刺激的信息转变为神经的兴奋	既无感觉，又无效应
	传入神经	感觉神经元	将兴奋由感受器传入神经中枢	
	神经中枢	调节某一特定生理功能的神经元群	对传入的兴奋进行分析与综合	
	传出神经	运动神经元	将兴奋由神经中枢传出，传至效应器	只有感觉，无效应
	效应器	运动神经末梢和它所支配的肌肉或腺体等	对内外界刺激作出相应的反应	
相互联系	反射弧中任何一个环节被破坏，反射均不能发生。反射的发生必须保证反射弧结构的完整性			

（1）神经元：

感觉（传入）神经元：接受刺激产生兴奋并将兴奋传到神经中枢。

中间神经元：连接感觉神经元和运动神经元，将兴奋由感觉神经元传到运动神经元。并非所有的反射弧都有中间神经元，比如膝跳反射就只有感觉神经元和运动神经元。

运动（传出）神经元：将兴奋传到效应器，支配肌肉或腺体的活动。

（2）神经元的结构示意图代表的含义：

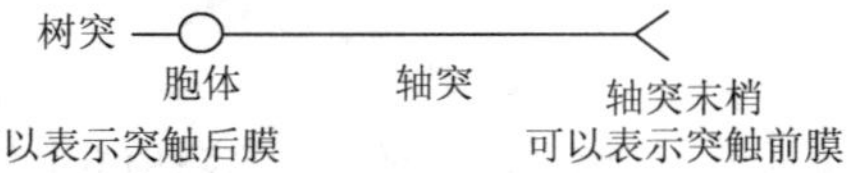

（3）反射发生的条件：完整的反射弧、适宜强度的刺激、具有神经系统的多细胞动物。

【点拨】 ①形成感觉（兴奋只传到大脑皮层）≠发生了反射，经过完整的反射弧才叫作反射。

②神经中枢≠中枢神经系统：中枢神经系统包括脑（高级）和脊髓（低级），脑和脊髓中都包含有许多个反射弧的神经中枢。如缩手反射的神经中枢在脊髓中。

③神经纤维≠神经：神经元的轴突或较长的树突以及包裹在外的髓鞘个体构成神经纤维，聚集成束的神经纤维以及包裹在外的膜共同构成神经。

3. 对兴奋的产生和兴奋在神经纤维上传导过程的理解。

答：（1）传导形式：兴奋是以电信号的形式沿着神经纤维传导的，这种电信号也叫作神经冲动。

（2）神经细胞发生电位变化的基础。

- 膜内外 Na^+、K^+分布不均：K^+膜内＞膜外，Na^+膜外＞膜内
- 离子的定向移动

（3）兴奋的产生和传导过程。

<table>
<tr><th>神经纤维膜电位变化和局部电流的形成示意图</th><th>膜电位变化曲线图</th><th>成因分析</th></tr>
<tr><td>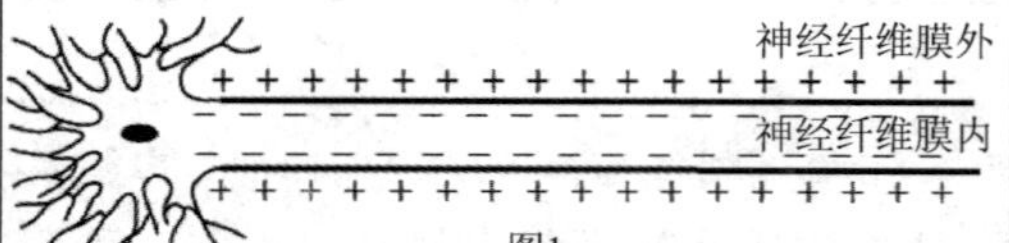图1</td><td rowspan="3">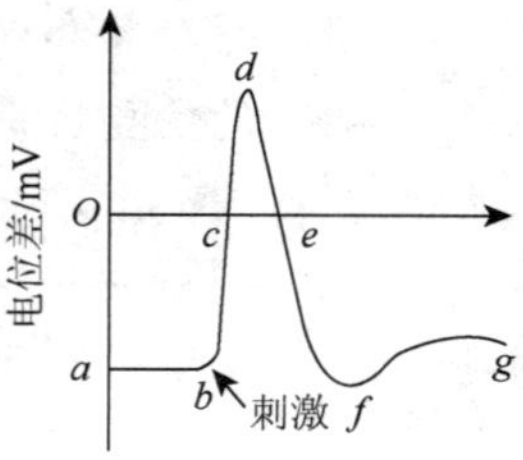</td><td>静息状态
膜主要对K^+有通透性，K^+外流，（顺浓度梯度，协助扩散），膜电位为外正内负，称为静息电位。对应左图1，曲线ab段</td></tr>
<tr><td>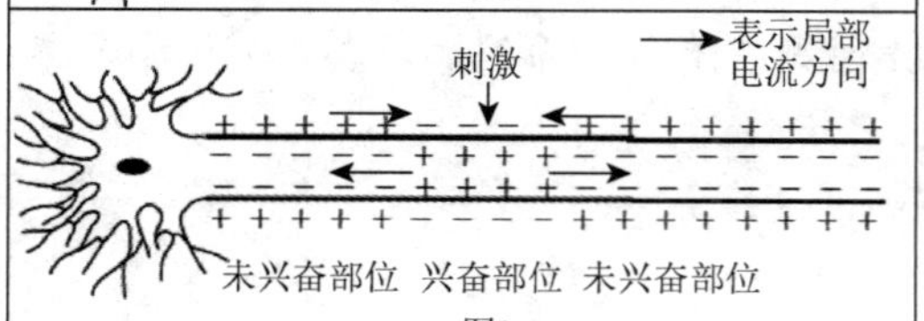图2</td><td>产生兴奋
神经纤维受到刺激时，膜对Na^+通透性增加，Na^+大量内流（顺浓度梯度，协助扩散），膜电位逆转，变为外负内正，称为动作电位。对应左图2，曲线bd段</td></tr>
<tr><td>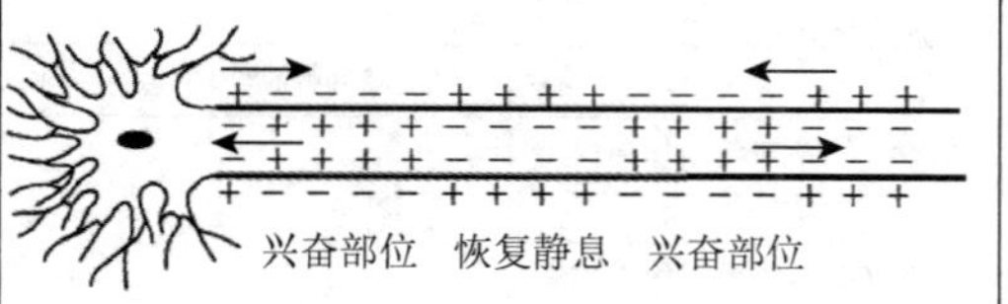图3</td><td>兴奋的传导和恢复静息
局部电流的方向：正→负；兴奋传导方向：从兴奋部位传到未兴奋部位（与膜内局部电流方向相同），对应左图3，已兴奋部分恢复静息：K^+大量外流（顺浓度梯度，协助扩散），膜电位恢复为外正内负。对应曲线df段</td></tr>
</table>

（4）传导特点：双向传导（兴奋总是从已兴奋的部位传向未兴奋的部位，与膜内局部电流的方向相同）。

（5）上图中膜电位变化曲线图详细解读：

ab 段：K^+外流形成静息电位，借助载体蛋白（K^+通道）协助扩散，不消耗能量。

bd 段：Na^+内流形成动作电位，借助载体蛋白（Na^+通道）协助扩散，不消耗能量。

d 点：动作电位峰值（最大值）。

df 段：K^+外流恢复静息电位，借助载体蛋白（K^+通道）协助扩散，不消耗能量。

fg 段：借助钠-钾泵将 K^+泵入细胞，Na^+泵出细胞（逆浓度梯度，主动运输，需要消耗能量），恢复细胞内高 K^+、细胞外高 Na^+的状态。

【点拨】①双向传导的条件："离体的神经纤维"和"神经纤维中部某点给予适宜强度的刺激"。而在正常的反射弧中发生正常的反射活动时，兴奋只能从感受器沿着反射弧单向传递至效应器。

②兴奋产生和传导过程虽然涉及 Na^+和 K^+的流动，但正常情况下会一直维持"K^+膜内＞膜外，Na^+膜外＞膜内"的状态。

4. 准确分析细胞外液 Na^+、K^+浓度改变等情况下对静息电位和动作电位的影响。

条件	结果
细胞外液 Na^+浓度增大	动作电位峰值增大
细胞外液 Na^+浓度减小	动作电位峰值减小
细胞外液 K^+浓度增大	静息电位绝对值减小
细胞外液 K^+浓度减小	静息电位绝对值增大，细胞更不容易兴奋
刺激后，阻断 K^+通道	兴奋后，无法恢复静息电位
打开 Cl^-通道	抑制神经元兴奋，膜内外电势差变大

【点拨】关键：K^+变化时分析静息电位，Na^+变化时分析动作电位。

5. 兴奋在神经元之间传递过程的分析和理解。

答：

（1）突触的结构
- 突触前膜：一般是指一个神经元的轴突末梢突触小体的膜
- 突触间隙：突触前膜和突触后膜中间的间隙，充满组织液
- 突触后膜：下一个神经元胞体或树突的膜，上面有神经递质的特异性受体（效应器处的肌肉或腺体细胞的膜也有神经递质的受体）

（2）突触的常见类型
- 轴突-胞体型
- 轴突-树突型

（3）兴奋在神经元之间的传递过程：

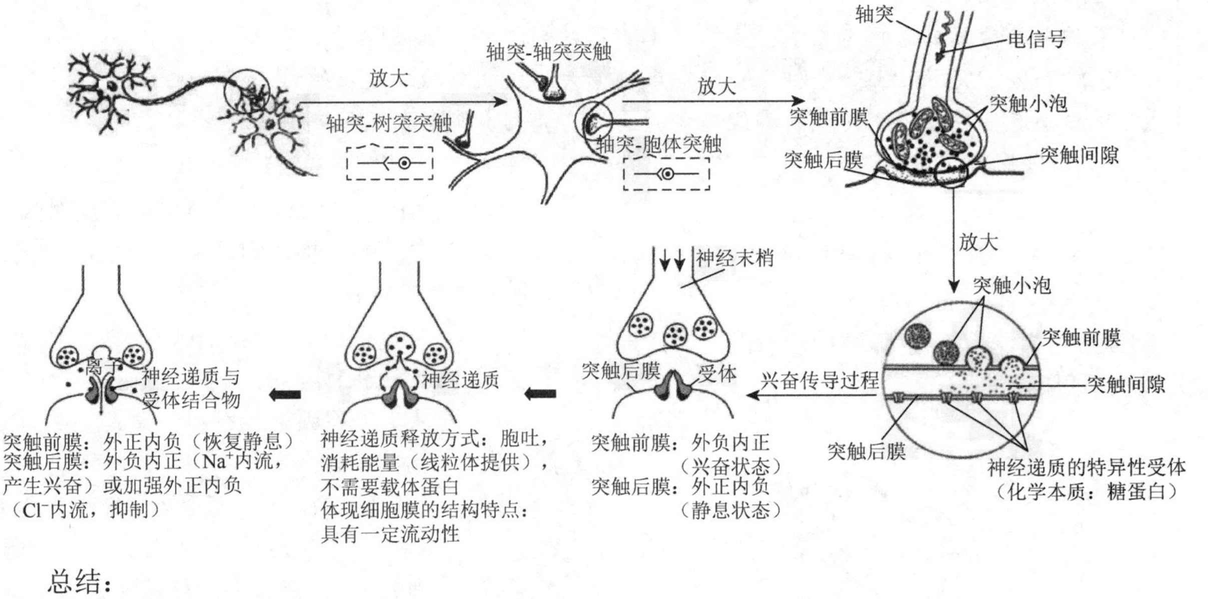

总结：

（4）信号变化：

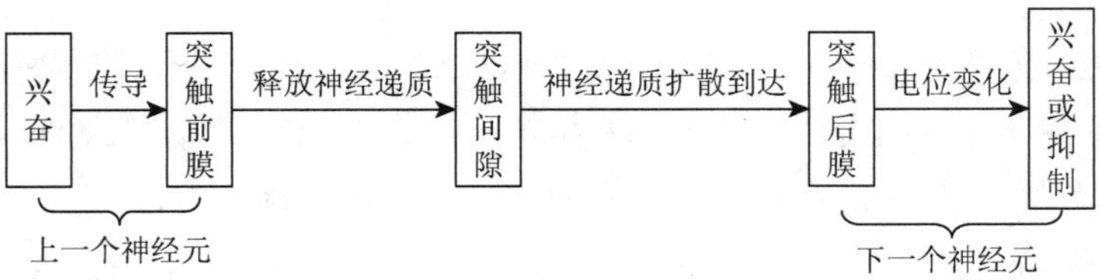

突触：电信号→化学信号→电信号；突触前膜：电信号→化学信号；突触后膜：化学信号→电信号。

（5）传递方向和原因：从一个神经元的轴突传递到下一个神经元的胞体或树突（在特定情况下，如效应器，突触释放的神经递质也可以使肌肉收缩和某些腺体分泌）时，神经递质只能由突触前膜释放，经过突触间隙，作用于突触后膜上，因此兴奋在神经元之间只能单向传递。（这也是反射发生时，反射弧中信号单向传递的原因。此句教材原句是答题关键。）

（6）神经递质：

- 化学本质：乙酰胆碱、多巴胺、去甲肾上腺素、肾上腺素、5-羟色胺、氨基酸类（如谷氨酸、天冬氨酸、甘氨酸等）、NO等，都是小分子，不一定是有机物，有些激素也可以充当神经递质
- 释放条件：突触前膜兴奋时才能释放
- 释放方式：胞吐（NO除外）
- 类型
  - 兴奋性神经递质：使下一个神经元兴奋，Na^+内流产生动作电位；发生电位逆转。如乙酰胆碱
  - 抑制性神经递质：使下一个神经元Cl^-内流，强化静息电位；电位发生变化，但未逆转。如甘氨酸
- 作用方式：与突触后膜的特异性受体结合，不进入下一个神经细胞
- 作用：与特异性受体结合后，打开突触后膜的离子通道，使相应的离子进入突触后膜，使下一个神经元兴奋或抑制
- 作用后的去向：被酶灭活，或被回收入突触前膜并分解，避免下一个神经元持续兴奋或抑制

（7）异常分析：

下一个神经元持续兴奋或持续抑制的原因：分解对应神经递质的酶失去活性或者存在其他物质占据了该酶的结合位点。（其他原因：外源物质进入机体作用于突触后膜上某神经递质的特异性受体，而机体内没有分解该物质的酶。）

下一个神经元无法兴奋的原因：

①阻断神经递质的合成或者释放。（突触间隙神经递质数量减少。）

②阻断神经递质与突触后膜上特异性受体结合。（突触间隙神经递质数量不变。）

【点拨】 区分“突触”“突触小体”“突触小泡”。

突触：包括突触前膜（突触小体的膜）、突触间隙、突触后膜。

突触小体：突触处上一个神经元轴突末梢膨大形成的球状或被状结构。

突触小泡：突触小体内包裹神经递质的囊泡，其形成与高尔基体有关。

典 例 精 讲

【典例 1】 图为反射弧结构示意图，下列有关说法不正确的是（　　）。

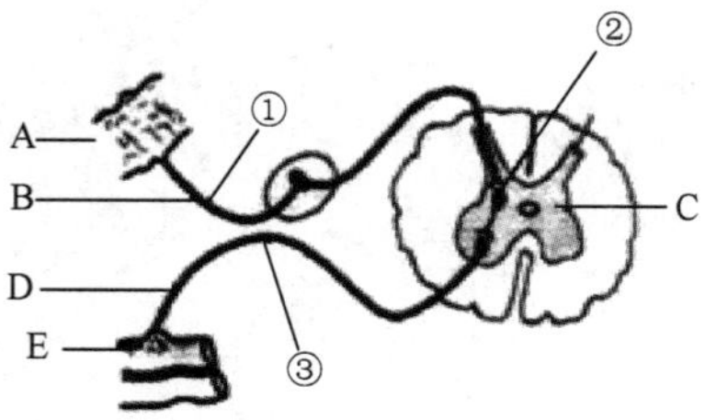

A. 由 ABCDE 组成了一个完整的反射弧

B. 图中②的结构决定了神经元之间的兴奋传递只能是单向的

C. 结构 E 在组成上包括传出神经末梢及其所支配的肌肉或腺体

D. 若从①处剪断神经纤维，刺激③处，仍然能发生反射活动

【解析】 答案 D。A 为感受器、B 为传入神经、C 为神经中枢、D 为传出神经、E 为效应器，A 正确；②为突触，兴奋在突触处传递是单向的，B 正确；E 是效应器，是指传出神经末梢及其所

支配的肌肉或腺体，C 正确；①处剪断神经纤维，刺激③处，E 会作出反应，但不叫反射，因为没有经过完整的反射弧，D 错误。

【典例 2】（2018 全国卷Ⅲ）神经细胞处于静息状态时，细胞内外 K^+和 Na^+的分布特征是（　　）。

A. 细胞外 K^+和 Na^+浓度均高于细胞内

B. 细胞外 K^+和 Na^+浓度均低于细胞内

C. 细胞外 K^+浓度高于细胞内，Na^+相反

D. 细胞外 K^+浓度低于细胞内，Na^+相反

【解析】 答案 D。静息状态时，膜主要对 K^+有通透性，造成 K^+通过协助扩散方式外流，使膜外阳离子浓度高于膜内，产生内负外正的静息电位，当神经细胞受到刺激时，激活钠离子通道，使钠离子通过协助扩散方式往内流，形成内正外负的动作电位。

【典例 3】 如图 A 所示为某一神经元游离的一段轴突，图 B 是该段轴突神经纤维产生动作电位的模式图，下列叙述正确的是（　　）。

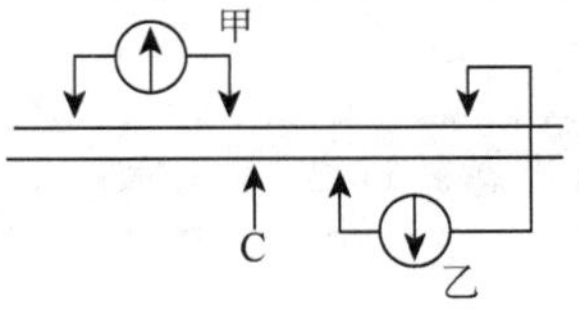

图 A

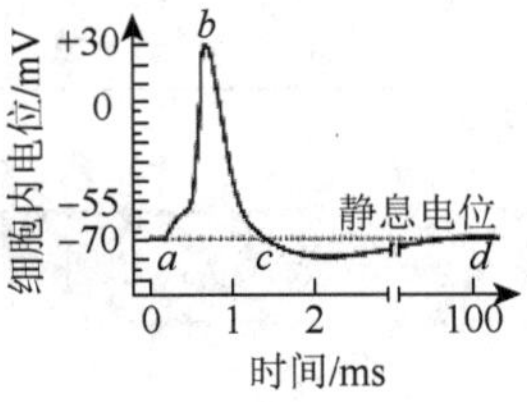

图 B

A. 无刺激时，电流表甲、乙测量的是静息电位

B. 刺激图 A 中的 C 处，甲、乙电流表指针发生偏转时间不同，但偏转的次数相同

C. 图 B 中 *ab* 段由 Na^+内流引起，该过程需要载体蛋白和 ATP

D. 如果某种药物能使突触后膜上某阴离子通道打开内流，图 B 中 *b* 点值会更高

【解析】 答案 B。静息电位表现为外正内负，无刺激时，甲乙电流表两极都在膜外，无法测量静息电位，A 错误；刺激图 A 中的 C 处，兴奋不能同时到达甲、乙电流表，两表的指针偏转时间不同，但偏转的次数相同，B 正确；图 B 中 *ab* 段由 Na^+内流引起，该过程为协助扩散，不需要 ATP，C 错误；如果某种药物能使突触后膜的某阴离子通道打开内流，会使静息电位增大，抑制动作电位产生，*b* 值不会升高，D 错误。

【典例 4】 如图表示当有神经冲动传到神经末梢时，神经递质从突触小泡内释放并作用于突触后膜的机制，下列叙述错误的是（　　）。

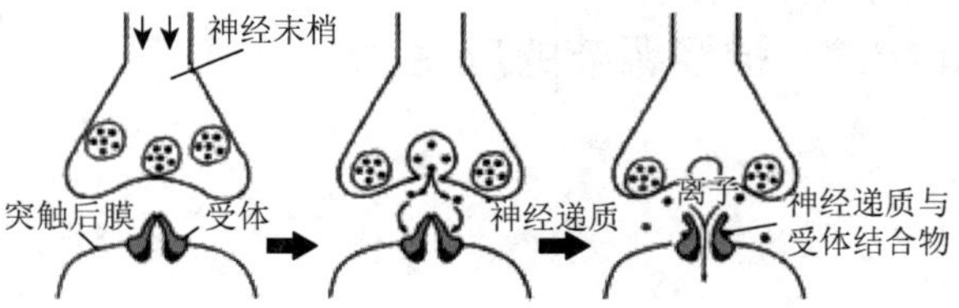

A. 神经递质存在于突触小泡内可避免被细胞内其他酶系破坏

B. 神经冲动引起神经递质的释放，实现了由电信号向化学信号的转变

C. 神经递质与受体结合引起突触后膜上相应的离子通道开放

D. 乙酰胆碱与突触后膜特异性受体结合后，Na^+和 K^+同时内流

【解析】 答案 D。神经递质存在于突触小泡内被突触小泡膜与细胞质分开，可避免被细胞内其他酶系破坏，A 正确；神经冲动传到突触小体，引起神经递质的释放，可实现由电信号向化学信号的转变，B 正确；神经递质与受体结合引起突触后膜上相应的离子通道开放，使突触后膜兴奋或抑制，C 正确；图中离子通道开放后，如果为兴奋性神经递质，则 Na^+内流，如果为抑制性神经递质，则 Cl^-内流，D 错误。

【典例 5】（2019 全国卷 I）人的排尿是一种反射活动。回答下列问题。

（1）膀胱中的感受器受到刺激后会产生兴奋，兴奋从一个神经元到另一个神经元的传递是单向的，其原因是________________________。

（2）排尿过程的调节属于神经调节，神经调节的基本方式是反射。排尿反射的初级中枢位于________________。成年人可以有意识地控制排尿，说明排尿反射也受高级中枢控制，该高级中枢位于______________________________。

（3）排尿过程中，尿液还会刺激尿道上的______________，从而加强排尿中枢的活动。

【解析】（1）神经递质只能由突触前膜释放，作用于突触后膜。（2）排尿反射的相关神经中枢有两个，一是位于脊髓的低级中枢（初级中枢），二是位于大脑皮层的高级中枢，“意识”是在大脑皮层形成的。（3）在反射活动中，直接接受内外环境变化刺激的是感受器。

【提醒】 ①婴儿和成年人的排尿反射相对比，两者的排尿反射都能正常进行，说明二者的初级中枢脊髓都已发育完善，但婴儿不能“有意识”地控制排尿，说明与成年人相比，其大脑皮层未发育完善。②尚未发育完善≠发育不良。

14.1.2　神经调节的应用

核　心　问　题

1. 电流表指针偏转的原理。

答：

电流表两极均在膜外，“↓”处给予适宜刺激，阴影部分表示兴奋，兴奋依次通过 a→b→c，电流表发生两次方向相反的偏转。	电流表一极在膜外、一极在膜内，发生两次方向相同的偏转（分析方法同左）。
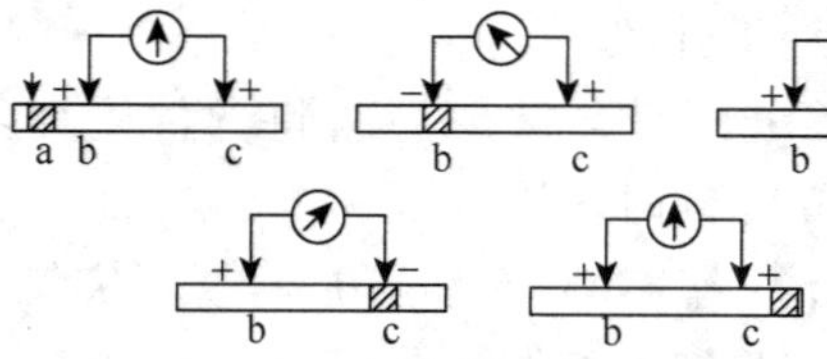 图 1	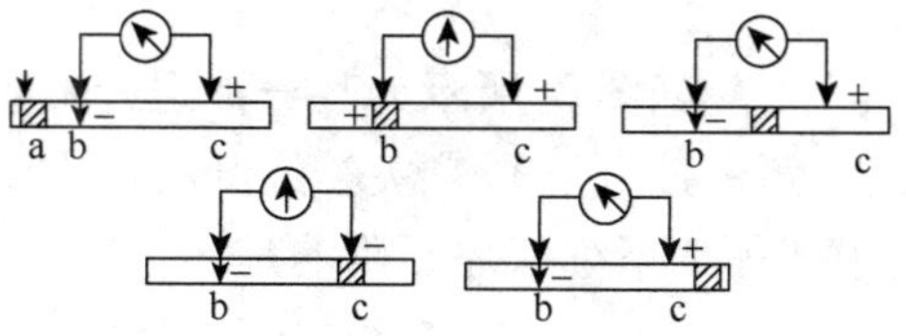 图 2

【点拨】 电流表指针的一次“偏转”指的是偏离初始状态后回到初始状态的过程。

2. 静息电位和动作电位测量问题分析。

答：

测量方法	测量图解	测量结果
电流表一极在神经纤维膜外，一极在神经纤维膜内，两极存在电位差，电流表指针偏转，读数为静息电位的值（注意：静息电位不为零）。	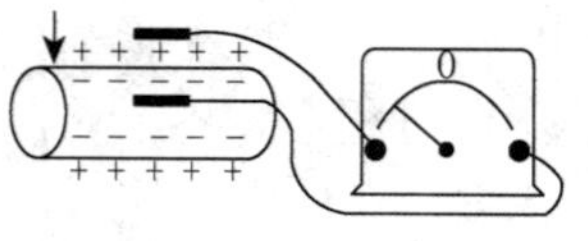	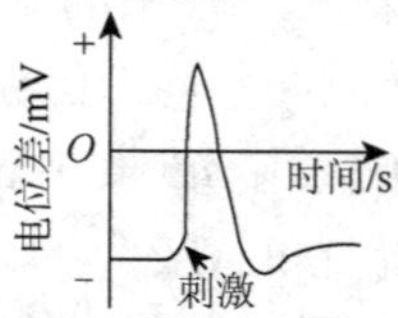
电流表两极都在神经纤维膜外，在电流表的一侧给予适宜刺激，电流表测出的就是动作电位的变化。	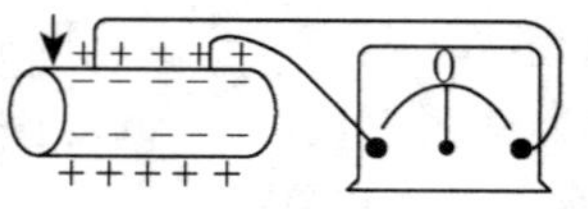	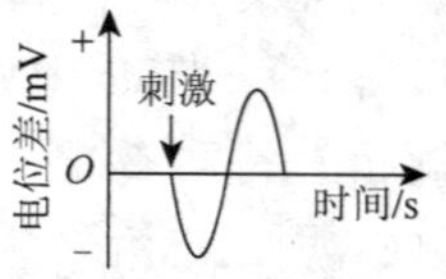

3. 电流表指针偏转分析。

答：

在神经纤维上	在神经元之间
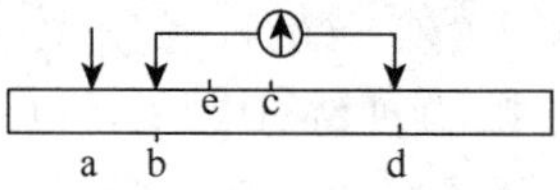(bc = cd)	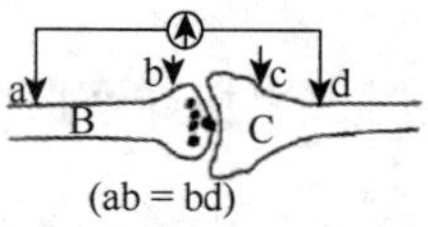(ab = bd)
刺激 a 点：b 先于 d 后兴奋，电流表指针发生先向左、后向右两次方向相反的偏转。 刺激 c 点：b、d 两点同时兴奋，电流表指针不偏转。 刺激 e 点：b 点早于 d 点兴奋，电流表指针发生先向左、后向右两次方向相反的偏转。（原因：兴奋在神经纤维上双向传导）	刺激 a 点：a 点早于 d 点兴奋，电流表指针发生先向左、后向右两次方向相反的偏转。 刺激 b 点：a 点早于 d 点兴奋，电流表指针发生先向左、后向右两次方向相反的偏转。（原因：突触处兴奋传递速度较慢） 刺激 c 点：d 点兴奋，a 点不兴奋，电流表指针发生一次向右的偏转。（原因：突触处兴奋只能单向传递）

4. 神经调节相关的实验设计。

答：（1）判断反射弧传入神经与传出神经：

切断某一神经元的神经纤维 { 刺激近中枢端、肌肉收缩 / 刺激远中枢端、肌肉不收缩 } 被切神经为传入神经反之为传出神经

（2）探究某种药物对兴奋的阻断效果：

药物 { 放置于神经纤维上 / 放置于突触的位置 } 根据观察刺激后效应器或者灵敏电流计的电位变化判断是否起到阻隔作用

（3）反射弧中兴奋传导特点的实验探究：

探究兴奋在神经纤维上的传导特点：

电刺激①处，观察A的反应，测量②处的电位变化 { 若A有反应，②有电位变化：双向传导 / 若A有反应，②无电位变化：单向传导 }

探究兴奋在神经之间的传递特点：

电刺激①处，测③处的电位变化；再刺激③处，测①处的电位变化 } 结果 { 若两次都有电位变化：双向传递 / 若只有一次发生电位变化：单向传递 }

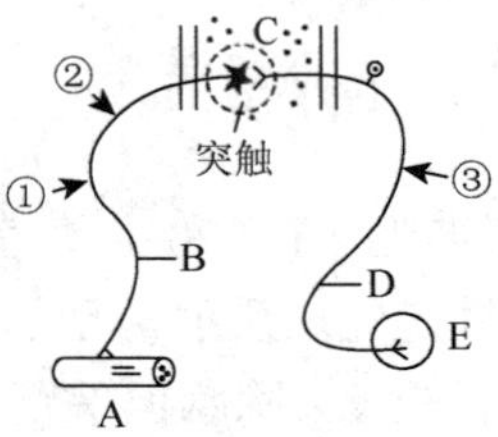

典　例　精　讲

【典例 1】 如图表示三个通过突触相连接的神经元，电表的电极连接在神经纤维膜的外表面。刺激 a 点，以下分析不正确的是（　　）。

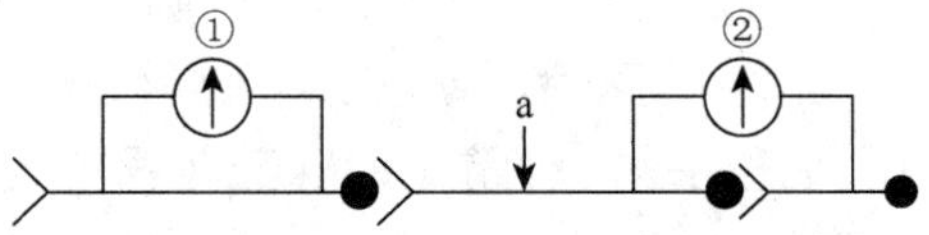

A. 该实验不能证明兴奋在神经纤维上的传导是双向的

B. 电流计①指针会发生两次方向不同的偏转

C. 电流计②指针只能发生一次偏转

D. a 点受刺激时膜外电位由正变负

【解析】 答案 A。电流表①和②都能发生偏转就能证明兴奋在神经纤维上的传导是双向的，A 错误；由于兴奋在神经元之间的单向传递，①会发生两次方向不同的偏转，②只能发生一次偏转，B、C 正确；a 点受刺激时，Na^+ 内流，导致膜外电位由正变负，D 正确。

【提醒】 突触中的≻表示突触前膜，━●表示突触后膜。

【典例 2】 下图是用甲、乙两个电流表研究神经纤维及突触上兴奋产生及传导的示意图。下列有关叙述错误的是（　　）。

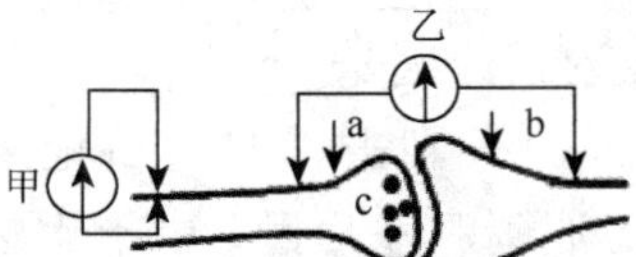

A. 静息状态下，甲指针偏转，乙指针不偏转

B. 刺激 a 处时，甲指针偏转一次，乙指针偏转两次

C. 刺激 b 处时，甲指针维持原状，乙指针偏转一次

D. 清除 c 处的神经递质，再刺激 a 处时，甲指针偏转一次，乙指针不偏转

【解析】 答案 D。甲电流表的两极分别位于膜外和膜内，乙电流表的两极均置于膜外，静息状态下，甲电流表膜外为正电位，膜内为负电位，甲指针偏转，而乙电流表两极均为正电位，乙不发生偏转，A 正确；刺激 a 处时，对于甲电流表，兴奋传到电极处，膜外为负电位，膜内为正电位，甲指针偏转一次。对于乙电流表，兴奋先传到乙电流表的左边电极，然后传到右边电极，乙指针偏转两次，B 正确；刺激 b 处时，兴奋无法传到左边神经元，因此甲指针维持原状，对于乙电流表，兴奋无法传到电流表左边电极，乙指针偏转一次，C 正确；清除 c 处的神经递质，再刺激 a 处时，兴奋无法传到右边神经元，甲指针偏转一次，乙指针偏转一次，D 错误。

【典例 3】（2018 海南）为了验证反射弧的完整性是完成反射活动的基础，某同学将甲、乙两只脊蛙（去除脑但保留脊髓的蛙）的左、右后肢最长趾趾端（简称左、右后趾）分别浸入 0.5%硫酸溶液中，均出现屈肌反射（缩腿），之后用清水洗净、擦干。回答下列问题：

（1）剥去甲的左后趾皮肤，再用 0.5%硫酸溶液刺激左后趾，不出现屈肌反射，其原因是________________________________。

（2）分离甲的右后肢坐骨神经，假如用某种特殊方法阻断了传入神经，再将甲的右后趾浸入 0.5%硫酸溶液中，不出现屈肌反射，则说明____________________。

（3）捣毁乙的脊髓，再用 0.5%硫酸溶液刺激蛙的左后趾，________（填“能”或“不能”）出现屈肌反射，原因是____________________。

【解析】（1）剥去甲的左后趾皮肤，再用 0.5%硫酸溶液刺激左后趾，由于剥去皮肤导致反射弧的感受器缺失，因此不会出现屈肌反射。（2）阻断传入神经后不出现屈肌反射，说明传入神经结构和功能完整是完成反射活动所必需的。（3）脊髓是神经中枢，捣毁乙的脊髓，则反射弧的神经中枢被破坏，此时再用 0.5%硫酸溶液刺激蛙的左后趾，不能出现屈肌反射。

针 对 训 练

1.（易错题）下列有关神经调节的叙述正确的是（　　）。

A. 神经元内的 K^+外流是形成静息电位的基础

B. 突触后膜能实现电信号→化学信号→电信号的转变

C. 只有神经元上才有与神经递质特异性结合的受体

D. 神经递质与受体结合后必然引起突触后膜上的 Na^+通道开放

2. 下图表示神经纤维在离体培养条件下，受到刺激时产生动作电位及恢复过程中的电位变化，有关分析错误的是（　　）。

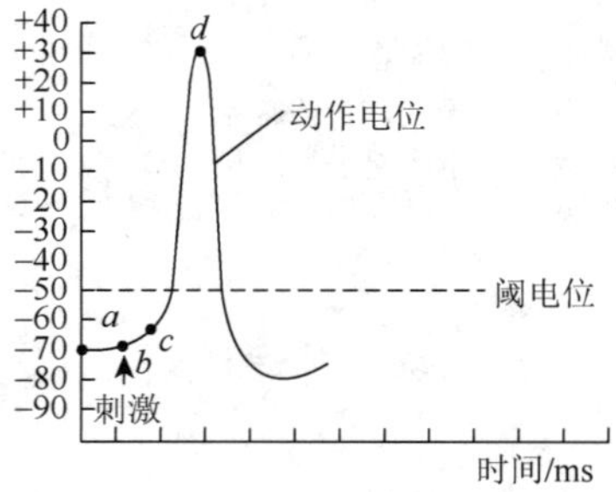

A. *ab* 段神经纤维处于静息状态

B. *bd* 段主要是 Na^+外流的结果

C. 若增加培养液中的 Na^+浓度，则 *d* 点将上移

D. 若受到刺激后，导致 Cl^-内流，则 *c* 点将下移

3. 阿托品是一种常见的麻醉药物。某实验小组将离体的神经-肌肉接头处置于生理盐水中，并滴加阿托品，用针刺神经纤维后，肌肉收缩减弱甚至不能收缩；再滴加乙酰胆碱酯酶抑制剂后，阿托品的麻醉作用降低甚至解除（突触间隙中的乙酰胆碱酯酶能水解乙酰胆碱）。据此判断，阿托品抑制突触处的兴奋传递的机制可能是（　　）。

A. 破坏突触后膜上的神经递质受体

B. 阻止突触前膜释放神经递质

C. 竞争性地和乙酰胆碱的受体结合

D. 阻断突触后膜上的钠离子通道

4. 图甲、乙是膜电位的测量示意图，下列说法中描述的是图乙的是（　　）。

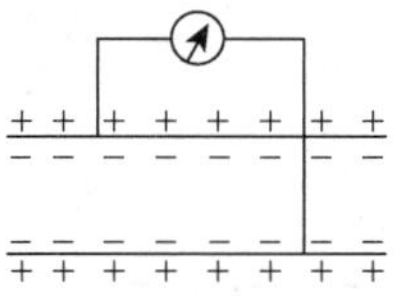

图甲

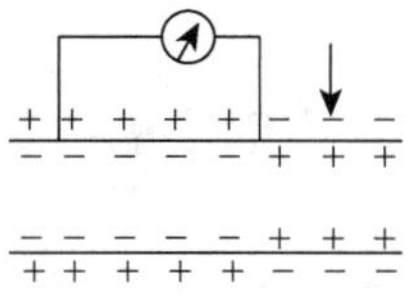

图乙

①可以测量神经纤维的动作电位　②可以测量神经纤维的静息电位　③只观察到指针发生一次偏转　④可观察到指针发生两次方向相反的偏转

A. ①④　B. ②③　C. ①③　D. ②④

5.（2016 全国卷Ⅱ）乙酰胆碱可作为兴奋性神经递质，其合成与释放见示意图。据图回答：

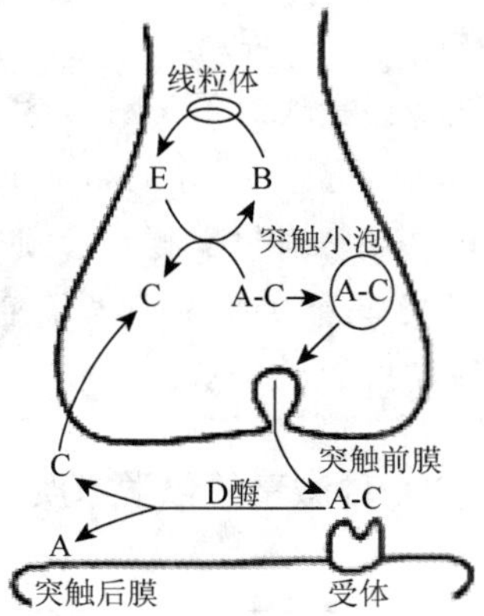

（1）图中 A-C 表示乙酰胆碱，在其合成时，能循环利用的物质是________（填“A”“C”或“E”）。除乙酰胆碱外，生物体内的多巴胺和一氧化氮____________（填“能”或“不能”）作为神经递质。

（2）当兴奋传到神经末梢时，图中突触小泡内的 A-C 通过________这一跨膜运输方式释放到________，再到达突触后膜。

（3）若由于某种原因使 D 酶失活，则突触后神经元会表现为持续__________。

14.2　通过激素调节

14.2.1　促胰液素的发现历程以及常见激素的作用

核 心 问 题

1. 促胰液素的发现历程。

答：

（1）沃泰默

①稀盐酸 —注入→ 小肠肠腔 —引起→ 胰腺分泌胰液

分析：可能是盐酸刺激小肠神经引起神经反射使胰腺分泌胰液，也可能是盐酸被吸收后进入血浆运输到胰腺刺激胰腺细胞分泌胰液

②稀盐酸 —注入→ 血液 —不引起→ 胰腺分泌胰液

分析：直接将盐酸注入到血液，观察是否引起胰液分泌来排除盐酸被吸收的情况

①稀盐酸 —注入→ 切断神经的小肠肠腔 —引起→ 胰腺分泌胰液

分析：切断神经后依然能分泌胰液则不应该是神经调节引起胰液分泌。但是沃泰默认为是存在未切除干净的神经进行了神经反射

结论：这是一个十分顽固的神经调节

（2）斯他林和贝利斯。

假设：这不是神经反射，也不是盐酸被吸收后进入血浆运输到胰腺刺激胰腺细胞分泌胰液，而是盐酸引起小肠黏膜产生了某种化学物质，这种物质进入血液，随血液到达胰腺，引起胰液分泌。

实验过程：剪取狗的一段小肠，刮下黏膜→将小肠黏膜与稀盐酸混合，加砂子磨碎，制成提取液→将提取液注射到同一条狗的静脉中→胰腺分泌胰液。

结论：他们把小肠黏膜分泌的这种化学物质称为促胰液素；人和动物生命活动的调节，除了神经调节，还有激素调节。

【点拨】（1）促胰液素：由小肠黏膜分泌，通过体液运输到胰腺，使胰腺分泌胰液的一种激素，也是人们发现的第一种激素。

（2）胰液：是一种消化液，内含多种水解酶，在胰腺的外分泌部分泌后通过导管运输到小肠，在小肠中帮助消化水解蛋白质等食物中的营养物质。

（3）上述两个实验都遵循了单一变量原则和对照原则，都体现了科学实验探究的一般过程：发现问题→提出假设→实验验证→得出结论。

2. 常见的几种激素的化学本质、产生部位、作用、作用部位是什么？

答：

化学本质	激素名称	产生部位	生理功能	靶细胞/器官
氨基酸衍生物	甲状腺激素（含碘）	甲状腺	促进新陈代谢和生长发育，尤其对中枢神经系统的发育和功能具有重要影响，提高神经系统的兴奋性	几乎全身细胞
	肾上腺素	肾上腺髓质	增强心脏活动，使动脉收缩、血压升高。对物质代谢的作用在于能促进肝糖原分解，使血糖升高	相关组织细胞（肝脏细胞）
多肽类	促甲状腺激素释放激素	下丘脑	促进垂体合成和分泌促甲状腺激素	垂体
	促性腺激素释放激素		促进垂体合成和分泌促性腺激素	垂体
	抗利尿激素		分泌后储存在垂体，最终由垂体释放；促进肾小管和集合管对水分的重吸收，减少尿的排出	肾小管和集合管
	胸腺激素	胸腺	促进T淋巴细胞的分化、成熟，增强淋巴细胞的功能，临床上常用于治疗免疫功能缺陷或低下（如艾滋病等）	
	促胰液素	小肠黏膜	促进胰腺分泌胰液	胰腺外分泌部分
蛋白质类	生长激素	垂体	促进生长，主要促进蛋白质的合成和骨的生长	几乎全身细胞
	促甲状腺激素		促进甲状腺的生长发育，调节甲状腺激素的合成和分泌	甲状腺
	促性腺激素		促进性腺的生长发育，调节性激素的合成和分泌	性腺
	胰岛素	胰岛B细胞	促进血糖合成糖原，抑制非糖物质转化为葡萄糖，从而降低血糖浓度	几乎全身细胞
	胰高血糖素	胰岛A细胞	促进糖原分解和非糖物质转化为葡萄糖，从而升高血糖浓度	肝细胞、脂肪细胞等
固醇类	雄性激素	睾丸	促进雄性生殖器官的发育和生殖细胞的形成，激发并维持雄性第二性征	主要是生殖器官
	雌性激素	卵巢	促进雌性生殖器官的发育和生殖细胞的形成，激发并维持雌性第二性征	主要是生殖器官

【点拨】（1）动物激素是由专门的内分泌器官或细胞分泌的高效调节生命活动的微量有机物，但化学本质不一定都是蛋白质。

（2）内分泌腺与外分泌腺的区别：

内分泌腺：没有导管，分泌物为激素，分泌物会出现在内环境中，通过体液运输到达相应的靶器官或靶细胞发挥作用。如甲状腺、肾上腺、垂体、下丘脑、睾丸、卵巢等。

外分泌腺：有导管，分泌物一般是通过导管运输到外界环境或与外界环境相通的器官发挥作用，如泪腺、汗腺、乳腺、皮脂腺、肝脏等。

（3）胰腺
- 外分泌部：分泌胰液，通过导管运输到小肠起作用
- 内分泌部（胰岛）
  - 胰岛A细胞：分泌胰高血糖素
  - 胰岛B细胞：分泌胰岛素

（4）对激素的功能的理解：激素种类多，量极微，不构成细胞结构，不起催化作用（生物体内起催化作用的物质是酶），不提供能量（细胞直接能源物质是ATP），不直接参与细胞代谢，只调节细胞原有的生理活动。

3. 对激素调节特点的理解和易错点辨析。

答：（1）微量高效。

（2）通过体液运输。

体液主要指的是血液、组织液、淋巴等；临床上可以通过抽血采样来检测内分泌系统的疾病。

体液可以将激素运输到全身各处，而不是专门运输到某一器官或细胞。

（3）作用于靶细胞、靶器官。

激素的受体不一定在细胞膜上，如性激素的受体在细胞内。

激素的受体只在靶细胞膜上或膜内，但受体基因在机体正常细胞中都有，只在靶细胞内表达。

激素一经靶细胞接受并起作用后就会被灭活（不接受就不会灭活，激素含量就会持续偏高），因此，机体需要源源不断产生激素以维持激素含量的动态平衡。

典例精讲

【典例 1】 关于激素和神经递质的叙述，错误的是（　　）。

A. 胰岛素发挥作用后被灭活

B. 乙酰胆碱贮存于突触小泡中

C. 胰高血糖素可为靶细胞提供能量

D. 去甲肾上腺素可在神经细胞之间传递信息

【解析】 答案 C。激素和神经递质只是作为信号分子，传递调节信息，不参与到代谢反应之中。激素在发挥完作用后会被灭活，神经递质在发挥完作用之后会被灭活或者回收，神经递质通常储存在突触小泡之中，一方面避免被细胞内的酶分解，另一方面在电信号传导到突触小体时能及时从对应位置释放出来。

【提醒】 比较几种重要物质。

项目	激素	神经递质	淋巴因子	酶	抗体
化学本质	氨基酸衍生物、蛋白质、多肽、固醇等	乙酰胆碱、多巴胺、NO 等	蛋白质	蛋白质（绝大多数）、RNA（少数）	蛋白质（免疫球蛋白）
来源	内分泌细胞	神经细胞	T 细胞	生物体内几乎所有的活细胞	浆细胞（唯一来源）
作用	调节细胞原有的生理活动	使下一个神经元兴奋或抑制	增强 B 细胞的增殖分化能力	催化	与抗原特异性结合后形成沉淀或细胞集团
作用方式（场所）	与靶细胞膜上或膜内的特异受体结合	与突触后膜或肌肉、腺体细胞膜上的特异性受体结合		在细胞内、外催化机体的化学反应	内环境中
作用后的去向	被灭活	被分解或被回收	被灭活	可以反复作用	与抗原一起被吞噬细胞吞噬、消化
相同点	动物细胞内的三大信息分子				

【典例 2】（2015 海南）下列叙述错误的是（　　）。

A. 小肠黏膜中的一些细胞具有内分泌功能

B. 小肠上皮细胞与内、外环境均有物质交换

C. 小肠上皮细胞吸收溶质发生障碍时，可导致小肠吸水减少

D. 小肠黏膜中的一些细胞可通过被动运输将某种蛋白分泌到肠腔

【解析】 答案 D。小肠黏膜可以分泌促胰液素，A 正确；小肠黏膜上皮细胞是内外环境的交界，所以存在物质交换，B 正确；小肠上皮细胞吸收溶质少，渗透压低，吸收水分减少，C 正确；分泌大分子蛋白质的方式为胞吐，不是被动运输，D 错误。

【提醒】 小肠上皮细胞外侧为消化道，内侧为组织液，故可从消化道内吸收营养物质，还可将代谢废物排出内环境，所以小肠上皮细胞与内、外环境均有物质交换。

【典例 3】（2018 全国卷Ⅱ）下列有关人体内激素的叙述，正确的是（　　）。

A. 运动时，肾上腺素水平升高，可使心率加快，说明激素是高能化合物

B. 饥饿时，胰高血糖素水平升高，促进糖原分解，说明激素具有酶的催化活性

C. 进食后，胰岛素水平升高，其既可加速糖原合成，也可作为细胞的结构组分

D. 青春期，性激素水平升高，随体液到达靶细胞，与受体结合可促进机体发育

【解析】 答案 D。激素只起调节作用，不直接参与细胞代谢过程，无催化作用，不参与细胞的结构组成，不提供能量，A、B、C 错误；性激素可以促进生殖系统的发育，激发并且维持第二性征，D 正确。

14.2.2　激素调节的几种模型以及激素相关的实验设计

核　心　问　题

1. 血糖平衡调节模型。

答：

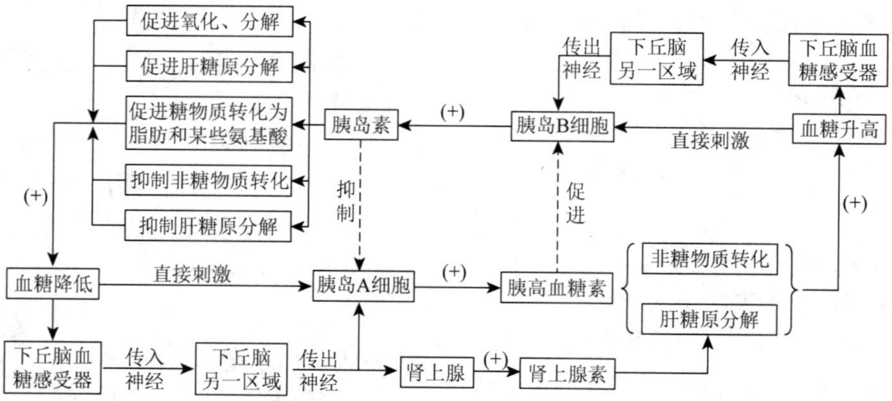

（1）以下两个过程为神经调节过程（经过完整的反射弧），其余过程为体液调节（激素发挥作用调节细胞生理活动）过程。

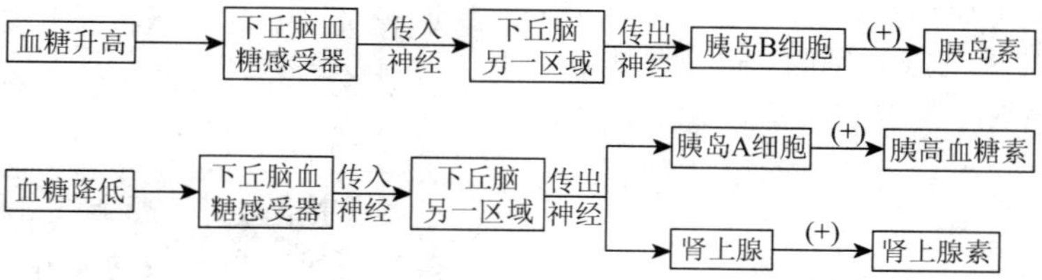

（2）胰岛素为人体内唯一降低血糖的激素，升高血糖的激素有胰高血糖素和肾上腺素。胰岛素和胰高血糖素、肾上腺素之间是拮抗作用，高血糖素和肾上腺素之间是协同作用。

（3）胰岛素的作用：促进组织细胞加速摄取、利用、储存葡萄糖。

（4）正常血糖浓度范围是 0.8～1.2g/L 或 80～120mg/dL。

（5）高血糖≠尿糖≠糖尿病：血糖超过正常范围为高血糖，超过 1.6～1.8g/L 才会出现尿糖，持续性尿糖不一定是糖尿病，如肾小管重吸收障碍患者持续尿糖，但血糖水平正常。

（6）糖尿病的发病机理和症状。

Ⅰ型糖尿病：胰岛 B 细胞被破坏或被免疫系统损伤导致胰岛素分泌不足，属于胰岛素依赖型糖尿病，血液中血糖偏高，胰岛素水平偏低。

Ⅱ型糖尿病：机体对胰岛素不敏感（可能是组织细胞膜上的胰岛素受体被抗体破坏等原因），机体血液中血糖偏高，胰岛素水平降低不明显甚至偏高。

“三多一少”：多饮（血糖偏高，血浆渗透压偏高，产生渴觉）、多尿、体重减轻（葡萄糖利用出现障碍，机体通过氧化分解更多的脂肪蛋白质等以提供能量）。

【点拨】 血糖平衡调节过程中没有垂体参与，因此不存在激素的分级调节过程，但存在（负）反馈调节，如血糖升高，使胰岛素分泌量增加后使血糖降低，血糖降低又影响胰岛素的分泌。

2. 甲状腺激素的分级调节模型。

答：

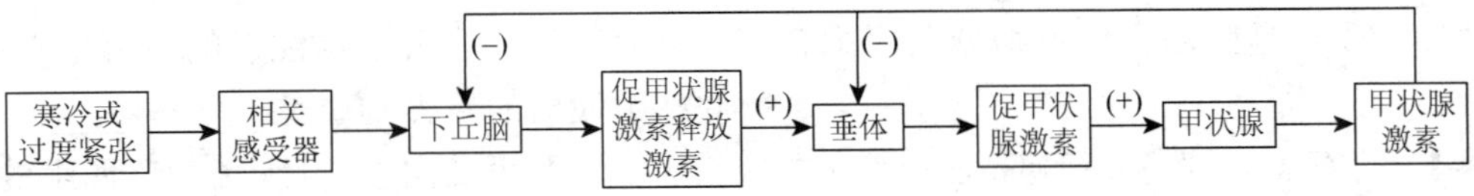

①调节机制：分级调节，反馈调节。

②性激素的分泌也存在着与甲状腺激素相似的调节机制。

③比较以下四种情况下的激素变化。

	促甲状腺激素释放激素	促甲状腺激素	甲状腺激素
缺碘	增加	增加	减少
切除下丘脑	减少	减少	减少
切除垂体	增加	减少	减少
切除甲状腺	增加	增加	减少

3. 如何设计实验来验证或探究某种激素和相关腺体的生理作用？

答：①相关实验设计的一般思路：某种方法处理实验动物→出现相应的病理症状→添加某种激素后恢复正常→推测其功能。

②常用的方法。

项目		摘除法（或植入法）	饲喂法	注射法
实验目的		验证或探究某种内分泌腺的生理作用	验证或探究某种激素的生理作用	验证或探究某种激素的生理作用
实验设计	实验组	摘除内分泌腺	饲喂动物激素	注射动物激素
	空白对照组	不摘除内分泌腺（但要进行假手术，在相同位置切开皮肤，不摘除腺体）	不饲喂动物激素	注射等量的生理盐水
	自身对照或条件对照组	对摘除内分泌腺的动物补充激素（或植入腺体）		
举例		甲状腺、垂体、性腺等	甲状腺激素、性激素等小分子（非蛋白质多肽类）激素	生长激素、胰岛素等蛋白质类激素或甲状腺激素等

示例 1：甲状腺激素

方法	组别	实验动物	实验处理	实验现象	结论
饲喂法	实验组	小蝌蚪	饲喂含甲状腺激素的饲料	迅速发育成青蛙	甲状腺激素促进发育
	对照组		饲喂等量普通饲料	正常发育	
摘除法	实验组	小狗	摘除甲状腺→停止发育→注射甲状腺激素→继续发育	停止发育→继续发育	甲状腺激素促进发育
	对照组		不做处理或只切开皮肤，不摘除甲状腺	正常发育	

示例 2：验证胰岛素的生理功能

组别	实验动物	实验处理	观察指标
对照组①	饥饿处理的小鼠	连续注射一定量的胰岛素→出现低血糖症状→补充糖类	小鼠生活状况
对照组②	饥饿处理的小鼠	不注射胰岛素，定期补充糖类	小鼠生活状况
实验组	饥饿处理的小鼠	连续注射一定量的胰岛素	小鼠生活状况

饥饿处理的目的：使小鼠的血糖处于较低水平，以便后续实验中出现对应低血糖症状。

【点拨】 ①实验设计遵循：对照原则、单一变量原则（每组对照中只能有一个自变量）、等量原则（无关变量相同且适宜，如实验动物应选择性别、年龄、体重、生理状况相似的且随机均分并编号）、平行重复原则（每组应处理多个实验材料，得到多个数据，求平均值，避免偶然误差，增强实验数据的可靠性）等基本原则。

②激素或腺体生理功能的相应观察指标。

甲状腺激素：耗氧量、生长发育状况（体重、变态发育情况等）、兴奋性等；生长激素：身高、病理状况等；性激素：第二性征等；胰岛素：活动减少、嗜睡、昏迷、惊厥等。

典 型 精 讲

【典例 1】 胰岛素依赖性糖尿病是一种自身免疫病，主要特点是胰岛 B 细胞数量减少，血中胰岛素低、血糖高等。下列相关叙述正确的是（　　）。

A. 胰岛素和胰高血糖素通过协同作用调节血糖平衡

B. 胰腺导管堵塞会导致胰岛素无法排出，血糖升高

C. 血糖水平是调节胰岛素和胰高血糖素分泌的最重要因素

D. 胰岛素受体是胰岛素依赖型糖尿病患者的自身抗原

【解析】 答案 C。胰岛素和胰高血糖素在血糖平衡调节中互为拮抗作用，A 错误；胰腺导管运输的是胰液，不是胰岛素，B 错误；血糖水平的变化刺激胰岛细胞和下丘脑调节胰岛素和胰高血糖素的分泌，C 正确；胰岛素依赖型糖尿病患者是自身胰岛素分泌不足，一般为胰岛 B 细胞受损，D 错误。

【典例 2】 为验证“甲状腺激素具有促进幼年动物发育”的作用，某实验小组的同学将一只幼年家兔的甲状腺摘除并缝合后进行观察。作为对照，他们还应该（　　）。

A. 用一只成年的家兔做同样的实验

B. 用一只幼年家兔外源补充甲状腺激素并在相同环境中观察

C. 用一只相似的幼年家兔在颈部切开伤口并缝合，在相同的环境中观察

D. 用一只幼年家兔做相同处理后，外源补充甲状腺激素并在相同的环境中观察

【解析】 答案 C。为保证单一变量原则，应该选择同样的幼年家兔作为实验材料，在此可以选择用生理状况相似或者相同的幼年家兔直接作为对照组，还可以选择更严密的使用假手术法，只切出伤口，不切除甲状腺，在相同环境中观察。实验组可以在一段时间后，选择外源补充甲状腺激素，然后在相同环境中观察变化，以便得出更准确的结论。

【典例 3】（2017 全国卷Ⅲ）为研究胰岛素的生理作用，某同学将禁食一段时间的实验小鼠随机分为 A、B、C、D 四组，A 组腹腔注射生理盐水，B、C、D 三组均腹腔注射等量胰岛素溶液，一段时间后，B、C、D 三组出现反应迟钝、嗜睡等症状，而 A 组未出现这些症状。回答下列问题：

（1）B、C、D 三组出现上述症状的原因是______________________________。

（2）B、C、D 三组出现上述症状后进行第二次注射，给 B 组腹腔注射生理盐水；为尽快缓解上述症状给 C 组注射某种激素、给 D 组注射某种营养物质。那么 C 组注射的激素是__________，D 组注射的营养物质是____________。

（3）第二次注射后，C、D 两组的症状得到缓解，缓解的机理分别是____________________。

【解析】（1）由于胰岛素是降血糖激素，能使血糖浓度降低，所以 B、C、D 三组小鼠在腹腔注射等量胰岛素溶液一段时间后，身体内糖浓度明显降低，从而出现反应迟钝、嗜睡等症状。（2）由于胰高血糖素能促进非糖物质转化为糖类、促进肝糖原的分解，使血糖浓度升高，所以 C 组注射的激素是胰高血糖素，D 组注射的营养物质是葡萄糖，直接补充血糖，使体内血糖浓度升高。（3）第二次注射后，C、D 两组的症状得到缓解，缓解的机理分别是如下。C 组：胰高血糖素促进非糖物质转化为糖类、促进肝糖原的分解；D 组：注射葡萄糖，使体内血糖升高。

【提醒】 此类题目解题思路为：①分析实验的自变量，再依据胰岛素有降低血糖的作用作答；②依据升高血糖的原理作答；③依据胰高血糖素的作用等分析表述。

本题的易错点是：①不能准确理解题意；②不能准确表达。

针 对 训 练

1.（2016 全国卷Ⅱ）下列关于动物激素的叙述，错误的是（　　）。

A. 机体内、外环境的变化可影响激素的分泌

B. 切除动物垂体后，血液中生长激素的浓度下降

C. 通过对转录的调节可影响蛋白质类激素的合成量

D. 血液中胰岛素增加可促进胰岛 B 细胞分泌胰高血糖素

2.（2019 全国卷Ⅰ）动物受到惊吓刺激时，兴奋经过反射弧中的传出神经作用于肾上腺髓质，使其分泌肾上腺素；兴奋还通过传出神经作用于心脏。下列相关叙述错误的是（　　）。

A. 兴奋是以电信号的形式在神经纤维上传导的

B. 惊吓刺激可以作用于视觉、听觉或触觉感受器

C. 神经系统可直接调节、也可通过内分泌活动间接调节心脏活动

D. 肾上腺素分泌增加会使动物警觉性提高、呼吸频率减慢、心率减慢

3. 如图是人体血糖平衡调节示意图，下列分析错误的是（　　）。

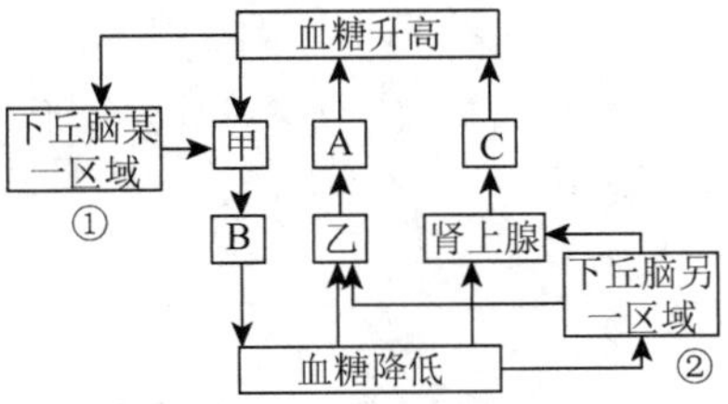

A. 血糖平衡的调节是由神经调节和体液调节共同完成的

B. 图中甲表示胰岛 B 细胞，乙为胰岛 A 细胞

C. 结构①通过传出神经释放神经递质，直接影响甲的分泌

D. 血糖升高能直接刺激胰岛通过主动运输分泌相应激素

4. 某些种类的糖尿病是由自身的一些抗体导致的，病理如图所示，下列叙述错误的是（　　）。

A. 由自身抗体导致的疾病属于自身免疫病

B. 图示中浆细胞一定来自 B 细胞的增殖分化

C. 在血糖调节的神经调节过程中，胰岛 B 细胞属于效应器

D. Y_1、Y_2、Y_3 导致的糖尿病中，①②可以通过注射胰岛素来缓解

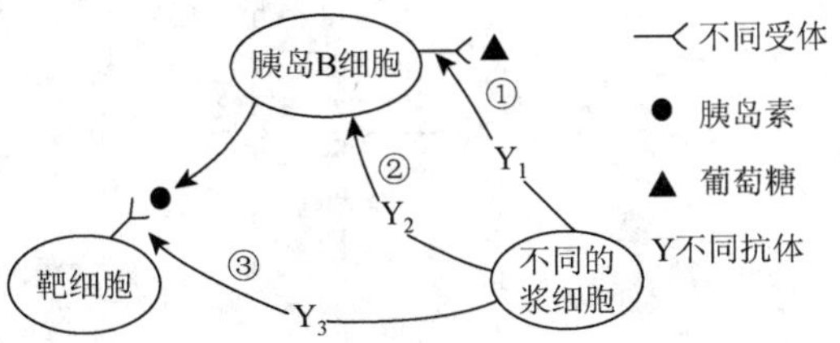

5. 如图为人体甲状腺激素分泌调节的示意图，下列叙述中正确的是（　　）。

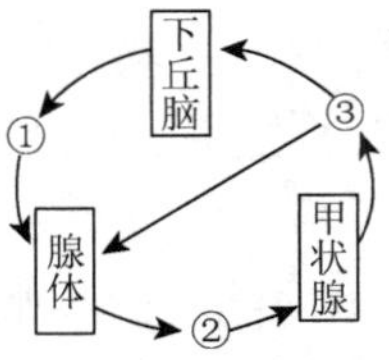

A. 甲状腺功能亢进患者激素③分泌过多

B. 缺碘时激素①和②浓度都高于正常水平

C. 图中共有 3 处箭头表示负反馈调节

D. 垂体还能分泌与激素③有相似生理效应的激素

6.（2020 全国卷Ⅰ）某研究人员以小鼠为材料进行了与甲状腺相关的实验，下列叙述错误的是（　　）。

A. 切除小鼠垂体，会导致甲状腺激素分泌不足，机体产热减少

B. 给切除垂体的幼年小鼠注射垂体提取液后，其耗氧量会增加

C. 给成年小鼠注射甲状腺激素后，其神经系统的兴奋性会增强

D. 给切除垂体的小鼠注射促甲状腺激素释放激素，其代谢可恢复正常

7.（2015 全国卷Ⅰ）肾上腺素和迷走神经都参与兔血压的调节，回答相关问题：

（1）给实验兔静脉注射 0.01%的肾上腺素 0.2mL 后，肾上腺素作用于心脏，心脏活动加强加快使血压升高。在这个过程中，肾上腺素作为激素起作用，心脏是肾上腺素作用的__________，肾上腺素对心脏起作用后被__________，血压恢复。肾上腺素的作用是__________（填“催化”、“供能”或“传递信息”）。

（2）剪断实验兔的迷走神经后刺激其靠近心脏的一端，迷走神经末梢释放乙酰胆碱，使心脏活动减弱减慢、血压降低。在此过程中，心脏活动的调节属于__________调节。乙酰胆碱属于__________（填“酶”、“神经递质”或“激素”），需要与细胞膜上的__________结合才能发挥作用。

（3）肾上腺素和乙酰胆碱在作用于心脏、调节血压的过程中所具有的共同特点是__________。（答出一个特点即可）

8.（2018 全国卷Ⅱ）为研究垂体对机体生长发育的作用，某同学用垂体切除法进行实

验。在实验过程中，用幼龄大鼠为材料，以体重变化作为生长发育的检测指标。回答下列问题：

（1）请完善下面的实验步骤。

①将若干只大鼠随机分为A、B两组后进行处理，A组（对照组）的处理是__________，B组的处理是____________。

②将上述两组大鼠置于相同的适宜条件下饲养。

③__________________________________。

④对所得数据进行统计处理与分析。

（2）实验结果与分析。

B组大鼠生长发育的状况不如A组，出现这种差异的原因是B组的处理使大鼠缺失了来源于垂体的__________激素和____________激素。

14.3　神经调节和体液调节的关系

核心问题

1. 神经调节与体液调节有什么区别和联系？

答：

比较项目	神经调节	体液调节
调节方式	反射	通过体液运输，作用于靶细胞、靶器官
结构基础	反射弧	主要是内分泌腺
作用途径	反射弧	体液运输
反应速度	迅速（原因：以电信号的形式传导，速度快）	较缓慢（原因：激素等调节因子通过体液运输，速度较慢）
作用范围	准确，比较局限	较广泛（原因：血液运输到达全身各处）
作用时间	短暂	比较长
联系	①一方面，不少内分泌腺直接或间接受中枢神经系统的调节，在这种情况下，体液调节可以看作是神经调节的一个环节； ②另一方面，内分泌腺所分泌的激素也可以影响神经系统的发育和功能	

【点拨】 ①体液调节≠激素调节，激素调节只是体液调节的主要内容，另外H^+、CO_2等参与的调节方式也属于体液调节的范畴。

②单细胞生物和一些低等的多细胞生物只有体液调节。

③人和高等动物的生命活动调节方式中，神经调节占主导地位，体液调节为辅助作用，二者共同协调，相辅相成。

④“体液”指的是组织液、血浆、淋巴等用于运输调节因子的液体。

2. 人体激素分泌的三种基本模式的分析方法。

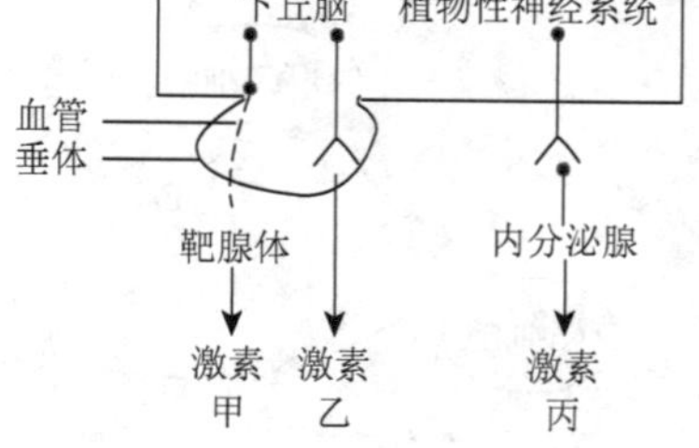

①甲状腺激素、性激素等激素的分泌属于甲类型。

答：

下丘脑 $\xrightarrow[\text{释放激素}]{\text{促××激素}}$ 垂体 $\xrightarrow{\text{促××激素}}$ 内分泌腺 ⟶ 激素

②抗利尿激素的分泌属于乙类型，由下丘脑合成和分泌，由垂体释放。

③胰岛素、胰高血糖素、肾上腺素等激素的分泌属于丙类型。

神经系统→内分泌腺→激素

3. 人体生命活动调节的三种基本模式基本过程的分析方法。

答：①神经调节（要经过完整的反射弧）。

内外刺激→感受器→传入神经→神经中枢→传出神经→效应器→作出相应的应答

②体液调节（主要指激素调节，内分泌腺分泌激素并发挥作用调节细胞的生理活动）。

内外刺激→内分泌腺→分泌激素→生理活动发生改变

③神经—体液调节（经过完整的反射弧后，作为效应器的内分泌细胞或器官分泌激素调节细胞的生理活动）。

模式 1：内外刺激→感受器→传入神经→神经中枢→传出神经→内分泌腺→分泌激素→生理活动发生改变。

模式 2：内外刺激→感受器→传入神经→神经中枢→传出神经→内分泌腺→分泌激素→内分泌腺→分泌激素→内分泌腺→分泌激素→生理活动发生改变。

4. 神经调和体液调节协调实例——两个模型。

答：模型一：体温恒定的调节模型。

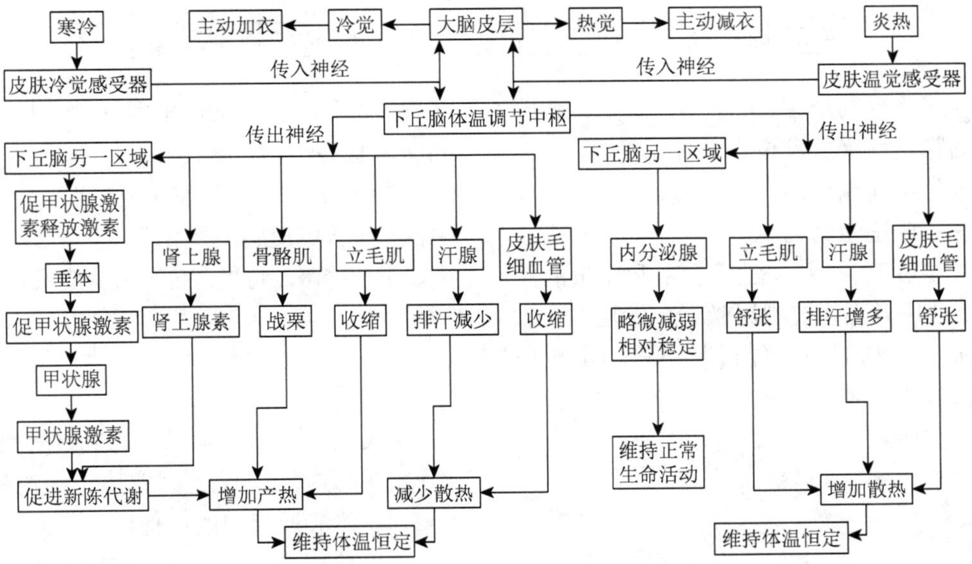

①寒冷条件通过增加产热和减少散热来维持体温，调节机制是神经-体液调节。

②炎热条件下主要通过增加散热来维持体温，调节机制主要是神经调节。

③温度感受器包括冷觉感受器和温觉感受器，分布在皮肤、黏膜及内脏器官中，体温调节中枢位于下丘脑，冷和热的感觉中枢位于大脑皮层，温度感受器感受的刺激是温度的变化，而非绝对温度。

④寒冷环境中比炎热环境中散热更快、更多。寒冷环境中机体代谢旺盛，产热增加以维持体温的恒定。

⑤人体发烧的分析：体温升高的过程中人体的产热＞散热；持续高烧过程中体温保持不变，产热=散热；退烧过程中散热＞产热。

【点拨】 准确辨析上图中体温调节过程中哪些过程属于神经调节，哪些过程属于体液调节，哪些过程属于神经体液调节。

模型二：渗透压平衡的调节模型。

①渗透压感受器和渗透压调节中枢在下丘脑，渴觉中枢在大脑皮层。

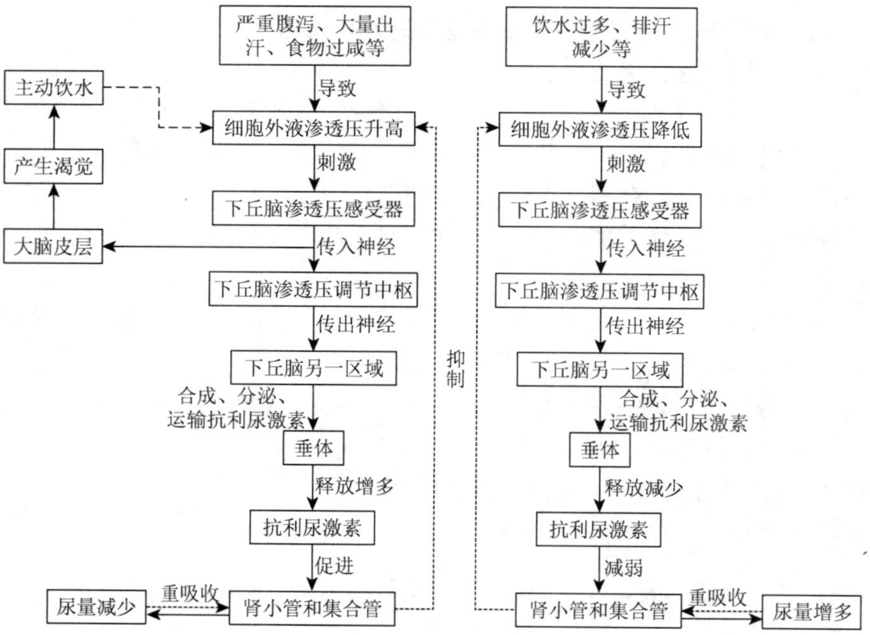

②抗利尿激素的产生、分泌部位是下丘脑的神经分泌细胞，而释放部位是垂体后叶。

③在水盐平衡调节中，下丘脑既是感受器，又是效应器（分泌激素）。

④血浆渗透压、抗利尿激素含量和尿量的关系：血浆渗透压升高，抗利尿激素分泌增多，二者呈正相关；抗利尿激素促进肾小管和集合管对水分的重吸收，使尿量减少，二者呈负相关。三者关系如图所示。

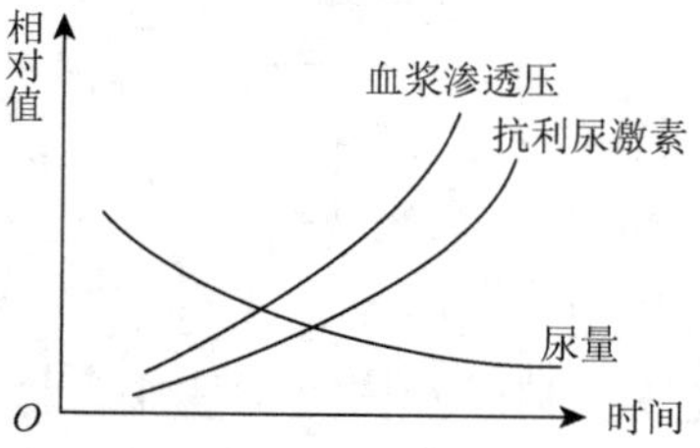

5. 下丘脑在生命活动调节中功能总结。

答：①作为感受器：渗透压感受器、血糖感受器等。

②作为神经中枢：体温调节、水盐平衡、血糖平衡中枢，另外还与生物节律有关。

③作为效应器：体温调节中，下丘脑作为效应器，合成和分泌促甲状腺激素释放激素；水盐平衡调节中，合成和分泌抗利尿激素。

④作为内分泌腺：下丘脑的部分细胞既能传导兴奋，又能合成和分泌激素，称为神经内分泌细胞，能合成和分泌促甲状腺激素释放激素、抗利尿激素等。

⑤传导兴奋：下丘脑可以将兴奋传至更高级的中枢——大脑皮层，形成相应的感觉，如水盐调节中，下丘脑可以将兴奋传至大脑皮层并产生渴觉。

典 例 精 讲

【典例 1】 体液调节是人和高等动物生命活动调节的方式之一。下列叙述正确的是（　　）。

A. 体液调节中的“体液”就是指激素

B. 激素调节是体液调节的主要内容

C. 寒冷时，人体血液中甲状腺激素浓度减少

D. 体液调节较神经调节准确、快速且作用时间持久

【解析】 答案 B。体液调节中的“体液”是指血浆等体液，体液调节是指化学物质通过血液运输等进行的调节，A 错误；甲状腺激素能促进物质氧化分解，使产热增加，故寒冷时，人体血液中甲状腺激素浓度增加，C 错误；神经调节更准确、快速，体液调节作用时间较持久，D 错误。

【典例 2】 神经系统对内分泌功能的调节有甲、乙、丙三种模式，如图所示。据图分析不正确的是（　　）。

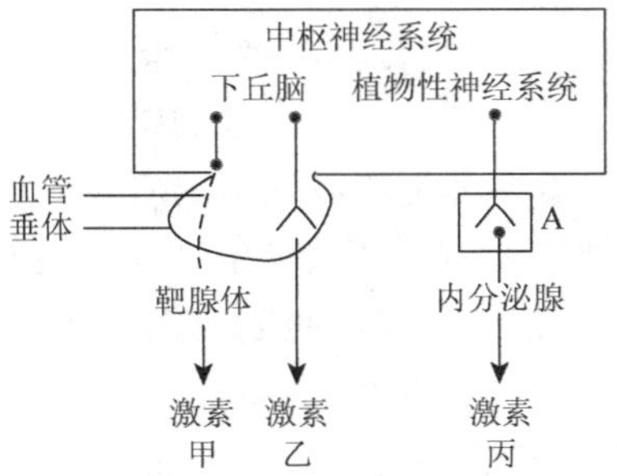

A. 甲模式中，若靶腺为甲状腺，下丘脑调节甲状腺的分泌方式称为神经调节

B. 抗利尿激素的合成和分泌可通过图中乙模式调节

C. 血糖浓度升高，可以通过丙模式调节胰岛素的分泌量

D. 动物的生命活动同时受神经和体液的调节

【解析】 答案 A。若甲模式中，靶腺为甲状腺，则中枢神经系统通过下丘脑分泌促甲状腺激素释放激素到达垂体，调节垂体促甲状腺激素的分泌，进而影响和调节甲状腺激素的分泌，这种调节方式称为神经-体液调节，A 错误；抗利尿激素由下丘脑直接分泌，只是要经过垂体释放，属于模式乙，B 正确；血糖升高，一方面可以直接刺激胰岛 B 细胞，引起胰岛素分泌增加；另一方面也可以通过丙模式调节胰岛素的分泌量，C 正确；从以上分析知道，动物的生命活动同时受神经和体液的调节，D 正确。

【提醒】 图中甲方式为激素的分级调节，乙方式为下丘脑分泌抗利尿激素调节水平衡，丙方式属于神经-体液调节。

【典例 3】（2019 全国卷Ⅲ）下列不利于人体散热的是（　　）。

A. 骨骼肌不自主战栗

B. 皮肤血管舒张

C. 汗腺分泌汗液增加

D. 用酒精擦拭皮肤

【解析】 答案 A。人体热量主要来源于骨骼肌和肝脏细胞中有机物的氧化分解放能，骨骼肌不自主战栗是产热过程不利于散热，A 错误；外界温度高时，皮肤血管舒张，血流量增加，利于人体散热，B 正确；汗腺分泌汗液增加，利于人体散热，C 正确；用酒精擦拭皮肤，酒精挥发带走热量利于人体散热，D 正确。

【提醒】 人体热量的来源主要是细胞中有机物的氧化放能，以骨骼肌和肝脏的产热为主，人体散热的主要途径是汗液的蒸发和皮肤内毛细血管的散热，其次还有呼气、排尿、排便等。

【典例 4】 如图为人体体温调节示意图，根据图示过程判断下列叙述错误的是（　　）。

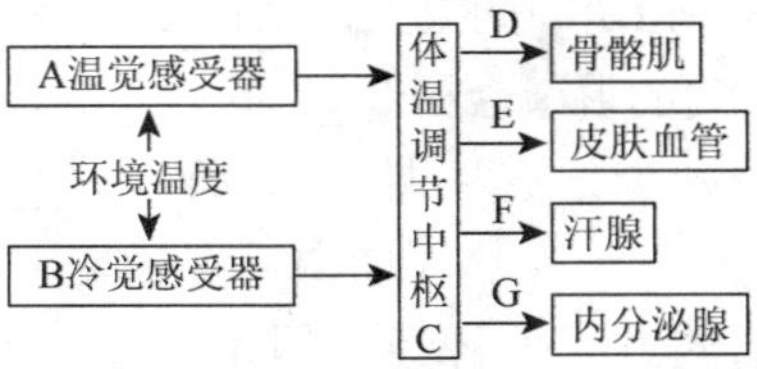

A. 机体受到炎热刺激时，机体主要依靠 E 散热

B. 机体受到寒冷刺激时，机体可通过 B→C→G 完成调节

C. D 途径主要是依靠骨骼肌的产热完成的

D. 人体体温调节的过程属于神经-体液调节

【解析】 答案 A。当机体受到炎热刺激时，机体主要依靠 E 和 F 散热，A 错误；当机体受到寒冷刺激时，机体可通过 B→C→G 完成调节，肾上腺素分泌增加，促进代谢，增加产热，B 正确；D 途径主要是依靠骨骼肌的细胞呼吸完成的，C 正确；人体体温调节的过程属于神经-体液调节，D 正确。

【提醒】 ①寒冷环境→皮肤冷觉感受器→下丘脑体温调节中枢→相关效应器做出反应增加产热（骨骼肌战栗、立毛肌收缩、甲状腺激素等分泌增加）或相关效应器做出反应减少散热（毛细血管收缩、汗腺分泌减少）→体温维持相对恒定。②炎热环境→皮肤温觉感受器→下丘脑体温调节中枢→主要是相关效应器做出反应增加散热（毛细血管舒张、汗腺分泌增加）→体温维持相对恒定。

【典例 5】 如图为人体内体温调节与水盐平衡调节的部分过程，字母代表相应激素，请据图回答：

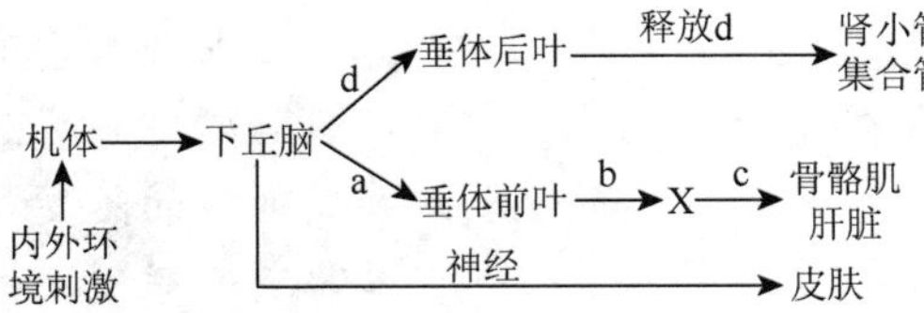

（1）图中 b 表示__________激素，该激素起作用的靶器官是__________。

（2）当机体处于寒冷环境中，体温下降时，在 c 的作用下，肌肉和肝脏产热量会__________，从而维持体温恒定。如果人体激素 c 分泌量过多，则通过一定的调节会引起__________（填字母）的分泌量减少，这种调节机制称为________调节。当机体处于炎热环境中，体温上升时，体温调节中枢通过相关神经作用于皮肤，促使皮肤的__________，机体散热增加。

（3）图中 d 表示__________激素。如果机体血浆渗透压升高，垂体释放的激素 d 作用于肾小管、集合管后会使尿量__________。

（4）从该图可以看出，由于__________两种方式的协调，内环境的稳态才得以维持。

【答案】（1）促甲状腺　甲状腺　（2）增加　a、b　反馈　毛细血管舒张、汗腺分泌增加　（3）抗利尿　减少　（4）神经调节和体液调节

【解析】（1）据图分析：a 表示促甲状腺激素释放激素，b 表示促甲状腺激素，c 表示甲状腺激素，d 表示抗利尿激素。促甲状腺激素的靶器官是甲状腺。（2）当机体处于寒冷环境中，甲状腺激素含量增加，提高细胞代谢水平，肌肉和肝脏等产热量会增加，从而维持体温恒定。甲状腺激素分泌量过多，抑制促甲状腺激素释放激素和促甲状腺激素的分泌量，这种调节机制为反馈调节。当机体处于炎热环境中，则毛细血管舒张、汗腺分泌增加，机体散热增加。（3）机体血浆渗透压升高，垂体释放抗利尿激素，作用于肾小管、集合管对水分的重吸收，使尿量减少。（4）由图可以看出，神经、体液两种方式的协调，维持内环境的稳态。

针 对 训 练

1. 下列有关动物生命活动调节的说法错误的是（　　）。

A. 单细胞动物、低等的多细胞动物和高等动物一样，都能进行体液调节和神经调节

B. 神经调节和体液调节的机理不同

C. 激素调节是体液调节的主要内容

D. 神经调节和体液调节在作用途径、反应速度、作用范围和作用时间上都有所不同

2. 图为人体的生命活动调节示意图，有关叙述中不正确的是（　　）。

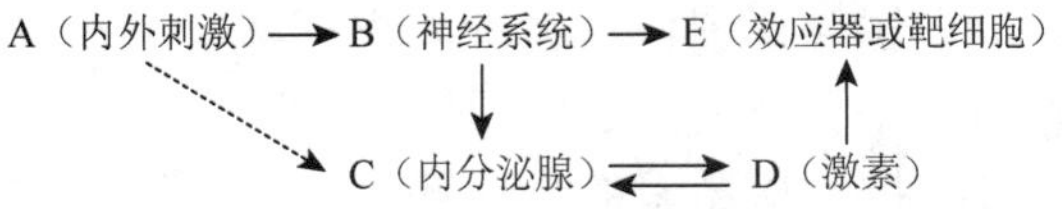

A. 该图表示体温调节过程，则体温调节属于神经-体液调节

B. 通过 C→D→E 的过程可以调节血糖平衡，这一过程属于体液调节

C. 人的手被针扎时，其调节过程可能通过 A→B→E 来实现，属于神经调节

D. 水盐平衡调节的过程可通过 A→B→C→D→E 来实现，属于神经调节

3. 人是恒温动物，在一定范围内能够随外界温度变化来调整自身的产热和散热，从而维持体温的相对稳定。假如正常个体处于 0℃的环境中，产热为 a_1，散热为 b_1；处于 30℃的环境中，产热为 a_2，散热为 b_2。下列关于体温调节的叙述，错误的是（　　）。

A. 体温调节中枢在下丘脑，冷的感觉是在大脑皮层形成的

B. 同 30℃环境相比，人处于 0℃环境中要通过增加产热，减少散热以维持体温稳定，因此 $a_1>a_2$，$b_1<b_2$

C. 从 30℃的环境中进入 0℃的环境中，人体甲状腺激素分泌会增加，抗利尿激素分泌减少，尿量增加

D. 从 30℃的环境中进入 0℃的环境后，人体内调节自身的产热和散热是神经-体液调节的结果

4. 如图为人体细胞外液渗透压升高时的部分调节过程示意图，相关叙述错误的是（　　）。

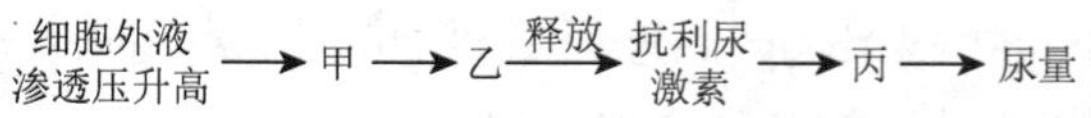

A. 甲、乙分别是下丘脑和垂体

B. 丙是肾小管和集合管

C. 抗利尿激素在甲细胞中合成

D. 下丘脑中的渴觉中枢兴奋

5.（2019 全国卷Ⅱ）当人体失水过多时，不会发生的生理变化是（　　）。

A. 血浆渗透压升高

B. 产生渴感

C. 血液中的抗利尿激素含量升高

D. 肾小管对水的重吸收降低

6. 下丘脑在人体内环境的稳定与调节过程中发挥至关重要的作用。下列关于下丘脑功能的叙述正确的是（　　）。

A. 下丘脑能够分泌抗利尿激素，通过垂体释放后，调节水盐的平衡

B. 下丘脑通过分泌激素控制胰岛细胞的分泌活动，进而调节血糖平衡

C. 下丘脑能够参与体温调节，但是不能感受内环境中渗透压的变化

D. 下丘脑是内分泌活动的枢纽，可通过分泌多种促激素直接控制相关腺体

7. 如图为人体内的部分生理变化过程（字母表示器官或细胞，数字代表激素），请据图问答下列相关问题（[　] 中填字母或数字）：

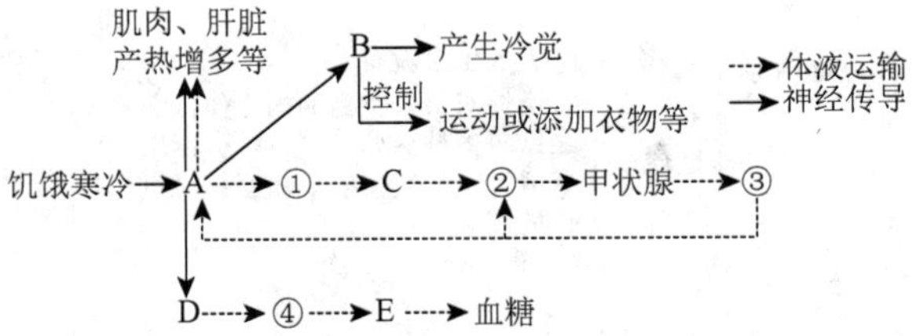

（1）人体产生冷觉的部位是 [　] ______，体温调节的中枢是 [　] __________，兴奋在神经元之间传递时，信号的变化是____________。

（2）在受到寒冷刺激时，C 分泌的激素只能作用于特定的细胞，而激素③可作为多数细胞的信号，这与细胞膜上具有特定的___________有关。

（3）人在寒冷环境比在炎热环境精力更集中、兴奋性更高的主要原因是_____________。人在饮水量相同的情况下，冬天的尿液比夏天多的主要原因是：冬天__________________。

（4）③对 C 的作用有两个方面：一方面能使 C 的代谢速率__________；另一方面能__________C 的分泌功能。

（5）图中的 E 主要是指________。在血糖调节方面，与④相互拮抗的激素是__________。

8. 下丘脑与人体内许多生理活动的调节密切相关。图中甲、乙、丙表示下丘脑的某些区域，A、B、C 表示不同的调节途径。请据图作答：

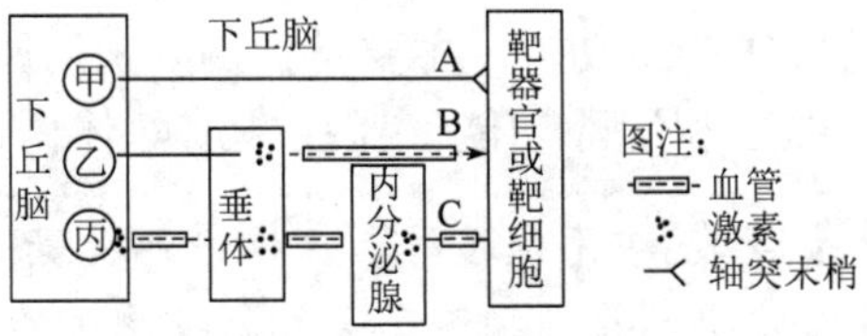

（1）人在炎热环境中，汗腺分泌活动增强，这是下丘脑通过_________________（填图中字母）途径调节的。请写出该调节过程的反射弧：______________________________。

（2）当人饮水不足时，会导致__________升高，位于下丘脑___________________（填“甲”“乙”或“丙”）区域的渗透压感受器兴奋，进而促进_______________激素释放，该激素的生理作用是________________。

（3）C 途径可代表____________激素分泌的分级调节，该激素在人体内需要源源不断地产生，是因为__________________________。

14.4　免疫调节

14.4.1　免疫系统的组成和功能

核心问题

1. 免疫系统由什么组成？

答：

- 免疫系统
  - 免疫器官
    - 定义：免疫细胞生成、成熟、集中分布的场所
    - 主要包括：扁桃体、淋巴结、胸腺、脾脏、骨髓等
  - 免疫细胞
    - 吞噬细胞
    - 淋巴细胞（位于淋巴、血浆、淋巴结中）
      - T淋巴细胞：迁移到胸腺成熟
      - B淋巴细胞：在骨髓中成熟
    - ①都来源于造血干细胞（分化程度低，分裂能力强）②都有相同的核基因 ③形态、结构、功能等不同是由于基因的选择表达（根本原因是mRNA不同）
  - 免疫活性物质
    - 抗体：抗毒素、凝聚素、沉淀素、溶解素等
    - 淋巴因子：白细胞介素、干扰素等
    - 溶菌酶
    - ①由免疫细胞或其他细胞产生的发挥免疫作用的物质 ②可存在于内环境中

【点拨】 溶酶体≠溶菌酶。

溶酶体：真核细胞内的一种细胞器，内含多种水解酶，清除细胞内的无用的大分子、衰老损伤的细胞器和细胞，也可以杀死入侵的细菌或病毒。

溶菌酶：一种杀菌物质，可以破坏细菌的结构，可以存在于第一道防线如唾液、泪液中，也可以存在于第二道防线的细胞外液中。

2. 免疫系统三大功能解析。

答：①防卫功能：主要是抵御外来病原体的入侵。

②监控和清除功能：监控并清除体内已衰老或因其他因素而被破坏的细胞以及癌变的细胞。

【点拨】 免疫系统在人体内环境稳态中的作用是消灭入侵机体的病原体，清除体内出现的衰老、破损、异常细胞，通过免疫系统的三大功能来实现。

3. 免疫系统的防卫功能（依靠人体三道防线来实现）。

答：

- 人体三道防线
  - 第一道防线
    - 包括：皮肤、黏膜，呼吸道、消化道等黏膜分泌物等
    - 共同点：与外界相通
  - 第二道防线
    - 包括：体液中的杀菌物质、吞噬细胞等
    - 共同点：不与外界相通
  - 第一道防线、第二道防线 → 非特异性免疫：①人人生来就有 ②不针对某一特定的病原体，而是针对多种病原体都有防御作用 ③能组止多数情况下病原体对机体的侵蚀
  - 第三道防线
    - 包括：体液免疫、细胞免疫 → 特异性免疫
    - 共同点：由免疫器官和免疫细胞借助血液循环和淋巴循环而组成

典例精讲

【典例 1】 如图表示淋巴细胞的起源和分化过程（其中 a、b、c、d 表示不同种类的细胞，①②表示有关过程），下列有关叙述正确的是（　　）。

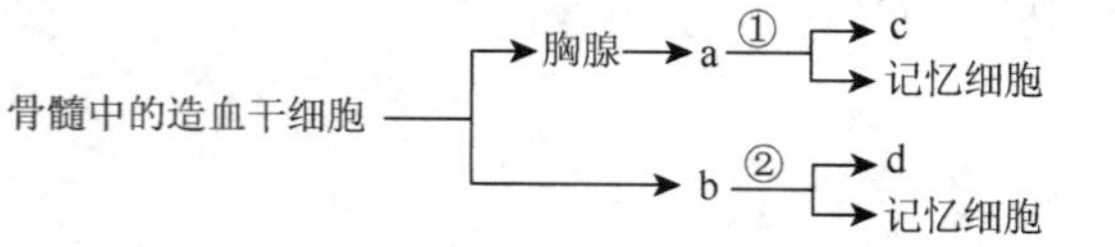

A. 只有 a、b、d 三类细胞能识别抗原

B. 产生抗体的细胞只能由 b 直接分化形成

C. ①和②过程都需要抗原的刺激才能发生

D. c、d 的功能各不相同，根本原因是 DNA 不同

【解析】 答案 C。只有浆细胞没有识别能力，其他细胞均有识别抗原的能力，A 错误；产生抗体的细胞可由 B 淋巴细胞或记忆细胞直接分化形成，B 错误；①和②过程都需要抗原的刺激才能发生，C 正确；c、d 是由同一个受精卵分裂而来的，所以它们的核 DNA 是相同的，而 c、d 的功能各不相同的根本原因是基因的选择性表达，D 错误。

【提醒】 ①免疫细胞由造血干细胞分裂分化而来，因此各个细胞中 DNA 相同。②免疫细胞的形态结构和生理功能不同是因为基因的选择性表达，根本原因是 mRNA 不同。

【典例 2】 下列与人体三道防线有关的叙述，正确的是（　　）。

A. 皮肤、黏膜等是保卫人体的第一道防线，第二道防线专指体液中的杀菌物质

B. 第三道防线主要由免疫器官和免疫细胞组成

C. 人体的三道防线所起的防御作用称为非特异性免疫

D. 人体第三道防线中起主要作用的是吞噬细胞

【解析】 答案 B。第一道防线是由皮肤、黏膜等组成，第二道防线专指体液中的杀菌物质、吞噬细胞，A 错误；第三道防线主要由免疫器官和免疫细胞借助血液循环和淋巴循环组成的特异性免疫，包括体液免疫和细胞免疫，B 正确；人体的三道防线所起的防御作用包括非特异性免疫和特异性免疫，C 错误；人体第三道防线中起主要作用的是淋巴细胞，包括 T 细胞和 B 细胞，D 错误。

【典例 3】 下列有关免疫系统组成的叙述，正确的是（　　）。

A. 免疫活性物质是由免疫细胞产生的

B. 免疫细胞包括吞噬细胞和淋巴细胞

C. 淋巴细胞只存在于淋巴中

D. 免疫系统包括免疫器官和免疫细胞

【解析】 答案 B。免疫活性物质是由免疫细胞或其他细胞产生，A 错误；免疫细胞包括吞噬细胞和淋巴细胞，B 正确；淋巴细胞可以出现在内环境的任一组分之中，C 错误；免疫系统包括免疫器官、免疫细胞、免疫活性物质，D 错误。

【提醒】 ①淋巴细胞和免疫细胞是从属关系：免疫细胞包括淋巴细胞和吞噬细胞，淋巴细胞包括 T 细胞和 B 细胞。②免疫活性物质是由免疫细胞和其他细胞如唾液腺细胞等产生。

14.4.2　特异性免疫（体液免疫和细胞免疫）

核 心 问 题

1. 特异性免疫的过程是怎样的？

答：

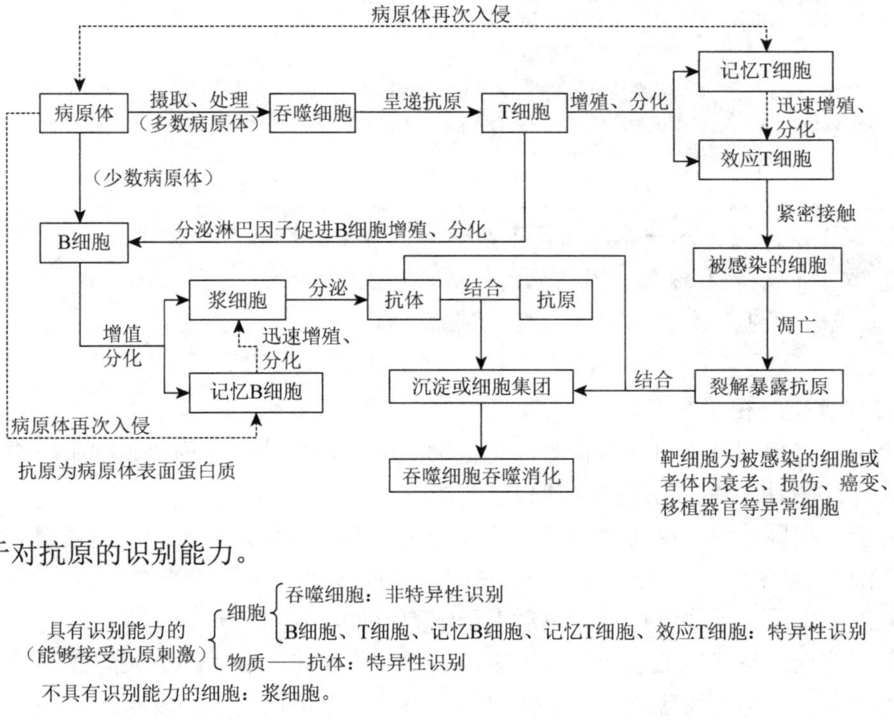

（1）关于对抗原的识别能力。

具有识别能力的（能够接受抗原刺激）：
- 细胞：
  - 吞噬细胞：非特异性识别
  - B细胞、T细胞、记忆B细胞、记忆T细胞、效应T细胞：特异性识别
- 物质——抗体：特异性识别

不具有识别能力的细胞：浆细胞。

（2）关于细胞的分裂能力。

具有分裂能力的细胞（未高度分化）：B 细胞、T 细胞、记忆 B 细胞、记忆 T 细胞。

高度分化不分裂的细胞：浆细胞、效应 T 细胞、吞噬细胞。

（3）关于重要细胞的来源和功能。

细胞类型	来源	功能
吞噬细胞	造血干细胞	①非特异性免疫中直接吞噬、消灭各种病原体；②特异性免疫中摄取、处理暴露抗原，呈递抗原、吞噬、消化抗原—抗体复合物
B 细胞	造血干细胞（骨髓中成熟）	识别抗原，接受抗原刺激后分化成浆细胞和记忆 B 细胞
T 细胞	造血干细胞（胸腺中成熟）	①识别抗原，接受抗原刺激后分化成效应 T 细胞和记忆 T 细胞；②分泌淋巴因子
浆细胞	B 细胞和记忆 B 细胞	分泌抗体（每种浆细胞只能分泌一种抗体）
效应 T 细胞	T 细胞和记忆 T 细胞	与靶细胞密切接触（体现细胞膜进行细胞间信息交流的功能），使靶细胞裂解（细胞凋亡）释放抗原
记忆 B 细胞	B 细胞和记忆 B 细胞	①较长时间保持对抗原的记忆；②识别抗原，接受抗原刺激后分裂分化成浆细胞和记忆 B 细胞
记忆 T 细胞	T 细胞和记忆 T 细胞	①较长时间保持对抗原的记忆；②识别抗原，接受抗原刺激后分裂分化成效应 T 细胞和记忆 T 细胞

（4）悉知抗原、抗体、淋巴因子的相关知识。

①抗原
- 概念：使机体发生特异性免疫反应的物质
- 特点
  - 异物性：一般是外来物质（癌细胞除外）
  - 大分子性：抗原的相对分子质量一般较大
  - 特异性：异种抗原通常只与一种抗体或效应T细胞结合
- 实例：病毒、细菌等表面蛋白质、移植的器官（细胞）、（自身）癌细胞、疫苗、细菌的外毒素、类毒素等
- 应用：疫苗

②抗体
- 概念：能与抗原发生特异性结合的免疫球蛋白
- 化学本质：蛋白质（基本单位：氨基酸）
- 与合成相关：细胞核（控制）核糖体（不具膜）、内质网、高尔基体、线粒体（间接）、细胞膜（结构）
- 特点：特异性（一种浆细胞只能产生一种抗体，一种抗体只能与一种抗原结合）
- 分布：内环境（如血浆）、外分泌液（如乳汁）等，不会进入细胞
- 作用：与抗原特异性结合形成沉淀或细胞集团，使其失去繁殖能力或粘附体细胞的能力
- 实例：抗毒素、凝集素、免疫球蛋白等

③淋巴因子
- 来源：T细胞、效应T细胞等
- 作用
  - 体液免疫过程中T细胞产生的淋巴因子：增强B细胞的增殖、分化能力
  - 细胞免疫过程中效应T细胞产生的淋巴因子：增强效应T细胞对靶细胞的杀伤力
- 化学本质：蛋白质
- 实例：白细胞介素、干扰素等

【点拨】①浆细胞：唯一能产生抗体，唯一不具识别作用（不能接受抗原刺激）的细胞。②“靶细胞”的裂解有两种途径：因病原体的增殖而裂解死亡，属于细胞坏死；因效应 T 细胞接触后裂解死亡属于细胞凋亡。

2. 关于二次免疫的相关知识。

答：①定义：当相同抗原再次入侵时，记忆细胞能迅速增殖分化形成浆细胞，快速产生大量抗体。（病原体初次进入机体的特异性免疫路线同样存在。）

②只有接受“相同抗原”刺激时记忆细胞才会迅速增殖分化，从而产生大量效应细胞（同时也产生许多记忆细胞），所以，某些预防接种应进行两次或多次。

③二次免疫不仅适用于体液免疫，也适用于细胞免疫。

④二次免疫特点：与初次免疫相比反应更快更强，从而使患病程度大大降低。

⑤初次免疫和二次免疫反应过程中抗体浓度和患病程度可以用下图表示：

⑥儿童比成人易患传染病的原因：成年人体内有更多种类和数量的记忆细胞。

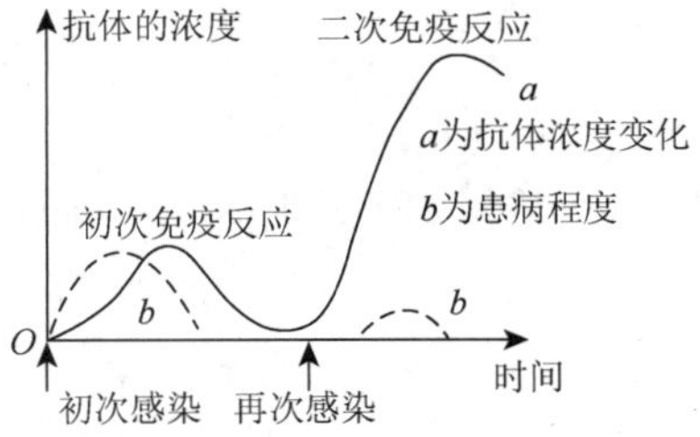

3. 细胞免疫和体液免疫的重要区别和联系。

答：

比较项目	体液免疫	细胞免疫
作用对象	内环境（细胞外）的抗原	抗原入侵的细胞（靶细胞）、衰老损伤癌变等异常细胞、异体移植的器官、细胞等
作用方式	浆细胞产生抗体与抗原特异性结合	效应T细胞与靶细胞密切接触，使靶细胞裂解死亡（细胞凋亡）
作用结果	形成沉淀或细胞集团，被吞噬细胞吞噬消化	抗原失去寄生的基础，最终与抗体结合并被吞噬细胞吞噬消化
联系	①对细胞外的抗原：体液免疫发挥作用； ②胞内寄生的抗原（病毒、麻风杆菌、结核杆菌等）：体液免疫先发挥作用，阻止寄生生物的散播感染，当寄生生物进入细胞后，由细胞免疫将其释放，再与体液免疫产生的抗体结合，最终由吞噬细胞吞噬消灭； ③T 细胞被破坏后，细胞免疫功能将丧失，体液免疫功能也将大部分丧失（艾滋病：HIV 病毒入侵 T 细胞）	

典例精讲

【典例 1】（2015 全国卷Ⅱ）下列关于人体淋巴细胞的叙述，错误的是（　　）。

A. 在胸腺中发育成熟的 T 淋巴细胞可参与细胞免疫

B. 效应 T 淋巴细胞可攻击被病原体感染的宿主细胞

C. T 淋巴细胞和 B 淋巴细胞都是由造血干细胞分裂、分化形成的

D. T 细胞释放的淋巴因子不能使受到抗原刺激的 B 细胞增殖

【解析】 答案 D。T 细胞释放的淋巴因子作用是促进 B 细胞增殖和分化。

【典例 2】 下图为机体内发生体液免疫和过敏反应的流程图，图中甲、乙、丙、丁代表不同物质，字母代表不同的细胞，数字代表不同的过程，下列叙述错误的是（　　）。

A. 图中传递抗原的过程是②

B. 据图示可知，第二次注射甲时，产生的浆细胞来源于 E

C. 与体液免疫相比，过敏反应特有的过程包括⑧⑩

D. 既参与特异性免疫又参与非特异免疫的免疫细胞是上图中的 A

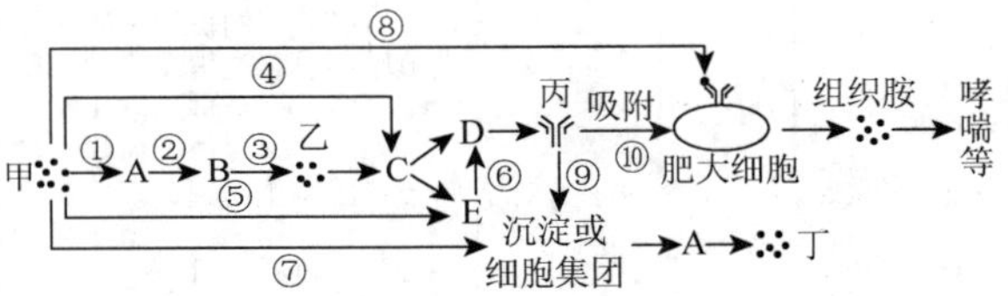

【解析】 答案 B。分析图示可知，第二次注射甲时，产生的浆细胞来源于 B 细胞和记忆细胞，图中的 A 表示吞噬细胞，该细胞既参与特异性免疫又参与非特异性免疫。

【典例 3】（2016 全国卷Ⅰ）病毒甲通过呼吸道感染动物乙后，可引起乙的 B 淋巴细胞破裂，T 淋巴细胞功能丧失，导致其患肿瘤病，病患动物更易被其他病原体感染，给新生的乙个体接种甲疫苗可预防该肿瘤病。回答下列问题：

（1）感染病毒甲后，患病的乙更易被其他病原体感染的原因是____________________。

（2）新生的乙个体接种甲疫苗后，甲疫苗作为____________可诱导 B 淋巴细胞增殖、分化成__________和记忆细胞。记忆细胞在机体被病毒甲感染时能够____________，从而引起预防该肿瘤病的作用。

（3）免疫细胞行使免疫功能时，会涉及胞吞和胞吐这两种物质跨膜运输方式，这两种方式的共同点有________、________（答出两点即可）。

【答案】（1）免疫功能下降　（2）抗原　浆细胞　迅速增殖分化，分泌大量抗体　（3）需要消耗能量　能运输生物大分子等　运输过程中形成囊泡

【解析】（1）由题意知，病毒甲通过呼吸道感染动物乙后，病毒甲破坏B细胞，同时使T细胞功能下降，因此动物乙的细胞免疫和体液免疫功能降低，易被其他病原体感染。（2）接种疫苗进行免疫预防的过程中，疫苗属于抗原物质，可以诱导B淋巴细胞增殖、分化形成浆细胞和记忆细胞；记忆细胞的功能是在抗体消失后很长时间保持对该抗原的记忆功能，当病毒甲再次感染机体时，可以刺激记忆细胞迅速增殖、分化形成浆细胞，浆细胞产生大量抗体，将病毒消灭，避免人体发病。（3）胞吞和胞吐属于跨膜运输，需要消耗能量，能运输生物大分子，运输过程中形成囊泡。

14.4.3　免疫功能异常与免疫学应用

核　心　问　题

1. 免疫功能异常引起的疾病归类。

- 免疫功能异常
  - 过强
    - 自身免疫病
      - 定义：免疫系统过于敏感、反应过度、“敌我不分”将自身物质当作外来异物进行攻击
      - 实例：系统性红斑狼疮、风湿性心脏病、类风湿性关节炎
      - 发病机理：抗原的结构与机体正常细胞、组织或器官表面物质结构很类似，抗体消灭抗原时，也会损伤正常组织或器官
    - 过敏反应
      - 性质：特异性免疫
      - 定义：已免疫的机体再次接触相同抗原时所发生的的组织损伤或功能紊乱
      - 过敏原：引起过敏反应的抗原叫过敏原，如花粉、尘土、牛奶、青霉素等
      - 发病机理：已免疫的机体产生的抗体吸附于某些细胞的表面，当同种过敏原再次入侵机体时，该抗体与其结合，使某些组织细胞释放组织胺等化学物质。引起过敏反应
      - 特点：①发生迅速、反应激烈、消退较快；②一般不会破坏组织细胞，也不会引起严重的组织损伤；③有明显的遗传倾向和个体差异
      - 症状：荨麻疹、红肿、哮喘、呼吸困难、呕吐、窒息或过敏性休克等
  - 过弱
    - 先天性免疫缺陷：如先天性胸腺发育不良等
    - 获得性免疫缺陷（艾滋病）
      - 病原体：HIV（人类免疫缺陷病毒）
        - 生活方式：寄生
        - 结构：蛋白质外壳+遗传物质（RNA）
        - 遗传信息传递方向：RNA —逆转录→ DNA（复制）—转录→ RNA —翻译→ 蛋白质
        - 宿主细胞：主要是T细胞
      - 直接死因：往往死于多种病原体引起的严重感染（与免疫系统的防卫功能有关）或恶性肿瘤（与免疫系统的监控和清除功能有关）等疾病
      - 传播途径：血液传播、母婴传播、性传播
      - 无法制作有效疫苗的原因：HIV是单链RNA病毒，易发生变异

【点拨】 ①过敏原≠抗原。抗原具有大分子性，不一定是外来异物，不存在个体差异，如新冠病毒对所有人而言都是抗原；过敏原不一定是大分子，一定是外来物质，具有个体差异，如只有部分人对青霉素过敏。

②艾滋病直接死因和免疫系统受损的关系。艾滋病人直接死因往往是由念珠菌、肺囊虫等多种病原体造成的感染（与免疫系统的防卫功能有关）或恶性肿瘤（与免疫系统监控和清除功能有关）。

2. 准确记忆常用的免疫学应用。

答：①免疫预防：患病之前注射疫苗，疫苗在免疫中相当于抗原，其作用是使机体产生相应的抗体和记忆细胞增强人体免疫力，达到预防传染病的目的。

②免疫治疗：患病之后注入抗体、淋巴因子、胸腺激素等，增强免疫功能，达到治疗疾病的目的。

③移植器官：异体移植的器官被认为是抗原，移植手术后免疫系统会将其当作“非己”进行攻

击，起排斥作用的主要是T淋巴细胞，手术成败关键取决于供者与受体的HLA（糖蛋白，组织相容性抗原）是否相同，一半以上相同就可；或长期服用免疫抑制药物，使免疫系统变得迟钝，从而提高移植器官的存活率。

④人工标记抗体——根据抗原和抗体特异性结合的特性，用人工标记的抗体检测追踪抗原在机体中的位置。

⑤免疫抑制剂——提高器官移植的成活率，主要是抑制T细胞的功能。

3. 常见的与免疫调节相关的实验设计方法。

答：①切除胸腺后观察机体的免疫能力可证明胸腺与特异性免疫的关系：切除胸腺，细胞免疫几乎全部丧失，同时由于失去T细胞产生的淋巴因子的作用，体液免疫功能也大大降低。

②切除或X射线照射后再输入淋巴细胞研究免疫系统的组成、功能：

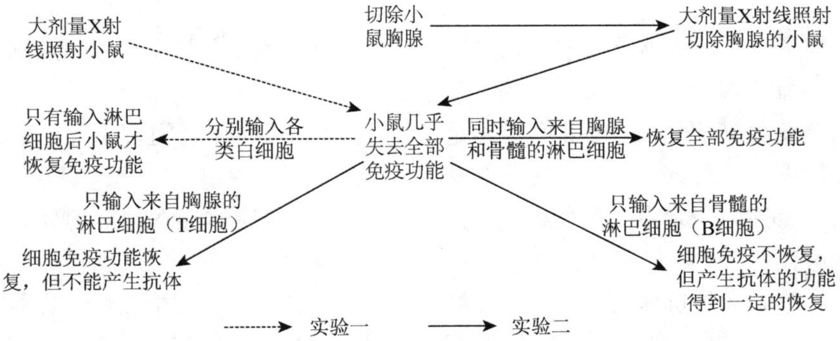

③其他实验方法。

其他实验根据题目本身的要求，遵循实验设计的基本原则，把握探究性实验和验证性实验的区别和答题要点即可解题。

典 例 精 讲

【典例1】 下列关于免疫学应用的叙述不正确的是（　　）。

A. 为使移植器官长期存留，病人要长期使用某种药物，使免疫系统变得“迟钝”

B. 给健康婴儿接种卡介苗，目的是使婴幼儿体内产生抗体和记忆细胞

C. 某人被毒蛇咬伤，应尽快给其注射抗蛇毒血清进行治疗

D. 进行器官移植时，只要配型成功，受体和供体之间就不存在排斥反应

【解析】 答案D。被毒蛇咬伤，应尽快给其注射抗蛇毒血清进行治疗是因为抗毒血清中含有相应的抗体；进行器官移植时，即使配型成功，受体和供体之间也会存在排斥反应，因此需要长期使用免疫抑制的药物。

【典例2】（2020 全国卷Ⅱ）当人体的免疫系统将自身物质当作外来异物进行攻击时，可引起自身免疫病。下列属于自身免疫病的是（　　）。

A. 艾滋病

B. 类风湿性关节炎

C. 动物毛屑接触性鼻炎

D. 抗维生素D佝偻病

【解析】 答案B。艾滋病是获得性免疫缺陷综合征的简称，不属于自身免疫病，A错误；类风湿性关节炎是自身免疫系统出现问题导致的，属于自身免疫病，B正确；动物毛屑接触性鼻炎属于过敏反应，不属于自身免疫病，C错误；抗维生素D佝偻病是因为人体缺乏维生素D而导致钙盐无法正常吸收，从而影响全身骨骼的疾病，不属于自身免疫病，D错误。

【典例3】（2017 全国卷Ⅰ）某同学将一定量的某种动物的提取液（A）注射到实验小鼠体内，注射后若干天，未见小鼠出现明显的异常表现。将小鼠分成两组，一组注射少量的A，小鼠很快

发生了呼吸困难等症状；另一组注射生理盐水，未见小鼠有异常表现。对实验小鼠在第二次注射A后的表现，下列解释合理的是（　　）。

A. 提取液中含有胰岛素，导致小鼠血糖浓度降低

B. 提取液中含有乙酰胆碱，使小鼠骨骼肌活动减弱

C. 提取液中含有过敏原，引起小鼠发生了过敏反应

D. 提取液中含有呼吸抑制剂，可快速作用于小鼠呼吸系统

【解析】 答案C。给正常小鼠注射一定量的胰岛素溶液后，正常小鼠会出现头晕、心慌、出冷汗、四肢无力等低血糖症状，而呼吸困难不是低血糖症状，A错误；乙酰胆碱属于兴奋型的神经递质，给正常小鼠注射一定量乙酰胆碱，神经就处于兴奋状态，B错误；机体初次接触过敏原时，会经过体液免疫，产生抗体消灭过敏原，维持机体内环境稳态，小鼠未出现明显的异常表现。但机体再次接触相同的过敏原时，会发生过敏反应，出现过敏现象，如呼吸困难等症状，C正确；给正常小鼠初次注射一定量呼吸抑制剂，会抑制小鼠呼吸，但题干中显示小鼠未出现明显的异常表现，D错误。

【提醒】 过敏反应的关键点是：已免疫的机体再次接触过敏原时所发生的反应，也就是说初次接触时没有明显的异常。

针对训练

1.（2017天津）细颗粒物（PM2.5）可影响免疫系统功能，下表相关推论错误的是（　　）。

选项	对长期吸入高浓度PM2.5的研究结果	推论
A	损害呼吸道黏膜	影响特异性免疫
B	改变T细胞数目	影响特异性免疫
C	刺激B细胞增殖分化	影响体液免疫
D	导致抗体水平升高	影响体液免疫

2.（2019海南）人体受到病毒感染后，不可能出现的现象是（　　）。

A. 抗病毒抗体可特异性地与血液中游离的病毒结合并直接使其降解

B. 某些病毒可破坏其感染的免疫细胞从而造成免疫系统受损

C. 病毒抗原和淋巴因子可参与B细胞增殖分化成浆细胞的过程

D. 效应T细胞接触被病毒感染的细胞后，可引起被感染细胞的裂解

3.（2020全国卷Ⅲ）下列有关人体免疫调节的叙述，合理的是（　　）。

A. 若病原体不具有细胞结构，就不会使人体产生抗体

B. 病原体裂解后再注射到人体，就不会使人体产生抗体

C. 病原体表面若不存在蛋白质分子，就不会使人体产生抗体

D. 病原体经吞噬细胞处理后暴露出的抗原可使人体产生抗体

4. 甲、乙、丙三组小鼠不同的免疫器官被破坏，其中甲组仅有体液免疫功能，乙组和丙组丧失了特异性免疫功能。现给三组小鼠分别输入造血干细胞，发现仅有乙组恢复了细胞免疫功能，出现这些现象的原因是（　　）。

A. 甲组骨髓被破坏，乙组胸腺被破坏，丙组骨髓和胸腺均被破坏

B. 甲组胸腺被破坏，乙组骨髓被破坏，丙组骨髓和胸腺均被破坏

C. 乙组骨髓被破坏，丙组胸腺被破坏，甲组骨髓和胸腺均被破坏

D. 丙组骨髓被破坏，甲组胸腺被破坏，乙组骨髓和胸腺均被破坏

5.（2019全国卷Ⅲ）动物初次接受某种抗原刺激能引发初次免疫应答，再次接受同种抗原刺激能引发再次免疫应答。某研究小组取若干只实验小鼠分成四组进行实验，实验分组及处理见下表。

小鼠分组	A组	B组	C组	D组
初次注射抗原	抗原甲		抗原乙	
间隔一段合适时间				
再次注射抗原	抗原甲	抗原乙	抗原甲	抗原乙

回答下列问题。

（1）为确定 A、B、C、D 四组小鼠是否有免疫应答发生，应检测的免疫活性物质是________（填“抗体”或“抗原”）。

（2）再次注射抗原后，上述四组小鼠中能出现再次免疫应答的组是________。初次注射抗原后机体能产生记忆细胞，再次注射同种抗原后这些记忆细胞能够________________。

（3）A 组小鼠再次注射抗原甲，一段时间后取血清，血清中加入抗原甲后会出现沉淀，产生这种现象的原因是________________。

（4）若小鼠发生过敏反应，过敏反应的特点一般有____________（答出 2 点即可）。

6.（2016 海南）某科研小组给实验小鼠接种致病菌 E 建立了细菌性腹泻病模型，并用某复方草药对其进行药效试验。结果表明：该草药能增强吞噬细胞的吞噬能力，并能提高 IgG 等抗体的分泌量。回答下列问题：

（1）通常，致病菌要入侵机体，首先需要穿过的身体屏障是________。

（2）初次接种致病菌 E 后，进入吞噬细胞内的致病菌 E 可被________这一细胞器处理。

（3）双缩脲试剂能与该腹泻病模型小鼠的血清样本产生紫色反应，该现象________（填“能”或“不能”）说明血清中含有抗致病菌 E 的 IgG，原因是________________。

参 考 答 案

14.1　通过神经系统的调节

1. A　2. B　3. C　4. A

5.（1）C　能　（2）胞吐　突触间隙　（3）兴奋

14.2　通过激素调节

1. D　2. D　3. D　4. B　5. C　6. D

7.（1）靶器官　灭活　传递信息　（2）体液　激素　受体　（3）微量高效（或体液运输）

8.（1）①手术但不切除垂体　切除垂体　③每隔一定时间，测定并记录两组大鼠的体重　（2）生长　促甲状腺

14.3　神经调节和体液调节的关系

1. A　2. D　3. B　4. D　5. D　6. A

7.（1）B　大脑皮层　A　下丘脑　电信号→化学信号→电信号　（2）受体（糖蛋白）　（3）甲状腺激素含量较高，提高了神经的兴奋性　汗液分泌较少　（4）提高　抑制　（5）肝　胰岛素

8.（1）A　温觉感受器→传入神经→下丘脑体温调节中枢→传出神经→汗腺　（2）细胞外液渗透压　乙　抗利尿　促进肾小管、集合管对水的重吸收　（3）甲状腺（若答出“性”或“肾上腺皮质”也可）　激素一经靶细胞接受并起作用后就被灭活了

14.4　免疫调节

1. C　2. A　3. D　4. B

5.（1）抗体　（2）A、D　迅速增殖分化，快速产生大量抗体　（3）抗原与抗体特异性结合　（4）发作迅速、消退较快

6.（1）皮肤、黏膜　（2）溶酶体　（3）不能　双缩脲试剂可以与血清样本中的各种蛋白质发生作用，产生紫色反应，不能检测出某种特定的蛋白质

第 15 章　植物激素的调节

15.1　植物生长素的发现

核心问题

1. 阐述植物生长素的发现过程？

答：①达尔文通过对金丝雀虉草的胚芽鞘进行单侧光照射，得出单侧光使胚芽鞘的尖端产生某种“影响”，当这种“影响”传递到下面的伸长区时，会造成伸长区背光面比向光面生长快，因而出现向光性弯曲。②鲍森·詹森的实验说明胚芽鞘尖端产生的影响可透过琼脂片传递给下部。③拜尔的实验说明胚芽鞘的弯曲生长，是由于尖端产生的影响在其下部分布不均匀而造成的。④温特通过对实验的处理，得出胚芽鞘的弯曲生长确实是一种化学物质引起的。温特认为这可能是一种和动物激素类似的物质，并把这种物质命名为生长素。

2. 请回答生长素的产生部位、运输和分布？

答：主要合成部位：幼嫩的芽、叶和发育中的种子。

运输：①极性运输：只能从形态学上端运输到形态学下端，即只能单方向运输。②非极性运输：发生在成熟组织的韧皮部。

分布：生长素相对集中地分布在生长旺盛的部分，如胚芽鞘、芽和根顶端的分生组织、形成层、发育中的种子和果实等处。

3. 植物激素有哪些特征？

答：①内生的：植物激素是植物在生命活动过程中，在细胞内形成的代谢产物。②能运输：能从产生部位运输到作用部位，运输的方式和速度随植物激素种类的不同而不同，也随植物种类和器官特性的不同而不同。③低浓度的植物激素有调节效应。④植物激素的作用特点是含量极少，但调节作用很大。⑤植物激素无专门的内分泌器官，由植物体的一定部位产生。

典例精讲

【典例 1】（2019 江苏）如图为燕麦胚芽鞘经过单侧光照射后，甲、乙两侧的生长情况，对照组未经单侧光处理。下列叙述正确的是（　　）。

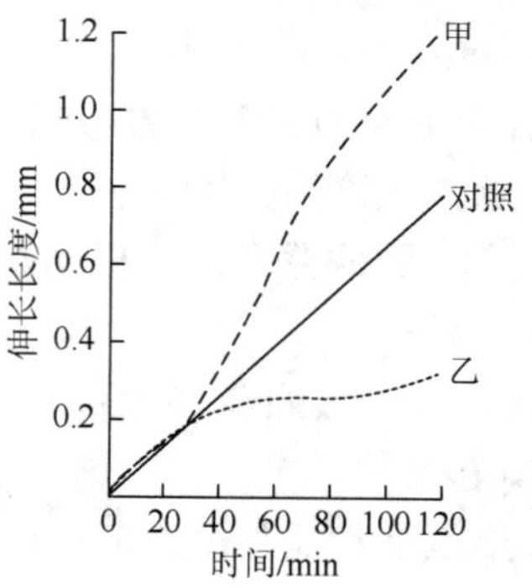

A. 甲为背光侧，IAA 含量低于乙侧和对照组

B. 对照组的燕麦胚芽鞘既不生长也不弯曲

C. 若光照前去除尖端，甲、乙两侧的生长状况基本一致

D. IAA 先极性运输到尖端下部再横向运输

【解析】 答案 C。据图分析，与对照组相比，随着单侧光处理时间的延长，甲侧的细胞生长比对照组和乙侧快，说明甲侧的生长素浓度比对照组和乙侧高，促进生长的作用比对照组和乙侧大，因此甲侧表示背光侧，乙侧表示向光侧。甲侧生长素（IAA）的含量高于乙侧和对照组，A 错误；对照组的燕麦胚芽鞘没有受到单侧光的照射，因此不弯曲，但是其尖端可以产生生长素，因此其应该直立生长，B 错误；若光照前去除尖端，则没有尖端感受单侧光刺激，则甲、乙两侧生长情况应该基本一致，C 正确；生长素先在尖端进行横向运输，再向下进行极性运输，D 错误。

【提醒】 胚芽鞘产生的生长素在尖端横向运输以及极性运输，导致胚芽鞘下面一段背光侧与向光侧生长素分布不均，而出现向光生长。

【典例 2】（2020 全国卷Ⅲ）取燕麦胚芽鞘切段，随机分成三组，第 1 组置于一定浓度的蔗糖（Suc）溶液中（蔗糖能进入胚芽鞘细胞），第 2 组置于适宜浓度的生长素（IAA）溶液中，第 3 组置于 IAA+Suc 溶液中，一定时间内测定胚芽鞘长度的变化，结果如图所示。用 KCl 代替蔗糖进行上述实验可以得到相同的结果。下列说法不合理的是（　　）。

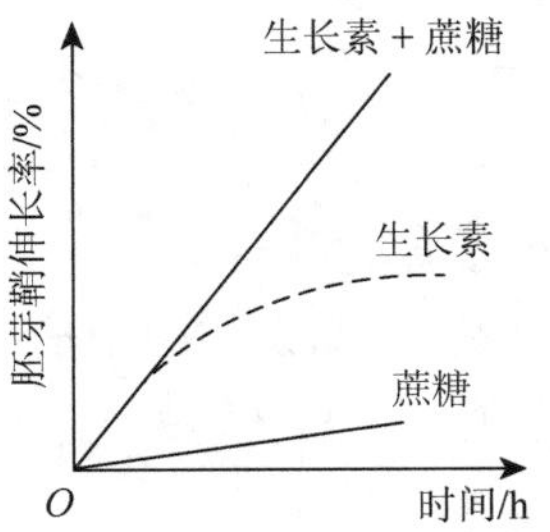

A. KCl 可进入胚芽鞘细胞中调节细胞的渗透压

B. 胚芽鞘伸长生长过程中，伴随细胞对水分的吸收

C. 本实验中 Suc 是作为能源物质来提高 IAA 作用效果的

D. IAA 促进胚芽鞘伸长的效果可因加入 Suc 或 KCl 而提高

【解析】 答案 C。K^+、Cl^-是植物所需要的矿质离子，可被植物细胞主动吸收，进入细胞后能使细胞渗透压上升，A 正确；水是细胞生命活动所需的重要物质，胚芽鞘伸长生长的过程伴随着细胞的吸水过程，B 正确；由题干信息可知，用 KCl 代替蔗糖可得到相同的实验结果，而 KCl 不能作为能源物质，因此不能说明蔗糖作为能源物质来提高 IAA 的作用效果，C 错误；由以上分析可知，IAA+Suc 组胚芽鞘伸长率明显高于 IAA 组，而 KCl 代替 Suc 也可达到相同结果，因此说明 IAA 促进胚芽鞘伸长的效果可因加入 Suc 或 KCl 而提高，D 正确。

【提醒】仅加入蔗糖组胚芽鞘伸长率最低，仅加入 IAA 组比仅加入蔗糖组胚芽鞘伸长率更高，IAA+Suc 组胚芽鞘伸长率明显高于仅加入 IAA 组，说明蔗糖对 IAA 促进胚芽鞘伸长的效果有促进作用。

【典例 3】（2021 全国甲卷）生长素具有促进植物生长等多种生理功能。下列与生长素有关的叙述，错误的是（　　）。

A. 植物生长的“顶端优势”现象可以通过去除顶芽而解除

B. 顶芽产生的生长素可以运到侧芽附近从而抑制侧芽生长

C. 生长素可以调节植物体内某些基因的表达从而影响植物生长

D. 在促进根、茎两种器官生长时，茎是对生长素更敏感的器官

【解析】答案 D。顶端优势产生的原因是顶芽产生的生长素向下运输，枝条上部的侧芽部分生长素浓度较高，侧芽对生长素浓度比较敏感，因而是侧芽的发育受到抑制，可以通过摘除顶芽的方式解除植株顶端优势，AB 正确；生物的性状是由基因控制的，生长素能引起生物性状的改变，是通过调控某些基因的表达来影响植物生长，C 正确；根、茎两种器官对生长素的反应敏感程度有明显差异，其中根对生长素最敏感，D 错误。

【典例 4】 下图中，A、B、C 表示花盆放在具有一定转速的匀速旋转的转盘上。A 放在转盘的圆盘上，B 放在开小窗的暗箱内，暗箱放在转盘正中；C 放在转盘正中，外面套上开小窗的暗箱。下列说法错误的是（　　）。

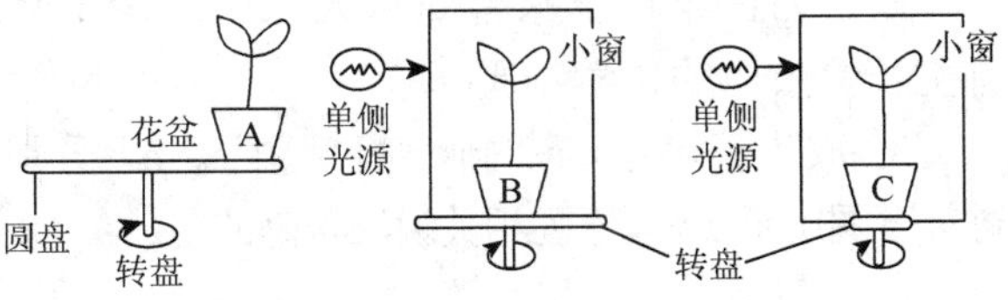

A. 若 A 花盆随转盘旋转，花盆中的小苗将会背离圆心生长

B. 若 C 花盆旋转，暗箱不随转盘旋转，C 花盆中的小苗将会直立生长

C. 若 B 花盆不转，暗箱随转盘旋转，B 花盆中的小苗将会弯向单侧光源生长

D. 若 B 花盆和暗箱一起旋转，B 花盆中的小苗将会弯向小窗生长

【解析】 答案A。影响A花盆中的小苗生长素分布的外力为离心力，生长素主要分布于外侧，小苗将会向圆心生长，A错误；若C花盆旋转，暗箱不随转盘旋转，小苗处于黑暗环境中，生长素分布均匀，因此C花盆中的小苗将会直立生长，B正确；若B花盆不转，暗箱随转盘旋转，只有当小窗转到光源方向时小苗才接受一次单侧光照射，小苗将弯向光源生长，C正确；若B花盆和暗箱一起旋转，则小苗表现为接受间断的单侧光照射，光源来源于小窗，所以向小窗弯曲生长，D正确。

针对训练

1. 下列有关生长素的叙述，错误的是（　　）。

A. 生长素主要在叶原基、嫩叶和发育着的种子中产生

B. 成熟的叶片和根产生的生长素很少

C. 生长素的极性运输是从形态学的上端运输到形态学的下端

D. 生长素只分布在植物生长旺盛的部位

2. 下列关于生长素及其发现实验的叙述，正确的是（　　）。

A. 鲍森·詹森实验是将胚芽鞘尖端切下，并移至一侧，置于黑暗中培养

B. 拜尔实验的结论是证明胚芽鞘尖端产生的影响可以透过琼脂片传递给下部

C. 温特实验的结果证实：造成胚芽鞘弯曲的化学物质是吲哚乙酸

D. 1931年科学家首先从人尿中分离出具有生长素效应的化学物质

3. 取生长状态一致的燕麦胚芽鞘a、b，分别进行下图所示实验。下列相关说法正确的是（　　）。

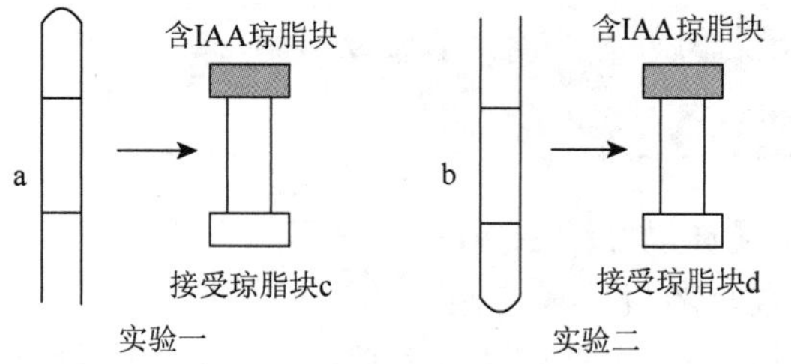

A. 接受琼脂块c中检测到IAA，d中检测不到

B. 接受琼脂块d中检测到IAA，c中检测不到

C. 接受琼脂块c、d中的IAA含量大小关系是c＞d＞0

D. 接受琼脂块c中的IAA含量小于d中的含量

4. 下图表示黄化燕麦幼苗中生长素相对含量的分布，根据所学知识和图中信息判断，下列叙述错误的是（　　）。

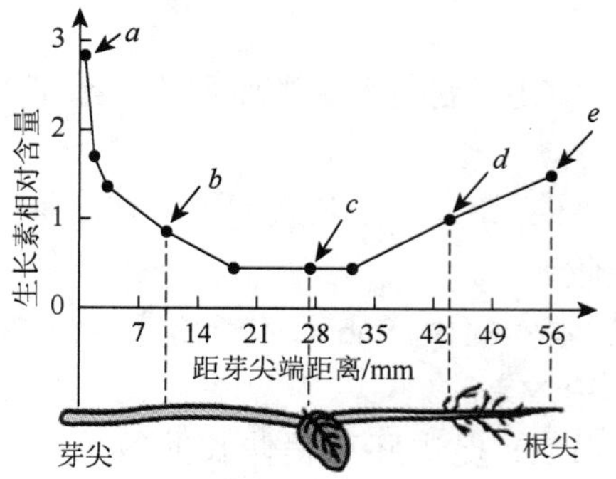

A. 生长素主要在生长活跃的部位合成

B. *b*点所对应的幼苗部位的细胞体积比*a*点所对应的幼苗部位的细胞体积大

C. *a*点生长素浓度相对较高，是由*b*、*c*点对应的细胞合成的生长素运输到*a*点所致

D. 若将*a*点对应浓度的生长素作用于*d*点对应的细胞，可能会抑制*d*点细胞的生长

15.2　生长素的生理作用、特性及应用

核心问题

1. 生长素的生理作用及其特点是什么？

答：生理作用：既能促进生长，也能抑制生长；既能促进发芽，也能抑制发芽；既能防止落花落果，也能疏花疏果；此外，生长素能促进果实发育。

作用方式：不直接参与细胞代谢，而是给细胞传达一种调节代谢的信息。

特点：两重性。

表现：低浓度促进，高浓度抑制。

实例：①顶端优势；②根的向地性；③除草剂。

2. 怎样理解抑制生长和不生长及生长素的两重性？

答：所谓“抑制”或“促进”均是相对于“对照组”（即自然生长或加蒸馏水处理的组别）而言的——凡生长状况差于对照组的可认为生长受到抑制，生长状况好于对照组的可认为促进生长。

①若生长较慢处的生长素浓度＞生长较快处的生长素浓度则能体现两重性，如根的向地性生长、顶端优势等。

②若生长较慢处的生长素浓度＜生长较快处的生长素浓度，则不能体现两重性，只能表明“低浓度促进生长”，如茎的向光性和背地性生长。

典 例 精 讲

【典例 1】（2019 海南）生长素及其类似物能够调节植物的生长发育。下列相关叙述错误的是（　　）。

A. 棉花栽培过程中去除顶芽可促进侧芽生长，提高棉花产量

B. 给果树喷施适量的 NAA 有利于保果，提高果实产量

C. 用适宜浓度的 IAA 处理未受粉番茄雌蕊，可得到大量正常的番茄种子

D. 带有芽和幼叶的柳条扦插时容易生根，是因为芽和幼叶均能产生 IAA

【解析】 答案 C。棉花栽培过程中去除顶芽可降低侧芽的生长素含量，解除顶端优势，促进侧芽生长，提高棉花的产量，A 正确；给果树喷施适量的 NAA 有利于保果，提高果实产量，B 正确；用适宜浓度的 IAA 处理未授粉番茄雌蕊，可得无子番茄，C 错误；芽和幼叶均能产生 IAA，IAA 可以促进生根，因此带有芽和幼叶的柳条扦插时容易生根，D 正确。

【提醒】 去除顶芽可解除顶端优势。

【典例 2】用一定浓度梯度的生长素类似物溶液处理扦插枝条，枝条生根的情况如图甲，图乙表示不同浓度的生长素处理顶芽和根部的情况。下列说法不正确的是（　　）。

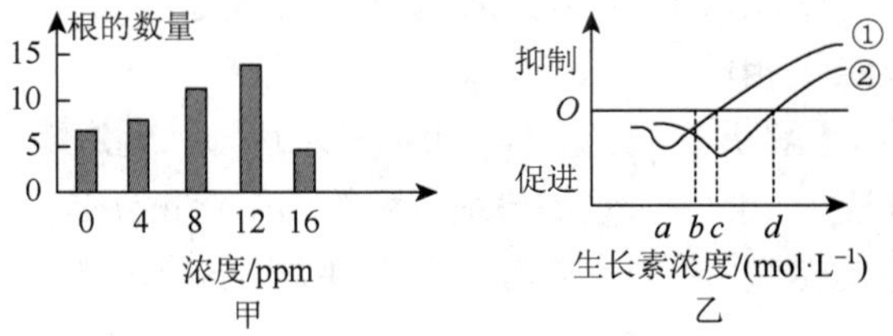

A. 图甲表明在没有外源激素的作用时，扦插枝条也能生根

B. 图乙中①表示的是根部，因为根对生长素更敏感

C. 图乙中 *cd* 段浓度的生长素对顶芽生长具有抑制作用

D. 两图均能体现生长素的生理作用具有两重性

【解析】 答案 C。由图甲可知，当外源生长素类似物溶液浓度为 0 时，生根的数量大于 5，说明在没有外源激素的作用时，扦插枝条也能生根，A 正确；与芽相比，根对生长素更敏感，所以图乙中①表示的是根部、②表示的是顶芽，B 正确；图乙中 *cd* 段浓度的生长素对顶芽生长具有促进作用，C 错误；图甲和图乙均能体现生长素的生理作用具有两重性，D 正确。

【典例 3】为研究 IAA 对豌豆茎切段生长的调节作用，某人将相同豌豆茎切段分成若干组，一组作为空白对照组，其他用不同浓度的 IAA 进行浸泡处理，扦插一段时间后，观察豌豆茎切段生长情况，其结果如下图所示，下列相关叙述正确的是（　　）。

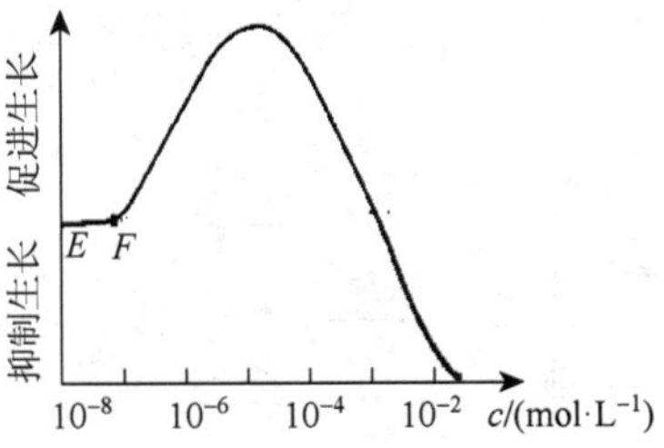

A. 若用 IAA 诱导豌豆茎段生根，则使用生长素的最适浓度约为 10^{-5}

B. 若将豌豆茎的切段换成豌豆根的切段进行实验，则 F 点向右移动

C. 若无空白对照组，也能得出如图所示的实验结果

D. EF 段所示的实验结果与实验中的对照组结果相同

【解析】 答案 D。根据图示可知，促进豌豆茎段生长的生长素的最适浓度约为 10^{-5}mol·L^{-1}，但此浓度不是诱导豌豆茎段生根的最适浓度，A 错误；由于根比茎对生长素敏感，因此若将豌豆茎的切段换成豌豆根的切段进行实验，则 F 点向左移动，B 错误；若无空白对照组，不能得出如图所示的实验结果，C 错误；曲线 EF 段对应的 IAA 浓度，既不促进也不抑制生长，实验结果与实验中的对照组结果相同，D 正确。

【提醒】 在一定范围内，随 IAA 浓度增大，对茎切段生长促进作用增大，超过一定范围后，随 IAA 浓度增大，对切段促进作用减小，甚至起抑制作用。

针 对 训 练

1. 豌豆苗横放一段时间后的生长状况如图甲；用不同浓度的生长素溶液处理豌豆幼苗茎切段，其长度变化如图乙；棉花、苹果等枝条去除顶芽后的生长状况如图丙。下列有关说法正确的是（　　）。

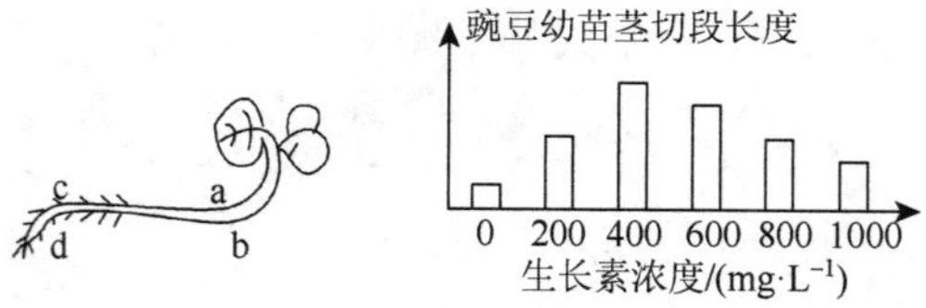

甲　　乙

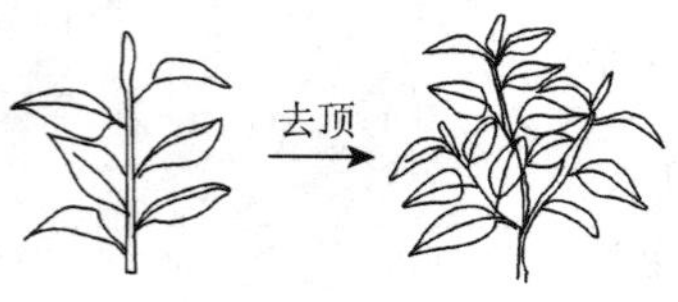

丙

A. 题中三组实验均可证明生长素的作用具有两重性

B. 图丙中的去顶操作有利于侧枝的生长，但是不利于棉花产量的提高

C. 由图乙可知，促进豌豆幼苗茎切段生长的最适生长素浓度是 400mg·L^{-1}

D. 图甲中 a、b、c 三处的生长素均具有促进作用

2. 有人从真菌中提取到甲、乙和丙三种生长素类似物，分别测试三种类似物的不同浓度对莴苣幼根生长的影响，结果如右图。以下说法不正确的是（　　）。

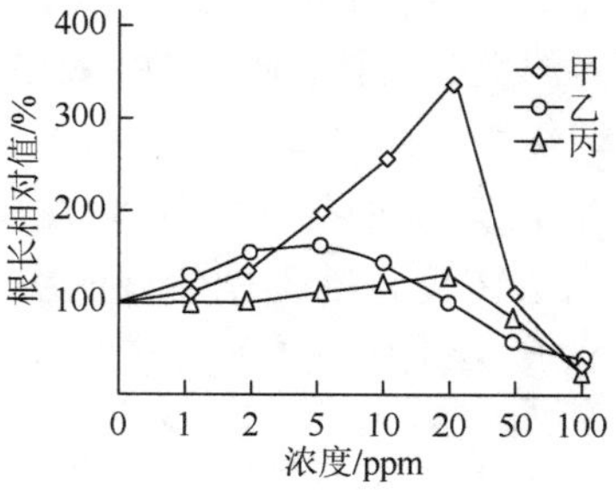

A. 甲、乙和丙对莴苣幼根生长的影响均有两重性

B. 在 0～20ppm 范围内，甲对莴苣幼根的促进作用大于丙

C. 乙的浓度大于 20ppm 后，对莴苣幼根生长起抑制作用

D. 据图推测，用 30ppm 的甲处理莴苣幼芽可抑制其生长

3. 下图表示根、茎对生长素浓度变化的反应曲线，下列叙述错误的是（　　）。

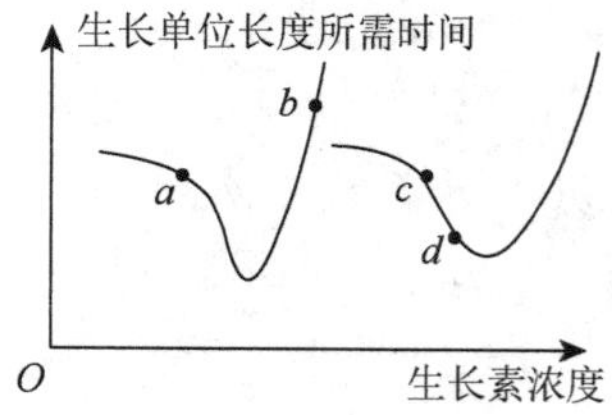

A. 根、茎两器官对生长素反应敏感程度有明显差异

B. d 点对应生长素浓度对根可能有较强烈抑制作用

C. a、b 两点可分别表示某水平放置的植物根的近地侧和远地侧的生长状况

D. c、d 两点可分别表示某单侧光照下植物茎的向光侧和背光侧的生长状况

15.3　其他植物激素及植物生长调节剂的应用

核 心 问 题

1. 你了解植物生长与多种植物激素之间的关系吗？

答：（1）生长素和乙烯对细胞伸长生长的影响。

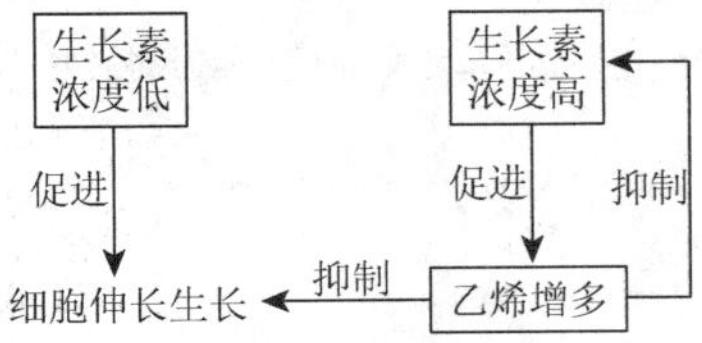

（2）赤霉素与生长素在促进茎秆伸长方面的关系。

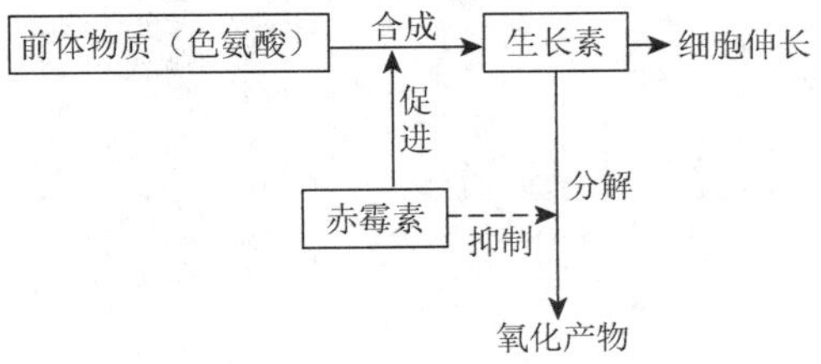

2. 植物激素、植物生长调节剂和生长素类似物有何区别？

答：植物激素是由植物一定部位产生，对植物生长发育起调节作用的一类有机物，起作用效果短暂，作用后被相应的酶分解失活。植物生长调节剂是人工合成的调节植物生长发育的化学物质，其作用后残留在植物体内继续发挥作用；生长素类似物是人工合成的与生长素有类似生理效应的植物生长调节剂。

典 例 精 讲

【典例 1】（2020 山东）植物激素或植物生长调节剂在生产、生活中得到了广泛的应用。下列说法错误的是（　　）。

A. 提高培养基中细胞分裂素与生长素间含量的比值可促进愈伤组织分化出根

B. 用适宜浓度的生长素类似物处理未授粉的番茄雌蕊，可获得无子番茄

C. 用适宜浓度的赤霉素处理休眠的种子可促进种子萌发

D. 利用成熟木瓜释放的乙烯可催熟未成熟的柿子

【解析】 答案 A。提高细胞分裂素和生长素含量的比值，有利于愈伤组织分化成芽，A 错误；生长素类似物可以促进子房发育成果实，所以如果用生长素类似物处理未授粉的番茄雌蕊，可以获得无子番茄，B 正确；赤霉素可以打破种子休眠，促进种子萌发，C 正确；乙烯可以促进果实成熟，成熟木瓜释放的乙烯可以促进未成熟的柿子成熟，D 正确。

> **【提醒】** 识记不同植物激素的功能，特别是在植物组织培养过程中的作用。

【典例 2】 下列关于植物激素和植物生长调节剂在农业生产实践中的应用有关叙述正确的是（　　）。

A. 植物根尖细胞中含有一定量的生长素和细胞分裂素，但不含乙烯

B. 用适宜浓度的 IAA 处理授粉番茄雌蕊，可得到正常的番茄种子

C. 利用较高浓度 2, 4-D 作除草剂，可除去小麦田中的单子叶杂草

D. 芦苇生长期用一定浓度的赤霉素处理，能显著提高其纤维长度

【解析】 答案 D。植物体的各个部位都能够合成乙烯，根尖细胞中也含有乙烯，A 错误；用适宜浓度的 IAA 处理未授粉番茄雌蕊，可得到无籽番茄，B 错误；双子叶植物对生长素更敏感，利用较高浓度 2, 4-D 作除草剂，可除去小麦田中的双子叶杂草，C 错误；赤霉素的生理作用是促进细胞伸长，从而引起茎秆伸长和植物增高，用赤霉素处理的芦苇，能显著提高其纤维长度，D 正确。

【典例 3】（2017 全国卷Ⅰ）通常，叶片中

叶绿素含量下降可作为其衰老的检测指标。为研究激素对叶片衰老的影响，将某植物离体叶片分组，并分别置于蒸馏水、细胞分裂素（CTK）、脱落酸（ABA）、CTK+ABA 溶液中，再将各组置于光下。一段时间内叶片中叶绿素含量变化趋势如图所示。据图判断，下列叙述错误的是（　　）。

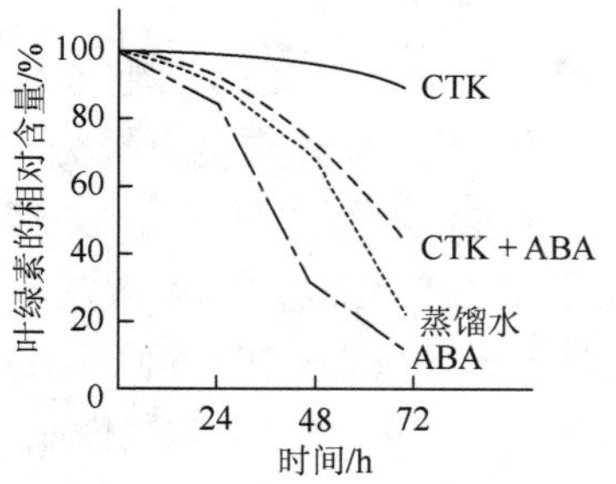

A. 细胞分裂素能延缓该植物离体叶片的衰老

B. 本实验中 CTK 对该植物离体叶片的作用可被 ABA 削弱

C. 可推测 ABA 组叶绿体中 NADPH 合成速率大于 CTK 组

D. 可推测施用 ABA 能加速秋天银杏树的叶由绿变黄的过程

【解析】 答案 C。分析题干信息，叶片中叶绿素含量下降可作为叶片衰老的检测指标，由题图可知，与对照组相比，细胞分裂素（CTK）处理组叶绿素的相对含量较高，说明 CTK 可延缓该植物离体叶片的衰老，A 正确；CTK+ABA 处理组叶绿素的相对含量低于 CTK 处理组但高于对照组，说明 ABA 削弱了 CTK 延缓该植物离体叶片衰老的作用，B 正确；ABA 处理组叶绿素的相对含量低于 CTK 处理组，可推测其光反应速率应小于 CTK 处理组，NADPH 的合成速率也应小于 CTK 组，C 错误；ABA 处理组叶绿素的相对含量低于对照组，说明 ABA 可能促进叶绿素的分解，故推测 ABA 能加速秋天银杏树的叶片由绿变黄的过程，D 正确。

针 对 训 练

1.（2020 浙江）下列关于植物激素应用的叙述，错误的是（　　）。

A. 2, 4-D 可杀除禾谷类田间双子叶杂草是由于双子叶植物对 2, 4-D 的敏感性强

B. 双子叶植物花、叶和果实的脱落过程中存在生长素与乙烯的对抗作用

C. 赤霉素能促进果柄伸长，使无籽葡萄的果实增大

D. 喷洒脱落酸可延长绿色叶菜类蔬菜的保鲜时间

2.（2019 浙江）图甲为豌豆苗茎节段赤霉素（GA）合成途径末端图（其中 GA_1 有生物活性，其他无活性），图乙为外源添加生长素（IAA）对离体豌豆苗茎节段 GA 含量影响图。

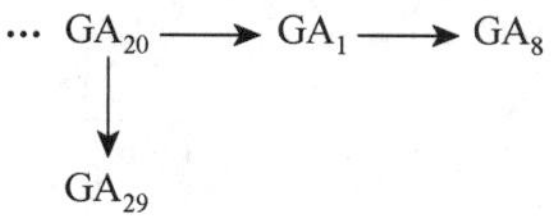

图甲

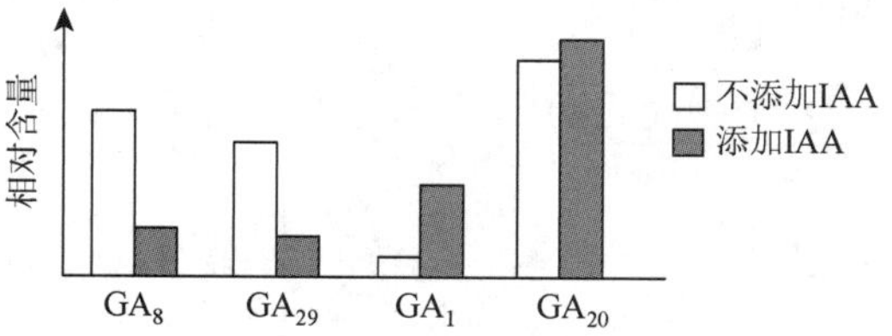

图乙

下列叙述正确的是（　　）。

A. 与去除顶芽的豌豆苗相比，保留顶芽的茎节段中 GA_8 的含量较低

B. 给离体豌豆苗茎节段添加 IAA，能促进 GA_{20} 至 GA_{29} 的合成

C. 若用乙烯处理豌豆苗，茎节段中的 GA_1 含量上升

D. 若去除顶芽后，豌豆苗茎节段伸长，侧芽萌发

3. 下列有关植物激素的说法，正确的是（　　）。

A. 用赤霉素处理大麦，可促使其产生 α-淀粉酶，简化工艺，降低成本

B. 各种植物激素在幼嫩组织中均能进行极性运输

C. 植物生长发育和适应环境从根本上说是多种激素共同调节的结果

D. 乙烯广泛存在于植物的多种组织和器官中，其主要作用是促进果实发育

15.4　实验：探索生长素类似物促进插条生根的最适浓度

核心问题

1. 探索生长素类似物促进插条生根的最适浓度时，怎样处理插条？

答：①生长素类似物处理插条可用浸泡法（溶液浓度较低）或沾蘸法（溶液浓度较高，处理时间较短）。

②选材应选择保留有芽和幼叶的插条，比较容易成活。

③处理时插条上下不能颠倒，否则扦插枝条不能成活。

④扦插时常去掉插条成熟叶片，原因是去掉成熟叶片能降低蒸腾作用，保持植物体内的水分平衡。

2. 在实验中，若两种浓度的生长素类似物促进插条生根效果基本相同，请分析原因。如何进一步确定最适浓度？

答：由生长素作用曲线可知，存在作用效果相同的两种生长素浓度。最适浓度应在作用效果相同的两种浓度之间，即在两种浓度之间再等浓度梯度配制生长素类似物溶液进行实验。

3. 设计实验时，应怎样设计对照和控制变量？

答：设置对照组、重复组。

①设置对照组：清水空白对照；设置浓度不同的几个实验组之间进行相互对照，目的是探索生长素类似物促进扦插枝条生根的最适浓度。

②设置重复组：即每组不能少于 3 个枝条。

控制无关变量：无关变量在实验中的处理要采用等量性原则。如选用相同的花盆、相同的植物材料，插条的生理状况、带有的芽数相同，插条处理的时间长短一致等。

典例精讲

【典例 1】（2018 江苏）如图为一种植物扦插枝条经不同浓度 IAA 浸泡 30min 后的生根结果（新生根粗细相近），对照组为不加 IAA 的清水。下列叙述正确的是（　　）。

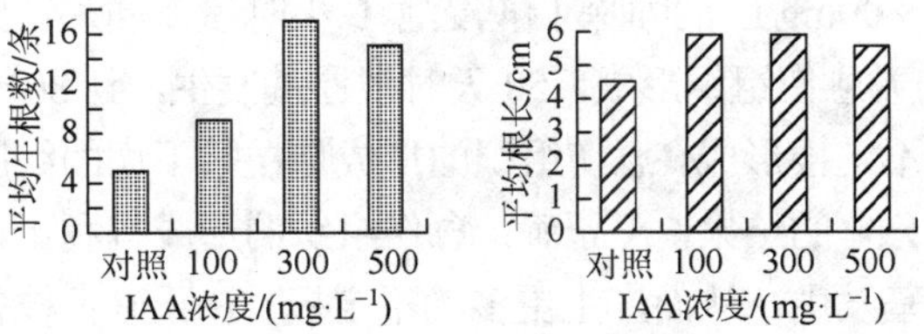

A. 对照组生根数量少是因为枝条中没有 IAA

B. 四组实验中，300mg·L^{-1} IAA 诱导茎细胞分化出根原基最有效

C. 100mg·L^{-1} 与 300mg·L^{-1} IAA 处理获得的根生物量相近

D. 本实验结果体现了 IAA 对根生长作用的两重性

【解析】 答案 B。对照组生根数量少是因为枝条中 IAA 较少，A 错误；据图分析可知，四组实验中，300mg·L^{-1} 的 IAA 浓度下平均生根数最多，说明诱导茎细胞分化出根原基最有效，B 正确；图中显示，100mg·L^{-1} 与 300mg·L^{-1} 处理获得的根的长度相近，但是数量不相等，因此两者获得的根的生物量不相等，C 错误；与对照组相比，高浓度下没有体现抑制生根数和根长的现象，因此不能体现出 IAA 对根生长作用的两重性，D 错误。

【典例 2】（2020 江苏）为提高银杏枝条扦插成活率，采用 800mg/L 吲哚丁酸（IBA）浸泡枝条 1 小时，然后将其插入苗床。下图为诱导生根过程的示意图，下列叙述错误的是（　　）。

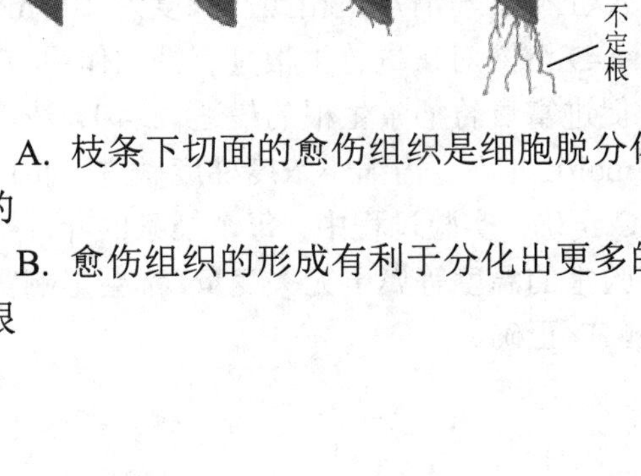

A. 枝条下切面的愈伤组织是细胞脱分化形成的

B. 愈伤组织的形成有利于分化出更多的不定根

C. 不定根的分化是枝条内多种激素共同调控的结果

D. 新生的不定根中生长素浓度可能高于800mg/L

【解析】 答案 D。分析题图可知：扦插枝条用 800mg/L 的吲哚丁酸浸泡 1 小时后，插入苗床 40 天愈伤组织形成，50 天时根原基发生，到 80 天时不定根形成。愈伤组织的形成是枝条下切面细胞脱分化的结果，A 正确；愈伤组织的形成有利于根原基发生，从而产生更多的不定根，B 正确；枝条内存在多种植物激素，不定根的分化是多种激素共同调控的结果，C 正确；根对生长素敏感，低浓度促进根的生长，高浓度抑制其生长，故新生的不定根中生长素浓度应低于 800mg/L，D 错误。

【典例 3】 某生物兴趣小组的同学探究了植物生长素类似物（2, 4-D）对富贵竹插条生根的影响，实验结果如下表所示。下列说法不正确的是（　　）。

组别	1	2	3	4	5	6	7
2, 4-D 浓度/(mol/L)	清水	10^{-15}	10^{-13}	10^{-11}	10^{-9}	10^{-7}	10^{-5}
平均生根条数/根	2.0	3.8	9.4	20.3	9.1	1.3	0

A. 该探究实验的自变量是 2, 4-D 浓度，因变量为插条平均生根条数

B. 浓度为 10^{-5}mol/L 的 2, 4-D 溶液对富贵竹生根既不促进也不抑制

C. 如要确定促进富贵竹插条生根的最适浓度，需缩小 2, 4-D 浓度梯度做进一步实验

D. 实验过程中，每个插条的叶片数以及实验室的温度等因素也会影响实验结果

【解析】 答案 B。根据表格分析可知，该实验的自变量是 2, 4-D 浓度，因变量是平均生根条数，A 正确；与清水组相比，浓度为 10^{-5}mol/L 的 2, 4-D 溶液对富贵竹生根具有抑制作用，B 错误；促进富贵竹插条生根的最适 2, 4-D 浓度为 10^{-11}mol/L 左右，需缩小浓度梯度做进一步的实验，C 正确；实验过程中，每个插条的叶片数以及实验室的温度等属于无关变量，都会影响实验结果，D 正确。

针对训练

1. 下列关于“探究生长素类似物促进插条生根的最适浓度”实验的叙述，错误的是（　　）。

A. 每根枝条上应保留相同数量的芽

B. 可以设计一组生长素类似物浓度梯度比较大的预实验

C. 不同浓度的生长素类似物之间能形成相互对照

D. 生长素类似物浓度不同，扦插枝条生根数目不同

2. 科研人员将铁皮石斛的带芽茎段经植物组织培养得到原球茎，并探究 6-BA 与 2, 4-D 诱导原球茎增殖的最适浓度组合，实验结果如下图。下列叙述正确的是（　　）。

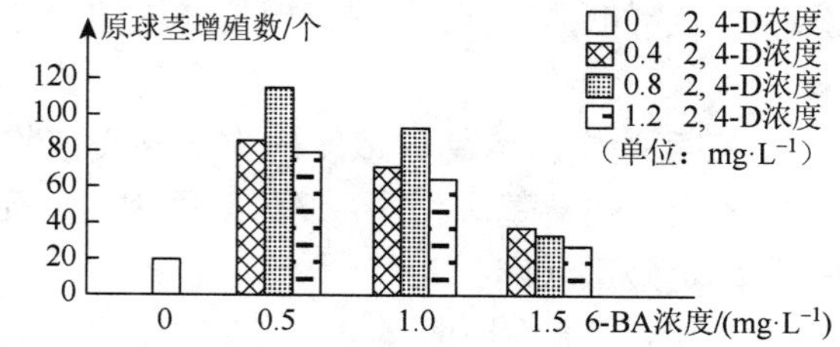

A. 6-BA 和 2, 4-D 对原球茎的增殖起调节作用

B. 实验结果表明，2, 4-D 对原球茎增殖作用具有两重性

C. 实验结果表明，6-BA 和 2, 4-D 协同使用的效果优于单独使用

D. 0.5mg·L^{-1} 6-BA 与 0.8mg·L^{-1} 2, 4-D 是促进原球茎增殖的最适浓度组合

3. 研究小组探究了萘乙酸（NAA）对某果树扦插枝条生根的影响，结果如下图。下列相关叙述正确的是（　　）。

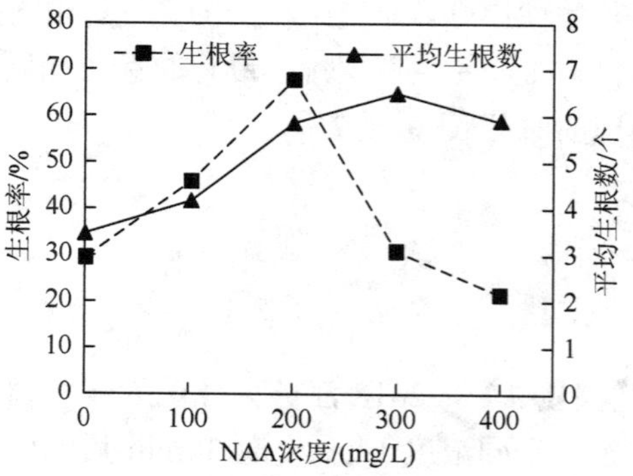

A. 自变量是 NAA，因变量是平均生根数
B. 不同浓度的 NAA 均提高了插条生根率
C. 生产上应优选 320mg/L NAA 处理插条
D. 400mg/L NAA 具有增加生根数的效应

参考答案

15.1　植物生长素的发现

1.D　2.D　3.A　4.C

15.2　生长素的生理作用、特性及应用

1. D　2. D　3. D

15.3　其他植物激素及植物生长调节剂的应用

1. D　2. A　3. A

15.4　实验：探索生长素类似物促进插条生根的最适浓度

1. D　2. A　3. D

第 16 章　种群和群落

16.1　种群的特征

16.1.1　种群的密度以及调查方法

核 心 问 题

1. 种群最基本的数量特征是什么？调查方法有哪些？

答：种群最基本的数量特征是种群密度。调查种群密度的方法有两种：逐个计数法和估算法，逐个计数适用于调查范围小，个体大的种群，大多数情况下采用估算法。

2. 估算种群密度常用的方法有哪些？它们的适用范围是什么？需要注意什么？

答：估算种群密度常用的方法有样方法、标志重捕法和黑光灯诱捕法。

（1）样方法。

①适用范围：植物；活动能力弱、活动范围小的动物，如蚯蚓、跳蝻、昆虫卵的密度、作物植株上蚜虫的种群密度等。

②调查过程：确定调查对象→选取样方→计数→计算种群密度取平均值。

③取样关键：随机取样。

④常用取样法：五点取样法、等距取样法。

⑤计算种群密度：某植物种群密度=所有样方内种群密度的平均值。

（2）标志重捕法。

①适用范围：活动能力强、活动范围大的动物，如哺乳类、鸟类等。

②调查过程：确定调查对象→捕获并标记→重捕、计数→密度估算。

③密度估算公式：

$$种群数量=N(种群数量)=\frac{n(重捕个体数)}{m(重捕中标记数)}\times M$$

（初次捕获标记数）。

注意事项：a. 调查期间无迁入和迁出、出生和死亡。b. 标志物对所调查动物无影响，不能太醒目且不易脱落。

（3）黑光灯诱捕法适用于调查趋光性昆虫的种群密度。

典 例 精 讲

【典例 1】 某同学调查正方形样地中某植物的种群密度时选用五点取样法取样，下表为各样方的植株数量，分析表格中的数据，你认为该同学需要改进的是（　　）。

样方编号	1	2	3	4	5
数量/株	1	0	0	1	0

A. 适当增大样方面积
B. 适当减少样方数目
C. 改用等距取样法取样
D. 改变计数方法

【解析】 答案 A。从表格数据可以看出，只有 2 个样方获取了植株数量，其余三个样方数量均为 0，说明样方太小，需要增大样方面积，以保证所测得数据更加接近真实值，A 正确；样方过小或者数量过少，会导致搜集到的数据较少，偶然性增大，所以应增加样方数量，B 错误；搜集到的数据较少与取样方法和计数方法没有关系，C、D 错误。

【提醒】 样方法调查种群密度时要注意随机取样，当样方面积小或者数量少时需要扩大样方面积或者数量，从而使调查结果接近真实值。

【典例 2】 下列有关种群密度调查方法的说法，正确的是（　　）。

A. 标志重捕法研究期间，种群最好没有迁入和迁出

B. 调查森林中乔木和灌木的种群密度，两者的样方大小必须一致

C. 标志重捕法必须保证所标记种群在整个调查区域内是均匀分布的

D. 对湖泊中水禽的数量进行调查时，样方应设置在近岸浅水、水草丰富的区域

【解析】 答案 A。标志重捕法研究期间，被调查个体必须在调查期间没有大量迁入和迁出、出生和死亡的现象，这样测得的种群密度才接近真实值，A 正确；选取样方面积时不同植物类型取样面积不同，由于乔木体积大，所以样方面积要比调查灌木植物种群密度时的样方面积大，B 错误；标志重捕法所标记的种群在整个调查区域内不一定是均匀分布的，C 错误；样方法调查时，取样的关键是要做到随机取样，不能掺入主观因素，D 错误。

> **【提醒】** 使用样方法时要根据调查对象的不同选择合适的样方，如乔木高大，则要选择较大的样方，如 10m×10m，草本一般选择 1m×1m。

【典例 3】 下列实验或调查活动中，所得数值与实际数值相比，可能偏小的是（　　）。

A. 标志重捕法调查灰喜鹊种群密度时部分标志物脱落

B. 标志重捕法调查田鼠种群密度时，某些田鼠因曾被捕变得狡猾而不易被重捕

C. 样方法调查草地中的蒲公英时，不统计正好在样方线上的个体

D. 样方法调查蒲公英种群密度时在分布较密集的地块取样

【解析】 答案 C。标志物脱落会导致所得数值比实际值偏大，A 错误；标志重捕法调查田鼠种群密度时被捕捉个体不易再次捕获的结果会导致比实际值偏大，B 错误；样方法调查种群密度时不统计样方线上的个体，会导致实际值偏小，C 正确；调查蒲公英种群密度时在分布较密集的地块取样会导致结果偏大，D 错误。

> **【提醒】** 在调查实验中，要注意以下几个问题：一是取样要做到随机取样，排除主观因素影响；二是在样方法统计数据计数时要遵循计上不计下，计左不计右的原则；三在使用标志重捕法调查时，标志物脱落，被捕获个体再次捕获概率下降都会导致所得值比实际值偏大。

16.1.2　种群的其他数量特征

核　心　问　题

1. 种群的其他数量特征如何影响种群数量？

答：种群的其他数量特征有出生率和死亡率、迁入率和迁出率、年龄组成和性别比例。他们之间的关系如图：

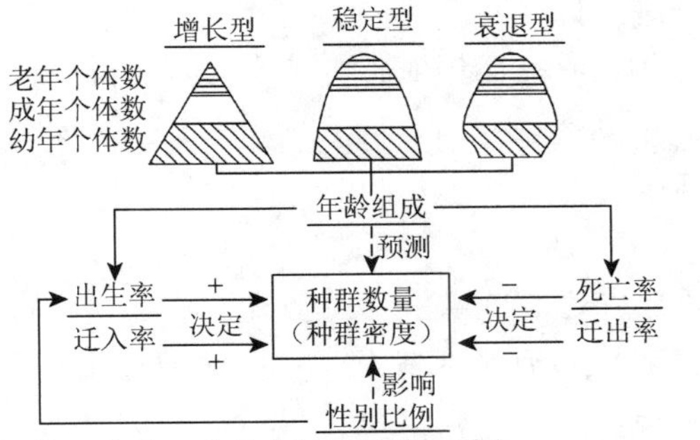

注：“+”、“−”分别表示添加、减少
“——→”、“- - →”分别表示直接因素、间接因素

①出生率和死亡率、迁入率和迁出率直接影响种群数量。

②年龄组成通过影响出生率和死亡率，从而可以预测种群数量变化趋势。

③性别比例通过影响出生率影响种群数量。

典　例　精　讲

【典例 1】 右图为种群数量特征的两个概念图，下列有关分析错误的是（　　）。

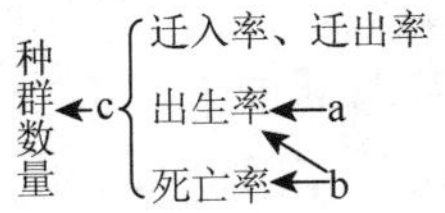

图 1

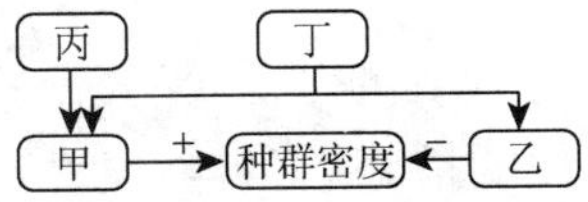

图 2

A. 图 1 中预测种群数量未来变化趋势的主要依据是 b

B. 图 1 中的 c 为种群最基本的数量特征

C. 图 2 中的丁与图 1 中的 a 表示的含义相同

D. 图 2 中丙为性别比例，主要通过影响出生率来间接影响种群密度

【解析】 答案 C。图 1 中 b 影响出生率和死亡率可知 b 为年龄组成，a 只影响出生率，a 为性别比例，c 为种群密度。图 2 是图 1 的变式，丙影响甲，而丁影响甲乙，则丁是年龄组成，丙是性别比例，甲、乙分别为出生率、死亡率。预测种群数量未来变化趋势的年龄组成 b，A 正确；B 中 c 是种群密度，是种群最基本的数量特征，B 正确；C 中图 2 的丁是年龄组成，与图 1 中 b 相同，C 错误；D 中图 2 的丙为性别比例，D 正确。

【提醒】 性别比例通过改变雌雄比例只改变出生率；年龄组成既影响出生率也影响死亡率，例如年龄组成为衰退型的种群死亡率高于出生率。

有关种群特征的实际应用归纳：

(1)城市人口的剧增——迁入率＞迁出率造成的。

(2)中国人口的增长——出生率＞死亡率造成的，不能单纯说是出生率高造成的。

(3)计划生育政策——控制出生率，使增长率下降。

(4)利用性外激素诱捕雄蛾——改变性别比例来降低出生率。

(5)将性外激素释放到大田里，干扰雌雄蛾正常交尾——降低出生率。

【典例 2】 种群的年龄结构大致可以分为图示①②③三种类型，下列相关说法错误的(　　)。

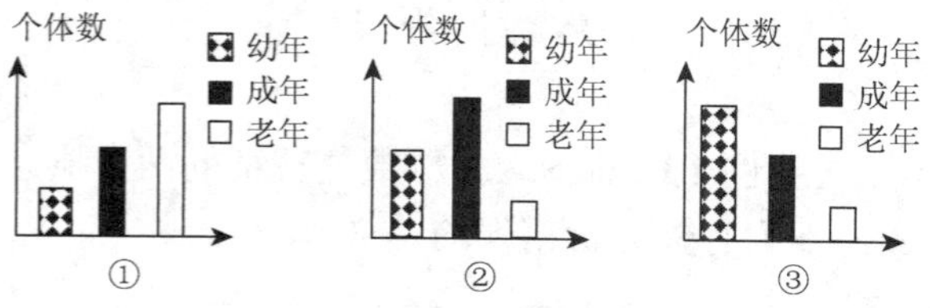

A. 农业生产上应用性引诱剂来干扰害虫交尾的措施，有可能使该种害虫的年龄结构为图①表述类型

B. 在渔业生产中，要严格控制渔网网眼大小以保护幼鱼，捕捞后，该水域鱼种群的年龄结构可能为图③表述类型

C. 调查显示近年我国人口出生率逐年下降，人口缓慢增长，说明我国人口年龄结构为图③表述类型

D. 比较图示三种年龄结构的类型，具有图①所示年龄结构的种群出生率最低

【解析】 答案 D。农业上利用性引诱剂降低出生率，进而降低种群密度，可能使害虫的年龄结构为①衰退型，A 正确；渔业生产中，控制渔网网眼大小保护幼鱼，使捕捞后该水域鱼种群的年龄结构为③增长型，B 正确；我国人口缓慢增长，说明我国人口年龄结构为③增长型，C 正确；年龄结构为衰退型的种群出生率不一定低，增长型的种群出生率不一定高，D 错误。

【提醒】 明确年龄结构的三种组成类型中各种成分的数量关系是关键。增长型种群中幼年个体数最多，稳定型种群各年龄段组成相当，衰退型种群中老年个体多。

【典例 3】（2018 海南）某小组为了研究某混交林的群落结构，选择了若干样地进行调查。其中 A、B、C 三种乔木的调查结果如表。回答下列问题：

乔木树种	老年树		成年树		幼年树	
	密度/(株·hm^{-2})	%	密度/(株·hm^{-2})	%	密度/(株·hm^{-2})	%
A	1267	100.00	0	0	0	0
B	50	31.06	55	34.16	56	34.78
C	50	4.95	80	7.92	880	87.13

(1) 据表可知：__________种群属于增长型种群，______种群属于衰退型种群，________种群属于稳定型种群。

(2)该小组采用的种群密度调查方法是样方法，取样时要做到随机取样，其目的是________。若要调查群落中松鼠种群的密度，则应采用__________法，理由是____________________。

【答案】(1) C　A　B (2) 保证调查结论可靠　标志重捕　松鼠活动能力强，活动范围大

【解析】 根据表中数据可知：A 种群为衰退型，B 种群老年、成年、幼年个体比值大约为 1∶1∶1，故为稳定型，C 种群幼年个体居多，为增长型。

16.1.3　种群的空间特征

核 心 问 题

1. 种群的空间特征有哪几种类型？

答：种群的空间特征是指种群中的个体在其生活空间中的位置状态或布局。有均匀分布、随机分布、集群分布三种类型。

典 例 精 讲

【典例 1】 下列不属于对种群空间特征描述的是（　　）。

A. 某草地上随机分布的蒲公英

B. 每毫升培养液中有 10 个乳酸菌

C. 木棉树在道路旁每隔 10 米均匀种植

D. 斑马在草原上成群活动

【解析】 答案 B。草地上随机分布的蒲公英，属于随机分布，A 错误；每毫升培养液中有 10 个乳酸菌，是种群的密度，属于种群数量特征，B 正确；木棉树在道路旁每隔 10 米均匀种植，属于均匀分布，C 错误；斑马在草原上成群活动属于集群分布，D 错误。

【提醒】 种群空间特征注意两点：一是对象是种群；二是具有三种类型：均匀分布、随机分布、集群分布。

针 对 训 练

1. 下列描述中，属于种群特征的一项是（　　）。

A. 某池塘水面 10 亩，放养了 5 种家鱼

B. 某块稻田中，水稻均匀分布而稗草随机分布

C. 用记名计算法数出一定面积样地中的种群数

D. 用样方法调查到某草原有一年生草本植物 18 种

2. 调查种群密度在生产实践中具有重要意义。下列描述中与实际不符的是（　　）。

A. 调查种群密度常用估算的方法，如样方法、灯光诱捕法、标志重捕法等

B. 麦田里蚜虫分布不均，取样数值偏差太大，不宜采用样方法调查种群密度

C. 调查褐家鼠的种群密度时，可用标志重捕法，所做标记不应影响其被捕概率

D. 用血细胞计数板统计酵母菌种群密度时，只计数小方格内的菌会使数据偏小

3. “二孩政策”于 2016 年 1 月 1 日起正式实施，目前有许多家庭响应国家政策，生育了二胎。下列相关叙述错误的是（　　）。

A. “二孩政策”的出台旨在提高出生率和降低死亡率

B. “二孩政策”可能会改变男女比例失调的现状

C. “二孩政策”可以有效地调整我国劳动力结构，缓解人口老龄化等问题

D. “二孩政策”符合我国经济未来的发展方向

4. 请回答下列与种群密度和种群其他数量特征有关的问题：

（1）年龄组成和性别比例都能间接影响种群密度，但原理有所差异，请具体分析：________。

（2）2003 年，我国颁布法律，禁止“非医学需要的胎儿性别鉴定”和“非医学需要的性别选择性人工流产”，请简要说明这一规定的意义：_____。

（3）老龄化社会意味着人口的年龄结构为衰退型吗？年龄结构为衰退型的种群，其种群密度一定会减小吗？为什么？__________________。

（4）人类在森林里采伐林木、建设铁路等，使该地区东北豹几近消失，随后全面禁猎、建立自然保护区等措施的实施又使该地区东北豹的种群密度增加。请从种群数量特征的角度对此进行分析：______________________________。

16.2　种群数量的变化及其应用

核 心 问 题

1. 研究种群数量变化的方法是什么？种群数量增长的模型有哪些类型？形成的条件如何？

答：研究种群数量变化的方法是构建数学模型。种群数量增长有“J”形曲线和“S”形曲线两种类型。

“J”形曲线是理想状态下的种群数量增长形式。模型假设：食物空间条件充裕、气候适宜、没有敌害等条件，数学模型为：$N_t=N_0\lambda^t$。

“S”形曲线是自然状态下种群增长模型。在自然界的空间和资源都有限的情况下，种群密度增大时种内竞争加剧，导致出生率降低，死亡率升高，当出生率和死亡率相等时，种群数量稳定在一定水平。

“J”“S”形曲线模型

项目	“J”形曲线	“S”形曲线
增长模型	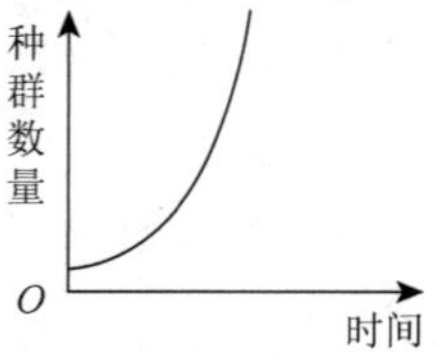	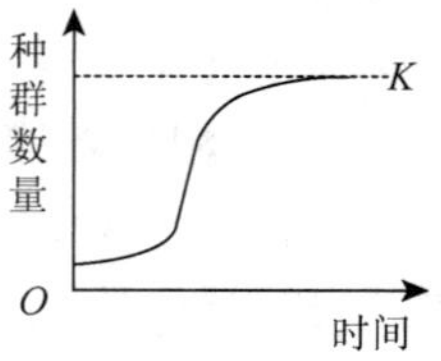

2. *K* 值是固定不变的吗？在农业生产中有何意义？

答：在环境条件不受破坏的情况下，一定空间中所能维持种群最大数量称为环境容纳量，又称 *K* 值。*K* 值并不是一个固定不变的值，它会随环境条件的变化而改变，例如当生活环境遭到破坏时，*K* 值会减小。理想状态不受环境条件的制约，因此“J”形增长是没有 *K* 值的，但在自然环境中，种群数量受环境条件制约，往往围绕 *K* 值上下波动。

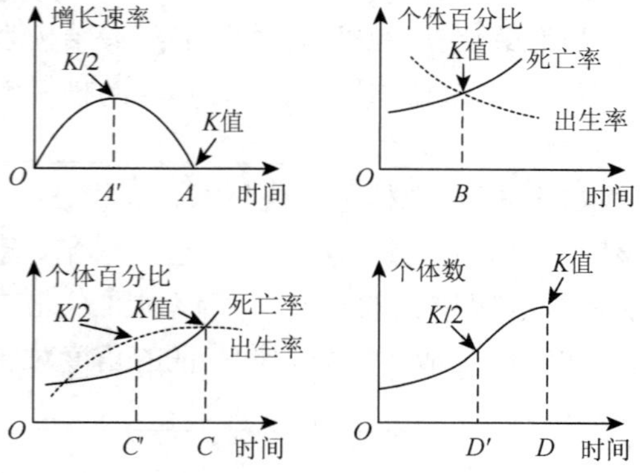

K 值的四种表示方法

K 值在农业生产中的应用：

（1）濒危动物和野生资源的保护：建立自然保护区，保护野生生物生活的环境，减小环境阻力，提高 *K* 值。

②野生资源的利用：渔业捕捞应在 *K* 值以后，捕捞后数量维持在 *K*/2（最大增长速率时）。

③有害生物的防治：增大环境阻力（如为防鼠害而封锁粮食、清除生活垃圾、保护鼠的天敌等），降低 *K* 值，防治有害生物要在 *K*/2 之前，严防达到 *K*/2。

3. 如何区别种群增长率和增长速率？

答：增长率=一定时间内增长的数量/初始数量。增长率没有单位，是个百分值。在“J”形曲线中增长率不变（$\lambda-1$）；在“S”形曲线中增长率逐渐减小。

增长速率=一定时间内增长的数量/时间。增长速率有单位，如个/年。在“J”形曲线中种群增长速率不断增大；在“S”形曲线中种群增长速率先增大，在 *K*/2 时达到最大，然后逐渐减小。

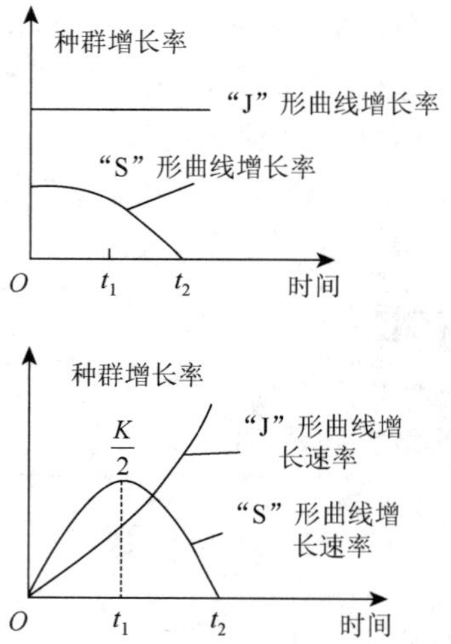

“J”形曲线与“S”形曲线的增长率和增长速率曲线

4. 影响种群数量变化的因素有哪些？

答：影响种群的自然因素如气候、食物、天敌、传染病等；人为因素如人类活动等，都会使种群数量处于波动之中。当环境遭到破坏时，*K* 值会下降；当环境条件状况改善时，*K* 值会上升。在环境不遭受破坏的情况下，种群数量会在 *K* 值附近上下波动。当种群数量偏离 *K* 值时，会通过负反馈调节使种群数量回到 *K* 值（如图）。

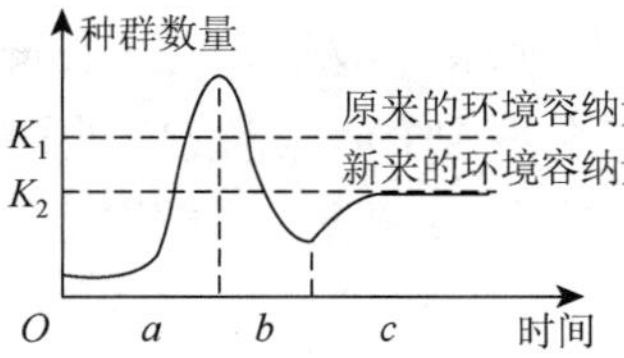

5. 在探究酵母菌种群数量变化的实验中如何对酵母菌进行计数？本实验要注意什么？

答：对酵母菌计数采用的方法是抽样检测的方法（显微计数法）。本实验需要注意以下几点：

（1）本实验不需要设置对照实验，因为不同时间取样已形成自身对照；需要做重复实验，目的是尽量减小误差，需对每个样品计数三次，取其平均值。

（2）从试管中吸出培养液进行计数前，需将试管轻轻振荡几次，目的是使培养液中的酵母菌均匀分布，减小误差。

（3）制片时，先将盖玻片放在计数室上，用吸管吸取培养液，滴于盖玻片边缘，让培养液自行渗入。多余培养液用滤纸吸去。

（4）制好装片后，待酵母菌全部沉降到计数室底部，再用显微镜进行观察、计数。

（5）显微镜计数时，对于压在小方格界线上的酵母菌，应遵循“计上不计下，计左不计右”的原则计数。

（6）如果一个小方格内酵母菌过多，难以数清，应当稀释培养液重新计数。稀释培养液时要进行定量稀释，便于计算。

（7）每天计数酵母菌数量的时间要固定。

典 例 精 讲

【典例 1】（2019 全国卷Ⅰ）某实验小组用细菌甲（异养生物）作为材料来探究不同条件下种群增长的特点，设计了三个实验组，每组接种相同数量的细菌甲后进行培养，培养过程中定时更新培养基，三组的更新时间间隔分别为 3h、10h、23h，得到 a、b、c 三条种群增长曲线，如图所示。下列叙述错误的是（　　）。

A. 细菌甲能够将培养基中的有机物分解成无机物

B. 培养基更换频率的不同，可用来表示环境资源量的不同

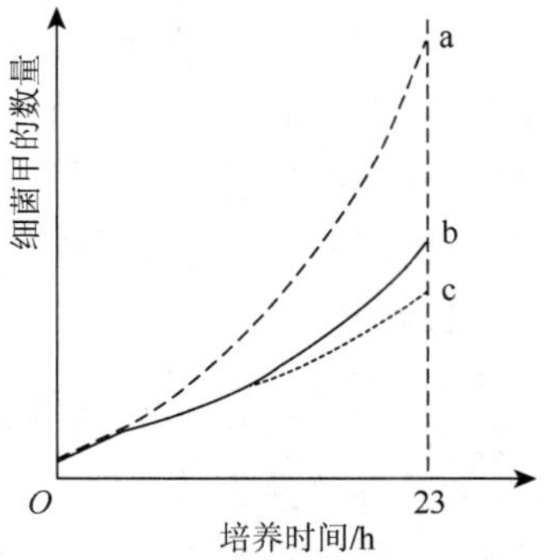

C. 在培养到 23h 之前，a 组培养基中的营养和空间条件都是充裕的

D. 培养基更新时间间隔为 23h 时，种群增长不会出现 J 形增长阶段

【解析】 答案 D。根据题干，细菌甲是异养生物，通过分解培养基中的有机物为无机物为自身提供养分，A 正确；更换培养基为细菌提供新的营养物质并除去代谢废物，培养基更换频率的不同，可表示环境资源量的不同，B 正确；根据题图可知，在 23h 前，a 组细菌甲的生长曲线呈现 J 形增长，说明 a 组培养基中资源和空间充足，C 正确；由题图可知，培养基更新时间间隔为 23h 时，种群在早期会出现 J 形增长，D 错误。

【典例 2】 将某种单细胞菌接种到装有 10mL 液体培养基（培养基 M）的试管中，培养并定时取样和进行计数。计数后发现，试管中该种菌的总数达到 *a* 时，种群数量不再增加，下列有关说法错误的是（　　）。

A. 试管中该种菌的总数达到 a 时，种群数量不再增加，说明该种群增长曲线为 S 形

B. 种群数量为 $a/2$ 时，种群增长最快

C. 若将该种菌接种在 5mL 培养基 M 中，培养条件同上，则与上述实验结果相比，该种菌的环境容纳量（K 值）减小

D. 若在 5mL 培养基 M 中接种该菌的量增加一倍，则与增加前相比，K 值增大。

【解析】 答案 D。J 形曲线中种群数量呈指数增长，没有峰值。“S”形曲线中，由于环境阻力（培养液有限、试管体积有限），种群数量先增加后不变，该单细胞菌数量达到 *a* 不变，即为 K 值，故该种群的增长曲线为 S 形，A 正确；种群数量为 $K/2$ 即 $a/2$ 时，增长速率最快，B 正确；若把上述单细胞菌接种到含 5mL 培养基的试管

中，由于培养液减少，营养物质减少，故该菌的 K 值会出现下降，C 正确；若该菌的接种量增大一倍，则会较快达到 K 值，但由于培养液量不变，K 值是由环境资源量决定的，与接种量无关，故 K 值不变，D 错误。

【提醒】 K 值大小与环境资源条件有关，与种群初始数量没有关系，初始数量大，种群达到 K 值时间短。“S”形曲线中 $K/2$ 时增长速率最大。

【典例 3】 下图中关于“S”形曲线的叙述，错误的是（　　）。

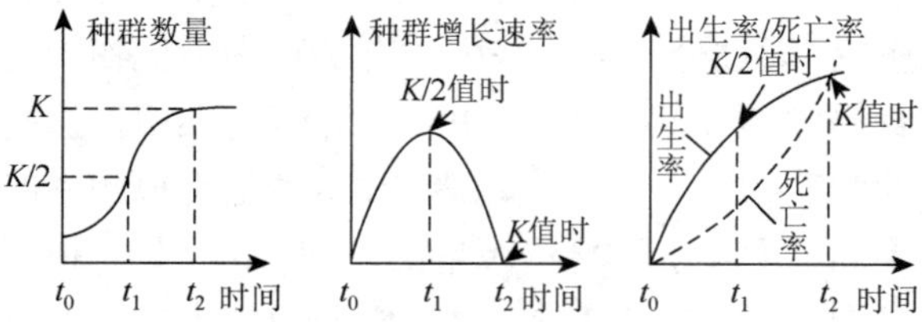

A. t_0–t_1 之间种群数量小于 $K/2$ 时，由于资源和空间相对充裕，出生率大于死亡率，种群数量增长较快

B. t_1–t_2 之间，由于资源和空间有限，当种群密度增大时，种内斗争加剧，天敌数量增加，种群增长速率下降

C. t_2 时，种群数量达到 K 值，此时出生率等于死亡率，种群增长速率为 0

D. 在 t_1 时控制有害生物最有效

【解析】 答案 D。从图中可知 t_0–t_1 出生率大于死亡率，且差值越来越大，种群数量增长较快，A 正确；t_1–t_2 之间种群数量大于 $K/2$，种群数量越来越大，资源和空间有限，出生率和死亡率差值越来越小，种群增长速率减慢，B 正确；t_2 时刻出生率等于死亡率，种群增长速率为 0，C 正确；t_1 时刻，种群出生率和死亡率差值最大，种群增长速率最大，若在此时控制有害生物，很难将种群数量降到较低水平，应该在 t_1 时刻之前开始控制，严防达到 $K/2$，D 错误。

【提醒】 在“S”形增长曲线中，$K/2$ 时期对应的种群增长速率最大。

【典例 4】 如图为某同学取 1mL 培养液稀释 100 倍后，用血球计数板（1mm×1mm×0.1mm）通过显微镜观察到的培养液中的酵母菌在血球计数板中的分布情况。下列相关叙述错误的是（　　）。

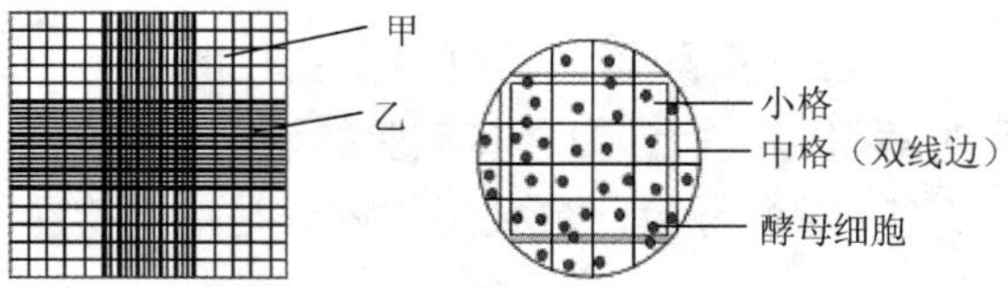

A. 该培养液中酵母菌的数量为 6×10^5 个/mL

B. 选择图示乙规格的计数室，含 25 个中方格、400 个小方格

C. 一个血细胞计数板中央仅含有一个计数室

D. 取样时滴管从静置的培养液底部吸取，会导致数据偏大

【解析】 答案 C。乙中一个中方格含 24 个酵母菌，则一个大方格中含 600 个，因大方格体积为 0.1mm^3，又稀释了 100 倍，所以酵母菌为 6×10^5 个/mL，A 正确；该血细胞计数板的规格为 25 个中方格×16 个小方格，即一个大方格中含有 400 个小方格，B 正确；一个血细胞计数板含有两个计数室，C 错误；静置的培养液中酵母菌细胞沉到底部，直接从底部吸取会导致细胞数目偏多，数据偏大，D 正确。

【提醒】 血细胞计数板及相关计算。

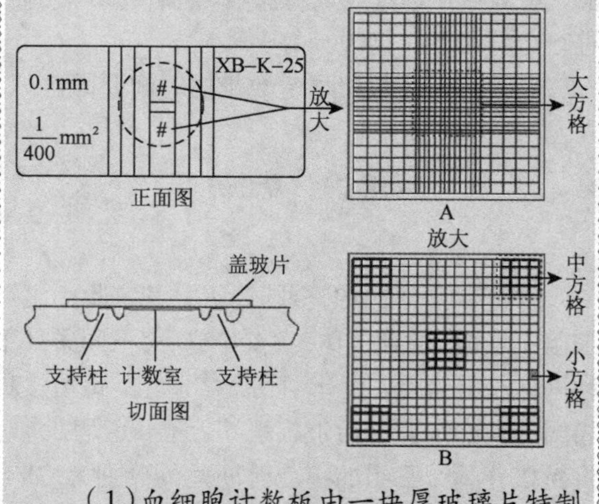

（1）血细胞计数板由一块厚玻璃片特制而成，其中央有两个计数室。每个计数室划分为 9 个大方格（如图 A 所示），每个大方格的面积为 1mm^2，加盖玻片后的深度为 0.1mm。因此，每个大方格的容积为 0.1mm^3。另外，中央大方格以细线等分为 25 个中方格

（如图 B 所示）。每个中方格又等分为 16 个小方格，供细胞计数用。（另外一种是 16 个中方格，25 个小方格。）

（2）计算公式：

①在计数时，先统计（图 B 所示）5 个中方格中的总菌数，求得每个中方格的平均值再乘以 25，就得出一个大方格的总菌数，然后再换算成 1mL 菌液中的总菌数。

②设 5 个中方格中总菌数为 A，菌液稀释倍数为 B，则 $0.1mm^3$ 菌液中的总菌数为 (A/5)×25×B。已知 $1mL=1cm^3=1000mm^3$，1mL 菌液的总菌数=(A/5)×25×10000×B=50000A×B。16 个中方格，25 个小方格计算公式为：(A/4)×16×10000×B=40000A×B。

针对训练

1. 自然界的资源和空间总是有限的，种群的增长往往表现为“S”形曲线，以下关于“S”形曲线的叙述，错误的是（　　）。

A. 种群数量在未达到 *K* 值之前，种群的增长速率逐渐增大

B. 种群数量在未达到 *K* 值之前，种群的出生率大于死亡率

C. 种群数量达到 *K* 值之后，种群数量并非绝对恒定

D. 有害动物防治可以通过改变环境降低其环境容纳量

2. 下列对种群数量变化曲线的解读，合理的是（　　）。

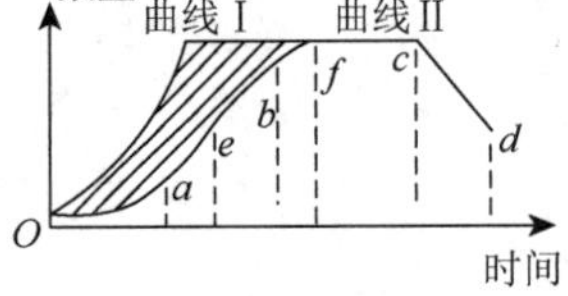

图1

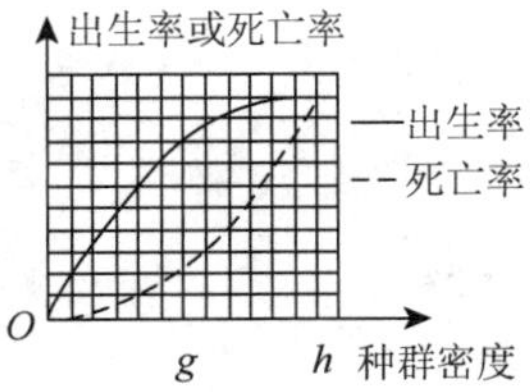

图2

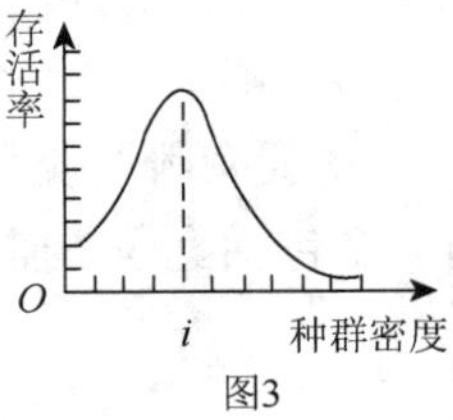

图3

A. 图 1、2 所示为种群在自然环境条件下的增长规律，图 3 为曲线Ⅰ条件下种群的存活率

B. 鱼类捕捞在图 1 的 *e* 点、图 2 的 *g* 点和图 3 的 *i* 点时进行，能获得最大日捕捞量

C. 若图 1 为酵母菌种群数量增长曲线，则Ⅰ为培养早期，Ⅱ的 *cd* 段酒精大量积累

D. 图 3 曲线的 *i* 点，种内斗争最激烈

3. 如图表示鳄鱼种群数量变化的四种情况，其中曲线Ⅰ、Ⅱ、Ⅲ处于三种不同的自然条件下，而曲线Ⅳ处于理想状态下。不考虑天灾，下列相关叙述中错误的是（　　）。

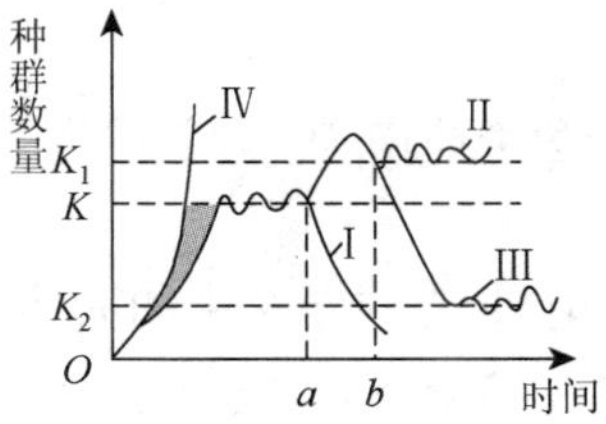

A. 理想状态下，鳄鱼种群的增长率大小与种群密度的大小没有关联

B. 若鳄鱼的栖息地在 *a* 点被严重破坏，则将出现曲线Ⅰ的下降趋势

C. 出现曲线Ⅲ的变化趋势，源于在 *b* 点人为捕杀了一定数量的鳄鱼

D. 若在 *b* 点没有任何人为干扰，则鳄鱼的种群数量将在 K_1 上下波动

4. 如图表示在一个 10mL 封闭培养体系中酵母细胞数量的动态变化。下列相关叙述中，不正确的是（　　）。

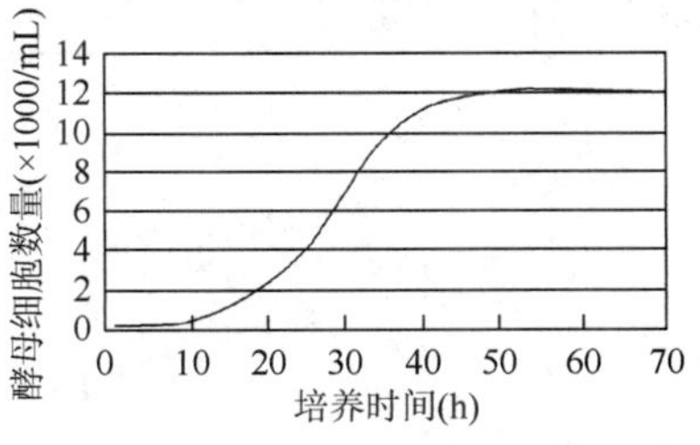

A. 40～60h 时，酵母菌种群数量达到 *K* 值，稳定不变

B. 30h 后，种内斗争加剧导致酵母细胞数量增长减慢

C. 调查酵母种群密度时，应采用抽样检测法

D. 70h 后在显微镜下计数，不能确定酵母细胞活菌数量

5. 图 1 和图 2 表示出生率、死亡率、净补充量（为出生率、死亡率之差）和种群密度的关系，下列有关叙述正确的是（　　）。

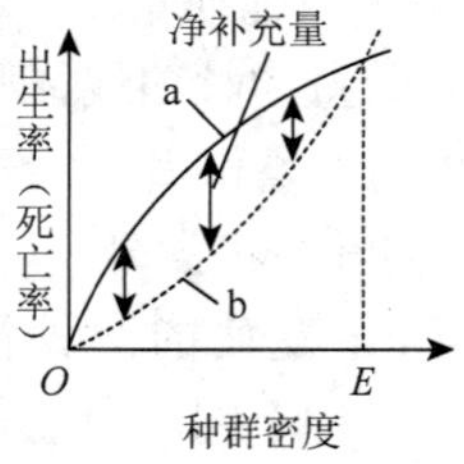

图 1

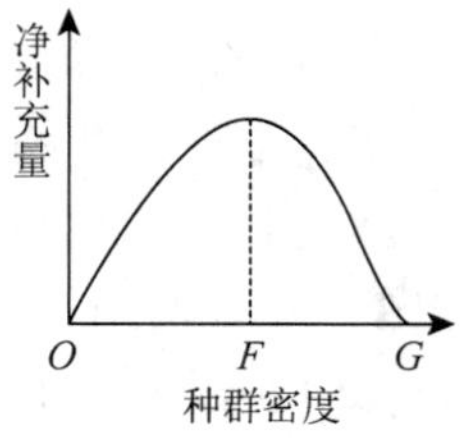

图 2

A. 图 1 中曲线 a 代表死亡率，曲线 b 代表出生率

B. 海洋鱼类捕捞应使鱼类的数量保持在图 2 的 *F* 点

C. 图 1 中 *E* 点与图 2 中的 *F* 点意义相同

D. 图 2 中 *G* 点代表种群的数量不再发生变化

6.“种群存活力”分析可用于研究一些因素如何影响到种群灭绝的可能性，这种研究方法目前已被用来评价秦岭大熊猫现有种群的存活能力，并借此探讨相应的保护措施。请回答下列问题：

（1）研究秦岭大熊猫种群动态，常需要调查种群密度，它是种群最基本的__________特征。

（2）在环境条件不变的情况下，对秦岭大熊猫进行“种群存活力”分析时，得到如下表所示的数据，请据表分析回答：

初始种群规模/只	10	20	25	28	30	40	50	70
种群在 200 年内的灭绝概率	0.412	0.132	0.076	0.065	0.041	0.010	0.002	0

若以“种群在 200 年内的灭绝概率小于 5%”作为种群可以维持存活的标准，则该种群维持存活所需的最小初始规模范围在__________只之间。

（3）若以环境质量下降、自然灾害以及人类的偷猎和捕捉等限制种群数量增长的环境阻力为“限制压”，下图曲线表示不同“限制压”下（以小数表示）初始规模不同的种群与其在 200 年内的灭绝概率（%）的关系。请据图分析：

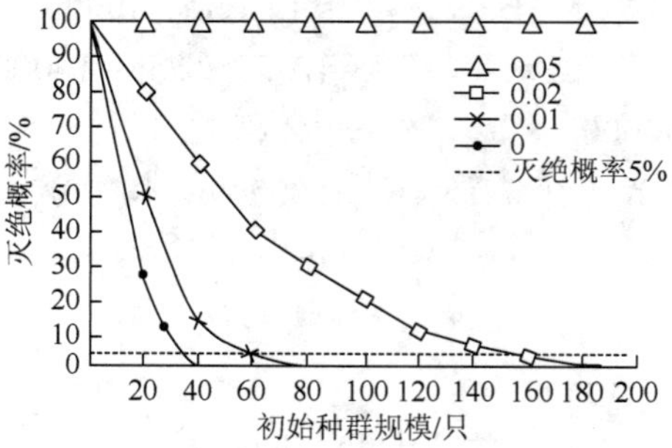

由图可知，随着限制压的增大，种群灭绝的可能性会__________（填“增大”“减小”或“不变”），维持种群存活的最小规模会__________（填“增大”“减小”或“不变”）。若以“种群在 200 年内的灭绝概率小于 5%”作为种群可维持存活的标准，则当限制压为 0.02 时，“最小存活种群”的规模为__________只。

（4）基于上述研究结果，请你提出 2 个针对秦岭大熊猫的保护建议：__________。

16.3　群落的结构

核 心 问 题

1. 不同群落在物种组成上有哪些区别？丰富度变化规律是什么？如何统计丰富度？

答：区别不同群落的重要特征是群落的物种组成。群落中物种数目的多少称为丰富度。丰富度随纬度变化而变化，一般越靠近热带地区，物种数目越多，单位面积丰富度越大。统计丰富度常用的方法有目测估计法和记名计算法。

2. 种间关系主要有哪些类型？如何区别？

答：种间关系包括竞争、捕食、互利共生和寄生等。

种间关系曲线图

关系名称	数量关系图	能量关系图	特点	实例
互利共生	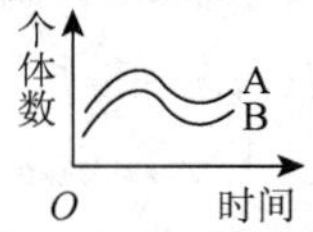	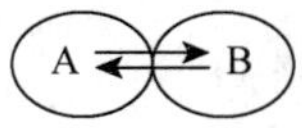	数量上两种生物同时增加，同时减少，呈现出“同增同减”的同步性变化	大豆和根瘤菌 地衣中的藻类和真菌
寄生		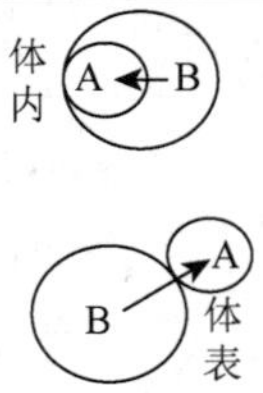A为寄生生物，B为宿主	对宿主有害，对寄生生物有利，如果分开，则寄生生物难以独立生存，而宿主会生活得更好	蛔虫和人 菟丝子和大豆
竞争	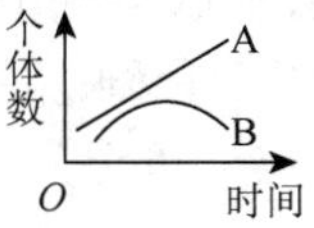图1 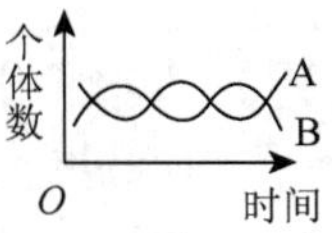图2	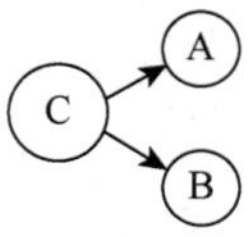	两种生物生存能力不同，如图 1 所示；两种生物生存能力相同，如图 2 所示	牛和羊 水稻与杂草
捕食	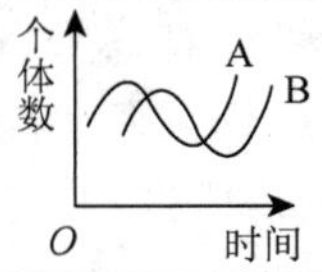	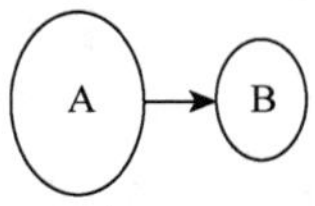	数量上表现为被捕食者“先增加先减少”，捕食者“后增加后减少”的不同步性变化	狼与兔 鹰与鼠

3. 群落的空间结构有几种类型？如何区分？

答：群落空间结构包括垂直结构和水平结构两种类型。垂直结构表现在群落在垂直方向上的分层现象。植物的分层与光的利用有关，其意义是显著提高了群落利用阳光等资源环境的能力；动物的分层主要与栖息空间和食物条件有关。

水平结构是指在水平方向上由于光照强度、地形、盐碱度和湿度等因素的影响，不同地段上分布着不同的生物种群，通常表现为镶嵌分布。

典 例 精 讲

【典例 1】 如图表示的是不同群落中生物种群的数量变化关系，下列分析正确的是（　　）。

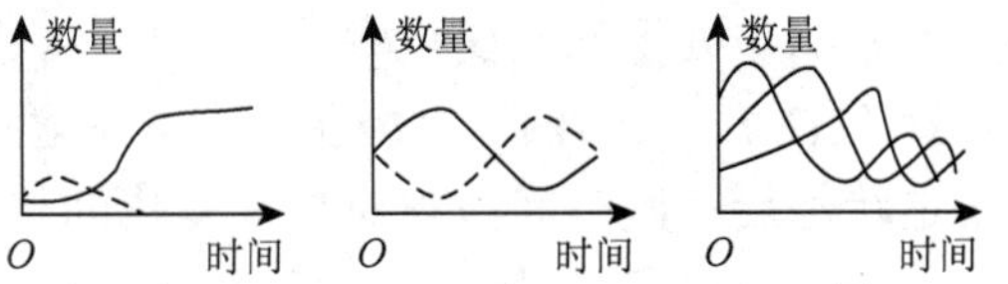

甲　乙　丙

A. 图甲可以表示草原上狮子和猎豹之间的关系

B. 图乙可以表示白蚁和其肠道内的鞭毛虫的关系

C. 图丙的三个种群一定能形成一条食物链

D. 甲、乙两图都表示生物种间的竞争关系

【解析】 答案 D。据图分析可知，甲、乙、丙三图分别表示竞争、竞争和捕食关系。甲图是两者实力悬殊的竞争关系，乙图是实力相当的竞争关系。草原上狮子和猎豹具有实力相当的竞争关系，不是“你死我活”的竞争关系，故图甲不能表示草原上狮子和猎豹之间的关系，A 错误；白蚁以木材为食，但是它本身不能消化纤维素，必须要依靠其肠道内鞭毛虫分泌的消化纤维素的酶才能将纤维素分解，分解后的产物供双方利用，故白蚁和其肠道内的鞭毛虫是互利共生关系，B 错误；图丙的三个种群可能是三个动物种群，而食物链中必须有生产者，C 错误；甲、乙均表示竞争关系，D 正确。

【提醒】 同种生物不同个体争夺食物资源不属于种间竞争关系。捕食关系表现为先增先减、后增后减的非同步性变化，要与互利共生的同步性变化相区别。在生态系统中不同物种之间可能存在多种种间关系，如捕食和竞争关系常常同时存在。

【典例 2】 根据下图中显示的信息，判断下列说法中正确的是（　　）。

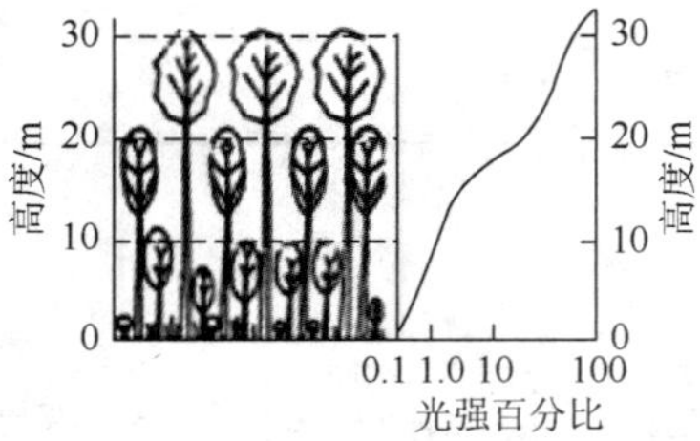

A. 该图中所有的植物构成生物群落

B. 决定植物分层的主要环境因素除光照外，还有地形、湿度、盐碱度等

C. 在农业生产上可以充分利用这一现象合理搭配种植品种

D. 从山麓到山顶的群落分布属于垂直结构

【解析】 答案 C。一定区域所有的生物构成群落，A 错误；决定植物分层的主要环境因素是光照，而地形、湿度、盐碱度等是影响群落水平结构的环境因素，B 错误；植物的分层现象与光的利用有关，农业生产上可以充分利用植物对光照强度的需求不同合理搭配种植品种，C 正确；从山麓到山顶的群落分布是由地形起伏引起的，属于水平结构，D 错误。

【提醒】 植物群落的垂直结构上表现为分层现象主要与光的利用有关，动物分层主要与栖息地和食物有关。这种分层现象可以显著提高群落利用阳光等环境资源的能力。群落的水平结构则主要是与地形变化、土壤湿度和盐碱度的差异、光照强度不同以及自身生长特点不同等成镶嵌性分布的特点。

【典例 3】 下列关于“土壤中小动物类群丰富度的研究”实验的说法中，不正确的是（　　）。

A. 为调查不同时间土壤中小动物丰富度，可分别在白天和晚上取同一地块的土样

B. 许多土壤小动物有较强的活动能力，可采用标志重捕法调查土壤小动物类群丰富度

C. 利用小动物的避光、避热性，收集土样中的小动物可采用带灯罩的热光源

D. 对于无法知道名称的小动物，不可忽略，应记录下它们的特征

【解析】 答案 B。为了调查不同时间土壤中小动物的丰富度，可分别在白天和晚上取同一地块的土样，A 正确；可采用记名计算法或目测估计法对土壤中小动物进行丰富度的统计，B 错误；土壤小动物具有避光、避热性，利用小动物的避光避热性，收集样土中的小动物可采用带灯罩的热光源，C 正确；对于无法知道名称的小动物，不可忽略，可记为“待鉴定××”，并记录下它们的特征，D 正确。

【提醒】 土壤中小动物类群丰富度的研究利用土壤小动物趋暗、趋湿、避高温的习性，土壤小动物活动能力强但身体微小不适于样方法或者标志重捕法，常采用取样器取样的方法进行采集、调查。在统计丰富度时，可采用记名计算法或者目测估计法。

针 对 训 练

1. 群落的结构广义上包括群落的种类组成、物种的数量特征、物种多样性，种间关系以及群落内生物在空间上和时间上的分化或配置。根据以上信息及所学知识判断，下列说法错误的是（　　）。

A. 春天草原返青，秋天草木枯黄，这些都不属于广义群落结构的范畴

B. 农田、鱼塘、园林等群落结构的形成过程中，人为因素起着重要作用

C. 当群落演替到顶极群落时，群落的种间关系、空间结构保持相对稳定

D. 群落的结构不是恒定不变的，而是受多种因素影响，处于动态变化中

2. 如图表示一片草原上的兔子和狼达到相对稳定状态后一段时间内相对数量变化的趋势，下列相关分析错误的是（　　）。

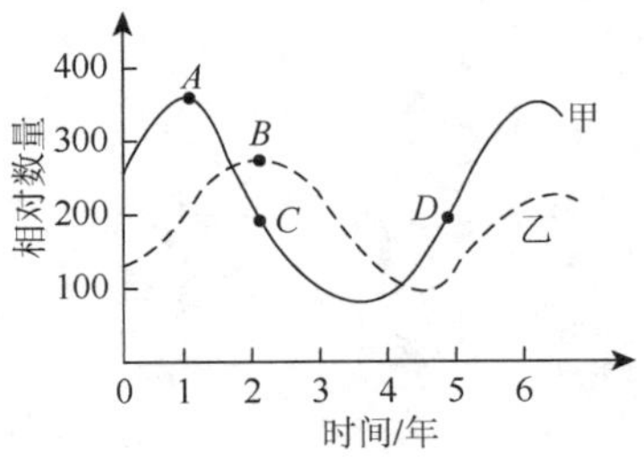

A. 甲、乙分别表示兔子和狼的数量变化

B. 狼的 K 值接近 B 点对应的数值

C. 兔子的 K 值接近 C 点和 D 点对应的数值

D. 第 3 年狼的数量因缺乏食物而下降

3. 下表表示某地甲、乙两个种群数量变化关系。据表分析，下列说法正确的是（　　）。

年份	一	二	三	四	五	六	七
甲种群数量/乙种群数量	1.3	1.35	1.1	0.95	0.65	0.33	0

A. 甲、乙两种群均为“S”形增长，增长速率均受本身密度制约

B. 甲、乙两种群为捕食关系，其中乙为捕食者，甲为被捕食者

C. 甲、乙两种群为竞争关系，第四年开始乙种群占优势，且甲种群逐步被淘汰

D. 甲、乙两种群可分别代表草原中的兔子和牛，二者是此消彼长的竞争关系

4.（2021 全国乙卷）在自然界中，竞争是一个非常普遍的现象。回答下列问题：

（1）竞争排斥原理是指在一个稳定的环境中，两个或两个以上受资源限制的，但具有相同资源利用方式的物种不能长期共存在一起。为了验证竞争排斥原理，某同学选用双小核草履虫和大草履虫为材料进行实验，选择动物所遵循的原则是__________。该实验中需要将两种草履虫放在资源____________（填“有限的”或“无限的”）环境中混合培养。当实验出现____________的结果时即可证实竞争排斥原理。

（2）研究发现，以同一棵树上的种子为食物的两种雀科鸟原来存在竞争关系，经进化后通过分别取食大小不同的种子而能长期共存。若仅从取食的角度分析，两种鸟除了因取食的种子大小不同而共存，还可因取食的______________（答出 1 点即可）不同而共存。

（3）根据上述实验和研究，关于生物种间竞争的结果可得出的结论是________________。

16.4　群落的演替

核心问题

1. 如何区别初生演替和次生演替？

答：初生演替和次生演替的区别有以下几点：

（1）起点不同。初生演替是在从来没有被植物覆盖的地面，或者是原来存在过植被，但被彻底消灭了的地方进行，次生演替是原有植被虽已不存在，但原有土壤条件基本保留，甚至还保留了植物的种子或其他繁殖体的地方。

（2）时间不同。初生演替时间长，次生演替时间短。

（3）影响因素不同。初生演替自然因素影响大，次生演替人类活动较为关键。

2. 群落演替的方向和结果是什么？人类活动对群落演替有什么影响？

答：一般来说，群落演替的方向朝着群落结构越来越复杂，能量越来越多，稳定性越来越高的方向进行。最终的演替结果主要由演替地所处的气候条件决定。如在干旱的荒漠地区很难形成森林。

人类活动对群落演替的影响远超过其他自然因素的影响，可使群落演替按不同于自然演替的方向和速度进行。有利于群落演替的人类活动：退耕还林、还草、还湖和封山育林等。不利于群落演替的人类活动：砍伐森林、填湖造地、捕杀动物等。

典例精讲

【典例 1】（2020 全国卷Ⅱ）河水携带泥沙流入大海时，泥沙会在入海口淤积形成三角洲。在这个过程中，会出现 3 种植物群落类型：①以芦苇为主的植物群落（生长在淡水环境中）；②以

翅碱蓬为主的植物群落（生长在海水环境中）；③草甸植物群落（生长在陆地环境中）。该三角洲上的植物群落是通过群落演替形成的，演替的顺序是（　　）。

A. ②①③　　B. ③②①

C. ①③②　　D. ③①②

【解析】 答案A。由题干信息可知，该处形成三角洲的过程发生的演替属于次生演替，由于入海口是海水环境，最先形成的群落应是生长在海水中的以翅碱蓬为主的植物群落（②），随着河水（淡水）的不断冲刷，此处环境中水中的盐浓度会逐渐下降，植物群落便逐渐演替为以芦苇为主的植物群落（①），由于河水中带有泥沙，三角洲处的陆地面积也会有一定的增大，因此会逐渐演替为草甸植物群落，则演替顺序为②①③，A正确。

【典例2】（2021 全国甲卷）群落是一个不断发展变化的动态系统。下列关于发生在裸岩和弃耕农田上的群落演替的说法，错误的是（　　）。

A. 人为因素或自然因素的干扰可以改变植物群落演替的方向

B. 发生在裸岩和弃耕农田上的演替分别为初生演替和次生演替

C. 发生在裸岩和弃耕农田上的演替都要经历苔藓阶段、草本阶段

D. 在演替过程中，群落通常是向结构复杂、稳定性强的方向发展

【解析】 答案C。人类活动可以影响群落演替的方向和速度，退湖还田、封山育林、改造沙漠、生态农业等相关措施都能促进群落良性发展，A正确；发生在裸岩上的演替是初生演替，依次经过：地衣阶段→苔藓阶段→草本阶段→灌木阶段→森林阶段，B正确；弃耕农田的演替为次生演替，自然演替方向为草本阶段→灌木阶段→乔木阶段，C错误；一般情况下，演替过程中生物生存的环境逐渐改善，群落的营养结构越来越复杂，抵抗力稳定性越来越高，恢复力稳定性越来越低，D正确。

【提醒】 人为因素既可以改变演替的方向也可以改变演替的速度。群落演替并不是“取而代之”：演替过程中一些种群取代另一些种群，是一种“优势取代”而非“取而代之”，如形成森林后，乔木占据优势地位，但森林中仍有灌木、草本植物、苔藓等。群落的演替是有规律的，任何环境下的演替都要最终达到一个成熟阶段，这时候群落和周围环境处于相对平衡的稳定状态。

【典例3】 某植被严重破坏的山区陡坡在封山育林后若干年内，经历了一年生草本、多年生草本和灌木三个阶段，其典型的三个植物物种的种群密度变化如图所示。下列相关叙述符合题意的是（　　）。

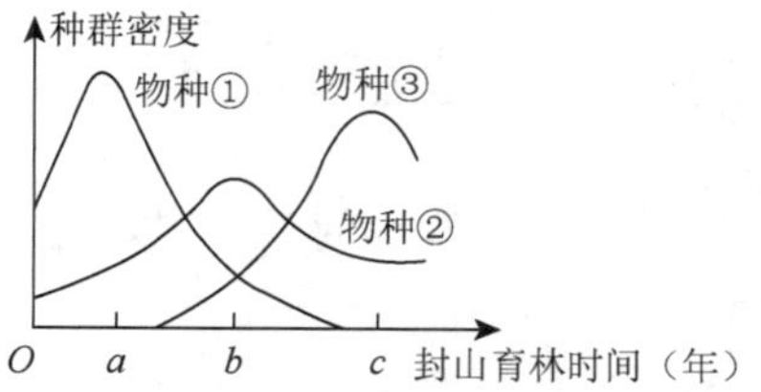

A. 物种①由盛到衰主要受环境中土壤条件的影响

B. c 点后，在适宜气候条件下，群落将不存在明显的分层现象

C. 图中 $b \to c$ 阶段，物种②比物种①更能耐受弱光环境

D. 物种①和物种②之间既有捕食关系又有竞争关系

【解析】 答案C。群落的演替是从低级到高级的过程，根据题意，一年生草本、多年生草本和灌木三个阶段依次对应曲线应是①、②、③。物种①草本植物盛到衰主要与光照条件有关，灌木比草本高大，争夺更多的阳光成为优势种，A错误；c 点后，在适宜气候条件下，群落将演替到森林阶段，乔木占优势，群落存在明显分层，B错误；图中 $b \to c$ 阶段物种①由于获得光照少而逐渐消失，物种②更能耐受弱光环境，C正确；物种①和物种②为植物，只有竞争关系，D错误。

【提醒】 在演替过程中优势物种在争夺资源过程中有更大的优势。在演替的各个阶段都存在分层现象，与气候条件没有关系。

针 对 训 练

1. 某片成熟的森林发生了严重火灾后，研究人员对过火地带“空地”上的植被进行了长达几十年的跟踪调查，抽取了植物甲的种群密度、优势物种高度、物种丰富度随时间变化的三组数据，绘制数量变化曲线如下。下列有关叙述不正确的是（　　）。

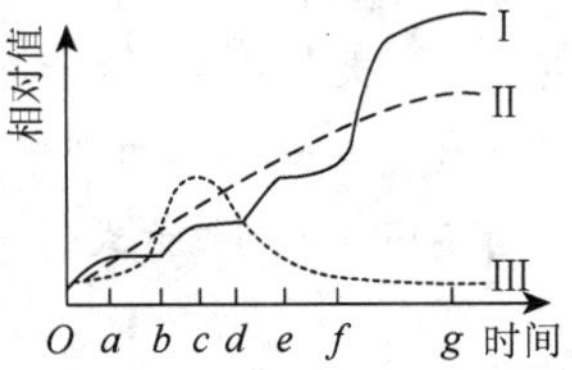

A. 曲线Ⅰ代表优势物种高度，是导致群落中优势物种更替的决定因素

B. 曲线Ⅱ代表物种丰富度，g 点时群落已基本恢复到火灾前的状态

C. 甲很可能是多年生草本植物，火灾后土壤中的繁殖体可加快群落演替的速度

D. 与 de 段相比，ef 段灌木间的竞争加剧，从生的灌木不利于乔木种子的萌发

2. 在一块弃耕地上可预测的演替顺序为：一年生杂草→多年生杂草→灌木→早期演替树木→晚期演替树木→顶极群落。这可以利用“资源比假说”来解释：物种优势是由光和营养物质这两种资源的相对利用的有效性决定的。如图显示了一块弃耕地上物种从 A～E 的取代顺序，下列有关说法中不正确的是（　　）。

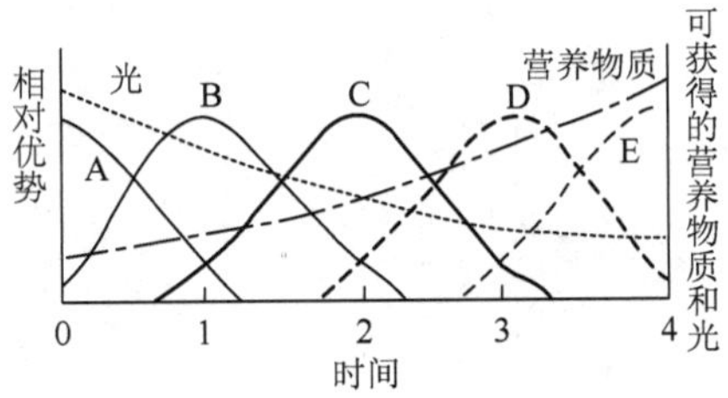

A. 最先进入的物种多为一年生杂草，它们对土壤营养物的要求低

B. 后来替代物种相对前面被替代的物种较为高大，对光的需求也较强

C. 顶极演替后若发生火灾，可预测此后的演替过程与初生演替不相同

D. 在演替期间，营养物的有效性随枯枝落叶的积累而增加，光因遮荫而减弱

3. 生态学家对我国某高山群落演替的过程进行了研究，该地区分布着常绿阔叶林、常绿落叶混交林、针阔混交林等多种植被类型，不同海拔高度植被类型不同。如图为甲、乙两个群落在演替过程中物种丰富度的变化曲线，下列分析合理的是（　　）。

A. 第 5 年至 25 年变化说明群落乙抵抗外界干扰的能力比甲弱

B. 不同海拔高度植被类型差异反映了群落的垂直结构特征

C. 30 年后群落乙物种丰富度达到最高，各种群密度达到最大

D. 甲、乙两个群落在演替过程中都具有大量物种替代的特点

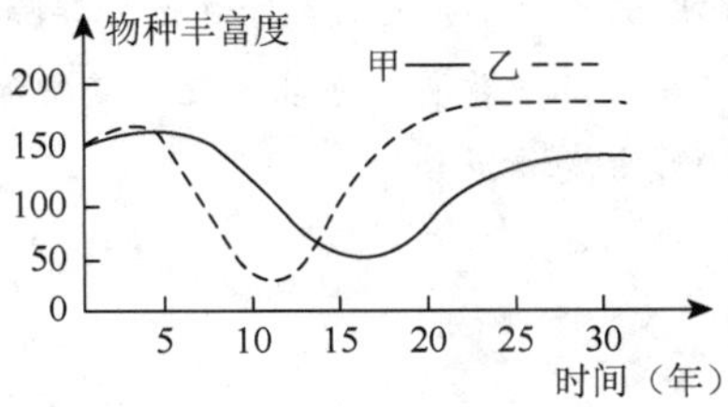

4. 某地的常绿阔叶林因森林大火而遭到破坏，经历一段时间后，该地常绿阔叶林逐步得以恢复。下图为恢复过程中群落演替的不同阶段及其植物组成。请回答下列问题：

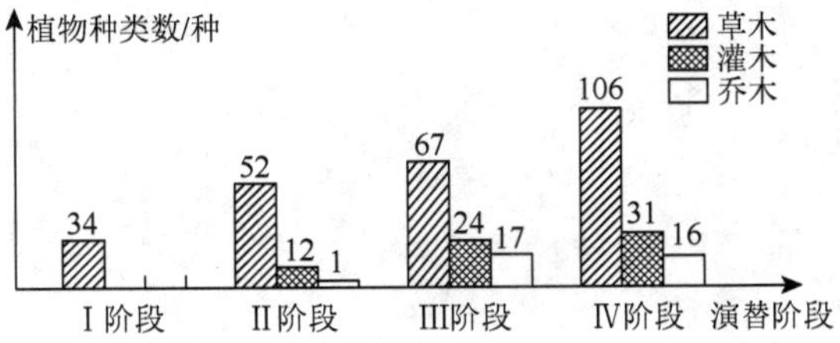

（1）随着时间的推移，________________的过程，称为群落的演替。

（2）该群落演替的类型为__________演替，在从Ⅰ～Ⅳ阶段的演替过程中，群落对光能的利用能力__________。

（3）若人类参与了该群落演替过程，则人类的活动往往会使群落演替按照不同于自然演替的___________和__________进行。

（4）在第Ⅰ阶段经历了一年生草本植物占优

势，到多年生草本植物占优势的过程，在第Ⅱ阶段，草本和灌木混生，群落内很少有一年生草本植物生长，其原因是____________________。

参考答案

16.1　种群的特征

1. B　2. B　3. A

4.（1）年龄组成通过影响出生率和死亡率，进而影响种群密度；性别比例通过影响出生率，间接影响种群密度　（2）防止性别比例被破坏，若性别比例被破坏，人口出生率将受到影响，进而影响人口结构（3）老龄化社会不意味着人口的年龄结构为衰退型。年龄结构为衰退型的种群，种群密度不一定减小，出生率和死亡率还与气候、食物等有关，且种群密度还直接受迁入率和迁出率的影响　（4）人类活动破坏环境，使东北豹的迁出率、死亡率增加，种群密度减小；后期保护措施使环境改善，东北豹迁入率增加、死亡率减少，种群密度增加

16.2　种群数量的变化及其应用

1. A　2. D　3. C　4. A　5. B

6.（1）数量　（2）28～30　（3）增大　增大　160　（4）保证现有的环境状况不恶化（或逐步恢复大熊猫的生存环境）、将偷猎和捕捉限制在一定范围之内

16.3　群落的结构

1. A　2. B　3. D

4.（1）形态和习性上很接近（或具有相同的资源利用方式）　（2）. 有限的　（3）. 一方（双小核草履虫）存活，另一方（大草履虫）死亡　（4）. 部位、时间等（合理即可）　（5）. 有相同资源利用方式的物种竞争排斥，有不同资源利用方式的物种竞争共存

16.4　群落的演替

1. D　2. A　3. A

4.（1）一个群落被另一个群落代替　（2）次生　提高（升高、上升或增强）　（3）速度　方向（顺序可颠倒）（4）一年生草本植物在争夺阳光和空间等竞争中被淘汰

第 17 章　生态系统及其稳定性

17.1　生态系统的结构

核 心 问 题

1. 生态系统的结构包括哪些？

答：生态系统的结构包括两个方面：生态系统的组成成分和营养结构。

2. 生态系统有哪些组成成分？

答：生态系统的主要组成成分有：①非生物的物质和能量；②生产者；③消费者；④分解者。

3. 生态系统具有怎样的营养结构？

答：食物链和食物网是生态系统的营养结构，生态系统的物质循环和能量流动就是沿着这种渠道进行的。捕食食物链是指生态系统中各生物之间由于捕食关系形成的一种联系，包含生产者和消费者，且消费者级别=营养级别–1。食物链彼此相互交错连接成的复杂营养关系就是食物网，一般认为，食物网越复杂，生态系统抵抗外界干扰的能力就越强。需要注意的是，食物网的复杂程度主要取决于有食物联系的生物种类，而非取决于生物数量。

4. 食物链的特点？

答：食物链的起点是生产者，终点是不被其他动物所食的动物（最高营养级）；食物链中的捕食关系是经长期自然选择形成的，通常不会逆转，具有单向性；食物链中的营养级一般不超过5个；某一营养级的生物所代表的是该营养级的所有生物，不代表单个生物个体，也不一定是一个种群。

典 例 精 讲

【典例 1】 生态系统的组成成分包括生产者、消费者、分解者及非生物的物质和能量。下列关于生态系统组成成分的叙述，正确的是（　　）。

A. 动物都属于消费者，其中食草动物属于第二营养级

B. 细菌都属于分解者，其异化作用类型主要是需氧型和厌氧型

C. 生产者属于自养生物，是生态系统中最基本、最关键的生物成分

D. 一种生物只能属于生态系统中的一种生物成分

【解析】 答案：C。在生态系统中，不是所有动物都是消费者，如蜣螂、蚯蚓为分解者，A错误；多数细菌是分解者，但硝化细菌、铁细菌、硫细菌和光合细菌等是生产者，B 错误；生产者能将无机物合成有机物，属于自养生物，是生态系统中最基本、最关键的成分，C 正确；一种生物可能属于生态系统中的不同生物成分，如猪笼草在进行光合作用时是生产者，在捕食虫子时为消费者，D 错误。

【提醒】 关于生态系统的组成成分需要注意以下几点：

①生产者不一定是植物（如蓝藻、硝化细菌），植物不一定是生产者（如菟丝子营寄生生活，属于消费者）。但生产者一定是自养生物，自养生物一定是生产者，包括光能自养生物（绿色植物和蓝藻）和化能自养生物（硝化细菌、硫细菌、铁细菌）。

②消费者不一定是动物（如营寄生生活的微生物等也是消费者），动物不一定是消费者（如秃鹫、蚯蚓、蜣螂等以动植物遗体或排泄物为食的动物属于分解者）。但消费者一定是异养生物，包括捕食异养和寄生异养生物。

③分解者不一定是微生物（如蚯蚓等动

物），微生物不一定是分解者（如硝化细菌、蓝藻属于生产者，寄生细菌属于消费者）。但分解者一定是异养生物，包括腐生异养生物。

【典例 2】 下列有关生态系统成分的叙述，正确的是（　　）。

A. 自养生物都属于生产者，都可以进行光合作用，把无机物转变成有机物

B. 寄生在人体内的各种细菌都属于分解者

C. 分解者都是异养生物，是生态系统不可缺少的成分

D. 非生物的物质和能量是指阳光、水分、空气、细菌等

【解析】 答案 C。自养生物都属于生产者，但不一定都可以进行光合作用，如硝化细菌不可以进行光合作用，但能进行化能合成作用，A 错误；寄生在人体内的细菌属于消费者，B 错误；分解者都是异养生物，是生态系统不可缺少的成分，C 正确；非生物的物质和能量主要包括阳光、水分、空气、无机盐等，细菌是生物，不属于非生物的物质和能量，D 错误。

【提醒】 分解者和消费者都是异养生物。

【典例 3】（2018 全国卷III）下图是某农业生态系统模式图。

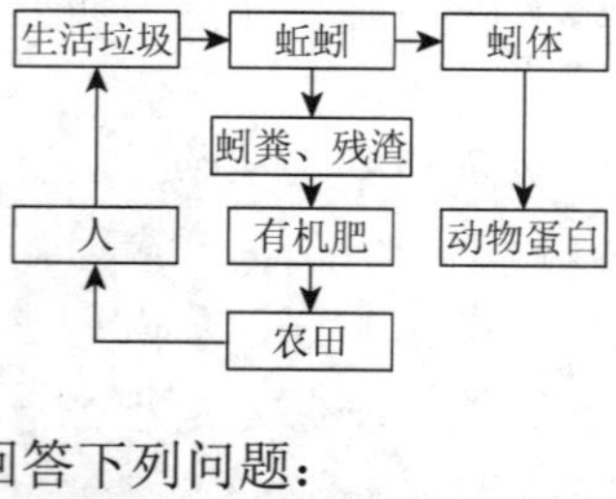

据图回答下列问题：

（1）蚯蚓生命活动所需的能量来自生活垃圾中的__________（填“有机物”或“无机物”）。生活垃圾中的细菌和真菌属于分解者，在生态系统中分解者的作用是____________________。

（2）根据生态系统中分解者的作用，若要采用生物方法处理生活垃圾，在确定处理生活垃圾的方案时，通常需要考虑的因素可概括为 3 个方面，即________________________。

（3）有机肥在土壤中经分解、转化可产生 NO_3^-，通常植物根系对 NO_3^- 的吸收是通过______________运输完成的。

【解析】（1）蚯蚓是异养生物，属于分解者，在该生态系统中其生命活动所需的能量来自生活垃圾中的有机物，分解者在生态系统中的作用是将动植物遗体及动物排遗物中的有机物分解为无机物。

（2）若要采用生物方法处理生活垃圾，在确定处理生活垃圾的方案时，通常需要考虑的因素为以下几个方面：了解生活垃圾的性质以确定分解者生物的种类、调整处理垃圾的理化条件（温度、湿度、pH 等）以便适合分解者生活，快速降解有机物。

（3）植物从土壤中吸收无机盐离子通常是通过主动运输方式，故对 NO_3^- 的吸收通常是通过主动运输完成的。

针对训练

1. 下图是有关生态系统的概念图，①②③分别是（　　）。

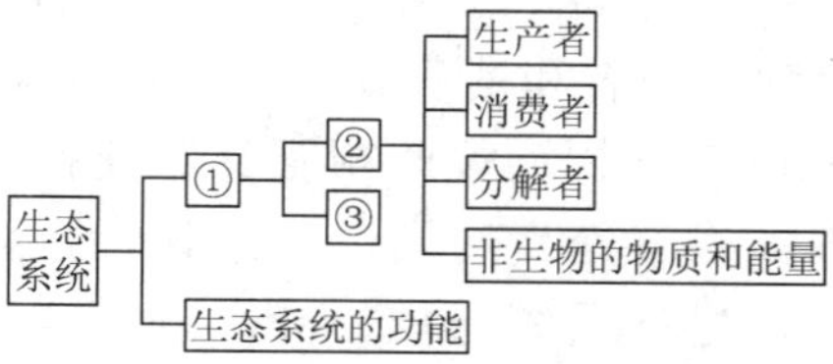

A. 生态系统的结构、生态系统的种类、食物链和食物网

B. 生态系统的结构、生态系统的成分、食物链和食物网

C. 生态系统的种类、生态系统的成分、生态系统的稳定性

D. 生态系统的成分、生态系统的结构、食物链和食物网

2. 食物链彼此相互交错形成食物网。以下有关食物网的说法正确的是（　　）。

A. 每种动物可以吃多种植物

B. 每种生物都被多种生物捕食

C. 每种生物都只位于一条食物链上

D. 一种生物可能属于不同的营养级

3. 下图表示某草原生态系统中某一时间的食物网，请据图回答下列问题：

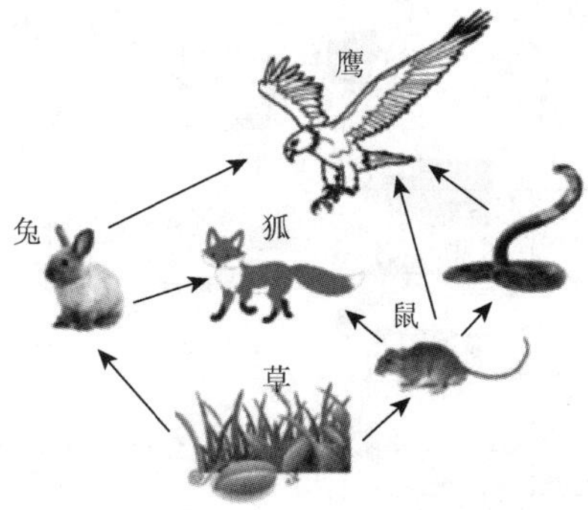

（1）生态系统中分解者的作用是________。

（2）该草原生态系统的食物链往往是_____（填“不变”或“可变”）的，原因是__________（答出一点即可）。

17.2　生态系统的能量流动

核心问题

1. 能量在生态系统中是怎样流动的？

答：生态系统中能量的输入、传递、转化和散失的过程就是能量流动；生态系统的能量流动的渠道是食物链和食物网；能量散失的途径是各种生物的呼吸作用。流动过程中的能量转化过程为：太阳能→有机物中的化学能→热能。

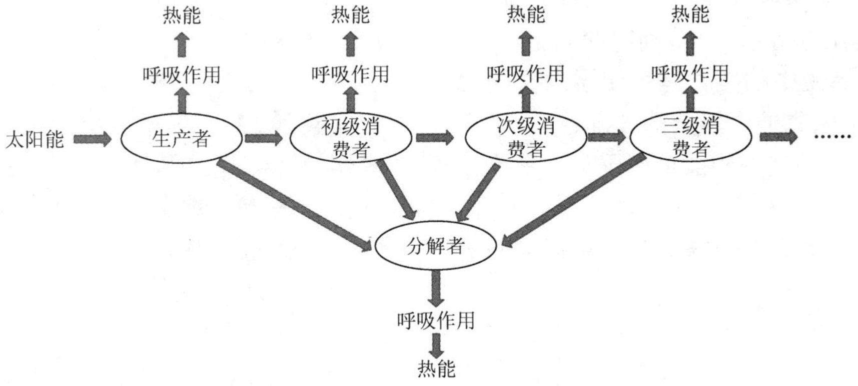

2. 从某个时间段看，流经某营养级（最高营养级除外）的能量包括哪几个去向？

答：自身呼吸作用散失、流向分解者、被下一个营养级利用、未被利用。（最高营养级不存在被下一营养级利用）

第一营养级能量流动：

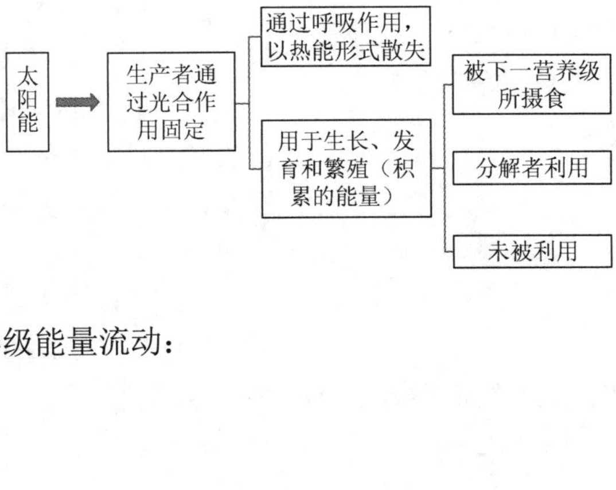

第二营养级及其后营养级能量流动：

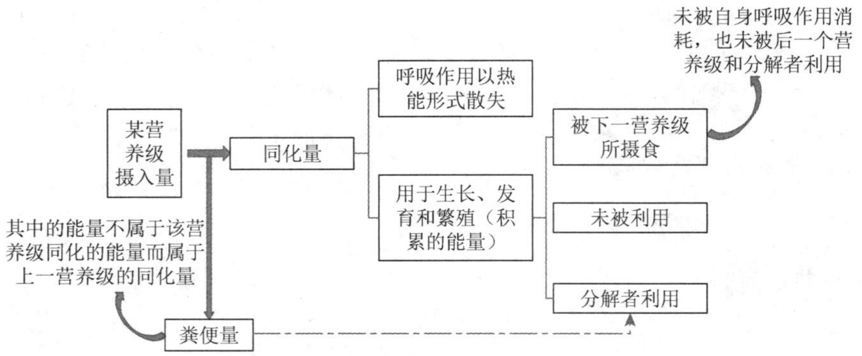

3. 初级消费者的摄入量、同化量、自身呼吸散失的能量、用于生长发育和繁殖的能量、未被利用的能量，它们之间的关系是什么？

答：摄入量=同化量+粪便量。

同化量=自身呼吸散失的能量+用于生长、发育和繁殖的能量。

同化量=呼吸作用散失的能量+流入下一营养级的能量+分解者利用的能量+未被利用的能量。

用于生长、发育和繁殖的能量=流向下一营养级+分解者利用的能量+未被利用的能量。

4. 消费者粪便中的能量是否属于自身同化量？应该怎么分析粪便中能量的去向？

答：不属于。粪便中的能量属于上一营养级同化量的一部分，将会流向分解者。

5. 人们研究自然生态系统的能量流动的意义是什么？

答：帮助人们科学规划、设计人工生态系统，使能量得到最有效的利用，帮助人们合理地调整生态系统中的能量流动的方向，使能量持续高效地流向对人类最有益的部分。

典例精讲

【典例 1】（2018 海南）某地在建设池塘时，设计了右图所示的食物网，鲫鱼和鲢鱼生活在不同水层。下列关于该池塘生态系统的叙述，错误的是（　　）。

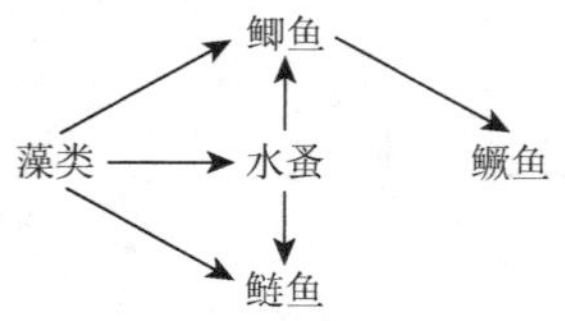

A. 鲫鱼既是初级消费者又是次级消费者

B. 消耗等量藻类时，鳜鱼的生长量少于鲢鱼

C. 通气可促进水体中生物残骸分解为无机物

D. 藻类固定的能量小于流入次级消费者的能量

【解析】 答案：D。由题图可知，鲫鱼既是初级消费者又是次级消费者，A 正确；鳜鱼的营养级比鲢鱼高，消耗等量藻类时，鳜鱼的生长量少于鲢鱼，B 正确；通气有利于水体中需氧型分解者的呼吸作用，促进生物残骸分解为无机物，C 正确；藻类固定的能量大于流入次级消费者的能量，D 错误。

【典例 2】（2016 全国卷Ⅲ）我国谚语中的“螳螂捕蝉，黄雀在后”体现了食物链的原理。若鹰迁入了蝉、螳螂和黄雀所在的树林中，捕食黄雀并栖息于林中。下列叙述正确的是（　　）。

A. 鹰的迁入增加了该树林中蝉及其天敌的数量

B. 该生态系统中细菌产生的能量可流向生产者

C. 鹰的迁入增加了该生态系统能量消耗的环节

D. 鹰的迁入改变了该生态系统能量流动的方向

【解析】 答案：C。鹰迁入后，形成了食物链：植物→蝉→螳螂→黄雀→鹰，据此可知，鹰的迁入会使该树林中黄雀的数量减少，这导致蝉的天敌（螳螂）的数量增加，进而导致蝉的数量减少，A 错误；能量流动是单向的，生产者的能量可能流向分解者（细菌），细菌的能量不能流向生产者，B 错误；能量流动是沿着食物链进行的，鹰的迁入没有改变该生态系统能量流动的方向，D 错误。

【典例 3】 如图为生态系统中能量流动部分示意图（字母表示能量），下列叙述正确的是（　　）。

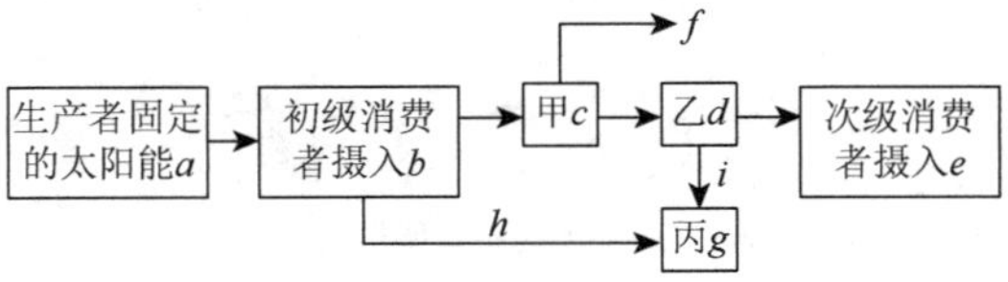

A. 图中 $b=h+c+d+e+f$

B. 缩短食物链可以提高能量传递效率

C. “草→兔→狼”这一关系中，狼粪便中的能量属于 d

D. 生产者与初级消费者之间的能量传递效率为 $b/a\times100\%$

【解析】 答案：C。图中 $b=h+c$，A 错误；缩短食物链可以减少能量的损耗，但无法提高能量传递效率，B 错误；“草→兔→狼”这一关系中，狼粪便中的能量属于上一个营养级（兔）的，即属于兔用于生长、发育和繁殖的能量 d，C 正确；生产者与初级消费者之间的能量传递效率为初级消费者同化的能量/生产者固定的能量$=(b-h)/a\times100\%$，D 错误。

【提醒】 粪便中的能量不属于该营养级同化的能量，而属于上一营养级的同化量。

【典例 4】（2019 全国卷 II）如果食物链上各营养级均以生物个体的数量来表示，并以食物链起点的生物个体数作底层来绘制数量金字塔，则只有两个营养级的夏季草原生态系统（假设第一营养级是牧草，第二营养级是羊）和森林生态系统（假设第一营养级是乔木，第二营养级是昆虫）数量金字塔的形状最可能是（　　）。

A. 前者为金字塔形，后者为倒金字塔形

B. 前者为倒金字塔形，后者为金字塔形

C. 前者为金字塔形，后者为金字塔形

D. 前者为倒金字塔形，后者为倒金字塔形

【解析】 答案：A。夏季草原生态系统中，作为第一营养级的牧草的个体数量远大于作为第二营养级的羊的个体数量，该生态系统数量金字塔的形状最可能是金字塔形。而在森林生态系统中，作为第一营养级的乔木的一个个体上生活着大量的作为第二营养级的昆虫个体，该生态系统数量金字塔的形状最可能为倒金字塔形。

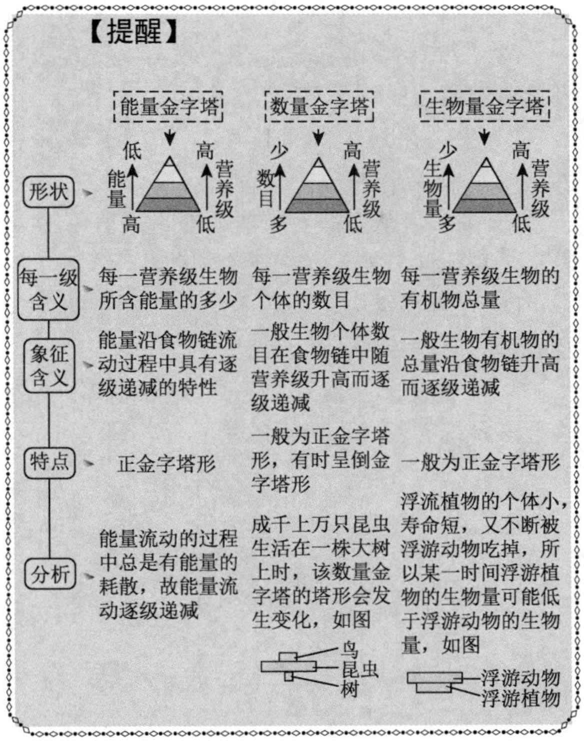

针 对 训 练

1. 下图为某人工鱼塘食物网及其能量传递示意图（图中数字为能量数值，单位是 $J\cdot m^{-2}\cdot a^{-1}$）。下列叙述正确的是（　　）。

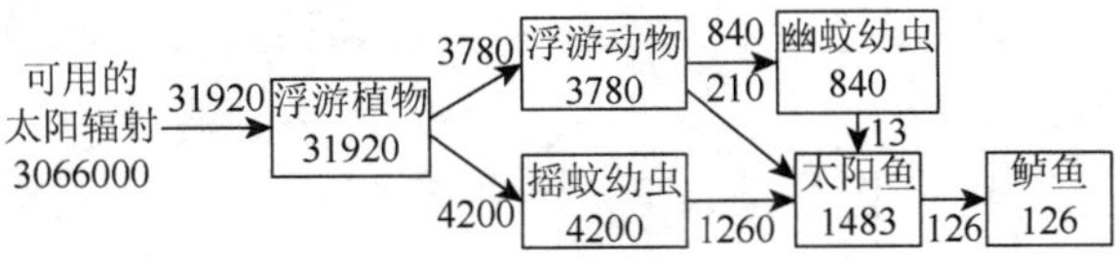

A. 该食物网中最高营养级为第六营养级

B. 该食物网中第一到第二营养级的能量传递效率为 25%

C. 太阳鱼呼吸作用消耗的能量为 $1357J\cdot m^{-2}\cdot a^{-1}$

D. 该食物网中的生物与无机环境共同构成一个生态系统

2. 下图表示生态系统中各营养级能量的类型和去向（d 表示该营养级未被利用的能量）。下列有关叙述中不正确的是（　　）。

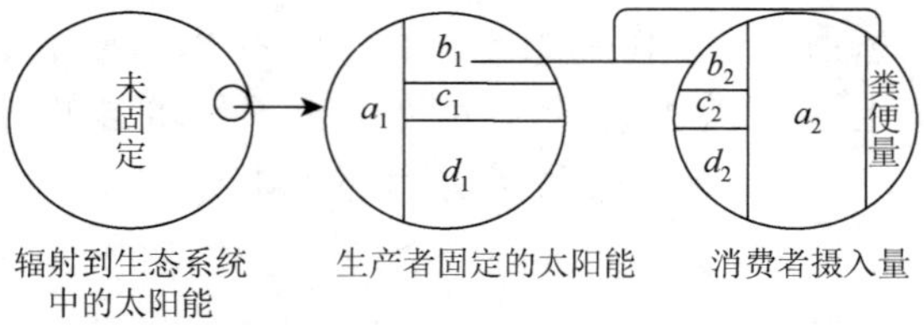

A. 图中 a_1、a_2 可表示生产者与消费者的呼吸量，但所占比例不符

B. 生态系统中能量传递效率为$(a_2+b_2+c_2+d_2)/(a_1+b_1+c_1+d_1)$

C. 消费者从生产者摄取的能量数值可用 b_1 表示，且此部分能量存在于有机物中

D. 在食物链中，各营养级获得能量的方式及能量的用途相同

3. 右图是一个农业生态系统模式图，下列关于该系统的叙述，错误的是（　　）。

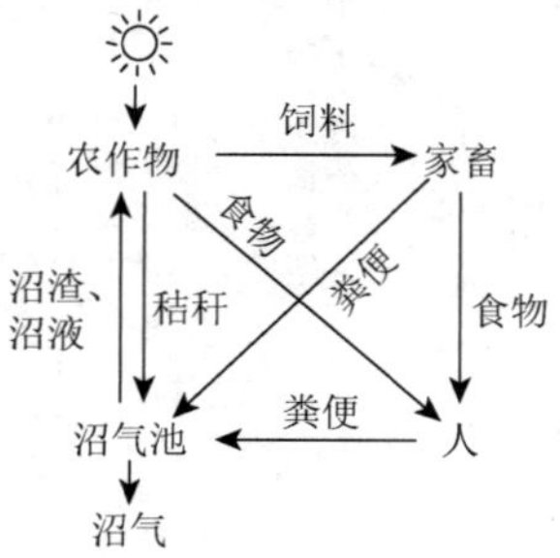

A. 微生物也能利用农作物通过光合作用储存的能量

B. 沼气池中的微生物也是该生态系统的分解者

C. 沼渣、沼液作为肥料还田，使能量能够循环利用

D. 多途径利用农作物可提高该系统的能量利用率

4. 下图是某人工鱼塘生态系统能量流动过程中部分环节涉及的能量值[单位为 10^3kJ/(m^2·a)]。请据图回答下列问题：

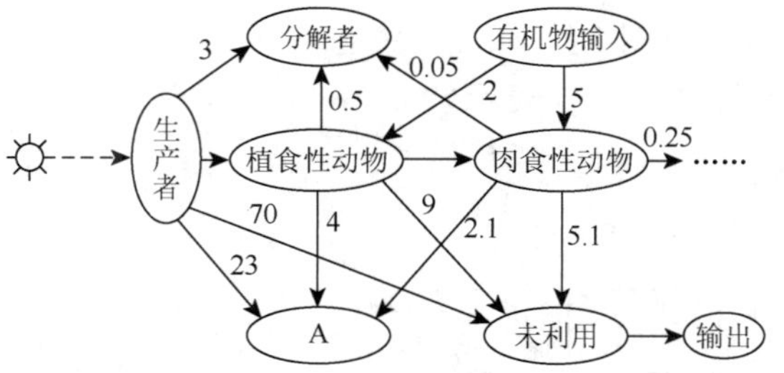

人工鱼塘生态系统能量流动图

（1）该生态系统中流入生物群落的总能量有哪些来源？

____。

（2）生产者、植食性动物和肉食性动物固定的总能量分别是多少？

____。

（3）生产者→植食性动物、植食性动物→肉食性动物的能量传递效率分别是__________（结果保留一位有效数字）。

（4）假设食物全部来自生产者，按照图中的能量流动规律，肉食性动物要增加 100kg，则约需要消耗________kg 生产者。

（5）当某种大型肉食性动物迁入一个新的生态系统时，原有食物链的营养级有可能增加。生态系统中食物链的营养级数量一般不会太多，原因是____________________。

（6）如果将顶级肉食性动物引入食物网只有三个营养级的某生态系统中，使得甲、乙两种植食性动物间的竞争结果发生了反转，即该生态系统中甲的数量优势地位丧失。假定该反转不是由顶级肉食性动物的直接捕食造成的，那么根据“恐惧生态学”知识推测，甲的数量优势地位丧失的可能原因是____________________（答出一点即可）。

17.3　生态系统的物质循环

核心问题

1. 碳在非生物环境、生物群落内部、非生物环境与生物群落之间分别以什么形式存在？

答：碳在非生物环境中的主要存在形式是 CO_2 和碳酸盐；碳在生物群落内部的主要存在形式是含碳有机物；碳在非生物环境与生物群落之间的主要循环形式是 CO_2。

2. 物质循环和能量流动的起点和终点是否相同？

答：不同。能量流动的起点是生产者固定的

太阳能，最终以热能的形式散失。物质循环没有起点和终点。

3. 生物圈是不是一个在“物质”上自给自足的系统？在“能量”上呢？

答：生物圈在物质上可自给自足，但在能量上不能自给自足，因为物质可以在生物圈内循环利用，而能量不能循环利用，它必须由生物圈外的太阳能源源不断地输入方可维持正常运转。

典例精讲

【典例 1】 如图表示某生态系统的碳循环示意图，其中甲、乙、丙、丁为生态系统的组成成分，①～⑦表示生理过程。下列有关该图的分析错误的是（　　）。

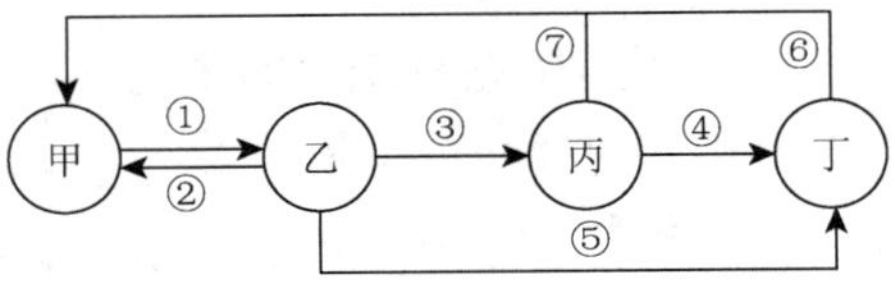

A. 乙是该生态系统的基石

B. ⑦过程中碳的传递形式是 CO_2

C. ①过程主要是指绿色植物的光合作用

D. 丙中的多种生物之间只存在竞争关系

【解析】 答案 D。由题图可知，乙、丙、丁都指向甲，因此甲是大气中的 CO_2 库，根据双向箭头可判断出乙是生产者，生产者是生态系统的基石，A 正确；⑦过程表示通过呼吸作用释放出 CO_2，B 正确；①过程将 CO_2 输入到生物群落中，主要是指绿色植物的光合作用，C 正确；丙中多种生物之间可能存在捕食关系，D 错误。

> **【提醒】** 双箭头：只有生产者与大气中 CO_2 库之间的传递是双向的。多箭头：图示各环节均有箭头指来，则被指方为“大气中 CO_2 库”。生产者、消费者的判定：生产者指向消费者；生产者、消费者均指向分解者。

【典例 2】 右图为生物圈碳循环过程示意图，甲～丁表示生态系统的成分，①～⑦表示过程。下列叙述正确的是（　　）。

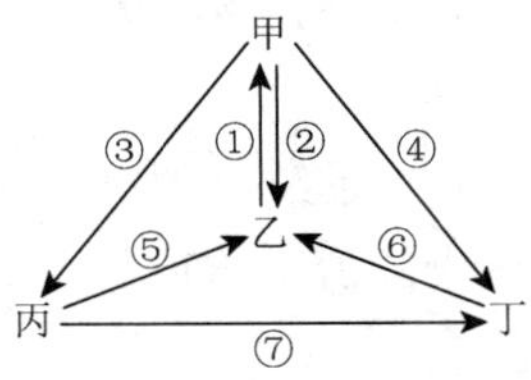

A. ①⑤⑥表示呼吸作用

B. ①和②的速率基本相等

C. 甲→丙→丁构成捕食食物链

D. ③④⑦过程中碳以有机物的形式传递

【解析】 答案 D。①过程是碳元素进入生物群落的光合作用或化能合成作用，⑤⑥过程表示呼吸作用，A 错误；若碳循环能保持平衡，则①和②⑤⑥的速率基本相等，B 错误；丁是分解者，不能和其他生物构成捕食食物链，C 错误；③④⑦过程是群落内部的碳的流动，以有机物的形式传递，D 正确。

> **【提醒】** 碳在生物群落内部的主要存在形式是含碳有机物。

【典例 3】 下列关于生态系统中物质循环和能量流动的叙述，正确的是（　　）。

A. 富营养化水体出现蓝藻水华的现象，可以说明能量流动的特点

B. 生态系统中能量的初始来源只有太阳能

C. 食物链各营养级中 10%～20%的能量会被分解者利用

D. 无机环境中的物质可以通过多种途径被生物群落反复利用

【解析】 答案 D。蓝藻水华现象与水体中 N、P 增多而引起蓝藻大量繁殖有关，体现了物质的利用，未体现出能量流动的特点，A 错误；生态系统中能量的初始来源包括太阳能（光合作用固定）和氧化无机物时释放的化学能（化能合成作用利用），B 错误；食物链各营养级中 10%～20%的能量流向下一营养级，C 错误；无机环境和生物群落间物质可以循环反复利用，D 正确。

> **【提醒】** 无机环境和生物群落间物质可以循环反复利用。

针 对 训 练

1. 下图是生态系统中碳循环示意图，其中“→”表示碳元素的流动方向。下列叙述不正确的是（　　）。

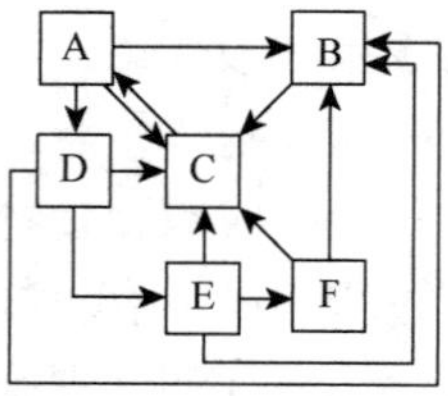

A. 在碳循环过程中，同时伴随着能量流动

B. 由于某种原因造成图中 E 大量减少，推测短期内与之相邻的两个营养级生物数量发生的变化是 D 增加、F 减少

C. 该生态系统的消费者包括图中的 D、E、F、B

D. A 与 C 之间碳元素主要以 CO_2 的形式进行循环，F→B 过程中以含碳有机物的形式进行流动

2. 果树—草菇立体农业是利用果树下微弱的光照、较高的空气湿度和较低的风速等特殊环境条件，在果树下人工栽培草菇。下列相关叙述正确的是（　　）。

A. 该生态系统中，树下的蚯蚓是消费者，草菇等真菌是分解者

B. 该生态系统的营养结构中，可能存在鼠→蛇→鹰这样一条食物链

C. 生产者都是自养生物，自养生物都能进行光合作用合成有机物

D. 各种消费者的存在促进了生态系统的物质循环并使其更加稳定

3. 某陆地生态系统中，除分解者外，仅有甲、乙、丙、丁、戊 5 个种群。调查得知，该生态系统有 4 个营养级，营养级之间的能量传递效率为 10%～20%，且每个种群只处于一个营养级。一年内输入各种群的能量数值如下表所示，表中能量数值的单位相同。

种群	甲	乙	丙	丁	戊
能量	3.56	12.80	10.30	0.48	226.50

回答下列问题：

（1）请画出该生态系统中的食物网。

（2）甲和乙的种间关系是__________；种群丁是该生态系统生物组分中的__________。

（3）一般来说，生态系统的主要功能包括__________、__________，此外还具有信息传递等功能。碳对生物和生态系统具有重要意义，碳在__________和__________之间的循环主要以 CO_2 的形式进行。

17.4　生态系统的信息传递

核 心 问 题

1. 生态系统中信息的来源和传递范围有哪些？

答：生态系统中的信息来源有生物或无机环境；生态系统中的信息传递可以在生态系统的各个成分之间进行，包括生物与生物之间以及生物与无机环境之间。

2. 与生态系统的能量流动相比，信息传递在方向上有何特点？

答：生态系统的能量流动是单向的，而信息传递往往是双向的。

3. 能量流动、物质循环和信息传递的区别与联系？

答：

项目	能量流动	物质循环	信息传递
特点	单向流动、逐级递减	循环流动、反复利用	往往是双向的
途径	食物链和食物网		多种
地位	生态系统的动力	生态系统的基础	决定能量流动和物质循环的方向和状态
联系	同时进行，相互依存，不可分割，形成统一整体		

典 例 精 讲

【典例 1】（2018 海南）某同学将一面镜子

竖立在一棵树旁，该树上的一只小鸟飞到镜前，对着镜子中的“小鸟”愤怒地啄击扑打。下列关于该事件中信息传递的叙述，错误的是（　　）。

A. 小鸟啄击扑打的动作本身是一种行为信息

B. 小鸟的眼睛能够感受镜子发出的物理信息

C. 小鸟把镜子传递的信息当作来自入侵者的信息

D. 激怒小鸟的信息是直接来自非生物的化学信息

【解析】 答案 D。小鸟对着镜子中的“小鸟”愤怒地啄击扑打是动物的特殊行为，能够对于同种或异种生物传递某种信息，属于行为信息，激怒小鸟的信息是直接来自镜子中的“小鸟”的物理和行为信息。

【提醒】 动物的行为特征体现为行为信息。

【典例 2】 图 a、b 分别为农村和城市生态系统的生物量（生命物质总量）金字塔示意图。下列叙述正确的是（　　）。

图 a

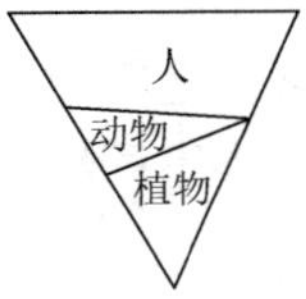

图 b

A. 两个生态系统均可通过信息传递调节种间关系

B. 两个生态系统的营养结构均由 3 个营养级组成

C. 城市生态系统不具有自我调节能力，抵抗力稳定性低

D. 流经两个生态系统的总能量均是其植物所固定的太阳能

【解析】 答案 A。信息传递是生态系统的功能之一。生态系统均可通过信息传递调节种间关系，图示两个生态系统不一定只有 3 个营养级，A 正确，B 错误；所有生态系统均具有自我调节能力，城市生态系统自我调节能力较弱，抵抗力稳定性较低，C 错误；城市生态系统生产者较少，需外界输入大量能量，故城市生态系统的总能量包括生产者固定的能量和外界输入的能量，D 错误。

【提醒】 信息传递是生态系统的功能之一，生态系统均可通过信息传递调节种间关系。

【典例 3】（2019 全国卷Ⅰ）某果园中存在 A、B 两种果树害虫，果园中的鸟（C）可以捕食这两种害虫；使用人工合成的性引诱剂 Y 诱杀 B 可减轻 B 的危害。回答下列问题。

（1）果园中包含害虫 A 的一条食物链是________________________。该食物链的第三营养级是______________。

（2）A 和 B 之间存在种间竞争关系，种间竞争通常是指____。

（3）性引诱剂 Y 传递给害虫 B 的信息属于________。使用性引诱剂 Y 可以诱杀 B 的雄性个体，从而破坏 B 种群的_______，导致______降低，从而减轻 B 的危害。

【答案】（1）果树→A→C　C

（2）两种或两种以上生物相互争夺相同的资源和空间而表现出来的相互抑制现象

（3）化学信息　性别比例　种群密度

【解析】（1）由题干信息可知，A、B 是果树害虫，鸟（C）可以捕食这两种害虫，故果园中包含害虫 A 的一条食物链是果树→A→鸟（C），其中鸟（C）处于第三营养级。（2）种间竞争通常是指两种或两种以上生物相互争夺相同的资源和空间而表现出来的相互抑制现象。（3）性引诱剂 Y 是一种化学物质，其传递给害虫 B 的信息属于化学信息。性引诱剂 Y 可以诱杀 B 的雄性个体，改变 B 种群的性别比例，导致其种群密度降低，从而减轻 B 的危害。

针 对 训 练

1. 下列有关生态系统信息传递的叙述，不正确的是（　　）。

A. 信息传递有利于生物种群的繁衍

B. 信息传递有利于沟通生物群落和无机环境的关系

C. 生态系统的各成分之间存在多种形式的信息传递

D. 生长旺盛的牧草为食草动物提供了采食信息，这对牧草不利

2.（2019 天津）多数植物遭到昆虫蚕食时会分泌茉莉酸，启动抗虫反应，如分泌杀虫物质、产生吸引昆虫天敌的挥发物质等。烟粉虱能合成 Bt56 蛋白。该蛋白会随烟粉虱唾液进入植物，抑制茉莉酸启动的抗虫反应，使烟粉虱数量迅速增长。下列叙述错误的是（　　）。

A. 植物产生挥发物质吸引昆虫天敌体现了信息传递调节种间关系的功能

B. 植食性昆虫以植物为食和植物抗虫反应是长期共同进化的结果

C. Bt56 基因表达被抑制的烟粉虱在寄主植物上的数量增长比未被抑制的对照组快

D. 开发能水解 Bt56 蛋白的转基因植物可为控制烟粉虱提供防治措施

3.（2017 江苏）某地因采矿导致地表下沉，成为无法利用的荒地。为了改变这种状况，有关部门因地制宜，通过引水等措施，将该地改造成湿地生态公园，一些生物陆续迁入，并逐渐形成相对稳定的生物群落。下图是该公园生态系统食物网的一部分，请回答下列问题：

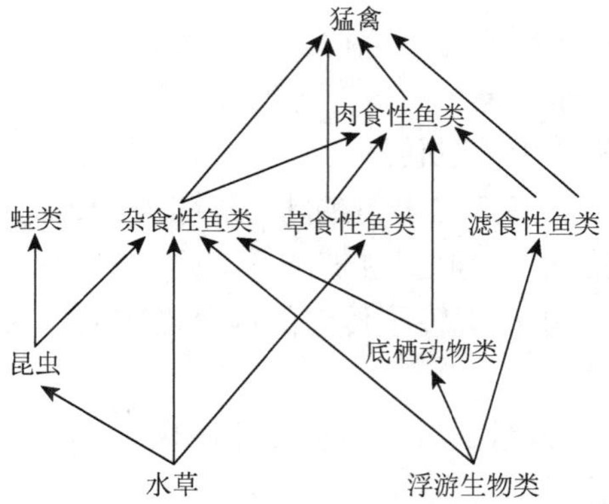

（1）该公园生物群落的变化属于_____演替。

（2）图中昆虫与杂食性鱼类之间的种间关系有__________。

（3）在黑斑蛙的繁殖季节，雄蛙通过叫声这种__________信息求偶；雌蛙通常在近岸水深 10～30cm 的草丛间产卵，可采用__________法了解该蛙卵块的密度。

（4）因该水域有些渗漏，补水时曾不慎引入含除草剂的水，导致一些水草死亡。水草腐烂后，图中所示的生物类群中最先快速增殖的是________。

（5）图中既含有初级消费者，又含有次级消费者的生物类群有__________________。若蛙类与猛禽之间还存在 1 个营养级，请写出该营养级中 2 类不同纲的生物：______________。

17.5　生态系统的稳定性

核 心 问 题

1. 反馈调节都能使生态系统保持相对平衡吗？

答：不能。只有负反馈调节是生态系统自我调节的基础，能使生态系统保持相对平衡。

2. 在正常作用范围内，生态系统中生物的种类和数量是否保持不变？

答：不是。始终处于动态的变化之中，在一定范围内保持相对稳定。

3. 抵抗力稳定性和恢复力稳定性的基础是什么？

答：生态系统的自我调节能力。

4. 抵抗力稳定性和恢复力稳定性有何联系？

答：二者一般呈负相关。例外：对于极地苔原（冻原）而言，由于物种组成单一、营养结构简单，它的抵抗力稳定性和恢复力稳定性都较低。

典 例 精 讲

【典例 1】（2018 海南）对于一个结构和功能处于恢复过程中的生态系统，下列推论错误的是（　　）。

A. 适当的物质和能量投入可加快生态系统的恢复

B. 随着生物多样性的提高，系统的自我调节能力增强

C. 恢复后的生态系统，其结构和功能可接近受损前的状态

D. 生物多样性提高后，某营养级的能量可全部流入下一营养级

【解析】 答案 D。由于该生态系统处于恢复过程中，结构和功能不完善，所以适当的物质和能量投入可加快生态系统的恢复，A 正确；生物多样性是生态系统自我调节能力的基础，生态系统中物种丰富度越高，其自我调节能力越强，B 正确；恢复生态系统主要是恢复生态系统的自我调节能力和生物的适应性，充分依靠生态系统自身的能力，辅以物质和能量的投入，从而尽快使生态系统的结构和功能恢复到（或接近）受干扰前的状态，C 正确；无论生物多样性高与低，某营养级的能量不可能全部流入下一营养级，D 错误。

【提醒】 能量流动的特点为单向流动、逐级递减。

【典例 2】（2015 全国卷Ⅱ）下列有关生态系统的叙述，错误的是（　　）。

A. 生态系统的组成成分中含有非生物成分

B. 生态系统相对稳定时无能量输入和散失

C. 生态系统维持相对稳定离不开信息传递

D. 负反馈调节有利于生态系统保持相对稳定

【解析】 答案 B。生态系统的组成成分包括非生物的物质和能量、生产者、消费者、分解者，A 正确；生态系统相对稳定时有能量的输入和散失，二者处于动态平衡状态，B 错误；生态系统的信息传递具有维持生态系统相对稳定的作用，生态系统维持相对稳定离不开信息传递，C 正确；生态系统具有自我调节能力，负反馈调节是生态系统自我调节能力的基础，有利于生态系统保持相对稳定，D 正确。

【提醒】 生态系统相对稳定时有能量的输入和散失，二者处于动态平衡状态。

【典例 3】 两个不同的生态系统在同时受到同等强度的干扰（a）后，其结构和功能的曲线变化情况如下图所示，由图不能得出的结论是（　　）。

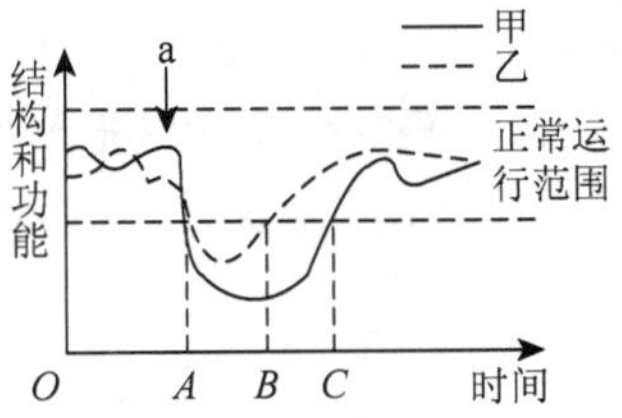

A. 同等强度的干扰下，乙生态系统的抵抗力稳定性比甲强

B. 同等强度的干扰下，若乙生态系统干扰提前，则 *B* 点左移

C. 若甲生态系统的干扰强度增大，则 *C* 点右移

D. 乙生态系统 *B* 点后一定有新的物种产生

【解析】 答案 D。由题图可知，甲、乙两个生态系统受到干扰后，与乙相比，甲生态系统的结构和功能恢复原状所需要的时间长，波动范围大，说明甲的抵抗力稳定性低，乙的抵抗力稳定性高，A 错误；若乙的干扰提前，其结构和功能恢复至正常运行范围的时间也会提前，即 *B* 点左移，B 错误；若甲的干扰强度增大，则恢复原状所需要的时间延长，*C* 点右移，C 错误；乙生态系统在恢复原状后不一定有新物种产生，D 正确。

【提醒】

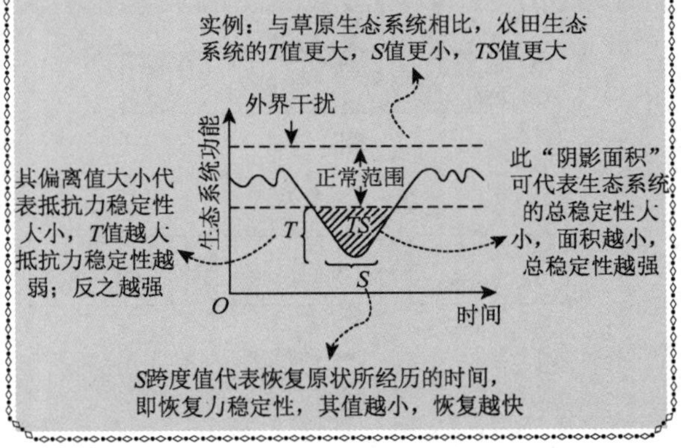

针 对 训 练

1. 将水生植物和小鱼放入盛有水的玻璃缸中，密闭后置于光照、温度等适宜条件下。下列相关叙述，错误的是（　　）。

A. 植物为鱼的生存提供氧气

B. 鱼可为植物的光合作用提供 CO_2

C. 能量流动可以从植物到鱼，也可以由鱼到植物

D. 若该玻璃缸长期置于黑暗中，鱼和植物将会死亡

2. 下列关于生态系统稳定性的叙述，正确的是（　　）。

A. 自我调节能力越强的生态系统，其恢复力稳定性也就越高

B. 河流轻度污染后的净化恢复及火灾后草原的恢复均属于恢复力稳定性

C. 落叶阔叶林遭到严重破坏时，往往不易在短时间内恢复到原来的状态，原因是其抵抗力稳定性较低

D. 某相对稳定的生态系统中旅鼠的天敌、植物、旅鼠之间数量的变化是一种负反馈调节

3.（2018 江苏）某城市河流由于生活污水和工业废水的排入，水质逐渐恶化。经过治理后，河水又恢复了清澈。图 1 表示该河流的能量金字塔（甲、乙、丙为 3 种鱼，丁为 1 种水鸟，甲不摄食藻类，箭头指示能量流动方向），图 2 表示部分能量流动关系（图中数字表示同化的能量）。请回答下列问题：

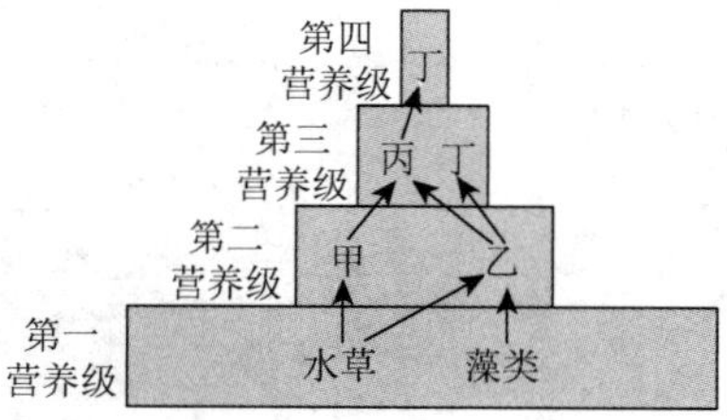

图 1

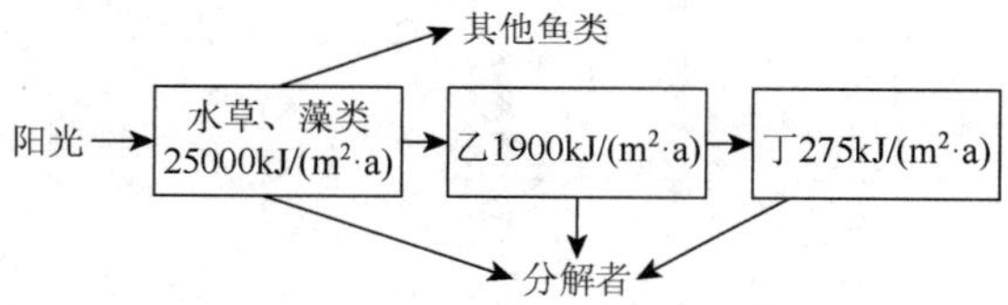

图 2

（1）图 1 所示食物网中，遗漏了一条能量流动途径，该条途径是__________。

（2）图 1 所示食物网中，次级消费者是__________，丁与丙之间的种间关系是________。

（3）根据图 1 分析，除了图 2 中已经标出的能量去向之外，乙的能量去向还有____________________。

（4）结合图 2 分析，图 1 所示食物网中第一营养级到第二营养级能量的传递效率________（在“大于”“小于”或“等于”中选择）7.6%。

（5）经检测，水体中含有某种可被生物富集的农药，推测此农药含量最高的物种是________。

（6）从生态学角度解释，污染物排放导致水质恶化的主要原因是________________。

参考答案

17.1　生态系统的结构

1. B　2. D　3.（1）将动植物遗体和动物的排遗物中的有机物分解成无机物　（2）可变　生物有迁入和迁出（或生物发育不同阶段及不同季节食性有改变）

17.2　生态系统的能量流动

1. B　2. D　3. C

4.（1）一个来源是光能，另一个来源是输入的有机物中的化学能　（2）110×10^3kJ/(m^2·a)、16×10^3kJ/(m^2·a)、7.5×10^3kJ/(m^2·a)　（3）12.7%、15.6%　（4）5047　（5）生产者固定的能量在沿食物链流动过程中大部分都损失了，传递到下一营养级的能量较少　（6）甲对顶级肉食性动物的恐惧程度比乙高，顶级肉食性动物引入后甲逃离该生态系统的数量比乙多

17.3　生态系统的物质循环

1. C　2. D

3.（1）

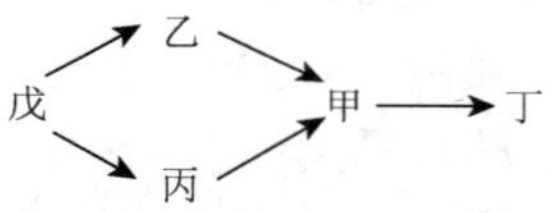

（2）捕食　消费者　（3）物质循环　能量流动　生物群落　无机环境

17.4　生态系统的信息传递

1. D　2. C

3.（1）次生　（2）捕食和竞争　（3）物理　等距取样　（4）浮游生物类　（5）底栖动物类、杂食性鱼类、滤食性鱼类　蛇类、肉食性鱼类、鼠类（任写其中 2 类）

17.5　生态系统的稳定性

1. C　2. D

3.（1）水草→甲→丁　（2）丙和丁　捕食和竞争　（3）传递给丙、自身呼吸作用以热能形式散失　（4）大于　（5）丁　（6）河流生态系统自我调节（自我修复）能力有限

第 18 章　生态环境的保护

核 心 问 题

1. 大部分的环境问题，归根结底是由什么引起的？为什么？

答：人口快速增长。人口增长增加了对土地资源、水资源、能源、森林资源的压力，增加了对许多可再生和不可再生资源的压力。

2. 人口增长与其他生物种群增长规律完全相同吗？为什么？

答：不完全相同。生物种群消长规律有适用于人口增长情况的一面，但是，人口增长还受到社会制度、文化观念等社会因素的影响。

3. 生物多样性包括哪几个层次？

答：基因的多样性、物种的多样性、生态系统的多样性。

4. 生物多样性有什么价值？

答：直接价值：食用、药用、旅游观赏、科学研究、文学艺术创作。

间接价值：生物多样性的生态价值，如森林生态系统具有的保持水土、涵养水源、防风固沙、调节气候等功能。（生物多样性的间接价值明显大于其直接价值。）

潜在价值：未发现的价值。

典 例 精 讲

【典例 1】（2017 江苏）江苏省徐州市多年来围绕“一城青山半城湖”理念，实施了一系列生态建设工程，生态效应逐渐显现。下列有关该生态工程的分析评价不合理的是（　　）。

A. 使物种多样性程度显著提高

B. 使生物群落的组成更为复杂

C. 使生态系统的类型更为多样

D. 其主要目的是提高生物多样性的直接价值

【解析】 答案 D。在生态建设工程逐步实施过程中，生态环境越来越好，物种多样性增加，生物群落的组成更加复杂，生态系统的类型也越来越多样化，A、B、C 正确；优良的生态环境改善了当地的气候、水源等，主要目的是提高了生物多样性的间接价值，D 错误。

> **【提醒】** 生物多样性的生态价值，如森林生态系统具有的保持水土、涵养水源、防风固沙、调节气候等功能属于生物多样性的间接价值。

【典例 2】（2019 海南）下列关于外来物种入侵的叙述，错误的是（　　）。

A. 外来物种入侵会对当地群落的演替产生严重的影响

B. 淡水湖泊中出现的水华现象都是由外来物种入侵引起的

C. 水葫芦引入我国后对一些淡水生态系统造成严重影响

D. 入侵植物进入适宜其生长的地区可影响当地物种的生存

【解析】 答案 B。外来物种入侵，如水葫芦疯长，会对当地群落的演替产生严重的影响，A 正确；淡水湖泊中出现的水华现象的主要原因是生活污水、工业废水排入，导致水体中氮、磷含量过高引起，B 错误；水葫芦引入我国后数量疯长，破坏了当地生态系统的稳定性，C 正确；入侵植物进入适宜其生长的地区可能呈“J”形增长，会影响当地物种的生存，D 正确。

> **【提醒】** 水华是蓝藻等浮游生物在淡水中过度繁殖所致。

【典例 3】（2019 江苏）我国生物多样性较低的西部沙漠地区生长着一种叶退化的药用植物锁阳，该植物依附在另一种植物小果白刺的根部生长，从其根部获取营养物质。下列相关叙述正确的是（　　）。

A. 锁阳与小果白刺的种间关系为捕食

B. 该地区生态系统的自我调节能力较强，恢复力稳定性较高

C. 种植小果白刺等沙生植物固沙体现了生物多样性的间接价值

D. 锁阳因长期干旱定向产生了适应环境的突变，并被保留下来

【解析】 答案C。锁阳叶退化，从小果白刺的根部获取营养物质，故二者为寄生关系，A错误；西北沙漠的生物多样性较低，故自我调节能力较差，由于环境恶劣，恢复力稳定性也较低，B错误；沙生植物可以防风固沙，维持生态平衡，属于间接价值，C正确；变异是不定向的，自然选择是定向的，D错误。

> **【提醒】** 一般情况下，生物多样性越低，自我调节能力越弱，抵抗力稳定性越弱，恢复力稳定性越强。但是对于沙漠而言，由于物种组成单一、营养结构简单，它的抵抗力稳定性和恢复力稳定性都较低。

针 对 训 练

1.（2017 北京）酸雨指 pH 小于 5.6 的大气降水。在实验室中模拟酸雨喷淋樟树和楝树的树苗。结果发现，楝树的高度比对照组低约 40%，而樟树的高度没有明显差异。结合生态学知识所作的合理推测是（　　）。

A. 酸雨对楝树种群中个体的株高影响较明显

B. 酸雨对樟树种群密度的影响比对楝树的大

C. 森林生态系统物种丰（富）度不受酸雨影响

D. 楝树生长的群落中，其他树种都不耐酸雨

2.（2016 全国卷Ⅰ）在漫长的历史时期内，我们的祖先通过自身的生产和生活实践，积累了对生态方面的感性认识和经验，并形成了一些生态学思想，如：自然与人和谐统一的思想。根据这一思想和生态学知识，下列说法错误的是（　　）。

A. 生态系统的物质循环和能量流动有其自身的运行规律

B. 若人与自然和谐统一，生产者固定的能量便可反复利用

C. “退耕还林、还草”是体现自然与人和谐统一思想的实例

D. 人类应以保持生态系统相对稳定为原则，确定自己的消耗标准

3.（2015 重庆）欧洲兔曾被无意携入澳大利亚大草原，对袋鼠等本地生物造成极大威胁。据下图回答下列问题：

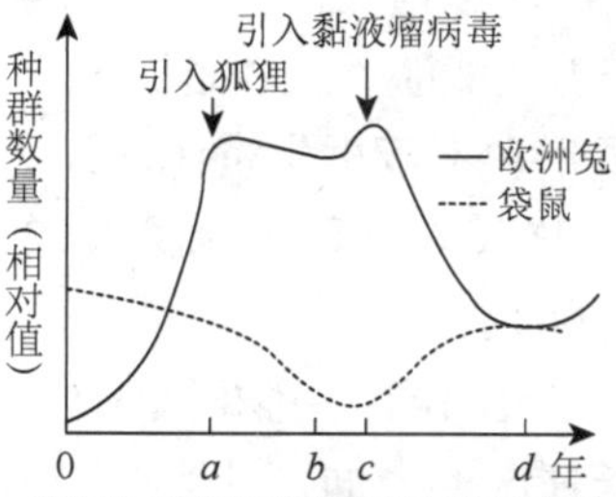

欧洲兔和袋鼠种群数量变化示意图

（1）0（起始年）→a 年，欧洲兔种群数量每年以一定的倍数（λ）增长。若起始年种群数量为 24 只，则 a 年种群数量 N_a=________；若不加以防治，将导致该草原生态系统的________锐减。

（2）a 年引入狐狸防治兔灾。据 a→b 年欧洲兔和袋鼠数量的变化推测：狐狸和袋鼠的种间关系为__________。

（3）c 年控制狐狸数量，并引入仅对欧洲兔致命的黏液瘤病毒后，草原生态系统逐渐恢复稳定。这体现了生态系统具有自我调节能力，其调节方式是__________。

（4）d 年后，欧洲兔种群数量回升，最可能的原因是________________________。

参 考 答 案

1. A　2. B

3.（1）$24\lambda^a$　生物多样性（其他合理答案也给分）

（2）捕食

（3）负反馈调节

（4）欧洲兔对黏液瘤病毒的抗性增强（其他合理答案也给分）

第 19 章　传统发酵技术的应用

19.1　果酒和果醋的制作

核心问题

1. 细胞新陈代谢是如何分类的？

答：新陈代谢分为两大类：同化作用（是指生物体把从外界环境中获取的营养物质转变成自身的组成物质或能量储存的过程）和异化作用（是指机体将来自环境的或细胞自己储存的有机营养物的分子，通过一步步反应降解成较小的、简单的终产物的过程）。

同化作用分为：自养型（如硝化细菌、铁细菌、硫细菌等）和异养型（如酵母菌、醋酸菌、毛霉等）。异化作用分为：需氧型（如醋酸菌、霉菌等）、兼性厌氧型（如酵母菌）、厌氧型（如乳酸菌、破伤风杆菌等）。

2. 什么是发酵？发酵的类型有哪些？

答：发酵指人们借助微生物在有氧或无氧条件下的生命活动来生产大量代谢产物的过程。

发酵的类型分为：有氧发酵（如醋酸发酵）和无氧发酵（如酒精发酵、乳酸发酵）。

3. 比较果酒和果醋制作原理及发酵条件。

答：

项目		果酒制作	果醋制作
制作原理	菌种	酵母菌	醋酸菌
	菌种代谢类型	异养兼性厌氧型	异养需氧型
	反应式	①有氧条件下，大量繁殖： $C_6H_{12}O_6+6O_2 \longrightarrow 6CO_2+6H_2O$ ②无氧条件下，酒精发酵： $C_6H_{12}O_6 \longrightarrow 2C_2H_5OH+2CO_2$	①氧气、糖源都充足时，将葡萄汁中的糖分解成醋酸： $C_6H_{12}O_6+2O_2 \longrightarrow 2CH_3COOH+2H_2O+2CO_2$+能量 ②氧气充足、糖源缺乏时，将乙醇变为乙醛，再将乙醛变为醋酸：$C_2H_5OH+O_2 \longrightarrow CH_3COOH+H_2O$
发酵条件	最适温度	18～25℃	30～35℃
发酵条件	对氧的需求	先通气，后密闭	全程通气
	发酵时间	10～12d	7～8d
制作流程		挑选葡萄→冲洗→榨汁→酒精发酵→醋酸发酵 （果酒）（果醋）	

4. 如何使用下图中这个装置进行果酒和果醋的制作？

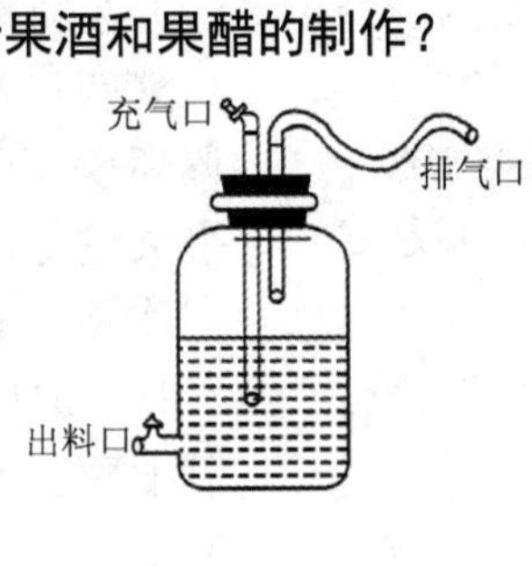

答：果酒制作：应关闭充气口。

果醋制作：应将充气口打开并与氧气泵相连接，持续输入无菌 O_2。

典 例 精 讲

【典例 1】下列有关果酒、果醋制作的叙述，正确的是（　　）。

A. 在果醋发酵的过程中，要适时通过充气口充气

B. 在果酒果醋制作的全过程中，都需要严格灭菌

C. 利用酵母菌酿酒时，密封时间越长，产生的酒精量就越多

D. 果酒发酵、果醋发酵过程中温度分别控制在 30℃、20℃左右

【解析】答案 A。参与果醋制作的微生物是醋酸菌，其代谢类型是异养需氧型，所以在果醋发酵过程中要适时通过充气口充气，A 正确；果酒和果醋制作前需对发酵瓶进行消毒，整个过程不需要严格灭菌，B 错误；利用酵母菌酿酒时，在一定范围内，发酵时间越长，产生的酒精量越多，但时间过长后，由于营养物质的消耗等原因，酒精产量减少，C 错误；果酒发酵过程中温度控制在 18～25℃，果醋发酵过程中温度控制在 30～35℃，D 错误。

【典例 2】如图简单表示了葡萄酒的酿制过程，下列叙述错误的是（　　）。

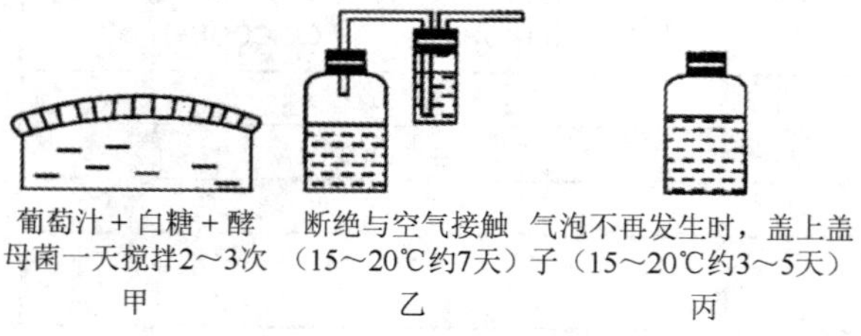

A. 甲装置一天搅拌 2～3 次主要是为了释放产生的气体

B. 白糖为甲装置中酵母菌提供能源物质

C. 甲装置与乙装置中放出的气体主要是二氧化碳

D. 夏季，打开丙装置中的塞子，可能会有醋酸产生

【解析】答案 A。甲装置一天搅拌 2～3 次主要是为了增加溶氧量，有利于酵母菌进行有氧呼吸而大量繁殖，A 错误；添加白糖主要是为酵母菌提供能源物质，B 正确；甲装置酵母菌主要进行有氧呼吸，乙装置酵母菌进行无氧呼吸，两个装置放出的气体主要是二氧化碳，C 正确；夏季，打开丙装置中的塞子，空气中的醋酸菌可能进入容器，在有氧条件下，醋酸菌将酒精发酵为醋酸，D 正确。

【典例 3】（2018 北京）中国杏树的栽培已有两千年以上的历史，但对杏果的利用一直停留在鲜食果肉或杏仁上。研究人员不断创新开发，成功酿制出杏果酒，其色泽淡黄、果香浓郁、营养丰富；检测发现果酒中总黄酮达 20%，是目前天然可食植物制品黄酮含量最高的饮品，也是抗癌防衰老性能突出的功能型饮品。回答下列问题：

（1）在酿制出杏果酒的开始时一般要先通气，其目的是________________。制酒过程中可用______________检测酒精的存在。随着酒精度数的提高，果肉中的__________也进入发酵液，使杏果酒呈现淡黄色。

（2）酿制杏果酒时，不需要对杏果进行严格的消毒处理，这是因为______________。

（3）制作成功的杏果酒若暴露在空气中，酒味会逐渐消失而出现醋酸味，尤其是气温高的夏天更易如此，分析其原因是__________。醋酸菌将乙醇变为醋酸的环境条件是________（填“充足”或“缺少”）糖源。

【解析】（1）为了增加酵母菌的数量，使酵母菌在有氧条件下大量繁殖，故在酿制出杏果酒的开始时一般要先通气。检测酒精用酸性重铬酸钾溶液。随着酒精度数的提高，果肉中的色素也进入发酵液，使杏果酒呈现淡黄色。（2）在缺氧呈酸性的发酵液中，酵母菌可以生长繁殖，而绝大多数其他微生物都因无法适应该环境而受抑制，故酿制杏果酒时，不需要对杏果进行严格的消毒处理。（3）气温高的夏天，制作成功的杏果酒若暴露在空气中会出现醋酸味，原因是空气中含有醋酸菌，醋酸菌是好氧细菌，且最适生长温度为 30～35℃。在缺少糖源和有氧条件下，可将乙醇（酒精）氧化成醋酸。

【提醒】关于酒精的检测，若题干中没有“酸性条件”，在作答时要写成“酸性重铬酸钾”；若题干中有“酸性条件”，作答时直接写“重铬酸钾”。

针对训练

1. 关于如图所示的发酵装置，操作正确的是（　　）。

A. 果酒发酵时，需将果汁装满瓶，并关闭充气口

B. 果醋发酵时，需持续通入氧气，促进醋酸生成

C. 该装置必须先进行果酒发酵，再进行果醋发酵

D. 果酒制成后，将装置转移至温度较低的环境中制作果醋

2. 下图中甲是果醋发酵装置，乙是发酵过程中培养液 pH 变化曲线图，下列叙述正确的是（　　）。

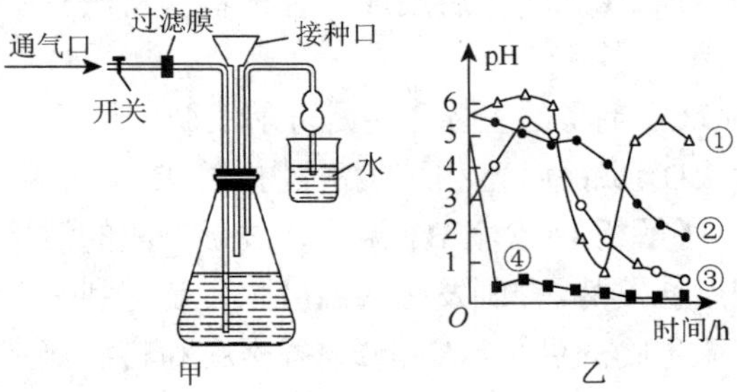

A. 发酵初期不通气，溶液中没有气泡产生

B. 中期可以闻到酒香，说明进行了酒精发酵

C. 后期接种醋酸菌，适当通气并保持原有温度

D. 图乙中能正确表示 pH 变化的曲线是③

3.（2020 全国卷Ⅲ）水果可以用来加工制作果汁、果酒和果醋等。获得的果汁（如苹果汁）可以用来制作果酒或者果醋，制作果酒需要__________菌，这一过程中也需要 O_2，O_2 的作用是______________。制作果醋需要醋酸菌，醋酸菌属于__________（填“好氧”或“厌氧”）细菌。

19.2　腐乳的制作

核心问题

1. 腐乳制作中起主要作用的菌种是什么？其代谢类型是什么？

答：腐乳制作中起主要作用的菌种是毛霉。其代谢类型是异养需氧型。

2. 豆腐上长的白毛和腐乳外部的一层“皮”是怎样形成的？

答：豆腐上长的白毛是白色菌丝，严格地说是直立菌丝，在豆腐中还有匍匐菌丝。腐乳外部的一层“皮”是前期发酵时在豆腐表面上生长的菌丝（匍匐菌丝）。

3. 影响腐乳品质的因素有哪些？

答：①水：豆腐含水量约 70%，含水量过高的豆腐制腐乳不易成形；含水量过低不利于毛霉的生长。

②盐：既可析出豆腐中的水分，使豆腐块变硬；还可抑制微生物的生长，避免豆腐块腐败变质。盐的浓度过低不足以抑制微生物的生长，可导致豆腐腐败变质；盐的浓度过高，会影响腐乳的口味。

③酒：卤汤中酒的含量一般控制在 12%左右，加酒可抑制微生物的生长，同时能使腐乳具有独特的香味。酒精含量过高，腐乳成熟的时间会延长；酒精含量过低，不足以抑制微生物的生长，可导致豆腐腐败。

④香辛料：可调节腐乳的风味，也具有防腐杀菌的作用。

⑤温度：15～18℃，毛霉生长的适宜温度。

典例精讲

【典例 1】（2017 江苏）下列关于“腐乳”

的制作实验，叙述正确的是（　　）。

A. 控制发酵温度的主要目的是腐乳调味

B. 腐乳制作后期加入香辛料和料酒有防腐作用

C. 毛霉的主要作用是分解脂肪和淀粉

D. 成品腐乳表面的黏性物质主要由细菌产生

【解析】 答案 B。温度通过影响酶的活性影响腐乳发酵，控制发酵的温度主要是有利于毛霉等微生物的生长，A 错误；香辛料和料酒都具有防腐杀菌的作用，B 正确；毛霉的主要作用是产生蛋白酶和脂肪酶，将蛋白质分解成小分子的肽和氨基酸，将脂肪分解成甘油和脂肪酸，C 错误；成品腐乳表面的黏性物质主要由毛霉产生，毛霉是真菌，D 错误。

【典例 2】 下列关于腐乳制作过程中的操作，不正确的是（　　）。

A. 腌制青方时不可以加入辅料，用豆腐本身渗出的水加盐腌制而成

B. 将长满毛霉的豆腐放在瓶中，并逐层加盐，接近瓶口表面的盐要铺厚一些

C. 先将豆腐切成块放在消毒的笼屉中，保持温度在 15～18℃，并保持干燥

D. 卤汤中酒的含量一般控制在 12%左右，酒精含量过高会延长腐乳成熟的时间

【解析】 答案 C。青方因不加辅料，用豆腐本身渗出的水加盐腌制而成，绵软油滑，异臭奇香，A 正确；加盐腌制时，将长满毛霉的豆腐整齐地摆放在瓶中，同时逐层加盐，随着层数的加高而增加盐量，接近瓶口表面的盐要铺厚一些，B 正确；将豆腐块平放在笼屉内，将笼屉中的温度控制在 15～18℃，并保持一定的湿度，C 错误；卤汤中酒的含量一般控制在 12%左右，酒精含量过高会延长腐乳成熟的时间，酒精含量过低不足以抑制微生物的生长，可能导致豆腐腐败，D 正确。

【典例 3】（2017 全国卷Ⅱ）豆豉是大豆经过发酵制成的一种食品。为了研究影响豆豉发酵效果的因素，某小组将等量的甲、乙两菌种分别接入等量的 A、B 两桶煮熟大豆中并混匀，再将两者置于适宜条件下进行发酵，并在 32h 内定期取样观测发酵效果。回答下列问题：

（1）该实验的自变量是____________、____________。

（2）如果发现发酵容器内上层大豆的发酵效果比底层的好，说明该发酵菌是________（填“需氧”或“厌氧”）菌。

（3）如果在实验后，发现 32h 内的发酵效果越来越好，且随发酵时间呈直线上升关系，则无法确定发酵的最佳时间；若要确定最佳发酵时间，还需要做的事情是____________。

【解析】（1）根据题干信息可知，该实验的自变量是菌种和发酵时间（32h 内定期取样观测发酵效果）。（2）容器内上层为有氧环境，底层为无氧环境，如果发现发酵容器内上层大豆的发酵效果比底层的好，说明该发酵菌是需氧型。（3）如果在实验后，发现 32h 内的发酵效果越来越好，且随发酵时间呈直线上升关系，则无法确定发酵的最佳时间；若要确定最佳发酵时间，还需要延长发酵时间继续进行实验。

针 对 训 练

1. 下列关于腐乳的制作过程的叙述，正确的是（　　）。

A. 腐乳的“皮”是在盐的作用下，毛霉菌丝死亡附着在表面形成

B. 发酵过程中毛霉和根霉为互利共生关系

C. 毛霉生长过程中所需的营养物质由豆腐提供

D. 卤汤中香辛料的作用仅仅是调制风味，且越多越好

2. 下列有关传统果酒、果醋发酵和腐乳制作的比较，不正确的是（　　）。

A. 果酒、腐乳发酵利用的主要微生物属于真核生物，果醋发酵菌种属于原核生物

B. 三种发酵过程中都可以通过控制发酵温度来实现对微生物类型的控制

C. 果酒发酵在无氧环境下进行，果醋和腐乳发酵在有氧条件下进行

D. 发酵过程中所有的相关反应都是在微生物的细胞内进行的

3. 腐乳味道鲜，易于消化、吸收，是因为其内主要含有的营养成分是（　　）。

A. 无机盐、水、维生素

B. 氯化钠、氨基酸、甘油和脂肪酸

C. 多肽、氨基酸、甘油和脂肪酸

D. 蛋白质、脂肪、氯化钠、水

4. 腐乳是我国民间传统的发酵食品，味道鲜美、营养丰富、风味独特、易于消化。请回答下列有关问题。

（1）家庭制腐乳，豆腐上的毛霉来自______。

（2）在腐乳制作中，加盐的目的是______、__________、__________。

（3）腐乳的风味种类很多，如红方因加入了_________________而呈深红色；糟方因加入了________________而糟香扑鼻。

（4）装瓶时，操作要迅速小心。加入卤汤后要用胶条将瓶口密封，封瓶时最好将瓶口通过酒精灯的火焰，防止______________________。

（5）豆腐发酵过程中营养物质的种类_______（填“增多”或“减少”）。

19.3　制作泡菜并检测亚硝酸盐的含量

核 心 问 题

1. 制作泡菜时为什么要选择新鲜的蔬菜？

答：若放置时间过长（发黄、腐烂）或煮熟后存放太久，蔬菜中的硝酸盐会被微生物还原成亚硝酸盐。

2. 盐水煮沸冷却的目的是什么？

答：①除去水中的 O_2；②杀灭盐水中的细菌；③防止加入的乳酸菌因高温而死亡。

3. 家庭制作泡菜时如何创造无氧环境？

答：①选择透气性差的容器；②泡菜坛坛盖边沿的水槽内注满水，并经常补水。

4. 泡菜在腌制过程中，各时期微生物种群数量变化是什么？

答：①发酵初期：以大肠杆菌和酵母菌的活动为主，同时还有一部分硝酸盐还原菌在消耗坛内 O_2，乳酸菌数量较少（种内互助）。

②发酵中期：乳酸菌产生大量乳酸，其他微生物活动受到抑制，乳酸菌活动增强。

③发酵后期：由于乳酸的积累，pH 继续降低，乳酸菌活动受到抑制，数量减少。

典 例 精 讲

【典例 1】 泡菜制作过程中，下列对不同时期泡菜坛中乳酸菌含量的叙述，正确的是（　　）。

A. 制作泡菜初期并无乳酸菌的存在

B. 腌制过程中乳酸菌含量会逐渐增多并达到最高峰，然后下降

C. 腌制后期乳酸菌含量会急剧下降

D. 腌制的全过程乳酸菌的含量不变，活性不同

【解析】 答案 B。制作泡菜所利用的乳酸菌最初来自所选蔬菜表面，A 错误；腌制过程是无氧环境，有利于乳酸菌的繁殖，并产生大量的乳酸，乳酸含量增多，又会抑制乳酸菌的发酵，所以乳酸菌数量是先增加后下降，B 正确；腌制后期，随着乳酸含量的增多，乳酸菌数量会逐渐下降，C 错误；腌制全过程乳酸菌数量变化趋势是先增加后下降，所以 D 错误。

【典例 2】 家庭制作泡菜的方法：新鲜的蔬菜经过整理、清洁后，放入彻底清洗并用白酒擦拭过的泡菜坛中，然后向坛中加入盐水、香辛料及一些陈泡菜水，密封后置于温度适宜的地方。下列与此过程相关的叙述，不正确的是（　　）。

A. 用白酒擦拭泡菜坛的目的是消毒

B. 加入陈泡菜水的作用是增加乳酸菌数量

C. 制作泡菜过程中，有机物的干重和种类将减少

D. 若制作的泡菜咸而不酸，最可能的原因是大量的食盐抑制了乳酸菌的发酵

【解析】 答案 C。白酒擦拭泡菜坛的目的是消毒，防止杂菌的污染，A 正确；加入陈泡菜水的目的是增加乳酸菌的数量，加速乳酸的产生，B 正确；泡菜制作过程中乳酸菌发酵产生乳酸，消耗坛内有机物，所以有机物干重减少，种类增加，C 错误；泡菜水中加入食盐过多，会使乳酸

菌失水而死亡，从而不能进行乳酸发酵产生乳酸，D 正确。

【典例 3】 回答下列有关泡菜制作的习题：

（1）泡菜制作过程中，乳酸发酵的过程即为乳酸菌进行________________的过程。该过程发生在乳酸菌细胞的________________中。

（2）泡菜制作过程中影响亚硝酸盐含量的因素有_________、_________和_________等。

（3）从开始制作到泡菜品质最佳这段时间内，泡菜液逐渐变酸。这段时间内泡菜坛中乳酸菌和其他杂菌的消长规律是________________，原因是______________________。

【解析】（1）乳酸菌是厌氧型细菌，只能进行无氧呼吸，其场所是细胞质基质。（2）在泡菜的腌制过程中，要注意控制腌制的时间、温度和食盐的用量，温度过高、食盐用量过低、腌制时间过短，容易造成细菌大量繁殖，亚硝酸盐含量增加。（3）泡菜液逐渐变酸是由于乳酸菌繁殖产生大量的乳酸，而乳酸菌比其他杂菌更耐酸，所以乳酸菌的数量增加，其他杂菌的数量减少。

针对训练

1. 下列关于家庭中制作果酒、果醋、泡菜过程的叙述，正确的是（　　）。

A. 都需要严格灭菌

B. 都需要接种相应微生物

C. 都在无氧条件下进行

D. 都利用异养微生物发酵

2. 下列关于泡菜的制作和亚硝酸盐含量的测定实验的叙述，正确的是（　　）。

A. 将新鲜蔬菜与煮沸冷却的盐水混匀装坛

B. 发酵过程中泡菜坛要始终保持密封状态，坛盖边沿的水槽要始终装满水

C. 在酸性条件下，亚硝酸盐与对氨基苯磺酸发生重氮化反应形成玫瑰红色沉淀

D. 泡菜发酵过程中会产生多种酸，其中主要是亚硝酸，还有少量的乳酸

3. 传统发酵技术常运用到重要的检测方法，下列有关说法错误的是（　　）。

A. 果酒发酵是否产生酒精，可用酸性重铬酸钾来检验

B. 泡菜发酵产生乳酸的量可以用比色法测量

C. 检验醋酸产生的简单易行的方法是品尝

D. 检测果醋产生可以通过发酵液前后的 pH 变化进行鉴定

参考答案

19.1　果酒和果醋的制作

1. B　2. B　3. 酵母　促进有氧呼吸，使酵母菌大量繁殖　好氧

19.2　腐乳的制作

1. C　2. D　3. C　4.（1）空气中的毛霉孢子　（2）抑制微生物的生长，避免豆腐块腐败变质　加盐析出豆腐中的水分，使豆腐变硬，在后期制作过程中不会过早酥烂　有调味作用　（3）红曲　酒糟　（4）瓶口被污染　（5）增多

19.3　制作泡菜并检测亚硝酸盐的含量

1. D　2. B　3. B

第 20 章　微生物的培养与应用

20.1　微生物的实验室培养

核 心 问 题

1. 培养基的成分一般都含有哪些？

答：①水。②碳源：如 CO_2、$NaHCO_3$、糖类等。根据培养基中是否添加碳源可将微生物分为自养微生物（以 CO_2 作为碳源，可在无碳培养基上生长，如硝化细菌）和异养微生物（以有机物作为碳源）。③氮源：N_2、NH_3、NO_3^-、NH_4^+、蛋白质等。如：圆褐固氮菌（固氮微生物）可以利用大气中的 N_2，能在无氮培养基上生长。④无机盐：如 NaCl、KH_2PO_4 等。

【点拨】①硝化细菌碳源是 CO_2、氮源是 NH_3、能量来自氧化 NH_3 释放的化学能。②一种物质可提供多种营养成分。如牛肉膏提供碳源、氮源、磷酸盐和维生素（特殊营养物质）；蛋白胨提供碳源、氮源和维生素。

2. 制备培养基时是先灭菌还是先调 pH？

答：先调 pH 再灭菌。

3. 纯化大肠杆菌常用的方法有哪些？纯化的目的是什么？

答：纯化大肠杆菌常用的方法有平板划线法和稀释涂布平板法。纯化的目的是获得由一个细胞繁殖而来的肉眼可见的子细胞群体，即菌落。

4. 某同学在纯化大肠杆菌时，发现培养基上的菌落连成一片，最可能的原因是什么？应当怎样操作才可避免这种现象的发生？

答：最可能的原因是菌液浓度过高或划线时在划下一区域前未将接种环灭菌。采取的措施是增大稀释倍数或每次划下一区域前先将接种环进行灼烧灭菌。

5. 培养基制备成功的标准是什么？

答：将接种后的培养基和一个未接种（或接种等量无菌水）的培养基放在适宜温度的恒温箱中培养一段时间观察，若未接种的培养基表面没有菌落生长，说明培养基的制备是成功的；若未接种的培养基表面有菌落生长，说明培养基制备失败，需重新制备。

典 例 精 讲

【典例 1】 下表是某微生物培养基的成分。下列有关说法错误的是（　　）。

编号	①	②	③	④	⑤
成分	$(NH_4)_2SO_4$	KH_2PO_4	$FeSO_4$	$CaCl_2$	H_2O
含量	0.4g	4.0g	0.5g	0.5g	100mL

A. 此培养基可用来培养自养型微生物

B. 此表中的营养成分共有三类，即水、无机盐、氮源

C. 若除去①，此培养基可培养圆褐固氮菌

D. 培养基中若加入氨基酸，则它可充当碳源、氮源

【解析】 答案 C。由表可知此培养基中含有的营养成分是水、无机盐和氮源，没有碳源，可用来培养自养型微生物，A、B 正确；若除去①，此培养基中无碳源和氮源，圆褐固氮菌是异养型微生物，无法在此培养基上生活，C 错误；氨基酸组成元素主要是 C、H、O、N，可充当碳源和氮源，D 正确。

【典例 2】 以下几个关于无菌技术方面的叙述正确的是（　　）。

A. 紫外线照射前，适量喷洒石炭酸等消毒液，可以加强消毒效果

B. 高压灭菌加热结束时，打开排气阀使压力表指针回到零后，开启锅盖

C. 为了防止污染，接种环经火焰灭菌后应趁热快速挑取菌落

D. 在微生物接种的实验中，用 95%的酒精对实验者的双手和超净工作台进行消毒

【解析】 答案 A。在紫外线照射前，适量喷洒石炭酸或煤酚皂溶液等消毒液，可以加强消毒效果，A 正确；高压灭菌加热结束时，切断热源，让灭菌锅内温度自然下降，当压力表的压力降到零时，打开排气阀，B 错误；为了防止污染，接种环经火焰灭菌冷却后快速挑取菌落，C 错误；微生物接种的实验中，一般用 70%的酒精对实验者的双手和超净工作台进行消毒，D 错误。

【典例 3】 平板划线法和稀释涂布平板法是常用的两种接种方法。下列相关叙述正确的是(　　)。

A. 除第一次划线前需要将接种环灼烧灭菌外，以后的划线可以不用灭菌

B. 平板划线接种时，每一次划线前都要挑取菌种

C. 涂布时可转动涂布器，使菌液涂布均匀

D. 用移液管把菌液从一支试管转移到下一支试管后，要用手指轻压移液管的橡皮头，吹吸三次，目的是使菌液与水充分混匀

【解析】 答案 D。在平板划线操作中操作的第一步、每次划线之前、划线操作结束后都需要灼烧接种环，A 错误；平板划线接种时，除第一次划线需要挑取菌种，以后每次划线的菌种都来源于上次划线的末端，B 错误；涂布平板操作时可转动培养皿，使菌液分布均匀，C 错误。

针对训练

1. 下列关于琼脂的说法不正确的是（　　）。

A. 不被所培养的微生物所利用，对所培养的微生物无毒害作用

B. 在微生物生长的温度范围内保持固体状态

C. 琼脂是多糖，可为微生物的生长提供碳源

D. 琼脂在灭菌过程中不会被破坏，透明度好，凝固力强

2. 下列有关菌种保藏的有关叙述，错误的是（　　）。

A. 为了保持菌种的纯净，需要进行菌种的保藏

B. 对于频繁使用的菌种，可以采用临时保藏的方法

C. 临时保藏的菌种一般是接种到试管的斜面培养基上

D. 需要长期保存的菌种，可采用低温（−4℃）保藏的方法

3.（2018 全国卷 I）将马铃薯去皮切块，加水煮沸一段时间，过滤得到马铃薯浸出液。在马铃薯浸出液中加入一定量蔗糖和琼脂，用水定容后灭菌，得到 M 培养基。

（1）M 培养基若用于真菌的筛选，则培养基中应加入链霉素以抑制__________的生长，加入链霉素的培养基属于____________培养基。

（2）M 培养基中的马铃薯浸出液为微生物生长提供了多种营养物质，营养物质类型除氮源外还有________（答出两点即可）。氮源进入细胞后，可参与合成的生物大分子有________（答出两点即可）。

4.（2018 全国卷Ⅱ）在生产、生活和科研实践中，经常通过消毒和灭菌来避免杂菌的污染。回答下列问题：

（1）在实验室中，玻璃和金属材质的实验器皿__________（填“可以”或“不可以”）放入干热灭菌箱中进行干热灭菌。

（2）牛奶的消毒常采用巴氏消毒法或高温瞬间消毒法，与煮沸消毒法相比，这两种方法的优点是____________________________。

（3）密闭空间内的空气可采用紫外线照射消毒，其原因是紫外线能____________________。

（4）水厂供应的自来水通常是经过________（填“氯气”“乙醇”或“高锰酸钾”）消毒的。

（5）某同学在使用高压蒸汽灭菌锅时，若压力达到设定要求，而锅内并没有达到相应温度，最可能的原因是__________________________。

5.（2019 全国卷Ⅲ）回答下列与细菌培养相关的问题。

（1）在细菌培养时，培养基中能同时提供碳源、氮源的成分是____________（填“蛋白胨”“葡萄糖”或“$NaNO_3$”）。通常，制备培养基时要根据所培养细菌的不同来调节培养基的 pH，

其原因是__________。硝化细菌在没有碳源的培养基上__________（填“能够”或“不能”）生长，原因是____________。

（2）用平板培养细菌时一般需要将平板____________（填“倒置”或“正置”）。

（3）有些使用后的培养基在丢弃前需要经过__________处理，这种处理可以杀死丢弃物中所有的微生物。

20.2　土壤中分解尿素的细菌的分离与计数

核心问题

1. 两种微生物计数方法的比较

方法	稀释涂布平板法（活菌计数法）	显微镜直接计数法
原理	当样品的稀释度足够高时，培养基表面生长的一个菌落，来源于样品稀释液中的一个活菌，通过统计平板上的菌落数，就能推测出样品中大约含有多少活菌	利用特定的细菌计数板或血细胞计数板，在显微镜下计算一定容积的样品中微生物的数量
公式	每克样品中的菌株数=$(C\div V)\times M$，其中 C 代表某一稀释度下平板上生长的平均菌落数，V 代表涂布平板时所用的稀释液的体积（mL），M 代表稀释倍数	每毫升菌液所含细菌数=每小格平均细菌数×400×10^4×稀释倍数
缺点	当两个或多个细菌连在一起时，平板上观察到的只是一个菌落	不能区分细菌死活
结果	比实际值偏低	比实际值偏高

2. 如何判断以尿素为唯一氮源的选择培养基是否起了选择作用？

答：需以牛肉膏蛋白胨培养基作为对照，并接种等量的菌种，若选择培养基上的菌落数目明显小于牛肉膏蛋白胨培养基上的菌落数，说明选择培养基已筛选出一些菌落。

3. 在以尿素为唯一氮源的培养基上生长的微生物一定就是能分解尿素的细菌吗？

答：不一定。因为有些微生物可利用分解尿素细菌的代谢产物生长繁殖，所以在此培养基上生长的微生物不一定是所需要的微生物，还需要进一步的验证。

4. 水中细菌数目的检测方法是什么？

答：滤膜法。如测定饮用水中大肠杆菌的数目，将已知体积的水过滤后，将滤膜放在伊红美蓝培养基上培养，在该培养基上大肠杆菌的菌落呈现黑色，可根据培养基上黑色菌落的数目，计算出水样中大肠杆菌的数量。

典例精讲

【典例 1】 下列有关“土壤中分解尿素的细菌的分离与计数实验”的叙述，正确的是（　　）。

A. 分离土壤中的尿素分解菌实验中，采集的土样经高温灭菌后，可以用于制取土壤稀释液

B. 测定土壤中细菌的总量和测定土壤中能分解尿素的细菌的数量，选用的稀释度范围不同

C. 从土壤中取样时土层越浅越好

D. 接种土壤微生物稀释液时，平板划线法可以采取连续划线的方法使微生物均匀分布

【解析】 答案 B。分离土壤中的尿素分解菌实验中，采集的土样经高温灭菌后，土样中的微生物全部死亡，无法得到尿素分解菌，A 错误；土壤中各种微生物的数量是不同的，为了获得不同类型的微生物，需要按不同的稀释度进行分离，B 正确；土壤中绝大多数细菌分布在距地表约 3～8cm 的土壤层，C 错误；接种土壤微生物稀释液时，借助平板划线法通过接种环在琼脂固体培养基表面连续划线的操作，将聚集的菌种逐步稀释分散到培养基的表面，并没有使微生物均匀分布在培养基的表面，D 错误。

【典例 2】 某同学将 1mL 土壤样液稀释 100 倍，在 3 个平板上用稀释涂布平板法分别接入 0.1mL 稀释液，经适当培养后，3 个平板上的菌落数分别为 56、57 和 58。下列叙述错误的是（　　）。

A. 可得出土壤样液中活菌数大约为 5.7×10^7 个/L

B. 此方法统计的菌落数往往比实际的活菌数目低

C. 一般选择菌落数在 30～300 的平板进行计数

D. 显微镜直接计数法统计的都是稀释液中活菌数

【解析】 答案 D。根据公式，每毫升土壤样液中的菌株数 $=(C\div V)\times M$，（57÷0.1）×100×1000 得出每升土壤样液中的活菌数大约为 5.7×10^7 个，A 正确；稀释涂布平板法统计的菌落数往往比实际的活菌数目低，是因为当两个或多个细胞连在一起时，平板上观察到的只是一个菌落，B 正确；为了确保结果的准确性，一般选择菌落数在 30～300 的平板进行计数，C 正确；显微镜直接计数法是采用计数板进行计数，在显微镜下数数时不能区分死菌和活菌，D 错误。

【典例 3】 下图是研究人员从红棕壤中筛选高效分解尿素细菌的过程示意图，有关叙述错误的是（　　）。

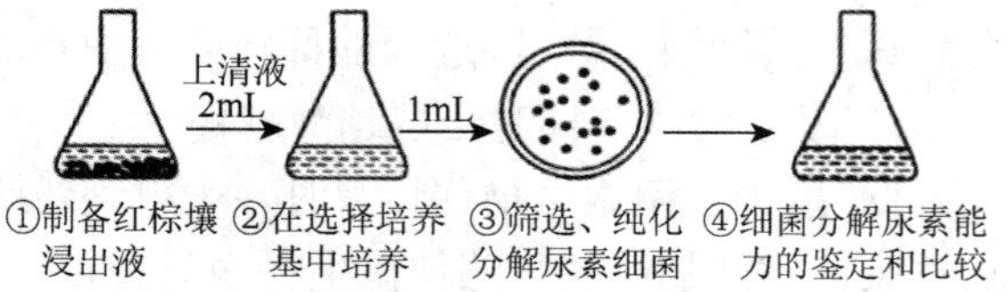

A. 在配制步骤②③的培养基时，应先调 pH 后进行高压蒸汽灭菌

B. 步骤③纯化分解尿素的细菌的原理是将聚集的细菌分散，以获得单细胞菌落

C. 步骤③采用涂布平板法接种，并需要向牛肉膏蛋白胨培养基中加入尿素

D. 步骤④挑取③中不同种的菌落分别接种，比较细菌分解尿素的能力

【解析】 答案 C。制备培养基时应先调 pH 后灭菌，培养基采用高压蒸汽灭菌，A 正确；步骤③纯化分解尿素的细菌采用的是稀释涂布平板法，其原理是在稀释度足够高的菌液里，聚集在一起的微生物将被分散成单个细胞，从而能在培养基表面形成单个的菌落，B 正确；步骤③要筛选分解尿素的细菌，故该固体培养基应以尿素作为唯一氮源，而牛肉膏、蛋白胨都可以提供氮源，C 错误；步骤④挑取③中不同种的菌落分别接种，可以比较细菌分解尿素的能力的大小，D 正确。

【提醒】从步骤③的平板上挑取不同种的菌落分别接种在步骤④的培养液中，培养相同时间后，检测④中尿素剩余量，尿素剩余量最少的培养瓶中该菌种分解尿素的能力最大。

针对训练

1. 下表是某培养基的配方，有关叙述错误的是（　　）。

成分	KH_2PO_4	Na_2HPO_4	$MgSO_4\cdot7H_2O$	葡萄糖	琼脂	尿素	蒸馏水
培养基（含量）	1.4g	2.1g	0.2g	10.0g	15.0g	1.0g	1000mL

A. 该培养基的类型既是固体培养基，又是选择培养基

B. 该培养基的营养成分有水、无机盐、碳源、氮源

C. 若分离土壤中分解尿素的细菌，应再向培养基中添加硝酸钠

D. 若培养分解尿素的细菌，培养基中加入酚红指示剂后将变红

2.（2019 全国卷 I）已知一种有机物 X（仅含有 C、H 两种元素）不易降解，会造成环境污染。某小组用三种培养基筛选土壤中能高效降解 X 的细菌（目标菌）。

Ⅰ号培养基：在牛肉膏蛋白胨培养基中加入 X（5g/L）。

Ⅱ号培养基：氯化钠（5g/L），硝酸铵（3g/L），其他无机盐（适量），X（15g/L）。

Ⅲ号培养基：氯化钠（5g/L），硝酸铵（3g/L），其他无机盐（适量），X（45g/L）。

回答下列问题。

（1）在Ⅰ号培养基中，为微生物提供氮源的是__________。Ⅱ、Ⅲ号培养基中为微生物提供碳源的有机物是__________。

（2）若将土壤悬浮液接种在Ⅱ号液体培养基中，培养一段时间后，不能降解 X 的细菌比例会__________，其原因是____________。

（3）Ⅱ号培养基加入琼脂后可以制成固体培养基，若要以该固体培养基培养目标菌并对菌落进行计数，接种时，应采用的方法是__________。

（4）假设从Ⅲ号培养基中得到了能高效降解 X 的细菌，且该菌能将 X 代谢为丙酮酸，则在有氧条件下，丙酮酸可为该菌的生长提供________和____________。

3.（2020 全国卷Ⅰ）某种物质 S（一种含有 C、H、N 的有机物）难以降解，会对环境造成污染，只有某些细菌能降解 S。研究人员按照下图所示流程从淤泥中分离得到能高效降解 S 的细菌菌株。实验过程中需要甲、乙两种培养基，甲的组分为无机盐、水和 S，乙的组分为无机盐、水、S 和 Y。回答下列问题：

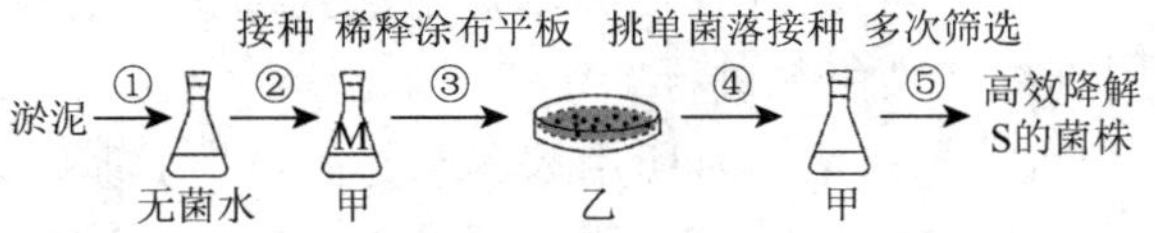

（1）实验时，盛有水或培养基的摇瓶通常采用________的方法进行灭菌。乙培养基中的 Y 物质是________。甲、乙培养基均属于________培养基。

（2）实验中初步估测摇瓶 M 中细菌细胞数为 2×10^7 个/mL，若要在每个平板上涂布 100μL 稀释后的菌液，且保证每个平板上长出的菌落数不超过 200 个，则至少应将摇瓶 M 中的菌液稀释________倍。

（3）在步骤⑤的筛选过程中，发现当培养基中的 S 超过某一浓度时，某菌株对 S 的降解量反而下降，其原因可能是________（答出 1 点即可）。

（4）若要测定淤泥中能降解 S 的细菌细胞数，请写出主要实验步骤________。

4. 某研究机构使用“滤膜法”对受污染的河流水体进行了大肠杆菌活菌数目的测定。请回答：

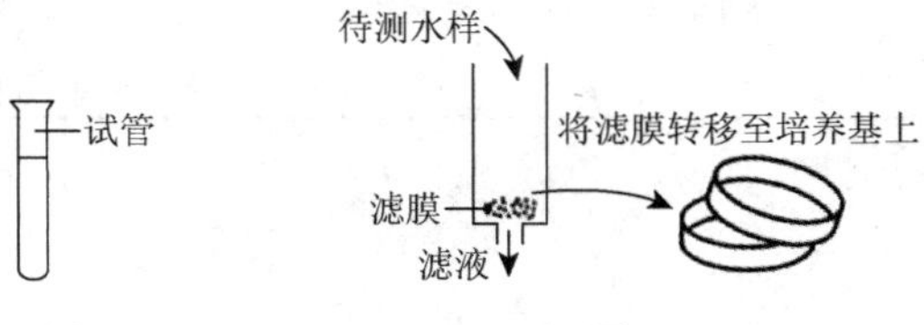

图甲　　图乙

（1）为了便于统计污染严重的水体中活菌的数目，需将水样进行适当稀释，例如取水样 1mL 加入无菌水________mL 制备稀释倍数为 10^1 的稀释液，并照此依次制备更高倍数的稀释液，每个稀释倍数的菌液取 10mL 进行过滤，然后将滤膜放置在培养基上。为了防止杂菌污染，稀释、过滤和放置滤膜等操作都应该在________附近进行。

（2）将放有滤膜的平板置于适宜条件下培养，每隔 12h 统计一次菌落数目，应选取菌落数目________时的记录作为结果。如果经过培养后，稀释倍数为 10^2 的 4 个平板上菌落数分别为 43、47、42、48，那么每升河水中约含大肠杆菌________个。

20.3　分解纤维素的微生物的分离

核心问题

1. 从土壤中分离纤维素分解菌时，哪种情况下可以省略选择培养？

答：当土壤中纤维素分解菌的浓度很高时，可省略选择培养这个步骤。

2. 本实验中在选择培养时培养基的物理状态是什么？鉴别培养基的物理状态是什么？

答：选择培养基是液体培养基。鉴别培养基是固体培养基。

3. 本实验中透明圈是如何形成的？透明圈大小代表什么？

答：刚果红可以与纤维素形成红色复合物，但并不与纤维素降解产物纤维二糖和葡萄糖发生这种反应，细菌分泌的纤维素酶能将培养基中的纤维素降解成纤维二糖和葡萄糖，形成透明圈。透明圈大小与纤维素酶的量和活性有关，也代表纤维素分解菌降解纤维素的能力大小。

4. 如何设计实验证明纤维素酶能分解纤维素？

答：设计对照实验。取两支试管，分别加入等量的滤纸条和缓冲液，在一支试管中加入纤维素酶，另一支试管中加入等量蒸馏水，振荡反应一段时间后，可观察到加入纤维素酶的试管中滤纸条被水解，而加入蒸馏水的试管中滤纸条没有变化。

5. 两种刚果红染色法的比较。

答：

比较项目	方法一	方法二
	先培养微生物，再加入刚果红	在倒平板时加入刚果红
优点	显示出的颜色反应基本上是纤维素分解菌的作用	操作简单，不存在菌落混杂
缺点	操作烦琐，刚果红会使菌落之间发生混杂	有些微生物会降解刚果红，形成透明圈，与纤维素分解菌相混

典 例 精 讲

【典例 1】（2019 北京）筛选淀粉分解菌需使用以淀粉为唯一碳源的培养基。接种培养后，若细菌能分解淀粉，培养平板经稀碘液处理，会出现以菌落为中心的透明圈（如图），实验结果见下表。

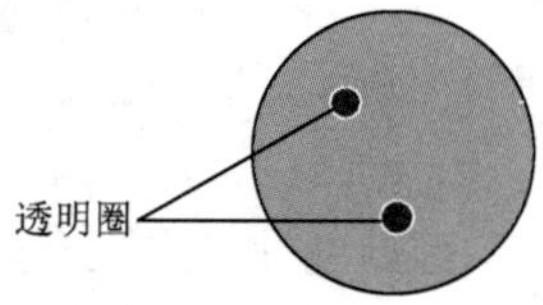

菌种	菌落直径 *C*/mm	透明圈直径 *H*/mm	*H*/*C*
细菌Ⅰ	5.1	11.2	2.2
细菌Ⅱ	8.1	13.0	1.6

有关本实验的叙述，错误的是（　　）。

A. 培养基除淀粉外还含有氮源等其他营养物质

B. 筛选分解淀粉的细菌时，菌液应稀释后涂布

C. 以上两种细菌均不能将淀粉酶分泌至细胞外

D. *H*/*C* 值反映了两种细菌分解淀粉能力的差异

【解析】 答案 C。根据题干信息可知，要筛选出能分解淀粉的淀粉分解菌，所用的培养基应该以淀粉为唯一碳源，而培养基中除含有碳源，还应该有氮源、水和无机盐等细菌生命活动必需的营养物质，A 正确；因为菌液浓度过大，所以稀释涂布平板法接种前应先将菌液进行一定梯度的稀释，再进行涂布操作，B 正确；因为两种细菌周围均出现了透明圈，说明两种细菌都可以产生淀粉酶，而且淀粉酶可以被分泌到细胞外，C 错误；淀粉分解菌可分解淀粉，导致菌落周围的淀粉分解，不能与稀碘液反应生成蓝色，因而出现透明圈，透明圈直径与菌落直径的比值越大，说明细菌分解淀粉能力越强，D 正确。

【典例 2】 在分解纤维素的微生物的分离实验中，下列叙述正确的是（　　）。

A. 为判断选择培养基是否起到选择作用应用刚果红染色剂进行鉴定

B. 选择培养时所用培养基是固体培养基

C. 选择培养可以增加纤维素分解菌的浓度

D. 以纤维素为主要碳源的培养基，只有能分解纤维素的微生物才能生存

【解析】 答案 C。筛选能分解纤维素的细菌时，可采用牛肉膏蛋白胨培养基作为对照组，以鉴定选择培养基是否起到选择的作用，A 错误；筛选纤维素分解菌的选择培养基是液体培养基，B 错误；选择培养的目的是增加纤维素分解菌的浓度，以确保能够从样品中分离到所需要的微生物，C 正确；以纤维素为主要碳源的培养基，说明在该培养基上还有其他碳源，所以能在其内生存的主要是纤维素分解菌，D 错误。

【典例 3】 植物秸秆中的纤维素可被某些微生物分解。回答下列问题：

（1）分解秸秆中纤维素的微生物能分泌纤维素酶，该酶是由至少 3 种组分组成的复合物，其中的葡萄糖苷酶可将__________分解成__________。

（2）在含纤维素的培养基中加入刚果红（CR）时，CR 可与纤维素形成____________色复合物。用含有 CR 的该种培养基培养纤维素分解菌时，培养基上会出现以该菌的菌落为中心的____________。

（3）为从富含纤维素的土壤中分离获得纤维素分解菌的单菌落，某同学设计了甲、乙两种培养基（成分见表）。

	酵母膏	无机盐	淀粉	纤维素粉	琼脂	CR 溶液	水
培养基甲	+	+	+	+	−	+	+
培养基乙	+	+	+	−	+	+	+

注：“+”表示有，“−”表示无。

据表判断，培养基甲__________（填“能”或“不能”）用于分离和鉴别纤维素分解菌，培养基甲是___________培养基，原因是配方中___________；培养基乙_____________（填“能”或“不能”）用于分离和鉴别纤维素分解菌，原因是_________________________________。

【解析】（1）纤维素酶是一种复合酶，至少包括三种组分，即 C_1 酶、C_X 酶和葡萄糖苷酶，前两种酶使纤维素分解成纤维二糖，第三种酶将纤维二糖分解成葡萄糖；(2) 在含纤维素的培养基中加入 CR 时，CR 可与纤维素形成红色复合物，当纤维素被纤维素酶分解后，刚果红-纤维素的红色复合物就无法形成，培养基中会出现以纤维素分解菌为中心的透明圈；(3) 微生物的分离与鉴别要用固体培养基，培养基甲中没有琼脂，故不能分离与鉴别纤维素分解菌；由于培养基乙中没有纤维素粉，故不能分离与鉴别纤维素分解菌。

针 对 训 练

1. 下列有关分解纤维素微生物的分离的叙述，错误的是（　　）。

A. 纤维素酶的发酵方法有液体发酵和固体发酵

B. 对分解纤维素的微生物进行了初步筛选后，无须再进行其他实验

C. 纤维素酶的测定方法，一般是对所产生的葡萄糖进行定量测定

D. 纤维素酶是一种复合酶

2. 下列关于刚果红染色法的说法中，正确的是（　　）。

A. 先培养微生物，再加入刚果红进行颜色反应，不需用氯化钠溶液洗去浮色

B. 倒平板时就加入刚果红，可在培养皿中先加入 1mL CR 溶液后加入 100mL 培养基

C. 纤维素分解菌菌落周围出现刚果红

D. 倒平板时就加入刚果红，长期培养刚果红有可能被其他微生物分解形成透明圈

3.（2019 全国卷Ⅱ）物质 W 是一种含氮有机物，会污染土壤。W 在培养基中达到一定量时培养基表现为不透明。某研究小组欲从土壤中筛选出降解 W 的细菌（目标菌）。回答下列问题。

（1）要从土壤中分离目标菌，所用选择培养基中的氮源应该是___________。

（2）在从土壤中分离目标菌的过程中，发现培养基上甲、乙两种细菌都能生长并形成菌落（如图所示）。如果要得到目标菌，应选择_________菌落进一步纯化，选择的依据是___________。

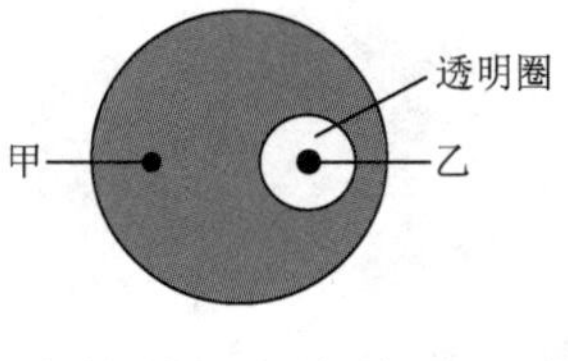

（3）土壤中的某些微生物可以利用空气中的氮气作为氮源。若要设计实验进一步确定甲、乙菌能否利用空气中的氮气作为氮源，请简要写出实验思路、预期结果和结论，即___________。

（4）该小组将人工合成的一段 DNA 转入大肠杆菌，使大肠杆菌产生能降解 W 的酶（酶 E）。为了比较酶 E 与天然酶降解 W 能力的差异，该小组拟进行如下实验，请完善相关内容。

①在含有一定浓度 W 的固体培养基上，A 处滴加含有酶 E 的缓冲液，B 处滴加含有相同浓度天然酶的缓冲液，C 处滴加___________，三处滴加量相同。

②一段时间后，测量透明圈的直径。若 C 处没有出现透明圈，说明_________；若 A、B 处形成的透明圈直径大小相近，说明________。

参 考 答 案

20.1　微生物的实验室培养

1. C　2. D　3.（1）细菌　选择　（2）碳源、无机盐、水等　蛋白质、核酸　4.（1）可以　（2）在达到消毒目的的同时，营养物质损失较少　（3）破坏 DNA 结构　（4）氯气　（5）未将锅内冷空气排尽　5.（1）蛋白胨　不同细菌生长繁殖所需的最适 pH 不同　能够硝化细菌可以利用空气中的 CO_2 作为碳源　（2）倒置　（3）灭菌

20.2　土壤中分解尿素的细菌的分离与计数

1. C　2.（1）牛肉膏、蛋白胨　X　（2）下降　不

能降解 X 的细菌因缺乏碳源不能增殖，而能降解 X 的细菌能够增殖　(3) 稀释涂布平板法　(4) 能量　合成其他物质的原料　3. (1) 高压蒸汽灭菌　琼脂　选择 (2) 10^4 (3) S 的浓度超过某一值时会抑制菌株的生长　(4) 取淤泥加入无菌水，涂布（或稀释涂布）到乙培养基上，培养后计数　4. (1) 9　酒精灯火焰　(2) 稳定　4.5×10^5

20.3　分解纤维素的微生物的分离

1. B　2. D　3. (1) W　(2) 乙　乙菌落周围出现透明圈，说明乙菌能降解 W　(3) 将甲、乙菌分别接种在无氮源培养基上，若细菌能生长，则说明该细菌能利用空气中的氮气作为氮源　(4) ①缓冲液　②缓冲液不能降解 W　酶 E 与天然酶降解 W 的能力相近

第21章　酶的研究与应用

21.1　果胶酶在果汁生产中的应用

核心问题

1. 果胶酶是一种酶吗？它与纤维素酶有何不同？

答：不是。果胶酶是分解果胶的一类酶的总称，包括多聚半乳糖醛酸酶、果胶分解酶和果胶酯酶等。纤维素酶是一种复合酶，它至少包括三种组分，即 C_1 酶、C_x 酶和葡萄糖苷酶。果胶酶中的各种酶都可单独分解果胶，而纤维素酶必须三种组分同时发挥作用才能分解纤维素。

2. 在混合苹果泥和果胶酶之前，为什么要将苹果泥和果胶酶分装在不同的试管中恒温处理？

答：保证底物和酶在混合时温度是相同的，避免二者混合时影响混合物的温度从而影响果胶酶的活性。

3. 影响酶促反应速度的外界因素有哪些？它们是否都影响酶的活性？

答：影响酶促反应速度的外界因素有温度、pH、酶的抑制剂、酶的用量、底物浓度等，不一定都影响酶的活性。例如，温度、pH 和酶的抑制剂能通过改变酶的结构而影响酶的活性，但酶的用量和底物浓度只影响反应速度，并不影响酶的活性。

4. 探究温度和 pH 对酶活性影响的两个实验，自变量和无关变量分别是什么？在实验设计的思想方法上有什么相同之处？

答：探究温度对酶活性影响时，温度是自变量，果泥量、果胶酶用量、水浴时间、pH 等属于无关变量；探究 pH 对酶活性影响时，pH 是自变量，果泥量、果胶酶用量、水浴时间、温度等属于无关变量。虽然实验的变量发生了变化，但在“单一变量，对照原则”的思想下，通过设置梯度来确定最适值的方法是不变的。

典例精讲

【典例 1】 下列说法正确的是（　　）。

A. 葡萄糖苷酶能将纤维素分解为葡萄糖

B. 温度、pH 和酶的抑制剂等条件会影响果胶酶的活性

C. 果胶酶包括多聚半乳糖醛酸酶、果胶分解酶和葡萄糖异构酶等

D. 酶促反应速度越大，说明酶的活性越大

【解析】 答案 B。C_1 酶、C_x 酶将纤维素分解为纤维二糖，葡萄糖苷酶将纤维二糖分解为葡萄糖，A 错误；温度、pH 和酶的抑制剂等条件会影响酶的活性，果胶酶也是这样，B 正确；果胶酶包括多聚半乳糖醛酸酶、果胶分解酶和果胶酯酶等，C 错误；在一定条件下，反应物浓度（或酶的用量）越大，酶促反应速度也会越大，但并不能说明酶的活性越大，因为反应物浓度（或酶的用量）并不影响酶的活性，D 错误。

【典例 2】 以下关于探究果胶酶的最适 pH、最适温度、最适用量的实验设计思路，说法不正确的是（　　）。

A. 在一恒定温度下，通过设置 pH 梯度来确定酶催化反应的最适 pH

B. 在一恒定 pH 下，通过设置温度梯度来确定酶催化反应的最适温度

C. 在最适 pH 和温度下，通过设置酶用量的梯度来确定酶的最适用量

D. 在探究温度或 pH 对酶活性的影响时没有设置对照

【解析】 答案 D。探究最适 pH 时，应该在最适温度（无关变量）下，通过设置 pH 梯度来确定酶催化反应的最适 pH，A 正确；探究最适温度时，应该在最适 pH（无关变量）下，通过

设置温度梯度来确定酶催化反应的最适温度，B正确；在最适 pH 和最适温度（二者均为无关变量）下，通过设置酶用量的梯度（自变量）来确定酶的最适用量，C 正确；在探究温度或 pH 对酶活性的影响时，有相互对照，D 错误。

【典例 3】 探究温度对果胶酶活性影响的实验中，得到如下实验结果，据此分析不正确的是（　　）。

温度/℃	30	35	40	45	50	55	60	65	70	75	80
果汁量/mL	3.5	4.6	8.6	10.9	12.3	11.7	10.1	5.4	3.9	4.8	5.6

A. 实验过程中应先将苹果泥和果胶酶分别调节到对应温度后再混合

B. 该实验结果表明高温能使果胶酶失活，但高温也可能促进果胶分解

C. 应在 50～55℃之间缩小温度梯度进行实验探究果胶酶的最适温度

D. 为了实验结果的科学性，各组混合处理时间和过滤果汁时间均应相同

【解析】 答案 C。实验过程中应先将苹果泥和果胶酶分别调节到对应温度后再混合，以保证反应温度为设定的温度，A 正确；高温可以使酶失活，由表格数据可知，温度超过 70℃后果汁量增多，可以看出高温也可能促进果胶分解，B正确；分析数据，在 50℃时果汁量最大，所以果胶酶的最适温度应在 50℃左右，要在 45～55℃之间设置更细温度梯度进行实验探究果胶酶的最适温度，C 错误；为了保证实验结果的科学性和控制单一变量，各组混合处理时间和过滤果汁时间均应相同，D 正确。

针对训练

1. 下列有关酶的叙述错误的是（　　）。

A. 果胶酶是一类酶的总称，探究果胶酶的最适温度时，需将底物和酶分别在同等温度下处理后再混合

B. 低温和高温对酶活性的影响是相同的，而过酸、过碱对酶活性的影响是不同的

C. 探究果胶酶的最适温度和最适 pH 实验中应严格控制酶作用时间

D. 在果胶酶溶液中加入双缩脲试剂可发生紫色反应

2. 探究 pH 对果胶酶活性影响的实验中，下列说法不正确的是（　　）。

A. 自变量是不同的 pH

B. 控制不变的量有温度、底物浓度、酶浓度、反应时间等

C. 可通过测定滤出的果汁体积判断果胶酶的最适 pH

D. pH 过低时，果胶酶活性变小，但不失活

3. 某生物研究性学习小组为探究温度对果胶酶活性的影响设计了如下实验：

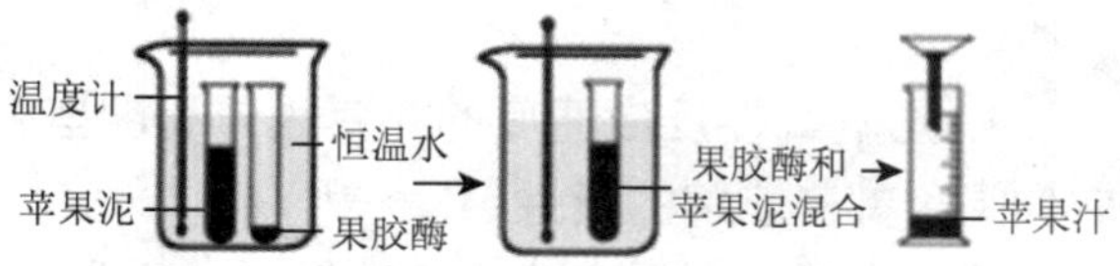

（1）该实验中如何设置对照？

____。

（2）实验的自变量是____________，实验过程中哪些因素应该保持不变？____________。

（3）判断不同温度下果胶酶活性的高低，除利用果汁的体积作为检测指标外，还可以通过比较____________来判断。

21.2　探讨加酶洗衣粉的洗涤效果

核心问题

1. 被血渍或花生油污染的衣服，最好选择复合型加酶洗衣粉还是单一型加酶洗衣粉进行洗涤？

答：因为血渍中主要是蛋白质，花生油中主要是脂肪，所以最好选择单一型加酶洗衣粉进行洗涤。若选择复合型加酶洗衣粉进行洗涤，其中的一些酶制剂不发挥作用，导致浪费。

2. 加酶洗衣粉的洗涤效果总比普通洗衣粉的洗涤效果好吗？

答：不一定。加酶洗衣粉的洗涤效果一般要优于普通洗衣粉。但是，由于酶具有专一性，只有洗衣粉中的酶与污渍相对应时，其优势才能发挥出来；如果不对应，加酶洗衣粉的洗涤效果可能不如普通洗衣粉。另外，从影响酶活性因素的角度看，酶活性受温度、pH 等影响，在低温等不利于酶活性发挥的条件下，加酶洗衣粉的洗涤效果也可能不如普通洗衣粉。

3. 你知道常用酶制剂的洗涤实例有哪些吗？

答：蛋白酶：洗涤血渍、奶渍及各种食品类的蛋白质污垢。脂肪酶：洗涤食品的油渍、人体皮脂、口红等。淀粉酶：洗涤来自面条和土豆泥等的污垢。纤维素酶：使纤维的结构变得蓬松，从而使渗入到纤维深处的尘土和污垢能够与洗衣粉充分接触，达到更好的去污效果。

4. 普通洗衣粉和加酶洗衣粉去污原理有什么异同？

答：①相同点：表面活性剂可以产生泡沫，将油脂分子分散开；水软化剂可以分散污垢等。②不同点：酶可以将大分子有机物分解为小分子有机物，使污垢容易从衣物上脱落。

5. 探究加酶洗衣粉的洗涤效果时，你能根据不同的探究内容正确地设置自变量和无关变量吗？变量包括：①洗衣粉的种类；②污染物的种类；③洗衣粉的用量；④反应温度；⑤搅拌时间；⑥布料质地。

答：

探究内容	自变量	无关变量
普通洗衣粉和加酶洗衣粉的洗涤效果	①	②③④⑤⑥
不同温度下加酶洗衣粉的洗涤效果	④	①②③⑤⑥
不同类型加酶洗衣粉的洗涤效果	①	②③④⑤⑥

典 例 精 讲

【典例 1】 下列关于“探究加酶洗衣粉和普通洗衣粉的洗涤效果”的叙述，合理的是（　　）。

A. 先用热水溶解洗衣粉，再将水温调节到最适温度

B. 实验的观察指标可以是相同洗涤时间内污渍的残留程度

C. 相同 pH 时加酶洗衣粉洗涤效果好于普通洗衣粉

D. 衣物质地和洗衣粉用量不会影响实验结果

【解析】 答案 B。酶的活性受温度影响，高温使酶失活，必然影响实验结果，A 错误；实验的自变量是洗衣粉是否加酶，因变量是洗涤效果，其观察指标可为相同时间内污渍残留程度，B 正确；酶的活性受 pH 影响，pH 过低或过高都会使酶变性，只有在最适 pH 时，酶活性最高，加酶洗衣粉洗涤效果最好，如果 pH 过低或过高使生物酶失活，其催化反应效果极差，洗涤效果不一定比普通洗衣粉好，C 错误；不同质地衣物对生物酶的敏感度不同，洗衣粉用量不同酶的量不同（底物一定时，酶的用量影响反应速率），即衣服的质地和洗衣粉的用量均会影响实验结果，D 错误。

【典例 2】 下列关于加酶洗衣粉的叙述，正确的是（　　）。

A. 高温易使酶失活，因此冷水洗涤去污效果应该比温水好

B. 洗衣粉中表面活性剂对碱性蛋白酶活性有一定的促进作用

C. 在 pH 低于 7.0 的自来水中，碱性蛋白酶依然能起作用

D. 洗衣粉中酶主要是通过快速分解溶在水里的污渍发挥作用

【解析】 答案 C。高温会使得酶失活，但是冷水（低温）也会抑制酶的活性，温水更靠近酶的最适温度，所以温水洗涤效果比冷水好，A 错误；大多数的表面活性剂对蛋白酶都起到抑制作用而非促进作用，B 错误；当 pH 低于 7.0 时，碱性蛋白酶活性在较低的 pH 条件下会受到抑制，但是不会失去活性，所以依然可以发挥作用，C 正确；洗衣粉中酶主要是通过使蛋白质等水解成可溶性的小分子氨基酸或多肽等，使污迹容易从衣物上脱落，D 错误。

【典例 3】 下列有关普通洗衣粉与加酶洗衣粉的区别的叙述，正确的是（　　）。

A. 普通洗衣粉中磷含量高，会污染环境

B. 表面活性剂只存在于普通洗衣粉中，会产生泡沫，可以将油脂分子分散开

C. 加酶洗衣粉中的酶制剂对人体有毒害作用

D. 加酶洗衣粉是将酶直接添加到洗衣粉中

【解析】 答案A。普通洗衣粉中磷含量高，会污染环境，造成水体富营养化，A正确；表面活性剂不仅存在于普通洗衣粉中，加酶洗衣粉中也含有表面活性剂，B错误；加酶洗衣粉中的酶制剂对人体有腐蚀作用，但没有毒害作用，C错误；加酶洗衣粉中的酶是用特殊化学物质包裹起来的，使其与洗衣粉的其他成分隔离，D错误。

针对训练

1. 下列有关酶制剂应用的叙述，正确的是（　　）。

A. 纤维素酶可用于处理棉、麻制品使其柔软

B. 加酶洗衣粉的洗涤效果总比普通洗衣粉好

C. 果胶酶能分解组成细胞壁的果胶和纤维素

D. 腐乳前期发酵主要依赖毛霉产生的淀粉酶

2. 有人设计实验探究加酶洗衣粉是否能提高去污力并优于普通洗衣粉，实验分为两组，一组衣物用加酶洗衣粉洗涤，另一组衣物用普通洗衣粉洗涤，该实验设计缺少（　　）。

A. 用加酶洗衣粉洗涤和用适量普通洗衣粉洗涤的对照

B. 既不用加酶洗衣粉洗涤也不用普通洗衣粉洗涤（即只用清水）的对照

C. 用普通洗衣粉洗涤和用少量加酶洗衣粉洗涤的对照

D. 用少量普通洗衣粉洗涤和用大量加酶洗衣粉洗涤的对照

3. 回答下列问题：

（1）蛋白酶甲、乙、丙三者的活性随pH的变化如图所示。通常，用清水洗涤衣服上的新鲜血迹时，不应该使用开水，原因是________。若要去除衣服上的血渍，应选择含有________（填“蛋白酶甲”“蛋白酶乙”或“蛋白酶丙”）的碱性洗衣粉，理由是__________________。

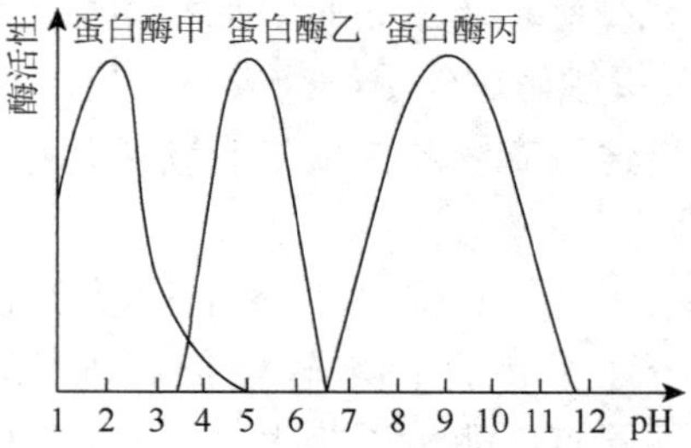

（2）某同学为了洗去衣服上的油渍，洗衣时在市售的蛋白酶洗衣液中添加脂肪酶，该同学的做法____________（填“合理”或“不合理”），理由是____________。

21.3　酵母细胞的固定化

核心问题

1. 固定化酶和固定化细胞技术有何异同？

	固定化酶	固定化细胞
技术选择	化学结合法、物理吸附法（酶分子小，容易从包埋材料中漏出）	包埋法（细胞体积大，难以被吸附或结合）
优点	酶既可与反应物结合，又可与产物分离，固定在载体上的酶可反复利用	成本低，操作容易
固定酶的种类	一种	一系列
反应底物	各种物质（大分子、小分子）	小分子物质
是否需要营养物质	否	是

2. 固定化酶和固定化细胞活性的维持需要的条件有何异同？

答：都需要适宜的温度和pH等影响酶活性的条件，但固定化细胞还需要提供溶解氧和营养物质。

3. 用于固定酵母细胞的载体是什么？载体的浓度越高固定效果越好吗？

答：海藻酸钠（配制海藻酸钠溶液是实验中最重要的一环，加热时要用小火，或者间断加热，反复几次，直到海藻酸钠溶化为止）。海藻酸钠溶液的浓度也关系到固定化细胞的质量，浓度过高，很难形成凝胶珠；浓度过低，形成的凝胶珠包埋的酵母细胞过少，凝胶珠颜色过浅（呈白色）。

4. 如何根据凝胶珠的颜色和形状确定是否制备成功？

答：可利用海藻酸钠制成不含酵母菌的凝胶珠作对照。如果制作的凝胶珠颜色过浅、呈白色，说明海藻酸钠溶液的浓度偏低，固定的酵母细胞数目较少；如果形成的凝胶珠不是圆形或椭球形，则说明海藻酸钠溶液的浓度偏高或注射器推进速度过快或针筒口离 $CaCl_2$ 液面过近，说明制作失败，需要再做尝试。

典例精讲

【典例 1】 下列有关固定化酶和固定化细胞的叙述，正确的是（　　）。

A. 可用包埋法制备固定化酵母细胞

B. 反应产物对固定化酶的活性没有影响

C. 葡萄糖异构酶固定前后专一性不同

D. 固定化细胞可以催化各种反应底物的一系列反应

【解析】 答案 A。固定化技术包括包埋法、物理吸附法和化学结合法（交联法），由于细胞相对于酶来说更大，难以被吸附或结合，因此多采用包埋法，A 正确；某些反应产物可能与酶结合，致使酶的结构产生变化，从而改变酶的催化活性，B 错误；固定化酶实质上是将相应酶固定在不溶于水的载体上，实现酶的反复利用，并提高酶稳定性，酶的各项特性（如高效性、专一性和作用条件的温和性）依然保持，C 错误；固定化细胞在多步酶促反应中发挥连续催化作用，但如果反应底物是大分子物质，则难以自由通过细胞膜，从而限制固定化细胞的催化反应，D 错误。

【典例 2】 下列关于固定化酶和固定化细胞的叙述，正确的是（　　）。

A. 固定化酶的主要目的是实现酶的重复利用

B. 固定化酶的应用中，要控制好 pH、温度和溶解氧

C. 利用固定化酶降解水体中有机磷农药，需提供适宜的营养条件

D. 利用固定化酵母细胞进行发酵，糖类的作用只是作为反应底物

【解析】 答案 A。固定化酶的主要目的是实现酶的重复利用，A 正确；酶的催化受温度、pH 的影响，不受氧浓度的影响，B 错误；酶的降解作用不需各种营养条件，C 错误；糖类的作用不只是作为反应底物，还能维持酵母细胞的渗透压，防止酵母细胞过多地吸水或失水，D 错误。

【典例 3】（2017 江苏）下列关于“酵母细胞的固定化技术”实验的叙述，正确的是（　　）。

A. 活化酵母时，将适量干酵母与蒸馏水混合并搅拌成糊状

B. 配制 $CaCl_2$ 溶液时，需要边小火加热边搅拌

C. 将海藻酸钠溶液滴加到 $CaCl_2$ 溶液时，凝胶珠成形后应即刻取出

D. 海藻酸钠溶液浓度过高时凝胶珠呈白色，过低时凝胶珠易呈蝌蚪状

【解析】 答案 A。活化酵母时，将适量干酵母与蒸馏水混合可使干酵母吸水，代谢加快，恢复活性，A 正确；配制 $CaCl_2$ 溶液时，不需进行加热，B 错误；$CaCl_2$ 溶液使酵母细胞可以形成稳定的结构，固定在凝胶珠中，需要一段时间，时间不宜过短或过长，C 错误；如果海藻酸钠浓度过低，形成的凝胶珠颜色过浅，所包埋的酵母细胞数目较少；如果海藻酸钠浓度过高，凝胶珠不易成形，D 错误。

针对训练

1. 下列有关固定化酶和固定化细胞的叙述，正确的是（　　）。

A. 反应产物对固定化酶的活性没有影响

B. 实验室常用吸附法制备固定化酵母细胞

C. 若发酵底物是大分子，则固定化细胞优于固定化酶

D. 固定化细胞技术在多步连续催化反应方面优势明显

2. 固定化酵母细胞在发酵生产中得到了广泛应用，下列有关叙述正确的是（　　）。

A. 利用固定化酵母细胞发酵，发酵液浓度不宜过高

B. 制备固定化酵母细胞时，形成的凝胶珠越大、越硬越好

C. 固定化的酵母细胞不能繁殖，性状较为稳定

D. 酵母细胞固定化是为了提高发酵速度

3. 下列关于酵母细胞固定化实验的叙述，正确的是（　　）。

A. 用温水使海藻酸钠迅速溶解，待其冷却到室温后用于包埋细胞

B. 进行包埋时，用于悬浮细胞的 $CaCl_2$ 溶液浓度要适宜

C. 注射器（或滴管）出口应尽量贴近液面以保证凝胶珠成为球状

D. 包埋酵母细胞的凝胶珠为淡黄色半透明状，并具有一定的弹性

参考答案

21.1 果胶酶在果汁生产中的应用

1. B　2. D　3.（1）准备一组烧杯，分别盛有不同温度的水，在不同温度梯度之间进行相互对照　（2）温度　苹果泥的用量、果胶酶的用量、反应的时间（答出两点即可）　（3）果汁的澄清度

21.2 探讨加酶洗衣粉的洗涤效果

1. A　2. B　3.（1）开水使蛋白质变性而沉淀，难以清洗　蛋白酶丙　碱性条件下只有蛋白酶丙有活性　（2）不合理　蛋白酶会降解脂肪酶

21.3 酵母细胞的固定化

1. D　2. A　3. D

第 22 章　其他生物技术的应用

22.1　血红蛋白的提取和分离

核心问题

1. 根据凝胶色谱法的分离原理，分析为什么相对分子质量较大的蛋白质会先从色谱柱中洗脱出来？凝胶色谱法分离蛋白质时通过一次洗脱能否将所需蛋白质与其他杂质彻底分离？为什么？

答：相对分子质量较小的蛋白质由于扩散作用进入凝胶颗粒内部而被滞留；相对分子质量较大的蛋白质被排阻在凝胶颗粒外面，在颗粒之间迅速通过。

不能，相对分子质量较大的蛋白质无法进入凝胶颗粒内部，移动距离较近，移动速度较快，先洗脱出来；但相对分子质量较小的蛋白质可能进入凝胶颗粒内部，也可能不进入，导致部分相对分子质量较小的蛋白质可能与相对分子质量较大的蛋白质一起洗脱出来。

2. SDS-聚丙烯酰胺凝胶电泳分离蛋白质是否依据蛋白质所带电荷的差异？为什么？

答：否。因为 SDS 能与各种蛋白质结合，形成蛋白质-SDS 复合物，SDS 所带负电荷的量大大超过了蛋白质分子原有的电荷量，因而掩盖了不同种蛋白质间的电荷差别，使电泳迁移率完全取决于蛋白质分子的大小。

【提醒】 琼脂糖凝胶电泳和 SDS-聚丙烯酰胺凝胶电泳的两点区别。

（1）分离原理不同。

①琼脂糖凝胶电泳依据分子所带电荷的差异和分子大小、形状等。

②SDS-聚丙烯酰胺凝胶电泳则完全取决于分子大小，而非电荷性质和分子形状。

（2）用途不同。

①琼脂糖凝胶电泳广泛应用于核酸的研究中，用于分离出大分子核酸。

②SDS-聚丙烯酰胺凝胶电泳则广泛应用于分离蛋白质和相对分子质量较小的核酸。

3. 你知道样品处理、粗分离与纯化的操作步骤及目的吗？

答：

操作步骤		目的
样品处理	红细胞的洗涤	去除杂蛋白，如血浆蛋白
	血红蛋白的释放	使红细胞破裂，释放血红蛋白，以进行提取和分离
	分离血红蛋白溶液	经过离心使血红蛋白与其他杂质分离
粗分离	透析	除去样品中相对分子质量较小的杂质（可通过增加缓冲液的量或及时更换缓冲液，快速达到理想的透析效果）
纯化	凝胶色谱法	除去相对分子质量较大的杂蛋白

典例精讲

【典例 1】 已知某样品中存在甲、乙、丙、丁和戊五种蛋白质分子，其分子大小、电荷的性质和数量情况如图所示，下列有关蛋白质分离的叙述正确的是（　　）。

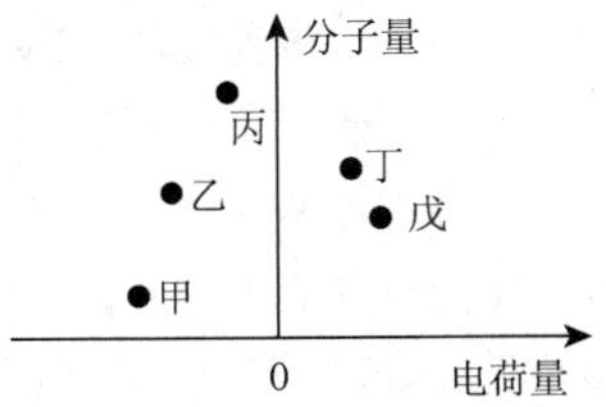

A. 分子甲与分子戊所带电荷性质相同

B. 若用凝胶色谱柱分离样品中的蛋白质，则分子甲移动速度最快

C. 将样品装入透析袋中透析 12h，若分子乙保留在袋内，则分子丙也保留在袋内

D. 用 SDS-聚丙烯酰胺凝胶电泳分离样品中的蛋白质分子，则分子甲和分子戊形成的电泳带相距最远

【解析】 答案C。分析图示可知，分子甲与分子戊所带电荷性质不相同，A 错误；分子甲的相对分子质量最小，会进入凝胶内部通道而移动速度慢，B 错误；若分子乙留在透析袋内，说明其相对分子质量比较大，分子丙比分子乙相对分子质量大，所以分子丙也留在袋内，C 正确；SDS-聚丙烯酰胺凝胶电泳中的样品，其电泳迁移率完全取决于分子的大小，相对分子质量相差越大，形成的电泳带相距越远，故分子甲和分子丙形成的电泳带相距最远，D 错误。

【点拨】透析法可去除相对分子质量较小的物质，属于蛋白质的粗分离，而电泳法常用于蛋白质等物质的鉴定，可根据蛋白质的分子大小进行区分。不同的分离方法原理和操作方法不同。

【典例 2】 下列是关于血红蛋白的提取和分离实验中的关键步骤，其中正确的是（　　）。

A. 蛋白质的提取和分离一般可分为粗分离、样品处理、纯化、纯度鉴定等 4 步

B. 蛋白质的提取和分离实验可以以猪、牛、羊、蛙等动物的血液为材料分离血红蛋白

C. 对样品的处理过程分为红细胞的洗涤、血红蛋白的释放、透析和分离血红蛋白等

D. 对蛋白质的纯度鉴定的方法使用最多的是 SDS-聚丙烯酰胺凝胶电泳

【解析】 答案 D。蛋白质的提取和分离一般可分为样品处理、粗分离、纯化、纯度鉴定等 4 步，A 错误；一般用哺乳动物如牛、羊的成熟的红细胞作为实验材料提取和分离血红蛋白，而不用鸡、蛙等动物的血液为材料，B 错误；对样品的处理过程分为红细胞的洗涤、血红蛋白的释放、分离血红蛋白溶液等，C 错误；对蛋白质的纯度鉴定的方法中，使用最多的是 SDS-聚丙烯酰胺凝胶电泳，D 正确。

【典例 3】 下列有关提取和分离血红蛋白的程序，叙述错误的是（　　）。

A. 样品的处理就是通过一系列操作收集到血红蛋白溶液

B. 通过透析可以去除样品中相对分子质量较大的杂质，此为样品的粗分离

C. 可通过凝胶色谱法将相对分子质量大的杂质蛋白除去，即样品的纯化

D. 可通过 SDS-聚丙烯酰胺凝胶电泳鉴定血红蛋白的纯度

【解析】 答案 B。首先通过红细胞的洗涤、血红蛋白的释放、离心等操作收集到血红蛋白溶液，即样品的处理，A 正确；再经过透析去除相对分子质量较小的杂质，即样品的粗分离，B 错误；然后通过凝胶色谱法将相对分子质量大的杂质蛋白除去，即样品的纯化，C 正确；最后经 SDS-聚丙烯酰胺凝胶电泳进行纯度鉴定，D 正确。

针 对 训 练

1. 下列关于蛋白质的纯化方法的叙述，错误的是（　　）。

A. 纯化主要是根据蛋白质以及蛋白质与其他物质之间的理化性质的差异进行的

B. 透析法可去除小分子化合物杂质，原理是不同分子所携带净电荷不同

C. 通过控制离心速率，可使分子大小、密度不同的蛋白质沉降分层，从而分离不同的蛋白质

D. 不同的物质在同一电场中的移动速度不同，因此可用电泳法分离蛋白质

2. 对凝胶电泳的相关认识错误的是（　　）。

A. 蛋白质在聚丙烯酰胺凝胶电泳中的迁移率只取决于分子的大小

B. 蛋白质在 SDS-聚丙烯酰胺凝胶电泳中的迁移率完全取决于分子的大小

C. SDS-聚丙烯酰胺凝胶电泳不仅用于蛋白质相对分子质量的测定，还可用于蛋白质混合组分的分离

D. 凝胶中加入 SDS 可以消除净电荷对迁移率的影响

3. 下面关于对血红蛋白提取和分离的样品的处理措施中，不正确的是（　　）。

A. 采集血样后要高速短时间离心获得血细胞

B. 洗涤三次后如上清液仍有黄色，可增加洗涤次数，否则血浆蛋白无法除尽

C. 在蒸馏水和甲苯的作用下，细胞破裂，释放出血红蛋白

D. 释放血红蛋白后再经过离心，就可以使血红蛋白和其他杂质分离开来

22.2　植物芳香油的提取

核心问题

1. 植物芳香油的提取方法有哪些？它们有什么区别？

答：

提取方法	实验原理	适用范围	注意事项
水蒸气蒸馏法	利用水蒸气将挥发性较强的芳香油携带出来	玫瑰精油、薄荷油等挥发性较强的芳香油的提取	蒸馏温度不能太高，时间不能太短
压榨法	通过机械加压，压榨出植物中的芳香油	原料易焦糊、有效成分易水解的芳香油的提取	原料需干燥，并用石灰水浸泡，并多次过滤
萃取法	使芳香油溶解在有机溶剂中，蒸发溶剂后就可获得芳香油	有效成分能充分溶解在有机溶剂中的芳香油的提取	原料需干燥并粉碎，注意选择合适的有机溶剂

2. 水蒸气蒸馏法中水中蒸馏、水上蒸馏和水气蒸馏有什么区别？

答：（1）这三种方法的基本原理相同，但蒸馏过程中原料放置位置不同。①水中蒸馏：原料放在蒸馏容器的水中，水要完全浸没原料。②水上蒸馏：容器中水的上方有筛板，原料放在筛板上，水量以沸腾时不浸湿原料为宜。③水气蒸馏：蒸馏容器下方有一排气孔，连接外源水蒸气，上方有筛板，上面放原料。

（2）三种方法中，应根据不同的提取原料选择不同的蒸馏方法。水中蒸馏更简便易行；水上蒸馏和水气蒸馏时间更短，出油率更高。

3. 提取橘皮精油的实验操作注意事项有哪些？

答：①实验材料的处理：干燥后用石灰水浸泡。②石灰水浸泡的目的：石灰水能够破坏细胞结构，分解果胶，防止橘皮压榨时滑脱，提高出油率。③油水分层所用试剂：相当于橘皮质量 0.25%的 $NaHCO_3$ 和 5%的 Na_2SO_4（注意与水蒸气蒸馏进行区分）。④过滤的目的：第一次过滤用普通布袋过滤，去除固体物和残渣；第二次过滤用滤纸过滤，去除水和果蜡。

典例精讲

【典例 1】 下列对蒸馏法、萃取法、压榨法适用范围的叙述，正确的是（　　）。

A. 蒸馏法适用于提取玫瑰精油等挥发性强的芳香油

B. 压榨法要求原料的颗粒要尽可能细小，能充分溶解在有机溶剂中

C. 萃取法适用于提取柑橘、柠檬等易焦糊的原料中的芳香油

D. 薄荷油、薰衣草油等芳香油主要通过压榨法获得

【解析】 答案 A。玫瑰精油的化学性质稳定，难溶于水，易溶于有机溶剂，能随水蒸气一同蒸馏，常采用蒸馏法提取玫瑰精油，A 正确；萃取法适用范围广，要求原料的颗粒要尽可能细小，能充分溶解在有机溶剂中，B 错误；柑橘、柠檬等易焦糊的原料适用于采用压榨法提取芳香油，C 错误；薄荷油、薰衣草油等芳香油主要通过蒸馏法获得，D 错误。

【典例 2】 如下是提取橘皮精油的实验流程，下列有关叙述不正确的是（　　）。

①石灰水浸泡→②漂洗→③压榨→④过滤→⑤静置→⑥再次过滤→橘皮油

A. 石灰水浸泡能提高出油率

B. 压榨液中需分别加入相当于橘皮质量 5%的小苏打和 0.25%的硫酸钠

C. 过程④的目的是除去压榨液中的固体物和残渣

D. 过程⑥的目的是除去少量水分和果蜡等杂质

【解析】 答案 B。石灰水浸泡可破坏细胞结构，分解果胶，提高出油率，A 正确；压榨时需分别加入相当于橘皮质量 0.25%的小苏打和 5%的硫酸钠并调节 pH 至 7～8，B 错误；压榨后，压榨液中含有大量杂质，需经过程④除去固体物和残渣，C 正确；过程⑤静置后吸取上层澄清的橘皮油，其余部分经过程⑥再次过滤，除去水分和果蜡等杂质，D 正确。

【典例 3】 下列有关玫瑰精油、橘皮精油两种植物芳香油提取方法的叙述，正确的是（　　）。

A. 橘皮精油可采用水中蒸馏法和压榨法来提取

B. 两种提取过程中都加入 Na_2SO_4 并且所起作用都相同

C. 玫瑰精油提取时分液漏斗的作用是分离油层和水层

D. 所用的两种原料玫瑰花瓣和橘皮均需干燥去水处理

【解析】 答案 C。橘皮精油主要贮藏在橘皮部分，无色透明，具有诱人的橘香味，主要成分是柠檬烯，用水蒸气蒸馏法从橘皮中提取橘皮精油时，橘皮精油的有效成分会发生部分水解，使用水中蒸馏法又会产生原料焦糊的问题，所以一般采用压榨法提取，A 错误；提取橘皮精油时，加入 Na_2SO_4 的作用是使橘皮精油与水分离，提取玫瑰精油时，加入无水 Na_2SO_4 吸收水分，B 错误；玫瑰精油提取时通过分液漏斗分离油层和水层，C 正确；玫瑰精油易挥发，提取时就选择玫瑰花为原料，D 错误。

针 对 训 练

1. 玫瑰精油一般用蒸馏法不用有机溶剂萃取，主要原因是（　　）。

A. 过程复杂且出油率不高

B. 提取的玫瑰精油纯度不高

C. 有些萃取剂不能萃取玫瑰精油

D. 萃取一般用于制膏状物，所以不能用萃取剂萃取玫瑰精油

2. 下列有关植物芳香油的提取的叙述，错误的是（　　）。

A. 用萃取法提取植物芳香油，一般通过蒸发溶剂的方法获取溶解在有机溶剂中的芳香油

B. 在橘皮精油提取过程中，为漂去橘皮颜色，需利用石灰水对橘皮进行长时间浸泡

C. 在蒸馏装置中，左边进行加热蒸馏，中间是蒸馏物冷凝装置，右边是蒸馏物接收装置

D. 玫瑰精油提取时，采用盛花期的玫瑰花能提高出油率

3. 研究发现柚皮精油具有抑菌、抑制肿瘤等作用，是一种具有广阔开发前景的芳香油资源。回答下列问题：

（1）柚皮精油可采用水蒸气蒸馏法提取，它是利用____________将____________较强的柚皮精油携带出来，形成油水混合物。在油水混合物中加入____________可使油水混合物出现明显分层；分离得到的油层应加入____________进行除水。

（2）水蒸气蒸馏易使柚皮精油有效成分部分水解，为避免此缺点，可采用____________法提取柚皮精油。为提高出油率，需先对柚皮进行的处理是____________，以分解果胶。

22.3　胡萝卜素的提取

核 心 问 题

1. 提取胡萝卜素时该如何选择萃取剂？

答：应选择沸点较高、与水不混溶的有机溶剂。乙醇和丙酮与水混溶，而乙酸乙酯、乙醚、苯和四氯化碳沸点较低，相较而言，石油醚沸点较高，是较好的萃取剂。

2. 萃取时有哪些注意事项？

答：萃取的效率主要取决于萃取剂的性质和使用量，同时也受到原料颗粒大小、紧密程度、含水量、萃取的温度和时间等因素影响。①萃取

前，要将胡萝卜进行粉碎和干燥。一般来说，原料颗粒越小、含水量越低，越有利于提取物质的溶解，萃取效果就越好。②萃取的最佳温度和时间可以通过设置对照实验来探究。在一定范围内萃取温度高、时间长，萃取效果就好。③新鲜的胡萝卜含有大量的水分，在干燥时要注意控制温度，温度太高、干燥时间太长会使胡萝卜素分解。④萃取过程应使用水浴加热以免引燃有机溶剂；加装冷凝管防止有机溶剂挥发。⑤萃取完成后要先行过滤以除去不溶物，浓缩时可采用蒸馏装置将有机溶剂蒸发出去。

3. 怎样对胡萝卜素鉴定进行结果分析？

答：①如果提取到的胡萝卜素含杂质，则层析后在滤纸上出现多个不同高度的色素点，最高处四个点为胡萝卜素，较低处为提取的胡萝卜素粗品中的杂质。②如果萃取样品中出现了和标准样品一样的层析带，说明提取胡萝卜素的实验成功。由于提取物中含有杂质，萃取样品的颜色可能比标准样品的颜色浅。

典 例 精 讲

【典例 1】 下列关于提取胡萝卜素的实验表述，错误的是（　　）。

A. 该实验流程是：胡萝卜→粉碎→干燥→萃取→过滤→浓缩→胡萝卜素

B. 萃取胡萝卜素的有机溶剂应该具有较高沸点，能够充分溶解胡萝卜素，并不与水混溶

C. 用纸层析法对提取的胡萝卜素粗品进行鉴定，鉴定时需要与标准样品进行对照

D. 胡萝卜颗粒干燥时温度越高，时间越长，提取到的胡萝卜素越多

【解析】 答案 D。提取胡萝卜素最常用的方法是萃取法，也就是让胡萝卜素溶解在有机溶剂中，蒸发溶剂后，获得胡萝卜素，操作的一般流程是：胡萝卜→粉碎→干燥→萃取→过滤→浓缩→胡萝卜素，A 正确；萃取胡萝卜素的有机溶剂应该具有较高的沸点，能够充分溶解胡萝卜素，并且不与水混溶，B 正确；实验室中常用纸层析法进行胡萝卜素粗品的鉴定，C 正确；干燥时间太长、温度太高会导致胡萝卜素分解，提取到的胡萝卜素会变少，D 错误。

【典例 2】 关于胡萝卜素的提取及鉴定的说法正确的是（　　）。

A. 胡萝卜素常用来治疗缺乏维生素 A 引起的疾病，这是因为 β-胡萝卜素的主要成分就是维生素 A

B. 萃取的效率主要取决于萃取剂的性质和使用量，同时也受到原料颗粒大小、紧密程度、含水量、萃取的温度和时间等因素影响

C. 萃取并过滤之后，浓缩过程可采用蒸馏的方式将胡萝卜素从溶剂中蒸发出来，从而获得较为纯净的胡萝卜素

D. 用纸层析法鉴定萃取的胡萝卜素样品纯度时，为保证各部位石油醚扩散速率相同，滤纸卷成筒状时两边要连接在一起

【解析】 答案 B。胡萝卜素常用来治疗缺乏维生素 A 引起的疾病，这是因为 β-胡萝卜素能分解成维生素 A，A 错误；萃取的效率主要取决于萃取剂的性质和使用量，同时也受到原料颗粒大小、紧密程度、含水量、萃取的温度和时间等因素影响，B 正确；萃取后进行过滤，将滤液用蒸馏装置进行蒸馏，蒸发出去的是有机溶剂，留下的是胡萝卜素，C 错误；滤纸边缘不能接触，否则会出现毛细现象，溶剂沿滤纸两边的移动加快，影响实验结果，D 错误。

【典例 3】 图 1 是玫瑰精油的提取装置，图 2 为提取的胡萝卜素粗品通过纸层析进行鉴定结果示意图，下列叙述错误的是（　　）。

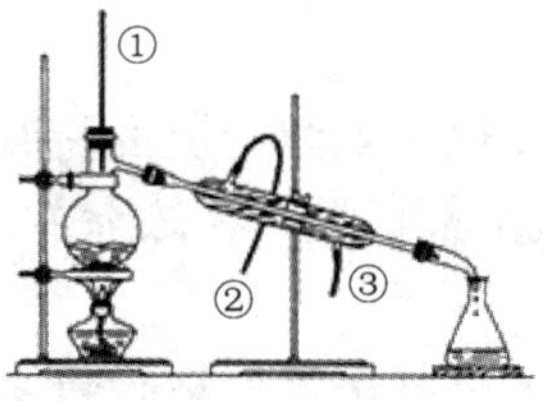

图 1

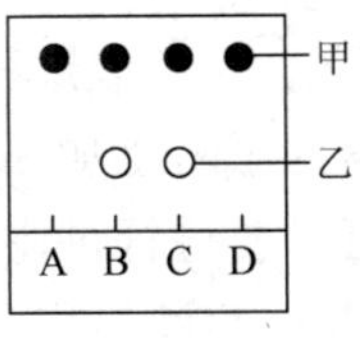

图 2

A. 图 1 中数字①②③分别代表温度计、出水口、进水口

B. 图 1 的方法为水蒸气蒸馏法，蒸馏时收集的蒸馏液不是纯净的玫瑰精油

C. 图 2 所示的鉴定方法的基线一般距底边 3cm，B、D 为标准样点

D. 图 2 中甲代表的物质是胡萝卜素层析

带，乙代表的物质是其他色素和杂质

【解析】 答案 C。图 1 中数字①②③分别代表温度计、出水口、进水口，A 正确；图 1 的方法为水蒸气蒸馏法，蒸馏时收集的蒸馏液是油水混合物，不是纯净的玫瑰精油，B 正确；图 2 所示的鉴定方法的基线一般距底边 2cm，A、D 为标准样点，C 错误；图 2 中甲代表的物质是胡萝卜素，乙代表的物质是其他色素和杂质，D 正确。

针 对 训 练

1. 关于胡萝卜素的提取与鉴定技术的叙述错误的是（　　）。

A. 萃取胡萝卜素的水不溶性有机溶剂应该具有较高的沸点，能够充分溶解胡萝卜素

B. 鉴定胡萝卜素时的层析液所用的试剂为石油醚和丙酮的混合液

C. 萃取过程中在加热瓶口安装冷凝管，是为了防止加热时有机溶剂挥发

D. 浓缩的过程是为了把萃取剂与 β-胡萝卜素分开

2. 下列关于胡萝卜素以及胡萝卜素提取过程的分析正确的是（　　）。

A. 胡萝卜素广泛分布于胡萝卜块根中，在叶绿体囊状结构薄膜上也有分布，可以治疗因缺乏维生素 A 而引起的疾病

B. 在把新鲜的胡萝卜切成米粒大小的颗粒置于烘箱中烘干时，温度越高、干燥时间越长，烘干效果越好

C. 在萃取过程中，在瓶中安装冷凝回流装置是为了防止加热时有机溶剂挥发，在浓缩前，没有必要进行过滤

D. 将滤液用蒸馏装置进行蒸馏，要收集蒸发出去的液体，蒸发出去的是胡萝卜素，留下的是有机溶液

3. 辣椒红素是从成熟红辣椒果实中提取的天然色素，属于类胡萝卜素。辣椒红素的提取流程为：红辣椒→粉碎→干燥→加溶剂→振荡→萃取→蒸馏→成品。回答下列问题：

（1）辣椒红素可采用有机溶剂萃取的方法提取，说明辣椒红素具有____________的特点，提取时振荡的目的是____________。萃取过程应避免明火加热，这是因为____________。

（2）取等量的辣椒粉与不同萃取剂按 1∶2 的比例混合后，利用萃取装置在不同温度下萃取 1 小时，然后测定萃取液中辣椒红素的含量，结果如下图：

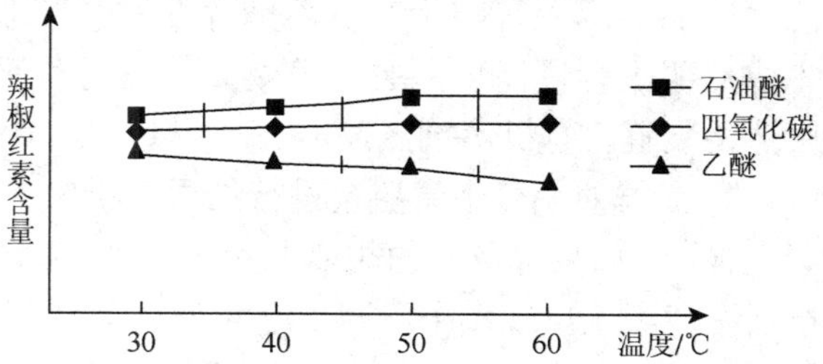

据图分析可知，提取辣椒红素最理想的萃取剂是____________。用乙醚提取辣椒红素时，色素的量随温度的升高反而逐渐降低，可能的原因是________________。

（3）若要比较辣椒红素和 β-胡萝卜素在四氯化碳中溶解度的差异，可以在 18cm×30cm 滤纸下端距底边 2cm 处的位置，分别点样辣椒红素和 β-胡萝卜素，待点样液干燥后将滤纸置于装有____________的密封玻璃瓶中，然后观察____________。

参 考 答 案

22.1　血红蛋白的提取和分离

1. B　2. A　3. A

22.2　植物芳香油的提取

1. A　2. B　3.（1）水蒸气　挥发性　NaCl　无水 Na_2SO_4　（2）压榨　石灰水浸泡

22.3　胡萝卜素的提取

1. B　2. A　3.（1）易溶于有机溶剂　让原料和溶剂充分混合　有机溶剂易燃、易爆　（2）石油醚　温度升高乙醚挥发，使溶解的色素减少　（3）四氯化碳　两种色素在滤纸上扩散速率

第 23 章　基因工程（选修 3　现代生物科技专题）

23.1　DNA 重组技术的基本工具

核 心 问 题

1. DNA 重组技术的三个基本工具是什么？

答：分子手术刀——限制性核酸内切酶；分子缝合针——DNA 连接酶；分子运输车——基因进入受体细胞的载体。

2. 两种 DNA 连接酶（*E. coli* DNA 连接酶和 T_4-DNA 连接酶）的比较。

答：相同点：都缝合磷酸二酯键。区别：*E. coli* DNA 连接酶来源于 T_4 噬菌体，只能将双链 DNA 片段互补的黏性末端之间的磷酸二酯键连接起来；而 T_4-DNA 连接酶能缝合两种末端，但连接平末端的之间的效率较低。

> 【点拨】与 DNA 聚合酶作用的异同：DNA 聚合酶只能将单个核苷酸加到已有的核苷酸片段的末端，形成磷酸二酯键。DNA 连接酶是连接两个 DNA 片段的末端，形成磷酸二酯键。

3. 作为载体的必要条件是什么？

答：能在受体细胞中复制并稳定保存；具有一至多个限制酶切点，供外源 DNA 片段插入；具有标记基因，供重组 DNA 的鉴定和选择；对受体细胞无害、易分离。最常用的载体是质粒——是一种裸露的、结构简单的、独立于细菌拟核之外，并具有自我复制能力的很小的双链环状 DNA 分子。其他载体如噬菌体的衍生物、动植物病毒等。

典 例 精 讲

【典例 1】 下列有关 DNA 重组技术的基本工具的相关叙述，不正确的是（　　）。

A. DNA 重组技术的基本工具有三种：限制酶、DNA 连接酶和载体

B. 载体需要具有多个限制酶切点，以便于目的基因的鉴定和选择

C. 限制酶主要是从原核生物中分离纯化出来的

D. DNA 连接酶根据其来源分为两类：*E. coli* DNA 连接酶和 T_4-DNA 连接酶

【解析】 答案 B。DNA 重组技术的工具有限制酶、DNA 连接酶和载体，A 正确；载体需满足的条件之一是有一个或多个限制酶切割位点，以便外源 DNA 插入，B 错误；限制酶的来源主要是原核生物，C 正确；DNA 连接酶分为 *E. coli* DNA 连接酶和 T_4-DNA 连接酶，D 正确。

> 【提醒】基因工程是指按照人们的愿望，进行严格的设计，通过体外 DNA 重组和转基因技术，赋予生物以新的遗传特性，创造出更符合人们需要的新的生物类型和生物产品。基因工程是在 DNA 分子水平上进行设计和施工的，又叫作 DNA 重组技术。

【典例 2】 基因工程中，需使用特定的限制性核酸内切酶切割目的基因和质粒，便于重组和筛选。已知限制性核酸内切酶 I 的识别序列和切点是—G↓GATCC—，限制性核酸内切酶 II 的识别序列和切点是—↓GATC—，根据图示判断，下列叙述错误的是（　　）。

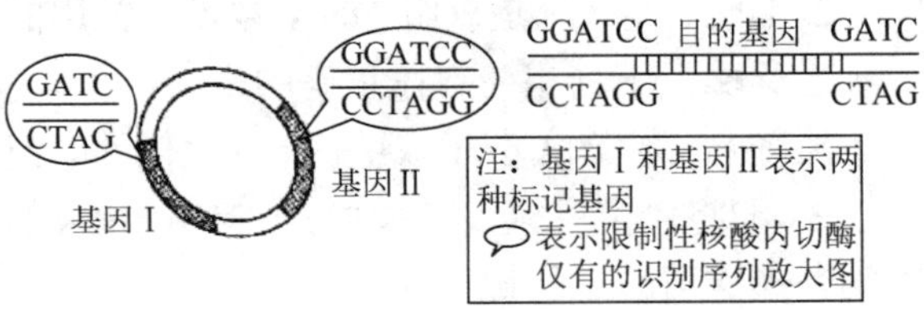

A. 用限制性核酸内切酶切割获得目的基因时，有四个磷酸二酯键被水解

B. 质粒用限制性核酸内切酶Ⅰ切割，目的基因用限制性核酸内切酶Ⅱ切割

C. 限制性核酸内切酶Ⅰ和限制性核酸内切酶Ⅱ切割后获得的黏性末端相同

D. 质粒中的标记基因便于筛选出目的基因已经表达的细胞

【解析】 答案 D。用限制性核酸内切酶Ⅱ将目的基因两侧切割开，由于DNA是双链，故有四个磷酸二酯键被水解，A 正确；由于限制性核酸内切酶Ⅱ能识别限制性核酸内切酶Ⅰ的识别序列，限制性核酸内切酶Ⅰ不能识别限制性核酸内切酶Ⅱ的识别序列，要将目的基因从该DNA 中提取出来，需要在目的基因两侧切开，所以要用限制性核酸内切酶Ⅱ，质粒只能用限制性核酸内切酶Ⅰ切割，否则质粒就会有两个切口，B 正确；两种酶切割产生的黏性末端相同，都是$\frac{\text{GATC}}{\text{CTAG}}$，C 正确；质粒中的标记基因的作用是筛选含有目的基因的受体细胞，D 错误。

【提醒】 限制酶能够识别DNA分子的某种特定的核苷酸序列，使每一条链中特定部位的两个核苷酸之间的磷酸二酯键断开。

针对训练

1. 下列关于限制性核酸内切酶的说法错误的是（　　）。

A. 限制性核酸内切酶主要是从微生物细胞中分离提纯的

B. 限制性核酸内切酶不能将目的基因连接到不同的载体上

C. 一种限制性核酸内切酶只能识别一种特定的核苷酸

D. 限制性核酸内切酶既可切割链状DNA，也可切割环状DNA

2. DNA 连接酶是重组DNA技术中常用的一种工具酶。下列相关叙述正确的是（　　）。

A. 能连接DNA分子双链碱基对之间的氢键

B. 能将单个脱氧核苷酸加到DNA片段的末端，形成磷酸二酯键

C. 能连接用同种限制酶切开的两条DNA片段，重新形成磷酸二酯键

D. 只能连接双链DNA片段互补的黏性末端，不能连接双链DNA片段的平末端

3. 作为基因工程的运输工具——运载体，必须具备的条件及理由是（　　）。

A. 能够在宿主细胞中稳定保存并大量复制，以便提供大量的目的基因

B. 具有多个限制酶切位点，以便于目的基因的表达

C. 具有某些标记基因，以使目的基因能够准确定位与其结合

D. 宿主细胞对其无伤害，以使目的基因在宿主细胞中复制并稳定保存

4. 下列关于基因工程中有关操作的名词及对应的内容，正确的组合是（　　）。

	供体	剪刀	针线	载体	受体
A	质粒	限制酶	DNA 连接酶	提供目的基因的生物	大肠杆菌等
B	提供目的基因的生物	DNA 连接酶	限制酶	质粒	大肠杆菌等
C	提供目的基因的生物	限制酶	DNA 连接酶	质粒	大肠杆菌等
D	大肠杆菌等	DNA 连接酶	限制酶	提供目的基因的生物	质粒

A. A　　B. B　　C. C　　D. D

5. 下列关于基因工程中的DNA连接酶的叙述不正确的是（　　）。

A. DNA 连接酶的化学本质是蛋白质

B. DNA 连接酶能够连接两个DNA片段之间的磷酸二酯键

C. 基因工程中可以用DNA聚合酶替代DNA连接酶

D. 根据来源不同，DNA 连接酶可分为*E. coli* DNA 连接酶和T_4-DNA 连接酶两大类

6. 下表是几种限制酶识别序列及其切割位点，图1、图2中标注了相关限制酶的酶切位点，其中切割位点相同的酶不重复标注。请回答下列问题：

限制酶	*Bam*HⅠ	*Bcl*Ⅰ	*Sau*3AⅠ	*Hind*Ⅲ
识别序列及切割位点	↓ GGATCC CCTAGG ↑	↓ TGATCA ACTAGT ↑	↓ GATC CTAG ↑	↓ AAGCTT TTCGAA ↑

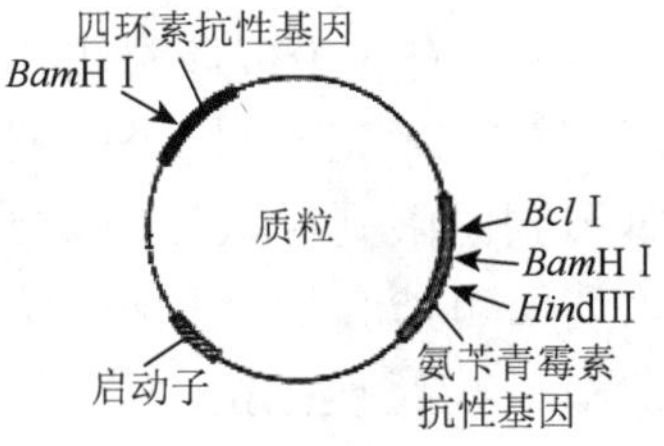

图 1

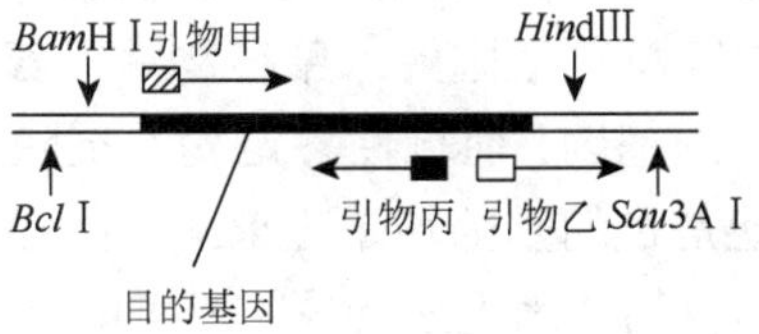

图 2

（1）用图中质粒和目的基因构建重组质粒，应选用__________两种限制酶切割，酶切后的载体和目的基因片段，通过__________酶作用后获得重组质粒。为了扩增重组质粒，需将其转入处于________态的大肠杆菌。

（2）为了筛选出转入了重组质粒的大肠杆菌，应在筛选平板培养基中添加__________。

（3）若 *Bam*H Ⅰ酶切的 DNA 末端与 *Bcl* Ⅰ酶切的 DNA 末端连接，连接部位的 6 个碱基对序列为_______，对于该部位，这两种酶_______（填“都能”“都不能”或“只有一种能”）切开。

（4）若用 *Sau*3A Ⅰ切图 1 质粒最多可能获得________种大小不同的 DNA 片段。

23.2　基因工程的基本操作程序

核 心 问 题

1. 基因工程的基本操作程序是什么？

答：目的基因的获取→基因表达载体的构建→将目的基因导入受体细胞→目的基因的检测和表达。

2. 什么是基因文库？什么是基因组文库？什么是 cDNA 文库（部分基因文库）？三者间是什么关系？

答：用限制性核酸内切酶切割细胞的整个基因组 DNA，可以得到大量的基因组 DNA 片段，然后将这些 DNA 片段与载体连接，再转化到细菌中去，让宿主菌长成克隆。这样，一个克隆内的每个细胞的载体上都包含有特定的基因组 DNA 片段，称为基因文库。整个克隆群体就包含基因组的全部基因片段总和，称为基因组文库。以 mRNA 为模板，经反转录酶催化，在体外反转录成 cDNA，与适当的载体（常用噬菌体或质粒载体）连接后转化受体菌，则每个细菌含有一段 cDNA，并能繁殖扩增，这样包含着细胞全部 mRNA 信息的 cDNA 克隆集合称为该组织细胞的 cDNA 文库。

基因文库分为基因组文库和 cDNA 文库。基因组文库含有一种生物的全部基因。而 cDNA 文库含有一种生物的部分基因。因为 cDNA 是由信使 RNA 逆转录得到的，基因组含有的基因在特定的组织细胞中只有一部分表达，而且处在不同环境条件、不同分化时期的细胞其基因表达的种类和强度也不尽相同，所以 cDNA 文库具有组织细胞特异性。cDNA 文库显然比基因组 DNA 文库小得多，能够比较容易从中筛选克隆得到细胞特异表达的基因。但对真核细胞来说，从基因组 DNA 文库获得的基因与从 cDNA 文库获得的不同，基因组 DNA 文库所含的是带有内含子和外显子的基因组基因，而从 cDNA 文库中获得的是已经过剪接、去除了内含子的 cDNA。

3. 什么是 PCR 技术过程？

答：PCR 由变性—退火—延伸三个基本反应步骤构成。

①模板 DNA 的变性：模板 DNA 经加热至 90～95℃左右一定时间后，模板 DNA 双链解旋放使之成为单链，以便它与引物结合，为下轮反应做准备。

②模板 DNA 与引物的退火（复性）：模板 DNA 经加热变性成单链后，温度降至 55～60℃左右，引物与模板 DNA 单链的互补序列配对结合。

③引物的延伸：DNA 模板-引物结合物在 70～75℃、DNA 聚合酶（如 TaqDNA 聚合酶）的作用下，以 dNTP 为反应原料，靶序列为模板，按碱基互补配对与半保留复制原理，合成一条新

的与模板 DNA 链互补的半保留复制链，重复循环变性—退火—延伸三过程就可获得更多的“半保留复制链”，而且这种新链又可成为下次循环的模板。每完成一个循环需 2～4 分钟，2～3 小时就能将待扩目的基因扩增放大几百万倍。

4. 将目的基因导入受体细胞常用的转化方法有哪些？

答：将目的基因导入植物细胞采用最多的方法是农杆菌转化法，其次还有基因枪法和花粉管通道法等。将目的基因导入动物细胞最常用的方法是显微注射技术。此方法的受体细胞多是受精卵。将目的基因导入微生物细胞采用感受态细胞法或钙离子处理法（用含有钙离子的溶液处理使其成为感受态细胞）。

5. 目的基因的检测和表达。

答：首先要检测转基因生物的染色体 DNA 上是否插入了目的基因。方法：DNA 分子杂交技术。其次还要检测目的基因是否转录出了 mRNA。方法：用标记的目的基因作探针与 mRNA 杂交。最后检测目的基因是否翻译成蛋白质。方法：从转基因生物中提取蛋白质，用相应的抗体进行抗原-抗体杂交。有时还需进行个体生物学水平的鉴定。如转基因抗虫植物是否出现抗虫性状。

典例精讲

【典例 1】（2020 浙江）下列关于基因工程的叙述，正确的是（　　）。

A. 若受体大肠杆菌含有构建重组质粒时用到的限制性核酸内切酶，则一定有利于该重组质粒进入受体并保持结构稳定

B. 抗除草剂基因转入某抗盐植物获得 2 个稳定遗传转基因品系，抗性鉴定为抗除草剂抗盐和抗除草剂不抗盐。这表明抗盐性的改变与抗除草剂基因的转入无关

C. 抗除草剂基因转入某植物获得转基因植株，其 DNA 检测均含目的基因，抗性鉴定为抗除草剂和不抗除草剂。这表明前者表达了抗性蛋白而后者只表达抗性基因 RNA

D. 已知不同分子量 DNA 可分开成不同条带，相同分子量的为同一条带。用某种限制性核酸内切酶酶切环状质粒后，出现 3 个条带，表明该质粒上一定至少有 3 个被该酶切开的位置

【解析】 答案 D。若受体大肠杆菌含有构建重组质粒时用到的限制性核酸内切酶，则该限制性核酸内切酶可能会切割重组质粒，破坏重组质粒的结构，A 错误；抗除草剂基因转入某抗盐植物后，一部分抗盐植株的抗盐性消失，说明抗除草剂基因的转入可能导致抗盐性改变，B 错误；抗除草剂基因转入某植物后，若 DNA 检测含有目的基因，而抗性鉴定为不抗除草剂，其原因可能是目的基因转录出 RNA 但无法翻译，也可能是目的基因无法转录，还可能是翻译出来的蛋白质无活性，C 错误；若环状质粒上有 1 个某种限制性核酸内切酶的酶切位置，则该环状质粒被该酶酶切后形成 1 个条带，若要形成 2 个条带，则该环状质粒上至少有 2 个该酶的酶切位置，若要形成 3 个条带，则该环状质粒上至少有 3 个该酶的酶切位置，D 正确。

【典例 2】 如图为基因表达载体的模式图，下列有关说法错误的是（　　）。

A. 构建基因表达载体需要用到限制酶和 DNA 连接酶

B. 任何基因表达载体的构建都是一样的，没有差别

C. 图中启动子位于基因的首端，是 RNA 聚合酶识别和结合的部位

D. 抗生素抗性基因的作用是作为标记基因，用于鉴别受体细胞中是否导入了目的基因

【解析】 答案 B。A 正确，构建基因表达载体需要用到限制酶和 DNA 连接酶；B 错误，用不同种类的载体构建基因表达载体时处理方法是有差别的；C 正确，启动子位于基因的首端，是 RNA 聚合酶识别和结合的部位；D 正确，抗生素抗性基因的作用是作为标记基因，用于检测受体细胞中是否导入了目的基因。

【提醒】 启动子和终止子均为结构基因非编码区的 DNA 序列，且长度远不止三个碱基，都与基因的转录过程相关联。起始密码子和终止密码子均位于信使核糖核酸分子中，且均只含三个碱基，都与 mRNA 的翻译过程相关联。

【典例 3】（2019 全国卷Ⅰ）基因工程中可以通过 PCR 技术扩增目的基因。回答下列问题。

（1）基因工程中所用的目的基因可以人工合成，也可以从基因文库中获得。基因文库包括____________和____________。

（2）生物体细胞内的 DNA 复制开始时，解开 DNA 双链的酶是____________。在体外利用 PCR 技术扩增目的基因时，使反应体系中的模板 DNA 解链为单链的条件是____________。上述两个解链过程的共同点是破坏了 DNA 双链分子中的________。

（3）目前在 PCR 反应中使用 *Taq* 酶而不使用大肠杆菌 DNA 聚合酶的主要原因是________。

【答案】（1）基因组文库　cDNA 文库　（2）解旋酶　加热至 90～95℃　氢键　（3）*Taq* 酶热稳定性高，而大肠杆菌 DNA 聚合酶在高温下会失活

【解析】（1）基因文库包括基因组文库和部分基因文库，前者包括一种生物的全部基因，后者只包括一种生物的部分基因。

（2）体内进行 DNA 复制时，需要解旋酶和 DNA 聚合酶，解旋酶可以打开双链之间的氢键，DNA 聚合酶可以催化磷酸二酯键的形成。在体外进行 PCR 扩增时，利用高温即加热至 90～95℃变性破坏双链之间的氢键，解旋酶和高温处理都破坏了 DNA 双链中碱基对之间的氢键。

（3）由于在 PCR 过程中，需要不断地改变温度，该过程中涉及较高温度处理变性，细胞内的 DNA 聚合酶在高温处理下会变性失活，PCR 过程中需要用耐高温的 DNA 聚合酶催化。

针 对 训 练

1. 下列属于获取目的基因的方法的是（　　）。

①利用 mRNA 反转录形成

②从基因组文库中提取

③从受体细胞中提取

④利用 PCR 技术扩增

⑤利用 DNA 转录

⑥人工合成

A. ①②③⑤　　B. ①②⑤⑥

C. ①②③④　　D. ①②④⑥

2. 下图中甲、乙表示从细菌细胞中获取目的基因的两种方法，以下说法中错误的是（　　）。

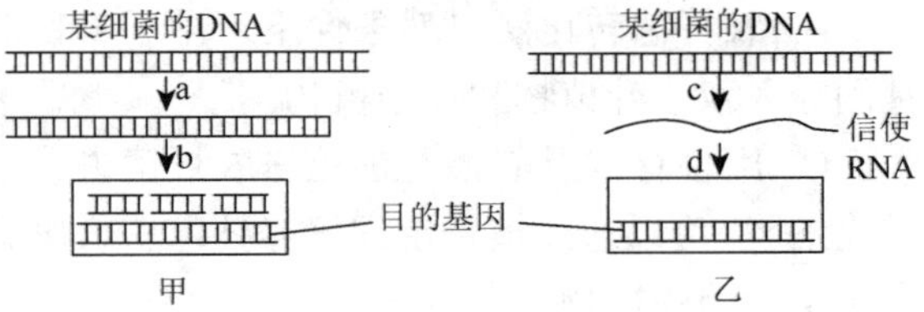

A. 甲方法可建立该细菌的基因组文库

B. 乙方法可建立该细菌的 cDNA 文库

C. 甲方法要以脱氧核苷酸为原料

D. 乙方法需要反转录酶参与

3. 下列有关基因表达载体的叙述，不正确的是（　　）。

A. 具有复制原点，使目的基因能在受体细胞内扩增

B. 具有启动子，作为多肽链合成的起始信号

C. 具有标记基因，有利于目的基因的初步检测

D. 具有目的基因，以获得特定的基因表达产物

4. 利用基因工程技术将目的基因导入相应生物体内使之表达，可以得到人们所需要的产品。下列说法不正确的是（　　）。

A. 将鱼的抗冻蛋白基因导入番茄叶肉细胞可以采用农杆菌转化法和基因枪法

B. 可以通过花粉管通道法将植物的凝集素基因导入棉花的叶肉细胞，从而获得其表达产物凝集素

C. 绵羊的成熟红细胞可以作为受体细胞表达人的生长激素基因

D. 在将人干扰素基因导入大肠杆菌工程菌细胞前需要用 Ca 离子处理法对细胞进行处理

5. 若想用基因工程并通过土壤农杆菌向某种植物中导入抗旱基因，以下分析不合理的是（　　）。

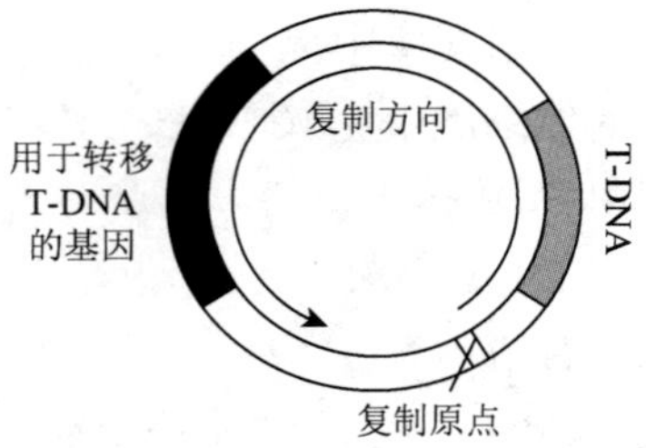

A. 若用 Ti 质粒作为抗旱基因的载体，要保证复制原点和用于转移 T-DNA 的基因片段不被破坏

B. 农杆菌转化法自然条件下可用于将目的基因导入双子叶植物和裸子植物

C. 用含有重组 Ti 质粒的土壤农杆菌去感染植物细胞，可以通过植物组织培养技术培育出具有抗旱基因的植物

D. 若能够在植物细胞中检测到抗旱目的基因，则说明该基因工程项目获得成功

6. 用某人的胰岛素基因制成的 DNA 探针，能与之形成杂交分子的是（　　）。

①该人胰岛 A 细胞中的 DNA

②该人胰岛 B 细胞中的 mRNA

③该人胰岛 A 细胞中的 mRNA

④该人肝细胞中的 DNA

A. ①③④　　B. ①②③

C. ①②④　　D. ②

7.（2020 新高考Ⅰ卷）水稻胚乳中含直链淀粉和支链淀粉，直链淀粉所占比例越小糯性越强。科研人员将能表达出基因编辑系统的 DNA 序列转入水稻，实现了对直链淀粉合成酶基因（*Wx* 基因）启动子序列的定点编辑，从而获得了 3 个突变品系。

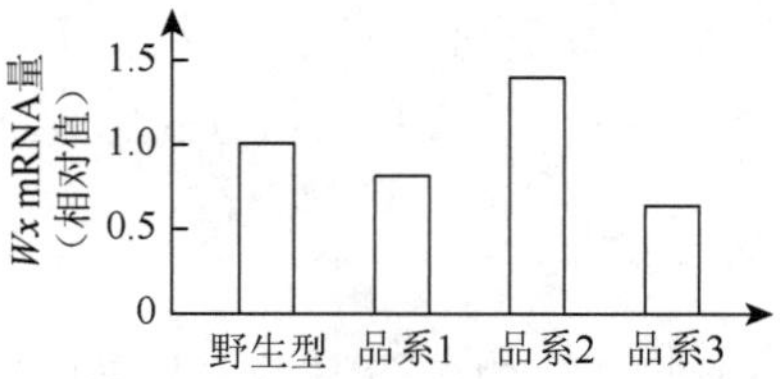

（1）将能表达出基因编辑系统的 DNA 序列插入 Ti 质粒构建重组载体时，所需的酶是__________，重组载体进入水稻细胞并在细胞内维持稳定和表达的过程称为____________。

（2）根据启动子的作用推测，*Wx* 基因启动子序列的改变影响了____________，从而改变了 *Wx* 基因的转录水平。与野生型水稻相比，3 个突变品系中 *Wx* 基因控制合成的直链淀粉合成酶的氨基酸序列________________（填“发生”或“不发生”）改变，原因是____________。

（3）为检测启动子变化对 *Wx* 基因表达的影响，科研人员需要检测 *Wx* 基因转录产生的 mRNA（*Wx* mRNA）的量。检测时分别提取各品系胚乳中的总 RNA，经__________过程获得总 cDNA。通过 PCR 技术可在总 cDNA 中专一性地扩增出 *Wx* 基因的 cDNA，原因是__________。

（4）各品系 *Wx* mRNA 量的检测结果如上图所示，据图推测糯性最强的品系为__________，原因是________________。

23.3　基因工程的应用

核　心　问　题

1. 基因工程的应用主要有哪些方面？

答：植物基因工程：抗虫、抗病、抗逆转基因植物，利用转基因改良植物的品质。

动物基因工程：提高动物生长速度、改善畜产品品质、用转基因动物生产药物、作器官移植的供体。

基因工程药物：细胞因子、抗体、疫苗、激素等。

基因治疗：把正常的外源基因导入病人体内，使该基因表达产物发挥功能，从而达到治疗疾病的目的，这是治疗遗传病的最有效的手段。

2. 用于基因治疗的基因种类有哪些？

答：共有三类。第一类是从健康人体分离得到的正常功能的基因，通过同源重组技术，原位替换致病基因，使细胞内的 DNA 完全恢复正常状态；或把正常基因导入体细胞，通过基因的非定点整合使其表达，以补偿缺陷基因的功能，或使原有基因的功能得到增强，但致病基因本身并未除去。第二类是反义基因，将特定的反义核酸（反义 RNA、反义 DNA）和核酶导入细胞，在转录和翻译水平阻断某些基因的异常表达，而实现治疗的目的。第三类是自杀基因，在某些病毒或细菌中的某基因可产生一种酶，它可将原无细胞毒或低毒药物前体转化为细胞毒物质，将细胞本身杀死，此种基因称为“自杀基因”。

典 例 精 讲

【典例 1】（2019 江苏）下列生物技术操作对遗传物质的改造，不会遗传给子代的是（　　）。

A. 将胰岛素基因表达质粒转入大肠杆菌，筛选获得基因工程菌

B. 将花青素代谢基因导入植物体细胞，经组培获得花色变异植株

C. 将肠乳糖酶基因导入奶牛受精卵，培育出产低乳糖牛乳的奶牛

D. 将腺苷酸脱氨酶基因转入淋巴细胞后回输患者，进行基因治疗

【解析】 答案 D。将含胰岛素基因表达载体的重组质粒转入大肠杆菌获得的转基因菌，可以通过二分裂将胰岛素基因传给后代，A 不符合题意；将花青素代谢基因导入植物体细胞，再经植物组织培养获得的植株所有细胞均含有花青素代谢基因，花青素代谢基因会随该植物传给后代，B 不符合题意；将肠乳糖酶基因导入奶牛受精卵，培育出产低乳糖牛乳的奶牛所有细胞均含有肠乳糖酶基因，可以遗传给后代，C 不符合题意；该患者进行基因治疗时，只有淋巴细胞含有该腺苷酸脱氨酶基因，性原细胞不含该基因，故不能遗传给后代，D 符合题意。

【提醒】 转基因技术的原理是基因重组。基因重组和基因突变、染色体变异均属于可遗传的变异。基因治疗指把正常基因导入病人体内，使该基因的表达产物发挥功能，从而达到治疗疾病的目的，这是治疗遗传病的最有效的手段。

【典例 2】 下列关于抗虫转基因植物的叙述错误的有（　　）。

A. 将 Bt 毒蛋白基因转移到植物体内表达出的 Bt 毒蛋白，在肠道中水解为有毒多肽，与肠上皮细胞受体结合，使细胞膜穿孔，可导致哺乳动物死亡

B. 将蛋白酶抑制基因转移到植物体内表达的蛋白酶抑制剂，可以阻断或降低害虫消化道蛋白酶的活性，影响其消化功能

C. 将淀粉酶抑制剂基因转移到植物体内表达淀粉酶抑制剂，可以抑制消化道淀粉酶活性，阻断害虫的能量来源

D. 将植物凝集素基因转移到植物体内表达出的糖蛋白，可与害虫肠道黏膜上的某种物质结合，影响其对营养物质的吸收和利用

【解析】 答案 A。将 Bt 毒蛋白基因转移到植物体内表达出的 Bt 毒蛋白，在肠道中水解为有毒多肽，与肠上皮细胞受体结合，使细胞膜穿孔，可导致昆虫死亡，A 错误；将蛋白酶抑制基因转移到植物体内表达的蛋白酶抑制剂，可以阻断或降低害虫消化道蛋白酶的活性，影响其消化功能，不能消化吸收营养物质，从而影响害虫的生命活动，B 正确；将淀粉酶抑制剂基因转移到植物体内表达淀粉酶抑制剂，可以抑制消化道淀粉酶活性，阻断害虫的能量来源，C 正确；将植物凝集素基因转移到植物体内表达出的糖蛋白，可与害虫肠道黏膜上的某种物质结合，影响其对营养物质的吸收和利用，D 正确。

【提醒】 基因工程的应用：植物基因工程，如抗虫、抗病、抗逆转基因植物，利用转基因改良植物的品质；动物基因工程，如提高动物生长速度、改善畜产品品质、用转基因动物生产药物；基因治疗，如把正常的外源基因导入病人体内，使该基因表达产物发挥作用。

针 对 训 练

1. 下列有关基因工程的成果及应用的说法中，正确的是（　　）。

A. 用基因工程的方法培育出的抗虫植物也能抗病毒

B. 用转基因动物作为器官移植的供体时，导入的是调节因子，不是目的基因

C. 基因工程在农业上的应用主要是培育高产、稳产、品质优良和具有抗逆性的农作物

D. 目前，在发达国家，基因治疗已用于临床实践

2. 基因治疗是人类疾病治疗的一种崭新手段，下列有关叙述中不正确的是（　　）。

A. 基因治疗是治疗疾病的新途径，其利用的是转基因技术

B. 基因治疗是一种利用基因工程产品治疗人类疾病的方法

C. 可利用分离出来的功能正常的基因取代病变基因，或依靠其表达产物弥补病变基因带来的生理缺陷

D. 在没有充分了解基因调控机制等机理之前，进行基因治疗是十分困难的

3.《人类基因治疗》报道，在美国佛罗里达大学基因治疗中心接受基因治疗的三名遗传性失明患者都重新获得了一定的视力，并且没有严重的副作用。基因治疗是指（　　）。

A. 把健康外源基因导入有基因缺陷的细胞中，达到治疗疾病的目的

B. 对有缺陷的细胞进行修复，从而使其恢复正常，达到治疗疾病的目的

C. 运用人工诱变方法，使有基因缺陷的细胞发生基因突变，从而恢复正常

D. 运用基因工程技术，把有缺陷的基因切除，达到治疗疾病的目的

4. 利用基因工程技术可使大肠杆菌生产人的胰岛素，下列相关叙述正确的是（　　）。

A. 选用大肠杆菌作为受体细胞因其繁殖快、易培养、产量高

B. 限制酶主要用于目的基因的提取和将目的基因导入受体细胞

C. 人和大肠杆菌合成胰岛素时，转录和翻译的场所相同

D. 大肠杆菌中没有胰岛素产生表明重组质粒未导入受体菌

5. 下列关于基因成果生物目前的应用，叙述错误的是（　　）。

A. 在医药卫生方面，主要用于诊断和治疗疾病

B. 在农业上主要是培养高产、稳产、品质优良和具有抗药性的农作物

C. 在畜牧养殖业上培育出了体形巨大以及品质优良的动物

D. 在环境保护方面主要用于环境监测和对污染环境的净化

6. 小麦是世界上最重要的粮食作物之一，其产量和品质与氮肥的使用量密切相关。小麦体内虽然含有硝酸还原酶基因（*NR* 基因），但表达量不高。研究人员通过农杆菌转化法导入外源硝酸还原酶基因来提高小麦对 NO_3^- 的利用效率。构建的基因表达载体如图所示。回答下列问题：

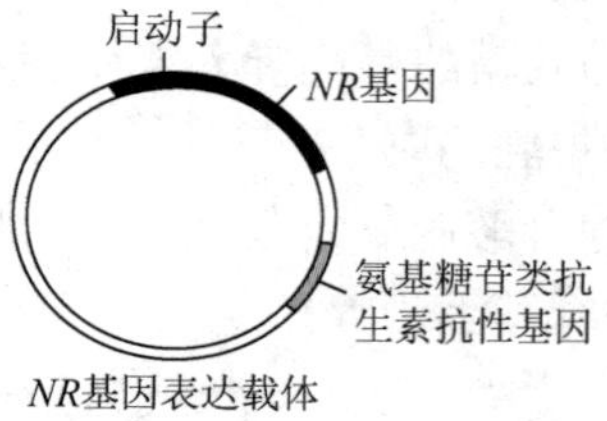

（1）氮素缺乏时，会影响植物体内________（至少答两种）物质的合成。

（2）图示中的基因表达载体，除标注出的部分外，还必须包括的结构是______________。按图示位置，*NR* 基因转录时，RNA 聚合酶在基因表达载体上______________（填“顺”或“逆”）时针移动。

（3）农杆菌转化法多用于__________植物的转基因技术中，此外，将目的基因导入植物受体细胞的方法还有______________________等。转基因操作中常选用幼胚细胞作为受体细胞，其原因是__________________________________。

（4）若要检测目的基因是否成功导入受体细胞，可采用 DNA 分子杂交技术，应选择带标记的______________基因单链作为探针。

（5）将 NR 基因导入小麦等作物并使其成功表达，除增加作物产量外，其优点还有________。

23.4　蛋白质工程的崛起

核心问题

1. 蛋白质工程的概念是什么？

答：蛋白质工程指以蛋白质分子的结构规律及其与生物功能的关系作为基础，通过基因修饰或基因合成，对现有蛋白质进行改造，或制造一种新的蛋白质，以满足人类的生产和生活的需求。（基因工程在原则上只能生产自然界已存在的蛋白质）

2. 蛋白质工程的原理和基本途径是什么？

答：蛋白质工程的原理，就是指在进行相关操作时遵循的基本原理。天然蛋白质合成的过程是按照中心法则进行的：基因→表达（转录和翻译）→形成氨基酸序列的多肽链→形成具有高级结构的蛋白质→行使生物功能；而蛋白质工程却与之相反，它的基本途径是：从预期的蛋白质功能出发→设计预期的蛋白质结构→推测应有的氨基酸序列→找到相对应的脱氧核苷酸序列。蛋白质工程的实质是改造基因结构。蛋白质工程是通过改造基因结构来改造蛋白质，或制造一种新的蛋白质。

典例精讲

【典例 1】 随着分子生物学、晶体学以及计算机技术的迅猛发展，蛋白质工程已取得了很大的进展，下列有关蛋白质工程的叙述不正确的是（　　）。

A. 蛋白质工程是以蛋白质分子的结构规律及其与生物功能的关系作为基础，在基因工程的基础上，延伸出来的第二代基因工程

B. 用蛋白质生产的电子元件，具有体积小、耗电少和效率高的特点

C. 对天然蛋白质进行改造，是直接对该蛋白质分子进行操作

D. 蛋白质工程的基本途径是：从预期蛋白质的功能出发→设计预期蛋白质的结构→推测应有的氨基酸序列→找到相对应的脱氧核苷酸序列

【解析】 答案 C。蛋白质工程是以蛋白质分子的结构规律及其与生物功能的关系作为基础，在基因工程的基础上，延伸出来的第二代基因工程，A 正确；用蛋白质生产的电子元件，具有体积小、耗电少和效率高的特点，B 正确；蛋白质工程是将控制蛋白质的基因进行修饰改造或合成新的基因，然后运用基因工程合成新的蛋白质，C 错误；蛋白质工程的基本途径是：从预期蛋白质的功能出发→设计预期蛋白质的结构→推测应有的氨基酸序列→找到相对应的脱氧核苷酸序列，D 正确。

【提醒】 蛋白质工程的目标是根据人们对蛋白质的功能的特定需求，对蛋白质结构进行分子设计。蛋白质工程的实质是改造基因结构，通过改造基因结构来改造蛋白质，或制造一种新的蛋白质。

【典例 2】 如图表示蛋白质工程的操作流程，下列说法不正确的是（　　）。

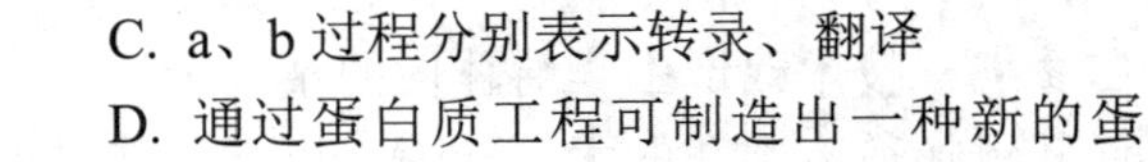

A. 蛋白质工程中对蛋白质分子结构的了解是非常关键的工作

B. 蛋白质工程是完全摆脱基因工程技术的一项全新的生物工程技术

C. a、b 过程分别表示转录、翻译

D. 通过蛋白质工程可制造出一种新的蛋白质

【解析】 答案 B。蛋白质工程中对蛋白质分子结构的了解是非常关键的工作，如蛋白质的空间结构、氨基酸的排列顺序等，这对于合成或改造基因至关重要，A 正确；蛋白质工程的进行离不开基因工程，因为对蛋白质的改造要通过对基因的改造来完成，B 错误；图中 a、b 过程分别表示转录、翻译，C 正确；通过蛋白质工程可对现有蛋白质进行改造，也可制造出一种新的蛋白质，D 正确。

针 对 训 练

1. 将人的白细胞介素基因通过基因定点突变，使白细胞介素第 11 位的氨基酸发生改变，改造后的白细胞介素比天然白细胞介素的癌症治疗效果显著提高，此项技术属于（　　）。

A. 蛋白质工程　　B. 细胞工程

C. 胚胎工程　　D. 生态工程

2. 下列关于蛋白质工程的说法，错误的是（　　）。

A. 蛋白质工程能产生自然界中不曾存在的新型蛋白质分子

B. 蛋白质工程与基因工程密不可分，又称为第二代基因工程

C. 蛋白质工程能定向改造蛋白质分子的结构，使之更加符合人类需要

D. 蛋白质工程是在分子水平上对蛋白质分子直接进行操作，定向改变分子的结构

3. 增加玉米细胞中赖氨酸含量最有效的途径是（　　）。

A. 将富含赖氨酸的蛋白质编码基因导入玉米细胞

B. 切除玉米细胞中天冬氨酸激酶基因和二氢吡啶二羧酸合成酶基因的个别碱基

C. 更换天冬氨酸激酶基因和二氢吡啶二羧酸合成酶基因的个别碱基

D. 将根瘤菌的固氮基因导入玉米细胞

4. 中华鲟是地球上最古老的脊椎动物之一，被誉为“水中大熊猫”。研究者试图利用蛋白质工程技术改造中华鲟体内的某些蛋白质，使其更加适应现在的水域环境。以下说法错误的是（　　）。

A. 该工程可以定向改变蛋白质分子的结构

B. 改造蛋白质是通过改造基因而实现的

C. 中华鲟的相关蛋白质被改造的过程同样遵循中心法则

D. 改造后的中华鲟产生的后代不具有改造后的蛋白质

5. 目前科学家们通过蛋白质工程制造出了蓝色荧光蛋白、黄色荧光蛋白等，采用蛋白质工程技术制造出蓝色荧光蛋白过程的正确顺序是（　　）。

①推测蓝色荧光蛋白的氨基酸序列和基因的核苷酸序列

②蓝色荧光蛋白的功能分析和结构设计序列

③蓝色荧光蛋白基因的合成

④表达出蓝色荧光蛋白

A. ①②③④　　B. ②①③④

C. ②③①④　　D. ④②①③

6. 已知生物体内有一种蛋白质（P），该蛋白质是一种转运蛋白，由 305 个氨基酸组成。如果将 P 分子中 158 位的丝氨酸变成亮氨酸，240 位的谷氨酰胺变成苯丙氨酸，改变后的蛋白质（P_1）不但保留 P 的功能，而且具有了酶的催化活性。回答下列问题。

（1）从上述资料可知，若要改变蛋白质的功能，可以考虑对蛋白质的__________进行改造。

（2）以 P 基因序列为基础，获得 P_1 基因的途径有修饰__________基因或合成__________基因。所获得的基因表达是遵循中心法则的，中心法则的全部内容包括__________的复制；以及遗传信息在不同分子之间的流动，即__________。

（3）蛋白质工程也被称为第二代基因工程，其基本途径是从预期蛋白质功能出发，通过__________和__________，进而确定相对应的脱氧核苷酸序列，据此获得基因，再经表达、纯化获得蛋白质，之后还需要对蛋白质的生物__________进行鉴定。

参 考 答 案

23.1 DNA 重组技术的基本工具

1. C　2. C　3. A　4. C　5. C

6.（1）*Bcl* I 和 *Hin*dⅢ　DNA 连接　感受　（2）四环素　（3）$\begin{matrix}\text{T GATC C}\\\text{A CTAG G}\end{matrix}\left(\begin{matrix}\text{G GATC A}\\\text{C CTAG T}\end{matrix}\right)$　都不能　（4）7

23.2 基因工程的基本操作程序

1. D　2. C　3. B　4. C　5. D　6. C

7.（1）限制性核酸内切酶和 DNA 连接酶　转化（2）RNA 聚合酶与启动子的识别和结合　不发生　编码直链淀粉合成酶的碱基序列中不含启动子　（3）逆转录（或：反转录）　引物是根据 *Wx* 基因的一段已知序列设计合成的（或：引物能与 *Wx* 基因的 cDNA 特异性结合）（4）品系 3　品系 3 的 *Wx* mRNA 最少，控制合成的直链淀粉合成酶最少，直链淀粉合成量最少，糯性最强

23.3　基因工程的应用

1. C　2. B　3. A　4. A　5. A

6.（1）蛋白质、核酸、ATP 等　（2）终止子、复制原点　顺　(3)双子叶　基因枪法、花粉管通道法　幼胚细胞分化程度低，全能性较高　（4）氨基糖苷类抗生素抗性　（5）减少氮肥的施用量、减少环境污染

23.4　蛋白质工程的崛起

1. A　2. D　3. C　4. D　5. B

6.（1）氨基酸序列（或结构）　（2）P　P_1　DNA 和 RNA（或遗传物质）　DNA→RNA、RNA→DNA、RNA→蛋白质（或转录、逆转录、翻译）　（3）设计蛋白质的结构；推测氨基酸序列　功能

第24章　细胞工程

24.1　植物细胞工程

核心问题

1. 什么是细胞的全能性？如何进行全能性大小比较？

答：细胞全能性是指细胞经分裂和分化后仍具有形成完整有机体的潜能或特性。一般来说，细胞全能性高低与细胞分化程度有关，分化程度越高，细胞全能性越低，全能性表达越困难，克隆成功的可能性越小。植物细胞全能性高于动物细胞，而生殖细胞全能性高于体细胞，在所有细胞中受精卵的全能性最高。幼嫩的细胞全能性高于衰老的细胞。细胞分裂能力强的细胞全能性高于细胞分裂能力弱的细胞。

2. 什么是植物组织培养？

答：植物的组织培养又叫离体培养，指从植物体分离出符合需要的组织、器官或细胞，获得原生质体等，通过无菌操作，在无菌条件下接种在含有各种营养物质及植物激素的培养基上进行培养以获得再生的完整植株或生产具有经济价值的其他产品的技术。

3. 植物组织培养的过程是什么？

答：植物组培的大致过程是：在无菌条件下，将植物器官或组织（如芽、茎尖、根尖或花药）的一部分切下来，用纤维素酶与果胶酶处理用以去掉细胞壁，使之露出原生质体，然后放在适当的人工培养基上进行培养，这些器官或组织就会进行细胞分裂，形成新的组织。不过这种组织没有发生分化，只是一团薄壁细胞，叫作愈伤组织。在适合的光照、温度和一定的营养物质与激素等条件下，愈伤组织便开始分化，产生出植物的各种器官和组织，进而发育成一棵完整的植株。

4. 植物体细胞融合与植物体细胞杂交的区别有哪些？

答：植物体细胞融合是植物体细胞杂交的一个过程。植物体细胞融合的目的是得到杂交细胞，需要用纤维素酶和果胶酶去除细胞壁得到原生质体，然后使原生质体融合，融合的原理是细胞膜的流动性，融合成功的标志是形成新的细胞壁；植物体细胞杂交是以融合后的原生质体作为外植体进行植物组织培养，原理是植物细胞的全能性，杂交成功的标志是形成新的个体。

典例精讲

【典例1】下面的简式表示植物组织培养的大致过程，据此判断下列表述中不正确的是（　　）。

$$①\xrightarrow{\text{脱分化}}②\xrightarrow{\text{再分化}}③\longrightarrow④$$

A. 若①是来自不同植物体细胞融合的杂种细胞，则④可能出现不同植物的遗传特性

B. 若①是二倍体植物的花粉，则④是单倍体植株，经染色体加倍后可得到稳定遗传的品种

C. 若①是人参细胞，对②进行扩大培养可提高细胞产物人参皂苷的产量

D. 若①是具有杂种优势的农作物细胞，则用③进行繁育会发生性状分离

【解析】答案D。①是外植体（离体的器官、组织或细胞），②是愈伤组织，③是胚状体，④是新个体。①是来自不同植物体细胞融合的杂种细胞，则④的遗传物质来自不同植物，可能出现不同植物的遗传特性，A 正确；若①是二倍体植物的花粉，则通过植物组织培养技术得到的④是单倍体植株，经染色体加倍后得到的都是纯合子，为能稳定遗传的品种，B 正确；若①是人参细胞，通过脱分化得到的②为愈伤组织，对愈伤组织进行扩大培养可提高细胞产物人参皂苷的产量，C 正确；①是具有杂种优势的农作

物细胞，该植物组织培养过程属于无性生殖的范畴，③进行繁育不会发生性状分离，进行有性生殖的生物其后代才有可能发生性状分离，D 错误。

【提醒】 植物组织培养的注意事项：需要选择生长较好的材料，要根据不同的材料来确定消毒办法，要根据不同的材料，不同的物种，选择合适的培养基，注意调节培养基的 pH，注意包括光照、温度、湿度等培养条件，接种要注意无菌操作等。

【典例 2】 “白菜—甘蓝”是用细胞工程的方法培育出来的蔬菜新品种，它具有生长期短、耐热性强和易于储藏等优点。如图是“白菜—甘蓝”的培育过程示意图。以下说法正确的是（　　）。

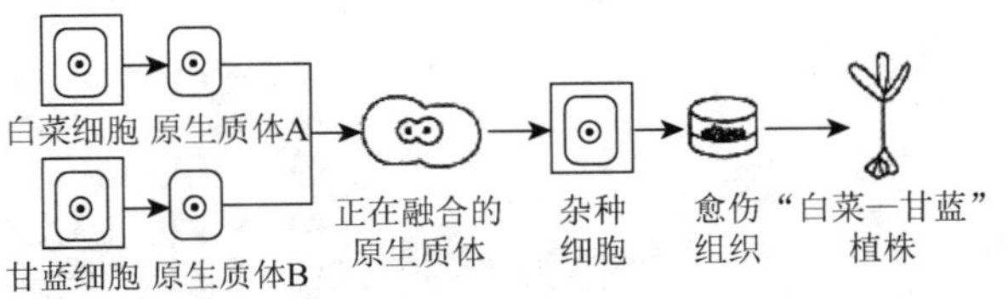

A. 除去细胞壁形成原生质体，可运用的酶是纤维素酶、淀粉酶和果胶酶

B. 通常可诱导上述原生质体相互融合的方法是 PEG 和灭活的病毒诱导

C. 愈伤组织形成“白菜—甘蓝”植株必须经过脱分化和再分化两个过程

D. 杂种细胞形成的标志是诱导产生了新的细胞壁

【解析】 答案 D。除去植物细胞壁的酶有纤维素酶和果胶酶，A 错误；诱导原生质体融合不能用灭活的病毒，B 错误；愈伤组织形成“白菜—甘蓝”植株属于再分化过程，C 错误；杂种细胞形成的标志是诱导产生了新的细胞壁，D 正确。

【提醒】 植物体细胞杂交是在原生质体培养技术的基础上，借用动物细胞融合方法发展起来的一门新型生物技术。植物体细胞杂交的过程包括原生质体的制备，原生质体融合的诱导，杂种细胞的筛选和培养，以及杂种植株的再生与鉴定等环节。

【典例 3】（2019 全国卷Ⅱ）植物组织培养技术在科学研究和生产实践中得到了广泛的应用。回答下列问题。

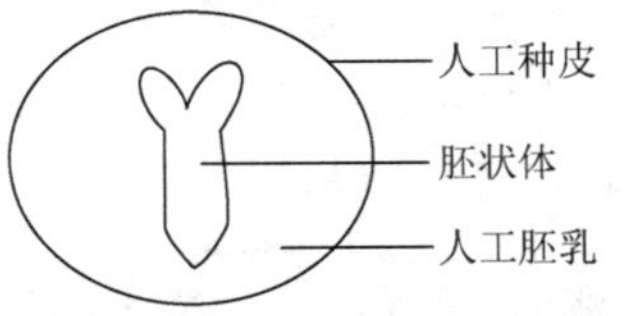

（1）植物微型繁殖是植物繁殖的一种途径。与常规的种子繁殖方法相比，这种微型繁殖技术的特点有______________（答出 2 点即可）。

（2）通过组织培养技术，可把植物组织细胞培养成胚状体，再通过人工种皮（人工薄膜）包装得到人工种子（如图所示），这种人工种子在适宜条件下可萌发生长。人工种皮具备透气性的作用是________________________。人工胚乳能够为胚状体生长提供所需的物质，因此应含有植物激素、__________和__________等几类物质。

（3）用脱毒苗进行繁殖，可以减少作物感染病毒。为了获得脱毒苗，可以选取植物的__________进行组织培养。

（4）植物组织培养技术可与基因工程技术相结合获得转基因植株。将含有目的基因的细胞培养成一个完整植株的基本程序是____________（用流程图表示）。

【答案】（1）能保持植物原有的遗传特性，繁殖速度快　（2）有利于胚状体进行呼吸作用　矿质元素　糖　（3）茎尖　（4）含目的基因的细胞 $\xrightarrow{\text{培养}}$ 愈伤组织 $\xrightarrow{\text{诱导分化}}$ 小植株

【解析】（1）植物微型繁殖是指用于快速繁殖优良品种的植物组织培养技术，与常规的种子繁殖方法相比，这种微型繁殖技术的特点有：保持优良品种的遗传特性；高效快速地实现种苗的大量繁殖。

（2）人工种子的胚状体在进行细胞呼吸时，需要从外界环境吸收 O_2，并将产生的 CO_2 释放到外界环境中，因此人工种皮具备透气性的作用是：有利于胚状体进行呼吸作用，以保持胚状体的活力。人工胚乳的作用是为胚状体的发育提供营养，因此应含有植物激素、矿质元素、糖等物质。

（3）植物分生区附近（如茎尖）的病毒极少，

甚至无病毒，因此为了获得脱毒苗，可以选取植物的茎尖进行组织培养。

（4）将含有目的基因的植物细胞培养为一个完整的转基因植物，需借助植物组织培养技术才能实现，其基本程序是：含目的基因的细胞 $\xrightarrow{\text{培养}}$ 愈伤组织 $\xrightarrow{\text{诱导分化}}$ 小植株。

【提醒】 植物组织培养的流程是：离体的植物器官、组织或细胞经脱分化形成愈伤组织，经再分化形成芽、根或胚状体，进而形成完整植株。植物组织培养技术在微型繁殖、制造人工种子、作物脱毒等方面具有广泛的应用。微型繁殖属于无性生殖的范畴，能够保持亲本的优良特性，实现种苗的快速大量繁殖。人工种子是以通过植物组织培养得到的胚状体、不定芽、顶芽和腋芽等为材料，经过人工薄膜包装得到的种子，其中的人工胚乳可为“种子”的萌发提供所需的营养物质。以无病毒或病毒极少的茎尖为材料进行组织培养可获得高产优质的无病毒植株。

针对训练

1. 下列有关植物体细胞杂交的叙述，错误的是（　　）。

A. 植物体细胞杂交产生的杂种植株的变异类型属于染色体变异

B. 植物体细胞杂交产生的杂种植株一定不具有繁殖能力

C. 植物体细胞杂交的结果是形成杂种植株

D. 植物体细胞杂交产生杂种植株的过程中需使用植物组织培养技术

2. 下列有关植物细胞工程应用的叙述，不正确的是（　　）。

A. 利用组织培养技术培育脱毒苗，获得具有抗病毒的新品种

B. 利用组织培养技术获得人工种子，能保持亲本的优良性状

C. 利用细胞培养技术获得紫草素，实现了细胞产物的工厂化生产

D. 利用植物体细胞杂交获得“萝卜—甘蓝”，克服不同生物远缘杂交不亲和的障碍

3. 如图表示利用高秆抗锈病玉米（基因型为AaBb，两对基因独立遗传）的花粉细胞生产人工种子的过程。下列叙述不正确的是（　　）。

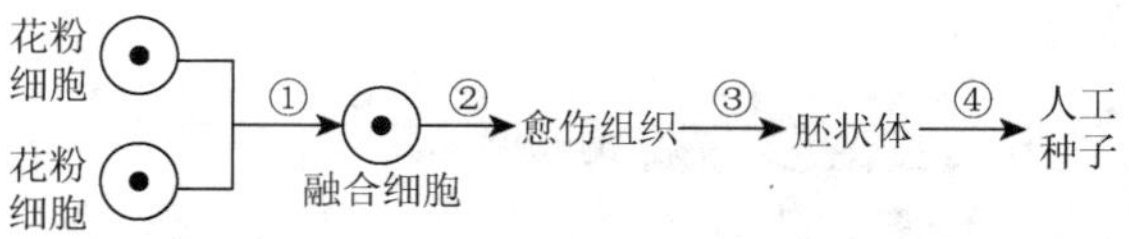

A. 通过①过程两两融合得到的细胞基因型最多有 9 种

B. ②③过程培养基中的植物激素的比例不同

C. 过程④需用秋水仙素处理才能获得可育的人工种子

D. 人工种子的种皮中加入植物生长调节剂可促进丛芽的发育

4. 下图是通过植物体细胞杂交技术获得“番茄—马铃薯”植株的技术流程图，下列说法正确的是（　　）。

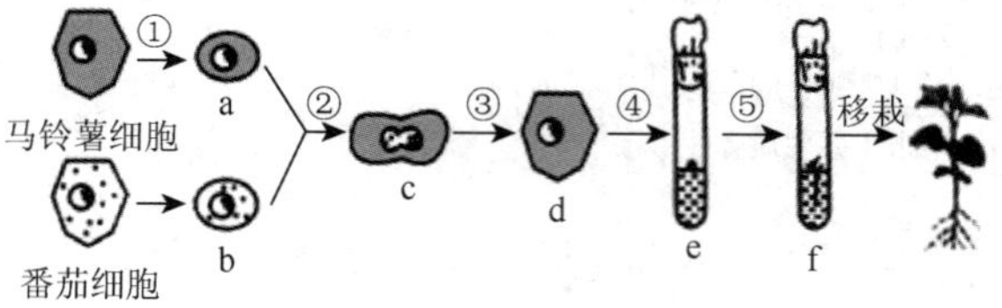

A. 图中过程②表示再分化的过程

B. 植物体细胞融合完成的标志是原生质体融合

C. 已知番茄、马铃薯分别为四倍体、二倍体，则“番茄—马铃薯”属于三倍体

D. 人工种子是由发育到 f 过程的结构包裹上人工种皮制备而成的

5. 下列有关植物组织培养的叙述，正确的是（　　）。

A. 愈伤组织是一团有特定结构和功能的薄壁细胞

B. 二倍体植株的花粉经脱分化与再分化后得到稳定遗传的植株

C. 用人工薄膜将胚状体、愈伤组织等分别包装可制成人工种子

D. 植物耐盐突变体可通过添加适量 NaCl 的培养基培养筛选而获得

6.（2019 全国卷Ⅲ）培养胡萝卜根组织可获得试管苗，获得试管苗的过程如图所示。

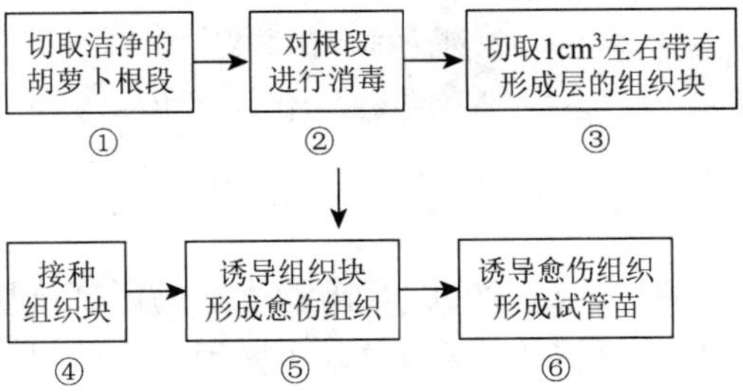

回答下列问题。

（1）利用胡萝卜根段进行组织培养可以形成试管苗。用分化的植物细胞可以培养成完整的植株，这是因为植物细胞具有__________。

（2）步骤③切取的组织块中要带有形成层，原因是____________。

（3）从步骤⑤到步骤⑥需要更换新的培养基，其原因是____。在新的培养基上愈伤组织通过细胞的________过程，最终可形成试管苗。

（4）步骤⑥要进行照光培养，其作用是_____。

（5）经组织培养得到的植株，一般可保持原品种的__________，这种繁殖方式属于_______繁殖。

24.2 动物细胞工程

核 心 问 题

1. 动物细胞培养概念、流程是什么？

答：动物细胞培养就是从动物机体中取出相关的组织，将它分散成单个细胞，然后放在适宜的培养基中，让这些细胞生长和繁殖。动物细胞培养的流程：取动物组织块（动物胚胎或幼龄动物的器官或组织）→剪碎→用胰蛋白酶或胶原蛋白酶处理分散成单个细胞→制成细胞悬液→转入培养瓶中进行原代培养→贴满瓶壁的细胞重新用胰蛋白酶或胶原蛋白酶处理分散成单个细胞继续传代培养。

2. 细胞贴壁和接触抑制的概念是什么？

答：悬液中分散的细胞很快就贴附在瓶壁上，称为细胞贴壁。细胞数目不断增多，当贴壁细胞分裂生长到表面相互接触时，细胞就会停止分裂增殖，这种现象称为细胞的接触抑制。

3. 动物细胞培养需要满足的条件有哪些？

答：①无菌、无毒的环境：培养液应进行无菌处理。通常还要在培养液中添加一定量的抗生素，以防培养过程中的污染。此外，应定期更换培养液，防止代谢产物积累对细胞自身造成危害。②营养：合成培养基成分：糖、氨基酸、促生长因子、无机盐、微量元素等。通常需加入血清、血浆等天然成分。③温度和pH：适宜温度，哺乳动物多是36.5℃+0.5℃；pH，7.2～7.4。④气体环境：95%空气+5%CO_2。O_2是细胞代谢所必需的，CO_2的主要作用是维持培养液的pH。

4. 动物细胞融合与植物体细胞杂交的比较？

比较项目	细胞融合的原理	细胞融合的方法	诱导手段	用法
植物体细胞杂交	细胞膜的流动性	去除细胞壁后诱导原生质体融合	离心、电刺激、振动，聚乙二醇等试剂诱导	克服了远缘杂交的不亲和性，获得杂种植株
动物细胞融合	细胞膜的流动性	使细胞分散后诱导细胞融合	除应用植物细胞杂交手段外，再加灭活的病毒诱导	制备单克隆抗体的技术之一

5. 单克隆抗体的优点和作用？

答：优点：特异性强，灵敏度高，并能大量制备。作用：作为诊断试剂，准确识别各种抗原物质的细微差异，并跟一定抗原发生特异性结合，具有准确、高效、简易、快速的优点。用于治疗疾病和运载药物，主要用于癌症治疗，可制成“生物导弹”，也有少量用于治疗其他疾病。

典 例 精 讲

【典例1】 某研究小组为测定药物对体外培养细胞的毒性，准备对某种动物的肝肿瘤细胞（甲）和正常肝细胞（乙）进行细胞培养。下列说法正确的是（　　）。

A. 在利用两种肝组织块制备肝细胞悬液时，也可用胃蛋白酶处理

B. 细胞培养应在含 5%CO_2 的恒温培养箱中进行，CO_2 的作用是刺激细胞呼吸

C. 甲、乙细胞在持续的培养过程中，乙会出现停止增殖的现象

D. 仅用培养肝细胞的培养液也能用来培养乙肝病毒

【解析】 答案 C。在利用两种肝组织块制备肝细胞悬液时，应该用胰蛋白酶或胶原蛋白酶处理，A 错误；细胞培养应在含 5%CO_2 的恒温培养箱中进行，CO_2 的作用是维持溶液的 pH，B 错误；甲为肝肿瘤细胞，可无限增殖，而乙为正常肝细胞，存在接触抑制，因此，甲、乙细胞在持续的培养过程中，乙会出现停止增殖的现象，C 正确；病毒没有细胞结构，不能在培养液中独立生存，D 错误。

【提醒】 动物细胞培养与植物组织培养比较：动物细胞培养最主要的是必须要有动物血清，植物细胞培养需要植物激素，不管是动物细胞培养还是植物细胞培养都必须要无菌条件，否则会失败的，动物细胞培养一般只要求得到动物细胞或组织，植物组织培养一般为了获得愈伤组织或植株。

【典例 2】（2020 天津）在克隆哺乳动物过程中，通常作为核移植受体细胞的是去核的（　　）。

A. 卵原细胞　　B. 初级卵母细胞

C. 次级卵母细胞　　D. 卵细胞

【解析】 答案 C。克隆哺乳动物时，一般将动物的一个体细胞的细胞核移入一个去掉细胞核的卵母细胞中，使其重组并发育成一个新的胚胎，这个新的胚胎最终发育为动物个体。通常作为核移植受体细胞的是去核的次级卵母细胞，C 正确。

【提醒】 动物细胞核移植的大致过程：从供体身体的某一部位上取体细胞，并通过体细胞培养技术对该体细胞进行增殖。采集卵母细胞，体外培养到减数第二次分裂中期，通过显微操作去除卵母细胞中的核，由于减二中期细胞核的位置靠近第一极体，用微型吸管可以一并吸出细胞核和第一极体。将供体细胞注入去核卵母细胞。体外完成早期胚胎培养后，将胚胎移植入代孕母体内，使其继续发育为新个体。

【典例 3】（2020 全国卷Ⅰ）为研制抗病毒 A 的单克隆抗体，某同学以小鼠甲为实验材料设计了以下实验流程。

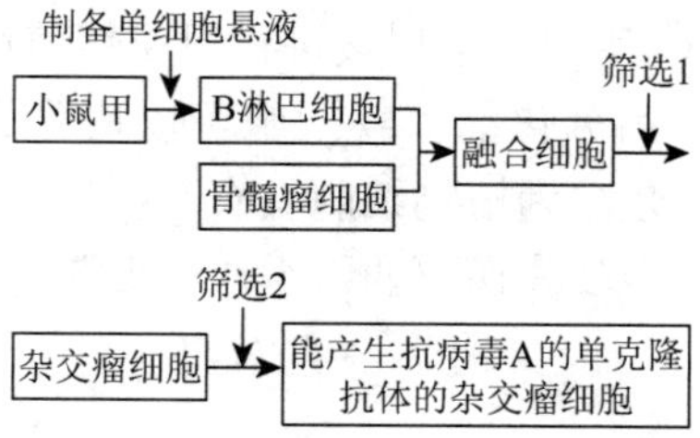

回答下列问题：

（1）上述实验前必须给小鼠甲注射病毒 A，该处理的目的是____________________。

（2）写出以小鼠甲的脾脏为材料制备单细胞悬液的主要实验步骤：____________________。

（3）为了得到能产生抗病毒 A 的单克隆抗体的杂交瘤细胞，需要进行筛选。图中筛选 1 所采用的培养基属于____________，使用该培养基进行细胞培养的结果是____________。图中筛选 2 含多次筛选，筛选所依据的基本原理是____________________。

（4）若要使能产生抗病毒 A 的单克隆抗体的杂交瘤细胞大量增殖，可采用的方法有______________（答出 2 点即可）。

【答案】（1）诱导小鼠甲产生能够分泌抗病毒 A 抗体的 B 淋巴细胞　（2）取小鼠甲脾脏剪碎，用胰蛋白酶处理使其分散成单个细胞，加入培养液制成单细胞悬液　（3）选择培养基　只有杂交瘤细胞能够生存　抗原与抗体的反应具有特异性　（4）将杂交瘤细胞注射到小鼠腹腔内增殖；将杂交瘤细胞在体外培养

【解析】（1）实验前给小鼠甲注射病毒 A，其目的是刺激机体发生免疫反应，从而产生能够分泌抗病毒 A 抗体的 B 淋巴细胞。

（2）制备单细胞悬液的主要实验步骤：从健康动物体内取出组织块，剪碎，用胰蛋白酶或胶原蛋白酶处理一段时间，这样组织就会分散成单个细胞，然后用培养液将分散的细胞稀释制成单细胞悬液。

（3）图中筛选1采用特定的选择培养基，在该培养基上，未融合的细胞和融合的具有同种核的细胞都会死亡，只有融合的杂种细胞（杂交瘤细胞）才能生存。图中筛选2含多次筛选，利用抗原与抗体特异性结合的原理，就可获得能分泌所需抗体的杂交瘤细胞。

（4）要使能产生抗病毒A的单克隆抗体的杂交瘤细胞大量增殖，可将杂交瘤细胞在体外条件下做大规模培养，或注射到小鼠腹腔内增殖。

【提醒】 动物细胞融合的具体步骤包括：①细胞准备：分贴壁细胞和悬浮细胞两种。前者可直接将两亲本细胞混合培养，后者需制成一定浓度的细胞悬浮液。②细胞融合：加促融因子于将行融合的细胞之中，诱导融合。③杂种细胞选择：利用选择性培养基等，使亲本细胞死亡，而让杂种细胞存活。④杂种细胞克隆：对选出的杂种细胞进行克隆（选择与纯化），经过培养，就能获得所需要的无性繁殖系。

针对训练

1. 关于动物细胞融合的说法错误的是（　　）。

A. 动物细胞融合形成的具有原来两个或多个动物细胞遗传信息的多核细胞称为杂交细胞

B. 动物细胞融合已成为研究细胞遗传、细胞免疫、肿瘤和生物新品种培育的重要手段

C. 常用于诱导动物细胞融合的手段有聚乙二醇、灭活的病毒、电激等

D. 细胞融合技术突破了有性杂交方法的局限，使远缘杂交成为可能

2. 下列不属于动物细胞工程应用的是（　　）。

A. 大规模生产干扰素，用于抵抗病毒引起的感染

B. 为大面积烧伤的病人提供移植的皮肤细胞

C. 大规模生产食品添加剂、香料等

D. 用于检测有毒物质

3. 一般来说，动物细胞体外培养需要满足以下条件（　　）。

①无毒的环境

②无菌的环境

③合成培养基需加血浆

④温度与动物体温相近

⑤需要O_2，不需要CO_2

⑥CO_2能调节培养液pH

A. ①②③④⑤⑥　　B. ①②③④

C. ①②③④⑥　　D. ①③④⑤⑥

4. 动物细胞体外培养时，通常要在培养基中补充一定浓度的某些物质。下图是血清对正常细胞和癌细胞培养影响的实验结果。从该图提供的信息不能获得的结论是（　　）。

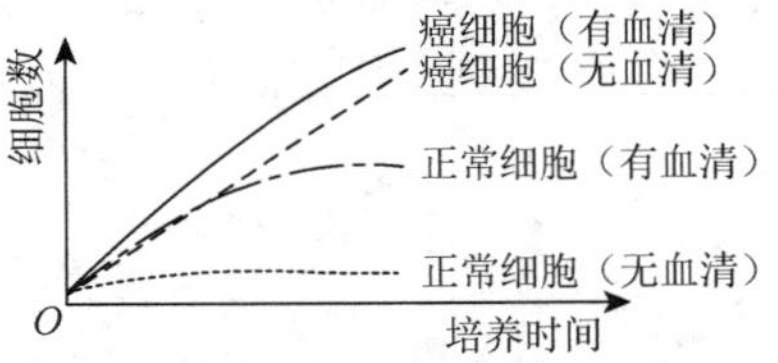

血清对正常细胞和癌细胞培养的影响

A. 正常细胞与癌细胞的增殖速率相同

B. 有无血清对正常细胞培养的影响不同

C. 培养基中补充血清有助于正常细胞的培养

D. 培养基中是否补充血清对癌细胞的培养影响不大

5. 下列关于动物细胞融合与单克隆抗体制备的叙述中，正确的是（　　）。

A. 动物细胞经PEG诱导融合后再通过培养能得到优良动物个体

B. 动物细胞融合最主要的目的是制备单克隆抗体

C. 杂交瘤细胞实质上就是癌变的浆细胞

D. 单克隆抗体和传统方法生产的抗体化学本质不同

6. 类风湿性关节炎（RA）是一种自身免疫病，致残性强，研究表明，该病的病理与肿瘤坏死因子-α（TNF-α）密切相关，而一种人鼠嵌合的抗TNF-α单克隆抗体能有效治疗RA，如图为该单克隆抗体制备过程示意图，请据图回答下列问题：

（1）单克隆抗体的制备涉及细胞工程中____、________的技术。

（2）图中的抗原A是________，HAT培养基的作用是________。B淋巴细胞与骨髓瘤细胞融合后的杂种细胞具有的特点是________。

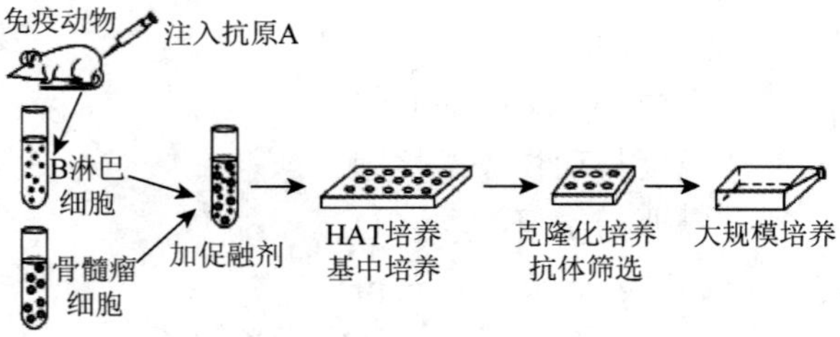

（3）医疗上，把单克隆抗体与化学药物或细胞毒素相结合制成“____________”，借助抗体的定向作用将药物带到病变细胞并将其杀死。

（4）克隆动物是指用______________方法得到的动物。

（5）单克隆抗体的特点是______________、____________、____________。

参考答案

24.1　植物细胞工程

1. B　2. A　3. C　4. D　5. D

6.（1）全能性　（2）形成层容易诱导形成愈伤组织　（3）随培养时间的增加培养基中营养物质减少、有害代谢产物的积累会抑制愈伤组织的分裂、分化；形成愈伤组织后，需要调整培养基中生长素与细胞分裂素用量的比例，以影响植物细胞的发育方向　再分化　（4）有利于诱导叶绿素形成和植物光合作用　（5）遗传特性　无性

24.2　动物细胞工程

1. A　2. C　3. C　4. A　5. B

6.（1）动物细胞融合　动物细胞培养　（2）肿瘤坏死因子-α（或 TNF-α）　筛选出杂交瘤细胞　既能大量增殖，又能产生特异性抗体　（3）生物导弹　（4）（动物体细胞）核移植　（5）特异性强　灵敏度高　可大量制备

第25章 胚胎工程

25.1 体内受精和早期胚胎发育

核心问题

1. 精子的发生过程是怎样的？

答：精原细胞→多个精原细胞→初级精母细胞→次级精母细胞→精子细胞→精子（其中细胞核变为精子头部的主要部分；高尔基体发育为头部的顶体；中心体演变为精子的尾；线粒体形成线粒体鞘；其他物质浓缩为原生质滴）。

【点拨】 精子和卵子发生的不同点。

项目	精子发生	卵子发生
场所	雄性动物睾丸的曲细精管内	雌性动物的卵巢内（MⅠ）和输卵管内（MⅡ）
时期	初情期开始，直到生殖机能衰退	胚胎时期性别分化以后和初情期以后 MⅠ：雌性动物排卵前后 MⅡ：精卵结合过程中
过程特点	①MⅠ和MⅡ是连续的； ②两次分裂细胞质都是均等分配； ③需要变形	①MⅠ和MⅡ是不连续的； ②只有MⅡ中的第一极体分裂为第二极体时细胞质均等分配，其余细胞质都是不均等分配； ③不需要变形
结果	形成4个精子	形成1个卵子和3个极体

2. 受精作用的过程是怎样的？

答：（1）受精前的准备阶段。①精子获能，即精子必须在雌性动物生殖道内发生相应生理变化后，才能获得受精能力的现象。②卵子的准备，即卵子在输卵管内达到减数第二分裂中期时，才具备受精能力。

（2）受精阶段：精、卵相遇→顶体反应[→顶体酶释放→溶解卵丘细胞（放射冠）→穿越放射冠→接触透明带→顶体酶溶解透明带→穿越透明带]→接触卵黄膜→产生透明带反应→形成第一道屏障→精子被微绒毛抱合→精子外膜与卵黄膜融合→精子进入卵→产生卵黄膜封闭作用→形成第二道屏障→形成雄原核→形成雌原核→雌雄原核发育、移动、接触、合并→形成受精卵。

【点拨】 区分“顶体反应”“透明带反应”“卵细胞膜反应”的方法。

（1）从发生时间看：①顶体反应发生在精子与卵子相遇时。②透明带反应发生在精子触及卵细胞膜的瞬间。③卵细胞膜反应发生在精子入卵后。

（2）从生理作用看：①顶体反应是顶体内释放的酶直接溶解卵丘细胞间的物质，使精子穿越放射冠。②透明带反应是防止多个精子穿越透明带，是防止多精入卵受精的第一道屏障。③卵细胞膜反应也是防止其他精子入卵，是防止多精入卵受精的第二道屏障。

3. 动物胚胎发育的基本过程是什么？

答：合子形成后在母体的输卵管上段进行有丝分裂开始发育。卵裂期特点：细胞有丝分裂，细胞数量不断增加，但胚胎的总体体积并不增加，或略有减小。桑椹胚特点：胚胎细胞数目达到32个左右时，胚胎形成致密的细胞团，形似桑椹，是全能细胞。囊胚特点：细胞开始出现分化（该时期细胞的全能性仍比较高），聚集在胚胎一端个体较大的细胞称为内细胞团，将来发育成胎儿的各种组织，中间的空腔称为囊胚腔。原肠胚特点：有了三胚层的分化，具有囊胚腔和原肠腔。

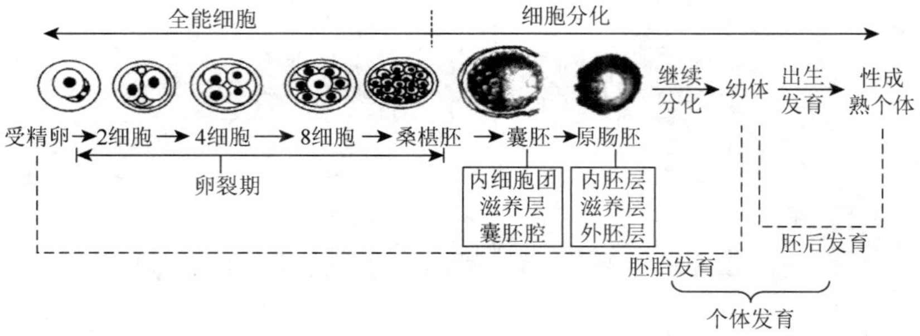

典 例 精 讲

【典例 1】（2020 浙江）下列关于利用胚胎工程培育优质奶牛的叙述，正确的是（　　）。

A. 从雄性奶牛中采集到的成熟精子遇到卵子即可进入卵子内

B. 在体外完成受精后的受精卵，将其植入子宫即可完成着床

C. 随着卵裂的进行，卵裂球细胞的体积变小，卵裂球的体积和有机物总量显著增加

D. 在含有经辐射处理的胚胎成纤维细胞的培养体系中，胚胎干细胞不易发生分化

【解析】 答案 D。从雄性奶牛中采集到的成熟精子要经获能处理后才能进入卵子内，A 错误；在体外完成受精后的受精卵，需培养至早期胚胎（如早期囊胚）才能将其植入子宫完成着床，B 错误；随着卵裂的进行，卵裂球细胞的体积变小，卵裂球的体积不会增加，有机物总量减少，C 错误；胚胎成纤维细胞可分泌一些能抑制细胞分化的物质，在含有经辐射处理的胚胎成纤维细胞的培养体系中，胚胎干细胞不易发生分化，D 正确。

【提醒】 精子获能：精子射入阴道内，精子离开精液，经宫颈管进入子宫腔及输卵管腔，精子顶体表面的糖蛋白被生殖道分泌物中的α、β淀粉酶降解，同时顶体膜结构中胆固醇与卵磷脂比率和膜电位发生变化，降低顶体膜稳定性。获能后的精子才具有受精能力。

【典例 2】 受精过程的顺序为（　　）。

①第一次卵裂开始

②释放第二极体

③顶体反应

④穿越透明带

⑤雌、雄原核的形成

⑥核膜消失，雌雄原核融合

A. ①②③④⑤⑥　　B. ③②④⑤⑥①

C. ④⑤②①③⑥　　D. ③④②⑤⑥①

【解析】 答案 D。高等哺乳动物的受精过程中发生的顺序是：顶体反应→穿越透明带→释放第二极体→雌、雄原核的形成→核膜消失，雌、雄原核融合→第一次卵裂开始，故正确的顺序为③④②⑤⑥①，D 正确。

【提醒】 雄原核和雌原核：卵质中的精子核膜破裂，核物质与卵细胞质相互作用，致密的染色质开始疏松，分散的染色质外形成新核膜，即为雄原核。卵完成第二次成熟分裂后的一组染色体重组形成卵核，后增大成为雌原核。雌雄原核靠近，DNA 开始复制，最终两原核结合，受精过程完成。

【典例 3】 下列关于哺乳动物早期胚胎发育的说法正确的是（　　）。

A. 卵裂期细胞经过了细胞分裂，是在透明带内进行的

B. 原肠胚细胞属于全能细胞

C. 原肠腔先于囊胚腔出现

D. 桑椹胚开始进行孵化

【解析】 答案 A。卵裂期细胞经过了细胞分裂，是在透明带内进行的，A 正确；原肠胚细胞已经分化，不属于全能细胞，B 错误；囊胚腔先

于原肠腔出现，C错误；囊胚开始进行孵化，D错误。

【提醒】胚胎发育过程：卵细胞受精以后即开始分裂、发育，形成胚胎。先形成的胚胎为桑椹胚（胚胎的形状像桑椹），然后形成囊胚（胚胎呈囊状），并且植入在子宫内膜中，吸取母体的营养，继续发育。囊胚壁为滋养层，囊中有内细胞群。胚胎继续发育，内细胞群的一部分发育成外胚层、内胚层和中胚层这三个胚层，再由这三个胚层分化发育成所有组织和器官。

针 对 训 练

1. 下列不是精子、卵子发生的区别的是（　　）。

A. 初级精母细胞、初级卵母细胞的形成时间

B. MⅠ和MⅡ的时间连续性

C. 成熟生殖细胞是否经过变形

D. 成熟生殖细胞中染色体的数目

2. 下图表示蛙的受精卵发育至囊胚过程中，DNA总量、每个细胞体积、所有细胞体积之和、有机物总量的变化趋势（横坐标为发育时间），其中正确的是（　　）。

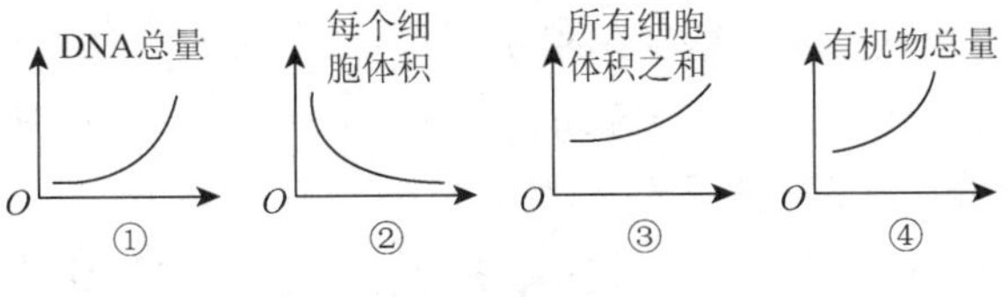

A. ①②　B. ①③　C. ②④　D. ③④

3. 如图表示精子入卵后，发生（或引起的）一系列变化，形成受精卵的过程，下列叙述错误的是（　　）。

A. 图中X指卵细胞膜反应，Y指卵子的减数第二次分裂

B. 经图中Y过程只形成了雌原核

C. 精子入卵主要指精子的头部外膜与卵细胞膜融合

D. 精子入卵后精子的尾部留在外面，并在溶酶体的作用下自溶

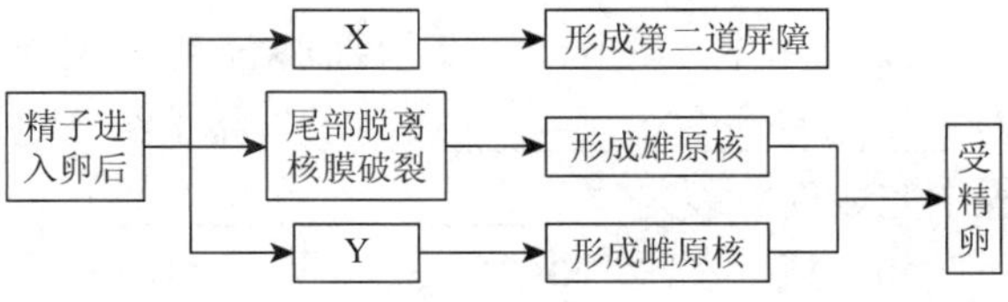

4. 如图为某哺乳动物卵子及早期胚胎的形成过程示意图，下列有关叙述正确的是（　　）。

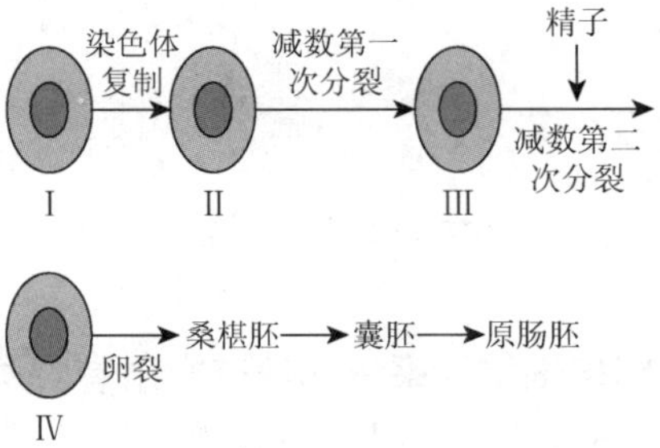

A. 胚胎分割时需将原肠胚的内细胞团均等分割

B. 细胞Ⅳ的核遗传物质一半来自细胞Ⅲ，一半来自精子

C. 细胞Ⅳ卵裂过程中每个细胞体积不断增大

D. 囊胚中的内细胞团将来发育成胎膜和胎盘

5. 如图为受精作用及胚胎发育示意图，a、b代表两个发育时期，下列叙述不正确的是（　　）。

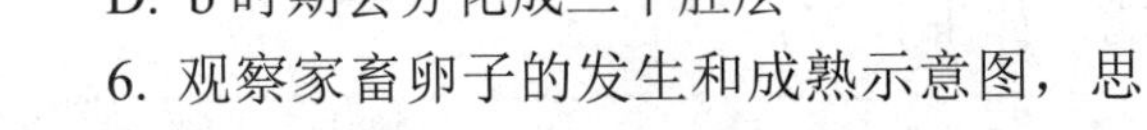

A. ①过程发生了同源染色体的分离和自由组合

B. ②过程细胞通过有丝分裂的方式增殖

C. a时期中含有全能细胞

D. b时期会分化成三个胚层

6. 观察家畜卵子的发生和成熟示意图，思考并回答下面的问题：

（1）图中①、②、③表示的细胞名称依次是__________________。假设该动物体细胞内有染色体2N条，则①、②、③、④四种细胞内的染色体数目依次是_____________。

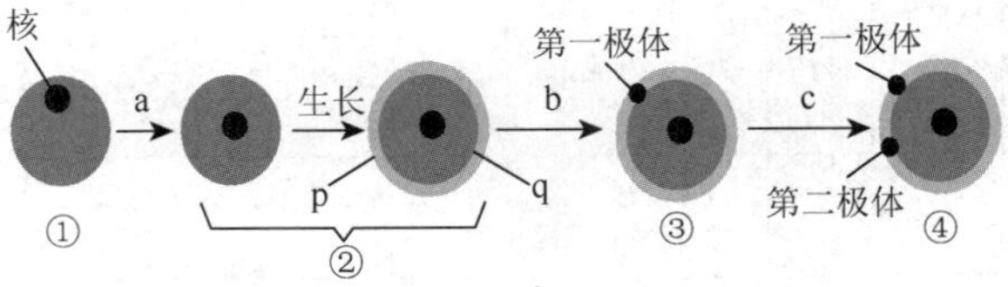

（2）图中 a、b、c 表示细胞分裂，依次为________________，在精子与卵子结合过程中完成的分裂是__________________（填“a”“b”或“c”）。图中的 p、q 表示的结构依次是_______________。

（3）a、b、c 过程依次发生在个体发育的什么时期？________________。精子的发生与之不同的是整个过程都在__________后完成。

（4）卵子成熟后，即可进行受精，判断卵子是否受精的标志是_______________。

25.2　体外受精和早期胚胎培养

核　心　问　题

1. 卵母细胞的采集和培养方法有哪些？

答：主要方法：用促性腺激素处理，使其排出更多的卵子，然后，从输卵管中冲取卵子，直接与获能的精子在体外受精。第二种方法：从刚屠宰母畜的卵巢中采集卵母细胞。第三种方法是借助超声波探测仪、腹腔镜等直接从活体动物的卵巢中吸取卵母细胞。采集的卵母细胞，都要在体外经人工培养成熟后，才能与获能的精子受精。

2. 精子的采集和获能方法有哪些？

答：收集的方法有假阴道法、手握法和电刺激等。

获能处理：在体外受精前，要对精子进行获能处理。①培养法：将取自附睾的精子，放入人工配制的获能液中，培养一段时间精子就可获能。如啮齿动物、家兔和猪。②化学法：将精子放在一定浓度的肝素或钙离子载体 A23187 溶液中，用化学药物诱导精子获能。如牛、羊。

【点拨】 比较自然受精、人工授精和体外受精的异同点。

项目		自然受精	人工授精	体外受精
不同点	过程不同	雌雄动物交配完成	用人工的方法将公畜的精液注入母畜生殖道内，完成受精	人工获取精子、卵子，在体外培养液中完成受精过程
	场所不同	雌性动物输卵管中	雌性动物输卵管中	体外培养液中
相同点		（1）精子获能、卵子成熟后方能完成受精过程；（2）都是有性生殖		

3. 胚胎的早期培养方法有哪些？

答：精子与卵子在体外受精后，应将受精卵移入发育培养液中继续培养，以检查受精状况和受精卵的发育能力。培养液成分较复杂，除一些无机盐和有机盐外，还需添加维生素、激素、氨基酸、核苷酸等营养成分，以及血清等物质。当胚胎发育到适宜的阶段时，可将其取出向受体移植或冷冻保存。不同动物胚胎移植的时间不同。（牛、羊一般要培育到桑椹胚或囊胚阶段才能进行移植，小鼠、家兔等实验动物可在更早的阶段移植，人的体外受精胚胎可在 8～16 个细胞阶段移植。）

典　例　精　讲

【典例 1】 以下有关哺乳动物体外受精的叙述不正确的是（　　）。

A. 哺乳动物体外受精主要包括卵母细胞的采集和培养、精子的采集和获能、受精几个阶段

B. 直接从活体动物卵巢中吸取采集的卵母细胞，需要体外经人工培养至 MⅡ中期

C. 对于牛羊等家畜的精子在体外进行获能处理时，一般用一定浓度的肝素或钙离子载体 A23187 溶液进行处理

D. 给实验动物注射促性腺激素，使其产生更多的精子

【解析】 答案 D。哺乳动物的体外受精主要包括卵母细胞的采集和培养、精子的采集和获能、受精等三个阶段，A 正确；直接从活体动物卵巢中吸取采集的卵母细胞，需要在体外经人工培养至 MII 中期，才能与获能的精子完成受精作用，B 正确；对于牛羊等家禽的精子在体外进行获能处理时，一般用一定浓度的肝

素或钙离子载体 A23187 溶液进行处理，C 正确；给实验动物注射促性腺激素，使其产生更多的卵子，D 错误。

【典例 2】 研究人员为探讨不同换液体积对牛孤雌胚胎体外发育的影响，以 SOFaa 为基础培养液，将适量牛孤雌胚胎随机分成 3 组，培养在 100μL 微滴中，每隔 48 小时分别更换培养微滴的体积，实验结果如下表。据此分析正确的是（　　）。

换液体积（V/V）	卵裂率/%	囊胚率/%
0	80.71	22.54
1/4	81.82	23.39
1/2	87.5	38.84
3/4	83.33	21.71

A. 不同更换微滴体积均能提高孤雌胚胎的卵裂率和囊胚率

B. 可以通过实验中所测得的囊胚率数据推断胚胎的桑椹胚率

C. 实验中换液体积为 1/2 的组促进牛孤雌胚胎发育效果最佳

D. 定期更换微滴除了补充所需营养物质外，还可防止杂菌污染

【解析】 答案 C。更换液体积为 3/4 时，孤雌胚胎的囊胚率降低，A 错误；由于桑椹胚在囊胚之前，因此不可以通过实验中所测得的囊胚率数据推断胚胎的桑椹胚率，B 错误；根据表中数据可知，实验中换液体积为 1/2 的组促进牛孤雌胚胎发育效果最佳，C 正确；根据对照原则和单一变量原则，定期更换微滴时不需要补充营养物质等操作，D 错误。

【提醒】 哺乳动物胚胎的培养液中，除一些无机盐和有机盐类外，还需添加维生素、激素、氨基酸、核苷酸等营养成分，以及血清等物质。

针 对 训 练

1. 下列关于卵母细胞采集的叙述，不正确的是（　　）。

A. 有些动物在采集时要用促性腺激素处理

B. 从输卵管中取出的卵子，可直接与获能的精子在体外受精

C. 对有些动物可以直接从活体卵巢中吸取卵母细胞

D. 采集的卵母细胞都可直接与获能的精子在体外受精

2. 下列关于早期胚胎培养的说法，不正确的是（　　）。

A. 发育培养液的成分通常含有血清

B. 发育培养液的成分较一般动物细胞培养液的成分简单

C. 动物种类不同，进行胚胎移植的早期胚胎所处阶段不同

D. 进行胚胎移植之前，可将培养到适宜时期的早期胚胎进行冷冻保存

3. 如图表示通过体外受精培育牛的过程，下列叙述错误的是（　　）。

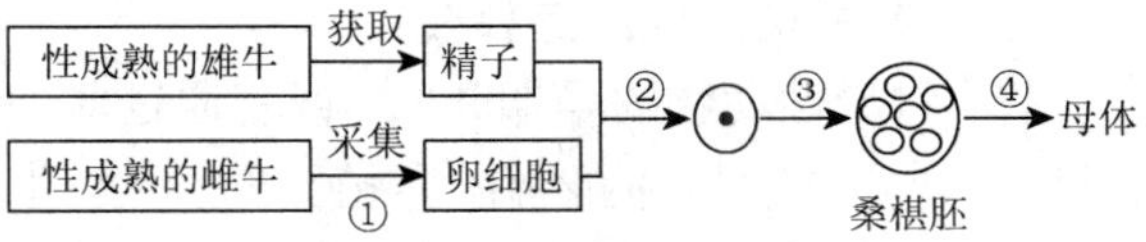

A. 获取的精子经获能后才能进行体外受精

B. ②过程只与细胞膜的流动性有关

C. ③过程的细胞增殖方式一定是有丝分裂

D. ④过程属于胚胎移植过程

4. 下列关于体外受精技术的说法中，错误的是（　　）。

A. 进行体外受精技术前需对精子进行获能处理

B. 体外受精是从初级卵母细胞和初级精母细胞开始的

C. 体外受精技术已成为一项常规的动物繁殖生物技术

D. 体外受精技术可用于研究动物生殖细胞的发生机制

5. 关于牛体外受精胚胎的工厂化生产的叙述，正确的是（　　）。

A. 精子和卵子受精形成受精卵后可移入母牛子宫内

B. 采集的卵母细胞应立即与精子共同放入培养液才能形成受精卵

C. 成熟卵子与收集来的精子相遇形成的受精卵，需培养到一定阶段才可移植

D. 体外受精胚胎的工厂化生产即胚胎发育和受精过程只需在体外进行

6. 如图为“试管婴儿之父”张明觉通过体外受精培育家兔的流程图，请据图回答下列相关问题：

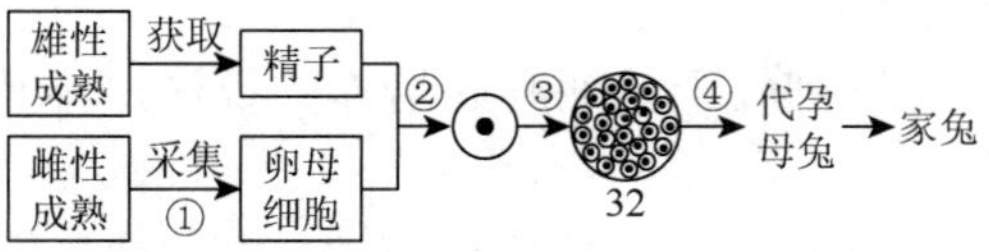

（1）图中①所用的方法是用__________处理，使其超数排卵，然后从__________中冲取卵子。

（2）图中的精子要经过__________处理才能完成②受精，其方法通常采用__________和__________。判断精子和卵细胞是否受精的标志是在__________和__________的间隙观察到__________。

（3）通过图中③过程可以形成含有 32 个细胞的胚叫______胚。这时的细胞具有______性。

（4）体外受精技术也称试管动物技术，该技术在解决__________等问题上具有重要的意义。

25.3　胚胎工程的应用与前景

核心问题

1. 胚胎移植的概念是什么？

答：将雌性动物的早期胚胎，或者通过体外受精及其他方式得到的胚胎，移植到同种的、生理状态相同的其他雌性动物的体内，使之继续发育为新个体的技术。其中提供胚胎的个体称为“供体”，接受胚胎的个体称为“受体”。（供体为优良品种，作为受体的雌性动物应为常见或存量大的品种。）

2. 胚胎移植的生理学基础有哪些？

答：①动物发情排卵后，同种动物的供、受体生殖器官的生理变化是相同的。这就为供体的胚胎移入受体提供了相同的生理环境。②早期胚胎在一定时间内处于游离状态。这就为胚胎的收集提供了可能。③受体对移入子宫的外来胚胎不发生免疫排斥反应。这为胚胎在受体的存活提供了可能。④供体胚胎可与受体子宫建立正常的生理和组织联系，但供体胚胎的遗传特性在孕育过程中不受影响。

3. 胚胎移植的基本程序有哪些？

答：①对供、受体的选择和处理。选择遗传特性和生产性能优秀的供体，有健康的体质和正常繁殖能力的受体，供体和受体是同一物种。并用激素进行同期发情处理，用促性腺激素对供体母牛做超数排卵处理。②配种或人工授精。③对胚胎的收集、检查、培养或保存。配种或输精后第 7 天，用特制的冲卵装置，把供体母牛子宫内的胚胎冲洗出来（也叫冲卵）。对胚胎进行质量检查，此时的胚胎应发育到桑椹胚或囊胚阶段。直接向受体移植或放入−196℃的液氮中保存。④对胚胎进行移植。⑤移植后的检查。对受体母牛进行是否妊娠的检查。

4. 胚胎分割的概念、意义、材料和基本操作过程是什么？

答：胚胎分割是指采用机械方法将早期胚胎切割 2 等份、4 等份等，经移植获得同卵双胎或多胎的技术。

意义：来自同一胚胎的后代具有相同的遗传物质，属于无性繁殖。

材料：发育良好，形态正常的桑椹胚或囊胚。（桑椹胚至囊胚的发育过程中，细胞开始分化，但其全能性仍很高，也可用于胚胎分割。）

操作过程：对囊胚阶段的胚胎分割时，要将内细胞团均等分割，否则会影响分割后胚胎的恢复和进一步发育。

5. 胚胎干细胞的概念与特性是什么？

答：哺乳动物的胚胎干细胞简称 ES 或 EK 细胞，来源于早期胚胎或从原始性腺中分离出来的一类细胞。

特性：具有胚胎细胞的特性，在形态上表现为体积小，细胞核大，核仁明显；在功能上，具有发育的全能性，可分化为成年动物体内任何一种组织细胞。另外，在体外培养的条件下，可以增殖而不发生分化，可进行冷冻保存，也可进行遗传改造。

典 例 精 讲

【典例 1】（2018 江苏）下列关于采用胚胎工程技术实现某良种肉用牛快速繁殖的叙述，正确的是（　　）。

A. 采取激素注射等方法对良种母牛作超数排卵处理

B. 体外培养发育到原肠胚期的胚胎即可进行移植

C. 使用免疫抑制剂以避免代孕牛对植入胚胎的排斥反应

D. 利用胚胎分割技术，同卵多胎较同卵双胎成功率更高

【解析】 答案 A。用促性腺激素对良种奶牛进行注射处理，可促使其超数排卵，A 正确；进行移植的胚胎是桑椹胚或囊胚，B 错误；受体对移植的胚胎几乎不发生免疫排斥反应，因此无须使用免疫抑制剂，C 错误；利用胚胎分割技术，同卵双胎较同卵多胎成功率更高，D 错误。

【提醒】 胚胎移植的基本程序：对供体和受体的选择和处理（同期发情处理、超数排卵处理）、配种或进行人工授精、对胚胎的收集检查培养或保存、进行胚胎移植。所以在发情期给良种母牛注射激素，促进母牛多排卵，这种处理属于超数排卵处理。

【典例 2】 以下关于胚胎分割移植的说法不正确的是（　　）。

A. 就目前的胚胎分割移植技术而言，产生的同卵双胎较多

B. 胚胎分割所需要的主要仪器设备为实体显微镜和显微操作仪等

C. 可将囊胚阶段的胚胎随机分割成两份或多份，然后移植

D. 用分割针将桑椹胚分成两部分，可直接将裸半胚移植给受体

【解析】 答案 C。一般到囊胚阶段出现内细胞团，它是发育为胚胎本身的基础细胞，其他细胞为滋养细胞，只为胚胎和胎儿发育提供营养。若分割时不能将内细胞团均等分割，会出现含内细胞团多的部分正常发育的能力强，少的部分发育受阻或发育不良，甚至不能发育等问题。所以这一阶段不能随机分割，而应将内细胞团均等分割。

【典例 3】（2020 江苏）小鼠胚胎干细胞经定向诱导可获得多种功能细胞，制备流程如下图所示。下列叙述错误的是（　　）。

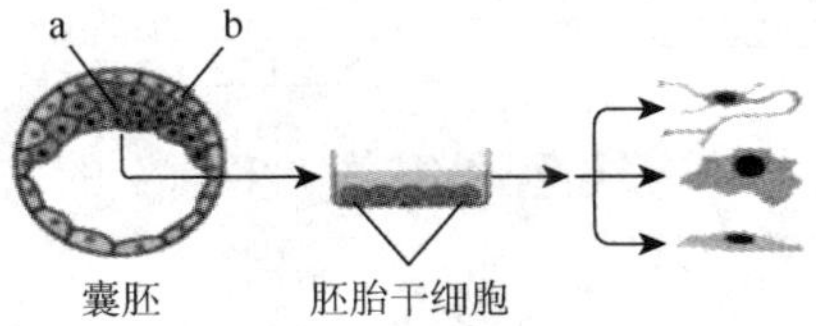

A. 为获得更多的囊胚，采用激素注射促进雄鼠产生更多的精子

B. 细胞 a 和细胞 b 内含有的核基因不同，所以全能性高低不同

C. 用胰蛋白酶将细胞 a 的膜蛋白消化后可获得分散的胚胎干细胞

D. 胚胎干细胞和诱导出的各种细胞都需在 CO_2 培养箱中进行培养

【解析】 答案 ABC。限制获得更多早期胚胎的最大的问题是没有足够的卵母细胞，所以应该通过注射促性腺激素促进雌鼠超数排卵，A 错误；细胞 a 和细胞 b 是由同一个受精卵分裂分化形成的，所以两细胞的核基因应该是相同的，由于基因的选择性表达，囊胚期细胞 b 已经分化形成了滋养层细胞，所以全能性降低，B 错误；用胰蛋白酶或胶原蛋白酶处理组织一段时间，消化了细胞间的蛋白质，从而获得分散的胚胎干细胞，C 错误；动物细胞培养所需气体主要有氧气和二氧化碳，一般将动物细胞置于含 95%空气加 5%二氧化碳的混合气体的培养箱中进行培养，D 正确。

【提醒】 按照分化潜能的大小，干细胞基本上可以分为专能干细胞、多能干细胞和全能干细胞三类。专能干细胞：只能分化成一种类型或功能密切相关的两种类型的细胞，如上皮组织基底层中的干细胞。多能干细胞：具有分化成多种细胞或组织的潜能，如造血干细胞等。全能干细胞：可以分化为全身 200 多种细胞，并进一步形成机体的所有组织、器官，如胚胎干细胞。

针 对 训 练

1. 下列流程图是培育“试管山羊”的基本过程。下列相关叙述正确的是（　　）。

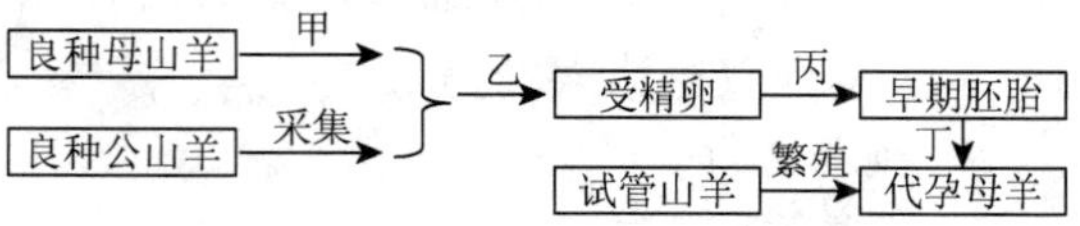

A. 该培养过程和绵羊“多莉”的培养过程比较，原理基本相同

B. 甲过程中可通过给母山羊注射激素促使其超数排卵

C. 乙过程在母山羊的输卵管中进行

D. 丙过程与乙过程中应采用相同成分的培养液

2. 下列说法符合胚胎移植生理学基础的是（　　）。

A. 供受体的发情时间要一致，才能使胚胎在移植前后所处的生理环境保持一致

B. 供体胚胎移入受体子宫的位置，应与在供体内的位置完全一致

C. 受体子宫与外来胚胎发生排斥反应，是胚胎移植过程需要重点克服的难题

D. 胚胎移植产下的个体在质基因控制的性状上与受体母亲相似

3. 如图为牛胚胎性别鉴定及胚胎分割示意图，下列有关说法不正确的是（　　）。

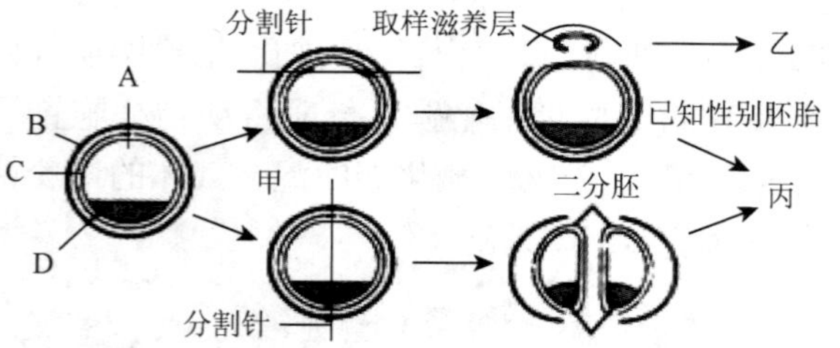

A. A 是囊胚腔，乙过程是胚胎移植

B. 进行胚胎分割时，要注意将滋养层细胞均等分割

C. 胚胎分割所需要的主要仪器设备为实体显微镜和显微操作仪

D. 一般从结构 D 中取样分离出胚胎干细胞

4.（2020 新高考Ⅰ卷）经遗传改造的小鼠胚胎干细胞注入囊胚，通过胚胎工程的相关技术可以获得具有不同遗传特性的实验小鼠。下列说法错误的是（　　）。

A. 用促性腺激素处理雌鼠可以获得更多的卵子

B. 体外受精前要对小鼠的精子进行获能处理

C. 胚胎移植前要检查胚胎质量并在囊胚或原肠胚阶段移植

D. 遗传改造的小鼠胚胎干细胞可以通过转基因等技术获得

5. 胚胎干细胞研究在医学上有重大应用价值。通过移植胚胎干细胞期望可以治疗下列哪一组疾病？（　　）

①糖尿病

②高血压

③唐氏综合征（21 三体综合征）

④老年痴呆症

⑤白化病

⑥肝衰竭

A. ①②⑤　　　　B. ②③⑥

C. ①④⑥　　　　D. ③④⑤

6. 科学家通过诱导黑鼠体细胞去分化获得诱导性多能干细胞（iPS），继而利用 iPS 细胞培育出与黑鼠遗传特性相同的克隆鼠。流程如图，请据图回答下列问题：

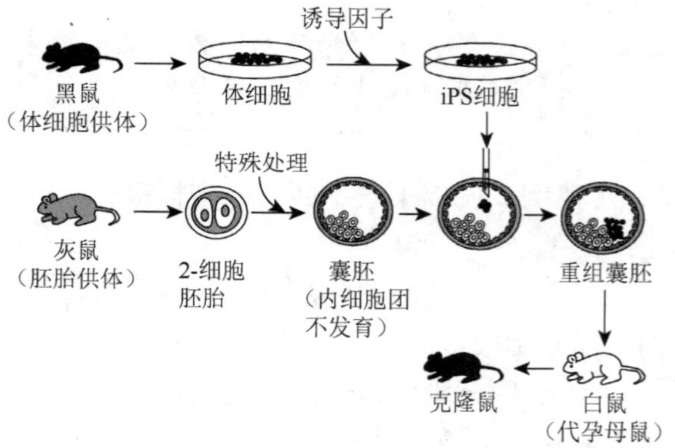

（1）从黑鼠体内获得体细胞后，对其进行的初次培养称为____________，培养的细胞在贴壁生长至铺满培养皿底时停止分裂，这种现象称为____________。

（2）图中 2-细胞胚胎可用人工方法从灰鼠输卵管内获得，该过程称为__________；也可从灰鼠体内取出卵子，通过__________后进行早期胚胎培养获得。

(3)图中重组囊胚通过______技术移入白鼠子宫内继续发育，暂不移入的胚胎可使用______方法保存。

(4) 小鼠胚胎干细胞（ES）可由囊胚的______分离培养获得。iPS与ES细胞同样具有发育全能性，有望在对人类iPS细胞进行定向______后用于疾病的细胞治疗。

参考答案

25.1 体内受精和早期胚胎发育

1. D 2. A 3. B 4. B 5. A

6.（1）卵原细胞、初级卵母细胞、次级卵母细胞 2*N*、2*N*、*N*、2*N*

（2）有丝分裂、MⅠ分裂、MⅡ分裂 c 透明带、卵细胞膜

（3）胎儿期、初情期后、初情期后（受精时） 初情期

（4）在卵细胞膜和透明带间隙是否可以观察到两个极体

25.2 体外受精和早期胚胎培养

1. D 2. B 3. B 4. B 5. C

6.（1）促性腺激素 输卵管 （2）获能 培养法 化学诱导法 透明带 卵细胞膜 两个极体 （3）桑椹 全能 （4）动物生育率低

25.3 胚胎工程的应用与前景

1. B 2. A 3. B 4. C 5. C

6.（1）原代培养 接触抑制 （2）冲卵（或：冲胚） 体外受精（或：核移植）

（3）胚胎移植 冷冻（或：低温） （4）内细胞团 诱导分化

第 26 章　生物技术的安全性和伦理问题

26.1　转基因生物的安全性

核 心 问 题

转基因生物的安全性争论的正反观点有哪些?

答：①基因生物与食物安全：

反方观点：反对“实质性等同”、出现滞后效应、出现新的过敏原、营养成分改变。

正方观点：有安全性评价、科学家负责的态度、无实例无证据。

②转基因生物与生物安全：对生物多样性的影响。

反方观点：扩散到种植区之外变成野生种类、成为入侵外来物种、重组出有害的病原体、成为超级杂草、有可能造成“基因污染”。

正方观点：生命力有限、存在生殖隔离、花粉传播距离有限、花粉存活时间有限。

③转基因生物与环境安全：对生态系统稳定性的影响。

反方观点：打破物种界限、二次污染、重组出有害的病原微生物、毒蛋白等可能通过食物链进入人体。

正方观点：不改变生物原有的分类地位、减少农药使用、保护农田土壤环境。

典 例 精 讲

【典例 1】 对转基因生物的安全性发生争论，与科学水平的限制有密切关系。下面关于基因的相关知识中，不可能是争论原因的是（　　）。

A. 对基因的结构和调控机制等的了解相当有限

B. 所转移的基因有不少是异种生物之间的基因转移

C. 外源基因插入宿主基因组的部位往往是随机的

D. DNA 重组技术需要有精心设计的“分子工具”

【解析】 答案 D。公众对转基因生物的安全性有争论是有多种原因的，因为生物科学的发展无论在基础理论方面还是工程技术方面都还有很大的局限性，科学家对基因的研究并未穷其根本，转基因技术也只是在逐步完善和成熟，还有大量工作要做，因此对基因结构和功能不完全了解，A 正确；DNA 重组中极大的随机性，异种生物之间基因转移后果的不可预测，都提醒人们不能不考虑转基因生物是否安全，B 正确；外源基因插入宿主基因组的部位是随机的，C 正确；而 DNA 重组技术中需要有精心设计的“分子工具”则是毫无疑问的，但不是争论的原因，因为转基因生物是否安全关键在于转移后的基因，技术操作过程的影响是第二位的，D 错误。

【提醒】 转基因生物存在安全性问题的原因：目前对基因的结构、基因间的相互作用及基因的调控机制等都了解得相当有限；目的基因往往是异种生物的基因；外源基因插入宿主基因组的部位往往是随机的。

【典例 2】 下列关于基因工程安全性的说法中，不正确的是（　　）。

A. 转基因作物的基因通过花粉扩散到它的近亲作物上，可能出现对农业不利的“超级植物”

B. 杂草，害虫从它的近亲获得抗性基因，可能破坏生态系统的稳定性

C. 转基因必须在人为控制下才能完成，自然条件下基因污染是不增殖和不扩散的

D. 转基因食品转入的蛋白质是新蛋白时，这些异种蛋白有可能引起人食物过敏

【解析】 答案 C。转基因食品、生物的安全性是有待讨论的，像抗除草剂的杂草是由于基因污染而产生的，C 错误。

【提醒】 理性对待转基因技术：趋利避害，不能因噎废食。

针 对 训 练

1. 转基因生物的安全性引起人们争论的技术原因是（　　）。

①转移基因的功能往往未知

②转移基因的结构往往未知

③外源基因插入宿主基因组的部位往往是随机的

④外源基因往往是异种生物的基因

A. ①②　　B. ②③

C. ③④　　D. ①③

2. 下列属于转基因生物具有的优势的是（　　）。

①转入生长激素基因的转基因猪的生长速度快，个体大，经济价值高

②将胡萝卜素基因转入水稻得到转基因“黄金大米”，其营养丰富

③转基因植物合成的某些新蛋白质，引起极个别人过敏，提高了免疫力

④可直接从转基因牛的乳汁中提取人类凝血因子，方便高效

⑤种植转基因抗虫棉可以减少农药的使用量，减少农药对环境的污染

A. ①②③④　　B. ①②③⑤⑤

C. ①③④⑤　　D. ①②④⑤

3. 抗逆转基因作物的培育与推广带来的巨大社会效益是（　　）。

①在一定程度上使作物摆脱了土壤和气候条件的限制

②减少了化学农药对环境的污染和对人畜的危害

③减少了化肥的制造和使用量，有利于环境的保护

④已成为人类解决饥饿和贫困不可或缺的技术

A. ①②③　　B. ①②④

C. ①③④　　D. ②③④

4. 下列关于现代生物工程技术应用安全性评价的叙述中，正确的是（　　）。

A. 由于存在生殖隔离，大量种植转基因抗除草剂农作物不存在安全性问题

B. 转基因的受体细胞通常限制在遗传上有特定缺陷的生物上

C. 将外源基因转移到子代细胞的叶绿体中，子代只有雌性植株才有该基因

D. 在任何情况下都不发展、不生产生物武器，但可储存少量的生物武器用于研究

5. 阅读以下材料，回答下列问题。自 1984 年第一例转基因鱼在我国诞生以来，转基因鱼的研究取得很大进步。如转入外源生长激素（GH）基因的鱼生长速度快，饵料转化率高，但鱼类易于逃逸、扩散，因此转基因鱼的生态安全性问题是很值得研究的问题，需研究转基因鱼对生态系统的压力及外源基因的扩散问题。我国科学家只是将三倍体的转基因鱼投入自然生态系统。

（1）转基因鱼培育成功的物质基础是_______。

（2）已知人的 GH 是一个含有 191 个氨基酸的蛋白质，若将人的 GH 基因转移到鱼体内，则转基因鱼增加的脱氧核苷酸数至少是______个。

（3）转基因鱼通过较高的能量转化效率取得较高的特定生长率，以致其生长速度快于非转基因鱼，蛋白质转换效率也显著高于非转基因鱼，其可能的原因是________________________。

（4）鱼类易于逃逸、扩散，因此转基因鱼的生态安全性问题是很值得研究的问题，试分析引起生态安全性问题的原因：________________。

（5）多倍体鱼类对控制过度繁殖是有效的，培育成功的三倍体“湘云鲫”，其形成过程是__________________________。试从保障生态安全性问题分析只投放三倍体鱼的原因：__________________________________。

26.2　关注生物技术的伦理问题

核 心 问 题

1. 生物技术的主要伦理问题及理由有哪些？

答：①克隆人：多数人持否定态度。

否定的理由：克隆人严重违反了人类伦理道德，属于克隆技术的滥用；克隆人冲击了现有的婚姻、家庭和两性关系等传统的伦理道德观念；克隆人是在人为地制造在心理上和社会地位上都不健全的人。

肯定的理由：技术性问题可以通过胚胎分级、基因诊断和染色体检查等方法解决。不成熟的技术也只有通过实践才能使之成熟。

中国政府的态度：禁止生殖性克隆，不反对治疗性克隆。四不原则：不赞成、不允许、不支持、不接受任何生殖性克隆人的实验。

②试管婴儿：多数人持认可态度。

否定的理由：把试管婴儿当作人体零配件工厂，是对生命的不尊重；早期生命也有活下去的权利，抛弃或杀死多余胚胎，无异于“谋杀”。

肯定的理由：解决了不育问题，提供骨髓中造血干细胞救治患者，是最好、最快捷的方法，提供骨髓造血干细胞并不会对试管婴儿造成损伤。

③基因身份证：

否定的理由：个人基因资讯的泄漏造成基因歧视，势必造成遗传学失业大军、造成个人婚姻困难、人际关系疏远等严重后果。

肯定的理由：通过基因检测可以及早采取预防措施，适时进行治疗，达到挽救患者生命的目的。

典 例 精 讲

【典例 1】 下列关于治疗性克隆和生殖性克隆的说法，错误的是（　　）。

A. 使用病人自己的细胞产生胰岛细胞以治疗糖尿病属于治疗性克隆

B. 将一个克隆的胚胎植入到女性子宫中，发育出婴儿的过程属于生殖性克隆

C. 治疗性克隆属于无性生殖，生殖性克隆属于有性生殖

D. 治疗性克隆和生殖性克隆技术均需要应用动物细胞培养和核移植技术

【解析】 答案 C。治疗性克隆和生殖性克隆技术都用到动物细胞培养和核移植技术，而且属于无性生殖，前者可以治疗疾病，后者可以得到新个体。

【提醒】 治疗性克隆和生殖性克隆的比较。

比较		治疗性克隆	生殖性克隆
不同点	概念	利用克隆技术产生特定细胞或组织（上皮组织、神经组织或肌肉组织等）用于治疗性移植的克隆性技术	利用克隆技术获得胚胎，并将胚胎孕育成为人类个体的克隆性技术
	目的	治疗人类疾病	繁殖新个体
	操作水平	细胞或组织水平	个体水平
相同点		都属于无性生殖，产生新细胞、新组织，遗传信息相同	

【典例 2】 为解决不孕夫妇的生育问题而诞生的“试管婴儿”与“设计试管婴儿”的区别是（　　）。

A. 根据愿望设计婴儿的性别

B. 根据愿望生育一个婴儿

C. 根据需要取用婴儿的造血干细胞

D. 根据需要取用婴儿的器官

【解析】 答案 B。试管婴儿与设计试管婴儿的目的不同。前者是为了得到一个孩子；后者是为了获得符合特定要求的孩子，并从这个孩子身上得到细胞、组织等。

【提醒】 试管婴儿与设计试管婴儿比较。

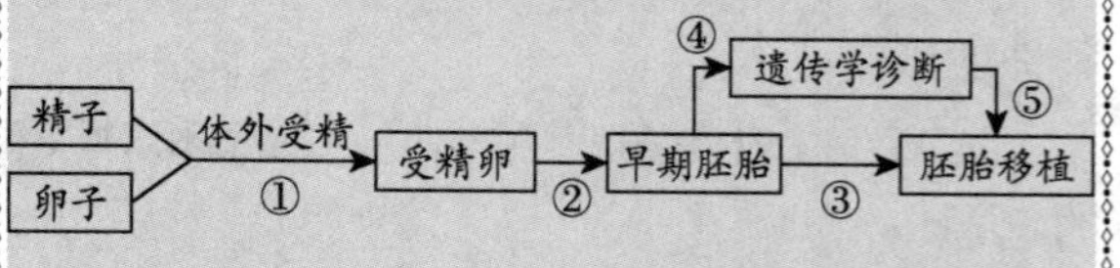

试管婴儿与设计试管婴儿都要通过①体外受精，并进行②体外早期胚胎培养、③胚胎

移植，不同的是设计试管婴儿胚胎移植前需进行④遗传学诊断。

【典例 3】 以下关于通过基因检测制作的“基因身份证”对人类产生的进步性影响的叙述，不正确的是（　　）。

A. 这将加深人类对遗传变异的理解，使生物学的基础研究得到进一步的深入

B. 人们可以利用基因图谱将各种遗传疾病对号入座，有针对性地制造基因药物对症下药

C. 人们将可根据“基因身份证”来预测人的性状，随着个人遗传资料库的建立，这必将给升学、就业、保险、婚姻带来极大的方便

D. “基因身份证”能帮助人类恢复或修复人体细胞和器官的功能，促进人类健康

【解析】 答案 C。个人基因资料的泄露会造成升学、就业、保险、婚姻等方面的不便，个人隐私得不到保护。

【提醒】 基因身份证是把个人的致病基因和易感基因检测出来，记录在磁卡上，而做成的个人基因身份证。基因检测的优点：通过基因检测可以及早采取预防措施，适时进行治疗，达到挽救患者生命的目的。

针对训练

1. 下列属于从伦理角度反对克隆人的观点的是（　　）。

A. 克隆技术尚不成熟，克隆人很可能孕育出有严重生理缺陷的孩子

B. 可以通过胚胎分级、基因诊断和染色体检查等方法弥补技术的不足

C. 克隆人冲击了现有的婚姻、家庭和两性关系等传统的伦理道德观念

D. 不能迁就于人的道德观念，道德观念是可以改变的

2. 下列有关克隆人的说法，错误的是（　　）。

A. 克隆人是一种无性生殖方式

B. 克隆人证明了人体细胞的细胞核具有全能性

C. 在现有克隆技术条件下，成功率为 100%

D. 克隆人和供体并不完全一致

3. 第三代试管婴儿技术也称胚胎植入前遗传学诊断，指在胚胎移植前，取胚胎细胞的遗传物质进行分析，筛选出健康胚胎进行移植的方法。下列有关说法正确的是（　　）。

A. 胚胎植入前遗传学诊断过程需要进行腹腔穿刺取羊水中的细胞

B. 体外受精后常在体外培养一段时间后才进行胚胎移植

C. 胚胎移植的受体从技术上来说是胚胎的遗传学母亲

D. 第三代试管婴儿技术的成熟意味着大家可以选择和定制孩子

4. 20 世纪 90 年代，乌干达薯业遭到了病毒的毁灭性打击。科学家研究其原因发现，这是一种新的病毒引发的疾病，而这种新病毒是由两种已知病毒重组产生的，这一事实有力地支持了下列哪一观点？（　　）

A. 转基因生物有可能成为新的入侵物种，威胁生态系统中的其他生物的生存

B. 导入转基因生物的外源基因有可能与感染转基因生物的某些病菌或病原体杂交，从而组装出对人类或其他生物有害的病原体

C. 转基因植物的抗除草剂基因，有可能通过花粉传播而进入杂草中，使杂草成为除不掉的“超级杂草”

D. 抗虫棉能抵抗棉铃虫，但随着棉铃虫抗性增强，抗虫棉有可能被淘汰

5. 一部分公众认为对转基因食物的安全不能掉以轻心的原因不包括（　　）。

A. 转基因生物可能会合成对人体具有毒性的蛋白质

B. 转基因生物合成的某些新蛋白质可能成为新过敏原

C. 转基因食物中的外源基因可能会重组到人的基因组

D. 转基因生物的营养成分可能发生改变

6. 未来临床“治疗性克隆”将是胚胎干细胞（ES 细胞）造福人类的一种非常重要的途径。下图所示为人类“治疗性克隆”的大体过程，请据图回答下列有关问题：

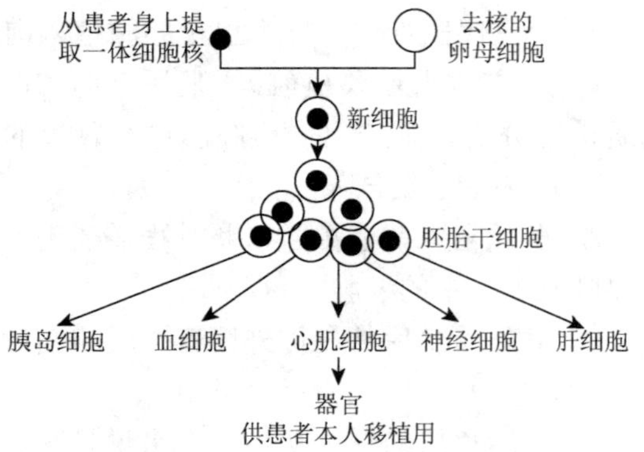

（1）人类“治疗性克隆”属于生物工程的__________技术。

（2）科学家将患者的体细胞的细胞核植入去核的卵母细胞中，而不直接用体细胞进行细胞培养的原因是________________________。

（3）“治疗性克隆”中，相同的胚胎干细胞“克隆”的结果各种各样，如有的是胰岛细胞，有的是血细胞，有的是心肌细胞，究其本质是基因____________________的结果，在胚胎发育中，该过程开始发生于____________期。

26.3 禁止生物武器

核 心 问 题

1. 生物武器的概念？

答：生物战剂及施放它的武器、器材总称生物武器。生物战剂是指在战争中使人、畜致病，毁伤农作物的微生物及其毒素。

2. 生物武器的种类、散布方式和特点有哪些？

答：①种类：致病菌、病毒、生化毒剂，以及经过基因重组的致病菌。

②散布方式：吸入、误食、接触带菌物品、被带菌昆虫叮咬等。

③特点：致病力强、多数具传染性、传染途径多、污染面广、有潜伏期、不易被发现、危害时间长等。

典 例 精 讲

【典例 1】 接种过疫苗的人，在遇到同样的生物战剂（用于战争的病原微生物或毒素）时，仍然要再次接种疫苗，原因是（　　）。

A. 这些人已丧失免疫力

B. 这些人体内没形成记忆细胞

C. 原来的接种不成功

D. 这些病原微生物突变快，变异性强

【解析】 答案 D。题中提出“仍然要再次接种疫苗”，说明这些人没有丧失免疫力，A 错误；这些人在第一次接种时通过体液免疫产生了记忆细胞，只是这些记忆细胞只能识别之前的抗原，而该抗原现在可能发生了变异，B 错误；这些人接种疫苗后能够抵抗上一次战争的生物战剂，说明接种成功，C 错误；根据题意可知，接种过疫苗的人，通过体液免疫就会产生相应的记忆细胞，但是这种记忆细胞只能识别这一种抗原，因此当这些抗原发生变异后，原先的记忆细胞将不能识别，因此需要再次接种，D 正确。

【提醒】 生物武器的种类：

（1）致病菌：鼠疫、霍乱、伤寒、炭疽、菌痢等。

（2）病毒 { 天花病毒；某些动物的痘病毒；通过基因工程改造的流感病毒 }

（3）生化毒剂：肉毒杆菌毒素。

（4）基因重组致病菌：蜡状杆菌 —转基因→ 像炭疽杆菌的致病菌。

【典例 2】 全世界大范围暴发的甲型 H1N1 病毒属于人流感病毒、猪流感病毒和禽流感病毒的重组病毒，若有人以此病毒作为生物武器，下列说法错误的是（　　）。

A. 转基因生物有可能被用于制造“生物武器”

B. 生物武器具有强大的传染性和致命性

C. 甲型 H1N1 病毒极易传染，变异频率高

D. 生物武器无法防护

【解析】 答案 D。生物武器在一定程度上可以进行防护，如针对生物战剂气溶胶，可以佩戴

防毒面具、防护口罩，还需保护好皮肤，对于敌投的带菌昆虫、鼠类等，可采用人工捕杀、喷洒药液等，对于某些病毒等可以研制出相应疫苗进行防治。

【提醒】 生物武器与其他武器的最大区别：生物武器拥有生命力，能够在宿主体内繁殖，并随宿主移动散布到不同地方。

针 对 训 练

1. 炭疽杆菌造成感染者死亡率极高的主要原因之一是它能产生两种成分为蛋白质的内毒素。有科学家将该菌的大型环状 DNA 分子破坏，该菌仍能产生内毒素。据此判断下列对炭疽杆菌的叙述，错误的是（　　）。

A. 炭疽杆菌合成的内毒素属于代谢产物

B. 控制内毒素合成的基因位于炭疽杆菌的拟核中

C. 如将炭疽杆菌用于军事或恐怖活动，则属于生物武器

D. 将蜡状杆菌改造成像炭疽杆菌一样的致病菌需要通过转基因技术

2. 下列有关生物武器的叙述，不正确的是（　　）。

A. 生物武器具有强大的传染性和致病力

B. 转基因生物有可能被用于制造生物武器

C. 埃博拉病毒极易传染，致死率高

D. 为了国家安全，可以进行必要的、小范围的生物武器研究

3. 如同发明炸药时没有想把炸药用于人类互相残杀的战争中一样，科学家在创造 DNA 重组技术时，也不是为了用于战争，但却无法抵挡新技术在军事方面的运用，生物武器就这样出现了。下列关于生物武器的说法错误的是（　　）。

A. 生物武器难以检测，用其进行杀伤时可能并不会被马上察觉

B. 生物武器没有明确的标识，潜在危害大

C. 依靠科学力量和人类的文明合作，生物武器也可被适当发展

D. 生物武器适应能力强，具有强大的感染力和致病力

4. 生物武器是指在战争中使人畜致病，毁伤农作物的微生物及其毒素。通常包括致病菌、立克次氏体、衣原体、病毒和毒素等。根据它们的类型，预测下列不是生物武器危害性特点的是（　　）。

A. 传染性强

B. 传染范围广

C. 传播途径多

D. 传播不受气候影响

5. 生物武器的防护可采取多种不同措施，下列叙述不正确的是（　　）。

A. 生物战剂气溶胶防护方法有戴防毒面具、防护口罩等

B. 生物战剂气溶胶防护要保护好皮肤

C. 带菌昆虫、鼠类及其他小动物不可人工扑打

D. 带菌昆虫、鼠类及其他小动物可用烧燎熏蒸、喷洒药液法

6. 炭疽病是一种由炭疽芽孢杆菌引起的疾病，症状之一是皮肤等组织发生黑炭状坏死。炭疽芽孢杆菌能产生外毒素来增加微血管通透性，导致出血和组织肿胀，而且对中枢神经系统具有迅速和显著的抑制作用，从而使人呼吸衰竭和心脏衰竭而死亡。一般来说，炭疽杆菌对青霉素敏感。可采用预防接种的办法预防炭疽病，但需持续、频繁注射减毒菌苗，注射减毒菌苗后能在体内检测出抗体的存在。请回答下列问题：

（1）炭疽杆菌在生物分类上属于________生物，其代谢类型是______，繁殖方式为________。

（2）炭疽杆菌的遗传物质是________，由________种________组成。

（3）炭疽杆菌从损伤的皮肤、胃肠黏膜及呼吸道进入人体后，首先在局部繁殖，产生毒素而引起组织及脏器发生出血性浸润、坏死和高度水肿，形成原发性皮肤炭疽、肠炭疽、肺炭疽等。若在培养炭疽杆菌的培养基中加入青霉素，病菌将____________。

（4）注射疫苗是预防炭疽病的有效方法，当已预防接种的机体再次受到毒性很强的炭疽病菌感染时，______________将迅速增殖分化形成____________，产生大量抗体及时清除病菌。

参 考 答 案

26.1　转基因生物的安全性

1. C　2. D　3. B　4. B

5.（1）遗传物质都是 DNA　（2）1146　（3）转基因鱼体内合成了大量生长激素，生长激素能促进蛋白质合成　（4）转基因鱼与同种野生鱼杂交，使野生鱼带有转基因，具有生长优势，会使其捕食对象大量减少，与其他物种竞争加剧，可能引起生态危机

（5）转基因的二倍体个体加倍为四倍体转基因个体，然后二倍体与四倍体杂交形成三倍体　三倍体鱼不能繁殖，可以人工控制养殖数量和范围，避免发生杂交、竞争，引起生态危机

26.2　关注生物技术的伦理问题

1. C　2. C　3. B　4. B　5. C

6.（1）细胞工程　（2）体细胞核在体细胞中不能表现全能性，而卵母细胞的细胞质可以提供体细胞核表达全能性的环境　（3）选择性表达　囊胚

26.3　禁止生物武器

1. B　2. D　3. C　4. D　5. C

6.（1）原核　异养需氧型　二分裂　（2）DNA　4　脱氧核苷酸　（3）死亡　（4）记忆 B 细胞　浆细胞

第27章 生 态 工 程

27.1 生态工程的基本原理

核 心 问 题

1. 什么是生态经济？

答：生态经济主要是通过实行“循环经济”的原则，使一个系统产生的污染物，能够成为本系统或者另一个系统的生产原料，从而实现废物的资源化，而实现循环经济最重要的手段之一就是生态工程。

2. 生态工程所遵循的基本原理有哪些？

答：①物质循环再生原理。理论基础：物质循环。实例：“无废弃物农业”。②物种多样性原理。理论基础：生态系统稳定性。特点：物种越丰富，生态系统的抵抗力稳定性越高。③协调与平衡原理。理论基础：生物与环境的协调与平衡。④整体性原理。理论基础：社会-经济-自然复合成的巨大系统。⑤系统学和工程学原理。一是系统的结构决定功能原理。理论基础：分布式优于集中式和环式。二是系统整体性原理。理论基础：整体功能大于部分之和。

典 例 精 讲

【典例 1】 有关传统经济与生态经济的叙述，错误的是（　　）。

A. 传统经济发展是以资源的过度开发、损毁、低效利用造成巨大环境污染为代价的

B. 污染物的资源化是很难实现的，故污染物是不可利用的资源

C. 生态工程是实现生态经济的重要手段之一

D. 只有坚持可持续发展，才能实现生态、社会、经济协同发展

【解析】 答案B。生态经济的优点是实现废弃物的资源化，从而减少环境污染，即遵循“循环经济”的原则，如对一个系统的污染物采取一定的措施和技术进行回收和循环利用，不但减少了污染，而且提高了资源的利用效率，减少了资源浪费。

> **【提醒】** 生态工程的概念：生态工程是应用生态系统中物种共生与物质循环再生原理，结构与功能协调原则，结合系统分析的最优化方法，设计的促进分层多级利用物质的生产工艺系统。

【典例 2】 材料1：实施沼气工程，是我国政府为改善农村环境和发展农村经济大力推广的一种生态工程。

材料2：地衣中的真菌和藻类互利共生，当把它们分开时，两者都不能正常生长。

材料 3：居住在林区的农民，“靠山吃山”是他们生活的根本。当进行林业工程建设时，一方面号召农民种树，另一方面考虑林区农民的生活问题，使改善生态和发展经济结合起来，才能真正做到造林护林。

上述材料依据下列哪些生态工程原理？（　　）

①物质循环再生原理

②物种多样性原理

③协调与平衡原理

④整体性原理

⑤系统整体性原理

⑥系统的结构决定功能原理

A. ①⑤④　　　　B. ②④⑥

C. ③④⑤　　　　D. ①③④

【解析】 答案A。物质循环再生原理：物质能够在各类生态系统中进行区域小循环和全球地质大循环，循环往复，分层分级利用，从而达到取之不尽、用之不竭的效果。地衣中的真菌和藻类单独存在时，两种生物都不能很好地生活，

但是在一起的时候就出现了一种“1+1＞2”的效果，体现了系统整体性原理。所谓生态工程的整体性原理，是指人类所处的自然系统、经济系统和社会系统所构成的巨大复合系统，三者相互影响而形成统一整体。

【提醒】 整体性原理≠系统整体性原理：整体性原理是指人类处在一个社会、经济、自然复合而成的巨大系统中，建立在对系统成分的性质及相互关系充分了解基础上的整体理论，是解决生态环境问题的必要基础。系统整体性原理属于系统学和工程学原理之一。系统整体性是指系统各组分之间要有适当的比例关系，只有这样才能顺利完成能量、物质和信息等的转换和流通，并且实现总体功能大于各部分之和的效果。

针 对 训 练

1. 下列关于生态工程的说法，错误的是（　　）。

A. 与传统工程相比，生态工程是一类少消耗、多效益、可持续的工程体系

B. 能防止环境破坏和环境污染

C. 遵循生态系统物质循环规律，能提高能量利用率

D. 生态工程能解决所有环境问题，可以走“先污染、破坏，后治理”的道路

2. 下列关于生态工程的叙述，不正确的是（　　）。

A. 生态工程研究的对象是社会—经济—自然复合生态系统

B. “退耕还林”“退耕还草”属于生态工程的内容

C. 生态工程应遵循“整体、协调、循环、再生”的原则

D. 实施生态工程的目的是环境保护

3. 生态工程可以帮助我们构筑尊崇自然、绿色发展的生态体系。下列相关叙述错误的是（　　）。

A. 生态工程是生态学与系统工程学的结合

B. 达到经济、生态和社会的同步发展是生态工程的目的

C. 整体大于部分之和体现了生态工程的整体性原理

D. 考虑环境承载力体现了生态工程的协调与平衡原理

4. 如图表示一种“甘薯+奶牛+沼气+花木+龙虾+食用菌”的生态农业模式，下列有关描述正确的是（　　）。

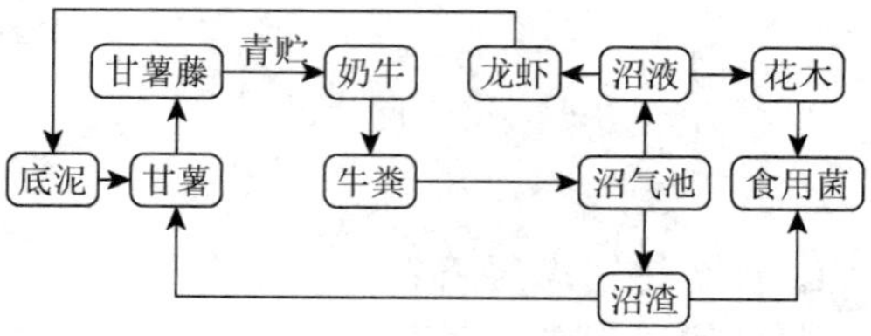

A. 图中可以组成的食物链是甘薯藤→奶牛→牛粪

B. 该生态系统的设计遵循了物质循环再生原理、物种多样性原理等生态学原理

C. 图中只有生产者、消费者和分解者 3 种成分

D. 青贮的目的是通过微生物有氧呼吸分解甘薯藤中的有机物，有利于奶牛的消化吸收

5. 下列说法错误的是（　　）。

A. “三北”防护林建设时没有遵循物种多样性原理，易暴发虫害

B. 我国西北一些地区引种杨树，没有遵循协调与平衡原理，导致杨树不能正常生长

C. 桑基鱼塘的建设遵循的是整体性原理

D. 沼气池工程充分利用了物质循环再生原理

6. 自开展“南京莫愁湖物理生态示范实验研究”开始，当地相继引种了浮水植物、沉水植物等水生植物共计 10 余种，在围隔区内已经形成了以沉水植物为优势的水生植物群体。试验区内营养盐的浓度得到有效控制，如试验区内氨氮和总氮仅分别为试验区外的 1/13 和 1/5，有效地改善了水质。

（1）此项生态工程依据的生态学原理有______、______、______、______和______。

（2）生态工程的调控机制是__________，主要利用的能源是__________。

（3）生态工程的主要目的在于____________________________。

27.2 生态工程的实例和发展前景

核心问题

1. 生态工程的实例中的问题与对策有哪些？

答：农村综合发展型生态工程。问题：农村中物质、能量的多级利用问题。对策：进行综合发展型生态工程。

小流域综合治理生态工程。问题：小流域水土流失问题。对策：进行综合治理。

大区域生态系统恢复工程。问题：我国土地荒漠化问题。对策：植树造林、退耕还林、还草等。

湿地生态恢复工程。问题：湿地的缩小和破坏问题。对策：控制污染、退田还湖等。

矿区废弃地的生态恢复工程。问题：矿区生态环境的破坏问题。对策：修复土地、恢复植被等。

城市环境生态工程。问题：城市生态系统面临的垃圾、大气、噪声等污染问题。对策：城市绿化、污水净化和废弃物处理等综合治理。

生态工程也有局限性，只有预防生态破坏，发挥生态系统的自然修复能力才是根本的出路。

2. 西方发达国家和我国的生态工程特点分别是什么？

答：西方发达国家生态工程特点：目标是治理环境污染，主要是介于工程和依靠自然恢复力的一种中间途径，集中于对破坏的生态系统，特别是开矿后的废弃地以及湿地等进行生态恢复，生态工程应用范围小，不太强调经济效益。

我国生态工程特点：不但重视对生态环境的保护，更注重与经济、社会效益的结合，遵循整体、协调、再生、循环的基本原理，建立适合中国农业和农村特点的生态工程。

典例精讲

【典例1】（2020全国卷Ⅱ）植树造林、“无废弃物农业”、污水净化是建设美丽中国的重要措施。回答下列有关生态工程的问题：

（1）在植树造林时，一般认为，全部种植一种植物的做法是不可取的。因为与混合种植方式所构建的生态系统相比，按照种植一种植物方式所构建的生态系统，其抵抗力稳定性__________。抵抗力稳定性的含义是____________。

（2）“无废弃物农业”是我国利用生态工程的原理进行农业生产的一种模式，其做法是收集有机物质，包括人畜粪便、枯枝落叶等，采用堆肥和沤肥等多种方式，把它们转变为有机肥料，再施用到农田中。施用有机肥料的优点是______（答出3点即可）。在有机肥料的形成过程中，微生物起到了重要作用，这些微生物属于生态系统组分中的_______。

（3）在污水净化过程中，除发挥污水处理厂的作用外，若要利用生物来回收污水中的铜、镉等金属元素，请提供一个方案：________。

【解析】（1）一般来说，生态系统中的组分越多，食物网越复杂，其自我调节能力越强，抵抗力稳定性就越高，因而，按照种植一种植物方式所构建的生态系统，其抵抗力稳定性会相对较低。抵抗力稳定性是指生态系统抵抗外界干扰并使自身的结构与功能保持原状或不受损害的能力。

（2）施用有机肥可改善土壤的结构、培育土壤微生物、实现土壤养分的循环利用。微生物可作为分解者将有机肥料中的有机物分解为无机物。

（3）在污水净化过程中，可种植能吸收污水中铜、镉等金属元素的水生植物，再从植物中回收金属。

> **【提醒】** 在建立不同的生态工程时，要遵循不同的设计原理，不能相互照搬，应该因地制宜，主要从空间、时间和食物链等方面去考虑。

【典例2】（2020江苏）蚯蚓分解处理技术可实现固体废物的减量化和资源化。下图为某农业生态系统的示意图，下列叙述正确的是（　　）。

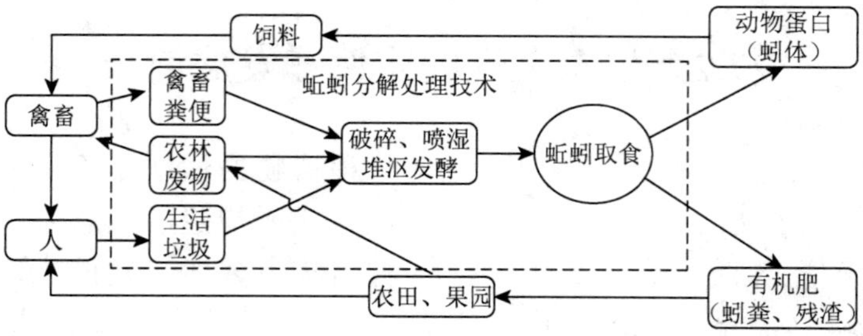

A. 该生态系统中的蚯蚓和各种微生物均属于分解者

B. 该生态工程设计突出体现了物质循环再生的原理

C. 农作物、果树等植物获取的物质和能量主要来自有机肥

D. 影响蚯蚓分解处理效率的因素有温度、含水量等

【解析】 答案BD。该农业生态系统中的蚯蚓、腐生微生物等属于分解者，一些寄生的细菌属于消费者，硝化细菌等自养型微生物属于生产者，A 错误；该生态工程设计突出了对畜禽粪便、生活垃圾、蚓粪、残渣等的处理与利用，充分体现了物质循环再生的原理，B 正确；土壤中的分解者将有机肥分解，可以为农作物、果树等植物的生长提供二氧化碳和无机盐，但农作物、果树等植物获取的能量主要来自光能，C 错误；蚯蚓的分解作用是其代谢活动的一部分，而蚯蚓维持正常的代谢活动需要适宜的温度和水分等条件，所以其分解处理效率受温度、含水量等影响，D 正确。

针对训练

1. 农村综合发展型生态工程的优点包括（　　）。

①能量的多级利用

②物质多级循环利用

③废物资源化

④生物相互依存，体现了整体性

⑤做到了生态、经济和社会效益相结合

A. ①②　　B. ①②③

C. ①②③④⑤　　D. ①②④⑤

2. 下列措施中不符合城市生态工程建设基本原理的是（　　）。

A. 城市规划，分区建设工业区、居住区、生态绿地等

B. 大力推广“环境友好技术”和低污染清洁生产工艺

C. 采用浮床生态工艺法等措施治理环境污染

D. 用法律手段严禁汽车上路以及造纸厂、酒厂生产，以切断污染的源头

3.“生物圈 2 号”的失败给人类带来了深刻的经验教训，下列说法错误的是（　　）。

A. 认识到人类与自然和谐共处的重要性

B. 自然界给人类提供的生命支持服务是无价之宝

C. 随着人类科技的发展进步，人类已经可以完全模拟出自然生态系统

D. 人类目前还没有能力去完全模拟出自然生态系统

4. 下图表示某人工设计的生态系统，下列叙述不正确的是（　　）。

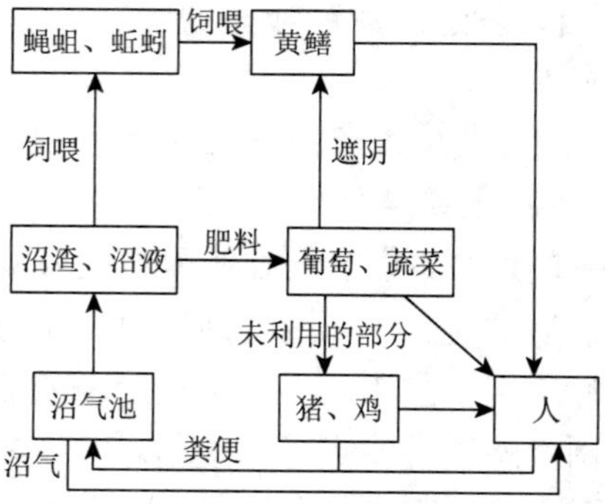

A. 该生态系统经过能量多级利用，提高了系统总能量利用率

B. 该生态系统实现了物质和能量循环利用

C. 合理使用农家肥可提高流经该生态系统的总能量

D. 该生态系统遵循了物质循环再生的原理，但各营养级之间的能量传递效率并未提高

5. 如图显示了经济发展与环境质量之间的关系，根据这种关系，发展中国家应认识到（　　）。

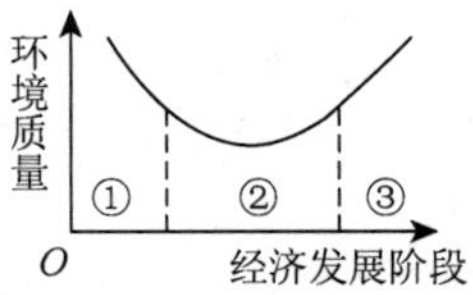

A. 环境污染不可避免，只能采取“先污染，后治理”的策略

B. 后工业化阶段环境问题会自行解决

C. 保护至关重要，必须杜绝兴建排污的工业

D. 可以采取措施减少或避免生产过程中的环境污染问题

6. 下图为桑基鱼塘的物质和能量交换模式图，请据图回答下列问题：

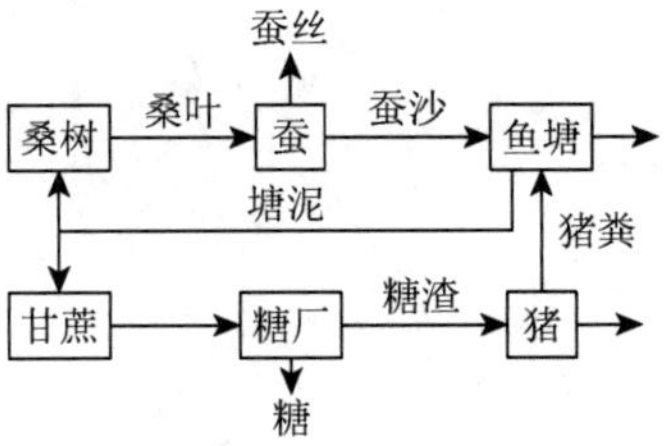

（1）通过现代生物技术可提高传统生态工程的效益，要通过基因工程培养抗病甘蔗，可通过________技术将导入了目的基因的甘蔗细胞培育成植株。若要检测转基因甘蔗细胞染色体上是否插入了目的基因，可采用________技术。

（2）为大量繁殖良种猪，可采用胚胎移植技术。该技术首先要对供体和受体母猪进行______处理，然后给供体母猪注射____________，做超数排卵处理，以获得更多的良种猪卵母细胞，然后培养到__________期，与经过__________处理的良种猪精子进行体外受精，将早期胚胎移植到本地母猪体内发育成小猪。胚胎移植的实质是__________________________。

参 考 答 案

27.1　生态工程的基本原理

1. D　2. D　3. C　4. B　5. C

6.（1）物质循环再生原理　协调与平衡原理　整体性原理　系统学和工程学原理　物种多样性原理

（2）人为辅助下的自我调节　太阳能

（3）建造和调控人工生态系统，使生物与环境之间变得高度和谐

27.2　生态工程的实例和发展前景

1. C　2. D　3. C　4. B　5. D

6.（1）植物组织培养　DNA 分子杂交

（2）同期发情　促性腺激素　MⅡ中　获能　早期胚胎在相同的生理环境条件下空间位置的转移